전정판

한국의 정치

제도 · 과정 · 발전

나남
nanam

나남신서 · 1282

한국의 정치(전정판)
제도 · 과정 · 발전

2008년 4월 20일 발행
2011년 3월 5일 2쇄

저자_ 민준기 · 신명순 · 이정복 · 윤성이
발행자_ 趙相浩
발행처_ (주) 나남
주소_ 413-756 경기도 파주시 교하읍
출판도시 518-4
전화_ 031) 955-4600 (代)
FAX_ 031) 955-4555
등록_ 제 1-71호(1979. 5. 12)
홈페이지_ www.nanam.net
전자우편_ post@nanam.net

ISBN 978-89-300-8282-2
ISBN 978-89-300-8001-9 (세트)
책값은 뒤표지에 있습니다.

나남신서 · 1282

전정판

한국의 정치

제도 · 과정 · 발전

민준기 · 신명순 · 이정복 · 윤성이

Politics of Korea

Institution, Process and Development

by

Min, Jun Kee · Shin, Myung Soon
Lee, Jung Bock · Yun, Seong Yi

nanam

머리말

민주화의 제3물결은 1973년 남부유럽에서 시작하여 중남미와 필리핀을 거쳐 한국에도 민주화를 성공시켰다. 그러나 지금 20년이 지났지만 아직도 민주주의 공고화를 이룩하지 못했다. 인간이 추구하는 가장 고귀하고 숭고한 가치 중의 하나는 민주주의이다. 민주주의를 실현하려면 민주주의가 무엇인가, 왜 필요한가, 그리고 민주정치의 틀을 어떻게 제도화할 것인가, 여기에 대한 인식과 이해가 있어야 한다.

이런 논리로 볼 때, 정치학이란 현실과 유리되어서는 안 되는 학문이다. 현실이란 첫째, 정치학자의 관심과 인식의 현실성이며, 둘째로 분석대상의 현실성이다. 그러므로 한국의 정치 역시 정치학의 계몽과 가르침을 받은 것이 사실이다. 한국의 민주주의가 시련을 겪을 때 학문으로서의 한국 정치학도 고통을 같이했다.

지난 60년 동안 한국 정치학이 학문으로서의 발전지향적 성장과 실천적 역할을 전혀 못한 것은 아니다. 한국 정치학은 권력의 압력을 받으면서도 패러다임의 변화를 부단히 모색했고, 필요할 때 보다 실천적인 관점에서 현실정치의 한계를 극복하고자 노력하기도 했다. 현재 한국의 정치상황은 새로운 정치능력이 요구되고 있다. 흩어진 사회질서의 확립과 불신받는 정부의 권위를 수립하고, 민주적 제도를 창출해야 한다. 이것은 바로 사회구성원들의 동질성을 확립할 수 있으며, 그럼으로써 정부는 국민들의 합의를 바탕으로 지지를 받게 된다. 사회적 동질성과 정치합의의 존재가 정치안정의 필수조건이 된다. 이러한 중요한 시대일수록 정치학에 대한 인식을 새롭게 해야 한다.

최근에는 학계에서도 현실적 의미를 뚜렷하게 함축한 주제를 연구의 초점으로 삼고 있다. 이것은 바로 한국 정치학의 성숙함을 반영하는 것이다. 여기에서도 현실의 중요성을 분석의 대상으로 했다. 이 책의 제1부는 지난 반세기 이상 한국의 정치제도가 어떻게 변화했는가를 역사적 제도주의의 입장에서 살펴보았다. 제2부 정치과정에서는 현재까지 실시한 각종 선거를 대상으로 선거제도, 선거과정, 투표행태, 선거결과에서 나타나는 특징들과 문제점들을 논의했다. "입법엘리트 충원과 사회적 배경"에서는 의원들이 어느 집단과 계층에서 많이 충원되었는가, 그 충원방식은 민주적으로 이루어졌는가, 또한 기능은 제대로 발휘했는가를 알아보았다. 그리고 "사회운동과 민주화"는 1980년대의 사회운동과 민주화문제를 다루었다.

제3부에서는 한국 정치발전의 과제를 논의했다. 먼저 "정치와 정치문화"는 정치문화가 어떤 특성을 가지고 한국정치에 영향을 끼쳤는가를 분석했다. 그리고 이어지는 장에서는 문민정부와 국민의 정부는 왜 개혁에 실패했는가와 관련해 그 원인을 분석하고 대안을 제시했다. 한국의 민주화는 과연 21세기에 정치발전을 이룩할 수가 있겠는가. 정치발전과정에는 너무나 많은 불확실성과 수많은 변수가 개입되어 있기 때문에 어떤 유형을 만들어가지고 분석하기는 곤란하지만, 그러나 여기에서는 정치발전의 모델을 제시해보았다. 벌써 제2판이 나온 지 10여 년이 되었다. 처음에 집필한 양성철과 장달중은 바쁜 관계로 참여하지 못하여 아쉽게 생각한다. 이 책은 많은 시간이 흘렀기 때문에 완전 개

편하여 새로 쓴 책이나 마찬가지다. 이번에 참여한 윤성이는 인터넷 정치를 전공했기 때문에 독자들이 많은 관심을 가질 것으로 생각된다. 바쁜 와중에도 원고를 쓴 필자들에게 감사 드린다. 그리고 입법엘리트를 함께 쓰는 데 수고해준 김경숙 조교에게도 감사를 드린다. 출판계가 어려운 사정에도 불구하고 출판을 맡아주신 나남의 조상호 사장과 편집진에게도 감사한다. 미비한 점은 다음 기회에 보충하려고 한다.

2008년 4월

민 준 기

나남신서 · 1282

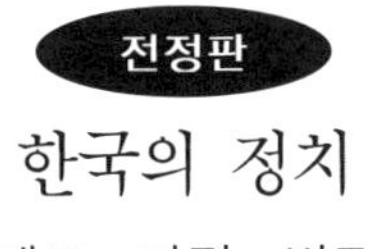

한국의 정치

제도 · 과정 · 발전

차 례

제 2 부 한국의 정치과정

제 3 부 한국정치의 발전과 과제

제 1 부

한국의 정치제도

제 1 장

정치제도적 분석방법

이 정 복

우리나라 정치학은 정치제도에 대한 연구를 거의 무시했다. 1950년대의 우리나라 정치학은 구미 정치의 법, 제도, 역사, 사상을 기술적으로(*descriptive*) 소개하고, 신생국가인 우리나라도 구미 민주주의국가의 법과 제도를 채택할 것을 명시적으로든 묵시적으로든 권고하는 규범적(*normative*) 정치학이었다. 그러나 1950년대의 법적, 제도적 정치학이 우리나라 정치의 제도적 연구를 자극하지는 못했다. 구미의 법적, 제도적 정치학은 구미의 정치를 이해하는 데 유용했으나, 헌법과 같은 공식적 제도는 헌법의 민주적 내용과 대통령의 독주라는 정치현실 간의 커다란 갭으로 인해 우리나라 정치를 이해하는 데 별 도움을 주지 못했다.

이러한 상황에서 1960년대와 1970년대의 우리 정치학자들은 미국의 행태주의(*behavioralism*) 정치학을 받아들였다. 미국의 행태주의 정치학은 정치현상을 이해하기 위해서는 법과 제도보다는 권력현상과 정치행태를 연구해야 한다고 강조했다. 당시의 우리 정치학자들은 이러한 행태주의 정치학이 과거의 제도적 정치학보다 우리나라 정치를 이해하는 데 더욱 유용하다고 생각하여 법과 제도의 연구를 1950년대와 마찬가지로 거의 무시하였다. 행태주의 정치학은 제도적 정치학과는 달리 정치현상에 대한 이론적 설명을 연구목표로 삼았다. 구미의 선진제국이든 아시아, 아프리카의 후진제국이든, 종교·문화적 배경이 다른 서양이든 동양이든, 이데올로기적 속성이 다른 자유진영국가이든 공산주의 국가이든 차이를 막론하고 적용될 수 있는 정치이론의 개발이 행태주의 정치학자들의 목표였고 가브리엘 알몬드와 데이비드 이스톤은 그들 중 대표적 학자였다. 행태주의의 이러한 이론적 목표도 정치제도의 연구를 저해하였다.

1970년대 초 유신체제가 수립된 이래 최근에 이르기까지 우리나라 정치학은 맑시즘, 종속이론, 세계체제이론 등의 정치경제학을 선택적으로 수용하였다. 행태주의 정치학이 미국에서는 민권운동, 베트남 전쟁, 워터게이트 사건 등과 같은 중요한 정치적 사건을 예측해내지 못한 것과 같이 우리나라에서는 유신체제의 수립과 붕괴, 제 5공화국이라는 신유신체제의 수립과 붕괴를 예측하지 못했다. 이 때문에 우리 정치학자들은, 특히 미국에서 정치경제학을 배우고 1980년대에 돌아온 정치학자들은 행태주의를 비판하고 우리 정치를 정치경제학적으로 이해하기 시작했다. 그러나 이들의 정치경제학적 접근법도 대개는 거시적 사회과학이론에 기반하고 있었고 우리의 정치제도에는 큰 관심을 기울이지 않았다.

다른 한편 미국 정치학계에서는 정치학연구의 패러다임이 제도적 정치학에서 행태주의 정치학으로, 행태주의 정치학에서 정치경제학적 정치학으로 변화했음에도 불구하고 정치제도에 대한 관심과 연구는 지속되었다. 첫째로 미국의 정치현실은 미국의 공식적 법과 제도에 상응하는 정도가 높았기 때문에 법과 제도는 매우 중요하였다. 둘째로 행태주의 정치학의 전성기에도 새뮤얼 헌팅턴, 라인하드 벤딕스 같은 학자들은 제도의 중요성을 강조하였다.[1] 셋째로 정치경제학적 접근을 택

---

1) Huntington, Samuel P., *Political Order in Changing Societies*, New

한 학자들 중 피터 카젠스타인, 피터 홀, 존 아이켄베리, 찰머스 존슨 등은 경제정책 결정에 있어 정치제도의 중요성을 강조하였다.[2] 그들은 제 2차 세계대전 이래, 특히 1970년대 초반의 오일쇼크 이후로 선진제국이 취한 다양한 경제정책을 설명해줄 수 있는 중요한 변수가 정치제도라고 주장하였다. 그리고 1990년대에는 일찍이 경제학 분야에서 제도의 중요성을 강조한 더글러스 노스가 노벨 경제학상을 수상함으로써 제도주의는 정치학에서나 경제학에서나 하나의 학파를 이루게 되었다.[3] 1950년대까지의 제도주의 정치학이 기술적이었던 데 비해 오늘날의 제도주의는 제도에 의한 설명(*explanation*)과 예측을 목표로 한다. 오늘날의 제도주의는 과거의 기술적 제도주의에 행태주의의 이론적 목표가 접목된 결과라고 볼 수 있다. 미국 정치학계에서는 이러한 제도주의를 과거의 제도주의(*old institutionalism*)와 구별하기 위해 신제도주의(*new institutionalism*)라고 부른다.

우리나라에서는 1990년대에 들어와 미국에서 정치학을 공부하고 돌아온 젊은 학자들이 신제도주의의 입장에서 쓴 박사논문과 신제도주의를 소개하는 글을 발표하고 있다.[4] 이러한 글을 보면 우리나라 정치의

Haven: Yale University Press, 1968, 그리고 Reinhard Bendix의 *State and Society*, Berkeley: University of California Press, 1973, 서문과 *Nation-Building and Citizenship*, Berkeley: University of California Press, 1977, "Tradition and Modernity Reconsidered" 참조.

2) Katzenstein, Peter, *Between Power and Plenty*, Madison: University of Wisconsin Press, 1978, Hall, Peter, *Governing the Economy: The Politics of State Intervention in Britain and France*, New York: Oxford University Press, 1986, Ikenberry, G. John, David A. Lake and Michael Mastanduno (Eds.), *The State and American Foreign Economic Policy*, Ithaca, N.Y.: Cornell University Press, 1988과 Johnson, Chalmers, *MITI and the Japanese Miracle*, Stanford: Stanford University Press, 1982 참조.

3) North, Douglass C., *Institutions, Institutional Change and Economic Performance*, Cambridge: Cambridge University Press, 1990.

제도화 수준이 아무리 낮다 하여도 우리가 정치제도에 대해 너무 무관심하지 않았나 하는 생각을 금할 수 없다.

현재 미국 정치학계에서 각광을 받고 있는 신제도주의적 접근법에는 역사적 제도주의(*historical institutionalism*)와 합리선택적 제도주의(*rational choice institutionalism*)의 두 가지가 있다. 이미 언급한 카젠스타인, 홀, 아이켄베리, 존슨 등은 역사적 제도주의자들이고 노스, 마가레트 레비, 로버트 베이츠 등은 합리선택적 제도주의자들이다.[5] 캐슬린 셀렌과 스븐 스타인모는 이들 두 학파의 제도주의자들이 제도가 정치적 전략과 결과에 어떠한 영향을 미치고 있는가에 큰 관심을 가지고 있다는 점에 있어서는 공통되나 상호간 매우 다른 가정에 기반하고 있음을 다음과 같이 정리하고 있다.[6]

합리선택적 제도주의자들에게 있어 제도는 정치적 행위자들이 그들의 이익을 최대화하기 위한 전략을 세우는 전략적 맥락(*strategic context*)이고 역사적 제도주의자들도 이에 동의한다. 그러나 역사적 제도주의자들은 제도가 단순한 전략적 맥락 이상의 의미를 가지고 있다고

---

4) Hochul Lee, "Political Economy of Land Reform," Ph. D. Dissertation, Rutgers University, 1993; Jong-Chan Rhee, "The Limits of Authoritarian State Capacities: The State-Controlled Capitalist Collective Action for Industrial Adjustment in Korea, 1973~87," Ph. D. Dissertation, the University of Pennsylvania, 1991); 이호철, "사회, 국가, 그리고 제도: 정치경제의 제도론적 접근", 〈한국과 국제정치〉 Vol. 9, No. 2, 1993; 염재호, "국가정책과 신제도주의", 〈사회비평〉 No. 11, 1994 참조.

5) Levi, Margaret, *Of Rule and Revenue*, Berkeley: University of California Press, 1988; Bates, Robert H., *Beyond the Miracle of the Market: The Political Economy of Agrarian Development in Rural Kenya*, Cambridge: Cambridge University Press, 1989.

6) Thelen, Kathleen and Sven Steinmo, "Historical institutionalism in comparative politics", In Sven Steinmo, Kathleen Thelen and Frank Longstreth (Eds.), *Structuring politics*, Cambridge: Cambridge University Press, 1992, pp. 1~32.

본다. 다시 말해 그들은 제도의 중요성을 합리적 선택주의자들보다 훨씬 더 높게 평가한다. 첫째로 역사적 제도주의자들은 합리적 선택 이론가들의 엄격한 합리성 가정에 의문을 제기한다. 그들은 정치행위자들을 전지(全知)한 합리적 최대화주의자들(*all-knowing, rational maximizers*)로 보기보다는 규칙을 따르는 만족주의자들(*rule-following satisfiers*)로 본다. 사람들은 선택을 할 때마다 항상 "무엇이 나의 이익을 최대화해줄 것인가?"라고 묻는 게 아니라 대부분의 경우 그것이 그들의 이익에 배치된다 해도 사회적으로 규정된 규칙을 따른다는 것이다.

둘째로 역사적 제도주의자들은 선호의 형성(*preference formation*) 문제에 있어 합리적 선택 이론가들과 아주 다른 생각을 가지고 있다. 합리적 선택 이론가들은 선호를 가정의 수준에서 연역적으로 처리하고 있으나 역사적 제도주의자들은 이러한 선호 자체가 제도에 의해 형성된다고 귀납적으로 본다. 예를 들어 역사적 제도주의자들은 현대생활의 개인주의적이고 경쟁주의적인 특성을 개인적 선택의 결과라기보다는 선진자본주의국가의 경제제도의 결과로 보고 있는 것이다. 역사적 제도주의자들은 개인의 전략뿐만 아니라 목표 자체도 제도에 의해 역사적으로 형성되었다고 보는 것이다. 다시 말해 합리적 선택 이론가들이 선호의 형성을 제도 밖의 외생적(*exogenous*) 문제라고 보는 데 반해 역사적 제도주의자들은 제도 안의 내생적(*endogenous*) 문제로 보고 있다.

역사적 제도주의자들의 시각에서 볼 때 제도는 행위자의 전략뿐만 아니라 목표도 형성시키고 행위자들간의 협력과 갈등관계도 조정함으로써 정치적 상황을 구조화하고 정치적 결과에 큰 영향을 미친다. 제도에 대한 투쟁이 항상 격렬한 것도 이 때문이다. 샤를르 드골과 같은 정치지도자들이 어떤 특별한 정책보다는 제도의 개혁에 그들의 정치생명을 걸었던 것을 보면 제도의 중요성을 쉽게 이해할 수 있다. 권력투쟁에 있어서 제도의 이와 같은 중요성은 제도가 개인이나 집단간의 거래에 있어서 효율성을 높이기 위해 생긴 것으로 이해하는 합리적 선택 이론가들 중 거래비용학파(*transaction costs school*)의 견해와 배치된다.

그리고 제도를 이렇게 보는 것은 정치권력이 제도의 수립과 유지에 어떻게 관련되는가의 중요한 문제를 제기하는 것이다.

제도가 무엇인가를 정의하는 데 있어서도 합리선택적 제도주의자들과 역사적 제도주의자들 간에는 차이가 있다. 합리선택적 제도주의자인 노스는 제도를 "사회의 게임규칙" 혹은 "인간간의 상호행위를 규정하는 인간이 만든 규제"라고 정의하고 이러한 제도에는 터부, 관습, 전통과 같은 비공식적 제도, 헌법과 같은 공식적 제도, 강제(*enforcement*) 제도가 있다고 말한다. 또한 그는 제도와 조직(*organizations*)을 구별하고 있다. 제도가 게임규칙이라면 조직은 게임에 참여하는 팀으로 이러한 조직에는 정당과 의회와 같은 정치조직, 회사와 노동조합과 같은 경제조직, 교회와 같은 사회조직, 학교와 같은 교육조직이 있다는 것이다.[7]

역사적 제도주의자들은 제도와 조직을 구별하지 않고 이 양자를 모두 제도라고 본다. 홀은 노스가 말하는 제도와 조직을 제도라고 보고 있고,[8] 존 아이켄베리는 제도를 정부제도, 국가구조, 한 사회의 규범적 질서의 세 가지 수준을 포함하는 것으로 정의하고 있다.[9] 그러나 신제도주의적 접근에 있어 국가제도와 사회제도 중 어디까지를 제도의 범주에 포함시켜야 할 것인가에 대해서는 역사적 제도주의자들간에 합의가 없다. 다시 말해 한 사회의 규범이나 혹은 계급구조 같은 것이 제도에 포함되어야만 할지, 혹은 제외되어야만 할지에 대한 합의가 없는 것이다. 그러나 선거제도, 정당제도, 행정부, 입법부, 사법부 간의 관계, 노동조합과 같은 경제제도가 제도에 포함되어야만 한다는 데 있어

---

7) North, Douglass C., *op. cit.*, pp. 3~5.

8) Hall, Peter, *op. cit.*, p. 19.

9) Ikenberry, G. John, "Conclusion: An Institutional Approach to American Foreign Economic Policy," In G. John Ikenberry, David A. Lake and Michael Mastanduno(Eds.), *The State and American Foreign Economic Policy*, Ithaca, N.Y.: Cornell University Press, 1988, pp. 222~223.

서는 역사적 제도주의자들은 모두 동의하고 있다. 셀렌과 스타인모는 제도를 이와 같은 중간 수준(*intermediate-level*)의 제도에 국한시킬 것을 제의하고 있다.[10] 그렇다고 해서 그들이 계급과 같은 정치세력의 중요성을 무시하자는 것이 아니다. 선거제도, 정당제도와 같은 중간수준의 제도가 계급구조에 어떠한 영향을 미치는가를 제도주의적 접근법을 통해 살펴봄으로써 선진제국에 있어 계급의 정치적 영향력이 왜 서로 다른가를 이해할 수 있다는 것이다.

홀은 국가의 구성요소들을 서로 묶어주고 국가와 사회 간의 관계를 구조화시켜 주는 공식, 비공식의 제도간 관계(*the institutional relationships*)와 제도가 각 개인들간의 상호행위를 구조화시켜주는 방식, 즉 제도의 관계적 특성(*the relational character of institutions*)이 중요하다고 강조한다.[11] 또한 그는 제도의 역할을 분석하는 데 있어 제도 자체만 보는 것이 아니라 제도, 이해관계, 아이디어가 상호간 어떻게 연관되어서 정책에 영향을 미치는가를 분석하고 있고, 특히 아이디어의 역할을 다른 역사적 제도주의자들보다 중요하게 생각하고 있다.[12]

셀렌과 스타인모에 의하면 중간 수준의 제도를 중요시하는 신제도주의적 접근법은 국가중심적 접근법도 아니고 사회중심적 접근법도 아니다. 이 접근법은 국가와 사회의 관계를 규정하는 제도에 관심을 둠으로써 양 접근법의 가교역할을 한다는 것이다. 또한 이 접근법은 모든 나라에 공통되는 현상을 설명하는 거대이론(*grand theory*)적 접근법도 아니고 각 나라의 특수성을 설명하는 개별적 접근법도 아니다. 이 접

10) Thelen, Kathleen and Sven Steinmo, *op. cit.*, p. 2.

11) Hall, Peter, *op. cit.*, p. 19.

12) Hall, Peter, "The Movement from Keynesianism to Monetarism: Institutional Analysis and British economic policy in the 1970s," In Steinmo, Thelen and Longstreth(Eds.), *Structuring politics*, Cambridge: Cambridge University Press, 1992, pp. 90~113과 Hall, Peter A.(Ed.), *The Political Power of Economic Ideas*, New Jersey: Princeton University Press, 1989 참조.

근법은 공통된 주제에 있어서의 나라간의 차이를 설명해줄 수 있는 중간 수준의 변수인 제도에 초점을 맞춤으로써 거대이론적 접근법과 개별적 접근법의 가교역할도 한다는 것이다. 이뿐만 아니라 이 접근법은 역사의 객체로서의 정치적 행위자와 역사의 주체로서의 정치적 행위자간의 관계를 고찰하는 데 있어서도 유용하다고 한다. 제도는 정치적 전략을 규정해주지만 제도 자체가 정치적 전략의 결과이기 때문이다. 보 로트스타인의 말과 같이 제도주의는 '역사를 만드는 인간'과 인간이 그렇게 할 수 있는 환경(*circumstances*) 간의 이론적 가교역할을 한다는 것이다.[13]

역사적 제도주의를 주창하고 있는 학자들은 제도가 정책형성과 업적(*performance*)에 어떠한 영향을 미치고 있는가에 대해선 좋은 연구결과를 내놓기 시작했지만 제도의 변화를 설명하는 이론은 아직 제시하지 못하고 있다. 제도가 매우 느리게 점진적으로 조금씩 항상 변화하고 있는 것으로 보아야 하는지, 혹은 그렇지 않으면 제도가 오랫동안 안정을 유지하다가 외부환경의 위기라는 충격에 직면하여 갑자기 변화하는 것인지의 문제에 있어서 스테판 크래스너는 후자의 단절적 균형론(*punctuated equilibrium*)이 제도의 지속과 변화를 설명하는 데 적합하다고 보고 있으나[14] 제도의 변화에 대한 경험적 연구들은 두 경우가 모두 존재한다는 것을 보여준다.

셀렌과 스타인모는 이외에도 사회경제적 변화나 정치적 변화가 제도에 영향을 미칠 수 있는 세 가지 경우를 제시한다. 첫째는 이러한 변화는 역할이 약했던 제도의 역할을 강화시켜주는 경우가 있고, 둘째는 구제도가 원래의 역할과는 다른 역할을 하게끔 만들 수 있고, 셋째는 기존제도의 목표와 전략 자체의 변화도 초래할 수 있다는 것이다.[15]

---

13) Thelen, Kathleen and Sven Steinmo, *op. cit.*, p. 10.

14) Krasner, Stephen D., "Approaches to the State," *Comparative Politics* Jan., 1984 참조.

15) Thelen, Kathleen and Sven Steinmo, *op. cit.*, pp. 16~17.

다음의 2장부터 7장까지는 지난 50년간 우리나라의 정치제도가 어떻게 변화했는가를 역사적 제도주의의 입장에서 살펴본다. 그러나 이미 언급한 바와 같이 역사적 제도주의자들이 제도의 형성과 변화를 설명하는 이론을 아직 내놓고 있지 못하므로 그들의 이론을 적용해서 우리나라의 정치제도를 고찰할 수는 없다. 다만 제도가 매우 중요하다는 역사적 제도주의자들과 문제의식을 공유하고 우리나라의 정치제도가 어떻게 형성되고 변화했는가를 검토한다.

제 2 장

미군정과 제1공화국의 정치제도

이 정 복

현재 우리가 가지고 있는 정치제도의 기원은 해방 이후 3년간의 미군정시대와 제1공화국시대에서 찾아야 할 것이다. 자유민주주의와 대통령중심제, 행정부중심의 통치제도, 유명무실했던 지방자치제도, 취약한 정당과 이익집단들이 이 시대에 그 기원을 두고 있다.

미군정시대에는 한반도에 자유민주주의제도를 수립할 것인가, 혹은 그렇지 않으면 공산주의제도를 수립할 것인가의 문제를 둘러싸고 미국과 소련 간의 대립이 있었고, 좌우파의 정치엘리트들과 그들을 각각 지지하는 일반대중들 간에 치열한 투쟁이 있었다. 미국, 미국에서 독립운동을 한 이승만, 국내에서 한편으로는 일본 제국주의에 협력하면서 다른 한편에서는 독립운동도 지원하였던 한국민주당 세력, 일제시대의 한국인 관료들은 자유민주주의제도의 수립을 주창한 반면 소련과 국내외의 공산주의자들은 공산주의제도의 수립을 요구하였다. 김구, 김규식, 여운형으로 대표되는 중도파들은 정치제도로는 자유민주주의, 경제제도로는 혼합경제체제나 사회주의제도를 지지하였다. 이 세 제도 중 어느 것이 당시 우리 사회의 발전단계에 맞는 제도인지, 또 각각의 제도가 앞으로의 우리 사회의 발전에 어떠한 영향을 미칠 것인가에 대한 이성적 토론은 없었다. 이 세 제도는 세 정치세력간 권력투쟁의 이데올로기적 도구였다. A. J. 그라즈단제브는 제2차 세계대전 종료 직전에 출판된 책에서 독립 후의 한국은 평등선거로 중앙집권적 민주주의공화국을 수립하고 일본인 소유의 공장은 국유화하여 협동조합이 운영케 하고, 토지는 지주로부터 무상몰수하여 경작자에게 주어야 한다고 역설한 바 있다.[1] 독립 후 우리나라가 택해야 할 제도에 대한 그의 판단은 해방 후 정치지도자들 중 중도세력의 주장과 비슷한 것이었고, 이러한 제도가 일제의 억압과 착취를 경험한 지식인들과 대다수 민중의 정서에 맞는 것이었는지 모르겠다. 당시의 상황에서 볼 때 자유민주주의제도는 일제시대 기득권세력의 이해관계를 보호한다는 문제점을 가지고 있었고 공산주의제도는 이러한 기득권세력을 철저하게 거세하지만 전체주의적 독재체제라는 맹점을 가지고 있었다. 그러나 우리나라의 정치세력은 미국과 소련을 중심으로 양극화하였고 중도세력은 소수파로 전락하였다. 좌우의 중도파들은 자유민주주의 주창자들과 공산주의자들을 타협시켜 한반도에 통일정부를 수립하고자 했으나 실패하였다. 아니, 그들이 실패하였다기보다는 불가능한 것을 시도했다고 보는 편이 더 적절할는지 모르겠다. 자유민주주의제도와 공산주의제도의 타협이 불가능하다는 것은 한반도의 분단뿐만 아니라 그 이후 40여 년에 걸쳐 진행된 미소간의 냉전에서 증명되었다고 하여도 과언이 아니다. 남한에서의 자유민주주의제도 채택과 북한에서의 공산주의제도 채택은 우리 국민들의 합리적 선택이 아니라 미소간의, 좌우 정치세력간의 권력투쟁의 결과였다.

우리나라의 제헌헌법은 정치는 자유민주주의, 경제는 혼합경제체제나 사회주의를 지지한 중도파들의 노선을 반영하는 것이었다. 제헌헌법은 제6장 경제조항의 제84조에서 "대한민국의 경제질서는 모든 국

---

1) Grajdanzev, Andrew J., *Modern Korea*, New York: The John Day Company, 1944, Chapter XVI 참조.

민에게 생활의 기본적 수요를 충족할 수 있게 하는 사회정의의 실현과 균형 있는 국민경제의 발전을 기함을 기본으로 삼는다. 각인의 경제상 자유는 이 한계 내에서 보장된다"라고 규정함으로써 경제·사회적 정의가 개인의 경제적 자유에 우선한다는 원칙을 제시하였다. 이에 이어 제 85조에서는 중요한 지하자원, 수산자원의 국유화를, 제 86조에서는 농민들에 대한 농지분배를, 제 87조에서는 운수, 통신, 금융과 같은 공공성을 가진 기업의 국영 혹은 공영을, 그리고 대외무역의 국가통제를 규정하였다. 이뿐만 아니라 제헌헌법은 제 18조에서 사기업에 있어서의 근로자의 이익분배 균점권을 인정하고 제 19조에서 노령, 질병 기타 근로능력의 상실로 인해 생활유지 능력이 없는 자는 국가의 보호를 받는다고 규정하였다. 다시 말해 제헌헌법은 경제·사회적 정의의 우선 실현, 경제의 국가통제, 근로자의 이익균점권과 극빈자의 국가보호를 규정한 경제적으로는 진보적 특성을 가진 헌법이었다. 제 1공화국 정부는 1954년 11월 27일의 세칭 사사오입(四捨五入) 개헌 때 제 85조의 천연자원 국유화원칙을 개정하여 이에 대한 특허를 인정하는 등 경제조항을 자유화하였으나 제 84조의 경제·사회적 정의의 우선 실현 원칙, 제 18조의 근로자 이익분배 균점권, 제 19조의 극빈자들이 국가의 보호를 받을 권리 등은 그대로 유지시켰다. 그러나 미군정과 제 1공화국시대에 경제·사회적 정의가 실현되지도 않았고 근로자들의 이익분배 균점권도 인정되지 않았으며, 생활능력이 없는 국민들을 국가가 보호하지도 않았다. 공업화를 이룩하지 못하고 농업경제단계에 있던 이 시대의 우리나라는 이러한 조항들을 실현할 경제적 능력을 가지고 있지 못했다. 우파세력이 중심 정치세력이었던 제 1공화국의 헌법이 이와 같은 경제정의 조항들을 유지한 것은 일제시대의 경제적 불평등과 북한 공산정권의 경제적 평등주의에 상징적 차원에서나마 대처하기 위해서였다고 볼 수 있다.

자유민주주의 정치질서를 규정한 제헌헌법 제정 당시에 문제가 되었던 중요한 이슈는 정부형태를 의원내각제와 대통령중심제 중 어느 것으로 할 것인가의 문제였다. 제헌헌법 기초에 중심적 역할을 한 유진오(兪鎭午)는 의원내각제 정부, 양원제 국회, 헌법위원회의 위헌심사권을 규정하는 헌법 기초안을 만들었고 그중 의원내각제는 한국민주당 세력도 지지하였다. 이에 반해 이승만은 헌법위원회에 위헌심사권을 부여하는 데에는 이의가 없었으나 정부형태에 대해서는 대통령중심제와 단원제 국회의 채택을 주장하였다. 그러나 정부형태에 관한 이러한 대립이 제헌헌법 제정 당시에 심각한 정치문제가 되지는 않았다. 한국민주당과 여타의 정치세력들이 이승만의 주장을 수용하여 대통령중심제 헌법에 동의하였기 때문이다.

의원내각제 정부를 선호하던 한국민주당이 제헌헌법 제정 당시 이승만이 주장하던 대통령중심제에 큰 이의를 제기하지 않고 그것을 받아들인 것은 일반민중의 이승만에 대한 높은 지지도에도 기인하였지만, 이뿐만 아니라 이승만이 주장한 제헌헌법의 대통령중심제는 다음과 같은 의원내각제적 요소를 포함한 데도 기인하였다. 첫째로 대통령과 부통령은 국회에서 선출하도록 되어 있었다. 둘째로 국무총리제를 두고 국무총리는 대통령이 임명하나 국회의 승인을 받도록 되어 있었다. 셋째로 대통령, 국무총리, 국무위원으로 구성되는 국무원을 두고 중요한 국가정책은 국무위원들의 과반수 이상의 찬성을 받도록 되어 있었다. 한마디로 말해 제헌헌법의 대통령중심제하에서 대통령은 국회를 무시하고 독주할 수 없도록 되어 있었다. 그가 국회를 무시하고 독주한다면 그는 국회에서 재선되기가 어려울 것이기 때문이었다.

그러나 실제로는 이승만 대통령은 국회를 무시하고 독주하였고 국회에서의 재선이 어렵게 되자 1952년에 강제력을 동원하여 대통령 선출방식을 국민이 직접 선거하는 방식으로 바꾸는 개헌을 강행하였다. 이 개헌으로 국회는 대통령 선출권을 박탈당하고 국민들이 직접 대통령을 선출하게 되었지만 1952년의 개정헌법도 의원내각제적 요소를 많이 가지고 있었다. 첫째로 국무총리는 대통령이 임명하나 여전히 국회의 승인을 받도록 되어 있었고, 행정각부의 장관인 국무위원은 국무총리의 제청에 의하여 대통령이 임명하도록 되어 있었다. 둘째로 국무총리와 국무위원은 국회에 대하여 국무원의 권한에 속하는 일반국무에 관하여는 연대책임을 지고 각자의 행위에 관하여는 개별책임을 지도록 되어 있었다. 셋째로 양원 중 민의원이 국무원 불신임 결의를 하면 국무원은 총사직하도록 되어 있었다. 헌법상 대통령의 권한은 국무총리의 국무위원 제청권에 의해, 그리고 국회의 국무원 불신임 결의권에 의해 제약을 받도록 되어 있었다. 그러나 이승만 대통령은 국무총리의 국무위원 제청권을 존중하지 않았고 실제로는 대통령의 임명을 받는 것이나 마찬가지인 국무총리가 국무위원 제청권을 요구할 수도 없었다. 또한 이 대통령은 그가 창당한 자유당이 국회에서 과반수 이상의 의석을 차지하게 되어 국회로부터도 견제를 받지 않고 계속 독주할 수 있었다.

이승만 대통령은 1954년 5월의 3대 국회의원(민의원)선거에서 압도적인 다수의석을 차지한 후 11월에 대통령은 1차에 한하여 중임할 수 있다는 헌법 제55조의 제1항이 그 자신에게는 적용되지 않는다는 내용의 개헌을 다시 강행하였다. 이 개헌안은 민의원 표결결과가 재적 203명 중 찬성 135명으로 개헌에 필요한 3분의 2인 135.33명에 미치지 못하여 부결이 선포되었으나 사사오입이라는 명분을 도입하여 이틀 후에 다시 가결이 되었음을 선포하였다. 이 개헌에서는 이승만 대통령에 대한 중임제한을 철폐했을 뿐만 아니라 대통령이 궐위된 때에는 즉시 선거하기로 되어 있던 것을 부통령이 그 잔임기간을 채우도록 개정하였고, 국무총리직을 폐지하고 국무위원에 대해서는 국회가 개별적으로만 불신임 결의를 할 수 있게 하였다. 이 개헌으로 제헌헌법과 제1차 개정 후의 헌법에 포함되어 있던 의원내각제적 요소는 상당히 제거되었으나 이로써 이승만 대통령의 권한이 실제로 더 강화되었다고 보기는 어렵다. 의원내각제적 특성이 강한 헌법하에서도 이승만 대통령은 국회를 무시하고 독주하였고 제2차 개정헌법은 이와 같은 현실을 보다 충실하게 반영한 헌법이었다.

제1공화국의 대통령중심제는 헌법상으로는 의원내각제적 요소를 포함한, 다시 말해 국회의 권한이 미국과 같은 대통령중심제의 국회보다도 더 강한 대통령중심제였다. 그러나 헌법상의 이와 같은 공식제도와는 달리 국회는 대통령의 정치적 시녀로 전락하였다. 국회의 다수당인 자유당 국회의원들은 그들에 대한 공천권을 가지고 있었던 이승만 대통령의 정치노선을 국회에서 충실하게 지지하였기 때문이다.

제1공화국시대의 법원은 국회와는 달리 대통령을 견제할 수 있는 권한을 헌법상에 있어서 갖지 못했다. 첫째로 제1공화국의 대법원장은 미국에서와 같이 대통령이 지명하였지만 미국과는 달리 종신직이 아니라 10년의 임기를 가지고 있었고 다른 법관들도 같은 임기직이었다. 이승만 대통령은 그의 집권 말기에 10년이 지난 법관들 중 일부의 연임을 거부하기도 하였다. 둘째로 미국의 대법원과는 달리 제1공화국의 대법원은 위헌심사권을 갖지 못했다. 제1공화국 헌법은 위헌심사권을 헌법위원회에 부여하였는데, 헌법위원회는 부통령을 위원장으로 하고 대법관 5인과 국회의원 5인으로 구성되어 있었다. 위헌심사권을 헌법위원회에 부여하는 헌법초안을 기초한 배경에 대해 유진오는 다음과 같이 말하고 있고, 제헌국회의원들도 그의 이와 같은 견해에 동의하여 위헌심사권을 헌법위원회에 부여하였다고 말할 수 있겠다.

> “첫째는 당시의 우리나라 법원에 그러한 권한(위헌심사권)을 맡기는 데 대한 불안감이었다. 민사와 형사의 재판에 관하여 그들이 우리나라에 있어서 유일한 권위자라는 점에 관해서는 아무도 이의가 없는 바이었지만, 당시의 우리나라 법원관계자들은 공법학의 지식을 너무나도 결여하고 있는 것으로 나는 보고 있었다.
>
> 그러나 그보다도 더 근본적인 이유는 국가권력기구조직의 기본원리에 관한 나의 견해로부터 온 것이었다. 미국의 사법적 위헌심사제도는 그 대통령제와 함께 몬테스큐적 권력분립사상의 산물이며, 각인의 자유와 권리를 확보하기 위하여 국가권력을 상호견제시키고 약화하려는 18세기적 개인주의사상의 표현이므로 그것은 국제관계가 긴밀하지 않던 시대, 그리고 경제가 풍요하고 국가의 세입이 남아돌

아가 국가권력의 개입으로 경제조정이나 사회보장을 위해 노력할 필요가 없었던 시대에는 적합하였을지라도 국제관계가 복잡, 긴박하고, 국내적으로도 사상적, 정치적, 경제적, 사회적 제난제가 산적하여 국가권력의 개입에 의한 그 시급한 해결이 지상명령적으로 요청되는 오늘날에 있어서는 도저히 그대로 유지될 수 없는 것이라는 것이 나의 신념이었다."[2]

제 1공화국 헌법에 기반한 대통령중심제는 행정부, 입법부, 사법부간의 권력분립이 있고 삼부간의 '견제와 균형'이 있는 미국식 대통령중심제가 아니었다. 1930년대 공황기의 루스벨트 대통령이나 미소간의 냉전시대의 미국 대통령들이 강력한 대통령이었다는 이미지를 우리들에게 남겨주고 있으나 그들이 우리들이 생각하고 있는 만큼 강력한 대통령은 아니었다. 루스벨트의 뉴딜 정책 중에는 대법원의 위헌판결로 무효화된 것도 있고 냉전시대의 대통령들은 외교정책에 있어서는 강력한 대통령이었으나 국내정책에 있어서는 의회의 견제로 그렇지 못했다. 워터게이트 사건으로 인한 닉슨 대통령의 사임은 미국 대통령이 의회나 대법원으로부터 어떠한 견제를 받는가를 단적으로 잘 나타내주고 있다. 제 1공화국의 대통령은 사법부로부터 헌법상 비교적 자유로웠고 헌법에 규정되어 있는 입법부의 행정부 견제권한은 여당인 자유당의 창당 이전에는 어느 정도 의미가 있었으나 그 이후에는 자유당의 입법부 지배로 거의 무력화되었다. 제 1공화국의 대통령중심제는 이승만 대통령의 지지세력으로 자유당이 창당된 이후부터는 서구 의원내각제에서와 같이 행정부와 입법부의 권한이 실제로는 융합되어 있는 강력한 대통령중심제였다. 제 1공화국의 정치제도는 권력을 대통령에게 집중시키는 제도였다.

그러나 이승만 대통령에게로의 권력집중이 제 1공화국의 정치제도에만 기반한 것은 아니었다. 그것은 조선왕조시대, 일본 식민지시대, 그

2) 유진오, "헌법기초회상록-4", 〈法政〉 No. 192, 1966년 6월, p. 64.

리고 미군정시대에 수립된 중앙집권적인 행정부중심의 제도적 전통에도 기반한 것이었다. 조선왕조시대가 왕의 권한이 실제로는 대신들의 견제로 중앙정부 수준에서 약하고 지방정부 수준까지는 충분히 침투하지 못한 약한 군주체제를 가졌다는 팔레 교수의 주장은 옳지만[3] 이념상으로나 공식적 제도상으로는 중앙집권적 군주체제를 가졌다는 사실을 부인하기는 어렵다. 일본 식민지시대는 공식제도에 있어서나 실제로나 총독에게 권한이 집중된 절대군주제적 통치체제를 가지고 있었다.[4] 총독은 행정부의 최고책임자이고 법령의 제정자였으며 법원이 따로 있었지만 1년 이내의 투옥과 200원 이하의 벌금은 재판 없이 집행할 수 있는 권한을 가졌다. 조선 총독은 한 사람을 제외하고는 일본 육군대장 출신이었고 군대의 사용을 요구할 수 있는 권한을 가졌다.

일본이 패망한 후 우리나라는 3년간 자유민주주의국가인 미국의 통치를 받았지만 미군정시대에 행정부중심의 통치제도는 더욱 강화되었다. 조선총독부의 중앙행정기구는 1945년 8월 당시 재무국, 광공국, 농상국, 법무국, 학무국, 경무국, 체신국, 교통국의 8개국과 총독 관방으로 구성되어 있었으나 미군정시대인 1947년 7월 남조선 과도정부는 경무부, 사법부, 문교부, 상무부, 재무부, 체신부, 보건후생부, 토목부, 공보부, 통위부, 농무부, 노동부, 운수부의 13개부와 외무처, 식량행정처, 물가행정처, 관재처, 서무처, 인사행정처의 6처를 가지고 있었다. 조선총독부시대의 국이 미군정시대에는 부로 승격하였고 각부 아래에 여러 국을, 또한 국 아래에는 여러 과를 두었다. 미군정시대의 국과 과의 수도 조선총독부시대에 비해 훨씬 많이 증가하였다. 미군정은 총독부의 통치기능도 수행해야 했고 일본인이 남기고 간 재산과 기업도 관리해야 했고 신생국가에 필요한 행정기구도 창설해야 했기 때

---

3) Palais, James B., *Politics and Policy in Traditional Korea*, Cambridge: Harvard University Press, 1975, pp. 6~16.

4) Grajdanzev, Andrew J., *Modern Korea*, New York: The John Day Company, 1944, pp. 238~239.

문에 중앙행정기구는 일본 식민지시대에 비해 확대될 수밖에 없었다.[5]

대한민국의 행정부가 이와 같은 전통에 기반하고 있는 데 비해 입법부와 사법부는 그러한 전통을 갖지 못했다. 입법부의 전통은 조선왕조시대에도 없었고 일본 식민지시대에도 없었다. 조선총독부는 자문기관으로 중추원을 두고 있었으나 이 기구는 그 구성원들이 친일 조선인들로 입법부가 아니라 총독부의 지원기관에 불과하였다. 미군정도 군사정부인 만큼 독립된 입법기구를 두지 않았다. 미군정이 1946년 2월 14일에 남조선 대한국민대표 민주의원을 개원하였고 동년 12월 16일부터는 이를 폐원하고 남조선 과도입법의원을 두었으나 이 두 기관도 미군정에 종속적인 기관이었다. 민주의원은 임시정부 주최 비상국민회의가 조직하기로 한 최고정무위원회를 주한미군 사령관 하지 중장의 요청으로 그 명칭을 민주의원으로 바꾼 것으로 그의 자문기관이었다. 남조선 과도입법의원은 모스크바 협정에 따라 조선 전체에 임시정부가 수립될 때까지 정치, 경제 및 사회개혁의 기초로 사용될 법령초안을 작성하여 군정장관에게 제출하는 데 목적을 둔 기관으로 입법기구라고 볼 수 있는 기관이었다. 그러나 이 기관의 총 의원수 90명 중 반만 민선의원이고 나머지 반은 미군정이 임명하는 관선의원이었고, 이 기관의 의결사항이 미군정을 구속하지도 않았다.

사법부는 일본 식민지시대에는 조선총독부의 직속기관으로 지방법원, 복심법원, 고등법원의 삼심제로 편제되어 있었다. 조선총독부는 1938년 당시 11개의 지방법원과 48개의 지청, 3개의 복심법원, 1개의 고등법원을 두고 있었다. 미군정은 일본 식민지시대의 법원을 행정기구인 법무국(후에 사법부) 산하에 두었다. 미군정은 경성고등법원을 Supreme Court 라고, 복심법원을 Court of Appeals 라고 각각 불렀고, 이에 따라 경성고등법원은 대법원으로, 복심법원은 공소원으로 개칭되

5) 이정복, "미군정의 점령정책과 국가기구의 형성", 서울대 한국정치연구소 편, 《한국의 현대정치: 1945-1948》, 서울대 출판부, 1993, pp. 29~37 참조.

었다. 당시 남한에는 두 개의 공소원과 9개의 지방법원이 있었다. 법원의 중앙행정기구로부터의 독립은 미군정이 끝나갈 무렵인 1948년 5월에야 이루어졌다. 그리고 1949년 9월 26일에 공포된 법원조직법에 따라 대법원을 상고심, 고등법원을 항소심, 지방법원을 제1심으로 하는 오늘날의 사법제도가 확정되었다.

제1공화국은 정부수립 다음 해인 1949년 7월에 지방자치법을 제정, 공포하였다. 이 법은 지방자치단체의 종류를 서울특별시와 도 및 시·읍·면으로 하고 각 자치단체의회의 의원은 직접선거로 선출하나 서울특별시장과 도지사는 대통령이 임명하고 시·읍·면장은 시·읍·면의회에서 선출하도록 규정하고 있었다. 이 법은 제1공화국 기간 중 4차에 걸쳐서 개정되었다. 1956년 2월의 제2차 개정에서는 간선제가 지방의원들과 단체장 간의 유착을 낳기 쉽다는 판단에서 시·읍·면장의 직선제가 채택되었다. 그러나 1956년 12월의 마지막 개정에서는 직선제 단체장하에서는 자치단체 직원의 인사가 공정하지 못하고 재선을 위한 인기정책이 만연하고 있다는 이유로 다시 임명제가 채택되었다. 지방자치단체는 재정의 국고 의존 때문에 중앙정부에 종속할 수밖에 없었는데, 이와 같은 지방자치단체법도 지방의 중앙 의존을 보장해주는 법이었다. 한국전쟁 중인 1952년 4월에는 시·읍·면의원선거가, 5월에는 도의원선거가 각각 처음 실시되었고 시·읍·면의회와 도의회가 개원되었다. 그러나 처음 선출된 지방의회의 의원들은 자치단체장이나 중앙정부를 견제하기는커녕 오히려 당시 이승만 대통령이 주도한 대통령직선제 개헌운동에 가담하여 국회를 공격하는 데 앞장서는 역할을 하였다. 1956년의 제2차 지방선거에서는 시·읍·면의원들과 서울특별시와 도의회의원들뿐만 아니라 시·읍·면장들 중 약 반을 직선제로 선출하였다. 제2차 지방선거의 결과는 도시에서 여당인 자유당의 지지기반이 약화되고 있다는 것을 나타냈으나 지방의원들이나 단체장의 역할은 그 전에 비해 다를 바가 별로 없었다.[6]

미국과 같은 대통령중심제 국가에서는 정당과 이익집단이 대통령을 견제한다. 야당뿐만 아니라 대통령의 출신정당인 여당의 의원들도 종종 대통령의 정책에 반대하고, 여러 이익집단들도 대통령의 정책이 그들의 이해관계에 위배되면 직접적으로든 그들이 지지하는 의원들을 통해서든 대통령을 견제한다. 제 1공화국의 정당들이나 이익집단들은 이와 같은 역할을 수행하지 못했다.

우선 제 1공화국시대의 여당인 자유당은 이승만이 대통령에 당선되어 행정부의 방대한 권력을 장악한 후에 국회를 이 권력에 봉사하는 기구로 만들기 위해 창당한 정당이었다. 이승만은 미군정시대에는 어떠한 정당에도 참여하기를 거부하였다. 한국민주당은 그에게 총재직을 제의했으나 우리나라에서는 정당정치가 파당정치로 전락하기 쉽다는 이유를 들어 이 제의를 수락하지 않고 모든 정파의 대동단결을 주창하였다. 그는 조직보다는 그 자신의 대중적 인기와 정치력을 바탕으로 해서 초대 대통령이 되었고 대통령이 된 다음에는 인사와 정책, 양면에 있어 모두 국회와 자주 충돌하였고 국회에서는 재선이 어려운 상황에까지 몰리게 되어 자유당을 창당하였다. 자유당이 기반이 되어 그가 대통령이 된 것이 아니라 그가 대통령이 되어 그의 권력기반을 보완하기 위한 하나의 방편으로 자유당을 창당한 것이다. 또한 대다수의 국회의원들과 유력 정치인들은 자유당에 참여하면 행정부의 권력이 제공해주는 여러 가지 혜택을 누릴 수 있고 관권의 역할이 컸던 당시 선거에서도 절대적으로 유리할 것이라는 기대를 가지고 자유당으로 몰려들었다. 자유당은 이승만이 장악하고 있던 행정부의 방대한 권력을 자원으로 해서 창당된 기생정당(寄生政黨)인 것이다. 다시 말해 이승만 대통령의 일차적 권력기반은 행정부였고 여당인 자유당은 그 다음의 부차적 권력기반이었다. 구미의 선진 민주주의국가에서는 행정부관료들의 정치적 중립성 때문에 행정부가 그 수반의 권력기반이 될 수 없으므로 정당은 중요한 정치적 역할을 하게 되나, 우리나라의 경우에는 행정부관료들이 대통

---

6) 손봉숙, 《한국지방자치연구》, 삼영사, 1985 참조.

령의 충실한 수족역할을 했기 때문에 정당은 행정부의 이와 같은 역할을 보완해주는 부차적 역할만을 수행하게 된 것이다. 제 1공화국시대의 여당은 대통령과 행정부에 종속적인 여당이었다.

제 1공화국시대의 야당은 이승만 정권에 대해 매우 비판적이었으나 1950년대 전반부까지는 약체 야당이었고, 후반부에는 이승만 정권에 대한 대체세력으로 성장하였으나 국회 내의 의석수에 있어서는 여당을 능가하지 못했다. 해방 후 두 달간에 미군정청에 등록된 정당의 수가 54개이고 1년 내에 그 수는 3백여 개로 증가되었다고 하나 그중 김구를 중심으로 한 한국독립당, 여운형이 이끄는 조선인민당(후에 근로인민당), 박헌영의 조선공산당(후에 남조선노동당), 송진우와 김성수가 이끄는 한국민주당이 주요정당들이었다. 이들 몇 개 정당의 대표들이 미군정시대에 영향력을 가졌던 것은 그 정당들의 대표들이 신생 한국의 대권을 쥘 수 있는 후보들이었기 때문이다. 그러나 박헌영의 조선공산당은 미군정시대에 이미 불법화되어 북한으로 들어갔고 여운형과 김구는 암살을 당하여 이승만에 대항할 만한 인물이 없었다. 한국민주당과 김성수는 여운형과 김구와는 달리 원래는 대권을 바라보지 않고 이승만을 지지하여 여당역할을 하려고 하였으나 이승만이 대통령이 된 후 그들에게 이러한 역할을 맡기지 않았기 때문에 야당으로 돌아선 정당이었다. 정당이 인물을 배출하는 게 아니라 인물이 정당을 만들어내는 우리나라 정당정치의 초창기에 이승만에 대항할 만한 인물이 야권에는 없었기 때문에 야당들은 1950년대 전반부까지는 약체일 수밖에 없었다. 한국민주당은 1949년 2월에 대한독립촉성 국민회의의 신익희 세력과 대동청년단의 지청천 세력과 결합하여 민주국민당을 결성하여 의원내각제 개헌을 추진하였고, 이승만이 자유당을 결성하여 직선제 개헌뿐만 아니라 사사오입 개헌까지 무리하게 강행한 후에는 장면을 중심으로 한 흥사단계와 현석호 등의 자유당 탈당파들과 결합하여 1955년 9월에 민주당으로 발전하게 되었다. 야당세력이 민주당으로 규합된 이후부터 민주당은 이승만과 자유당에 대한 대체세력으로 부상하였다. 민주당은 1956년의 제 3대 정·부통령선거에서 장면을 부통령으로 당선시켰고 1958년의 제 4대 민의원선거에서는 서울특별시와 대도시에서 대승하고 79명을 당선시켜 국회에서 33.9%의 의석을 차지하였다. 그러나 민주당의 제 3대, 제 4대 대통령후보였던 신익희와 조병옥은 모두 선거 도중 사망하는 비운에 처했고 그들이 살았더라도 이승만을 선거에서 물리치지는 못했을 것이다. 조봉암을 중심으로 하는 혁신세력은 민주당에 가담하려고 하였으나 야권 보수세력의 반대로 뜻을 이루지 못하자, 1956년에 조봉암은 대통령후보로 출마하여 216만 표(이승만 504만 표, 신익희 추모표 185만 표)를 획득하였고 동년 11월에 진보당을 창당하였다. 그러나 조봉암과 진보당은 1958년에 간첩죄와 국가보안법 위반혐의로 조봉암은 사형을 당하고 진보당은 해산되었다.

구미사회에서는 산업화가 진전되어 이해관계가 다양화됨에 따라 이익집단이 자생적으로 조직되었고, 또 어느 한 부분의 구성원들이 먼저 이익집단을 결성하면 이에 자극이나 위협을 받는 부분의 구성원들이 대항 이익집단을 결성하였다. 우리나라의 경우에는 미군정과 제 1공화국시대를 통해 등록된 단체의 수는 많았으나 경제발전단계로 볼 때 이익집단들이 자생적으로 조직될 수 있는 여건을 갖지 못하여 이러한 단체들 자체가 정치세력이나 정부의 권유로 결성되었거나 독자적으로 결성되었다 해도 그들에게 의존해 있는 경우가 거의 대부분이었다. 그리하여 미군정시대에는 수많은 단체들이 좌우 정치세력과 관계를 맺고 정치투쟁을 전개하였고 남북한 정부수립 후에는 이러한 단체들이 각각 남북한 정부의 어용단체로 기능하게 되었다. 예를 들어 제 1공화국시대의 대한노동조합총연합회의 전신은 대한독립촉성 노동총동맹이었고 이 단체는 미군정시대에 좌익 지배하에 있던 전국노동조합평의회에 대항하기 위해 우파 정치세력이 결성한 단체였다. 이 단체의 4대 위원장이었던 전진환은 이승만 정권의 초대 사회부장관으로 임명되고 그후 이 단체의 최고위원이 자유당 중앙위원에 선임되는 등 이 단체는 제 1공화국시대에 어용단체로 전락하였다.

제 1공화국의 정치제도는 이상 살펴본 바와 같이 대통령을 정점으로 한 비대한 행정부에 집중된 통치권력, 이와 같은 대통령과 행정부의 시녀로서의 의회, 대통령에 종속적인 사법부, 유명무실했던 지방자치 제도, 여당의 권력기생적 성격과 소수파 야당, 미발달되었고 행정부의 어용단체화한 이익집단으로 구성되어 있었다. 윤천주가 우리나라 정치 체계의 특성이라고 강조하고 있는 단극적 통치형 정치제도라고 말할 수 있겠다.[7]

이승만 정권은 이와 같은 단극적 통치형 정치제도를 가지고 국가의 건설, 국가에 위협적인 존재의 제거, 한국전쟁의 수행, 전쟁 중과 후의 대미외교 등 신생 대한민국이 당면한 긴급한 과제를 해결하는 데 실수도 있었지만 비교적 효율적으로 대처했다고 평가할 수 있다. 그러나 제 1공화국 후반부에는 또다른 긴급과제로 부각된 민생해결에 제도를 적절하게 이용하지 못하고 오히려 무리한 집권연장에 잘못 이용하는 우를 범했던 것이다.

그레고리 헨더슨은 제 1, 3공화국의 정치가 중앙권력을 향해서 모든 활동적 요소가 빨려들어가는 "회오리바람 정치"(*the politics of vortex*)라고 말하고 이와 같은 회오리바람 정치현상의 원인을 경제적, 종교적, 정책적, 이데올로기적 대립과 이러한 대립을 반영한, 중간집단이 부재한 우리 사회의 동질성에서 찾았다.[8] 그러나 이러한 회오리바람 정치현상의 원인은 단극적 통치형의 정치제도에서도 찾아야 한다. 단극적 통치형의 정치제도하에 있던 제 1공화국시대의 국민들과 여러 집단들에게는 이에 순응하는 것이 그들 각각의 합리적 선택이었고 이러한 순응은 조선왕조시대와 일본 식민지시대를 통해서 역사적으로 형성된 그들의 이익관이었기 때문이다. 또한 단극적 통치형 정치제도가 무너진 제 2공화국시대에 정책적, 이데올로기적 대립이 발생하고 이를 반영한

---

7) 윤천주, 《한국정치체계-단극적 통치형》, 일조각, 1991 참조.

8) Henderson, Gregory, *Korea: The Politics of the Vortex*, Cambridge: Harvard University Press, 1968, pp. 4~5.

중간집단들이 결성되기 시작하였다는 사실을 보면 회오리바람 정치현상의 원인이 우리 사회의 성격뿐만 아니라 정치제도의 특성에도 있다는 것을 쉽게 이해할 수 있다.

제 1공화국이 단극적 통치형 정치제도를 가졌다고 해서 우리 사회의 모든 세력이 언제나 중앙권력을 향해서 빨려들어간 것은 아니다. 이러한 제도 안에서도 정부반대의 역할을 제도적으로 부여받은 야당은 항상 정부를 반대했고, 특히 사사오입 개헌 이후부터는 학생들, 교수들, 언론인들은 이승만 정권에 대해 매우 비판적이었다. 교수들이나 언론인들과 같은 지식인들은 정부에 대해 비판적이어야만 한다는 사명감을 가지고 있었다. 제 1공화국시대에는 이들을 정부요직에 임명하는 일이 별로 없었기 때문에 지식인들의 이러한 자세에는 상당한 일관성이 있었다. 학생들은 일반국민들과 다른 이익관을 가지고 있기 때문에 보다 자유롭게 정부를 비판하고 반대할 수 있었다. 정부를 비판하거나 반대하면 일상생활에 불편을 겪는 일반국민들도 대통령선거, 국회의원선거, 지방의원선거 때에는 익명성이 제도적으로 보장되기 때문에 중앙권력에 대한 그들의 불만을 나타낼 수 있었다. 제 1공화국의 단극적 통치형 정치제도는 그 안에 반대 메커니즘을 가지고 있는 제도였다.

제 1공화국시대의 전반부에는 이러한 반대 메커니즘이 활발하게 작동하지 못했다. 이승만 대통령 개인의 독립운동 경력에 기반을 둔 대중적 인기, 미국의 한국전쟁 개입과 북한 남침 분쇄, 휴전반대와 휴전회담 중 미국 정부의 동의를 받지 않고 독단적으로 감행한 반공포로 석방, 그 이후 커다란 액수의 미국 원조 확보, 일본에 대한 고자세 정책 등은 1954년 국회의원선거에서 자유당의 압도적 승리에 나타난 바와 같이 이승만 정권에 대한 일반국민들의 지지를 높였기 때문이다. 그러나 제 1공화국시대의 후반부에는 사사오입 개헌을 하고 대다수 국민들을 빈곤으로부터 해방시키지 못하여 이에 대한 불만이 1958년의 국회의원선거 결과에서 보는 바와 같이 반대 메커니즘을 활발하게 작동시켰다. 이러한 시대적 분위기 속에서 이승만 정권은 1960년에는 부통령후보였던 이기붕의 당선을 위해 사전투표 등의 부정선거를 감행함으로써 학생들의 반정부데모를 촉발시켰고 경찰이 그들에게 발포함으로써 일반국민들, 미국 정부, 군의 지지를 일거에 잃고 붕괴하였다.

이승만 정권은 부정선거를 규탄하는 학생들의 데모로 무너졌지만 그 이후 제3, 4, 5공화국에 비해 그 작동 에너지로 규범적 권력의 비중을 많이 가지고 있던 정권이었다. 다시 말해 농민들이 70% 이상이 되었던 국민들 중 대다수는 이승만 정권이 그들에게 무섭게 굴었거나 경제적 보상을 가져다주었기 때문보다는 그 수립절차로 볼 때 정통성을 가지고 있다고 믿었기 때문에 이 정권에 자발적으로 순응한 정도가 상대적으로 컸다. 이승만은 그 자신이 대통령직선제에서 항상 승리할 수 있다는 자신을 가지고 있었기 때문에 국민의 직접적 의사표시와 선거를 강조하였다. 대통령을 국민이 직접 선출해야 되고 정권은 국민의 선거에 의해 수립되어야만 한다는 정치적 신념은 우리 국민들이 이 시대에 획득한 신념이었다. 아미타이 에치오니는 정치권력을 강제적 권력, 경제적 권력, 규범적 권력으로 나눈 바 있다. 여기서 강제적 권력은 육체적 제재나 제재의 위협에 기반을 둔 권력이고, 경제적 권력은 물질적 자원과 보상의 통제에 근거한 권력이고, 규범적 권력은 상징적 보상과 박탈에 기반을 둔 권력이다.[9] 제1공화국시대의 단극적 통치형 정치제도는 그 이후 제2공화국시대라는 1년도 못 되는 짧은 기간을 제외하고는 반복적으로 나타나 오늘날까지 지속되고 있는 단극적 통치형 정치제도에 비한다면 절차적 정통성에 기반한 규범적 권력의 비중을 상대적으로 크게 가지고 있었다. 이승만 정권이 1960년 부정선거로 규범적 권력의 파산상태에 빠져 일순간에 붕괴한 사실은 당시 정권유지의 조건으로서 절차적 정통성이 얼마나 중요했는가를 나타내주는 증거라고 볼 수 있다.

---

9) Etzioni, Amitai, *A Comparative Analysis of Complex Organizations*, New York: The Free Press, 1961.

제 3 장

제 2공화국의 정치제도

이 정 복

제 2공화국시대에 우리나라는 의원내각제를 채택했다. 1960년 4월 27일 이승만 대통령의 사임 이후 민주당은 전신이었던 한국민주당과 민주국민당이 집요하게 추진한 정치제도였던 의원내각제 개헌에 착수하였다. 의원내각제 개헌은 당시 민의원의 과반수 이상의 의석을 차지하고 있던 자유당 소속의원들도 찬성하여 국회 본회의에서 출석의원 215명 중 찬성 208명, 반대 3명의 압도적 지지로 통과되었다. 자유당 의원들의 의원내각제 지지는 그들이 이승만 대통령에 의존해 있었던 만큼 그의 사임을 계기로 힘을 잃고 민주당의 의원내각제 개헌의사에 따를 수밖에 없었거나 혹은 의원내각제 개헌에 스스로 찬성했거나 두 가지 경우 중 하나였을 것이다. 정치인들, 지식인들, 일반국민들 중에서 의원내각제 개헌에 이의를 제기하는 사람은 아무도 없었다. 제 1공화국의 대통령중심제 헌법이 이승만 대통령의 독주를 초래했던 만큼 이러한 독주를 막아줄 의원내각제 개헌이 당연하다는 것이 당시의 사회분위기였다. 허정 외무부장관을 대통령 권한대행으로 하는 과도정부도 민주당이 원하는 의원내각제 개헌을 신속하게 추진하였다. 이 대통령의 사임과 동시에 출범한 과도정부는 2개월 이내에 국회가 의원내각제 개헌을 의결할 수 있도록 하였고 3개월이 되는 7월 29일에는 개정 헌법에 따른 총선거를 실시하여 8월에는 의원내각제 정부를 출범시켰다. 허정 과도정부의 이러한 자세는 1979년 10월 박정희 대통령의 암살 이후 대통령 권한대행을 맡은 최규하 정부가 개헌작업에 늑장을 부려 결과적으로 우리나라 정치의 민주화를 지연시킨 것과 아주 대조적이라 할 수 있다.

의원내각제 개헌은 4월혁명이라는 외부환경의 충격을 계기로 이루어진 제도적 변화였고 제1공화국의 대통령중심제 헌법과는 커다란 차이가 나는 헌법이었다. 그러나 제2공화국 헌법은 전면적으로 다시 쓴 헌법이 아니라 구헌법의 개정절차에 따라 구헌법 조항들을 개정하는 형식을 취했다. 제3, 4, 5, 6공화국의 헌법은 모두 헌법을 전문까지 포함해서 전면적으로 다시 쓴 헌법이었다.

제2공화국 의원내각제의 제도적 특성을 소개하기 전에 제2공화국 헌법은 제1공화국 헌법의 제18조, 제19조, 제84조의 경제정의 조항들을 개정하지 않고 그대로 유지했다는 점이 중요하다. 제2공화국이 실현가능성이 별로 없는 이러한 조항들을 헌법에 포함시킨 것은 제1공화국시대와 마찬가지 이유에서였다. 제3, 4, 5, 6공화국의 헌법은 국가가 필요에 따라 경제를 통제할 수 있다는 조항들을 가지고 있었지만 제1, 2공화국 헌법 제18조에 명시된 근로자 이익분배 균점권이나 제19조에 있는 극빈자들이 국가의 보호를 받을 권리 등은 포함하고 있지 않았다. 제1, 2공화국 헌법은 우리나라의 경제현실과는 동떨어진 것이었으나 경제정의 실현이라는 헌법상의 목표설정에 있어서는 그 이후의 헌법들보다 진보적인 것이었다.

의원내각제는 영국이나 독일을 비롯한 대부분의 서구국가들에서 볼 수 있는 바와 같이 의회와 내각의 권한이, 다시 말해 입법권과 행정권이 내각에 융합되어 있는 안정되고 강한 정부체제가 될 수도 있고, 독일의 바이마르 공화국과 프랑스 제4공화국에서와 같이 정치적 불안정과 혼란을 야기할 수도 있다.

제 2공화국시대의 의원내각제는 서구의 경우와 같이 안정되고 강한 정부체제가 될 수 있는 세 가지 제도적 조건 중 두 가지는 갖추고 있었다. 첫째로 독일의 헌법학자인 허멘스는 바이마르 공화국이 정치적 불안정과 혼란으로 붕괴하고 나치즘 체제가 들어선 원인 중 하나로 바이마르 공화국의 의원내각제가 선거방식으로 비례대표제를 가지고 있었던 데 기인한다고 지적하고 영국과 같은 소선거구, 상대적 다수제가 안정된 의원내각제에 공헌한다고 주장한 바 있다.[1] 제 2차 세계대전 후 독일의 의원내각제가 비례대표제를 가지고도 안정된 강한 정부체제를 유지하고 있는 것을 보면 이러한 주장이 반드시 맞는 것은 아니나 비례대표제하에서는 의회 내에 과반수 이상의 의석을 차지하는 정당이 나타나기 어렵고 다당체계가 나타나는 것이 상례이다. 제 2공화국의 의원내각제는 허멘스의 주장과 같이 제 1당에게 그 당의 총 득표율보다 훨씬 많은 의석을 배분하는 제 1공화국시대의 소선거구, 상대적 다수제를 민의원선거제도로 유지하였다. 처음 실시한 참의원선거제도는 서울특별시와 도를 선거구로 하여 한 선거구에서 2인 내지 8인의 의원을 선출하는 중선거구제도와 유권자들이 의원정수의 반수 이하의 후보자에 투표할 수 있는 제한연기제를 채택하였다. 참의원선거제도는 비례대표제와 유사한 결과를 내는 선거제도이나 국무총리 선출권과 내각불신임권은 민의원에 있었다.

둘째로 이러한 선거제도에 따른 총선거에서 오랫동안 이승만 대통령의 독주에 대한 반대투쟁을 이끈 민주당이 실제로 민의원과 참의원 양원에서 모두 압도적 다수의석을 차지하였다. 민주당은 민의원선거에서는 42%의 총 득표율로 총의석 233석의 75%인 175석을 차지하였고 참의원선거에서는 총 58석 중 31석을 획득하였다. 제 1공화국시대에 집권당이었던 자유당은 민의원에서 2석, 참의원에서 4석을 획득하였을

1) Hermens, F. A., *Democracy or Anarchy? A Study of Proportional Representation*, Notre Dame: Notre Dame University Press, 1941.

뿐이다. 새로이 창당된 진보정당이었던 사회대중당과 한국사회당이 이 선거에 참여하였으나 참패하였다. 민의원과 참의원에서 사회대중당은 각각 4석, 1석을, 한국사회당은 각각 1석씩을 차지하였다. 무소속후보들이 민의원에서 49명, 참의원에서 20명 당선하여 의석수에 있어 민주당 다음의 위치를 차지하였다. 민주당 정권은 당시 긴급한 해결을 요하는 과제들을 신속하게 처리할 수 있는 탄탄한 수적 기반을 양원, 특히 민의원에 가지고 있었다.

그러나 제2공화국의 의원내각제는 이 체제를 안정되게 만들어주는 세 번째의 제도적 조건인 정당기율(*party discipline*)을 결여하고 있었다. 서구의 의원내각제는 미국과 같은 권력분립적 대통령제에 비해 훨씬 강한 정당기율을 가지고 있다. 권력분립적 대통령제에서는 대통령이 국민들에 의해 선출되고 임기를 가지고 있기 때문에 정당기율이 약해도 행정부의 안정성은 손상을 받지 않는다. 이에 반해 의원내각제에서는 총리와 내각의 안정성이 항상 의회 내에서의 다수당 의원들의 일사불란한 지지에 기반하고 있기 때문에 이 당의 기율이 없다면 총리와 내각은 안정성을 확보하기 어려운 것이다. 서구의 경우 의원내각제에서의 정당은 그 내부에서는 활발한 논의와 대립이 있으나 일단 결정이 나면 이 결정에 반대하는 의원들도 의회 내에서는 이에 따르는 민주적 집중제(*democratic centralism*)를 상당 정도 확립하고 있다. 서구의 이와 같은 정당기율은 저절로 형성된 것이 아니라 정당의 지도부가 의원들을 통제할 수 있는 내부 메커니즘의 도움으로 형성된 것이다. 비례대표제를 선거제도로 가지고 있는 나라에서는 의원들이 정당의 후보명부에서 선출되는 것이 상례이기 때문에, 그리고 소선거구, 상대적 다수제에서는 의원들이 그들 자신의 공천확보, 선거자금 마련, 정부나 당의 요직담당을 당지도부에 의존하고 있기 때문에 당지도부 노선에 따를 수밖에 없는 것이다.

제2공화국의 집권당이고 의회 내에서는 유일한 정당이라고까지 말할 수 있는 민주당의 지도부와 일반의원들은 총선 직후 구파와 신파로 분열되었고 이러한 분열로 민주당은 아무 기율이 없는 정당으로 전락하였다. 민주당의 구파는 한국민주당-민주국민당 인사들을 가리키고 신파는 1955년에 구파인사들과 합류하여 민주당을 결성한 인사들을 가리킨다. 이들 구파와 신파는 이념이나 정책 면에서 차이를 가졌던 것이 아니라 인사문제로 서로 대립했다. 구파와 신파는 상징적 존재인 대통령 후보에 대해서는 서로 합의를 보아 대통령 선출기구인 양원합동회의에서 구파에 속하는 윤보선을 재석 259명 중 208명의 지지로 당선시켰다. 그러나 의원내각제 정부의 실권자인 총리에 대해서는 합의를 볼 수 없었다. 윤보선 대통령은 먼저 구파의 김도연을 총리후보로 지명하였으나 민주당 신파 의원들은 민의원에서 그의 인준을 거부하였고, 그 직후 윤대통령이 두 번째로 지명한 신파의 장면은 의원 117명의 지지로 인준을 받았으나 이는 인준에 필요한 의원수인 민의원의원 총수 233명의 딱 과반수였다. 장면을 총리로 지지한 의원 중 한 명만 이탈하여도 그의 내각은 붕괴될 위험을 갖고 있는 불안정한 과반수였다.

장면 내각이 불안정하였다는 것은 그가 1961년 5·16 군부쿠데타로 물러나기 전까지의 9개월의 재임기간 중 3번의 개각을 할 수밖에 없었던 사실에도 나타난다. 장면 총리는 첫 번째 내각을 그를 지지한 신파 중심으로 구성하였으나 이러한 조각에 대해 구파는 물론이고 신파의 소장층도 반발하여 10여 일 만에 신파 8명, 구파 5명, 무소속 2명으로 구성되는 개각을 해야만 했다. 그러나 구파는 이러한 인사에 불만을 품고 9월 22일에는 신당발족을 선언하였고 신파는 민주당으로 원내교섭단체 등록을 하였다. 구파는 다시 분당파와 협상파로 나뉘어 분당파는 10월 18일 신민당을 발족시켰다. 구파 분당 후 민주당은 다시 노장파, 소장파, 합작파로 나뉘었고 노장파가 소장파 모임인 소장동지회의 해체를 요구하자 소장파는 1961년 1월 26일에 신풍회를 결성하였다. 장면 총리는 민주당 내의 이러한 분파경향을 막기 위해 1월 30일에는 세 번째 조각을 하고 각파의 간부들을 입각시켰다.

제 2공화국의 의원내각제 헌법은 서구의 경우와는 달리 의원들의 정당기율을 파괴시키는 정치적 효과를 낳았고 이와 같은 정당기율의 파괴는 의원내각제 정부의 안정성을 크게 손상시켰다. 제1공화국의 대통령중심제 헌법은 여야당 모두에, 특히 여당에 정당기율을 확립시켰으나 이러한 여당의 기율은 대통령의 독주체제 확립에 공헌하였다. 제1공화국시대의 집권당이었던 자유당은 대통령과 행정부의 권력에 기생하는 정당으로 내부적 조직발전을 할 필요를 갖지 못하였음은 이미 지적한 바와 같다. 1960년 7월 29일 총선에서의 자유당의 참패와 해체는 자유당이 당으로서의 독자적 자생력이 없는 정당이었음을 나타내주는 증거이다. 제1야당이었던 민주당은 이승만 독주정권에 반대한다는 명분에서 단합된 자세를 가지고 있었을 뿐이지 당 자체가 조직적으로 발전하고 있지는 못했다. 민주당은 의원들과 그들 각각의 선거조직의 결합체로 분권적인 간부정당이었고, 의원내각제의 채택으로 정권이 그들의 표에 좌우되자 원심적 분열상을 나타내게 된 것이다. 제1공화국시대의 대통령중심제는 정당발전을 저해하였고 이와 같이 발전이 저해된 정당을 기반으로 한 제2공화국시대의 의원내각제는 불안정성을 피할 수 없었다고 요약할 수 있다.

제2공화국의 의원내각제는 집권 민주당의 분열로 인해 불안정성을 모면할 수 없었지만 이 체제가 오랫동안 지속되었더라면 정당과 의회정치를 발전시켜 장기적으로는 영국형 의원내각제로 발전할 가능성을 가졌을지도 모른다. 그러나 당시의 정치상황은 불안정하였고 약한 내각이 오랫동안 지속될 수 있는 안이한 상황이 아니었다. 우선 무엇보다도 첫째로 4월혁명에서 이승만 정권을 무너뜨린 대학생들과 지식인들은 제1공화국시대의 부정부패 청산과 고급관료·장성·부정축재자들 등의 처벌을 요구하였다. 둘째로 일부 진보적 대학생들은 남북협상을 통한 통일과 미군철수까지도 주장하는 등 반공시대의 터부를 깨뜨리는 요구를 하였다. 불안정한 장면 내각은 이와 같은 요구에 신속하게 대처하지 못하여 대학생들의 빈번한 가두데모, 4·19 부상학생들의 국회의사당 난입 등과 같은 사회적 불안정을 야기했고 이러한 사회적 불안정은 장면 내각을 더욱 불안정하게 만들었다. 셋째로 박정희 장군을 중심으로 하는 군의 일부 세력은 4월혁명 이전부터 제 3세계 다른 나라들에서 이미 일어나고 있던 군부쿠데타를 계획하고 있었다. 그들은 군부쿠데타의 시기를 기다리고 있었고 장면 시대의 정치·사회적 불안정은 그들에게 이 시기를 제공하고 있었다.

제 2공화국 헌법은 제 78조에서 사법부의 독립을 보장하기 위해 대법원장과 대법관을 법관의 자격이 있는 자로 조직되는 선거인단이 선거하고 대통령이 이를 확인하도록 하였고 기타의 법관은 대법관회의의 결의에 따라 대법원장이 임명하도록 규정하였다. 그러나 제 2공화국 헌법도 법률의 위헌여부심사, 헌법에 관한 최종적 해석, 국가기관간의 권한쟁의, 정당의 해산, 탄핵재판, 대통령·대법원장과 대법관의 선거에 관한 소송은 대법원이 아니라 헌법재판소가 관장하게 하였다. 제 1공화국시대의 헌법위원회와 탄핵재판소를 대치할 헌법재판소의 임기 6년의 심판관 수는 9인으로 하였고 대통령, 대법원, 참의원이 각 3인씩 선임하도록 하였다. 제 2공화국 국회는 1961년 4월 26일에 대법원장과 대법관을 선거할 선거인단의 정수, 조직, 선거에 관한 법을 제정하였고 그 며칠 전인 4월 17일에는 헌법재판소법을 제정하였다. 그러나 주지하다시피 제 2공화국은 헌법재판소도 구성하지 못하고 대법원장 선거를 며칠 앞두고 5·16 군부쿠데타를 맞이했던 것이다.

제 2공화국 헌법은 제 1공화국 헌법과는 달리 내각수반인 국무총리가 사법부에 발언권을 가질 근거를 전혀 마련하지 않았다. 이 때문에 그런지는 몰라도 사법부가 장면 내각에 특별히 협조한 것 같지는 않다. 장면 정권하의 검찰은 4월혁명 당시 발포책임자를 포함하는 부정선거 책임자 50명을 기소하고 그중 9명에게는 사형을 구형했으나 사법부는 1명에게만 사형을 선고하고 4명은 무죄나 집행유예로 석방하였다. 검찰로부터 8개월에서 10년까지를 구형받은 39명의 피고들도 이보다 훨씬 가벼운 판결을 받았고 그중 16명은 석방되었다. 이러한 재판결과는 10월 11일 학생들의 국회의사당 난입을 촉발시켰고 장면 내각에 대한 학생들의 불만을 고조시켰다. 이에 장면 내각은 반민주행위 처벌을 위한 소급입법을 하고 특별재판소와 특별검찰부를 설치할 수 있는 법적 근거를 헌법부칙에 두는 개헌안을 11월 29일 통과시켰으나 이 사건은 장면 내각에 적지 않은 정치적 손상을 입혔다.[2)]

장면 내각은 11월에 제 1공화국시대의 지방자치법도 보다 민주적으로 개정하였다. 이 개정에서는 지방의회의원의 정원을 재조정하고 민주당이 제 1공화국시대에 주장했던 바와 같이 서울특별시장과 도지사, 그리고 시 · 읍 · 면장 및 동 · 이장을 주민들의 직선제로 선출하도록 하고 임기는 4년으로 하였다. 개정된 지방자치법에 따른 서울특별시 및 도의회 의원선거는 12월 12일에, 시 · 읍 · 면의회 의원선거는 12월 19일에, 시 · 읍 · 면장 선거는 12월 26일에, 서울특별시장 및 도지사 선거는 12월 29일에 각각 실시되었다.[3)]

1960년 12월의 지방선거는 우리 국민들이 민주당에서 분당해 나온 구파가 결성한 신민당보다는 신파의 민주당을 훨씬 더 지지하고 있으나 무소속에 대한 지지가 민주당에 대한 지지보다 높고 혁신계 정당에 대한 지지는 거의 없다는 결과를 나타내었다. 민주당은 시 · 읍 · 면의회 의원 당선자 총수 16,851명 중 16.5%를 차지한 데 비해 신민당은 1.9%를 차지한 데 불과하였고 혁신계 정당 중에서는 사회대중당만이 면의회 의원을 3명 당선시켰다. 그러나 무소속출신 당선자 수는 81.2%에 달했다. 시 · 읍 · 면장 선거에서는 당선된 단체장 총수 1,467명 중 22.6%가 민주당 출신인 데 비해 신민당 출신은 1.4%에 불과하였고 혁신계 정당들은 단 한 명의 후보도 당선시키지 못했다. 당선자 중 무소속출신은 75.7%이었다. 서울특별시와 도의회 의원선거에서는 당선자 총수 487명 중 40%가 민주당 출신, 14.4%가 신민당 출신, 0.4%가 사회대중당 출신, 44.4%가 무소속출신이었다. 제 1공화국시

---

2) 한승주, 《제 2공화국과 한국의 민주주의》, 종로서적, 1975, pp.137~152.

3) 손봉숙, 《한국지방자치연구》, 삼영사, 1985, pp.114~139 참조.

대와 비교할 때 시 · 읍 · 면 단위에서는 의원들 중에서든 단체장들 중에서든, 서울특별시와 도에서는 의원들 중 무소속출신의 당선자들이 압도적으로 더 많았다. 다만 역사상 처음 실시한 서울특별시장과 도지사 선거에서는 당선자 10명 중 민주당 출신이 6명, 신민당 출신이 3명, 무소속이 1명이었다.

12월 지방선거의 결과는 의원내각제하의 집권당인 민주당의 득표력이 무소속의 득표력보다 더 작았다는 것을 나타내는 한편, 다른 한편에 있어서는 국민들의 정치적 무관심과 냉소주의가 높았다는 것도 나타내었다. 서울시민들의 특별시장 선거 투표참여율은 36.4%, 도민들의 도지사 선거 투표참여율은 44.8%, 도시민들의 시장 선거 참여율은 54.6%에 불과했기 때문이다. 지방의회 선거에 있어서도 서울특별시의회 의원선거 참여율은 46.2%에 불과하였다. 이와 같은 투표율은 불과 5개월 전 국회의원선거 투표율이 84%였던 것에 비할 때 아주 낮은 투표율이라고 아니할 수 없다. 읍 · 면장 선거와 읍 · 면 의회 선거 참여율은 70~80% 이상의 높은 투표율을 나타냈으나 정치적으로 더 중요한 보다 높은 단위의 지방선거 투표참여율은 매우 저조하였던 것이다.

의원내각제하에서는 정당과 이익집단들의 행태도 제 1공화국 대통령중심제하에서와 달랐다. 이미 소개한 바와 같이 여당인 민주당이 신파와 구파로 분열하였고 구파는 따로 신민당을 결성하였다. 또한 당내에는 여러 파벌들이 형성되어 상호간 대립하였다. 혁신계 정당이었던 사회대중당도 분열하였다. 사회대중당은 원래 김달호가 이끌던 진보당계와 서상일, 이동화 등을 중심으로 하는 민주혁신당계가 만든 정당인데, 민주혁신당계가 사회대중당으로부터 떨어져나와 조합주의자인 전진한이 이끄는 한국사회당, 과거 사회혁신당의 총수였던 고정훈 등과 통일사회당을 결성했다. 이들 혁신정당들은 국회의원선거에서 겨우 몇 석밖에 차지하지 못하였기 때문에 국회 내에서 투쟁할 수 있는 위상을 갖지 못했다.

혁신정당들은 통일문제를 이슈로 하여 국회 밖에서 투쟁하였고 보다 광범위하게 사회세력을 투쟁에 끌어들이기 위해 사회대중당은 민자통을 조직하였고, 통일사회당은 중립 통연을 지지했다. 그들은 모두 외국군대의 철수와 한반도의 영구중립을 주장했으나 사회대중당과 민자통은 북한 공산주의자들과의 무조건적 협력을 강조하고 대학생들의 남북학생회담 제의를 지지하였고 통일사회당과 중립 통연은 전 한반도의 민주선거를 우선적 목표로 역설하였다. 사회대중당이 통일사회당보다 더 급진적인 노선을 가지고 있었다고 말할 수 있다. 이 두 혁신계 그룹은 통일문제에 대해 서로 대립하였으나 민주당 정부의 한미경제협정 체결에 대한 반대, 그리고 민주당 정부가 가두시위와 용공적인 지하활동을 규제할 목적으로 제안한 법안에 대한 반대에 있어서는 공동으로 투쟁하였다. 장면 정부는 혁신정당들, 학생들, 노조의 반정부 가두시위가 격화되자 혁신계 인사들을 체포하는 등의 강경책도 썼고 그 이후 가두시위가 좀 진정되기도 하였다.[4]

제2공화국 헌법은 제13조 2항에 정당은 법률이 정하는 바에 의하여 국가의 보호를 받고 정당의 목적이나 활동이 민주적 기본질서에 위배될 때에도 헌법재판소의 판결로서만 해산된다고 규정하였기 때문에 혁신계 정당은 시대적 제약을 뛰어넘어 보다 과감히 활동할 수 있었다.

노동조합을 포함한 제1공화국시대의 이익집단들이 대부분 이승만 정권의 어용단체였던 데 반해 제2공화국시대에는 이러한 집단들이 독자성을 띠기 시작했다. 제2공화국 헌법은 집회, 결사의 자유에 붙어 있던 제1공화국시대의 유보조항을 삭제하였고 이에 따라 여러 단체들이 조직되었다. 자유당 정권의 어용단체란 낙인이 찍혔던 자유문인협회, 한국음악단체연합회 등은 해체되었고 대한노총은 노동자들이 부정하고 정부도 무시하는 명목상의 기구로 전락하였다. 교원들의 전국교원노동조합, 은행원들의 전국은행노조연합과 같은 새로운 화이트칼라 노조들이 생겨났고 기존의 단위노조들도 보다 활발하게 쟁의활동을 하

4) 한승주, 앞의 책, pp. 172~180.

였다. 특히 교원노조에 관해서는 장면 내각과 국회가 커다란 의심을 가지고 있었으나 통제할 수 있는 능력을 갖지 못했다. 부정축재 문제로 곤욕을 치르던 대기업가들은 이 문제에 관한 그들의 이해관계를 관철하기 위해 한국경제인협회의 결성을 추진하던 중 5 · 16 군부쿠데타를 맞았다.

제 2공화국시대의 장면 내각에게는 학생들이 가장 다루기 어려운 존재였다. 학생들이 이승만 정권을 무너뜨린 주역이고 장면 정권은 그 혜택을 본 수혜자였기 때문에 학생들의 발언권은 그 어느 때보다도 강했다. 여러 학생단체들이 있었지만 그중 서울대학교의 민족통일연맹은 1960년 5월 초 남북학생회담을 열자는 제안을 하여 북한으로부터 열렬한 지지를 받았다. 재향군인회, 종교단체들, 북한 피난민단체, 전몰군경 유족단체, 체육단체, 상업단체, 기타 여러 사회문화단체들은 혁신정당, 교원노조, 진보적 학생단체 등의 혁신적 통일운동에 반대하고 그들의 우익연합체를 결성하기도 하였다.[5] 제 2공화국시대의 이익단체들은 경제적 이익을 추구했을 뿐만 아니라 해방 초의 기간에서와 같이 정치화되어 적극적 정치참여를 하였다.

제 2공화국의 정치제도는 이상 살펴본 바와 같이 불안정한 내각, 활발한 의회, 독립적 사법부, 무소속이 최대 다수였던 지방자치단체의 의회와 집행부, 분열되고 파당화된 여당, 급진적 장외활동을 편 혁신계 야당들, 정부와는 독립적으로 정치화되고 있던 이익집단들로 구성되어 있었다. 제 1공화국시대의 단극적 통치형 정치제도에 비교할 때 다극적 통치형 정치제도라고 불러도 좋겠다.

칼 도이취는 해결해야 될 과제가 긴급한 해결을 요하고 정부가 약하다는 것이 실수를 저지르는 것보다 더 큰 위험이 되고 있는 나라는 의원내각제를 채택하고, 이와는 반대로 해결해야 될 과제가 그렇게 긴급하지 않고 정부가 실수를 저지르는 것이 정부가 약해서 아무 행동을

---

5) 위의 책, pp. 180~196.

못하는 것보다 더욱 위험한 나라는 권력분립적인 대통령중심제를 채택하라고 권고한 바 있다.[6] 제 2공화국 정부는 과거청산과 민생문제 해결이라는 긴급한 해결을 요하는 두 가지 과제를 가지고 있었다. 제 1공화국시대의 부정부패와 비리를 청산하라는 것은 제 1공화국을 무너뜨린 4월혁명의 주역인 학생들과 그들을 지지한 지식인들과 시민들의 강력한 요구였다. 민생문제에 대한 대책을 세우라는 것도 건국과정과 한국전쟁을 통해 빈곤을 감내한 우리 국민 모두의 절실한 희망이었다. 그러나 제 2공화국의 의원내각제 정부는 도이취가 의미한 바와 같이 입법권과 행정권이 융합되어 있는 안정되고 강한 정부가 되지 못하고 권한이 내각, 의회, 사법부뿐만 아니라 국가와 사회에도 분산되는 경향을 보이던 다극적 통치형 정부가 되어 중요한 과제들을 신속하고 효율적으로 처리할 수 없었다. 그리고 제 2공화국의 의원내각제 정부가 미국 정부와 같은 권력분립적 대통령중심제보다도 불안정하고 약한 다극적 통치형 정부가 된 것은 이미 지적한 바와 같이 정당과 같은 정치적 하부구조의 미발달에서 그 원인을 찾을 수 있다.

전후 서구의 의원내각제 정부와는 달리 불안정하고 약한 다극적 통치형 정부로 전락한 제 2공화국시대의 의원내각제는 다음과 같은 의미에서 시대적 요청에 적합하지 않은 제도였다. 첫째로 이 제도는 제 2공화국이 당면한 과거청산과 민생문제를 신속하고 효율적으로 처리하는데 도움이 되지 않았다. 둘째로 제 2공화국시대에는 제 1공화국시대에 억제되었던 여러 가지 정치·경제적 요구가 분출되어 이데올로기적 대립과 양극화현상이 일어났다. 한승주는 제 2공화국시대에 일어난 우리 사회의 이러한 대립과 양극화현상을 제 2공화국 붕괴의 가장 큰 원인으로 부각시키고 있지만[7] 제 2공화국이 제 1공화국시대와 같이 대통령중심제를 채택했더라면 이러한 대립과 양극화 현상이 우선은 그렇게 심하

6) Deutsch, Karl W., *Politics and Government*, Boston: Houghton Mifflin Company, 1980, p. 184.

7) 한승주, 앞의 책 참조.

게 일어나지 않고 또 일어난 후에는 이에 보다 적절하게 대처했을지도 모르겠다. 셋째로 제 2공화국이 대통령중심제를 가졌더라면 박정희 장군을 비롯한 군 일부 세력의 군부쿠데타 계획을 좌절시켰을지도 모른다. 장면 정권은 의회 내에서 과반수 이상의 지지세력을 확보하기 위해 항상 이에 큰 관심을 기울여야 했고 그 때문에 군부쿠데타는 그 발발설이 있었음에도 불구하고 소홀하게 취급하는 잘못을 범한 것이다.

제 2공화국시대에는 헨더슨이 우리 정치의 특성이라고 강조한 회오리바람 정치현상은 일어나지 않았다. 오히려 이에 반대되는 정치의 원심화 경향이 일어났다. 제 2공화국의 의원내각제, 혹은 다극적 통치형 정치제도가 이러한 변화의 원인이라고 볼 수 있다. 국민들은 이승만 대통령의 단극적 통치와 정치적 독주에 불만을 갖게 되었지만 제 2공화국의 다극적 통치와 이에 부수된 정치적 혼란에도 불만을 갖게 되었다. 그리고 이러한 불만은 1960년 말의 지방자치단체선거에서의 무관심과 냉소주의로 나타났다. 장면 정권은 절차적 정통성을 가지고 있고 통치 스타일에 있어서도 민주적이었으나 이것만 가지고 국민들의 정치적 지지를 확보할 수는 없었다. 장면 정권이 5 · 16 군부쿠데타로 무너졌을 때 이를 매우 부당하다고 생각하고 경악한 국민들은 많지 않았다. 제 2공화국의 대통령조차도 그 자신이 민주당 구파출신이어서 그랬는지는 모르지만 군부쿠데타에 대해 "올 것이 왔다"는 반응을 보였다.

제 4 장

제 3공화국의 정치제도

이 정 복

제 1공화국시대 대통령중심제에 대한 반작용으로 제 2공화국시대의 의원내각제가 탄생되었다면, 제 2공화국시대 의원내각제에 대한 반작용은 2년간의 군부정권과 제 1공화국시대와 같은 대통령중심제를 다시 출현시켰다. 보다 정확히 말한다면, 박정희 장군을 중심으로 하는 군부쿠데타 세력은 의원내각제 시대의 정치적 혼란에 대한 국민들의 불만을 이용하여 1961년 5월 16일 불법적으로 정부를 무너뜨리고 이와 같은 체제를 수립하였다. 약 250명의 장교들이 3,500명의 군인들을 동원하여 쿠데타를 일으켰지만 이에 가담하지 않은 군세력은 북한과의 대치상황 속에서 쿠데타군에 대한 반격을 가할 수 없었고 국민들과 미국은 쿠데타를 기성사실(*fait accompli*)로 받아들여 군부독재를 묵인하고 그후 대통령중심제 헌법채택을 찬성하였다.

군부쿠데타 세력이 제 3공화국을 출범시킨 과정을 요약해보면 다음과 같다. 우선 그들은 즉각 내각을 총사퇴시키고 국회를 해산하고 국가의 모든 권력을 국가재건최고회의에 집중시킨 국가재건비상조치법을 제정, 공포하고 제 2공화국 헌법은 이에 위배되지 않는 범위 내에서만 효력을 갖도록 하였다. 국가재건최고회의는 사회기강과 질서를 확립하고 제 1공화국시대의 부정부패와 비리를 청산하겠다는 단호한 의지를 나타내고 1962년을 1차연도로 한 제 1차 경제개발 5개년계획을 추진하였고, 1년여가 지난 1962년 7월부터는 최고회의위원과 민간인 학자와 전문가들로 구성한 헌법심의위원회에서 새 헌법초안을 작성케 하여 12월 17일 국민투표를 통해 제 3공화국 헌법으로 확정하였다. 최고회의는 이 헌법을 12월 26일에 공포하고 이어서 정당법, 국회의원선거법, 선거관리위원회법, 대통령선거법 등을 제정, 공포하는 한편, 다른 한편에 있어서는 정당사회단체의 정치활동을 허용하고 정치활동정화법에 따라 정치활동이 금지되었던 구정객들에 대해서는 그들 중 대부분을 해금하였다. 그러나 최고회의 박정희 의장은 내부갈등 속에서 1963년 3월 16일에 돌연 군정을 4년간 연장하고 새 헌법 시행도 4년간 연기한다는 결정을 하였으나 학생들, 국민들, 구정치인들, 그리고 보다 중요하게는 미국의 압력을 받고 4월 8일에 이러한 결정을 철회하였다.

군부쿠데타의 리더였던 박정희 장군은 1963년 2월 27일 민정불참을 선언하였으나 이를 번복하고 1963년 10월 15일 제 5대 대통령선거에 민주공화당 후보로 출마하여 그와 '여순반란사건'과의 관계를 묻고 그의 사상에 의문을 제기한 윤보선 전대통령을 15만 6천 표 차이로 간신히 물리치고 승리하였다. 박대통령은 그가 임명한 중앙정보부장이었던 김재규에 의해 암살당한 1979년까지 집권하였고 그가 1972년에 만들어낸 독재체제인 유신체제는 1987년 초까지 유지되었고 자신의 지지기반으로 육성한 군 엘리트들의 정권장악은 1993년 초까지 지속되었다. 박대통령 자신의 장기집권과 정치체제와 지배엘리트 구성에 있어서의 그의 오랜 영향력 행사를 가능케 해준 한 가지 요인으로 우리는 제 3공화국시대의 정치제도를 살펴볼 필요가 있다.

제 3공화국시대의 대통령중심제 헌법은 대통령을 국민들이 직접선거로 선출하게 하고 임기는 4년이고 1차에 한하여 중임할 수 있게 하였다. 박정희 국가재건최고회의 의장은 제 3공화국 헌법안을 공고하면서 발표한 담화문에서 대통령의 임기만료 때마다 헌법을 뜯어고치는 악습을 막기 위해 헌법개정은 국회 재적의원 3분의 2 이상의 찬성뿐만 아니라 국민투표에서의 과반수 이상의 지지를 획득해야만 가능하도록 하였다고 강조했다.[1] 국회는 단원제로 하였다. 제 1공화국과 미국의 경우와 같이 대통령이 국회에 제출한 법안은 재적의원 과반수 이상의 출석과 출석의원 과반수 이상의 찬성으로 의결되고, 국회가 의결한 법률안에 대해 대통령은 거부권을 행사할 수 있고 이러한 법률안은 국회에서 재적의원 과반수 이상의 출석과 출석의원 3분의 2 이상의 찬성으로 재의결되어야만 법률로 확정될 수 있게 하였다. 제 3공화국 헌법은 부통령을 두지 않고 대통령이 국무총리를 임명하고 국무위원은 국무총리의 제청으로 대통령이 임명하고 국회가 국무총리나 국무위원의 해임을 대통령에게 건의할 수 있고 대통령은 특별한 사유가 없는 한 이에 응해야 하는 등의 의원내각제적 요소를 가지고 있었으나 기본적으로 권력분립적 헌법이었다. 제 3공화국 헌법의 대통령과 입법부에 관한 규정은 1954년 사사오입 개헌 이후의 제 1공화국 헌법과 대체로 비슷하였다. 제 3공화국 헌법의 권력분립적 성격은 법원조항들에 보다 명백하게 나타나 있다. 첫째로 제 3공화국 헌법은 법관의 임명절차에 있어서 미국의 경우보다 더 큰 자율성을 법원에 부여하였다. 미국의 경우에는 대법원장과 대법원 판사를 대통령이 지명하고 국회의 인준을 받도록 되어 있다. 제 3공화국 헌법에서는 대법원장은 법관추천회의의 제청에 의해 대통령이 국회의 동의를 받아 임명하도록 되어 있다. 대법원장의 지명권이 법관추천회의에 있게 된 것이다. 그리고 법관추천회의는 법관 4인, 변호사 2인, 대통령이 지명하는 법률학 교수 1인, 법무부장관과 검찰총장으로 구성하도록 되어 있었다. 대법원 판사는 대법원장이 법관추천회의의 동의를 얻어 제청하면 대통령이 임명하도록 하였고 그 이외의 법관은 대법원 판사회의의 의결을 거쳐 대법원장이 임명하도록 하였다. 둘째로 이 헌법은 제 1, 2공화국 헌법에서는 대법원에 부여하

1) 박정희 의장 담화문, 〈조선일보〉 1962년 11월 5일.

지 않았던 권한인 위헌법률심사권과 위헌정당해산권을 대한민국 헌법사상 처음이자 마지막으로 대법원에 부여하였다. 대법원장의 임기는 6년으로 연임될 수 없게 하였고 그 이외 법관의 임기는 10년으로 연임될 수 있고 법관 정년은 65세로 하였으나 법원은 대통령의 간섭을 받지 않고 독립적으로 사법권을 행사할 수 있는 헌법상의 보장을 받았다고 볼 수 있다. 이러한 의미에 있어 제3공화국 헌법은 미국의 권력분립적 대통령중심제 모델에 보다 가까운 헌법이었다.

그러나 제3공화국 헌법은 제1공화국시대와 마찬가지로 그 권력분립적 성격은 유명무실해지고 오히려 입법권과 행정권 모두를 실제로는 대통령이 행사하는 권력융합적 통치의 기반이 되었다. 이렇게 된 첫 번째 이유는 제3공화국의 박정희 대통령이 민주공화당의 국회 지배를 통해 자유당 창당 후의 이승만 대통령처럼 국회의 견제를 받지 않고 독주할 수 있었기 때문이다. 박대통령의 국회지배는 그가 총재인 민주공화당이 국회의원선거에서 국민들의 지지를 받았기 때문만이 아니라 제1당에 상당히 유리한 국회의원선거법 때문에 가능한 것이었다. 제3공화국은 국회의원 총수 175명 중 131명은 소선거구, 상대적 다수제로 선출하고 나머지 44석은 제1당의 지역구 총 득표율이 50% 미만일 경우에는 44석의 반인 22석을 배분하는 전국구, 비례대표제로 뽑도록 하였다. 민주공화당은 1963년 11월의 제6대 국회의원선거에서 지역구 총 득표율 33.5%를 가지고 총 의석수의 62.85%인 110석을, 1967년 제7대 국회의원선거에서는 50.6%의 지역구 총 득표율로 총 의석수의 74.3%인 129석을, 1971년 제8대 국회의원선거에서는 47.8%의 지역구 총 득표율로 총 의석수 204석 중 55.4%인 113석을 각각 차지하였다. 박대통령은 그의 민주공화당이 국회 내에서 과반수 이상의 의석을 차지하고 있었기 때문에 경제개발계획을 신속하게 추진하고 학생들과 야당의 강렬한 반대에도 불구하고 1965년 한일국교 정상화를 이룩하고 그후 월남에 국군을 파병하는 등 국정을 소신껏 운영할 수 있었다. 또한 박대통령은 제3공화국 헌법작성 당시의 그의 발언을 번복하고 1969

년에는 한일국교 정상화 반대 때와 마찬가지로 강렬한 학생들과 야당의 반대를 무릅쓰고 3선 개헌을 감행하여 이승만 대통령이 저지른 잘못을 반복하였고, 1971년 말에는 대통령에게 사전적 긴급조치권을 초헌법적으로 부여한 '국가보위에 관한 특별조치법'을 제정, 공포하였다.

박대통령의 이와 같은 독주를 소수파인 야당이 국회 내에서 표결로 막을 수 있는 방도는 거의 없었다. 그의 독주를 막기 위해서는 야당이 선거에 승리하는 길밖에 없었고, 1971년의 선거결과를 볼 때 1975년 선거에서 야당이 승리할 가능성은 충분히 있었다. 그러나 박대통령은 1972년에 제 3공화국 헌법의 효력을 정지시키고 유신체제라는 독재체제를 수립함으로써 이러한 정치발전을 미리 차단하였다. 야당이 항상 국회 내 소수파였던 제 3공화국 기간 중에 야당의원들이 할 수 있는 박대통령 견제활동은 의원직 사퇴, 의사진행 방해나 퇴장, 등원거부, 장외투쟁과 같은 실력행사였으나 이러한 활동이 그의 독주를 막을 수는 없었다.

박대통령의 독주에 가장 위협적인 세력은 학생들이었다. 학생들은 1964년과 1965년에는 전국 각지에서 한일회담반대 데모를 하였고 박대통령은 서울에 1964년에는 비상계엄을, 1965년에는 위수령을 선포하고 휴교령을 내려 학생데모를 통제하였다. 학생들은 1967년 제 7대 국회의원선거 직후에는 부정선거 규탄데모를 벌인 데 이어 1969년까지는 3선 개헌 반대데모를 전국 각지에서 일으켰다. 박대통령은 1969년에도 휴교령과 조기방학으로 이러한 데모에 대처했다. 1968년 1월 북한의 124군 부대소속 특공대 31명의 청와대 습격기도, 동년 11월 동해안지역에의 북한 무장간첩 침입사건, 그리고 1969년 북한의 미군 정찰기 격추사건을 계기로 대학에서 실시하게 된 대학생 군사훈련에 대한 반대데모도 1970년과 1971년에 격렬하게 일어났고 박대통령은 역시 위수령과 휴교로 이러한 데모에 대처하였다.

1960년 3·15 부정선거 전의 제 1공화국시대에는 학생들의 반정부데모는 별로 없었고 1952년 이승만 대통령이 직선제 개헌을 추진하는 과정에서 공비토벌 명목으로 계엄령을 선포한 것을 제외하고는 군을 정치에 직접 개입시키지 않았다. 제3공화국시대의 학생들은 빈번하게 반정부데모를 하였고 박대통령은 이를 통제하는 데 군을 이용한 것이다. 제1공화국시대에는 이승만 대통령의 군에 대한 지배가 느슨한 것이었고 미군의 한국군에 대한 영향력이 컸던 데 반해 제3공화국시대에는 박대통령 자신이 군을 직접적으로 타이트하게 지배하였고 미군의 한국군에 대한 영향력은 그만큼 감퇴한 상황이었다. 박대통령의 군지배는 그 자신의 뿌리가 군에 있어 군을 잘 알고 있었던 점과 영남출신 장교들을 그의 지지세력으로 육성하고 그의 각료들 중 30~40%는 군 출신자들로 임명하는 등의 군 우대정책으로 가능한 것이었다. 박대통령의 정치적 독주에 있어 한국군은 필요불가결한 동반자였다.

제3공화국 헌법의 권력분립적 성격이 유명무실하게 된 두 번째 이유는 박대통령이 이미 소개한 바와 같이 그 어느 때보다도 큰 자율성과 권한을 헌법상 가지고 있던 사법부의 견제를 전혀 받지 않고 독주할 수 있었기 때문이다. 제3공화국시대의 대법원은 위헌심사권을 가지고 있었지만 미국의 대법원과는 달리 대통령의 통치행위와 법률에 대한 위헌심사권 행사에 있어 매우 소극적이었다. 대법원은 대통령의 계엄선포행위, 위수령, 휴교령 등과 같은 통치행위의 정당성 여부는 국회가 판단할 문제라고 판시하였고 제3공화국시대 초부터 최근까지도 문제가 되었던 중앙정보부의 정치사찰과 공작의 합헌성 여부에 대한 문제는 전혀 고려조차 하지 않았다. 하급법원이 법률의 위헌판결을 내린 경우에도 대법원이 위헌판결을 내리는 데에는 극히 신중하였다. '국가보위에 관한 특별 조치법'도 대통령에게 사전적 긴급조치권을 초헌법적으로 부여했기 때문에 합헌성 여부에 대한 논란이 있었으나 대법원은 이를 다루지 않았다. 미국의 대법원은 대통령, 국회와 함께 미국정치의 민주성을 유지하는 데 있어 중요한 세 기둥 중 한 기둥의 역할을 하고 있으나 우리의 대법원은 이러한 전통이 없고 또 이러한 전통을 세우려는 노력조차 하지 않았다고 할 수 있다. 제3공화국시대 말에 판사들이 사법권독립 수호를 결의하기도 하였지만 이는 재판에 있어 그들의 독립권을 주장한 것이지, 우리 대법원이 미국의 대법원처럼 정치적 역할을 하고 민주적 정치질서 수호에 일익을 담당해야만 된다는 주장을 한 것은 아니었다.[2)]

제 3공화국 헌법은 지방자치에 관한 다음과 같은 조항들을 두고 있었다. 첫째는 지방자치단체는 주민의 복리에 관한 사무를 처리하고 법령의 범위 안에서 자치에 관한 규정을 제정할 수 있고 지방자치단체의 종류는 법률로 정한다는 조항이다. 둘째는 지방자치단체에는 의회를 두고 지방의회의 조직, 권한, 의원선거와 지방자치단체장(長)의 선임방법 등은 법률로 정한다는 조항이었다. 박대통령은 헌법에 이와 같은 지방자치 조항이 있음에도 불구하고 이를 시행하지 않았다. 이 두 조항은 그후 제 4, 5, 6공화국 헌법에도 포함되었으나 이의 전면적 시행은 지방자치 조항이 헌법에 포함된 지 32년 만인 1995년에 와서야 이루어졌다. 지방자치의 부재는 중앙정부와 지방정부와의 관계에 있어 중앙정부의 독주를 보장해주었다.

제 3공화국시대의 정당과 이익집단들은 어떠했는가? 정당의 위상은 제 3공화국시대가 그 어느 시대보다도 높았다. 제 3공화국 헌법의 제 7조, 제 36조 3항, 제 38조, 제 64조 3항은 정당에 관한 헌법조항들이고 그중 제 7조 3항을 제외하고는 모두 신설된 정당조항들이었다. 제 7조 1항에서는 정당설립의 자유와 복수정당제를 보장하였고, 2항에서는 정당은 조직을 가져야 하고 조직과 활동은 민주적이어야 한다고 규정하였고, 3항에서는 정당은 국가의 보호를 받고 위헌정당은 대법원의 판결로만 해산된다고 규정하였다. 제 36조 3항은 국회의원후보가 되려는 자는 소속정당의 추천을 받아야 한다고 규정하였고, 제 38조는 국회의원은 임기 중 합당 또는 제명으로 소속이 달라지는 경우를 예외로 하고는 당적을 이탈하거나 변경한 때 또는 소속정당이 해산된 때에는 그

---

2) 김철수, 《한국헌법사》, 대학출판사, 1988, pp. 119~125 참조.

자격이 상실된다고 규정하였다. 그리고 마지막으로 제64조 3항은 대통령후보가 되려 하는 자는 소속정당의 추천을 받아야 한다고 규정하였다. 이와 같은 정당조항들은 제3공화국의 정치를 정당중심으로 운영하겠다는 군부쿠데타 주도세력과 그들을 도운 정치학자들과 법학자들의 의사를 반영한 것이었다.

제3공화국의 여당이었던 민주공화당은 5·16 쿠데타의 계획과 성공에 있어 제2인자의 역할을 한 초대 중앙정보부장 김종필이 군부쿠데타 세력의 민정참여를 위해 1963년 1월 1일 정치활동이 허용되기 전에 사전 조직한 정당이었다. 당시 이 정당의 창당자금을 마련하느라고 김종필이 증권파동, 워커힐 건립, 새나라 자동차 도입, 회전당구 영업허가의 4대 의혹사건을 일으켰다는 소문이 파다했다. 그러나 5·16 쿠데타 주체세력들에게 4대 의혹사건보다 더 문제가 된 것은 김종필이 사전 조직한 민주공화당의 조직적 성격에 관한 것이었다. 그가 사전 조직한 민주공화당은 서구의 좌파정당들처럼 당기구가 이원화되어 있었다. 즉, 민주공화당 조직을 국회의원 조직과 사무당 조직으로 이원화시키고 정책과 선거의 책임을 사무당 조직에 맡기고 의원들은 사무당 조직의 조종을 받도록 할 계획을 가지고 있었다. 일부 쿠데타 주체세력은 이와 같은 민주공화당 사전 조직과 당의 이원적 성격에 대해 크게 반발했다. 그들을 대표하여 김동하 예비역 해병소장은 1963년 1월 21일 당의 이원조직은 자유민주국가에 있을 수 없고 이러한 기구운영에는 막대한 당비가 들며 따라서 정치적 부패를 초래하기 쉽고 지방사무국 요원은 평시에 말단 행정기관에 간섭할 우려가 있다는 성명까지 발표하였다.[3] 일부 쿠데타 주체세력의 김종필에 대한 이와 같은 반발 때문에 그는 2월 20일 일체의 공직으로부터 사퇴하고 외유의 길을 떠날 수밖에 없었고, 다른 한편 김동하 등은 3월 11일 쿠데타 음모혐의로 검거되었다. 민주공화당은 중앙사무국을 대폭 축소하고 유급 사무당원

3) 〈동아일보〉 1963년 1월 21일.

수를 4분의 1로 감원하고 5월 10일 정당 등록을 하였다.[4]

민주공화당은 1964년 6월 김종필의 당의장 사퇴 이후 의원들(지구당 위원장들) 중심의 간부정당이 되었고 1965년 말 당의장으로 재임명된 김종필은 이를 받아들였지만 1963년 말에는 당으로 복귀한 김종필의 지도하에 중앙의 사무국 조직을 근간으로 하는 대중정당을 지향하였다. 민주공화당은 원래의 의도와는 달리 창당 시 구자유당계 정치인들을 많이 영입하였고 1963년 11월 말에 실시된 제 6대 국회의원선거 후보로는 당선위주의 공천원칙 아래 부정선거 관련자들까지 공천하여 사무당원들이 크게 반발하기도 하였으나 적지 않은 수의 지식인들, 특히 언론인들과 교수들을 영입하였다. 이러한 점은 제 1공화국시대의 집권당이었던 자유당이나 당시의 다른 야당들에서는 찾아보기 어려운 점이었다. 또한 민주공화당은 조국 근대화를 목표로 내세우고 정책정당을 표방하였다. 민주공화당은 서구의 대중적 정책정당과 같은 발전을 하지 못했지만 제 3공화국시대는 물론이고 전체 정당사에 있어서도 근대적 성격이 가장 강했던 정당이었다고 평가할 수 있다.[5]

민주공화당은 제 1공화국시대의 여당이었던 자유당과 같이 최고권력자인 대통령의 권력에 의존하여 창당되고 발전된 정당이었으나 대통령으로부터 어느 정도의 독립성을 지속적으로 나타냈다. 박대통령은 당총재로서 소속의원들의 공천권을 가지고 있었고 소속의원들은 탈당을 하면 의원직을 잃고 당의 공천을 받지 않고 무소속으로는 국회의원에 입후보할 수도 없었기 때문에 당총재의 소속의원들에 대한 영향력은 제 1공화국시대에 비해 제도적으로 더 컸다. 그럼에도 불구하고 민주공화당 내부의 파벌간 권력투쟁은 활발했고 의원들 중 일부가 박대통령의 지시에 따르지 않는 이른바 항명파동이 종종 일어났다. 1964년 3월 야당이 제출한 엄민영 내무부장관에 대한 불신임안, 그 10여 일 후 김

4) 중앙선거관리위원회, 《대한민국정당사 제 1집(1945-1972)》, 1973, p. 295.
5) 중앙선거관리위원회, 위의 책, pp. 313~349 참조.

유택 기획원장관과 원용석 농림부장관에 대한 불신임안에 대해서 민주공화당 의원 20~24명이 찬성표를 던졌다. 1965년 12월의 국회의장단 개선 시에는 민주공화당 의원들 중 김종필계 의원 40~50명이 박정희 당총재의 지시에 항명하여 혼란을 가져왔고, 1969년 4월의 권오병 문교부장관에 대한 불신임안 가결 시에는 48명의 김종필계 민주공화당 의원들이 3선 개헌에 대한 불만에서 야당에 가담했고, 3선 개헌 시에는 김종필계 의원들의 적지 않은 저항이 있었고, 1971년의 오치성 내무부장관에 대한 불신임안에는 반 김종필계였던 김성곤계 의원들이 야당에 동조하여 이를 가결시켰다.[6]

박대통령은 1964년의 항명은 묵인하였으나 그 이후의 항명자들에 대해서는 당원 권리의 정지와 제명 등의 정치적 제재를 가했다. 이러한 제재를 가하는 데 있어 박대통령은 주로 민주공화당의 당기위원회를 이용했으나 중앙정보부도 이용하였다. 특히 1971년의 항명자들은 중앙정보부에 불려가 혼이 났다고 하고 그 이후 이와 같은 항명사건은 일어나지 않았다. 중앙정보부는 국가안보에 관한 국내외 정보수집과 범죄수사를 목표로 5·16 직후 설립된 기관이었으나 국내 정치사찰과 공작에도 무서운 힘을 발휘하였다. 박대통령은 야당뿐만 아니라 그의 측근들과 민주공화당 의원들을 통제하는 데도 이 기관을 이용하였다. 박대통령의 통치에 있어 군과 중앙정보부에 대한 의존도는 3선 개헌을 전후로 그에 대한 반대여론이 강해지는 것에 비례해서 더욱 높아졌다.

제3공화국시대의 야당은 한국의 야당들이 항상 그러했던 바와 같이 여당에 비해 훨씬 취약한 조직을 가지고 있었지만 박대통령에게는 집권 초부터 강력한 도전세력이었다. 윤보선 전대통령은 민정당을 조직해서 1963년 대통령선거전에서 박정희 후보에게 졌지만 16만 5천 표의 차이밖에 나지 않아 그 자신을 정신적 대통령이라고까지 불렀다. 1967

---

6) 이상우, “박정희는 용인의 천재였나”, 〈신동아〉 1984년 9월호, pp. 268~289.

년 대통령선거에서는 신민당 후보로 나온 윤보선 후보가 110만 표 차로, 1971년에는 같은 신민당의 김대중 후보가 100만 표 차로 박대통령에게 패배했지만 이러한 표차는 대통령직선제만 지속된다면 정권교체가 앞으로 이루어질 수 있다는 것을 의미하는 표차였다. 국회의원선거에서는 야당들이 난립하여 1963년과 1967년에는 제 1야당이 40여 석밖에 차지하지 못하여 국회에서의 민주공화당 독주를 가능하게 했다. 그러나 1971년에는 신민당이 89석을 차지하고, 특히 서울특별시를 비롯한 대도시에서는 1958년의 민주당처럼 신민당이 압승하여, 113석을 획득한 민주공화당을 위협하게 되었다.

야당은 제 1야당이었던 신민당을 비롯해서 모두 조직, 인사, 정책 면에서 여당인 민주공화당에 비해 뒤져 있었다. 신민당은 구민주당출신 정치인들 중심의 간부정당이었고 근대정당으로 탈바꿈하는 데 필요한 자금을 가지고 있지도 않았지만 그런 노력을 보이지도 않았다. 인사 면에 있어서도 새로운 인사들이 야당에 가지도 않았지만 그들을 영입하려는 노력도 하지 않았다. 정책 면에서는 국가발전을 위한 적극적 정책과 비전을 내놓기보다는 박정희 대통령이나 다른 민주공화당 실력자들의 사상을 의심하거나, 그들을 사이비 자유민주주의자들이고 장기집권을 획책하고 있다고 비판하거나, 한일회담, 월남파병, 3선 개헌, 국가보위법을 반대하는 등의 비판과 반대중심의 정책을 제시했다. 이와 같은 비판과 반대는 물론 매우 중요한 것이었고 이러한 비판과 반대가 보다 강하지 못하여 결국은 유신체제라는 독재체제가 수립되게 되었으나, 박대통령과 민주공화당의 조국근대화 비전에 맞설 만한 보다 긍정적인 의미에서의 비전과 정책을 제시하지 못한 것은 당시 한국 야당의 약점이었고 그것은 그후에도 오랜 기간 계속되었다. 그러나 1971년의 대통령선거와 국회의원선거 결과는 신민당이 이와 같은 비판과 반대의 정책에 기반해서도 정권을 획득할 가능성을 가지고 있었다는 것을 보여주는 선거결과였다.

이익집단들은 제 1공화국시대에는 대부분 어용적 성격을 띠었고 제 2

공화국시대에는 자주성을 나타내기 시작했으나 제3공화국시대에는 다시 박 정권의 지지기반으로 육성되었다. 군사정부는 5·16 직후 노동조합을 비롯한 모든 정치사회단체를 해산시키고 활동을 금지시켰으나 노동조합에 대해서는 곧 이를 해제하고 노동조합의 재조직에 착수했다. 군사혁명위원회 보건사회위원장은 노동조합을 기업별 조합에서 산업별 조합으로 재조직하고 제2공화국시대의 급진적 노조지도자들은 노동운동에서 배제시킨다는 방침을 발표하였다. 이러한 방침에 따라 중앙정보부는 30명의 노동조합 대표를 선정하고 그들 가운데 9명을 핵심위원으로 삼아 노동조합재건위원회를 구성하고 그들로 하여금 대한노총을 대신해서 한국노동조합총연맹을 설립케 하였다. 한국노총은 그들이 믿을 수 있는 대표들로 하여금 먼저 산업별 노동조합을 결성케 하고, 그 다음에는 기업 혹은 공장 수준에서 단위조합을 결성케 하였다. 노동조합은 군사정부의 지도하에 완전히 하향식으로 조직되어 제3공화국시대를 통해 박 정권에 협력하게 하였다.[7]

군사정부는 농어민단체도 재편하였다. 기존의 농업협동조합과 농업은행을 통합한 새로운 농업협동조합을 발족시켰고 수산중앙회도 수산업협동조합으로 재편하여 어업협동조합과 수산제조업협동조합을 산하에 두게 하였다.

제2공화국시대에 부정축재자들로 몰린 대기업가들이 그들의 이익을 보호하기 위해 협회의 설립을 추진하다가 5·16으로 무산되었다는 것은 이미 언급한 바와 같다. 그들은 5·16 후에도 부정축재 처리 대상자들이 되어 이에 대한 대책으로 1961년 7월 경제재건촉진회를 결성하였고 이를 한국경제인협회로 개칭하였다. 이 협회가 나중에 전국경제인연합회가 되었고 제3공화국시대 이래 경제건설에 적극 참여하였다.

이상 소개한 노동조합, 농어민들의 협동조합, 경제인협회 외에도 대한교육연합회, 한국예술문화단체총연합회, 대한민국재향군인회 등 여

---

7) 최장집, 《한국의 노동운동과 국가》, 열음사, 1988, pp. 37~40.

러 사회문화단체들도 제 1공화국시대 때와 마찬가지로 정부 의존적이었고 따라서 박 정권에 협조적이었다. 그러나 1970년에 들어서부터 이러한 협조적 사회분위기는 바뀌기 시작했다. 어떠한 다른 이익단체보다 정치적으로 중요한 한국노총 등은 현장노동자들의 권익을 대변하지 못했기 때문에 현장노동자들이 직접 사회적 항의운동을 벌였다. 1970년 11월 평화시장의 전태일 분신자살, 1971년 6월 국립의료원 인턴들의 처우개선 운동, 동년 9월 한진상사 파월기술자들의 KAL 빌딩 습격과 1971년 8월 경기도의 광주대단지 하층민들의 폭동사건 등은 모두 밑으로부터의 이익표출이 위로 올라가지 못하고 무시된 데서 나온 사회적 위기의 증후군이었다.

요약컨대, 제 3공화국시대의 대통령중심제도 제 1공화국시대와 마찬가지로 입법권과 행정권이 실제로는 대통령에게 융합되어 있는 권력융합적 대통령제였다. 사법부는 미국의 대법원처럼 독립적 권한을 가지고 있음에도 불구하고 통치문제와 정치문제에 대해서는 헌법적 해석이나 판결을 내리기를 꺼리는 매우 소극적인 사법부였다. 정치적으로 매우 소극적인 사법부는 박대통령의 독주를 용이하게 해준 한 요인이었다. 지방자치제도는 헌법상 규정되어 있었지만 아예 실시를 준비하지도 않았다. 박대통령의 의회 지배를 가능케 한 민주공화당은 우리 정당사상 상대적 의미에 있어 가장 잘 조직되고 근대화된 정당이었고 야당은 조직, 인사, 정책 면에 있어 민주공화당에 뒤떨어졌다. 노동자들, 농어민들, 경제인들의 이익단체는 친정부 집단으로 보다 잘 조직되어 있었다.

그러나 박대통령은 5·16 직후부터 끊임없는 도전과 위협을 받았다. 장도영 반혁명사건, 김동하 반혁명사건 등은 군부쿠데타 가담세력 중에 그에 대한 도전세력이 있었음을 나타내주는 사건이었다. 제 3공화국시대에는 헌법의 규정에 따른 그의 퇴진을 기다리는 세력이 김종필계와 반김종필계 양측에 다 있다는 것을 나타내주는 민주공화당 내의 항명사건이 간헐적이지만 끊이지 않고 일어났다. 집권세력 외부로부터의 도전도 컸다. 제3공화국의 첫 번째 대통령선거에서 그는 16만 5천 표라는 근소한 표차로 간신히 승리하였고 1971년 야당의 김대중 후보에 대한 승리도 힘겨운 승리였다. 1971년에는 국회에서도 야당세는 여당세를 가깝게 따라왔다. 그를 반대하는 학생데모도 집권 초부터 끊이지 않고 일어났다. 이에 덧붙여 1970년부터는 노동자들을 비롯한 사회 각계각층의 반정부운동도 연속적으로 일어났다.

박대통령은 이러한 도전과 위협에 대처하기 위해 집권 초부터 중앙정보부와 군을 이용하지 않을 수 없었다. 그가 대통령에 두 번째 당선되고 집권기간이 길어짐에 따라 이러한 기관들과 여타 행정기관들에 대한 그의 장악력은 보다 강해졌다. 그는 이러한 기관들에 의존해서 집권세력 내의 도전을 가차없이 분쇄하고 학생들과 사회 각계각층의 그에 대한 반대도 일단은 성공적으로 통제하였다. 박대통령은 군사력을 이용해 정권을 잡았고 선거를 통해 대통령이 된 이후에도 제3공화국의 전 기간을 통해 강제력을 제1공화국시대보다 훨씬 빈번하게 동원하였다. 이와 같은 의미에서 제3공화국의 단극적 통치형 정치제도는 제1공화국시대와 구별되는 특징을 가진다. 그리고 권력유지의 요소로서 강제력의 비중이 상대적으로 컸던 제3공화국의 단극적 통치형 정치제도는 유신체제라는 독재체제로의 전환을 가능케 한 제도적 기반이 되었다고 볼 수 있다.

박대통령은 이승만 대통령과는 달리 집권 초부터 이른바 인기 있는 대통령이 아니었다. 그에게는 이대통령과는 달리 카리스마도 없었고 대중을 사로잡는 연설능력도 없었다. 그는 정치가라기보다 군인이었고 행정가였다. 그는 민주적 절차의 정통성보다는 경제적 업적을 세워 국민들의 지지를 받고자 했다. 박대통령은 권력융합적 체제를 가지고 긴급한 해결을 요하는 경제문제에 신속하게 대처하였고 그 결과는 오늘날 평가한다면 성공적이었다. 제1차 5개년계획 기간(1962~1966)에 있어 한국경제의 평균 성장률은 7.9%였고 제2차 5개년계획 기간(1967~1971)에는 9.6%였다. 이러한 성장률은 당시 고도성장을 하고 있던 일본, 홍콩, 대만, 싱가포르 다음의 높은 성장률이었다.[8] 그러나 이와 같은 경제적 업적이 그의 지지율을 높여준 것 같지는 않다. 생활이 좀 나아지기 시작한 중산층도, 산업화의 결실로부터 소외된 노동자들도 박 정권에 대해 비판적이었기 때문이다.

제 3공화국시대의 단극적 통치형 정치제도도 정치의 모든 활동적 요소를 단극의 권력정점으로 빨아올리는 회오리바람 정치현상을 야기했다. 이에 저항하는 무시 못할 힘이 집권당 안과 밖에 있었고 박대통령을 권력정점으로 하는 회오리바람 정치현상은 그가 제 3공화국 헌법을 준수한다면 곧 소멸될 수밖에 없는 상황에 처해 있었으나 박대통령은 1972년 10월 이 헌법을 불법적으로 효력 정지시킴으로써 집권세력 내부에서건 밖에서건 새로운 권력정점이 형성될 수 있는 제도적 여지를 철저하게 봉쇄해버렸다.

8) 송병락, 《한국경제론》, 박영사, 1984, p. 211.

제 5 장

제 4공화국의 정치제도

이 정 복

박정희 장군은 군부쿠데타로 정권을 장악하고 그후 제 3공화국 헌법에 따른 선거에 승리함으로써 그의 정권을 합법화했다. 그의 임기는 1971년까지였으나 3선 개헌으로 1975년까지로 연장되었고 4선 개헌이나 5선 개헌을 하지 않는 한 더 이상 연장될 수 없었다. 여당인 민주공화당이 1971년 국회의원선거에서 개헌선을 확보하지 못했기 때문에 대통령 임기연장을 위한 더 이상의 개헌은 불가능했고 민주공화당의 간부들도 박대통령이 1975년에는 물러나길 기대했다. 그는 제 3공화국의 헌정질서하에서는 더 이상 대통령을 할 수 없었다. 그가 대통령을 더 할 수 있는 길은 제 3공화국 헌정질서를 뒤엎는 쿠데타밖에 없었고 1972년 10월 유신은 바로 그와 같은 쿠데타였다.

박대통령은 유신 쿠데타를 남북문제와 결부시켜 합리화하였다. 그는 중앙정보부장 이후락을 평양에 비밀리에 보내 남북한이 상호비방을 중지하고 통일은 자주원칙, 평화원칙, 이념과 체제의 차이를 초월하는 민족대단결의 원칙에 기반해 이룩한다는 내용에 합의하였다. 1972년 7월 4일의 남북공동성명으로 발표된 이와 같은 합의는 그 이전 4반세기에 걸친 남북한간의 적대관계를 고려할 때 획기적인 것이었고 남한 국민들을 상당히 흥분시켰다. 다른 한편 박대통령은 이후락 중앙정보부장의 지휘하에 소수의 법무부 검사들과 헌법학 교수들이 팀이 되어 유신헌법을 비밀리에 기초하도록 하였다. 박대통령은 이 두 비밀작업에 근거해 10월 17일 제3공화국 헌법을 불법적으로 효력 정지시키고 국회를 해산하는 등 유신을 선포하였다. 그는 자유민주주의체제가 낭비와 비능률의 체제라고 비난하고 남북대화를 통한 평화통일을 이룩하기 위한 체제로 유신헌법이 필요하다고 역설하고 이를 찬성, 반대의 논의를 법적으로 금지한 국민투표로 확정했다.

항간에서는 총통제 개헌을 위해 대만, 독일, 프랑스 등에 헌법학자들이 출장을 갔다는 소문이 있었으나 박대통령의 후계자로 거론되고 있던 당시 김종필 국무총리와 민주공화당의 지도부를 비롯하여 어느 누구도 1972년 10월에 박대통령이 자신이 만든 헌법을 효력 정지시키고 국회를 해산시키리라고 예상한 사람은 없었다. 장기집권을 시도하다 결국은 정권도 명예도 잃은 이승만 대통령의 예와 당시의 국민여론을 고려할 때 박대통령이 다시 이승만 대통령의 전철을 밟으리라고 예상하기란 어려웠기 때문이다. 또한 그 전해에 통과된 '국가보위에 관한 특별조치법'이 그에게 비상대권을 부여하고 있었고, 그의 임기가 3년이나 남아 있었기 때문이다. 1972년 10월의 유신선포는 제3공화국 헌정질서와 국민들에 대한 기습적 선제공격이었고 박대통령은 이 공격으로 기선을 잡고 유신에 대한 국민들의 동의를 강요하는 데 일단은 성공하였다.

유신체제는 입법, 사법, 행정의 삼권이 대통령에게 집중된 독재체제였다. 제3공화국의 대통령중심제에 있어서도 대통령이 집권당을 통해 국회를 지배하고 사법부는 적극적 권한행사를 자제함으로써 실제로는 대통령에게 입법, 사법, 행정의 삼권이 집중되어 있었다고 볼 수도 있다. 그렇다고 해서 유신헌법이 제3공화국시대의 권력현실을 그대로 솔직하게 반영시킨 헌법이었다고 본다면 잘못이다. 유신헌법에 나타난 대통령의 권한은 제3공화국시대와는 비교가 안 될 정도로 막강한 권한으로 독재국가에서나 찾아볼 수 있는 것이었기 때문이다.

첫째로 유신헌법은 대통령직선제를 없애고 6년의 임기를 가진 2천 인 이상 5천 인 이하의 비정당출신 대의원으로 구성되는 통일주체국민회의에서 대통령을 토론 없이 선출하게 함으로써 박대통령의 영구집권을 헌법적으로는 가능하게 만들었다. 유신헌법에 따른 첫 번째 통일주체국민회의 대의원선거는 1972년 12월 15일에 있었고 2,359명의 대의원이 선출되었다. 통일주체국민회의는 12월 23일에 개원되었고 박정희 후보가 2,359명 전원이 재적한 가운데 지지 2,357표, 무효 2표로 임기 6년의 제 4공화국 대통령으로 당선되었다. 이와 같은 선거결과는 전체주의국가에서나 있을 수 있는 것으로 통일주체국민회의가 박대통령의 꼭두각시에 불과하다는 것을 나타냈다. 박대통령은 그의 꼭두각시인 통일주체국민회의가 대통령을 선출하게 함으로써 그의 연속적인 대통령 당선을 법적으로 확보하였던 것이다.

둘째로 유신헌법은 국회가 국민들이 직접 선출하는 임기 6년의 의원들과 통일주체국민회의가 선출하는 임기 3년의 의원으로 구성된다고 규정하였다. 여기서 통일주체국민회의가 선출하는 전국구 의원은 이 기관이 대통령의 꼭두각시이기 때문에 실제로는 대통령이 임명하는 의원이었다. 제 4공화국시대를 통해 통일주체국민회의가 선출하는, 즉 대통령이 임명하는 의원수는 국회의원 총수의 3분의 1이었고 그들은 유신정우회라는 원내 교섭단체를 구성하였다. 또한 제 4공화국시대에는 국회의원 선거구를 종래의 소선거구제에서 1구에서 2인을 선출하는 중선거구로 바꾸었다. 1구 2인제 중선거구 선거에서는 집권여당의 공천을 받으면 당선될 확률이 100%에 가까웠기 때문에 총재인 박대통령의 국회의원 후보공천권은 국회의원 임명권이나 마찬가지의 의미를 가지고 있었다. 박대통령은 국회의원 총수의 3분의 2에 해당하는 의원들을 실제로 임명할 수 있는 막강한 권한을 갖게 되었다. 박대통령은 유신헌법 초안작성에 공이 있는 교수들과 그를 원래 지지하던 인사들뿐만 아니라 그에게 비판적이었던 지식인들과 학생시절에 서울대학교의 민족통일연맹이나 민족주의비교연구회와 같은 진보적 단체에서 활동하고 4월혁명 때나 한일회담 반대운동 때에도 적극적 역할을 한 적이 있는 청년 지식인들을 파격적으로 전국구 국회의원에 임명하였다. 이념적, 정책적으로 박대통령과 정반대되는 인사들을 전국구 국회의원에 임명하는 일이나 그들이 이러한 임명을 수락한 일은 구미의 정치에서는 찾아보기 어려운 일이었다. 이러한 일은 실로 이념이나 정책적 입장보다는 권력을 절대적으로 우선시하는 우리 정치의 고유한 특성이라고 아니할 수 없다. 박대통령이 영입한 비판적 인사들은 유신체제의 정당성을 조금이나마 높이는 데 공헌했다고 말할 수 있다.

셋째로 유신헌법은 제 3공화국시대의 법관추천회의제도를 없애고 대통령에게 대법원장과 대법원 판사를 비롯한 모든 법관들의 임명권을 부여하였다. 이미 지적한 바와 같이 미국의 대통령도 대법원장, 대법관 등의 법관을 임명하나 그들은 종신임기를 가지고 있기 때문에 임명을 받은 후에는 대통령으로부터 독립적이지만 제 4공화국시대의 대법원장은 6년의 임기를, 대법원장이 아닌 모든 법관은 10년의 임기를 각각 가지고 있고 연임될 수 있었기 때문에 그들은 대통령으로부터 독립적일 수 없었다. 제 4공화국시대의 모든 법관은 1973년 4월 30일까지 재임명 절차를 밟았고 그들 중 상당수가 재임명에서 탈락되었다.

제 4공화국시대의 박대통령은 국무총리를 비롯한 행정부의 모든 요직뿐만 아니라 바로 소개한 바와 같이 입법부와 사법부에 대해서도 광범위한 인사권을 가지고 있었기 때문에 입법부와 사법부는 대통령으로부터 독립적인 권한이 있다 해도 그것은 유명무실하였다. 국회는 국무총리 또는 국무위원에 대하여 개별적으로 그 해임을 의결할 수 있고 국무총리에 대한 해임의결이 있을 때에는 대통령은 국무총리와 국무위원 전원을 해임해야 하나 국회는 대통령의 지배하에 있었기 때문에 대통령의 의사에 반해서 이러한 의결을 할 수 없었다. 그러나 대통령은 국회를 해산할 수 있는 권한을 가지고 있었다. 의회해산권은 의원내각제에서 내각을 불신임하여 퇴진시킬 수 있는 의회의 권한을 견제하기 위해 행정수반인 총리에게 부여하는 것인데, 제 4공화국시대에는 행정수반인 대통령만이 일방적인 의회해산권을 가지고 있었다. 대통령의 의회해산권은 다른 대통령중심제 국가에서는 찾아볼 수 없는 유신 대통령제에 고유한 특성이었다.

제 1, 2, 3공화국시대에 행정부의 부정과 비리를 통제할 수 있는 제도 중 하나로 국회의 국정감사권이 있었다. 국회의 국정감사권이 행정부의 업무수행에 일시적으로 지장을 초래하고 또 의원들이 공정한 감사를 하지 못한 경우도 있었으나 이 제도는 국회가 가진 가장 유효한 행정부 견제수단이었다. 유신헌법은 4반세기의 오랜 전통을 가지고 있고 국회의 중요한 권한인 국정감사권을 행정부의 효율성을 제고시킨다는 명목으로 폐지하였다.

유신헌법은 제 3공화국시대에는 대법원에 부여되어 있던 위헌법률심사권과 위헌정당심사권을 법원과는 별도기구인 헌법위원회에 부여하였다. 대법원은 위헌법률을 헌법위원회에 제청할 수 있는 권한만을 보유하였다. 헌법위원회는 6년의 임기를 가진 9인의 위원으로 구성하고 대통령이 그들을 임명하도록 하였다. 그리고 이들 9인 중 3인은 국회에서 선출하는 자를, 3인은 대법원장이 지명하는 자를 임명하도록 하였다. 제 4공화국시대의 법원은 제 3공화국시대와는 대조적으로 대통령을 견제할 수 있는 헌법상의 권한조차 가지지 못했다.

제 4공화국시대의 법원은 행정부를 견제하기는커녕 오히려 행정부의 시녀로 전락하였다. 유신체제에 대한 학생들, 종교인들, 문인들, 일부 법조인들, 야당정치인들의 저항은 매우 격렬하였고 박대통령은 유신헌법 제 53조에 근거한 긴급조치로 이에 대처하였다. 1974년 1월 8일 개헌 주장을 무조건 금지하는 긴급조치 1호가 나온 이래 1979년 12월 8일 긴급조치 9호가 해제될 때까지의 긴급조치 시대에 법원은 국민의 기본권 보호를 외면하고 박대통령의 독재 의지를 존중하였다. 긴급조치 1, 2, 3, 4, 5호 위반자들은 모두 비상군법회의가 1, 2심을 하고 상고심만 대법원이 맡았고 긴급조치 7호와 9호 위반자들은 1심부터 일반법원이 재판을 했다. 1974년 9월 7일까지 긴급조치 위반으로 군법회의에서 재판을 받은 피고인 203명 중 98명만이 대법원에 상고하였고 나머지는 대법원에 상고해보아야 아무 소용이 없다는 판단에서 항소상고를 포기했다. 긴급조치 7호와 9호 위반자들에 대한 일반재판에서도 조금이라도 독립성을 보인 판사들은 보직에 불이익을 받거나 법복을 벗을 수밖에 없었기 때문에 대부분의 판사들은 박대통령의 독재 의지를 존중하는 판결을 내렸다.[1]

유신헌법은 지방자치 조항은 두었지만 지방의회는 조국통일이 이루어질 때까지 구성하지 아니한다고 부칙 제10조에 규정하였다.

이와 같은 독재체제에서 정당이 설 자리는 크게 축소되었다. 첫째로 제3공화국시대의 세 번에 걸친 대통령선거와 국회의원선거에 있어 여당인 민주공화당은 박대통령에게 선거조직으로 꼭 필요한 조직이었으나 유신 독재체제에서는 민주공화당의 정치적 유용성은 약화되었다. 이미 소개한 바와 같이 가장 중요한 선거인 대통령선거가 정당과는 전혀 관계가 없는 선거가 되었고 국회의원선거도 1구 2인제의 채택으로 후보들의 당락과 관련해 민주공화당과 야당은 서로 경쟁하지 않고 공존할 수 있는 관계가 되었다. 박대통령의 정권유지에 있어 민주공화당의 유용성이 약화됨에 따라 유신시대에 민주공화당은 총재인 박대통령의 의사에 따라 기구를 축소하고 사무당원 수도 대폭 감축하였다. 독재체제 중에는 구소련, 중국, 북한이나 대만과 같이 전적으로 정당에 그 권력기반을 두고 있는 독재체제도 있으나 유신시대의 박대통령에게 민주공화당은 하나의 권력기반에 불과하였고 군이나 중앙정보부 등의 국가기구보다 덜 중요한 권력기반이었다. 박대통령은 유신을 선포함으로써 민주공화당을 덜 중요한 권력기반으로 전락시켰다. 민주공화당은 창당 때의 민주공화당과는 상당히 거리가 있는 정당으로 후퇴하였다.

정당은 정권획득을 위해 모인 사람들의 집단인데 유신헌법은 이미

---

1) 〈동아일보〉 1995년 4월 23일, 제21면 참조.

살펴본 바와 같이 야당의 정권획득 가능성을 완전히 봉쇄해버린 헌법이었다. 야당 출신이 대통령이 될 수도 없었고 국회 내 다수의석을 차지할 수도 없었다. 유신체제에서 야당이 획득할 수 있는 최대 의석은 국회의원 총수의 3분의 1이었고, 이는 정치적으로 무의미한 수치였다. 야당이 정당으로서의 존재이유를 되찾기 위해서는 유신헌법을 폐지하고 제 1, 2, 3공화국시대의 민주헌법으로의 개정이 필요했다. 제 3공화국시대와 마찬가지로 제 4공화국시대에도 제 1야당이고 유일한 주요야당이었던 신민당은 1974년 8월 김영삼을 총재로 선출하고 선명 야당의 기치를 내걸고 개헌투쟁에 돌입하였다. 유신선포 당시 해외에 있었던 김대중은 귀국하지 않고 해외에서 반유신운동을 주도하던 중 1973년 8월 일본으로부터 납치되어 귀국하여 정치활동을 금지당하고 있었다. 박대통령은 1974년 8월 15일 자신에 대한 재일교포 문세광의 저격미수사건을 계기로 유신체제를 정착시키고자 했으나 신민당 총재로 선출된 김영삼, 학생들, 그리고 종교인, 문인, 일부 법조인과 정치인들로 구성된 재야세력, 언론은 이에 큰 영향을 받지 않고 개헌투쟁을 전개하였다. 신민당은 국회에 개헌특위안을 상정하고 이 안이 민주공화당과 유신정우회의 반대로 봉쇄되자 예산안 심의를 거부하고 원외투쟁을 보다 적극적으로 전개하였다. 이 과정에서 신민당의 정일형 의원은 1974년 말 박대통령의 하야를 요구하였고 민주공화당과 유신정우회는 이 발언을 문제 삼아 그를 국회의원직에서 제명하였다. 박대통령은 이러한 개헌투쟁을 1975년 2월 유신헌법에 대한 국민의 동의를 다시 강요한 신임투표로 막고자 했고 4월의 월남 패망은 국민들의 안보위기 의식을 불러일으켜 개헌투쟁을 주춤거리게 했으나 신민당의 김영삼 총재, 학생들, 재야세력, 언론은 개헌투쟁을 끈질기게 계속하였다.

신민당 내 김영삼 총재의 반대세력인 이철승이 당헌을 집단지도체제로 바꾸고 1976년 9월 대표최고위원에 선출되어 한국의 안보문제를 고려할 때 유신체제를 부인할 수 없다고 발언하고 박대통령과 중도적 제휴노선을 제시한 '중도통합론'을 주장한 이래 신민당의 개헌투쟁 노선은 한때 약화되기도 하였다. 그러나 국민들의 유신체제에 대한 반대여론은 신민당에 대한 지지율을 높여 1978년 국회의원선거에서 신민당은 민주공화당에 비해 의석수는 떨어지나 유권자들의 지지율에 있어서는 32.8% : 31.7%로 앞섰고, 1979년 5월 30일에는 김영삼이 김대중계의 지지에 힘입어 신민당 총재로 복귀하여 보다 활발하게 개헌투쟁을 전개하였다. 김영삼의 신민당 총재 복귀와 개헌투쟁에 위협을 느낀 박대통령은 같은 해 9월 서울 민사지방법원으로 하여금 신민당 총재단 직무정지 가처분 결정을 내리게 했고 민주공화당과 유신정우회로 하여금 김일성과 만날 용의가 있다는 김영삼 총재의 〈뉴욕 타임스〉 회견내용을 문제 삼아 10월 4일 그를 국회의원직에서 제명처분하게 하였다. 야당 총재의 국회의원직 제명처분이라는 박대통령의 강공책은 원내에서는 야당의원들의 무기한 등원거부와 신민당 의원 66명 전원과 통일당 의원 3명 전원의 국회의원직 사퇴서 제출로 이어졌고, 원외에서는 부산과 마산지역에서 학생들과 일반시민들의 대규모 시위를 유발했다. 박대통령은 부산에 계엄령을, 마산에는 위수령을 선포하였으나 사태를 진정시키지 못하고 10월 26일 중앙정보부장 김재규의 총에 맞아 사망하였다.

유신시대의 신민당은 김영삼계와 김대중계를 중심으로 하는 투쟁정당이었다. 이철승계가 유신체제와의 타협노선을 가지고 있었으나 신민당의 주류를 형성하지는 못했다. 신민당의 김영삼계와 김대중계는 개헌투쟁을 전개해나가는 데 있어 박대통령과 중앙정보부의 공작정치를 항상 경계해야만 했다. 그들은 항상 감시와 탄압을 받았기 때문에 개헌투쟁을 계획하고 수행하는 데 있어 비밀을 유지할 필요가 있었다. 또한 그들은 정책형의 인물보다는 투사형의 충성심 있는 인물들을 필요로 했다. 그러나 개헌투쟁의 성공에 필요한 이와 같은 요건은 다른 한편에 있어서는 김영삼과 김대중 두 인물을 중심으로 하는 그룹의 폐쇄성을 심화시키고 신민당의 공당적 성격과 정책개발 능력의 발전을 저해하였다.

유신시대의 이익집단들은 자율성을 가질 수 있는 여지가 그 이전 어느 시대보다도 좁았다. 노동자들은 제 1, 2, 3공화국시대에는 단결권, 단체교섭권, 단체행동권의 노동삼권을 헌법상 유보조항 없이 보장받았으나 제 4공화국시대에는 그렇지 못했다. 유신헌법은 이와 같은 노동삼권을 법률이 정하는 범위 안에서 보장한다는 유보조항을 가지고 있었기 때문이다. 그러나 노동삼권의 제한이 유신헌법에 의해 처음 규정된 것은 아니었다. 1971년 말에 통과된 국가보위법 제 9조에서 이미 노동삼권에 제한이 가해졌고 유신헌법은 이를 헌법상의 제한으로 격상시킨 것에 불과했다. 유신시대 이전에 노동자들이 그들의 이익을 자유롭게 표출할 수 있는 노동삼권을 헌법상 가지고 있었다고 해서 노동자들이 이러한 권한을 행사한 것은 아니었다. 실업률이 높고 농민들이 절대다수를 구성하던 산업화 이전 시대에는 노동자들이 헌법상에 보장된 노동삼권을 행사하고 어용노조의 그들에 대한 지배에 저항할 능력을 결여하고 있었기 때문이다. 1970년대 초는 이와 같은 상황에 변화가 일어나기 시작했다. 박대통령의 적극적 산업화 추진정책으로 실업률도 낮아졌고 노동자들의 수도 증가했고 성장혜택에서 소외된 노동자들은 불만을 표출하기 시작했다. 노동자들이 자율적인 불만 표출을 할 수 있는 조건이 성숙된 상황에서 이를 통제할 수 있는 법조항과 헌법조항이 나온 것이다. 유신시대는 노동자들을 노사협의회나 공장 새마을운동을 통해 통제하고 이러한 방법으로 통제가 안 되는 노동자들은 강제력을 동원해 무자비하게 탄압한 시대이다. 노동자들의 자율성이 전연 허용되지 않고 중앙정보부와 노동청이 노사관계의 조정에 주도적 역할을 하던 시대였다.[2] 한국노총은 여전히 어용기관으로 정부의 노동탄압에 의미 있는 저항을 하지 못했다. 그러나 이러한 탄압 속에서도 노동쟁의는, 특히 1970년대 후반부에 현저하게 증가하고 동일방직과 YH 무역 사건에서와 같이 극렬화되고 정치화되어 박 정권 붕괴의 먼 원인

2) 최장집, 《한국의 노동운동과 국가》, 열음사, 1988, 제 6, 7, 8장 참조.

을 제공하였다.

농어민들도 자율적인 이익 표출활동을 할 수 없었다. 가톨릭 농민회 등과 같은 자율적 농민단체가 있었지만 항상 감시와 탄압을 받았고 전체 농민들 중에서 그들의 위상은 극소수파에 불과하였다. 과거에 그러했던 바와 같이 유신시대에도 농민들은 농업협동조합을 통해, 또 어민들은 수산업협동조합을 통해 정부의 통제를 받았다. 이뿐만 아니라 농민들은 박대통령이 그들의 소득향상과 생활환경 개선을 목표로 정부주도하에 전개한 새마을운동에 동원되어 정부로부터 독립적인 입지를 가질 수 없었다. 농민들은 정부로부터 여러 가지 혜택을 받는 의존적 위치에 있었다.

전국경제인연합회, 대한상공회의소, 중소기업협동조합중앙회 등의 경제인단체들도 정부 관계부처로부터 간섭을 받았지만 고도 경제성장 정책의 혜택을 보기 위해 정부에 적극적으로 협조하였다. 특히 전경련의 대기업들은 정부의 도움으로 이 시기에 재벌기업들로 급성장하였다. 경제인단체들은 억압적 유신체제하에서도 이익 표출활동을 자유롭게 하고 오히려 그러한 억압으로부터 득을 보았다.

대한교육연합회, 한국예술문화단체총연합회, 대한민국 재향군인회, 그리고 여러 학회와 같은 사회문화단체들은 정부 의존적 성격을 그대로 견지했다.

요약컨대, 제4공화국시대의 대통령중심제는 극단적 단극 통치형 정치제도였다. 헌법상으로나 실제로나 입법권, 사법권, 행정권의 삼권이 대통령에게 집중되어 있었고 대통령선거는 없는 것이나 마찬가지이고 지방자치제의 실시는 무기한 연기되었고 정당과 이익집단들은 자율적 활동공간을 거의 전부 상실한 독재체제였다. 제3공화국시대까지 국민들은 그들의 불만을 선거를 통해 나타내고 최고집권자를 물러나게 할 수 있는 헌법상의 권한을 가지고 있었으나 제4공화국시대에는 그러한 권한을 가지지 못했다.

제4공화국시대의 유신체제는 건국 이후 4반세기간의 정치에서 이념적 전통이었던 자유민주주의에 위배되는 제도로 다수 국민의 거부감을 불러일으켰다. 제 4공화국시대의 전 기간을 통해 이 체제를 거부하는 운동은 끊임없이 일어났다. 유신체제에 대한 반대시위는 1973년 서울대 문리대생들의 시위를 기점으로 전국 대학생들의 시위로 확대되었다. 정부는 이른바 '전국민주청년학생총연맹' 사건이라는 것을 발표하고 대통령 긴급조치 4호로 강력 제재하였으나 긴급조치 4호가 해제된 1974년 8월 23일 이후에 대학생들의 유신철폐시위는 다시 시작되어 이러한 운동을 금지하는 1975년 5월의 긴급조치 9호에도 불구하고 제 4공화국 말 부마사태에 이르기까지 끊임없이 지속되었다. 그리고 학생들의 유신철폐운동 때문에 대학은 조기 방학과 휴교를 거듭해야만 했다. 유신철폐운동의 주력은 학생들이었지만 종교인, 문인, 일부 법조인, 재야정치인 등으로 구성된 재야세력도 개헌청원운동, 민주회복국민회의운동, 시국선언 등을 통해 유신철폐운동을 끈질기게 전개했다.

기자들도 자유언론 수호운동을 통해 유신체제에 반대하였다. 각 언론기관의 기자들은 정부가 학생들의 유신반대 시위운동을 자유롭게 보도하지 못하게 하는 데 저항해서 1973년 11월 29일 '언론자유선언'을 채택하였다. 1974년 11월에는 〈동아일보〉 기자들의 자유언론실천선언이 있었고 이어서 〈한국일보〉, 〈조선일보〉, 〈경향신문〉, 〈서울신문〉 기자들도 같은 선언을 하였다. 이들 신문사 기자들은 외부간섭 배제, 기관원 출입금지, 사실보도에 충실, 언론인 연행반대를 요구하였다. 특히 〈동아일보〉와 동아방송은 유신정권에 비협조적이었다고 해서 1975년 1월부터 7월까지 광고탄압을 받았다. 자유언론 수호운동에 참여한 동아, 조선의 기자들은 대부분 해직되었고 그후 언론은 정부의 통제하에 놓이게 되었다.

박대통령이 제 3공화국시대부터 중앙정보부와 군에 정치적으로 의존하기 시작했다는 것은 이미 지적한 바와 같다. 그의 중앙정보부와 군에 대한 정치적 의존도는 제 4공화국시대에는 더욱 높아졌다. 박대통령은 학생들, 재야세력, 언론인들, 그리고 앞서 논한 바 있는 신민당의 김영삼계와 김대중계의 끈질긴 유신반대운동을 탄압하는 데 중앙정보부와 군을 항상 이용했기 때문이다. 유신시대는 대통령이 권력을 유지하는 데 있어 강제적 권력, 경제적 권력, 규범적 권력 중 강제적 권력의 비중이 그 이전 어느 시대보다도 더 큰 시대였다. 유신체제는 강제력에 의해 유지되는 독재체제였다.

헨더슨은 제 4공화국 유신시대의 정치도 정치의 모든 활동적 요소가 중앙권력을 향해 빨려들어가는 회오리바람 정치라고 보았다. 그는 사회의 엘리트들이, 특히 외국유학을 통해 민주정치가 무엇인가를 잘 아는 지식인들이 독재정권을 합리화하는 이데올로그로 변신하고 국민들의 대다수가 유신체제에 대한 국민투표에서 이 투표가 강압적 분위기에서 진행되었지만 찬성 투표하는 것을 보고 탄압적 독재정권의 지속이 강제력뿐만 아니라 한국정치의 특성인 회오리바람 정치성향에도 있다고 해석하였던 것이다. 그러나 헨더슨의 이와 같은 해석은 학생, 재야세력, 일부 노동자들, 야당정치인들의 끈질긴 유신제도 철폐운동을 고려할 때 제한적 의미에서만 옳은 관찰인 것이다. 국민들의, 특히 학생들의 독재정치에 대한 저항운동은 한국과 같은 문화권에 속하는 일본, 중국, 대만, 싱가포르, 홍콩 등의 어느 나라보다도 강한 것이었고 선진 민주주의국가에 비하더라도 결코 손색이 없는 전통을 수립했다. 유신시대의 우리 정치는 독재통치와 독재제도 철폐운동으로 구성되어 있었고 독재제도 철폐운동이 점점 강해지고 있었다.

박대통령은 자유민주주의의 정치적 절차를 비난하고 그의 꼭두각시인 통일주체국민회의에 의한 최고권력 수립절차를 옹호하고 대다수 국민들에게 이에 대한 동의를 강요했지만 국민들은 유신정권의 수립절차를 정당한 절차라고 생각하지 않았다. 박대통령은 유신정권을 옹호하기 위해 많은 유능한 이데올로그를 동원했지만 절차적 정통성(*legitimacy by procedure*)의 손상을 메울 수 없었다. 박대통령은 절차적 정통성의 손상을 메우기 위해 그가 항상 강조한 경제적 업적을 내기 위해 매진해야만 했다. 그는 유신시대에 중화학공업화를 위해 심혈을 기울였다. 중화학공업화라는 경제발전단계가 유신독재체제를 생성시킨 것이 아니라 유신독재체제의 유지를 위해서는 중화학공업화라는 업적이 반드시 필요했다. 박대통령은 이러한 경제적 업적의 혜택을 중산층과 농민들에게 분배함으로써, 다시 말해 경제적 보상의 방법으로, 그들의 지지를 확보해야만 했다. 유신정권은 절차적 정통성을 결여하고 있었기 때문에 경제마저도 잘 안 되면 언제든지 무너질 수 있는 위기상태에 처해 있었다. 그는 업적에 의한 정통성(*legitimacy by results*)을 확립하려고 최대의 노력을 경주하였고 유신시대의 경제적 업적은 이러한 노력의 결과였던 것이다.[3]

유신시대에 우리 경제는 고속성장을 계속했다. 실질 성장률은 1973년에 14.1%, 1974년에 7.7%, 1975년에 6.9%, 1976년에 14.1%, 1977년에 12.7%, 1978년에 9.7%, 1979년에 6.5%였다. 1인당 GNP는 1973년의 396달러에서 1979년에는 1,662달러로 증가하였고 수출입 총액은 74억 7천만 달러에서 354억 달러로 증가하였다. 이와 같은 고속성장기에 경제적 혜택은 매우 불균형하게 분배되었지만 국민 전체의 생활수준이 향상되었다는 것은 부인할 수 없는 사실이다. 국민들은 1960년대 초까지 빈곤 속에 있었고 국민들을 빈곤으로부터 해방시킨다는 5·16 군부쿠데타의 목표를 박대통령은 유신시대 말에 달성했다고 볼 수 있다. 그러나 생활에 약간의 여유가 있는 시대의 국민들은 아무것도 없는 빈곤시대의 국민들보다 독재체제에 대해 더욱 큰 저항감을 나타냈다. 박대통령의 경제정책은 한편으로는 업적에 의한 정통성 제고에 공헌하면서도 다른 한편에 있어서는 그 정통성을 침식시키는 모순되는 정치적 결과를 내놓았다.

---

3) 정통성의 개념에 대해서는 Deutsch, Karl W., *Politics and Government*, Boston: Houghton Mifflin Company, 1980, pp. 13~15 참조.

제 6 장

제 5공화국의 정치제도

이 정 복

YH무역 여공들의 신민당사 점거농성, 김영삼 총재의 제명, 부마사태 등이 이루어낸 긴장된 분위기 속에서 박대통령은 1979년 10월 26일 그의 심복이었던 김재규 중앙정보부장에 의해 암살당했다. 박대통령의 사망과 동시에 박 정권은 무너졌지만 그가 수립한 유신체제의 정치제도는 전두환, 노태우 장군 등 하나회 신군부세력이 세운 신유신체제에 계승되었다. 신유신체제의 특성을 살펴보기 전에 1980년 봄 민주화 열망의 좌절경위를 간단히 소개한다.[1)]

박대통령의 사망 직후 최규하 국무총리가 대통령 권한대행을 맡고 2개월 후에는 유신헌법에 따라 대통령이 되었다. 그러나 그는 박대통령의 권력기반이었던 군을 장악하지 못하여 힘없는 허수아비 대통령에 불과하였다. 박대통령의 사망은 힘의 공백을 야기했고 이 공백을 메운 세력은 최대통령이 아니라 하나회 중심의 신군부와 정승화 참모총장을 중심으로 하는 구군부였기 때문이다. 하나회는 박대통령이 그의 권력기반으로 육성한 정규 육사 1기의 전두환, 노태우 장군을 중심으로 한

1) 《5공평가 대토론》, 동아일보사, 1994, pp. 9~145 참조.

세력이었다. 이 세력은 1979년 12월 12일 그들의 상관인 정승화 참모총장을 비롯한 구군부세력을 무력으로 제거하고 군권을 장악함으로써 힘의 공백을 메우고 있는 유일한 세력으로 등장하였다.

다른 한편, 박대통령이 사망한 지 얼마 안 돼서부터 노동자들의 쟁의가 폭발적으로 일어났고 그 이외의 사회 여러 집단으로부터도 요구가 분출되어 나왔다. 1980년 봄에 학생들은 과거청산과 개헌을 요구하는 시위를 거의 매일 벌였다. 최대통령은 처음에는 곧 개헌을 하겠다고 하였으나 대통령으로 정식 취임한 후에는 개헌에 1년여의 기간이 필요하다고 공언함으로써 학생들의 즉각 개헌요구 시위를 더욱 빈번하게 촉발시켰다. 신민당의 당권을 가지고 있던 김영삼과 정치활동을 재개한 김대중은 이제는 그들 중 한 명이 선거를 통해 정권을 장악할 수 있는 기회가 온 것으로 잘못 인식하고 그간의 공조체제를 깨뜨리고 서로 분열, 경쟁하였다. 박대통령 사망 후의, 특히 1980년 봄의 사회·정치적 상황은 5·16 쿠데타 이전 1961년 봄의 상황과 유사하였고 이러한 상황에선 다시 군이 정권을 장악할 가능성이 크다는 이야기가 무성하였다. 그러나 이러한 위험성이 사회 각계각층의 요구분출, 학생들의 시위, 김영삼과 김대중의 분열을 막지는 못했다.

힘의 공백을 메우고 있던 신군부는 1980년 5월 17일 전국주요지휘관회의를 열어 전국적으로 벌어지고 있는 극렬 학생시위를 이유로 지역계엄을 전국계엄으로 확대해야 한다는 결의문을 채택했고 최대통령은 이를 즉시 수락하여 전국계엄을 선포하였다. 비상계엄을 전국으로 확대함과 동시에 김종필 씨 등 9명을 권력형 부정축재혐의로, 김대중 씨 등 7명을 사회혼란 조장혐의로 연행함으로써 신군부는 구정치세력의 제거작업에도 착수하였다. 신군부의 이러한 조처에 저항하여 5월 18일부터 27일 사이에 광주민중항쟁이 일어났고 이를 진압하는 과정에서 수많은 사상자가 나와 한국사회는 군사력에 대한 공포 분위기 속에 빠져들었다. 신군부는 5월 31일 국가보위비상대책위원회를 대통령 자문기관으로 설치했고 국군보안사령관 전두환 장군이 국보위의 상임위원장에 취임하였다. 신군부는 8월 16일에는 최규하 대통령을 사임시키고 통일주체국민회의로 하여금 전두환 국보위위원장을 제 11대 대통령으로 선출토록 하였다. 전두환 대통령은 10월에 유신헌법을 폐지시키고 제 5공화국 헌법을 만들었고 이 헌법에 따른 대통령으로 1981년 2월 25일 취임하였다. 우리나라의 중산층은 비교적 높은 민주의식을 가지고 있었으나 광주민중항쟁 직후의 공포 분위기 속에서는 꼼짝할 수 없었고 소련과 신냉전 상태에 있던 미국의 새 대통령으로 취임한 레이건은 전두환 대통령을 그의 첫 손님으로 미국에 초청함으로써 전 정권을 승인하였다.

제 5공화국 헌법도 제 4공화국 유신헌법과 마찬가지로 자유민주주의를 부정하는 헌법이었다. 제 5공화국체제도 유신체제처럼 입법, 사법, 행정의 삼권이 대통령에게 집중된 독재체제였고 이 체제는 유신시대와 같이 군부의 지지에 기반을 둔 독재체제였다. 박대통령은 유신체제가 자유민주주의체제는 아니라고 인정하였으나 전대통령은 제 5공화국체제를 자유민주주의체제라고 강변하였다. 제 5공화국체제는 유신체제와 기본적으로 그 운영원리가 같은 신유신체제임에도 불구하고 신군부세력과 그들에게 동원된 지식인들은 이 체제를 민주적 체제로 보이게끔 분장시키는 데 상당한 노력을 기울였다. 그리고 이러한 분장 노력은 대통령과 국회의원의 선거방법에 가장 뚜렷이 나타나 있다.

제 5공화국의 대통령은 5천 인 이상으로 구성되는 대통령선거인단이 선거하도록 하였다. 그리고 대통령선거인단은 유신시대의 통일주체국민회의의 대의원과는 달리 정당에 소속할 수 있도록 하였다. 1981년 2월 11일에 실시된 대통령선거인단 선거에서 신군부세력이 만든 민주정의당은 총 선거인단 수의 69.65%, 민주한국당 7.79%, 한국국민당은 0.9%, 민권당은 0.39%, 무소속은 21.8%를 각각 차지하였다. 신군부세력은 통일주체국민회의 대의원들 대신 소속정당을 가질 수 있는 대통령선거인단이 대통령을 선출케 함으로써 제 5공화국 대통령선거가 마치 미국 대통령선거와 흡사한 인상을 국민들에게 주도록 노력했다고 볼 수 있다. 그러나 이 선거는 유신시대의 대통령선거와 근본적으로 같은 선거로 2월 25일 장충체육관에서 실시된 선거에서 민주정의당의 전두환 후보는 90.23%의 압도적 찬성표를 받고 대통령에 당선되었다. 나머지 군소정당의 후보들은 처음부터 전 후보의 들러리였다. 단, 제5공화국 헌법하의 대통령 임기는 7년 단임제였고 이 점이 유신헌법과는 다른 중요한 점으로 민주화의 길을 여는 데 도움이 되었다고 할 수 있다.

제5공화국 헌법은 유신시대 통일주체국민회의가 선출하는 유신정우회 의원직을 폐지시켰다. 유정회는 유신시대의 상징으로 유정회 의원직의 폐지는 대통령의 유정회 의원 지명권한을 폐지한 것같이 보이나 실상은 그렇지 않다. 제5공화국 헌법은 국회의원 총수의 3분의 1에 달하던 유정회 의원직 대신에 같은 수의 전국구 의원직을 두었다. 전국구 의원직은 제1당이 전국구 의원 총수의 3분의 2를 배당받고 나머지 의석은 지역구 선거에서 5석 이상을 차지한 정당들이 의석비율로 배분받도록 하였다. 제1당, 즉 제5공화국 대통령이 총재인 민주정의당이 배분받는 전국구 의석은 국회 총 의석의 3분의 1 곱하기 3분의 2, 즉 9분의 2가 되고 이 의석은 사실상 대통령이 지명할 수 있는 의석수였다. 유신시대의 박대통령은 국회의원 총 의석의 3분의 1을 지명할 수 있는 권한을 가졌으나 제5공화국의 전대통령은 그보다는 약간 작은 수인 9분의 2를 지명할 수 있는 권한을 가졌다.

제5공화국 대통령은 유신시대와 마찬가지로 대법원장과 대법원판사에 대한 실질적 임명권을 가졌다. 대법원장과 대법원판사의 임기는 각각 5년으로 단축되었고 대법원판사는 연임이 가능하였다. 그 이외의 법관에 대해서는 대법원장에게 임명권을 부여한 것이 유신헌법과 다른 점이다.

제5공화국 대통령은 의회해산권을 가지지 못한 것을 제외하고는 유신시대 대통령과 대동소이한 권한을 행사했다. 의회는 제4공화국시대와는 달리 국정조사권을 헌법상 부여받았으나 대통령으로부터 독립적일 수 없었고 법원은 행정부의 시녀로 전락한 점에 있어 제4공화국시대의 법원과 같았다. 지방자치 역시 헌법조항으로 두었으나 실제로는 아무 의미 없는 조항이었다.

제 5공화국시대의 정당제도는 복수정당제였으나 이 역시 제 5공화국이 복수정당제를 가지고 있는 자유민주주의국가라는 외양을 갖추기 위한 것이었다. 제 5공화국 출범 시 신군부세력은 민주정의당을, 정치활동 규제를 면한 구신민당 의원들은 민주한국당을, 구민주공화당 및 유신정우회 의원들은 한국국민당을 각각 창당하여 정치에 참여하였으나 민주한국당과 한국국민당은 여당의 제 1중대와 제 2중대라는 말이 돌 만큼 야당으로서의 선명성을 결여하고 있었다. 민주한국당과 한국국민당 의원들은 국회 내에서 정부와 민주정의당에 반대하는 자세를 나타냈으나 체제 자체의 비민주성에 근본적 도전을 하지 않았다. 그러나 민주적 개헌을 위한 김영삼 씨의 1983년 5월 단식투쟁, 민주화추진협의회 발족, 1984년 12월 신한민주당 창당과 그 다음 해 2·12 총선에서 신한민주당의 제 1야당 부상, 민주한국당과 한국국민당 의원들의 신한민주당 가입 등으로 제 5공화국의 정당체계는 여당인 민주정의당과 선명 야당인 신한민주당으로 이루어지게 되었다. 신한민주당은 2·12 총선 때부터 본격적 개헌투쟁을 이끌었으나 1986년 12월 말 김영삼과 김대중을 대신해 당을 맡고 있던 이민우 총재가 의원내각제 개헌을 고려하자 김영삼과 김대중계 국회의원 75명이 1987년 4월 8일 신한민주당을 탈당하고 통일민주당을 창당하였다. 통일민주당이 대통령직선제 개헌을 성취한 6·29 이후에는 통일민주당에서 김대중계가 탈당하여 평화민주당을 창당하였다.

제 5공화국 전반부의 정당들은 대체로 야당들을 포함해서 모두 전두환 군부독재정권을 지지하는 정치적 역할을 수행했고 후반부의 신한민주당-통일민주당은 민주적 개헌을 위한 투쟁을 전개하였다. 신한민주당-통일민주당은 그들의 투쟁을 제 4공화국시대와 마찬가지로 비밀리에 계획하고 수행해야만 되었기 때문에 동당의 인물중심적 성격과 김영삼계와 김대중계의 폐쇄적 성격은 한층 더 심화되었다.

제 5공화국시대의 이익집단들은 경제단체들을 제외하고는 거의 자율성을 가질 수 없었다. 노동조합은 유신시대보다도 더욱 철저하게 통제되었고 농업협동조합과 수산업협동조합도 유신시대와 마찬가지로 관계부처의 지도와 감독을 받았다. 다만 경제단체들만은 정부, 여당에 대해 여태까지의 관주도 경제체제를 민간주도 경제체제로 전환할 것을 강력히 요구하였다. 재벌기업의 회장들은 전대통령과 자주 만나 그들의 의견을 피력할 수 있는 기회를 가졌다.

제 5공화국시대의 대통령중심제도 유신시대와 같은 극단적 단극 통치형 정치제도였다. 유신체제의 운영원리를 그대로 계승한 신유신체제였다.

제 5공화국 체제에 대한 거부감은 유신시대보다 높았다. 대학캠퍼스에서는 이의 철폐를 요구하는 학생들의 시위가 일어나지 않는 날이 없었고 이러한 시위에는 분신자살과 같은 극단적 형태도 포함되어 있었다. 대학생들의 이러한 운동은 이념적으로는 급진적이고 반미적인 성격을 띠기도 하였다. 종교인, 문인, 일부 법조인, 재야정치인으로 구성되는 재야세력의 개헌운동은 유신시대에 비해 훨씬 더 조직화되어 있었고 그 규모도 훨씬 더 컸다. 학생, 재야세력, 선명 야당의 개헌운동은 1987년 6월 29일에 대통령직선제 개헌을 쟁취할 수 있을 만큼 강력한 것이었다.

전대통령은 이러한 반대운동을 탄압하는 데 국가안전기획부와 경찰을 이용하였다. 제 5공화국시대는 대통령의 권력유지에 있어 강제적 권력의 비중이 유신시대보다 더 컸던 시대라고 평가할 수 있다. 전대통령이 반대운동을 탄압하는 데 경찰력을 이용했다고 해서 제 5공화국 체제를 경찰독재체제라고 보아서는 안 된다. 전대통령이 경찰을 이용했다 해도 그가 최종적으로 의지하던 지지기반은 군이었기 때문이다.

극단적 단극 통치형 정치제도에서 나올 수 있는 회오리바람 정치는 제 5공화국시대에도 유신시대와 마찬가지로 제한적 의미에서만 옳다. 제 5공화국시대에도 많은 유능한 인사들이, 심지어 과거 반독재운동과 진보적 통일운동에 참여한 경력이 있는 사람들까지도 독재체제에 기꺼이 봉사하고 일반국민들도 대다수는 이 체제에 순응했지만, 다른 한편에 있어서는 이미 소개한 바와 같이 수많은 민주인사들이 감시와 탄압 속에서도 반체제운동에 참여하고 일반국민들도 결정적 시기에는 이러한 운동에 동조하였기 때문이다.

전대통령도 박대통령과 마찬가지로 절차적 정통성의 결여를 업적에 의한 정통성으로 메우려고 노력하였다. 우리 경제는 전대통령 시대에도 착실하게 성장하였고 무역수지도 개선되어 임기 말에는 흑자를 기록하기도 하였다. 그러나 전대통령의 이러한 경제적 업적이 전 정권의 정통성 제고에 큰 도움이 되지는 못했다. 전대통령 시대의 경제적 성장은 국민들의 민주의식 수준을 높여 오히려 전 정권에 대한 반대여론을 확산시키는 데 공헌하였다.

제 7 장

제 6공화국의 정치제도

이 정 복

청년학생들과 재야세력의 비민주적 제 5공화국 헌법에 대한 반대운동이 1984년 말 신한민주당의 창당과 1985년 2·12 총선 이후 격화되자, 전두환 정권은 1986년 여름에 헌법개정에 동의하고 야당과의 협상을 제의하였다. 그러나 전두환 정권이 의원내각제 개헌을 고수한 반면 야권세력은 대통령직선제 개헌을 고수함으로써 여야간의 개헌협상은 전혀 진전을 보지 못했다. 이에 전 정권은 1987년 4월 13일 제 5공화국 헌법을 개정하지 않겠다고 선언하였으나 이 선언에 반대하고 대통령직선제를 요구하는 개헌운동이 전국적으로 보다 격렬하게 전개되었다. 전 정권은 계엄령을 선포하여 이 운동을 탄압하거나 그렇지 않으면 대통령직선제를 수용하는 갈림길에 서 있었다. 전 정권이 어떠한 길을 택할 것인가가 불확실한 상황에서 전 정권의 후계자로 민주정의당의 대통령후보였던 노태우는 6월 29일 대통령직선제 개헌을 받아들이고 김대중을 사면복권하겠다는 성명을 발표하여 국민들에게 커다란 놀라움을 안겨주었다. 제 6공화국 헌법은 이 성명에 기반해 여야간의 합의로 제정되었다.

전 정권이 4·13 선언을 철회하고 야권의 개헌요구를 수용한 배경에는 라틴아메리카와 필리핀에서의 민주화 물결과 1988년의 서울올림픽이 있었지만 이보다 더 중요한 배경은 대통령직선제하에서도 계속 집권할 수 있다는 정치적 계산이었다. 제 5공화국의 주도세력은 민주화운동의 양대 지도자인 김영삼과 김대중이 분열한다면 대통령직선제하에서도 노태우 후보가 대통령으로 당선될 수 있다는 계산을 하게 되었던 것이다. 이와 더불어 정부여당은 대통령직선제 수용이 전두환 대통령과 노후보 간의 합의로 이루어진 것임에도 불구하고 마치 노후보가 전대통령과 사전협의를 하지 않고 일방적으로 선언한 것처럼 국민들을 속임으로써 노후보를 민주화 지도자로 부각시키는 데 성공하였다. 1987년의 민주화는 군부독재세력이 무너진 라틴아메리카 제국의 경우와는 달리 권위주의정권이 계속 권력을 유지한 독특한 민주화였다.

여야합의로 1987년에 제정된 제 6공화국 헌법은 비민주적 특성을 가진 제 4, 5공화국 헌법과는 달리 민주적 헌법이다. 이 헌법의 민주성이 대한민국 정치사에 있어 새로운 것은 아니다. 이미 소개한 바와 같이 우리나라는 1948년부터 1972년의 기간에 1961년부터 1963년까지의 군부통치 기간을 제외하고는 민주적 헌법을 가지고 있었다. 우리 정치는 헌법적으로는 1987년에 제 1, 2, 3공화국시대로 복고했다고 볼 수 있다. 그러나 제 6공화국 헌법은 미국이 우리나라에 부과했다고 볼 수 있는 과거의 민주적 헌법과는 달리 청년학생들과 국민들이 15년이라는 오랜 기간의 투쟁 끝에 스스로 쟁취한 것이었다. 또한 과거의 헌법은 모두 정권교체기마다 최고집권자의 의지에 따라 바뀌었는데, 이번 헌법은 이에 따라 정권교체가 일어난 최초의 헌법이다.

제 6공화국 헌법의 가장 큰 특성은 대통령직선제를 복원시킨 데 있다. 그러나 제 6공화국 대통령은 제 1, 3공화국시대의 대통령과는 달리 임기가 5년이고 중임이 불가능한 단임제 대통령이다. 여야는 4년 중임제로 출발한 제 1, 3공화국의 대통령제가 무리한 헌법개정에 의해 독재체제로 전락한 불행한 과거를 고려하여 5년 단임제를 채택했다. 제 5공화국 말기에 국민들의 가장 큰 관심사는 최고권력자의 장기집권 경향을 막고 민주적 정권교체를 이룩하는 일이었기 때문에 5년 단임제 헌법에 문제를 제기하는 사람은 거의 없었다. 그리고 노태우에서 김영삼으로의 정권교체와 민주자유당의 김영삼에서 새정치국민회의의 김대중으로의 정권교체는 소기의 목표를 실현하는 데 성공한 헌법이라는 평가를 가능케 한다.

그러나 5년 단임제는 대통령을 무책임하게 만드는 단점을 가지고 있다. 노태우 전 대통령은 민주적 선거로 당선되어 제 4, 5공화국시대의 대통령과는 달리 오랜만에 최초로 정통성을 가진 대통령이 되었으나 전두환 시대의 무역흑자 기조를 적자 기조로 다시 전락시켰고 주택 2만 호 건설과 북방정책에 몰두하고 산업구조조정은 소홀히 하였다. 노 대통령이 재벌과 대기업의 총수들로부터 천문학적 액수의 자금을 받아 사용하고 5천억 원 이상이나 되는 남은 돈을 퇴임 후에 가지고 있었던 것도 대통령단임제와 관계가 있다고 여겨진다. 김영삼 대통령은 금융실명제를 비롯한 여러 가지 개혁정책을 펴고 두 전직대통령을 감옥에 보냈으나 그의 재임기간 중에 외채는 4백억 달러에서 1,500억 달러로 증가하고 한국경제는 IMF의 지배를 받는 위기에 빠졌다. 김대중 대통령도 경제위기를 극복하는 데 최선을 다했으나 임기 말에는 전임 두 대통령과 마찬가지로 무책임한 경향을 보였다.

미국에서는 대통령의 4년 중임제와 6년 단임제의 장단점에 관한 논의가 있었으나 4년 중임제를 그대로 고수하고 있다. 4년 중임제 대통령은 처음 당선된 후 2년간은 선거후유증 치유, 그리고 그 다음 2년간은 재선을 위한 선거운동 때문에 소신껏 국정을 운영할 수 없으므로 6년 단임 대통령제로 헌법을 개정하여 대통령이 선거를 크게 의식하지 않고 국정을 운영하도록 해야 한다는 주장이 대두된 적이 있다. 그러나 미국은 6년 단임제 대통령이 소신껏 국정을 운영하기보다는 오히려 무책임하게 국정을 운영할 가능성이 있다는 근거에서 4년 중임제를 유지하고 있다.

제 6공화국의 대통령중심제는 제 4, 5공화국시대와는 달리 민주적 대통령중심제이나 대통령중심제의 핵심인 삼권분립과 이에 기반한 행정부, 입법부, 사법부 사이의 견제와 균형은 여전히 매우 약하다. 입법부와 사법부는 독재시대와 마찬가지로 행정부의 시녀이거나 해야만 할 역할을 제대로 못하고 있다. 헌법상 민주적 대통령중심제를 가졌던 제 1, 3공화국시대에 국회가 행정부의 시녀 역할밖에 못한 것은 앞서 살펴본 바와 같이 대통령이 속한 여당이 국회에서 항상 과반수 이상의 의석을 차지했기 때문이다. 제6공화국의 대통령은 그가 속한 여당이 항상 과반수 이상의 의석을 차지하지는 못했음에도 불구하고 합당이나 무소속의원들의 여당영입으로 여당을 인위적 다수당으로 만들어 국회를 시녀화할 수 있었다. 노태우 대통령이 총재였던 민주정의당은 1988년 4월 26일 국회의원선거에서 참패하여 소수당으로 전락하였으나 1990년 초 김영삼의 통일민주당, 김종필의 신민주공화당과 합당하여 민주자유당이라는 거대여당이 되었다. 이 당은 1992년 국회의원선거에서는 국회의원 총 의석의 49%를 차지했으나 무소속 영입으로 과반수 이상의 의석을 만들었다. 김종필의 신민주공화당 세력이 떨어져나간 김영삼 대통령의 신한국당도 1996년 선거에서 과반수 의석에 조금 미달했으나 약간 명의 무소속의원을 영입하여 과반수 이상의 정당이 되었다.

국회의 행정부 시녀화현상은 대통령이 군부출신인 노태우에서 민간인출신인 김영삼으로 바뀐 후에도 지속되었고 이러한 현상은 1996년 12월 26일 새벽의 기습 국회에서 적나라하게 드러났다. 여당의 대통령 후보들을 포함한 신한국당 의원들이 몇 대의 버스에 실려 야당의원들 몰래 국회에 나타나 노동법과 안전기획부법 개정안을 새벽시간에 기습적으로 처리한 것이다. 이 두 법안에 대해 국회에서 충분한 논의도 없었고 여당 단독의 기습처리를 정당화할 수 있을 만큼 야당의 실력 저지행위가 국민들에게 충분히 표출되지도 않았는데, 신한국당 의원들은 김영삼 대통령의 의사를 받들어 기습행동을 한 것이다. 그후 곧이어 터진 한보사태로 국민들의 신뢰를 잃은 신한국당은 야당과의 합의하에 단독으로 통과시킨 노동법을 폐기하고 새로운 노동법을 통과시켰지만, 이것도 김대통령의 지시에 의한 것이었다. 문민민주주의시대의 다수당인 신한국당 의원들은 과거 독재시대와 제 1, 3공화국의 여당의원들과 마찬가지로 대통령에게 무조건 순종하는 경향을 보였다. 그들은 대통령의 정책을 국익의 관점에서 대통령과는 독립적으로 판단하는 자율성을 갖지 못했던 것이다.

김대중 정부는 자유민주연합과의 연립정부이나 출범 직후 국회에서 과반수 이상의 의석을 차지하고 있지 못했다. 다시 말해 행정부의 집권당과 국회의 다수당이 다른 분점정부(*divided government*)를 가지고 있었다. 김대중 대통령은 취임 초에는 국회 내 과반수 이상의 의석을 만들기 위해 야당의원들을 영입하지는 않을 것이라고 말하였지만 취임 후 6개월이 지나서부터는 이와 같은 영입작업을 벌이지 않을 수 없었다. 김대중 정부의 분점정부 상황이 국정의 교착상태를 초래하고 있었기 때문이다. 다수당인 한나라당(구신한국당)의 반대로 국무총리 인준도 못하고 정부여당이 원하는 입법도 하지 못하는 상황에서 집권당은 야당의원들을 영입하지 않고서는 국정을 원활하게 운영하기 어려웠다. 김대중 시대의 여당과 자유민주연합은 2000년 총선에서도 과반수 이상의 의석을 차지하지 못하였다. 이 선거에서도 한나라당이 가장 많은 의석을 차지하였으나 과반수에는 미달하였기 때문에 김대통령은 상당기간 무소속의원들을 포섭하여 국회에서 과반수 이상의 의원들의 지지를 받을 수 있었다. 그러나 집권 말인 2002년에는 여당의원들을 포함한 여러 명의 의원들이 한나라당으로 당적을 바꾸는 바람에 여소야대 정국이 다시 나타났다. 이런 상황에서 2003년 출범한 노무현 정부도 분점정부였으나 2004년의 총선에서 여당인 열린우리당은 노대통령 탄핵반대세력을 결집시켜 과반수 이상의 의석을 차지하였다.

미국은 지난 반세기에 있어 대체로 분점정부를 유지했다. 대통령은 공화당에서 많이 나왔는데 그 기간 국회의 다수당은 민주당이었다. 미국에서는 이와 같은 분점정부 상황이 국정운영에 큰 장애가 되지는 않는다. 여야가 타협하고 또한 국회의 다수당 의원들이 각기 독자적으로 판단하여 반대당 대통령의 정책도 종종 지지하기 때문에 분점정부가 항상 국정의 교착상태를 초래하지는 않는 것이다.[1] 불행하게도 오늘날의 우리 정치에는 여야간 이와 같은 융통성이 없다.

제6공화국의 국회는 제4, 5공화국시대나 그 이전 어느 시대와 비교하더라도 행정부에 대한 견제와 균형 역할을 잘 할 수 있는 제도적 조건을 갖추고 있다. 국회는 국정조사권은 물론, 국정감사권도 다시 갖게 되었고, 청문회제도를 도입하였고, 국회 전체 개회일수의 제한을 철폐하였다. 대통령은 국회에 대해 법률거부권을 가지고 있을 뿐 독재시대와 같이 국회해산권을 가지고 있지 않다. 국회에 관한 헌법조항도 제6공화국 헌법에서는 독재시대의 헌법과는 달리 대통령에 관한 헌법조항 앞에 나와 있다. 그러나 국회의 행정부 감시활동과 정책활동은 아직도 활성화되고 있지 못하다. 정책결정은 대통령이 하고 국회는 이에 순응하는 과거의 정부-국회 관계가 크게 변화하고 있지 못하다. 우리 국회가 우리와 같은 대통령중심제를 가지고 있는 미국의 국회와 같이 활발한 정책활동을 못하는 원인 중의 하나는 의원들이 당총재로부터 자율성을 가지고 있지 못하다는 사실에 있다. 우리나라 의원들은 대통령중심제를 채택하고 있음에도 불구하고 의원내각제를 채택하고 있는 나라의 의원들보다 더욱 철저하게 소속정당의 지시에 따라 행동하고 있다. 당총재와 의원들은 공천 때부터 후견인-수혜자 관계를 형성하고 있기 때문에 의원들은 당총재의 지시로부터 이탈하기 어려운 것이다. 우리 국회는 오래전부터 미국 의회의 상임위원회 중심주의를 채택하였으나 우리 의원들은 미국의 의원들이 가지고 있는 자율성을 가지고 있지 못하기 때문에 상임위원회에서 활발한 정책활동을 보여주고 있지 못하다.

---

1) 미국에서도 분단정부가 국정의 교착상태를 초래하고 있다는 비판이 있으나 이를 타개하기 위해 여당이 야당으로부터 의원들을 영입하여 다수당을 만든 일은 전혀 없다.

사법부도 선진 대통령중심제 국가인 미국의 대법원과는 달리 대통령과 행정부를 감시하고 견제하는 데 무력하다. 제 4, 5공화국의 독재정권은 법원의 제청에 의한 법률의 위헌여부, 탄핵, 정당의 해산에 관한 사항을 심판할 권한을 가진 헌법위원회를 신설하여 제 1, 3공화국시대에는 일원화되어 있던 사법부를 대법원과 헌법위원회로 이원화시켰다. 또한 대법원장을 추천하던 제 3공화국시대의 법관추천회의를 없애고 대법원장과 헌법위원회의 위원장을 대통령이 임명하도록 하였다. 사법권의 이원화와 대통령의 사법부 책임자 임명권은 대통령의 사법부 통제에 도움이 되는 제도이나, 제 6공화국에 들어와서도 이와 같은 제도에 별 변화가 없다. 제 6공화국 헌법에서는 헌법위원회를 헌법재판소로 고치고 법률의 위헌여부, 탄핵, 정당의 해산에 관한 사항 외에도 국가기관 상호간, 국가기관과 지방자치단체 간 및 지방자치단체 상호간의 권한쟁의와 법률이 정하는 헌법소원에 관해 심판할 권한을 부여하였다. 헌법재판소는 제 1공화국과 의원내각제를 채택했던 제 2공화국시대에 처음 도입한 제도인데, 제 3공화국 헌법에서는 없어졌다가 제 6공화국 헌법에서 부활한 제도이다.

사법권의 대법원과 헌법재판소로의 분리는 사법권을 약화시킬 뿐만 아니라 대법원판결에 대해 헌법재판소가 위헌판결을 낸 경우에는 대법원과 헌법재판소 간의 갈등도 야기하고 있다. 또한 헌법재판소는 1998년의 "총리서리 권한쟁의"에 관한 심판에서와 같이 판결이 일관성이 없고 당파적이라는 비판을 받은 적도 있다.[2)]

사법부는 지난 반세기 동안 기존권력이 독재적이든 민주적이든 이를 따지지 않고 지지하거나 묵인하는 역할을 수행했고, 오늘날에도 사법부의 이와 같은 특성에는 큰 변화가 없다. 미국의 사법부는 대통령과 국회로부터 독립적인 입장을 견지하고 정치문제에 비교적 적극적으로 개입하고 있으나 우리나라의 사법부는 그렇지 못하다.

---

2) 〈조선일보〉 1998년 7월 15일, 제 7면 참조.

사법부가 이러할진대 행정부의 한 기관인 검찰에 정치적 독립성이 없다는 것은 오히려 자연스러운 일이다. 검찰은 오랜 독재시대 동안 정권의 하수인역할을 하였는데, 제6공화국의 검찰도 이와 같은 오명을 아직 극복하고 있지 못하다. 노태우 시대의 검찰은 기본적으로는 과거의 검찰과 다름이 없었고 공안정국을 조성하는 데 하수인 역할을 하였다는 비판을 받고 있다. 김영삼 시대의 검찰은 문민시대의 검찰로서 과거보다 나아졌지만 대통령의 정치적 의사로부터 독립성을 가질 수는 없었다. 김대통령이 1980년 5월 군부의 정권장악을 쿠데타이나 역사적 심판에 맡겨야 된다고 말했을 때에는 검찰은 성공한 쿠데타는 처벌할 수 없다는 입장을 취하고 대통령의 입장이 이에 대한 처벌 쪽으로 바뀌었을 때에는 이에 참여한 전두환, 노태우 두 전직대통령 등을 구속, 기소하였다.

우리의 정치인들과 일부 고급관료들은 기업인들로부터 비밀헌금을 받는 관행을 가지고 있고, 검찰은 그러한 사람들을 수사해야 할 권한과 의무를 가지고 있다. 김영삼 대통령 말기에도 검찰은 대통령의 아들을 포함하여 여야의 많은 정치인들을 뇌물을 받은 혐의로 구속, 기소하였다. 그러나 이러한 수사에 있어 공정성을 기하는 것은 매우 어렵다. 오래전부터 이러한 수사가 야권에 대한 탄압수단으로 악용되고 있다는 비판이 있고 이러한 비판은 오늘날에도 계속되고 있다.

우리나라의 대통령중심제는 행정부중심의 일권체제일 뿐만 아니라 행정부 내에서는 대통령중심의 일인지배체제이다. 오랜 군사독재시대 동안 통치권력은 대통령 한 사람에게 집중되어 있었고 이와 같은 일인지배체제는 민주주의가 복원된 제6공화국에 들어와서도 무너지지 않고 그대로 지속되고 있다. 제1공화국 헌법에서는 국무위원들이 대통령의 권한에 속하는 중요국책을 의결할 권한을 가졌으나 제6공화국 헌법에서는 제3, 4, 5공화국에서와 같이 심의할 권한만을 가지고 있다. 다시 말해 헌법상 제6공화국 대통령의 권한은 제1공화국 대통령의 권한보다 큰 것이다. 김영삼 전대통령의 통치스타일에 대해서 '문민독재'를 한다는 비판이 종종 나왔는데, 이것은 바로 김대통령의 일인지배체제를 가리키는 말이었다. 김대통령은 중요국책을 청와대비서실이나 국무회의의 검토과정을 거치지 않고 단독으로 수립하고 인사문제도 철저한 보안 속에서 혼자 결정한 경우가 종종 있었다. 이러한 지배체제는 그의 정책과 인사가 국민들의 지지를 받는 한에 있어서는 문제가 되지 않았으나 결국 그의 아들 김현철 사건과 IMF체제라는 경제위기를 초래하였다. 청와대비서, 각료, 정치인, 언론인, 교수들은 일인지배체제를 이룩하고 있는 김영삼 대통령의 비위를 거스르기를 주저했기 때문에 그의 아들이 국정, 인사, 이권에 부당하게 개입하고 있었음에도 불구하고 이에 대해 침묵을 지켰고 IMF체제의 엄습이라는 경제위기가 다가오고 있어도 이를 지적하지 못하는 결과를 초래한 것이다.

김대중 대통령은 대통령선거 전에 자유민주연합의 지지에 대한 대가로 자유민주연합과 공동정권을 수립하고 2년 내에 의원내각제 개헌을 추진하고 의원내각제하의 대통령과 국무총리직의 분담은 자유민주연합의 선호에 따르겠다는 약속을 하였다. 그러나 이와 같은 약속은 지켜지지 않았고 일인지배체제적 대통령중심제는 아직까지 지속되고 있다.

제 6공화국은 제 3, 4, 5공화국시대에 중단된 지방자치를 실시하였다. 여야당은 이를 위해 1988년 4월 지방자치법을 개정하였는데, 그 내용은 다음과 같다. 첫째, 지방자치단체의 종류를 서울특별시, 직할시, 도와 시, 군, 자치구로 하고 자치계층을 전국에 걸쳐 2계층으로 하였다. 둘째, 시, 군, 자치구의 기초자치단체 의회를 이 법의 시행일로부터 1년 이내에, 특별시, 직할시, 도의 광역자치단체 의회를 2년 이내에 구성하도록 하였다. 셋째, 광역자치단체의 장과 의원후보는 정당추천을 허용하고 기초자치단체의 장과 의원후보는 정당추천을 불허하였다. 넷째, 광역 및 기초자치단체의 장은 직접선거로 선출하나 별도의 법률로 정할 때까지 대통령이 임명하도록 하였다.

이 법에 따른 기초의회선거는 1991년 3월 26일에, 광역의회선거는 같은 해 6월 20일에 실시되었다. 유권자들의 투표율은 기초의회선거가

55.0%, 광역의회선거는 58.9%였고 여당인 노태우, 김영삼, 김종필 세력의 연립정당인 민주자유당은 야당의 지지지역인 광주, 전남, 전북을 제외한 모든 지역에서 압승했다.

지방자치단체의 장과 의원을 모두 선출하는 전면적 지방자치선거는 제6공화국 김영삼 시대에 이루어졌다. 1995년 6월 27일에 실시된 이 선거에서는 기초의원의 경우에는 정당공천을 계속 불허했으나 기초자치단체장 후보의 정당공천은 허용하였다. 이 선거에서는 김영삼 대통령의 민주자유당, 민주당(구평화민주당), 1995년 초 민주자유당에서 강제 퇴출당한 김종필이 조직한 자유민주연합의 3당이 대결하였고 투표율은 67.4%로 4년 전 지방선거 때보다 훨씬 높았다. 이 선거의 결과는 여당인 민주자유당의 참패이고 민주당과 자유민주연합의 승리였다. 이 선거에서 가장 중요한 선거인 광역자치단체장선거에서 민주자유당은 인천, 경기도, 부산, 경상남북도의 다섯 곳에서밖에 승리하지 못했고, 민주당은 서울, 광주, 전라남북도의 네 곳에서, 자유민주연합은 대전, 충청남북도, 강원도의 네 곳에서, 무소속은 대구와 제주도에서 각각 승리하였다. 광역의회와 기초자치단체의 장과 의원들의 선거에서도 대체로 민주자유당은 영남에서, 민주당은 호남과 서울에서, 자유민주연합은 충청지역에서 압도적 승리를 거두었다. 1990년 초 민주자유당으로의 3당 합당 이후 정치적 대결구도는 비호남 대 호남이었으나 1995년의 지방선거를 계기로 이 대결구도는 3김의 지역분할 대결구도로 바뀌었다.

제6공화국 김대중 시대에 들어와서는 1998년 6월 4일에 광역 및 기초자치단체의 장과 의원들을 뽑는 지방선거가 실시되었다. 투표율은 52.6%로 제6공화국시대의 지방선거 중 가장 낮은 투표율이었다. 6개월 전에 대통령선거가 있었기 때문에 지방선거에 대한 국민들의 관심도가 낮았다. 우리나라에서는 중요한 선거 이후에 치러진 지방선거는 투표율이 저조한 경향을 보였는데, 1960년 제2공화국시대에 국회의원선거가 끝난 지 5개월 후에 치러진 광역단체장선거의 투표율도 38.8%

에 지나지 않았다. 1998년 6·4 지방선거의 결과는 여권, 특히 새정치국민회의가 한나라당에 대해 압승한 것이지만 1995년 지방선거 때의, 그리고 6개월 전 대통령선거 때의 지역분할구도를 대체로 재현한 것이었다. 여당에서 야당으로 전락한 한나라당은 대구, 부산, 울산, 경상남북도, 강원도에서, 여당인 새정치국민회의는 광주, 전라남북도, 서울, 경기, 제주에서, 연립정부의 파트너로서 여당인 자유민주연합은 대전, 충청남북도, 인천에서 각각 승리하였다. 야당인 한나라당은 남한의 동쪽지역에서, 새정치국민회의와 자유민주연합으로 구성된 여권은 서쪽지역에서 각각 승리하였다.

2002년 6월 13일의 제 3회 전국동시 지방선거는 투표율이 48.8%로 아주 저조하였다. 이 선거에서 지역분할구도는 그 이전 선거에서와 마찬가지였으나 한나라당이 압승한 결과를 나타냈다. 광역단체장의 경우 한나라당은 서울, 부산, 대구, 인천, 대전, 울산, 경기도, 강원도, 충청북도, 경상북도에서 승리하였고, 새천년민주당은 전라남도와 제주도에서, 자유민주연합은 충청남도에서 각각 승리했을 뿐이다. 2006년 5월 31일의 제 4회 전국동시 지방선거에서도 한나라당이 압승하였다. 광역단체장의 경우 여당인 열린우리당은 전라북도 한 곳에서, 민주당은 광주와 전라남도 두 곳에서 승리했고 한나라당은 나머지 열두 곳에서 승리했다.

여야는 기초자치단체 의원후보의 정당공천 허용문제, 자치단체의회의 의원수 감축문제, 특별시와 광역시 내의 자치구를 준자치구로 격하시키는 문제 등에 대해 서로 다른 입장을 가지고 있다. 이러한 문제들은 여야의 입장뿐만 아니라 전문가들의 의견과 국민여론도 참작하여 해결해야 할 것이다.

제 6공화국에 들어와 지방선거는 제도화되기 시작했다. 중앙정치의 수준에만 적용되던 민주주의가 지방정치의 수준에도 적용되기 시작했다. 제 6공화국시대에 시작한 지방자치에는 일부 자치단체장들과 지방공무원들의 부정, 부패문제, 선거를 의식한 선심행정 문제, 재정자립도가 낮은 지방자치단체의 중앙정부 의존문제 등 여러 문제가 있지만 각 지역의 주민들은 이제 자치단체장이 그들을 위한 행정을 펴는가를 정기적으로 심판할 수 있는 기회를 갖게 되었다.

오랫동안의 독재시대에 우리나라의 정당은 정상적 발전을 할 수 없었다. 여당조차도 독재세력이 그들의 권력유지를 위해 최종적으로 의존하는 핵심조직은 아니었다. 독재세력은 국내외적으로 자유민주주의의 외양을 과시하기 위한, 또한 이러한 외양유지에 필요한 선거를 위한 도구로 여당을 가지고 있었을 뿐이다. 야당은 독재세력의 공작과 탄압의 대상으로 여당의 압도적 위치를 위협하지 않는 범위 내에서만 활동이 허용되었다. 우리나라 정당은 제6공화국의 민주화시대에 들어와 이와 같은 한계로부터 해방되어 자유로운 발전을 할 수 있는 기회를 갖게 되었다. 최고권력을 선거에서 승리한 정당이 차지하게 된 제6공화국시대에 정당은 권력획득을 위해서 필요한 핵심조직으로 부상하였다.

한 세대에 걸친 독재시대에 한국은 산업화를 이룩하여 농업사회에서 산업사회로 탈바꿈하였다. 그리고 오랫동안의 독재시대에 우리 정치는 독재세력 대 반독재세력, 혹은 반민주세력 대 민주세력의 대결구도를 가지고 있었다. 그러나 독재를 더 이상 유지하기가 불가능하게 된 제6공화국시대에 들어와 이와 같은 대결구도는 무너졌으나 이를 대치하는 대결구도는 선진제국의 산업사회에서 볼 수 있는 바와 같은 정책적 차이에 기반한 대결구도가 아니라 전통적 지역주의에 기반한 대결구도이다. 제6공화국시대에 정착한 정당제도는 경제의 발전단계를 반영하기보다는 지난 30여 년 동안의 정치를 반영하는 것이었다.

제6공화국 초에 여당이었던 민주정의당은 전두환-노태우 전대통령이 이끄는 군부세력이 제5공화국 초에 조직한 정당으로 그 지지기반을 영남지역, 특히 대구-경북지역에 둔 정당이다. 민주정의당은 기원적으로는 독재세력이었으나 지역적 지지기반 때문에 민주화시대에도 그 생명력을 유지하고 있다. 이 정당은 1990년 1월에 김영삼의 통일민주당,

김종필의 신민주공화당과 합당하여 민주자유당이 되었다. 김영삼의 지지기반이 부산-경남지역에 있고 김종필의 지지기반이 충청지역에 있던 만큼 민주자유당은 그 지지기반을 비호남지역 전체에 둔 거대여당이 된 것이다. 그러나 민주자유당은 "한지붕 세가족"이라는 말이 나올 만큼 세 이질적 세력의 집합체에 불과했다. 김영삼 대통령은 1995년 초에 김종필 민주자유당 대표를 강제 퇴출시켰고 같은 해 말에는 구민주정의당계 세력의 우두머리 격인 노, 전 두 전직대통령을 뇌물수수혐의와 반란죄로 구속하였다. 김대통령은 1995년 말에 민주자유당의 당명을 신한국당으로 바꾸었으나 이 당의 지지기반은 축소되었다. 신한국당의 구민주정의당계는 감사원장과 국무총리를 역임한 이회창을 신한국당의 대통령후보로 두 번 연속 선출하고 당명도 한나라당으로 바꾸었으나 대통령선거에서 두 번 연속 패배하였다. 2008년 현재 한나라당은 강재섭 의원이 박근혜 의원의 바통을 이어받아 대표로 있어, 구민주정의당계와 구김영삼계의 두 세력이 동거하는 정당이고 대구-경북과 부산-경남이 지지기반의 중심이다.

1987년의 대통령선거에서 김영삼, 김대중의 두 민주지도자가 타협하여 대통령후보 단일화를 이루어냈더라면 제 6공화국시대의 지역대결정치는 오늘날 우리가 목격하고 있는 바와 같이 심화되지는 않았을 것이다. 그러나 오랫동안 같은 야당에서 활동하고 민주화투쟁에 있어서는 단결된 모습을 보였던 두 지도자가 대통령선거전에서 분열하였고 선거기간 동안 두 사람은 각각 민주정의당의 노태우 후보에 대해서보다는 상호간 더욱 격렬하게 대립하였다. 이러한 대립과정에서 민주화세력은 부산-경남을 지역적 지지기반으로 하는 김영삼 후보의 통일민주당과 호남을 지역적 지지기반으로 하는 김대중 후보의 평화민주당으로 분열하였다.

김영삼의 통일민주당 세력은 대부분이 바로 앞서 지적한 바와 같이 한나라당에 자리잡고 있지만 그 일부는 15대 대통령선거에서 국민신당을 조직하여 제 3의 대통령후보를 냈다. 국민신당의 이인제 후보는 결과적으로는 한나라당의 이회창 후보를 낙선시키고 새정치국민회의의 김대중 후보를 대통령에 당선시키는 역할을 하였다. 국민신당은 대통령선거 직후 해산되어 새천년민주당에 흡수되었다.

평화민주당은 1988년 4·26 총선에서 통일민주당을 제치고 제1야당이 되었지만 평화민주당의 김대중 총재는 1990년 초의 3당 합당에 충격을 받고 이에 대항할 수 있는 야권통합을 추진하였다. 김총재는 1991년 3월에는 범민주통합수권정당촉구를 위한 추진회의의 김관석, 이우정 등이 결성한 신민주연합당을 받아들이고 당명을 평화민주당에서 신민당으로 바꾸었다. 그후 신민당은 1990년 9월에 이기택 등이 이끌던 민주당과 통합하고 당명을 민주당으로 다시 바꾸었다. 이로써 민주당은 3당 통합으로 결성된 민주자유당에 대항하는 통합야당이 되었으나 이 당의 김대중 후보는 1992년 말의 선거에서 민주자유당의 김영삼 후보에게 패배하여 정계를 은퇴하였다. 김대중 후보 은퇴 후의 민주당은 이기택 총재가 맡았으나 이 당의 의원들은 대부분이 호남 출신이었고 그들은 이총재가 아니라 김대중 후보의 영향하에 있었다. 민주당은 1995년의 지방선거에서 커다란 승리를 거두었으나 그후 곧 이 당의 주도세력인 김대중계는 탈당하여 김대중을 총재로 하는 새정치국민회의를 조직하였다. 김대중계의 탈당으로 공동화된 민주당은 그후 이회창을 대통령후보로 내세운 신한국당에 합류하여 한나라당의 구성원이 되었다. 김대중 총재의 새정치국민회의는 대통령선거에 승리하였으나 2000년 1월에는 새천년민주당으로 재창당되었다. 새천년민주당은 새정치국민회의를 모태로 하고 있었으나 이와는 다른 새로운 정당이라는 입장에서 김대중이 김종필에게 약속한 내각제를 강령에 넣지 않았다. 그후 노무현이 새천년민주당의 후보로 대통령에 당선되었으나 그도 전임자와 마찬가지로 곧 새로운 정당인 열린우리당을 창당하였고 새천년민주당 의원들 중 상당수가 이 당으로 당적을 옮겼다.

정몽준은 노무현 후보의 지지율이 하락하고 있는 시점에서 월드컵 성공의 여세를 몰아 대통령선거에 출마한다고 선언하고 2002년 10월에 국민통합21을 창당하였다. 그러나 이 당은 노무현과 정몽준의 후보단일화 과정에서 정몽준이 탈락하고 대통령선거 전날 밤에 정몽준이 노무현에 대한 지지를 철회함에 따라 그 존재의의를 상실하고 말았다.

영남지역, 호남지역, 충청지역을 중심으로 하는 지역분할정치는 제 6공화국시대에 실시된 네 번의 대통령선거, 다섯 번의 국회의원선거, 다섯 번의 지방자치단체선거에서 확인되고 재확인되었다. 1992년 대통령선거에서는 현대그룹의 정주영 회장이 통일국민당을 창당하여 출마하였고 그의 출신지역이 강원도이기 때문에 강원도 당이 또 하나 생기는 것이 아닌가 하는 우려도 있었지만 이 당은 현재 존재하지 않는다.

진보적 재야세력 중 일부는 기층민중의 이익을 대변하겠다고 민중당을 1990년 11월에 창당하였으나 이 당의 후보들 중 어느 누구도 국회의원선거에서 당선하지 못했다. 그러나 그들은 2000년 1월에 민주노총세력을 기반으로 민주노동당을 창당하여 2004년 4월 15일 총선에서 처음 도입된 1인 2표 병립제 덕분에 의석을 10석 차지하였다.

제 6공화국 30년간 우리의 정당정치는 영남, 호남, 충청지역이 각각 중심이 되는 지역분할정치였고 이 세 지역 주민들의 지지를 받는 인물들이 중심이 되는 정치였다. 영남의 노태우와 김영삼, 노무현 전대통령, 호남의 김대중 전대통령, 충청의 김종필 전총리가 중심이 되는 정치였다. 이 인물들은 그들이 각각 조직한 정당 내에서도 절대적 지도자로 군림하였다. 대통령선거에서의 승리는 이 세 지역의 지도자들이 어떻게 연합하느냐에 따라서 결정되었지, 선진제국에서와 같이 정책노선에 따라 결정되지 않았다. 노태우는 김영삼, 김대중 후보가 분열했기 때문에, 김영삼은 노태우, 김종필 세력과 연합했기 때문에, 김대중은 김종필 세력과 연합했기 때문에 각각 대통령선거에서 승리한 것이다. 노무현도 호남-충청지역 유권자들의 연합에 힘입어 대통령으로 당선됐다. 제 6공화국의 대결구도는 1997년의 대통령선거를 계기로 비호남 대 호남의 대결구도에서 호남-충청 대 영남의 대결구도로 바뀌었고 이러한 대결구도는 다시 바뀔 가능성이 얼마든지 있다.

김영삼, 김대중, 김종필의 3김이 출신지역의 강력한 지지를 받을 수 있었던 것은 그들 각각이 가지고 있는 역사적 업적 때문이다. 김영삼, 김대중은 민주화투쟁에서 다른 정치인들이 뒤따르기 어려운 업적을 쌓았고 김종필은 우리나라를 근대화시키는 데 업적을 남긴 인물이다. 현재 이 세 인물의 출신지역 정치인들 중에는 이들에게 필적할 만한 업적을 가지고 있는 인물이 없다. 다시 말해 이들을 대신해서 영남, 호남, 충청지역의 절대적 지지를 받을 인물이 없는 것이다. 이제 3김은 정치무대에서 퇴장하였으나 이들이 우리 정치에 심어놓은 지역주의는 후퇴의 기미를 아직도 보이고 있지 않다.

국민들은 제6공화국시대에 들어와 비로소 결사의 자유를 실제로 갖게 되었고 이익집단들도 정당과 마찬가지로 정상적 발전을 할 수 있는 기회를 맞았다. 제6공화국시대 초에는 독재시대에 어용적 성격을 띨 수밖에 없었던 한국노동조합총연맹, 농업협동조합, 한국교원단체총연합회 등에 각각 대항하는 진보적 성향의 이익집단으로 전국노동조합협의회(전노협), 전국농민연맹(전농), 전국교직원노동조합(전교조) 등이 조직되었다. 전노협, 전농, 전교조는 제6공화국 초에는 활발하게 활동하였으나 현재는 붕괴했거나 활동이 침체한 상태에 있다. 전노협 대신 진보적 노동조합으로 1995년 말에 전국민주노동조합총연맹(민주노총)이 결성되어 활발한 활동을 전개하고 있다. 그리고 독재시대에 어용적 성격을 가졌던 이익집단들은 내부조직을 민주화하고 정부로부터도 과거와는 달리 자주적 자세를 견지함으로써 민주화시대의 이익집단으로 탈바꿈하고 있다.

제6공화국시대에는 경제정의, 환경, 여성, 인권, 소비자보호, 선거개혁 등을 위한 공익을 목적으로 하는 집단(*public interest group*)들이 많이 결성되었다. 그중 경제정의실천시민연합은 김영삼 시대에 전국적 규모의 시민단체로 성장하여 활발한 활동을 전개하였다.

김대중 대통령은 노사정위원회를 설치하고 전국경제인연합회, 한국노총과 민주노총, 그리고 국가대표의 삼자가 타협하여 경제위기를 타개하려고 노력하였으나 노사정위원회는 제대로 작동되지 않고 있다. 이익집단들은 시민들의 자발적 참여의 결여, 재정자립도의 결여, 여러 정치세력으로부터의 압력 등으로 발전에 장애를 받고 있지만 과거와는 다른 자율적 성장기에 들어가 있다.

제 6공화국의 대통령들은 모두 민주적 선거를 통해 선출되었고 또한 다른 세력과 정권을 공유하였다. 제 6공화국시대에는 국민들의 자발적 이익집단 활동도 과거와는 비교할 수 없을 정도로 활발하게 전개되고 있다. 그러나 제 6공화국 민주화시대의 대통령들은 독재시대의 대통령들과 마찬가지의 강력한 권한을 가지고 있다. 그 이유 중 하나는 우리나라의 대통령중심제가 건국 이래 삼권분립이 아니라 의원내각제의 권력융합적 특성을 가졌고 이러한 특성은 오늘날에도 별 변화가 없다는데 있다. 다시 말해 제 6공화국 민주화시대에도 우리나라는 단극적 통치형 정치제도를 가지고 있는 것이다.

제 2 부

한국의 정치과정

제 8 장

입법엘리트 충원과 사회적 배경*

민 준 기

1. 서 론

의회제도의 효율성, 특히 개발도상국가의 의회제도가 지닐 수 있는 비효율성 등을 이유로 많은 비판이 제기되기도 하지만,[1] 오늘날까지도 의회제도는 민주정치를 운영해가는 데 기본요건으로 간주되고 있다. 우리나라의 경우 제헌헌법에 기초하여 정부가 수립된 이래 그 기능에 많은 문제점이 노정되었지만, 의회제도에 입각한 민주정치를 실행해가고 있다. 의회정치의 발전이 정치발전의 주요내용을 이루고 있다면 제도적으로 의회의 기능이 활성화될 수 있는 방안이 마련되어야 하며, 다른 한편으로는 의회정치의 담당자라 할 수 있는 의원들의 역

---

* 이 논문은 한국학술진흥재단의 지원을 받아 김경숙 조교와 공동연구를 한 것이다.

1) Packenhan, Robert A., "Legislatures and Political Development," In Kornbergand Musolf(Eds.), *Legislatures in Developmental Perspective*, Durhan: Duke University Press, 1975; Blondel, J., *Comparative Legislature*, Englewood Cliffs, N.j.: Prentice-Hall, Inc..

할과 기능이 합리적으로 수행되어야 한다.

의회발전이란 의회가 정치체계의 하부단위로서 그 기능을 충실히 수행하고 행정을 감시·제어하는 제도적 장치로서 국민의 의사가 원활히 행정에 반영될 수 있도록 하는 것을 의미한다. 의회발전을 분석하기 위한 시도로, 그동안 정치엘리트의 일원으로서 의원들이 어느 집단 내지는 계층에서 보다 많이 충원되는가, 그 충원방식은 민주적으로 이루어지는가, 또한 기능은 제대로 발휘하는가 등의 문제가 정치학자들의 많은 관심을 끌었다.

대부분의 국가에서 정치엘리트는 일반국민보다 높은 교육 수준을 지녔고, 또한 직업적으로 전문적 배경을 가진 자가 다수를 차지한다. 정치엘리트의 사회적 배경은 그들의 사회화과정을 의미하는데, 그것은 정치엘리트의 정치적 태도와 행태에 결정적 요인으로 작용하기도 한다. 사회적 배경구조를 이루는 계층의 기초도 다양한데, 실례로 인종적 분포, 경제적 분업, 종교적 위계조직, 신분분화의 형태, 그리고 지역적 분열과 이데올로기의 종류에 따라서 다르다. 각각의 사회는 이런 제 요소가 특정한 형태로 결합하여 독특한 모습으로 나타난 것이다.

거시적으로 볼 때 정치엘리트의 사회적 배경 분석은 정치체계 및 사회체계의 성격을 설명해준다. 즉, 정치엘리트의 충원과정은 보다 큰 테두리로서의 정치·사회적 변수, 예컨대 정치·사회적 구조 및 문화를 밝혀낼 수 있다.[2] 이를 보다 세분해서 살펴보면, 첫째, 정치엘리트의 가정환경, 교육배경, 사회경험 등 특수한 사회화과정(*socialization process*)을 검토함으로써 거기에서 발생·성장한 사고방법 및 태도유형을 밝혀낼 수 있다. 둘째, 엘리트 충원의 원칙과 근거에 대한 이해를 토대로 그 충원유형을 밝혀낼 수 있으며 그 사회의 가치체계, 일관성과 모순성의 정도, 대표성 등을 알아낼 수 있다. 셋째, 시대적 변화에

2) 윤형섭, "정치적 충원과 정치발전", 〈연세행정논총〉 제 2집, 연세대학교, 1974.

따른 정책결정자의 사회적 배경의 흐름을 비교하여볼 수 있다는 데서 그 의의를 살펴볼 수 있다.[3] 이러한 견해에 비추어볼 때 정치엘리트의 사회배경에 대한 연구는 한 나라의 정치현상을 이해하는 데 필요한 자료를 제공해준다고 볼 수 있다.

여기에서는 역대 국회의원의 사회적 배경을 회기별로 분석하여 어떠한 사회적 배경을 지닌 인물들(또는 계층)이 국회의원으로 충원되었고, 또한 정권의 교체에 따라서 국회의원의 전체적 성격이 어떻게 변화되었는가를 살펴본다. 더 나아가서는 수차례에 걸친 정치적 변동이 정치적 충원과정에 어떠한 영향을 미쳤는가를 정리해보고 충원과정의 한국적 특징을 파악한다. 이 조사결과는 정치발전론적 입장에서 평가될 것이며, 이를 토대로 충원과정상에 나타난 문제점을 파악하여 보다 발전적인 충원모델의 정립을 모색하고자 한다.

연구범위는 제헌국회부터 14대 국회까지이며, 연구대상은 최초 당선자를 기준으로 하여 역대 국회의원 3,306명이다. 연구의 분석단위는 개인인데, 일반적으로 개인에 대한 사회배경적 조사의 주요변수로는 출생, 교육 정도, 직업, 성별 등이 거론된다.[4] 이 중에서 출생배경 요

---

3) Jong-Lim Kim and Seong-Tong Pai, *Legislative Process in Korea*, Seoul National University Press, 1981, pp. 67~69; Mattews, Daniel R., *The Social Background of Political Decision-Makers*, New York: Random House, 1962, p. 2.

4) '지위에 따른 접근방법'을 통해 정치엘리트를 연구한 대표적 학자인 메리트는 출생과 더불어 얻는 특징(*traits acquired at birth*)으로 ① 출생일자 ② 출생지(고향의 크기) ③ 성별 ④ 국적 ⑤ 선조의 배경(예: 귀족) ⑥ 계급, 인종, 종족, 종파 등 6가지를 들고 있다. 또한 사회화(*socialization*)와 관련해서 ① 종교 ② 정치단체 가입과 부모의 활동 ③ 교육 ④ 농촌 또는 도시지역에서의 교육 ⑤ 청소년단체(종교, 스포츠, 애국단체) 가입여부 ⑥ 견습과 직업훈련의 변수를 들고 있다. 성인 경력유형(*adult career pattern*)으로 ⑦ 최초의 직업과 다양한 직종에서 보낸 기간 ⑧ 외국과의 접촉(여행, 편지연락 포함) ⑨ 조직성원여부 ⑩ 정치참여(참여 수준, 당성, 공직이나 당직에서의 추천여부), 특정사건에의 참여, 명예, 상벌획득여부 등을 들고 있다.

인으로는 연령과 성별을 선택했다. 연령은 중요한 사회적·경제적 요인으로 특히 정치적 기회에 많은 영향을 미치며 그 정치사회가 보수적인가, 개혁적인가 하는 성격규명과, 정치충원의 기회가 어느 정도 주어지고 있느냐를 설명해주기 때문이다.[5] 성별의 분석은 여성의 정치참여의 정도와 기회의 균등을 설명해줄 수 있는 변수로 볼 수 있기 때문이다. 성인의 경력유형의 분석변수로는 교육과 직업을 선택했다.[6] 직업은 국회의원 당선 직전의 직업으로 가능한 한 한정했으며, 교육은 학력별, 전공별, 해외유학 국가별로 분리하여 조사했다. 조사방법은 중앙선거관리위원회에서 발간한 선거관련 자료들을 중심으로 분석하는 문헌연구에 의존했으며, 통계처리의 경우에는 시기별, 소속별 분류를 포함하여 사회적 배경의 모든 변수는 최초 당선시를 기준으로 했다.

2. 정치발전과 입법엘리트의 충원

제3세계 국가의 발전과정을 연구하는 시각은, 발전이란 용어의 의미를 어떻게 규정할 것인가의 문제를 두고 크게 근대화이론을 모태로 하는 발전주의 패러다임, 세계체제, 종속이론을 주축으로 하는 저발전의 패러다임, 그리고 국가자율성이론과 코포라티즘(*corporatism*) 이론을

Merritt, Richard L., *Systematic Approaches to Comparative Politics*, Chicago, 1971; 한하르트와 웰시(Hanhart & Welsh)의 경우 무려 126개의 변수를 열거하고 있다. Hanhart, Arthur M. Jr. & William A. Welsh, "The Intellectuals-Politics Nexus: Studies Using a Biographical Technique," *The American Behavioral Scientist*, 1964.

5) 윤형섭, "한국정치과정", 김운태 외, 《한국정치론》, 박영사, 1991, p. 500.

6) 경력을 연구범주로 삼을 수도 있으나, 국회의원 입후보자들이 자신들의 다양하고 많은 경력이 있을 경우 사회적으로 인정받을 수 있는 것을 2개 이상 나열하고 있기 때문에 특정경력 하나만을 자의적으로 선택하여 분석할 경우 객관적 판단이라고 보기 어렵다.

주축으로 하는 국가론 등으로 나눌 수 있다. 발전주의 패러다임이 주로 국내적 맥락에 초점을 두어 발전의 의미를 규정하고 분석을 진행한다면, 저발전의 패러다임은 발전과정에 영향을 주는 외부적 요인에 많은 중요성을 부여한다. 이에 반해서 국가론에서 다뤄지는 발전연구는 국내적 요인에 비중을 두면서 외부적 요인을 고려한다는 점에서 앞의 두 가지 패러다임과 차별성을 가지고 있다.

발전론의 다양한 시각에 비추어볼 때 입법엘리트의 충원과정은 발전주의 패러다임에 기초하여 분석하는 것이 타당할 것이다. 물론 한 나라의 정치엘리트 충원이 외부세력의 강력한 영향을 받는 경우도 상정할 수 있으나, 대부분 국민들의 직접선거로 선출되는 입법엘리트의 경우에는 외부의 영향력에 상당한 비중을 두는 저발전의 패러다임과 국가론에 입각한 발전주의 패러다임을 적용시키기에는 무리가 따른다고 생각된다.

일반적으로 특정국가의 정치발전을 이룩하는 데 결정적 영향을 미치는 요소로 지배엘리트의 성향, 제도적 장치의 능력, 가용자원, 사회구조적 특성, 국제환경 등이 거론된다. 국가적 차원에서 볼 때, 한 나라의 발전에서도 특정모델이 작용하리라는 것은 상상할 수 있다. 그런 의미에서 볼 때, 정치발전은 근본적으로 한 나라의 국민들이 갖게 되는 모델의 습득과정이라 볼 수 있다. 국내적으로는 모델로서의 정치엘리트들이 지니고 있는 가치지향이 중요하고, 국외적으로는 그 나라에 가장 많은 영향을 주었고 밀접한 관계를 맺었던 나라가 은연 중에 하나의 모델로 작용할 수도 있다.

오늘날 한국사회가 필요로 하는 것은 지난 수십 년간 공통적 과제였으며 우리가 지향해야 할 모델로서의 미래사회에 대한 전망을 해보는 것이다. 그 모델은 단적으로 말해서 민주사회, 경쟁사회, 참여사회, 다원화사회라는 용어로 표현되고 있는 사회라고 할 수 있으며, 국민이 지도자를 선출하고, 선출된 정치엘리트는 자신들을 선출해준 국민에게 책임을 질 수 있게 된 사회, 정책이 국민의 요구를 최대한으로 반영해주며 긍정적 보강작용으로 나타나는 사회, 따라서 정치적 안정이 사회 저변에 뿌리 박힌 정치적 공동체를 말한다.[7]

여기에서 중요한 것은 정치체계를 구성하는 일반국민과 정치엘리트의 역할이다. 이들이 주어진 정치체계를 어떻게 꾸려나가는가에 따라서 정치발전의 양태 및 성패가 결정된다. 정치체계는 개인과 조직을 중요한 행위주체로 가지고 있는데, 개인과 조직의 기능 및 성향은 매우 다르게 나타난다. 조직이 주어진 환경변화에 적응해서 살아가지 않으면 도태될 수밖에 없는 데 반하여 개인은 일정시기가 지난 이후에는 그 전환 및 수정이 매우 어렵게 된다. 일반적으로 행위주체로서의 개인은 고도의 특수화된 기능에 깊이 관여하는 일이 없이 유년기와 청소년기를 통해 서서히 성장해간다. 특수기능에 대한 개인의 관여과정은 청년기를 끝내면서부터 시작된다. 개인이 어느 특정기능의 수행에 점점 깊이 관여하면 할수록 개인은 그 기능을 변화시킨다는 것이 점증적으로 어려워진다는 것을 이해하게 되고, 또 그가 습득한 대응책을 환경의 변화에 맞추어 고쳐 배운다는 것도 쉽지 않다는 것을 발견하게 된다. 그것은 개성이 일단 형성되면 자기의 독자적 방법도 굳어져버린다는 데 이유가 있다.[8]

이러한 현상은 정치엘리트의 경우에도 동일하게 적용할 수 있을 것이다. 일반적으로 엘리트란 일반대중과 구별되는 용어로서 사회적으로 중요한 결정에 영향을 미칠 수 있는 개인이나 집단을 뜻한다. 이 용어는 17세기에 처음 사용된 이래로 사회적, 정신적, 도덕적, 그리고 정치적인 면에서 우월한 자질을 가진 선발된 소수의 자들이 그룹을 형성하고 있는 것을 함축하고 있으며, 또 이러한 함의 속에는 신분적 속성이나 출생, 재산 등의 면에서 사회적 폐쇄성이 강하게 암시되어 있다.[9]

---

7) 한배호, 《이론정치학》, 일조각, 1965, pp. 266~268.

8) 민준기, 《한국정치발전론》, 을유문화사, 1975, pp. 74~75.

9) 윤근식, 《정치학》, 대왕사, 1976, p. 173.

한국에서의 정치엘리트의 범주는 행정엘리트로서 장·차관, 그리고 입법엘리트로서 국회의원으로 한정할 수 있다. 양자는 각 부문에서 공통적으로 권력과 권위에 쉽게 접근할 수 있으며 일반대중보다 더욱 큰 정치적 영향력을 행사할 수 있다는 면에서 정치엘리트라고 할 수 있다. 여기에서는 입법활동을 주요기능으로 하는 국회의원으로 범주를 한정하여 그 사회적 배경을 분석함으로써 충원과정의 특성을 설명하고, 그것이 한국정치체계의 전반적 발전과 어떻게 관련되는가를 분석한다.

정치엘리트의 충원이란 사회성원이 정치의 장 또는 전문화된 역할로 유입되는 과정을 일컫는데,[10] 우리는 정치엘리트 충원의 분석을 통하여 하위체계의 분화 정도와 정치사회의 수준, 그리고 특정계층을 중심으로 하는 사회계층의 재편성과정 등을 살펴볼 수 있으며,[11] 정치체계의 변동요인을 이해하게 되고, 정치체계의 주요부문을 이루는 동태적 정치과정의 이론화를 기할 수 있다. 그러나 정치엘리트의 충원이 어떠한 방식으로 이루어지는 것을 정치발전으로 보느냐 하는 문제는 이론화하거나 정형화시키기 어려운 문제이다.

일반적으로 정치엘리트 충원연구의 방법으로 특정지위에 충원된 사람들의 사회적 배경을 조사하는 방법과 정치엘리트들의 사회화과정에 중점을 두고 충원과정을 분석하는 방법이 많이 사용된다. 이러한 방법들은 정치엘리트들의 충원과정을 유형화하는 데 매우 유용하며, 한 단계 더 나아가서는 정치발전과 사회발전을 연관시켜 조망하는 계기를 마련해주기 때문이다.

발전론적 패러다임에 입각해서 발전의 의미를 정의하는 학자들은 구

---

10) Almond, Gabriel A., "A Functional Approach to Comparative Politics," In G. A. Almond and J. S. Coleman(Eds.), *The Politics of the Developing Areas*, Princeton: Princeton University Press, 1960, p. 31.

11) 윤형섭, "정치적 충원과 정치발전", 이영호 외, 《현대정치과정론》, 법문사, 1978, p. 214.

조의 분화, 사회적 통합, 그리고 체계의 능력 등을 발전의 주요요소로 간주한다. 이들에 의하면 사회구조의 분화는 각 부문의 엘리트들에게 상위체계인 정치체계에의 참여욕구를 불러일으킨다. 이들 엘리트들이 정치체계에 접근할 수 있는 통로가 개방되어 있고, 충원과정이 원활하게 기능한다면 사회의 전체적 통합성은 증대된다. 이러한 결과 전반적 사회체계의 능력은 급격히 신장되고 체계유지와 발전에 필요한 제 능력이 확보되어 발전적인 정치엘리트 충원과정의 정립에 기여하게 된다. 이와 같은 측면에서 살펴볼 때 정치발전의 한 부문을 구성하는 정치엘리트 충원과정에 대한 분석은 보다 합리적이고 발전적인 충원과정을 모색하는 것임과 동시에 정치체계 전반의 효율성, 안정성, 통합성 등을 증대시키는 방안을 강구하는 데로 연결된다.

여기에서는 입법엘리트를 중심으로 정치엘리트의 충원과정상에 나타난 특성들이 한국의 정치발전과 어떻게 연관되는가를 분석하기 위한 변수로서 충원과정의 정치적 개방성, 교육 수준, 직업의 다양성 및 전문성, 정당정치의 활성화 등을 연관시켜 분석한다. 충원과정상에 나타난 정치적 개방성의 정도를 기준으로 삼는 것은 신진엘리트의 정치참여가 원활히 이루어지는 것과 정치발전이 밀접한 연관을 맺고 있기 때문이다. 정치적 개방성의 정도는 입법엘리트의 연령이나 당선횟수, 여성의 충원양태 등의 분석을 통하여 파악할 수 있다. 교육 수준의 정도는 엘리트들의 입법기능을 수행하는 능력과 밀접하게 연관되고 있으며 가치관의 형성에 상당한 정도의 영향을 미치고 있다고 판단된다. 교육 수준의 정도는 최종학력, 전공분야, 해외유학 경험 등의 분석을 통하여 파악한다. 직업의 다양성 및 전문성은 입법엘리트가 다양한 사회의 욕구를 표출하고 반영할 수 있다는 점에서 정치발전과 밀접한 연관관계를 갖는다고 볼 수 있다. 직업의 다양화 및 전문화의 정도는 직업정치인과 전문직업인의 증가 정도를 통하여 파악할 수 있다. 정당정치의 활성화는 의회정치발전의 기초가 되기 때문에 정당정치가 활성화된다는 것은 곧 정치발전과 연결된다. 정당정치의 활성화는 정당소속 입후보자의 충원비율, 선거제도와 입법엘리트의 대표성 간의 상관관계에 대한 분석을 통하여 파악한다.

3. 국회의원 충원과정의 특성

정치엘리트의 정치행태는 개인적 속성과 사회적 배경에서 이루어진 정치적 인식 및 태도의 산물이라 볼 수 있다.[12] 정치엘리트의 사회적 배경에 대한 연구 대부분이 사회 내에는 사실상 정치적 기회의 불균등이 존재하고 있으며, 정치엘리트들이 거의 사회의 상위계층출신이라는 사실을 확인해주고 있다. 정치 이외의 영역에서 상위계층에 있는 엘리트들은 인적, 물적으로 정치엘리트로 충원되는 데 여타 계층의 사람보다 더 유리한 입장을 지니게 된다. 이러한 점은 정치엘리트들에게는 더욱 명확히 나타나는 현상으로서 간혹 정치엘리트로서의 안주가 충원통로의 폐쇄성이라고 불릴 만큼 부정적 결과를 낳기도 한다.

한국 정치엘리트의 충원과정이 정치발전의 촉진요인으로서 기능하기 위해서는 그 충원과정이 보다 합리적이고 객관적이며 개방적일 필요가 있다. 따라서 이 연구에서는 보다 합리적이고 객관적이며 발전적인 정치엘리트 충원과정을 모색하기 위해서 지난 시기의 국회의원 충원과정을 중심으로 고찰한다. 연구의 주된 초점은 역대 국회의원들의 사회적 배경 분석이며 여기에서 나타난 제 특성들이 한국 정치발전에 어떠한 관련성을 가지고 있는가를 평가하여 앞으로 합리적이고 발전적인 정치엘리트 충원과정을 모색하는 것이다.

---

12) 매튜(D. Mattews)는 정치투쟁에 참가하는 사람들이 복잡한 동기와 취향을 갖게 되는 것은 정치의 영역에 그들 특유의 개인적 이익, 편향 및 성벽을 가지고 들어오기 때문이라고 지적했다. Mattews, Donald, *The Social Background of Political Decision-Makers*, New York: Random House, 1962, p. 2.

이러한 연구목적을 위하여 조사대상자인 역대 국회의원의 사회적 배경과 충원과정을 정치적 개방성, 교육 수준, 직업의 다양성과 전문성, 정당정치의 활성화 등과 연관시켜 분석한다.

1) 정치적 개방성

정치적 개방성은 사회체계 내의 모든 하위집단들에게 실질적으로 정치충원의 통로가 개방되는 것을 의미한다. 특히 충원과정이 하위체계로부터 상위체계로의 접근이 용이하고, 그 결과 엘리트들의 상향유동성이 증가되는 것을 의미하기도 한다. 보다 구체적으로 살펴볼 때, 정치적 개방성의 정도는 일반국민이 선거를 통하여 정치에 참여하는 것과 직접 피선거권자가 되어 정치엘리트로 입문하는 두 가지 측면이 있다. 선거과정에서의 정치적 개방성이란 일반유권자들이 선거라는 정치행위에 아무런 제약 없이 그들이 선택한 바를 자유롭게 행사한다는 것을 의미한다. 또한 피선거권자가 선거과정을 통하여 정치엘리트로 진출할 수 있는 기회가 제도적으로 폭넓게 보장되고 있는 것을 의미한다. 국민의 정치참여가 개방적으로 이뤄지는 것이 특정 정치체계의 정치발전을 의미하는 것이라고 한다면, 입법엘리트 충원과정에서의 정치적 개방성은 다양한 사회적 배경을 지닌 정치신인의 진출이 어느 정도로 이뤄지고 있는가를 기준으로 평가할 수 있을 것이다. 한국 정치엘리트 충원과정의 개방성 정도는 충원된 엘리트들의 연령과 당선횟수를 통하여 평가할 수 있다. 여기에 덧붙여 유권자의 절반 이상을 차지하고 있는 여성들의 정치참여의 정도, 특히 입법엘리트로의 충원 정도를 통하여 정치적 개방성의 정도를 파악할 수도 있다.

(1) 연 령

정치엘리트의 연령분석은 그 정치사회의 성향을 가름하는 변수로서 사회변동과 관련된 세대교체 문제와 정치적 충원의 기회가 어느 정도

주어지고 있는가를 설명해준다.[13] 출생연도별로 역대 국회의원을 분석할 때 제헌국회부터 5대 국회까지는 1800년대 말엽부터 1900년대 초기의 출생자가 주류를 이루고 있다. 이들은 한말에 유년기를, 청년기에 1차 대전을, 그리고 청·장년기에 2차 대전을 몸소 겪은 세대이다. 박정희 정권 시기인 6대 국회부터 10대 국회에 이르기까지는 1920년대 출생자가 주류를 이루고 있다. 이들은 일제의 만주침략, 중국대륙 침략을 청소년기에 몸소 겪고, 한국전쟁에 직·간접적으로 참전한 6·25 세대라고 할 수 있다. 박정희 정권 붕괴 후 구성된 11대 국회와 12대 국회는 1930년생이 주류를 이루는데 이들은 일제하에서 초등교육을 받은, 그리고 6·25를 목격하고 전쟁의 참상을 뇌리에 간직하고 있는 세대이다.[14] 제 13대 국회와 제 14대 국회의원들의 경우는 4·19 혁명과 5·16을 청년시대에 접한 사람들이 주류를 이루고 있다. 따라서 이들의 경우에는 상대적으로 민주화에 대한 열망이 높은 세대들이라고 할 수 있다.

연령별로 보면 10대와 13대, 14대 국회를 제외하면 40대가 가장 높은 충원율을 나타내고 있으며 다음이 50대, 30대, 60대 등의 순이다. 이 중에서도 40대 후반과 50대 초반이 전체 충원자의 44%를 차지하고 있다. 상대적으로 30세 미만과 70세 이상은 0.4%와 0.8%로 매우 낮은 비율을 차지하고 있다. 따라서 한국 국회의원은 대체로 40~50대가 대부분이고 이들이 한국 입법활동의 주역이라고 하겠다.

최근에 이르러 점차적으로 50대 이상의 연령층이 증가하여 고령화

---

13) 출생배경을 이루는 변수는 성별, 출생년월, 출생지, 가문, 혈통, 인종 등 다양한데, 한국의 상황에서는 여성의 정치엘리트로의 진출이 극히 미약하고 혈통이나 인종적 부문에서 차이가 없으므로 별도의 구분을 하지 않았다. 단지 가문(家門) 변수에서 정치엘리트 전반에 걸쳐 큰 의미는 없지만 지역구 차원에서 큰 영향을 미친다는 측면에서 고려대상이 될 수 있으나 여기에서는 제외했다.

14) 양성철·민준기, "한국고위직 행정·입법엘리트 프로파일 1948~1993", 1993년도 한국정치학회 연례학술발표회 발표논문, pp.3~4.

현상을 나타내고 있다는 점도 주목할 필요가 있다. 제헌국회 때 46.7세로 거의 변화가 없다. 4·19 이후 참의원제도가 도입된 5대 국회 때 49.1세로 갑자기 높아졌지만 5·16으로 5대 국회가 해산된 후 1963년 실시된 6대 국회 때는 다시 47.6세로 낮아졌다. 이는 구악(舊惡) 철폐를 외쳤던 5·16 주체세력들에 의해 일부 정치인들이 대표적 구악으로 몰리면서 정계에서 물러났기 때문인 것으로 보인다. 이후 7, 8, 9대 국회 때는 47.5, 48.08, 48.78세로 조금 높아진다. 1979년 실시된 10대 때 51.03세로 높아졌다가 1980년의 5·17 계엄확대 조치 이후 81년의 11대 때 다시 49.35세로 낮아진다. 이것은 5.17 주도세력이 구정치인들에 대해 규제를 가했기 때문으로 풀이된다.[15] 13대와 14대의 경우에는 급격한 변혁이 없고, 구정치인들에 대한 규제가 풀리면서 이들이 국민의 지지를 얻어 다시 등장한 결과 50대가 주류를 이루어 고령화현상이 나타나고 있다.

제헌국회 이후 국회의원의 평균연령은 정변이 있을 때는 낮아졌다가 정치권이 안정되면 점점 고령화되는 양상을 보이고 있다.[16] 시기를 거듭할수록 의원들의 평균연령이 꾸준히 상승하고 있는 것은 재선 이상의 국회의원 숫자가 증가함에 따른 국회의원의 직업화현상에 기인한다. 이러한 현상은 정치엘리트의 직업화와 더불어 전문성이 제고되는 것으로 해석될 수도 있을 것이다. 그러나 다른 한편으로는 신진들의 정치엘리트의 진출이 그만큼 억제되어 엘리트 순환이 원활하게 이루어지지 못하고 있음을 반증해주는 것이기도 하다. 특히 정치변동의 영향

15) 신정록, “정변 있을 때마다 낮아졌다가 정치권 안정되면 점점 고령화”, 〈주간조선〉 제1262호, 1993.7.15, p.50.

16) 행정관료의 경우, 역대 정권을 통틀어 등용 당시의 나이가 52세에서 55세가 가장 많고 다음이 46세에서 55세이다. 전체 연인원 1998명 가운데 40대 중반에서 50대 중반이 차지하는 비율은 52.6%, 즉 1,050명이나 된다. 고위관리직에 등용된 때의 나이로 보면 어느 나라, 어느 시대를 막론하고 중·장년이 단연 다수를 차지한다. 양성철, “한국의 역대 고위관료 1,998명—‘경북출신 50대’가 가장 많았다”, 〈신동아〉 1993년 11월호, p.343.

〈표 8-1〉 역대 국회의원 연령별 분포 (단위: 명/%)

연령 대수	25~29	30~34	35~39	40~44	45~49	50~54	55~59	60~64	65~69	70 이상	합 계
1대	3 1.5	16 8.0	25 12.5	39 19.5	39 19.5	36 18.0	22 11.0	12 6.0	4 2.0	4 2.0	200 100
2대	4 1.9	15 7.1	35 16.7	32 15.2	53 25.2	31 14.8	19 9.0	16 7.6	4 1.9	1 0.5	210 100
3대	2 1.0	8 3.9	39 19.2	50 24.6	38 18.7	36 17.7	24 11.8	5 2.5	0 0	1 0.5	203 100
4대	0 0	9 3.9	39 16.7	46 19.7	55 23.6	41 17.6	24 10.3	19 8.2	0 0	0 0	233 100
5대	1 0.4	11 4.7	32 13.7	47 20.2	44 18.9	41 17.6	22 9.5	24 10.3	8 3.4	3 1.3	233 100
6대	3 1.7	5 2.9	37 21.2	45 25.7	23 13.1	17 9.7	22 13.1	11 6.3	10 5.7	1 0.6	175 100
7대	0 0	8 4.6	20 11.4	52 29.7	40 22.9	21 12.0	13 7.4	14 8.0	4 2.3	3 1.7	175 100
8대	0 0	3 1.5	26 12.7	45 22.1	58 28.4	28 13.7	24 11.8	10 4.9	8 3.9	2 1.0	204 100
9대	0 0	3 1.0	25 8.6	57 19.5	87 29.8	68 23.3	27 9.3	17 5.8	7 2.4	1 0.3	292 100
10대	0 0	1 0.4	14 6.1	34 14.7	50 21.7	68 29.4	45 19.5	13 5.6	4 1.7	2 0.9	231 100
11대	0 0	1 0.3	22 8.0	78 28.3	80 29.0	49 17.8	26 9.4	16 5.8	3 1.1	1 0.3	276 100
12대	0 0	1 0.3	4 1.5	31 11.3	95 34.4	71 25.7	42 15.2	26 9.4	6 2.2	0 0	276 100
13대	1 0.3	0 0	11 3.7	27 9.0	72 24.1	85 28.4	58 19.4	36 12.1	7 2.3	2 0.7	299 100
14대	0 0	0 0	6 2.0	16 5.4	42 14.0	85 28.4	96 32.1	33 11.0	17 5.7	4 1.4	299 100
합 계	14 0.4	81 2.4	335 10.1	599 18.1	776 23.5	677 20.5	465 14.1	252 7.6	82 2.5	25 0.8	3,306 100

* 출처: 중앙선거관리위원회, 《역대국회의원선거상황(1~11대)》, 중앙선거관리위원회, 1989; 중앙선거관리위원회, 《제 12대 국회의원선거총람》, 중앙선거관리위원회, 1985; 중앙선거관리위원회, 《제 13대 국회의원선거총람》, 중앙선거관리위원회, 1988; 중앙선거관리위원회, 《제 14대 국회의원선거총람》, 중앙선거관리위원회, 1992 등을 참고로 작성.

을 적게 받은 13, 14대 선거의 경우를 보면 연령 면에서 50대 이하에 속하는 소장층의 충원율이 37.1%, 21.4%로 저조하게 나타났다고 하는 것은 시대변화에 민감한 젊은층의 의사가 제대로 반영될 수 없음을 의미한다. 정치발전이 정치엘리트 충원의 개방성 정도와 밀접하게 연관되어 있다면 이러한 불균등 분포는 정치발전의 저해요인으로 해석할 수 있을 것이다.

(2) 당선횟수

입법엘리트인 국회의원의 당선횟수는 전문인으로서의 직업정치인제도의 정착이라는 긍정적 측면과 다선 경력자가 입법엘리트의 주류를 이룸으로써 신진엘리트의 정치엘리트로의 충원에 장애가 된다는 부정적 측면에서 다뤄진다. 정치적 개방성 차원에서 당선횟수의 의미는 긍정적 측면보다는 부정적 측면으로 인식되는 듯하다. 입법엘리트로 충원되는 데서 초선의원과 재선 이상 의원 중 어느 편이 다수를 차지하는가의 문제는 정치변동과 밀접한 관련을 맺고 있으며, 세대교체 문제와도 연결된다. 즉, 다선경력자가 많을수록 정치 신진엘리트의 충원이 원활히 이뤄지지 못한다는 것을 뜻하기도 한다. 이러한 판단은 정치인의 전문성 제고와 경륜과 비전을 경시한다는 점에서 비판을 받을 수도 있다. 그러나 베버(M. Weber)의 직업정치인[17]의 관점에서 다선경력자의 중요성이 인정되나 한국 정치체계에서의 직업정치인 형성과정이 매우 비합리적인 경로를 통하여 이뤄졌다는 점에서 그 의의를 평가절하할 수밖에 없을 것이다. 이와 같이 능력과 비전을 갖추지 못한 정치엘리트가 그들이 차지하고 있는 정치적 위상을 기반으로 직업정치인화되는 것은 정치충원통로를 비합리적이고 폐쇄적으로 만드는 한 원인이 되고 있다. 여기에서는 역대 국회의원의 당선횟수별 통계를 살펴보고, 이러한 추세가 정치충원통로의 개방성과 어떠한 관련이 있는가를 분석

---

17) 박종식 역, 《직업으로서의 정치》, 박영사, 1977.

한다.

역대 국회에서 초선의원의 비중이 재선 이상의 의원 숫자보다 다수를 차지한 회기는 2, 3, 5, 6, 8, 9, 11, 13대 국회이다. 2대, 3대 국회에서 초선의원이 재선 이상의 의원 숫자를 앞서고 있는 것은 헌정의 역사가 일천하여 신생독립국으로서 정치엘리트층이 형성되지 않은 데서 그 원인의 일단을 찾을 수 있을 것이다.

이를 회기별로 세분해서 살펴보면, 2대 국회에서는 초선의원이 179명으로 85.2%의 점유율을 보이고 있으며, 3대 국회에서는 147명으로 72.4%를 나타내었다. 4대 국회에서는 초선의원의 비율이 47.7%로 격감되었다. 특히 집권당인 자유당의 경우 초선의원의 비율이 격감되었는데 그 이유는 자유당 장기집권체제를 구축하기 위한 집권세력의 전략으로서 기득권세력의 계속적인 권력유지의 안전판을 마련하기 위해 기존의원들을 대거 공천한 데서 연유한다고 볼 수 있다. 그 반대로 민주당소속 초선의원의 충원이 증가한 이유는 야권통합에 따른 정치신인들을 대거 공천했고, 유권자들의 사사오입 개헌에 대한 반발심리가 더불어 작용해 이들의 당선에 유리한 국면을 조성했기 때문이었다.

5대 국회에서 초선의원이 118명(50.6%), 재선 이상 의원 115명(49.4%)으로 거의 백중세를 보이고 있다. 4·19 시민학생혁명의 결과로 수립된 자유공간 속에서 실시된 제 5대 총선은 그 어느 때보다 정치신인들의 등장이 예상되었으나 결과는 민주당을 주축으로 한 의원경력자들의 충원이 다수를 이룸으로써 정치신인들의 진출이 이루어지지 못했다. 정치변동의 결과에 비해서 정치엘리트의 교체가 미미한 원인은 자유당 정부와 민주당 정부의 주요인물들의 사회적 배경이 거의 유사하다는 데서 찾을 수 있으며 4·19 시민학생혁명 이후 혁명과업을 계승할 새로운 정치세력이 형성되지 못한 데도 그 일부원인이 있다고 보인다.

6대 국회에서 초선의원의 진출이 108명(61.7%)으로 현저하게 이뤄졌는데, 그 이유는 5·16 군사쿠데타 이후 창당된 민주공화당이 각계에서 정치신인들을 대거 공천하여 당선시켰기 때문이다. 5·16의 구체적 명분인 부정과 비리에 물든 구정치인들을 일소하고 새로운 정치풍토의 조성은 정치경력자보다는 정치신인들을 대거 충원하는 것으로 현실화되어 나타났다. 특히 민주공화당의 의석점유율은 과반수를 훨씬 상회한 62.8%에 달하였다. 이 중에서 정치신인이라 할 수 있는 초선의원은 전체 당선자 110명 중 80명을 차지하여 70%에 이르고 있다. 이로 인해 의원경력자가 야당에 다수 몰려 있는 대조적 상태를 보여주고 있다. 7대 국회에서는 분열되었던 야당세력이 신민당으로 통합되었다. 그 결과 초선자도 6대 국회보다 줄어 74명(42.3%)이 되었고, 상대적으로 의원경력자가 늘어났다. 특히 공화당에서는 초선의원과 경력자의 비율변동이 확연히 드러났다.

8대 국회에서는 7대 국회보다 의원수가 29명이 많아졌는데 양자의 비율은 53.9%(110명) 대 46.1%(104명)로 초선의원의 충원이 근소한 차이로 앞섰다. 동국회에서는 3선 이상의 의원경력자가 신민당에 더 많이 분포되어 있으며 집권당 의원의 교체가 빈번히 이루어지고 있다. 공화당은 6대 국회에서 8대 국회에 이르기까지 줄곧 초선경력자가 재선 이상의 경력자보다 많았다. 그러나 야당에서도 초선의원의 급증현상이 일어났는데 이는 기존세력에 대한 유권자들의 불신에 기인하는 것으로 해석할 수 있다.

유신체제 초반부의 9대 국회는 지역구와 대통령이 임명하는 유정회 소속의원들로 구성된다. 유정회는 국회의원 정수의 3분의 1에 해당하는 인사를 대통령이 임명하여 통일주체국민회의의 동의를 받아 구성되는 원내교섭단체로서 실제로는 여당적 역할을 담당했다. 9대 국회의 초선의원의 비율은 292명 중 147명으로 50.3%의 수준을 보이고 있다. 이 중에서 민주공화당의 경우 초선의원의 점유율이 73명 중 18명으로 24%에 머물고 있다. 이는 비정상적 권력기반을 공고화하기 위하여 기득권세력인 집권여당 소속의원을 다수 공천한 결과라고 볼 수 있다.

유신체제 말기의 10대 국회에서는 초선의원이 88명으로 38.1%를

〈표 8-2〉 역대 국회의원의 당선횟수별 배경 (단위: 명/%)

대수＼횟수	초선	2선	3선	4선	5선	6선	7선	8선	9선	합계
2대	179 85.2	31 14.8								210 100
3대	147 72.4	50 24.6	6 3.0							203 100
4대	111 47.7	93 39.9	25 10.7	4 1.7						233 100
5대	118 50.6	68 29.2	31 13.3	14 6.0	2 0.9					233 100
6대	108 61.7	27 15.5	21 12.0	13 7.4	6 3.4					175 100
7대	74 42.3	63 36.0	19 10.9	10 5.7	7 4.0	2 1.1				175 100
8대	110 53.9	36 17.6	31 15.2	17 8.3	4 2.0	5 2.5	1 0.5			204 100
9대	147 50.3	72 24.7	32 11.0	25 8.6	11 3.8	3 1.0	1 0.3	1 0.3		292 100
10대	88 38.1	52 22.5	40 17.3	26 11.2	17 7.4	5 2.2	3 1.3			231 100
11대	216 78.3	36 13.0	11 4.0	10 3.6	1 0.4	2 0.7				276 100
12대	102 37.0	110 39.9	34 12.3	12 4.3	12 4.3	4 1.5	2 0.7			276 100
13대	166 55.5	59 19.7	43 14.4	16 5.4	7 2.3	5 1.7	2 0.7	1 0.3		299 100
214대	117 39.1	86 28.8	46 15.4	29 9.7	9 3.0	6 2.0	3 1.0	2 0.7	1 0.3	299 100

* 9대의 경우 유정회 제 1기와 제 2기에 모두 임명된 경우에는 1회 당선으로 처리하였음.

* 출처: 중앙선거관리위원회, 《역대국회의원선거상황(1~11대)》, 중앙선거관리위원회, 1989; 중앙선거관리위원회, 《제 12대 국회의원선거총람》, 중앙선거관리위원회, 1985; 중앙선거관리위원회, 《제 13대 국회의원선거총람》, 중앙선거관리위원회, 1988; 중앙선거관리위원회, 《제 14대 국회의원선거총람》, 중앙선거관리위원회, 1992 등을 참고로 작성.

차지하여 당시까지의 역대 의원선거에서 가장 낮은 기록을 보이고 있다. 10대 국회는 여당과 제1야당 간의 의석수나 의석분포가 상당히 접근했다. 그러나 정치경력자의 충원이 서서히 높아가는 과정에서 박대통령 시해사건에 이은 신군부의 출현으로 초선의원과 재선 이상 경력자의 의석비율은 재차 역전된다.

신군부의 출현 명분이 5·16 세력의 정치개입 명분과 일치하는 상태에서 1970년대의 민간정치인들은 집권여당이나 야당을 불문하고 권력의 심판대 위에 세워졌다. 수많은 직업정치인들이 정치규제의 대상이 되었고 투쟁성향이 선명한 일부 정치인과 신군부의 권력장악과정에 장애가 되는 일부 여권정치인도 규제대상이 되었다. 초선의원의 비율은 전체 의원정수 276명 중 216명을 차지하여 78.3%를 기록하였다. 특히 민주정의당의 경우 전체 당선자 151명 중 120명(80%)이 초선의원이었으며, 민주한국당은 81명 중 63명(77%), 국민당은 25명 중 16명(64%)이 초선의원으로 이뤄졌다. 11대 국회에서 초선의원의 비율이 역대 어느 국회에서보다 높아진 원인은 거시적으로 볼 때 비정상적 방법을 통하여 정권을 교체한 정치변동의 결과이며, 미시적으로는 집권세력의 세대교체에 따른 새로운 세대의 부상이라고 볼 수 있다.

12대 국회의 초선과 재선 이상의 비율은 재선 이상이 174명(63%), 초선이 102명(37%)으로 나타났다. 5공화국 후반부를 구성하는 동국회에서 재선 이상의 충원이 대거 이루어진 것은 야당에서 주로 정치경력자로 이루어진 신한민주당이 제1야당으로 부상한 것과 여당인 민주정의당에서 기존의원들을 중심으로 공천하여 이들의 당선비율이 높았기 때문이다.

13대 국회에서는 신인들의 진출이 많은 반면 고참중진들이 대거 탈락하였다. 초선의원은 166명(55.5%)이며, 재선 이상은 133명(44.5%), 4선 이상 의원은 31명(전국구 포함)에 불과하고 재선의원은 59명, 3선은 43명이었다. 지역구 당선자 224명 중 초선이 전체의 절반을 넘는 113명을 차지했는데 충남의 경우는 18명 중 72%가 넘는 13명이 초선이었다.

14대 국회의원에서는 초선의원이 117명, 재선 이상의 경력자가 182명이다. 4선 이상 의원은 50명으로 13대보다 많다. 재선 이상의 경력자 중 민자당 소속의원은 105명이며, 민주당은 민자당의 절반 정도인 54명이다. 또한 신생정당인 국민당의 재선 이상 의원도 7명이나 되었다. 14대 국회에 들어 재선의원의 비율이 높아진 것은 여소야대의 선거로 표현되었던 13대 국회에 진출한 국회의원들이 지역적 지지기반을 갖는 정치지도자들의 노력에 의해 그대로 여야 정당지도부들에 의해 공천되어 당선되었기 때문이었다.

당선횟수를 통해서 살펴본 정치적 개방성의 정도는 초·재선의원의 비율이 압도적이어서 매우 높다고 평가할 수 있을 것이다. 그러나 초·재선의원의 충원이 국민들의 자발적 정치의사의 반영이기보다는 인위적 정치변동의 결과로 해석될 때, 그 의의는 대폭적으로 감소될 수밖에 없다. 이러한 점은 1961년의 5·16 군사쿠데타와 1980년 제5공화국 출범 이후에 구성된 국회의원 구성비를 보면 확연히 드러난다.

또한 기존의 정당과 정치엘리트의 담합에 의한 선거제도의 개편이 정치엘리트 충원통로를 더욱 폐쇄적으로 만드는 중요요인이 되었다. 정당의 성향이 보수정당으로 분류되는 양당이 주도권을 장악한 가운데 사회분화에 따른 다양화된 이해관계를 집약 표출할 수 있는 신진세력의 진출통로가 주어지지 않고 있다. '참여기회의 확대를 통한 사회적 통합성의 증대'는 역대 선거제도의 어디에서도 발견할 수 없다. 바로 이러한 점이 한국정치체계의 정치적 개방성을 약화시키고 폐쇄성을 증대시키는 중요요인으로 작용했을 것이다.

정당 내적 요인으로서 정치엘리트의 충원결정권이 정당조직체계 내의 권력핵심에 의해서 전횡적으로 이루어지는 것도 정치적 폐쇄성을 높이는 결정적 요인이 되었다. 정치엘리트 충원에서 아래로부터의 요구를 수렴할 수 있는 제도로서의 경선[18]이 제대로 이루어지지 않음으로 인해 정당의 하위체계로부터의 의견상달과 정치엘리트의 상향유동화가 극히 제한된 것을 들 수 있을 것이다.

그 결과 연령적으로 20~30대의 유권자가 절반 이상을 차지하는 현실 속에서 이들의 가치지향과 정치적 열망을 수렴하여 표출할 수 있는 정치신인이 입법엘리트로 충원되는 비율이 저조할 수밖에 없게 되고, 기존의 정치엘리트들이 반복적으로 충원됨으로써 엘리트의 순환이 지체되는 현상을 낳게 되었다. 이러한 점들이 한국정치체계의 전반적 발전을 저해하는 요소라는 것은 부인할 수 없을 것이다. 그러므로 입법엘리트 충원과정상에서 나타난 문제를 인식하여 보다 개방적이고 합리적인 기준에 의한 입법엘리트 충원이 가능할 수 있도록 그 개방의 폭을 더욱 확대할 필요가 있다고 보인다.

(3) 여성의 정치참여

현대는 여성이 인구구성의 절반 이상을 차지하고 이으며, 여성의 사회활동영역도 과거에 비하면 다양한 분야로 넓혀가고 있어 여성들이 참여하지 않는 남성만의 영역은 거의 없다. 따라서 여성의 적극적 정치참여는 사회발전을 위해서 필요한 것이다. 그러나 정치는 남성들에게 적합한 영역이며 여성이 활동해야 할 본래의 영역은 가정이지 정치의 세계가 아니라는 인식을 갖고 있는 사람들이 아직 많으며, 여성들 중에서도 이러한 의식을 갖고 있는 사람들이 적지 않다. 현대와 같이 일상생활이 정치생활과 밀접하게 연관되어 있는 상황에서는 정치생활을 남성과 여성의 차이에 따라 구별하는 것은 적절하지 못하다. 특히 여성의 일상생활과 밀접한 관계가 있는 가족, 교육, 건강, 보건, 환경

18) 두 번째 광역단체장선거에서 민주자유당의 일부 광역단체장 입후보자 선출과정과 민주당의 광역단체장 입후보자 선거과정에서 경선제도가 도입되었다. 그러나 경선과정에서 나타난 결과는 중앙의 권력중핵의 의사가 강력히 관철되는 형식으로 진행되어 아래로부터의 의사반영이라는 면에서는 아직까지도 상당한 한계를 지니고 있다고 볼 수 있다. 이러한 점에서 전라남도 도지사후보 선출과정에서의 '권력중핵의 의사에 대한 이반' 현상은 여러 각도에서 조사해볼 필요가 있을 것이다.

등은 정치적 결정 또는 정책적 결정과 밀접히 연관되어 있다.[19] 여성과 정치생활이 이처럼 긴밀함에도 불구하고, 그동안의 여성의 정치참여 내지 정치활동이 부진하다는 것을 입법엘리트들의 충원분석을 통해서도 살펴볼 수 있다.

지금까지 국회에 진출한 여성의원은 연인원 64명이며 국민들의 직접선거로 국회에 진출한 여성의원은 연인원 15명이나 박순천 5선, 김옥

〈표 8-3〉 역대 국회의원선거의 남녀별 후보자 수와 당선율(지역구)

내용 / 대수	지역구 의원수	남 성			여 성			전체 입후보자 중 여성비율(%)
		후보자	당선자 수	당선율 (%)	후보자	당선자 수	당선율 (%)	
1대	200	929	200	21.5	19	0	0	2.0
2대	210	2,198	208	9.4	11	2	18	0.5
3대	203	1,197	202	16.9	10	1	11.1	0.8
4대	233	836	230	27.5	5	3	75	0.6
5대	233	1,512	232	15.3	7	1	12.5	0.5
6대	131	821	129	15.7	4	2	25	0.5
7대	131	698	130	18.6	4	1	16.7	0.6
8대	153	575	153	26.6	2	0	0	0.3
9대	146	337	144	42.7	2	2	100	0.6
10대	154	468	153	32.7	5	1	20	1.1
11대	184	625	183	29.3	10	1	10	1.6
12대	184	433	182	42.0	7	2	28.6	1.6
13대	224	1,032	224	21.7	14	0	0	1.3
14대	237	1,033	237	22.9	19	0	0	1.8
합계	2,623	12,694	2,607	20.5	119	15	13.0	0.9

* 출처: 중앙선거관리위원회, 《역대국회의원선거상황(1~11대)》, 중앙선거관리위원회, 1989; 중앙선거관리위원회, 《제 12대 국회의원선거총람》, 중앙선거관리위원회, 1985; 중앙선거관리위원회, 《제 13대 국회의원선거총람》, 중앙선거관리위원회, 1988; 중앙선거관리위원회, 《제 14대 국회의원선거총람》, 중앙선거관리위원회, 1992 등을 참고로 작성.

19) 신명순, 《한국정치론》, 법문사, 1993, pp. 409~412.

선 3선, 김윤덕 3선(1회는 전국구 당선), 임영신 2선,[20] 김철안 2선, 김정례 2선, 박현숙 2선(1회는 전국구 당선) 등 7명에 불과하다. 이것은 여성의 정치활동이 극소수 인물에 국한됨을 단적으로 보여주고 있다. 또한 선거를 통하여 당선된 여성의원들의 수가 점차 줄어들고 있다. 특히 13대와 14대 국회에서는 직선 여성의원들이 한 명도 없다. 이러한 현상은 여성의 정치참여라는 측면에서 볼 때 바람직하지 않다. 반면에 선거를 통하지 않은 여성의원들의 경우는 전국구나 비례대표제 또는 유정회 제도 등을 통하여 국회에 진출했는데, 이들은 정치적 경력이나 능력보다는 사회 각 전문분야에서 책임자적 위치에 있었던 사람들로서 이들은 정치에 적극적으로 투신하겠다는 의지가 부족하였다. 이들은 임기가 끝난 후 계속해서 정치활동을 한 경우가 거의 없었다.

또한 역대 국회의원선거에 입후보한 여성들의 숫자도 전체 입후보자의 1%에도 미치지 못하고 있으며, 남성후보들의 당선비율이 20.5%인 것에 비교할 때 여성들은 13.0%에 불과하다는 것은 여성의 정치참여가 미약하다는 것을 보여주는 것이다.

다른 나라에서는 여성이 참정권을 획득하는 데 오랜 시간이 걸렸던 것에 비하면[21] 우리나라에서는 정부수립과 함께 모든 국민들이 성별에 관계없이 선거권과 피선거권을 갖게 되었다. 그러나 우리나라에서는 서구선진국들에 비하여 여성들의 정치참여가 매우 미약함을 입법엘리트들의 분석을 통해서 알 수 있다. 유럽국가들에서도 영국의 경우만을 제외하고는 대체로 여성의원의 수가 증가하고 있는데,[22] 이러한 현상

---

20) 임영신의 경우 제1대에서는 최초당선자가 아니고 보궐선거로 당선되었다.

21) 1918년 영국에서 처음으로 일부 여성에게 참정권이 부여되었으며, 완전한 여성의 참정권은 1928년에야 부여되었다. 미국의 경우에도 1890년에 와이오밍 주에서 처음으로 여성의 참정권이 부여되었다.

22) 1985년의 선거를 기준으로 유럽국가들의 여성의원 충원율을 살펴보면, 덴마크 25.7%, 네덜란드 14.65%, 룩셈부르크 12.5%, 독일 9.8%, 벨기에 8.4%, 포르투갈 7.2%, 이탈리아 6.7%, 영국 3.55% 등으로 나타나고 있다. 박병석 역, 《선거제도와 정당체제》, 다나, 1994, p.263을 참고.

은 여성의 정치참여의 활성화와 정치발전의 연관성에 대해서 시사해주는 바가 있다.

2) 교육 수준

정치발전론자들은 '교육과 정치발전'의 상관관계를 규명하는 데 많은 노력을 전개했다. 교육과 정치발전의 상관관계를 연구한 학자들은 양 변수의 관계를 낙관적이고 단선적인 선형관계로 간주한다. 이들 학자들이 제시한 공통적 명제는 "교육발전은 궁극적으로 바람직한 국가발전과 변동을 초래한다"는 가정에 기초한다. 이들 학자들 사이에서 정치발전의 개념이 서로 상충되는 경향이 있으나 교육발전으로 나타나는 새로운 엘리트 충원양태와 사회적 유동성의 증대, 시민적 정치정향과 정치문화 형성, 국민형성 및 국민적 일체감 확립 등과 같은 결과를 정치발전의 중요한 특징으로 간주한다.[23]

교육이 정치엘리트의 충원에 영향을 미치는 정도는 선·후진국 모두에게 매우 중요하다. 특정국가의 교육과 정치엘리트 충원관계에 대한 논의는 그 사회의 계층체계와 유동성의 정도에 초점이 집중된다. 교육은 정치엘리트를 지향하는 정치적 유동성을 확대시켜 새로운 정치엘리트 충원패턴에 큰 영향을 미치는 것으로 간주되는데, 현대사회에서 수직적 유동성이 공식적 교육과 밀접하게 연결되어 있다는 명제는 폭넓게 수용되고 있다. 특히 립셋(Seymour M. Lipset)은 공식적 교육이 사회적 유동성 확대에 크게 기여했음을 지적하였으며,[24] 콜맨(James S. Coleman) 또한 개발도상국들의 다양한 엘리트를 분류하면서 이들 대부

---

23) 김기우, 《정치발전이론: 정치발전모델의 분석과 비판》, 박영사, 1988, pp. 68 ~69.

24) Lipset, Seymour M., "Research Problems in the Comparative Analysis of Mobility and Development," *International Social Science Journal* Vol. XVI, 1994, pp. 35~48.

분의 엘리트들이 고도로 세련된 전문교육을 받은 집단이라고 지적했다.[25)]

한국의 경우에도 입법엘리트들을 포함한 정치엘리트들이 상당한 교육을 받은 집단임이 나타난다. 해방 이후 오늘에 이르기까지 대부분의 입법엘리트들이 높은 교육 수준을 보유하게 되는 것은 유교적 가치관과 상당한 연관성을 갖는다고 할 수 있다. 일반적으로 유교문화권에서 고급관리로의 등용에 중요한 기준으로 수입이나 직업 등의 다른 배경변수보다 학벌이 결정적이라는 견해[26)]는 한국에서 그대로 적용되고 있다. 실제로 교육은 정치의식의 향상을 가져오고 정치참여의 동기를 부여하며 사회이동의 중요한 변수로서 작용한다. 이러한 이론적 배경을 바탕으로 입법엘리트의 충원과정에 나타난 교육 수준을 학력, 전공, 해외유학 국가 등 3가지로 분류하여 충원과정상에 나타난 특징을 정치발전적 측면에서 해석 평가한다.

(1) 학력별 배경

제헌국회부터 14대 국회까지 국회의원들의 학력 수준을 살펴보면 제헌국회부터 5대 국회까지는 저학력을 소지한 입후보자들이 비교적 다수 충원되었음을 확인할 수 있다. 실제로 제헌국회의원들의 학력분포를 살펴보면, 고졸 이하 출신 의원이 제헌의회 76명(38%), 2대 70명(33.3%), 3대 88명(43.3%), 4대 82명(35.2%), 5대 70명(30.0%)을 각각 차지하여 학력의 저하현상이 나타나고 있다. 이러한 저학력 경향은 6대 국회에서는 점차 고학력 소지자의 의원 충원율이 높아져서 6대 28명(16%), 7대 19명(10.9%)으로 감소하였고, 8대 국회에서는 10%

25) Coleman, James S.(Ed.), *Education and Political Development*, Princeton: Princeton University Press, 1965, p.370.

26) Pye, Lucian W., "The Politics Of Southeast Almond," In Almond and Coleman(Eds.), *The Politics of the Developing Areas*, Princeton: Princeton University Press, 1960, p.106.

〈표 8-4〉 역대 국회의원의 최종학력별 분포 (단위: 명/%)

학력 대수	고졸 이하	전문대졸 대학 중퇴	대졸	대학원 수료 이상	미상 및 기타	합 계
1대	76 38.0	38 17.0	72 2.0	2 1.0	12 6.0	200 100
2대	70 33.3	43 20.5	91 43.3	2 1.0	4 1.9	210 100
3대	88 43.3	29 14.3	80 39.4	3 1.5	3 1.5	203 100
4대	82 35.2	55 23.6	88 37.8	4 1.7	4 1.7	233 100
5대	70 30.0	58 24.9	95 40.8	3 1.3	7 3.0	233 100
6대	28 16.0	26 14.8	102 58.3	15 8.6	4 2.3	175 100
7대	19 10.9	25 14.3	102 58.3	26 14.8	3 1.7	175 100
8대	13 6.4	22 10.8	121 59.3	47 23.0	1 0.5	204 100
9대	10 6.8	10 6.8	82 56.2	43 29.5	1 0.7	146 100
10대	7 4.6	7 4.6	88 57.1	51 33.1	1 0.6	154 100
11대	3 1.1	6 2.2	161 58.3	105 38.0	1 0.4	276 100
12대	2 0.7	8 2.9	153 55.4	112 40.6	1 0.4	276 100
13대	3 1.0	7 2.4	172 57.5	116 38.8	1 0.3	299 100
14대	3 1.0	18 6.0	141 47.2	137 45.8	0 0	299 100
합 계	474 15.4	352 11.4	1,548 50.2	666 21.6	43 1.4	3,083 100

* 미상 및 기타는 독학과 한문학습, 학력 미상 등을 포함한 숫자.
* 대학원 수료 이상에는 대학원의 연구과정에 등록한 경우도 포함한 숫자임.
* 제9대와 제10대의 경우에는 중앙선거관리위원회의 후보등록 자료상에 학력이 나타나 있지 않은 유정회 의원들은 제외하였음.
* 출처: 중앙선거관리위원회, 《역대국회의원선거상황(1~11대)》, 중앙선거관리위원회, 1989; 중앙선거관리위원회, 《제12대 국회의원선거총람》, 중앙선거관리위원회, 1985; 중앙선거관리위원회, 《제13대 국회의원선거총람》, 중앙선거관리위원회, 1988; 중앙선거관리위원회, 《제14대 국회의원선거총람》, 중앙선거관리위원회, 1992 등을 참고로 작성.

미만으로 감소하였고 11대 국회에서는 1% 내외로 감소되었다.

6대 국회의원의 학력을 살펴보면 제헌국회부터 5대 국회에 이르기까지의 학력배경과는 뚜렷한 차이를 보여주고 있다. 먼저 고졸 이하 학력소지자의 국회진출이 현저히 감소되었으며 대졸자가 102명(58.3%)으로 증가하였다. 그 이후 상대적으로 고학력자, 특히 대졸 이상 대학원 졸업을 한 전문직 학위소지자들의 국회진출이 더욱 증가하는 양상을 띠게 되었다. 10대 국회에 이르러서는 대졸 이상의 학력소지자가 139명으로 90%를 상회하는 추세를 보여주었다. 8대 국회부터 대학원 수료 이상의 학력자가 증가하여 8대 47명(23%), 9대 43명(29.5%), 10대 51명(33.1%), 11대 105명(38%), 12대 112명(40.6%), 13대 116명(38.8%), 14대 137명(45.8%)으로 각각 나타나고 있다. 여기서 주의해야 할 점은 대학원 학력자는 연구과정을 수료한 경우도 포함하고 있는 수치이기 때문에 대학원 이상의 학력자가 높은 수치를 나타내는 것이 반드시 입법엘리트들이 고학력자임을 의미하지는 않는다는 점이다. 대학원출신 의원의 대부분이 학벌을 얻기 위해 등록만 하거나 여러 대학의 특수대학원에 적을 두고 있음이 발견되었다.[27] 또한 대학원 수료자와 졸업자에 대한 구분이 의원 입후보자들의 경력상에 불분명하게 명시돼 있어 실제로 대학원 졸업자와 수료자 간에 구분이 제대로 되지 못해 정확한 통계를 산출하는 데 어려움이 따른다는 점이다.

국회의원의 고학력현상은 현대정치가 고도의 지식과 전문성을 필요로 할 정도로 전문화되고 복잡해졌다는 것을 의미한다. 또한 고등교육기관을 통한 전문직에서 훈련된 인력이 입법활동을 담당한다는 점에서 긍정적 평가를 내릴 수도 있겠다. 다른 한편으로 교육의 기회가 경제력과 밀접한 관계에 있다고 볼 때 높은 교육수준을 지닌 의원이 대부분이라는 점은 한국의 정치충원과정이 상류층에 더욱 유리하게 전개되

---

27) 대학원 학력소지자의 상당수가 정식학부를 이수하지 않은 상태에서 특수대학원을 통한 학력 키우기의 성향을 보여주고 있다는 점은 주목할 만하다. 양재인, 《한국정치 엘리트론》, 대왕사, 1990, p.187.

고 있음을 나타내주는 것이라 하겠다.[28] 정치적 충원의 기회가 널리 개방되어 있다 할지라도 경제적 여건상 교육의 기회를 얻지 못하여 엘리트 충원대상에도 들지 못하게 됨으로써 사회이동상의 폐쇄성이 심화되고 사회계층간의 격차감이 확대되는 부정적 측면도 무시할 수 없다.

(2) 전공분야별 배경

역대 국회의원 중 대학에서의 전공분야를 중심으로 분석해볼 때 그 순서는 법학, 경제·경영학, 정치학, 행정학, 인문과학, 군사학, 의약 등의 순이었다. 국회의 가장 중요한 기능 중의 하나가 입법활동이라고 볼 때 이러한 전공분포도는 매우 바람직한 것으로 평가할 수 있다.

이를 보다 세분해서 살펴보면 대상인원 1,709명 중 법학 516명(30.2%), 경제·경영학 339명(19.8%), 정치학 283명(16.6%), 인문 136명(7.9%), 행정학 133명(7.8%), 군사학이 126명(7.4%), 의약 65명(3.8%), 교육 61명(3.6%) 등으로 문과계열의 전공자들이 이과계통의 전공자들에 비해 매우 높은 비중을 차지하고 있음을 알 수 있었다. 제헌국회부터 14대 국회까지의 추세를 보면 법학, 정치, 경제·경영학 전공자가 꾸준히 증가하고 있음을 알 수 있었다. 특히 정치학 전공자의 숫자가 계속적으로 증가하고 있음을 알 수 있었으며, 5·16 군사쿠데타 이후에는 군사학 전공자도 약간씩 증가되고 있음을 알 수 있었다. 그리고 분석 결과 의원들의 전공분야가 다양화됨으로써 전문성의 고양이 이루어지고 있음을 발견할 수 있었다.[29]

(3) 해외유학 국가별 배경

정치엘리트가 어디에서 교육받았는가의 문제는 그들의 리더십 행태를 이해하는 실마리를 제공해준다.[30] 역대 국회의원의 해외유학 국가

28) 윤형섭, 앞의 글, 1991, p. 502.

29) 김영모, 《한국사회학》, 법문사, 1972, pp. 165~200.

는 1대에서 8대까지 일본 유학자가 64.7~75.8%선으로 압도적으로 많았으며, 9대에 57.1%선으로 낮아져서 10대에 이르면 39.2%, 14대에 이르면 13.8%로 급격히 줄어든다. 반면에 미국 유학자는 10대에

〈표 8-5〉 역대 국회의원의 전공분야별 분포 (단위: 명/%)

대수 \ 전공	법학	정치학	행정학	경제/경영학	군사학	교육학	인문	의약	농학	이공
1대	12	1	0	2	3	1	1	3	2	0
2대	36	9	0	7	1	9	8	6	1	0
3대	31	3	0	2	0	2	5	2	1	1
4대	40	8	1	5	3	4	6	6	1	1
5대	43	5	1	4	4	0	5	6	2	1
6대	26	18	4	11	8	5	4	4	2	1
7대	30	17	3	14	14	5	4	7	1	2
8대	22	8	6	16	13	3	10	5	0	1
9대	26	16	6	28	7	3	10	3	0	0
10대	22	27	8	31	9	3	10	2	2	1
11대	53	40	16	46	19	7	16	5	2	2
12대	53	39	23	60	13	6	18	4	2	2
13대	71	40	30	56	7	8	22	5	3	10
14대	51	52	35	57	15	5	17	7	3	6
합 계	516 30.2	283 16.6	133 7.8	339 19.8	126 7.4	61 3.6	136 7.9	65 3.8	22 1.3	28 1.6

* 전문대졸 이상의 학력자 중에서 전공분야의 확인이 가능한 의원들만을 분석함.
* 대학의 전공과 대학원의 전공이 다를 경우 최종학력을 기준으로 함.
* 대학원의 경우에는 경영대학원은 경제/경영학, 행정대학원은 행정학, 교육대학원은 교육, 사법대학원은 법학, 국방대학원은 군사학에 각각 포함시켰음.
* 인문의 경우에는 인문사회과학분야 중 분류되지 아니한 학과들을 모두 포함시켰으며, 이공계는 공대와 이학계열 전공자를, 군사학의 경우에는 육사, 해사, 공사 등의 졸업자를 포함한 것임.
* 출처: 중앙선거관리위원회, 《역대국회의원선거상황(1~11대)》, 중앙선거관리위원회, 1989; 중앙선거관리위원회, 《제 12대 국회의원선거총람》, 중앙선거관리위원회, 1985; 중앙선거관리위원회, 《제 13대 국회의원선거총람》, 중앙선거관리위원회, 1988; 중앙선거관리위원회, 《제 14대 국회의원선거총람》, 중앙선거관리위원회, 1992 등을 참고로 작성.

30) 한승조, 《한국정치의 지도이념》, 서향각, 1977, p. 186.

이르면 52.2%, 11대에는 47.6%, 12대에는 60.5%로 반수를 넘고 13대, 14대에는 각각 71.4%와 75.9%를 차지한다. 이것은 제헌국회에서 4대 국회에 이르기까지 일본 유학자가 70%선을 유지한 것과 대조적이다. 그러나 전체적으로 보면 일본 유학자가 미국 유학자의 수를 앞서고 있다. 이러한 현상은 독립 초기의 개발도상국 정치엘리트들이 주로 식민지 종주국에서 교육을 받은 계층이라는 일반적 성격과 일치하는 것이라고 평가할 수 있다.[31)]

해외유학 경험자가 일본에서 미국으로 이전되는 현상은 시대적 상황과 관련된 것으로 보인다. 제헌국회부터 14대 국회에 이르기까지 50여년간 일제식민통치 기간에 교육을 받은 자들은 계속적으로 그들의 영향력을 발휘할 수 있는 연령층에 있었고, 다른 한편으로 해방 이후 유학자들의 대부분이 한국에 막강한 영향력을 행사하게 된 미국으로의 유학을 희망함으로써 이들이 돌아오는 시점에서의 미국유학 경험자의 비율이 높아지는 것은 당연하다고 보인다. 이러한 추세는 미국의 강대국으로서의 위상이 지속되는 한 당분간 계속될 것으로 보인다.

교육 수준이 인간의 사회적 신분결정의 잠재적 요인이 되고 있다는 명백한 증거라고 할 때에 우리나라 정치엘리트의 학력 수준은 이러한 가정을 충분히 입증해주고 있는 셈이다. 아울러 인간의 사회활동영역은 교육 수준과 교육 내용의 전문성에 의해서 잠정적으로 결정되며, 이러한 결정은 사회의 위계질서에서 인간의 위치를 결정짓게 되는 중요한 원인으로 작용하고 있음을 알 수 있다. 역대 국회의원들의 학력별 배경에 대한 분석결과는 대학교육이 현대 한국사회에서 정치엘리트가 되기 위한 필수조건이 되고 있음을 충분히 입증해주고 있다. 즉, 대학이나 대학원 등 고등교육을 통한 전문직에서 훈련된 인력이 입법활동을 담당하게 되는 경향은 정치발전적 측면에서 볼 때 바람직한 것이라고 할 수 있다.

---

31) Pye, Lucian W., *op. cit.*, p. 120.

〈표 8-6〉 역대 국회의원의 일본 및 미국 유학 분포 (단위: 명/%)

국가 대수	일 본	미 국	기 타
1대	27 65.8	5 12.2	9 22.0
2대	61 71.8	14 16.5	10 11.7
3대	44 68.7	9 14.1	11 17.2
4대	72 75.8	8 8.4	15 15.8
5대	44 64.7	8 11.8	16 23.5
6대	37 67.3	11 20.0	7 12.7
7대	31 65.9	10 21.3	6 12.8
8대	29 67.4	11 25.6	3 7.0
9대	12 57.1	6 28.6	3 14.3
10대	9 39.2	12 52.2	2 8.7
11대	17 40.5	20 47.6	5 11.9
12대	10 26.3	23 60.5	5 13.2
13대	8 22.9	25 71.4	2 5.7
14대	4 13.8	22 75.9	3 10.3

* 고등학교 졸업자의 경우에도 외국에 유학을 간 경우에는 포함하였음.
* 두 개국 이상의 국가에 유학한 경우 최종학력을 기준으로 하였음.
* 9대와 10대의 경우 유정회 의원을 제외한 수치임.
* 출처: 중앙선거관리위원회, 《역대국회의원선거상황(1~11대)》, 중앙선거관리위원회, 1989; 중앙선거관리위원회, 《제 12대 국회의원선거총람》, 중앙선거관리위원회, 1985; 중앙선거관리위원회, 《제 13대 국회의원선거총람》, 중앙선거관리위원회, 1988; 중앙선거관리위원회, 《제 14대 국회의원선거총람》, 중앙선거관리위원회, 1992 등을 참고로 작성.

3) 직업의 다양성 및 전문성

현대사회의 정책결정 및 그 집행과정에서 욕구는 대중이란 거대하고 다양한 투사기에서 나오는 것이며, 그 욕구는 평화의 보장, 사회복지의 향상, 생산과 소비의 조화, 조직·집단간의 이해조정 등 적극적인 정치적 권력을 필요로 하는 국가적 규모의 내용을 갖고 있다.[32] 전통적 사회체제하에서의 정치엘리트의 임무가 보다 단순하고 제한적인 영역에서 대표성을 가지면서도 포괄성을 견지한다면, 근대적 정치체제에서의 정치엘리트의 임무는 보다 다양하고 분화된 영역에서 대표성을 견지하며 제한성을 갖는다고 볼 수 있다.

고도로 분화되고 기능적으로 전문화된 정부조직체계와 정책결정절차의 합리성과 세속성, 그리고 정책결정의 규모와 범위의 팽창 및 효능성을 특징으로[33] 하는 근대적 정치체계에서의 정치엘리트의 충원은 혈연, 지연, 학연 등의 귀속주의적 요소보다는 정치적 역할 수행능력, 전문성, 성취지향성, 교육 수준 등의 업적주의적 요소가 더욱 고려된다.[34] 그러나 이러한 원론적 주장도 정치체계를 구성하는 하위체계의 정치문화 수준과 제도운용에 따라서 다른 양태를 보이게 된다. 특히 전통적 사회에서 근대적 사회로의 이행과정에 있는 과도기적 사회에서는 귀속주의적 요소와 업적주의적 요소가 정치엘리트 충원과정에 복합

---

32) 안용교, "7대 국회의원의 사회적 배경", 〈학술지〉 제 11집, 건국대학교 학술원, 1970, p. 285.

33) 로스토와 와드는 근대적 정치체제의 특징으로 8가지를 제시하고 있는데 상기 내용 이외에도 정부구조의 통합성, 국민적 일체감의 확산, 일반국민들의 정치적 관심과 참여의 확대, 실적주의 인사원칙, 세속적이고 몰인격적인 사법제도의 규제정책 등을 들고 있다. Rustow, Dankwart A. and Robert E. Ward, "Introduction," In Dankwart A. Rustow and Robert E. Ward (Eds.), *Political Modernization in Japan and Turkey*, Princeton: Princeton University Press, 1964, pp. 6~7.

34) Almond, G. A. and J. S. Coleman (Eds.), *op. cit.*, p. 32.

적으로 작용하게 된다.

전통사회로부터 근대사회로 이행해가는 과정에서 사회구조의 분화가 빠른 속도로 진행된다. 전통적 사회구조하의 보다 단순하고 일원적인 가치체계는 사회구조 변화에 따라서 보다 다양하게 변하고, 이에 따라서 이해관계의 분지화현상이 나타나게 된다. 이해관계의 다양화 내지 분지화는 정치엘리트 충원양상에 새로운 변수를 제공하게 된다. 이 단계에서는 지금까지 제한된 이익범주 내에서 통합적으로 이러한 이해관계를 집약하여 정책에 반영하던 정치엘리트의 역할이 한계에 봉착하게 된다. 사회적 통합성의 차원에서 볼 때, 정치체계에 자신들의 이해관계를 적절하게 반영할 수 없는 계층 내지 집단이 많으면 많을수록 사회적 통합성은 약화될 수밖에 없으며, 더 나아가서는 사회적 불안정의 요인이 되기도 한다.

여기에서는 입법엘리트 충원과정상에 나타난 직업별 사항을 분석하여 입법엘리트의 직업적 특성이 그동안의 사회구조 변화를 어떻게 반영하고 있는가를 중심으로 살펴본다. 특히 점차 그 기능이 복잡화, 거대화해가는 행정체계를 감독, 지도해야 하는 입법엘리트들의 임무에 그들이 지니고 있는 직업배경이 어떠한 형태로 작용할 수 있었는가를 분석한다.

직업은 사회경제적 계층 및 인격, 기술의 중요한 기준이 된다.[35] 역대 국회의원의 직업별 배경을 고찰할 때 나타나는 특징으로는 직업의 구성비율에서 농수산업 종사자의 급격한 감소현상과 직업정치인의 높은 충원율, 그리고 전문직업인의 의회진출 증가 등을 들 수 있다.

(1) 농업종사자 비율의 감소

제헌국회 이래 3대에 이르기까지 농업을 직업으로 하는 의원들의 충

---

35) 김계수, "국회의원의 사회적 배경과 정책결정에 미치는 영향", 〈국회보〉 71호, p. 38.

〈표 8-7〉 역대 국회의원 직업별 배경 (단위: 명/%)

직업 / 대수	정치인	농업	광공업	상업 운수업	언론 출판업	의약업	법조인	교육자	회사원	기타	합계
1대	12 6.0	86 43.0	2 1.0	6 3.0	15 7.5	0 0	4 2.0	5 2.5	14 7.0	56 28.0	200 100
2대	31 14.8	63 30.0	4 1.9	15 7.1	8 3.8	0 0	12 5.7	8 3.8	29 13.8	40 19.1	210 100
3대	43 21.2	53 26.1	8 3.9	9 4.4	10 4.9	0 0	11 5.4	0 0	26 12.8	43 21.2	203 100
4대	97 41.6	32 13.7	6 2.6	8 3.4	10 4.3	0 0	6 2.6	1 0.4	27 11.6	46 19.8	233 100
5대	73 31.3	48 20.6	4 1.7	7 3.0	13 5.6	0 0	19 8.2	2 0.9	10 4.3	57 24.4	233 100
6대	34 19.4	26 14.9	4 2.3	9 5.1	7 4.0	2 1.2	10 5.7	1 0.6	27 15.4	55 31.4	175 100
7대	75 42.8	8 4.6	1 0.6	3 1.7	3 1.7	6 3.4	8 4.6	1 0.6	6 3.4	64 36.6	175 100
8대	64 31.4	7 3.4	0 0	4 2.0	5 2.4	1 0.5	16 7.8	1 0.6	10 4.9	96 47.1	204 100
9대	67 22.9	11 3.8	5 1.7	3 1.0	19 6.5	4 1.4	18 6.2	30 10.3	13 4.4	122 41.8	292 100
10대	126 54.6	6 2.6	1 0.4	3 1.3	13 5.6	0 0	9 3.9	22 9.5	7 3.0	44 19.1	231 100
11대	118 42.8	6 2.2	11 4.0	26 9.4	6 2.2	5 1.8	19 6.9	17 6.1	23 8.3	23 8.3	276 100
12대	220 79.7	3 1.1	3 1.1	12 4.3	5 1.8	1 0.4	4 1.4	8 2.9	3 1.1	3 1.1	276 100
13대	189 63.2	6 2.0	9 3.0	4 1.3	5 1.7	5 1.7	16 5.4	9 3.0	6 2.0	6 2.0	299 100
14대	241 80.6	1 0.3	2 0.8	5 1.7	0 0	3 1.0	9 3.0	4 1.3	10 3.3	10 3.3	299 100

* 정치인의 경우는 1대에는 민주의원과 입법의원이 포함된 숫자이며, 2대부터 10대까지는 국회의원직만을 주요경력으로 가진 사람만을 포함시킨 숫자이며, 11대부터 14대까지는 전직의원과 정당활동 경력만을 가진 사람만을 포함한 숫자이다.
* 무직의 경우에는 기타에 포함시킴.
* 출처: 중앙선거관리위원회, 《역대국회의원선거상황(1~11대)》, 중앙선거관리위원회, 1989; 중앙선거관리위원회, 《제 12대 국회의원선거총람》, 중앙선거관리위원회, 1985; 중앙선거관리위원회, 《제 13대 국회의원선거총람》, 중앙선거관리위원회, 1988; 중앙선거관리위원회, 《제 14대 국회의원선거총람》, 중앙선거관리위원회, 1992 등을 참고로 작성.

원비율이 타 직업에 비해서 높았다. 이들의 대부분은 사회경제적으로 높은 신분출신이었다. 실례로 〈표 8-7〉에 나타나고 있듯이 제헌국회의원 중 43.5%로 87명을 차지하고 있는 농업출신 의원의 대부분은 지주출신이거나 지방유지들로 구성되어 있다. 이 시기에 농업의 비율이 높았던 것은 일제치하에서 사회경제적으로 기반을 갖춘 지주계층이 해방이후 혼란기에 그들의 안정된 기반을 이용하여 정치엘리트로 쉽게 충원될 수 있었던 데 원인이 되었다. 또한 당시의 사회조직이 극도로 미분화된 상태에서 자신의 직업을 특별히 규정할 수 없어 농업으로 표시하는 것이 적절하다고 생각했기 때문에 나타난 현상이라고도 볼 수 있다.[36] 그러나 지역구가 농촌지역이거나 농촌지역의 상당 부분을 포함하고 있는 경우 해당지역의 의원 입후보자는 자신의 지역민의 이해관계와 일치되는 직업에 종사하고 있다는 것을 선전하기 위한 방편으로서 자신의 직업을 농업으로 기재하는 것도 간과할 수 없는 원인 중의 하나로 볼 수 있다.

농업종사자의 다수의석 점유현상은 2대 국회에서도 나타나, 전체의원의 30.5%인 64명이 전직을 농업으로 표기함으로써 가장 많은 수치를 차지하고 있다. 이들의 대부분도 토착지주층 출신으로 지방의 유지였다. 3대 국회에서는 지방유지층의 대폭감소와 직업정치인의 등장(21.2%: 43명)이 눈에 띄게 증가했다.

4대 국회에서는 3대 국회까지 1위를 점한 농업이 직업정치인 다음으로 밀리고 13.7% 선인 32명으로 감소했다. 민의원·참의원 양원제로 구성된 5대와 6대 국회에서는 이들의 비율이 각각 20.6%, 14.9%를 차지했으나 7대 국회부터 격감하기 시작하여 4.6%선인 8명에 불과했다. 이러한 추세는 그 이후에도 지속되어 전체의원 중 5%에도 미달되는 의원들이 농업을 전직(前職)으로 표기하고 있다.

이러한 현상은 공업화와 도시화로 인해 산업에서 농업이 차지하는

---

36) 윤형섭, 앞의 책, 1978, p.63.

비중이 약화됨으로써 파생되는 필연적 결과였다. 또한 농업인구의 감소와 경제적·교육적 자기신장 기회의 감소로 인한 정치기회의 감소 등을 그 이유로 설명할 수 있겠다. 농업종사자 비율의 변화와 더불어 살펴볼 수 있는 것이 산업화과정으로 주요 이해부문으로 대두된 노동부문의 과소대표화 현상이다. 이 문제는 기본적으로 정당체계와 연관된 것이지만 의원의 직업별 구성비에서 노동부문의 대표성은 여야 불문하고 최소화되었다.

(2) 직업정치인의 증가

직업정치인이란 정당이나 정치관련 단체의 종사자, 그리고 국회의원을 역임한 자들로 볼 수 있는데, 역대 국회의원 총수에서 이들이 차지하는 비율은 1,390명인 42.0%에 이르고 있다. 직업정치인이 많다는 것은 국회의원의 직업구성비에서 전직 국회의원의 비율이 가장 높다는 데서 알 수 있다(〈표 8-7〉 참고). 10대의 경우 의원정수 231명에서 직업정치인으로 분류할 수 있는 자들이 126명으로 54.6%를 차지한 이후 직업정치인들이 점차로 국회의원직을 점유하는 것으로 나타나고 있다. 12대의 경우 의원정수 276명 중 79.7%인 220명이었으며, 13대의 경우 의원정수 299명 중 63.2%인 189명이었으며, 14대는 299명 중 80.6%인 241명으로 전 회기보다 17.4%나 증가하여 최근에 접어들어 직업정치인의 증가추세는 확연히 드러나고 있다.

직업정치인의 증가추세는 의원의 구성비에서 재선 이상의 다선의원의 충원이 눈에 띄게 이루어진다는 것을 의미한다. 이러한 현상은 정치엘리트의 순환 내지 사회의 상향적 유동이 부진하다는 것을 나타내주는 것이며 한국사회에서 엘리트의 순환이 원활하게 이루어지지 못한다는 것을 의미한다. 그러나 다른 한편으로는 전문정치인의 출현이라는 측면에서 볼 때는 긍정적 측면도 있다고 할 수 있다.

(3) 전문직업인의 증가

현대 산업사회에서 국회가 입법활동이라는 고유기능을 원활히 수행해나가기 위해서는 그에 필요한 경제, 과학, 법률 등의 전문지식과 경험이 축적된 자들로의 충원이 절대적으로 긴요하다. 점차적으로 복잡화되어가고 있는 현대 산업사회에서 의원의 전문성 결여는 행정권의 우위현상을 더욱 심화시키며, 입법기능의 수행에서도 많은 장애요인으로 작용하리라고 본다.

역대 국회의원의 직업별 분포를 볼 때, 의료인, 법조인, 언론출판인, 교육자, 회사원 등 전문직이 차지하는 비율은 점차적으로 증가되었다. 〈표 8-7〉에서 나타나듯이 큰 폭은 아니지만 회기가 거듭될수록 법조인, 기업가 등 전문직업인의 수가 늘어나고 있음을 알 수 있다. 특히 정치인이나 국회의원으로 분류된 자들 중에서 상당수 의원이 그 이전에 전문직을 지니고 있었던 자들이라고 상정할 때 전문직업인의 비중은 더욱 높아져가고 있다. 그러나 국민의 직업과 계층분포에 걸맞은 전문직업인 출신이 적고 직업정치인과 군출신이 과다하게 진출하고 있어 의원의 국민대표 기능을 수행하는 데 적지 않은 한계를 갖고 있다.[37]

지금까지 살펴본 입법엘리트의 직업배경 요인은 그 동안의 충원과정이 사회체계 변동과 연동되어 다양한 직업 및 경력자가 입법엘리트로 충원되기보다는 정치체계 변동의 결과 일부 직업 및 경력자가 과대대표되는 기현상이 나타났음을 발견할 수 있다. 이로 인해 입법엘리트들은 빠른 속도로 분화 발전되는 제 사회체계를 대표하고 그에 대한 전문성을 갖고 지도 통합할 수 있는 체계적 전문성의 결여를 가져오는 충원양태를 보여주고 있다고 할 수 있다. 정치적 의사결정과정에서 절연되고 일반사회의 제 활동영역과는 폐쇄적이고 보수적인 경력을 쌓은

---

37) 윤용희, “한국 의회정치의 발전과 전망”, 한배호 외, 《한국의 자본주의와 민주주의》, 법문사, 1992, pp. 332~333.

조직과 집단출신이 정치과정에 다수가 충원되어 정치지도부를 형성한다는 것은 상대적으로 질적·양적인 측면으로 분화되는 사회 제 집단의 다원적 엘리트들을 충원하지 못하게 되는 원인이 된다는 문제점을 갖게 된다. 정치엘리트 충원은 보다 많은 사회 제 집단에 개방되어 분화되는 사회의 통합능력을 제고할 때 정치사회 발전이 이루어진다는 점을 유의할 필요가 있다.

4) 정당정치의 활성화

구미 학자들의 정당에 관한 이론들은 정당의 발전을 정치참여의 제도화에서 확인하고 정치참여 확대를 정치발전의 불가결한 조건으로 보고 있다. 공업화로 인해 사회구조가 다원적으로 분화되고 사회의 여러 세력들이 등장하여 그들의 이해가 복잡해질수록 그 구조와 세력들의 정치참여가 제도화되지 않을 수 없다는 것이다. 참여의 제도화를 기해야 복잡한 사회의 정치공동체는 사회적 조화를 찾을 수 있고 공공이익을 만들어낼 수 있다는 것이다. 바로 그 사회적 조화를 기할 수 있는 공공이익을 만들어낼 수 있는 능력이 정치제도와 정당을 만들어낼 수 있는 능력이기 때문에 정치발전에 정당의 역할이 불가결하다는 것이 민주정치이론의 공통된 전제로 되고 있다. 이로 미루어볼 때 정치발전은 필수적으로 정당발전을 수반하게 된다. 정당발전이 전제되지 않는 근대적 정치체계의 발전이란 있을 수 없을 만큼 대의제 민주주의국가에서 정치엘리트 충원의 가장 중요한 통로는 정당이라고 할 수 있다.

정당발전의 개념을 한마디로 쉽게 풀이한다면, 정치체계 내에서 정당이 그 본래의 기능과 역할을 제대로 수행할 수 있게 되고, 정당정치가 안정성을 가지고 규칙적으로, 그리고 건실하게 운영되는 것을 말하는 것이다.[38] 다시 말해서 정당의 역할기능 수행이 향상 발전함으로써

---

38) 라팔롬바라(Lapalombara)와 웨이너(Weinwer)에 의하면 정당이 수행하는

정당정치 행태가 보다 확고한 토대 위에서 제도화되는 것을 말한다. 그러므로 정당정치가 제도화된다는 것은 정당의 기능과 역할이 안정화되고 가치성을 가지며 규칙적인 행태유형으로 되는 것을 의미한다. 정치발전은 정당을 통한 대중의 정치참여 방법 및 절차가 제도화되는 것을 의미한다.

대중의 정치참여통로로서 정당의 기능과 역할은 선거과정을 통하여 명확하게 나타난다. 정당은 선거과정에 다양한 배경을 지닌 입후보자를 공천하여 사회의 제 이익을 정치과정에 반영한다. 그동안 정치참여통로로서의 정당의 역할과 기능을 분석한 제 연구는 정당공천 입후보자의 당선율에 그 초점을 두었다. 그러나 단순히 무소속 대 정당 입후보자의 충원비율을 비교 분석하는 것으로 정당의 정치참여통로로서의 제도화 수준을 판단할 수는 없다. 제도화 수준을 분석하는 방법으로서 여기에 덧붙여서 살펴볼 수 있는 변수로서 정당의 입후보자 공천과정도 고려되어야 한다. 즉, 정치엘리트 후보의 충원과정이 중앙의 일부 정치권력자의 사적 인연에 준거하여 이루어진 것이라면 정치발전적 측면에서 정당 입후보자가 입법엘리트로 대거 충원되었다 할지라도 긍정적 평가를 받을 수 없을 것이다.

(1) 정치참여통로로서의 정당

역대 입법엘리트의 충원통로로서의 정당의 역할을 조감해보는 것과 관련해, 정당정치의 활성화 여부를 정치발전과 연계해서 살펴보고자 한다. 이를 위하여 역대 입법엘리트 선거에서 정당정치의 활성화를 집권여당과 야당으로 구분하여 살펴보고, 여야소속 정당에서의 차이와 정당소속 여부가 입법엘리트 충원에 어떠한 영향을 미치는가를 확인하

정치발전론적 기능은 ① 정치참여의 촉진 ② 정당성 형성 ③ 정치적 통합 ④ 사회갈등과 집단대립의 해소 ⑤ 대중의 정치교육 및 해소 등에서 찾을 수 있다. Lapalombara J. & M. Weiner, *Political Parties and Political Development*, Princeton: Princeton University Press, 1966, pp. 399~422.

려고 노력한다. 또한 기존의 연구가 원내 정당만을 중심으로 분석한 것과는 달리 입후보자를 낸 정당 모두를 포함해서 정당과 무소속 후보자의 충원양태를 살펴보고자 한다. 또한 입후보자의 공천과정에 대해서 살펴봄으로써 정당이 정치엘리트 충원의 통로로서 적절히 기능하고 있었는가에 대해서 평가를 시도한다.

앞에서도 언급한 바와 같이, 정당은 엘리트와 대중 사이의 연계기능을 효과적으로 수행할 수 있는 조직이라는 점에서 정치참여의 가장 효율적인 수단으로 인식되고 있다. 우리나라 입법엘리트 충원의 경우도 예외는 아닌데, 정당소속과 무소속 후보자의 국회의원 충원비율을 분석하면, 정당출신 대 무소속출신의 국회구성 비율은 2대 국회를 제외하고 정당출신 의원의 의석점유율이 무소속출신 의원의 그것에 비하여 훨씬 높다. 2대 국회의 경우 무소속이 정당에 비해 당선자를 많이 내

〈표 8-8〉 역대 국회의원선거에서 정당 대 무소속(지역구) 당선비율 (단위: 명/%)

내용 대수	정 당				무소속			
	입후보자수	당선자수	당선율	의석점유율	입후보자수	당선자수	당선율	의석점유율
1대	531	115	21.6	57.5	417	85	20.4	42.5
2대	696	84	12.1	40.0	1,513	126	8.3	60.0
3대	410	135	32.9	66.5	797	68	8.5	33.5
4대	484	206	42.6	88.4	357	27	7.6	11.6
5대	542	184	33.9	79.0	977	49	5.0	21.0
9대	224	127	56.7	87.0	115	19	16.5	13.0
10대	218	132	60.6	85.7	255	22	8.6	47.3
11대	529	173	32.7	94.0	106	11	10.4	6.0
12대	411	180	43.8	97.8	29	4	13.8	2.2
13대	935	215	23.0	96.0	111	9	8.1	4.0
14대	826	216	26.2	91.1	226	21	9.3	8.9

* 6~8대는 무소속 참여금지로 인하여 무소속 입후보자가 없었음.
* 출처: 중앙선거관리위원회, 《역대국회의원선거상황(1~11대)》, 중앙선거관리위원회, 1989; 중앙선거관리위원회, 《제 12대 국회의원선거총람》, 중앙선거관리위원회, 1985; 중앙선거관리위원회, 《제 13대 국회의원선거총람》, 중앙선거관리위원회, 1988; 중앙선거관리위원회, 《제 14대 국회의원선거총람》, 중앙선거관리위원회, 1992 등을 참고로 작성.

고 있기는 하지만 이때 무소속후보자가 무려 1,513명이나 되었던 만큼 양적인 면에서 오는 혜택이었다.

그런데 정당이 정치참여의 효율적 수단임을 더욱 극적으로 나타내는 것은 후보자에 대한 당선비율이다. 정당후보자의 당선비율은 제헌국회 21.6%, 2대 국회 12.1%, 3대 국회 32.9%, 4대 국회 42.6%, 5대 국회 33.9%, 9대 국회 56.7%, 10대 국회 60.6%, 11대 국회 32.7%, 12대 국회 43.8%, 13대 국회 23.0%, 14대 국회 26.2%인데 비하여, 무소속의 경우는 제헌국회 20.4%, 2대 국회 8.3%, 3대 국회 8.5%, 4대 국회 7.6%, 5대 국회 5.0%, 9대 국회 16.5%, 10대 국회 8.6%, 11대 국회 10.4%, 12대 국회 13.8%, 13대 국회 8.1%, 14대 국회 9.3%에 불과하다.

이러한 점은 우리나라에서 정당을 통한 정치참여의 효율화 기능이 점증되고 있다는 것을 보여주는 것이다. 그러나 수치상에 나타난 결과만을 가지고 정당소속 입후보자의 국회의원 충원율이 높다고 단정하는 것은 한계가 있다. 그러므로 정당소속 여부가 국회의원으로 충원되는데 결정적 조건이 된다는 가정은 몇몇 전국적 조직을 갖춘 정당에 국한한다는 점이 지적되어야 한다. 정당이 사회구조와 발전 수준의 반사체라면 이제 모든 정당은 산업화와 다원화시대에 조응하여 이데올로기의 스펙트럼을 과감하게 확장시키고 특정계층이나 세력을 배제하기보다는 이를 모두 포용하는 융합적 자세를 취해야 할 것이다. 사회가 점차 다원화·산업화됨에 따라 국민이익의 다원화현상도 심화되며, 따라서 기존 정당체계에 의해 대표될 수 없는 계층이익도 증대될 가능성이 높은 것이다. 특히 13대 국회의원선거에서 특징적으로 부각되었듯이 어떠한 정당도 전국대표성을 갖지 못하는 지역당의 한계가 뚜렷하게 나타났다. 지역당의 등장은 인물중심주의와 지역감정이 승수작용을 일으켰기 때문에 악화되었다고 볼 수 있다. 따라서 정당정치의 발전을 위해서는 정당조직의 인물본위현상이 먼저 타파되어야 한다.

그동안 우리나라의 정당이 입법엘리트 충원과정에서 효율적 기능을 수행한 것은 인정할 수 있지만, 이러한 현상이 '직업으로서의 정치'라는 긍정적 가치보다는 우리나라의 전통적 권위주의 정치문화에 기인하는 정당조직의 경직성과 정치엘리트 충원의 폐쇄성으로 인한 정당정치의 침체라는 부정적 가치가 높다고 보인다.

(2) 정당정치와 선거제도

정당정치의 발전과 관련하여 볼 때 정당정치의 활성화는 선거제도와도 상당한 연관성을 갖는다고 할 수 있다. 한 국가의 정당체제와 정치체제, 그리고 정치적 발전에 대하여 선거제도라는 요소가 갖는 일반적 의미에 관하여는 학문이나 정치영역에서 아직 일치된 의견이 없다. 선거제도는 정치적 의사형성과정과 정치권력의 위임에 매우 큰 의미를 지니고 있으며, 유권자의 의사와 선거결과를 규정짓는다. 선거제도에 관한 문제는 권력에 관한 문제이다. 따라서 사회세력 및 정치집단은 선거제도를 그것이 자신들에게 유리하게 작용하는가 아니면 불리하게 작용하는가의 여부에 따라 평가하게 된다. 소규모의 정당은 '정당한 대의의 척도'를 강조할 것이며, 큰 정당은 아마도 다수의석 확보를 통한 정부의 안정에다 우선적 척도를 둘 것이다.[39]

유권자들로부터 선출된 의원들은 과연 어느 정도 투표를 해준 유권자들의 의사를 대표하고 있는가? 물론 의회가 국민대표기관이라고 하는 것은 반드시 의원이 전 국민의 각계각층에서 기계적으로 또는 비례적으로 배분되어 선출되어야 한다는 것을 의미하는 것은 아니다. 국민은 국정상의 기본문제와 중대한 생활문제에 관하여 찬반으로 정리될 수 있으며, 국회는 국민의 이러한 찬반의 입장과 주장을 정리하여 그것을 국정에 반영시켜야 하는 것이다. 정치적으로 볼 때 대표란 일정한 범위 내에서의 이해와 정책 및 주장에 대하여 대표자가 유권자의 사회경제적 이익, 동향, 주장, 심정 등을 대신하여 표명하고 그 실현

---

39) 박병석 역, 앞의 책, pp. 38~41.

을 위하여 행동함을 의미하는 것이다. 국민대표기관으로서의 의회는 가능한 한 전 국민의 각계각층의 중요한 주장을 비례적으로 반영할 수 있도록 구성하는 것이 요구된다. 선거제도 및 선거시행의 실태가 의회제도상에서 극히 중요한 의미를 가지고 있다는 이유가 여기에 있다.[40]

우리나라에서는 국회의원선거제도를 바꿀 때마다 제도적 폐단을 극복하기 위한 노력의 결과라고 주장했으나 과거와 현행 제도는 국민의 의사를 정확히 반영하며, 정치적 경쟁을 공정하게 해주는 역할을 제대로 수행하지 못하고 있다. 우리나라의 국회의원선거제도의 변화는 사회경제적 변화를 수용하는 자연적 발전의 과정이 아니라 집권세력의 정치적 목표달성을 위한 자의적 조작의 성격이 강하다는 것을 알 수 있다. 특히 현행 전국구제도는 유권자들이 직접 의사를 표시할 수 있는 방법이 없다. 그래서 정당지도자들은 전국구후보와 후보의 순위를 특정 정치지도자에 대한 충성도, 정치헌금의 다과 등에 따라 결정하는 경향이 있다. 이러한 현상은 당내민주주의를 저해하고 있으며 한국 정치발전에 상당한 장애요인으로 작용한다.

그동안 수차례의 선거제도의 변경을 통해 여당은 많은 혜택을 보았고 야당은 손해를 본 것이 대부분이었다. 또한 현행 선거제도가 가지고 있는 큰 문제점 중의 하나로 득표율과 의석점유율 간의 심한 불비례성이 지적되고 있다. 제 1당에 비해 제 2당이 과소대표되는 현상이 상당히 심하다는 것은 선거제도가 유권자들의 의사를 충분히 반영하고 있지 못함을 단적으로 보여주는 것이었다. 2대 국회의 경우를 예외로 하고 5대, 9대, 10대의 경우 각각 37.7%, 36.8%, 37.5%의 높은 격차를 보여주고 있다. 이것은 전국구 의석의 배분에서 지역구 득표율보다는 의석점유율이 배분의 주요기준이었기 때문이다.

한국의 의회가 권위주의적 일당체제에 의해 지배되고 그로 인해 의회정치는 여당의 다수의 힘에 의한 강행과 절망에 빠진 야당의 무조건

---

40) 최요한, 《의회정치의 이론과 실제》, 박영사, 1987, pp. 65~66.

적 반대태도 때문에 의회가 토론과 토의장을 벗어나 폭력과 욕설의 투쟁장이 되고 파행국회를 면치 못하고 있는 것은 집권세력이 선거제도의 모순을 악용한 데서 그 원인의 일단을 찾아볼 수 있다. 소선거구제를 채택함으로써 제 1당이 부당하게 과대대표된다든지 소수세력이 원내다수당으로 나타나거나 다수세력이 원내소수당으로 과소대표되는 역조현상이 나타나 여당과 집권세력에게 유리한 결과를 초래하였다.

특히 3, 5, 6공화국의 비례대표제도는 도리어 의석을 강제로 불비례시킴으로써 여당은 지나치게 비대하게 하고 소수당은 불리하게 함으로써 여당과 야당의 의석의 부익부빈익빈 현상을 제도화시켰던 것이다.

〈표 8-9〉 여야당간의 득표율 격차와 의석점유율 격차

내용 / 대수	득표율과 의석 점유율의 격차	득표율(%)			의석점유율(%)			
		제 1당	제 2당	득표율 격차	의원 정수	제 1당	제 2당	의석점유율 격차
1대	-1.1	24.6	12.7	11.9	200	27.5(55)	14.5(29)	13
2대	-0.1	9.7	9.8	-0.1	210	11.4(24)	11.4(24)	0
3대	-19.9	36.8	7.9	28.9	203	56.2(114)	7.4(15)	48.8
4대	-2.3	42.1	34.2	7.9	233	54.1(126)	33.9(79)	10.2
5대	-37.7	41.7	6.0	35.7	233	75.1(175)	1.7(4)	73.4
6대	-26.1	33.5	20.1	13.4	175	62.9(110)	23.4(41)	39.5
7대	-30.1	50.6	32.7	17.9	175	73.7(129)	25.7(45)	48.0
8대	-7.4	48.8	44.4	4.4	204	55.4(113)	43.6(89)	11.8
9대	-36.8	38.7	32.5	6.2	219	66.7(146)	23.7(52)	43.0
10대	-37.5	31.7	32.8	-1.1	231	62.8(145)	26.4(51)	36.4
11대	-11.4	35.6	21.6	1.4	276	54.7(151)	29.3(81)	25.4
12대	-23.3	35.3	29.3	6.0	276	53.6(148)	24.3(67)	29.3
13대	-3.7	34.0	19.3	14.7	299	41.8(125)	23.4(70)	18.4
14대	-8.1	38.5	29.2	9.3	299	49.8(149)	32.4(97)	17.4

* ( ) 안은 국회의원 숫자임.
* 득표율과 의석점유율 격차 = 득표율 격차 − 의석점유율 격차로 산정.
* 9대와 10대의 유정회 의원은 제 1당에 포함시켰음.
* 출처: 중앙선거관리위원회, 《역대국회의원선거상황(1~11대)》, 중앙선거관리위원회, 1989; 중앙선거관리위원회, 《제 12대 국회의원선거총람》, 중앙선거관리위원회, 1985; 중앙선거관리위원회, 《제 13대 국회의원선거총람》, 중앙선거관리위원회, 1988; 중앙선거관리위원회, 《제 14대 국회의원선거총람》, 중앙선거관리위원회, 1992 등을 참고로 작성.

이처럼 선거제도의 모순으로 인하여 의회의석이 국민의사의 축소판으로 반영되지 못하고 국민의사가 왜곡되게 의회에 반영되었다.

4. 결 론

정치적 개방성이란 측면에서 볼 때 연령상 한국 국회의원은 대체로 40~50대가 대부분이었고, 제헌국회 이후 국회의원의 평균연령은 정변이 있을 때는 낮아졌다가 정치권이 안정되면 점점 고령화되어가는 양상을 보이고 있다. 이러한 현상은 정치엘리트의 직업화와 더불어 전문성이 제고되는 것으로 해석될 수도 있으나 신진들의 정치엘리트 진출이 그만큼 억제되어 엘리트 순환이 원활히 이루어지지 못하고 있음을 반증해주는 것이기도 하다. 특히 유권자의 절반 이상을 차지하는 20대나 30대 소장인사들의 충원율이 0.4%와 12.5%로 낮게 나타났다고 하는 것은 시대변화에 민감한 젊은층의 의사가 제대로 반영될 수 없음을 의미한다. 정치발전이 정치엘리트 충원의 개방성 정도와 밀접하게 연관되어 있다면 이러한 불균등 분포는 정치발전의 저해요인으로 해석할 수 있을 것이다.

당선횟수를 통해서 살펴본 정치적 개방성의 정도는 초·재선의원의 비율이 압도적이어서 매우 높다고 평가할 수 있으나 초·재선의원의 충원이 국민들의 자발적 정치의사의 반영이기보다는 인위적 정치변동의 결과로 해석된다는 한계를 갖는다. 또한 기존의 정당과 정치엘리트의 담합에 의한 선거제도의 개편이 정치엘리트 충원통로를 더욱 폐쇄적으로 만드는 중요요인이 되었다.

여성의 정치참여의 측면에서 본 정치적 개방성의 정도는 여성의원은 연인원 64명이며 국민들의 직접선거로 국회에 진출한 여성의원은 연인원 15명(〈표 8-3〉 참조)이며 이 중 총선을 기준으로 할 경우에는 7명에 불과하다. 이것은 여성의 정치활동이 극소수 인물에 국한됨을 단적으로 보여주며, 여성의원들의 수가 점차 줄어들고 있음을 보여준다. 이러한 현상은 여성의 정치참여라는 측면에서 볼 때 바람직하지 않다. 또한 역대 국회의원선거에 입후보한 여성들의 숫자도 전체 입후보자의 1%에도 미치지 못하고 있으며, 남성후보들의 당선율이 20.5%인 것에 비교할 때 여성들은 13.0%에 불과하다는 것은 여성의 정치참여가 미약하다는 것을 보여주는 것이다.

국회의원의 교육배경을 통하여 본 한국의 정치발전 수준을 살펴보면 다음과 같다. 첫째로 국회의원의 고학력현상은 고등교육기관을 통한 전문직에서 훈련된 인력이 입법활동을 담당한다는 점에서 긍정적 평가를 내릴 수도 있다. 둘째로 전공분야를 분석해보면 법학, 정치, 경제·경영학 전공자가 꾸준히 증가하고 있음을 알 수 있었다. 그리고 분석 결과 의원들의 전공분야가 다양화됨으로써 전문성의 고양이 이루어지고 있음을 발견할 수 있었다. 셋째로 해외유학 경험자가 일본과 미국에 편중되어 있으며 의원들의 유학지가 일본에서 미국으로 이전되는 현상을 보여주고 있는데, 이것은 정치발전과 관련하여 바람직한 현상은 아니라고 할 수 있다.

국회의원들의 직업에 대한 분석을 요약하면 다음과 같다. 첫째로 초대 국회에서 많은 비중을 차지했던 농업종사자들의 비율이 7대 이후에는 급격하게 줄어들고 있다. 둘째로 노동부문의 대표성은 거의 전무하다. 이는 산업사회의 대다수를 차지하는 노동부문이 과소대표됨을 보여주는 것으로 사회의 다양한 욕구의 수용이란 측면에서 상당히 부정적인 것이다. 셋째로 역대 국회의원 중에서 직업정치인인 정당이나 정치관련 단체의 종사자, 그리고 국회의원을 역임한 자들의 비율은 1,390명인 42.0%에 이르고 있다. 직업정치인의 증가는 꾸준히 지속되고 있다. 이러한 현상은 정치엘리트의 순환 내지 사회의 상향적 유동이 부진하다는 것을 나타내주는 것이며 한국사회에서 엘리트의 순환이 원활하게 이루어지지 못한다는 것을 의미한다. 그러나 전문정치인의 출현이라는 측면에서 볼 때는 긍정적 측면도 있다.

정당정치의 활성화의 측면에서 살펴보면 다음과 같은 점들이 지적될 수 있다. 첫째로 2대 국회를 제외하고 정당출신 의원의 의석점유율이 무소속출신 의원의 그것에 비하여 훨씬 높다는 점에서 정당이 입법엘리트 충원과정에서 효율적 기능을 수행했다고 할 수 있다. 그러나 이러한 현상이 '직업으로서의 정치'라는 긍정적 가치보다는 우리나라의 전통적 권위주의 정치문화에 기인하는 정당조직의 경직성과 정치엘리트 충원의 폐쇄성으로 인한 정당정치의 침체라는 부정적 측면을 배제할 수 없다는 한계를 갖는다. 둘째로 수차례의 선거제도의 변경은 여당에게 많은 혜택을 주었다. 셋째로 제1당에 비해 제2당이 과소대표되는 현상이 상당히 심하다. 이것은 현행 선거제도가 유권자들의 의사를 충분히 반영하고 있지 못함을 단적으로 보여주는 것이었다.

결국 한국 역대 국회의원은 연령 면에서는 보수성을, 학력 면에서는 대졸 이상의 고학력현상, 해외유학 국가 면에서는 일본과 미국이 주류를 이루고 있으며, 최근에는 미국이 대다수를 차지하고 있으며, 직업 및 경력 면에서는 직업정치인 출신이 많은 대신 전문직 출신자가 적고 무소속보다는 정당출신자의 충원이 일반화되고 있음을 알 수 있다. 그러나 한국 역대 국회의원이 높은 수준의 교육을 받고 서구화된 인물이라는 점에서는 긍정적이나 전문직 출신자가 적고, 공직자 및 전직의원의 충원비율이 높다는 점에서 한국정치체계의 경직성을 보여주고 있다. 정치체계의 경직성은 엘리트의 이동성 저하를 초래한다. 엘리트의 이동성에 대해서는 양론이 있지만,[41] 한국 정치엘리트 충원에서 보이는 이동성의 저하와 특정집단의 편중현상은 충원의 폐쇄성을 가져오고 이는 제도 외적인 방법을 통한 참여의 폭발현상을 야기하여 사회불안의 주요요인으로 작용하게 된다.

대부분의 신생국이나 개발도상국들의 경우 정치적 불안정으로 인하

41) Seligman, L. G., "Elite Recruitment and Political Development," In J. L. Finkle and R. W. Gable(Eds.), *Political Development and Social Change*, New York: John Wiley and Sons Inc., 1971, pp. 248~249.

여 당해 사회의 정치엘리트로서 정치무대에 등장했다가 비정치적 정치변동에 의하여 정치적으로 몰락하는 사례들이 빈번히 발생하고 있으며, 한국의 경우도 이러한 정치적 경험을 수차례 겪었다. 즉, 정치엘리트 사이에 전개된 정치적 갈등과 분열로 인한 정치적 불안정이 빈번히 노정되었다. 따라서 안정된 정치체계를 수립하기 위해서는 끊임없이 변화하고 있는 정치사회 속에서 민주적 정치과정의 전통을 수립하여 정치엘리트의 정치사회적 위치와 그들이 담당하는 정치적 역할 및 기능을 효과적이고도 지속적인 것으로 확립해야 한다.

엘리트 충원통로의 개방성과 유동성이 증가할 때 정치통합의 가능성은 더욱 커지게 된다. 따라서 정치권력의 구조형성에 가장 중요한 정치엘리트의 충원이 제도화해야 할 필요가 생긴다. 그렇다면 한국의 경우에는 정치엘리트의 충원이 제도적으로 이뤄졌는가?

우리나라에서 국회의원 충원 시 가장 중요하게 작용했던 요인을 가중치를 두어 살펴보면 평상시의 선거에서는 첫째, 소속정당, 둘째, 지연·학연, 셋째, 능력과 경력의 순서로 볼 수 있다. 그러나 정치적 격변기에는 경력과 소속집단, 소속정당, 지연·학연 등의 순서로 이뤄진다고 볼 수 있다. 이러한 순서는 정치적 격변기에 집권당에서 특징적으로 살펴볼 수 있는 것으로 새로운 집권세력과 사회적 배경을 공유하는 초선의원의 대거 등장이 이를 실증적으로 보여주고 있다.

한국의 전통적인 권위주의적 정치문화에 기인하는 정당조직의 경직성과 정치엘리트 충원의 폐쇄성은 여야 내부의 복잡한 계파간의 갈등에서도 잘 나타나고 있다. 또한 한국의 지역적 특성상 어느 지역에서 어느 정당 후보로 출마하느냐에 따라 개인의 능력과 경력에 관계없이 당락이 결정되었다. 먼저 정당 내부에서 이루어지고 있는 후보자 공천과정을 통해 살펴본 국회의원의 정치충원 유형은 대체로 다음과 같은 특징을 갖고 있다. 첫째, 정당의 입후보자 결정권이 법·제도상의 규정보다 훨씬 더 강력하게 1인 혹은 소수의 지도자 수중에 놓여 있다. 둘째, 여야를 막론하고 당내의 정치질서는 정치경력을 무시한 추월을 허용하지 않는 폐쇄적 정치구조를 보였다. 셋째, 야당의 충원은 계파에 의한 조직적 배경에 따라 이루어지므로 한 인물이 공천을 받기 위해서는 오랜 정당생활과 함께 유력인물과의 연고를 맺어야 하는 배타적 성향을 보였다. 각종 선거에서 나타나는 공천기준이 과거의 경력, 선거 실적, 민주적 정당인으로서 신념과 지조 등을 중시하고 있는 것을 볼 때, 신인들의 등장이 매우 어려웠음을 알 수 있다.

한국 정당의 정치충원 유형은 비민주적이며 배타적인 성향이 강하다. 이러한 성향은 입법활동에 그대로 반영되어 국회의원 개인의 자율적 행위이기보다는 국회의원이 소속된 정당의 성향에 따라 그들의 행위가 결정되는 형식으로 고정화되었다. 특히 여당의 경우는 대부분 정부의 방침을 그대로 수용하는 입장이며, 보수적 성향을 띤다. 역대 대통령의 리더십이 행정의 능률성과 효율성에 강조를 둠으로써 국회에서의 토의과정은 비능률의 표본으로 인식되었던 터라 집권여당 의원들은 차기공천에서 탈락하지 않기 위해서 자신의 의도와 상치된다 할지라도 정부의 방침을 수용하는 것이 일상화되어 있다.

정당 내적 변수를 떠나 정치엘리트 충원의 환경적 요인을 살펴보면 정치엘리트 충원의 준거가 매우 협소함을 발견하게 된다. 기존의 역대 국회의원 충원이 급격히 분화 발전되는 제 사회체계를 대표하고 그에 대한 전문성을 갖고 지도 통합할 수 있는 능력을 가진 자나 집단에서 이루어지기보다는 주로 제 1차적 관계에 바탕을 둔 정치적 고려에 의해서 많이 이루어졌다.

국회의원의 직업별 구성비에서도 나타나듯이 역대 국회의원의 구성 비율은 사회경제적 구조변화와 상응하지 않는 것 같다. 특히 산업화와 도시화가 진척되면서 당연히 초미의 관심사로 떠올려지는 노동부문의 이해관계를 대변할 수 있는 엘리트의 국회진출이 거의 이루어지지 않았다. 이러한 현상은 법적·제도적 제약요인에 일부 의거하지만 더욱 본질적인 것은 국민들의 보수적인 정치성향과 함께 지역준거적인 투표성향에 기인한다고 볼 수 있다. 특히 1985년 12대 총선에서 제도권 보수야당을 통한 혁신세력의 진출로 그 가능성은 높아졌다. 그러나 1987년 7·8월 노동자투쟁을 거친 이후에도 제도권 정치틀로서의 노동자출신 의원의 충원은 거의 이루어지지 않았다. 현대 고도산업사회에서 각각의 역할을 수행하는 제 부문들 중에서 특히 자본주의의 한 축으로서 기능하고 있는 노동부문의 대표성이 절대적으로 열세에 있다는 것은 건전한 의회정치 확립에 하나의 걸림돌로 작용하게 될 것이다.

또한 여성들의 다양한 분야의 활동영역이 증가하고 있음에 비해 여성들의 의사나 이해가 정치에 충분히 반영되지 못하고 있음을 입법엘리트의 충원분석을 통해서도 알 수 있었다. 여성의 정치참여를 증대시키는 방안은 장기적으로는 여성들의 정치의식을 향상시키고 여성지도자를 양성하여 여성정치를 활성화시키는 것이다. 단기적으로는 여성의 정치참여를 활성화시키기 위한 방안은 제도의 변경에서 찾을 수밖에 없다. 첫째, 지역구선거에서 여성후보가 많이 입후보하고 많이 당선되도록 하기 위한 배려로서 비례대표제에서 여성에게 가능한 많은 의석을 배정할 수 있도록 해야 한다. 둘째, 각 정당들이 공천과정에서부터 여성후보자들에게 특별한 배려 또는 최소한의 공정한 배려를 해야 한다. 정당이 당헌이나 당규에 여성정치의 활성화를 위한 방안을 규정하고 이를 실행하도록 만들어야 한다는 점이다. 특히 특정정당 내에서 여성후보자 공천할당제의 도입도 고려해야 한다.

대중사회로 특징되는 현대 산업사회의 문제를 해결해나가는 데 정치의 역할은 상당히 중요하다. 단원성보다는 다원성이 강조되고 화해와 타협보다는 갈등과 대립으로 특징되는 현대사회에서 각 부문의 이해관계를 조절하고 통합할 수 있는 제도적 장치로서 국회의 임무는 실로 막중한 것이다. 여기에서도 가장 중요한 것은 효율적 정치운용을 통하여 산적한 문제를 해결해가는 데 능력을 발휘할 수 있는 의원들을 충원하는 것이다.

이를 위해서는 첫째로 대중으로 하여금 사회적 지위에 대한 경쟁을 평등하게 장려하여 여기서 정치지도자나 정책결정자를 얻는 노력이 필요하다. 둘째, 국회나 정당의 정치적 하부구조의 자율성이 증대되어야 한다. 셋째, 사회의 제 부문이 공정하게 대표권을 획득할 수 있도록 선거제도의 개혁이 이루어져야 한다. 넷째, 충원통로의 개방성이 확보되어 어느 특정집단의 대표성이 우위를 보이는 현재의 충원양태를 불식하고 사회의 통합능력을 제고시켜야 한다. 다섯째, 유권자의 절반이 넘는 여성의 대표성도 충분히 고려해야 한다. 마지막으로 충원준거집단이자 충원의 결정자인 국민들에 의한 합리적 선택이 이루어질 수 있는 토대가 마련되어야 한다.

제 9 장

국회의원 충원과정

민 준 기

1. 문제제기

대의정치는 의회를 통해서 비로소 그 기능을 발휘한다. 의회는 국민의사를 대변하는 기관인 동시에 국가정책을 결정하는 독립된 입법기관이다. 그동안 많은 정치학자들은 의회발전의 수준을 평가하기 위해 정치엘리트인 국회의원이 어느 집단 내지는 계층에서 보다 많이 충원되는가, 그 충원방식은 민주적으로 이루어지는가, 또한 기능은 제대로 발휘하는가 등의 문제에 많은 관심을 가졌다.[1)]

일반적으로 정치엘리트란 일반대중과 구별되는 용어로서 사회적으로 중요한 결정에 영향을 미칠 수 있는 개인이나 집단으로 행정엘리트로서 장·차관, 입법엘리트로서 국회의원이 여기에 속한다. 또한 정치엘리트의 충원이란 사회성원이 정치의 장 또는 전문화된 역할로 유입되

---

1) 의회발전이란 의회가 정치체계의 하부단위로서 그 기능을 충실히 수행하고 행정을 감시·제어하는 장치로서 국민의 의사가 원활히 행정에 반영될 수 있도록 하는 것을 의미한다. 민준기, “입법엘리트 충원과 정치발전”, 민준기 외, 《한국의 정치》, 나남, 1996, p. 232.

는 과정을 말한다.

발전론의 다양한 시각[2]에 비추어볼 때 국회의원의 충원과정은 발전주의 패러다임에 기초하여 분석하는 것이 타당할 것이다. 발전주의 패러다임은 주로 국내적 맥락에 초점을 두어 발전의 의미를 규정하고 분석을 진행하는데, 국회의원의 충원은 국민들의 직접선거로 선출되기 때문이다.

발전론적 패러다임에 입각해서 발전의 의미를 정의하는 학자들은 구조의 분화, 사회적 통합, 그리고 체계의 능력 등을 발전의 주요요소로 간주한다. 이들에 의하면 사회구조의 분화는 각 부문의 엘리트들에게 상위체계인 정치체계에의 참여욕구를 불러일으킨다. 이들 엘리트들이 정치체계에 접근할 수 있는 통로가 개방되어 있고, 충원과정이 원활하게 기능한다면 사회의 전체적 통합성은 증대된다. 이러한 결과 전반적 사회체계의 능력은 급격히 신장되고 체계유지와 발전에 필요한 제 능력이 확보되어 발전적 정치엘리트 충원과정의 정립에 기여하게 된다. 이러한 측면에서 살펴볼 때 정치발전의 한 부문을 구성하는 국회의원의 충원과정에 대한 분석은 보다 합리적이고 발전적인 충원과정을 모색하는 것임과 동시에 정치체계 전반의 효율성, 안정성, 통합성 등을 증대시키는 방안을 강구하는 데로 연결된다.

이 연구는 한국 국회의원의 충원과정을 고찰함에 있어, 역대 국회의원을 연구범위로 하되 특히 문민정부 이후인 15대·16대 국회의원의 사회적 배경 분석에 초점을 두었다. 연구대상인 국회의원은 최초 당선자를 기준으로 하며, 사회배경의 주요변수로 학력, 전공, 출신대학,

---

2) 발전론은 근대화이론을 모태로 하는 발전주의 패러다임, 세계체제, 종속이론을 주축으로 하는 저발전의 패러다임, 그리고 국가자율성 이론과 코포라티즘 이론을 주축으로 하는 국가론 등으로 나눌 수 있다. 저발전의 패러다임은 발전과정에 영향을 주는 외부적 요인에 많은 중요성을 부여하는 데 반해 국가론에서는 국내적 요인에 비중을 두면서 외부적 요인을 고려한다. 민준기 외, 앞의 책, p. 225.

해외유학지, 직업, 성별, 연령, 당선횟수, 정당소속을 조사하였다.[3]

대부분의 국가에서 정치엘리트는 일반국민보다 높은 교육 수준을 지녔고, 또한 직업적으로 전문적 배경을 가진 자가 다수를 차지한다. 정치엘리트의 사회적 배경은 그들의 사회화과정을 의미하는데, 그것은 정치엘리트의 정치적 태도와 행태에 결정적 요인으로 작용하기도 한다. 이처럼 정치엘리트의 사회적 배경 분석을 통해 엘리트 충원의 원칙과 근거에 대한 이해를 토대로 그 충원유형을 밝혀낼 수 있으며 그 사회의 가치체계, 일관성과 모순성의 정도, 대표성 등을 알아낼 수 있다. 또한 시대적 변화에 따른 정책결정자의 사회적 배경의 흐름을 비교하여 볼 수 있는 등 한 나라의 정치현상을 이해하는 데 필요한 자료를 제공한다.

사회적 배경 분석에 필요한 기초자료는 중앙선거관리위원회의 통계자료(www.nec.go.kr) 및 당선직후 언론에 공개된 자료, 인명록(www.donga.com/inmul_search/inmul_search.html) 등을 참고로 하여 재작성하였다.[4]

이를 근간으로 하여 국회의원의 충원과정상에 나타나는 특성들이 한국의 정치발전과 어떻게 연관되는가를 분석하기 위한 변수로서 충원과정의 정치적 개방성, 교육 수준, 직업의 다양성 및 전문성, 정당정치의 활성화 등을 연관시켜 분석한다. 한국 정치엘리트의 충원과정이 정치발전의 촉진요인으로서 기능하기 위해서는 그 충원과정이 보다 합리

---

3) '지위에 따른 접근방법'을 통해 정치엘리트를 연구한 대표적 학자인 메리트는 출생과 더불어 얻는 특징으로 출생일자, 출생지, 성별, 국적, 선조의 배경, 인종 등 6가지, 사회화와 관련한 배경으로 종교, 정치단체 가입과 부모의 활동, 교육 등의 배경과 직업, 조직가입여부, 정치참여 등 성인 경력유형을 제시하였다. Merrit, Richard L., *Systematic Approaches to Comparative Politics*, Chicago, 1971.

4) 이 글은 역대 국회의원(1~14대)의 사회적 배경을 분석한 민준기, "한국 입법엘리트 충원과 사회적 배경", 《한국의 정치》, 나남, 1996을 토대로 15~16대 국회의원의 사회적 배경에 관한 통계를 보완하여 작성하였다.

적이고 객관적이며, 개방적일 필요가 있다.

충원과정상에 나타난 정치적 개방성은 정치신인의 원내진출 정도, 국회의원의 연령이나 당선횟수, 여성의 충원양태 등의 분석을 통하여 파악한다. 교육 수준의 정도는 입법기능을 수행하는 능력과 밀접하게 연관되어 있으며, 직업의 다양성 및 전문성은 국회의원이 다양한 사회의 욕구를 표출하고 반영할 수 있다는 점에서 정치발전과 밀접한 연관관계를 갖는다고 볼 수 있다. 정당정치의 활성화는 정당소속 입후보자의 충원비율, 선거제도와 국회의원의 대표성 간의 상관관계에 대한 분석을 통해 파악한다. 정당정치 활성화는 의회정치발전의 기초가 되기 때문에 정당정치가 활성화된다는 것은 곧 정치발전과 연결된다고 할 수 있다.

2. 역대 국회의원 충원과정의 특성

1) 15·16대 국회의원 사회적 배경의 특징

15대 국회의 특징은 전체의 46.8%인 140명의 정치신인이 대거 원내에 진출했다는 것이다. 이는 14대 때의 초선의원 117명(40%)에 비해 크게 늘어난 수치로 세대교체를 통해 정치신인이 대거 진입하고 재선 이상이 다수 퇴장하는 수직적 세대교체가 대대적으로 이뤄졌음을 의미한다. 재선도 14대의 86명에서 65명으로 절반이 줄었고 4선은 29명에서 21명으로 줄었다. 반면에 3선은 46명에서 48명으로 오히려 늘어나 재선의원의 가장 강인한 생존력을 보여주었다(〈표 9-3〉 참조).

연령별 분포는 30대가 9명(3.0%)으로 14대 6명(2.0%)보다 늘었고, 40대는 59명(19.7%)으로 14대와 비슷하다. 50대는 157명(62.5%)으로 24명(8.0%)이 줄어든 반면, 60대 이상은 74명(24.7%)으로 14대에 비해 오히려 30명(10.0%)이 늘어남으로써 국회의원 세대교체가 자연 나

이 차원의 세대교체와는 일치하지 않음을 알 수 있다(〈표 9-1〉 참조).

국회의원의 직업별 분포는 현역의원을 포함한 정치인 또는 정당인이 76.5%인 228명으로 가장 많으나 14대의 241명(80.6%)에 비해 다소 줄어들었다. 대신 변호사는 14대의 9명(3.0%)에서 22명으로 2.4배나 늘었고 의·약사 출신도 3명(1.0%)에서 9명(3.0%)으로, 교육자도 4명(1.3%)에서 6명(2.0%)으로 느는 등 전문직업인출신이 크게 증가하였다(〈표 9-9〉 참조).

여성의원은 14대 선거 때의 3명(1.0%)에 비해 9명(3.0%)으로 양적으로는 3배나 늘었으나 지역구는 2명에 지나지 않는다. 학력별로는 대졸 이상이 279명(93.3%)으로 14대 278명(93.0%)과 거의 같아 학력수준은 최근 대수에서 일정하게 유지되고 있는 것으로 나타났다. 대학원 수료 이상은 45.85%에서 27.7%로 감소하였는데 이는 후보자의 학력을 허위신고 시 엄격하게 처벌하도록 한 규정 때문이다(〈표 9-5〉 참조).[5]

의원정수가 299명에서 273명으로 26명이 줄어든 16대 국회[6]의 외형적 결과에 나타난 첫 번째 특징은, 현역 국회의원(135명, 49.5%) 및 정치인(88명, 32.2%) 출신인사가 81.7%로 압도적으로 많다는 것이다(〈표 9-9〉 참조). 지역구 당선자 227명 중 현역의원과 정치인출신 인사가 각각 118명과 71명 등 모두 189명(83.3%)에 달했고 비례대표 당선자 46명 중 74%(34명)가 현역의원 또는 정치인이었다. 이 중 전직

5) 인터넷 〈연합뉴스〉(www.yonhapnews.co.kr) 1996년 4월 12일.

6) 선거협상과정에서 민주당은 지역주의 해소와 함께 전국정당화를 위한 명분으로 중선구제에다 1인 2표 방식의 정당명부식 투표제를, 한나라당은 여당의 독주를 막기 위해 현행 1인 1구의 소선거구제와 비례대표제의 병행을 각각 주장했고 결국 현행제도의 유지로 낙착됐다. 다만 여야는 지역구 253명, 비례대표 46명 등 도합 299명의 현행 국회의원 정수를 고수키로 합의했으나, 대다수 국민과 시민단체들의 거센 반발로 지역구 26개 축소안을 수용하게 되었다. 이성춘, "정치개혁과 언론의 역할", 〈한국정치의 현실과 발전방향〉 한국밀레니엄연구원 학술회의(2000.5.17), p.7.

민선 기초단체장과 시도의원들의 대거 원내진출을 주목할 필요가 있다. 전직 민선 기초단체장출신 후보 중에서 6명이 당선되었는데, 이는 단 한 명도 없었던—총선 1년 전에 지방단체장선거를 거쳤기 때문에 임기 중 출마자가 없었다—지난 96년 15대 총선에 비추어볼 때 상당한 변화다. 또한 전직 시도의원 중에서는 15대 6명보다 2배 가까이 많은 11명이 당선되었다. 이로써 지방선거가 중앙정치 무대진출의 등용문역할을 하고 있음이 검증되었다.7)

이 통계치만 보면 '정치는 곧 연륜'이라는 등식이 설득력을 가지는 것처럼 보이나, 실상은 현역-신인 간 선거운동 기회가 불평등한 구조상의 문제와 각 정당이 인물보다는 당선가능성에 치중해 공천했다는 데서 그 원인을 찾을 수 있다.

둘째, 여성 정치참여의 측면에서는 비례대표 30% 여성할당제의 도입으로 지역구 5명을 포함해 16명(5.9%)이 원내에 진출하였다(〈표 9-4〉 참조). 지역구 2명을 포함해 9명(3.1%)에 불과했던 15대 총선에 비해 거의 두 배가 늘어난 셈이다.

셋째, 학력별로는 대졸 이상이 전체의 91.5%인 250명으로, 15대 대졸자 비율 93.6%보다 줄어들었다.

넷째, 무소속후보가 철저히 외면당했다는 것이다. 친민주 성향의 무소속 당선자 4명을 제외할 경우, 사실상 단 1명만이 원내진출에 성공했다. 15대 총선에서 총 16명의 당선자를 낸 것과 비교하면 현격한 차이를 보이고 있음을 알 수 있다(〈표 9-10〉 참조).

이러한 결과는 선거가 정당중심 경쟁으로 정착되어가는 일반적 추세를 반영하는 한편 이 선거가 치열한 정당간 대결양상을 보였음을 의미한다. 즉, 무소속 득표율 9.4%는 15대 총선 당시의 무소속 득표율 11.9%와 거의 같은 수준이었으나, 제1당과 제2당 간의 득표점유율에서는 15대 총선의 59.8%(신한국당 34.5%, 국민회의 25.3%)에 비해

---

7) 인터넷 〈연합뉴스〉 2000년 4월 14일.

16대 총선에서는 무려 74.9%(한나라당 39.0%, 민주당 35.9%)로 크게 높아졌다. 즉, 양당 대결구도로 인해 민주당은 15대 총선에서 25.3% 득표율보다 10%나 더 높은 전국 득표율을 얻게 되었으며 한나라당 역시 공천파동에도 불구하고 상대적으로 의석수가 많은 지역기반을 토대로 제 1당의 위상을 지킬 수가 있었던 것이다.[8]

출신대학별로는 15대·16대에서 서울대, 고려대, 연세대 순(〈표 9-6 참조〉)이며 전공별로는 법학, 정치, 경상학 순으로 나타났다. 군사학은 15대 때 4.5%였으나 16대 때는 1.9%로 줄어들었다. 해외유학은 16대 들어 미국유학 출신자들이 15대보다 7%나 늘어났다.

2) 역대 국회의원 충원의 특성

(1) 정치적 개방성

정치적 개방성은 사회체계 내의 모든 하위집단들에게 실질적으로 정치충원의 통로가 개방되는 것을 의미한다. 특히 충원과정이 하위체계로부터 상위체계로의 접근이 용이하고, 그 결과 엘리트들의 상향유동성이 증가되는 것을 의미하기도 한다.[9] 일반적으로 정치적 개방성의 정도는 일반국민이 선거를 통하여 정치에 참여하는 것과 직접 피선거권자가 되어 정치엘리트로 입문하는 두 가지 측면에서 살펴볼 수 있다. 여기서 살펴볼 정치적 개방성은 후자로 국회의원 충원과정에서 다양한 사회적 배경을 지닌 정치신인의 진출이 어느 정도로 이루어지고 있는가를 기준으로 평가할 수 있을 것이다.

---

8) 정영국, "16대 총선과정 분석: 쟁점과 유권자 선택", 〈한국정치의 현실과 발전방향〉 한국밀레니엄연구원 학술회의(2000. 5. 17), p. 10~11.

9) 그러나 한국의 정당들은 공천과정에서 정강정책에 맞는 인물보다 당선가능성과 당 최고지도자에 대한 충성심을, 대권구도를 염두에 둔 '친위세력' 심기 등을 중시한다고 할 수 있다. 김병준, "제 15대 총선- 각 정당의 공천을 평가한다", 한국유권자운동연합주최 정책토론회(1996. 3. 5) 참조.

〈표 9-1〉 연령별 분포 (단위: 명/%)

대수 \ 연령	25~29	30~34	35~39	40~44	45~49	50~54	55~59	60~64	65 이상	합 계
1~14대 평균	14 0.4	81 2.4	335 10.1	599 18.1	776 23.5	677 20.5	465 14.1	252 7.6	107 3.3	3,306 100
15대		2 0.7	7 2.4	26 8.7	33 11.0	69 23.1	88 29.4	52 17.4	22 7.3	299 100
16대		1 0.4	9 3.3	22 8.1	37 13.6	52 19.0	55 21.4	72 26.4	25 9.2	273 100

* 15대 지역구는 중앙선관위 자료(www.nec.go.kr/sinfo/sinfo.htm), 전국구는 인터넷 〈연합뉴스〉 1996년 4월 12일자 자료를 참고로 재작성.
* 16대는 중앙선관위 최종자료(당선인 현황)를 참조로 재작성.

① 연 령

정치엘리트의 연령분석은 그 정치사회의 성향을 가름하는 변수로서 사회변동과 관련된 세대교체 문제와 정치적 충원의 기회가 어느 정도 주어지고 있는가를 설명해준다.

〈표 9-1〉에서 보는 바와 같이, 역대 국회의원(1대~14대)의 연령별 평균분포는 10대와 13대, 14대 국회를 제외하면 40대가 41.6%로 가장 높으며, 50대 34.6%, 30대 12.5%, 60대 10.9% 순임을 알 수 있다. 이 중에서도 40대 후반과 50대 초반이 전체 충원자의 44%를 차지하고 있어, 이들이 한국 입법활동의 주역이었음을 알 수 있다.

그러나 최근에 이르러 점차적으로 50대 이상의 연령층이 증가하면서 국회의원의 연령층도 고령화현상이 나타나고 있다는 점에 주목할 필요가 있다. 즉, 12대 국회에서는 40대와 50대의 비율이 거의 비슷했으나 13대부터는 50대의 비율이 우세하기 시작해 14대 국회에서는 50대의 비율이 60%를 넘어섰으며, 16대 국회[10]에서는 60대의 비율(33.3%)이 50대(39.9%) 다음으로 높아졌다.

10) 16대 국회는 선거법 개정으로 5·16 군사쿠데타 이후 처음으로 지역구의원 수가 26석이 줄어들어 전체 의석수는 273석이 되었다.

〈표 9-2〉 역대 국회의원의 평균연령 (단위: 대수/세)

1대	2대	3대	4대	5대	6대	7대	8대	9대	10대	11대	15대	16대
46.7	46.7	46.1	46.7	49.1	47.6	47.5	48.1	48.8	51.0	49.4	54.4	54.2

이러한 현상은 첫째, 사회노령화에 따른 평균연령의 상향추세와 함께 세대교체를 원하면서도 안정적 세대를 원하는 유권자의 이중적 태도에도 기인한다. 둘째, 전반적으로 국회의원의 평균연령은 정변이 있을 때는 연령이 낮아졌다가 정치권이 안정되면 점차 고령화되는 추세를 보이기 때문이다(〈표 9-2〉 참조). 실례로 4·19 이후 참의원제도가 도입된 5대 국회 때 49.1세였다가 5·16으로 5대 국회가 해산된 후 1963년 실시된 6대 국회 때는 47.6세로 낮아졌다. 이후 점차 연령이 높아지다가 1980년 5·17 계엄확대 조치 이후 실시된 11대 국회에서는 49.4세로 다시 낮아졌다. 15대와 16대 국회에서는 다시 54세로 높아졌다. 셋째, 또한 대수를 거듭할수록 의원들의 평균연령이 꾸준히 상승하는 것은 재선 이상의 숫자가 증가함에 따른 국회의원의 직업화현상에서도 그 이유를 찾을 수 있다.

그러나 이것은 정치엘리트의 직업화와 전문성이 제고되는 한편으로 신인의 정계진출이 그만큼 억제되어 엘리트 순환이 원활하게 이루어지지 않고 있음을 반증한다. 기존의 정치엘리트들이 반복적으로 충원된다는 것은 유권자의 절반 이상을 차지하는 20~30대 유권자들의 가치지향과 정치적 열망을 수렴하여 표출할 수 있는 정치신인의 충원이 그만큼 저조하다는 것을 의미하며 이는 결과론적으로 엘리트의 순환을 지체하는 현상을 낳게 되었다.[11]

11) 그런 점에서 이 16대 국회의원선거가 시사하는 의의가 자못 크다고 할 수 있다. 이 선거 역시 지역주의의 골이 깊었으나 386세대의 원내진출이 두드러졌으며, 중진의원들의 대거 낙선으로 세대교체가 어느 정도 이루어졌다고 할 수 있다. 그 이유는 후보자질에 대한 정보가 일부 공개됨으로써 유권

② 당선횟수

정치적 개방성 차원에서 당선횟수의 의미는 긍정적 측면보다는 부정적 측면으로 인식되는 면이 많다. 초선의원과 재선 이상 의원 중 어느 편이 다수를 차지하는가의 문제는 정치변동과 밀접한 관련을 맺고 있으며, 세대교체 문제와도 연결된다. 즉, 다선경력자가 많을수록 정치신인의 충원이 원활히 이루어지지 못한다는 것을 뜻한다. 물론 전문성 제고와 경륜과 비전 면에서 직업정치인으로서의 다선경력자도 중요하지만 한국정치체계에서의 직업정치인 형성과정이 매우 비합리적인 경로를 통하여 이루어졌다는 점에서 그 의의를 평가절하할 수밖에 없을 것이다.[12)]

당선횟수를 통해서 살펴본 정치적 개방성의 정도는 초선의원의 비율이 압도적으로 매우 높다고 평가할 수 있다. 특히 제16대 총선거에서는 중앙선거관리위원회가 후보자의 병역, 전과, 재산 및 납세내역을 공개함으로써 유권자들이 후보자의 자질에 대한 검증이 가능해졌다. 시민단체 역시 이를 토대로 공천반대운동(낙천)과 낙선운동을 전개함으로써 중진급 다선의원 다수가 낙선하는 이변을 낳았다. 3선 이상 정치인 27명이 불출마하거나 공천에서 탈락했으며, 지역구에 출마한 현역의원 207명 중 41.5%인 86명이 낙선하였다. 여기에는 3선 이상 중진급의원이 25명이나 포함되어 있다. 이와는 반대로 80년대 민주화과정에서 중요한 역할을 담당했던 젊은 386세대가 대거 국회에 진출하는 등, 41%(112명)에 달하는 정치신인이 대거 당선됨으로써 폭넓은 세대교체가 이루어졌다. 이 수치는 제15대 총선거의 39.1%보다는 낮지만

자들이 정권이나 정당에 대한 평가보다 개별후보들간의 경쟁, 즉 후보의 자질에 대한 평가가 가능했기 때문이다.

12) 정당들은 여전히 관료주의, 획일주의, 일사불란을 추구함으로써 당내민주화를 외면하고 있다. 그 결과 공천과정에서도 일반당원과 국민들의 의사는 철저히 유리·배제된 채 소수의 당지도부에 의해 밀실에서 비공개적으로 이루어짐으로써 금품공천이라는 문제가 제기되기도 했다.

〈표 9-3〉 당선횟수별 분포 (단위: 명/%)

대수＼횟수	초선	2선	3선	4선	5선	6선	7선	8선	9선	합 계
2대	179	31								210
	85.2	14.8								100
3대	147	50	6							203
	72.4	24.6	3.0							100
4대	111	93	25	4						233
	47.7	39.9	10.7	1.7						100
5대	118	68	31	14	2					233
	50.6	29.2	13.3	6.0	0.9					100
6대	108	27	21	13	6					175
	61.7	15.5	12.0	7.4	3.4					100
7대	74	63	19	10	7	2				175
	42.3	36.0	10.9	5.7	4.0	1.1				100
8대	110	36	31	17	4	5	1			204
	53.9	17.6	15.2	8.3	2.0	2.5	0.5			100
9대	147	72	32	25	11	3	1	1		292
	50.3	24.7	11.0	8.6	3.8	1.0	0.3	0.3		100
10대	88	52	40	26	17	5	3			231
	38.1	22.5	17.3	11.2	7.4	2.2	1.3			100
11대	216	36	11	10	1	2				276
	78.3	13.0	4.0	3.6	0.4	0.7				100
12대	102	110	34	12	12	4	2			276
	37.0	39.9	12.3	4.3	4.3	1.5	0.7			100
13대	166	59	43	16	7	5	2	1		299
	55.5	19.7	14.4	5.4	2.3	1.7	0.7	0.3		100
14대	117	86	46	29	9	6	3	2	1	299
	39.1	28.8	15.4	9.7	3.0	2.0	1.0	0.7	0.3	100
15대	140	65	48	21	15	4	4	1	1	299
	46.9	21.7	16.1	7.1	5.0	1.3	1.3	0.3	0.3	100
16대	111	83	33	25	14	5		1	1	273
	40.6	30.4	12.1	9.2	5.1	1.8		0.4	0.4	100

제14대 총선거보다는 높은 수치이다(〈표 9-2〉 참조).[13]

그러나 초·재선의원의 충원이 국민들의 자발적 정치의사의 반영이기보다는 인위적 정치변동의 산물인 경우, 그 의의는 대폭적으로 감소될 수밖에 없다. 즉, 1961년 5·16 군사쿠데타와 1980년 제5공화국 출범 이후에 구성된 국회의 의원구성비를 보면 확연히 드러난다. 5·16 군사쿠데타 이후 창당된 민주공화당이 각계에서 정치신인들을 대거 공천, 당선시킴으로써 6대 국회에서는 초선의원의 진출이 61.7%에 달하였다. 또한 신군부의 출현으로 11대 국회 역시 수많은 직업정치인들이 정치규제 대상이 됨에 따라 초선의원의 비율은 78%로 높아졌다. 이러한 점들이 한국정치체계의 전반적 발전을 저해하는 요소로 작용하였음을 부인할 수 없을 것이다.

③ 여성의 정치참여 정도

현대와 같이 일상생활이 정치생활과 밀접하게 연관되어 있는 상황에서는 여성의 정치참여 역시 사회발전을 위해 필요하다. 즉, 여성의 일상생활과 밀접한 관계가 있는 가족, 교육, 건강, 보건, 환경 등은 정치적 결정 또는 정책적 결정과 밀접히 연관되어 있다. 그러나 그동안 여성의 정치참여 내지 정치활동은 법적·제도적·사회적 여건 미비로 저조한 편(13%)이었다. 대의정치의 기본적 룰 아래에서 여성은 여전히 소수로 존재하고 있는 것이다. 총 유권자의 50%를 점하는 여성의 대표성을 감안할 때, 여성은 여성의 이해관계를 대변하지 못하고 '의회에서 과소대표'되고 있는 것이다.

제헌국회~14대 국회기간 동안 의회에 진출한 여성의원은 총 64명이

13) 선거사상 처음으로 981개 시민운동단체들로 구성된 총선연대가 전국적 연대망을 구성하며 낙천·낙선운동을 조직적으로 전개함으로써 낙선대상자 86명의 69%에 해당하는 59명이 낙선하였다. 정대화, "시민사회단체의 정치참여에 대한 평가와 과제", 〈한국정치의 현실과 발전 방향〉 한국밀레니엄 연구원 학술회의(2000.5.17), pp.1, 3.

〈표 9-4〉 남녀별 후보자 수와 당선율

내용 / 대수	지역구 의원수	남 성			여 성			전체 입후보자 중 여성비율
		후보자	당선자 수	당선율 (%)	후보자	당선자 수	당선율 (%)	
1~14대 평균	2,623	12,694	2,607	20.5	119	15	13.0	0.9
15대	253	1,367	251	18.4	22	2	9.0	1.6
16대	227	1,007	222	22.0	33	5	15.2	3.2

며, 이 중 직접선거를 통해 원내에 진출한 의원은 15명에 불과하다(〈표 9-4〉 참조). 이 중 초선을 기준으로 할 경우에는 7명으로 줄어든다. 특히 13대와 14대 국회에서는 직선 여성의원이 한 명도 없다. 결국 대부분 여성의 정치참여는 개인의 정치적 경력이나 능력보다는 사회 각 전문분야에서 책임자적 위치에 있는 사람들을 대상으로 여성우대 차원에서 의석이 할당되었으며, 이들 역시 임기가 끝난 후 계속해서 정치활동을 한 경우가 거의 없었다.

다른 나라의 경우 특히 북구 국가들은 1970년대부터 여성후보 할당제를 통해 여성들의 정치참여가 꾸준히 증가하고 있다.[14] 한국의 경우 16대 총선에서 비례대표 후보의 30%를 여성으로 채울 것을 의무화하는 여성할당제가 도입됨으로써 유권자의 절반 이상을 대표하면서도 그동안 정치적 소수로 있을 수밖에 없었던 여성들이 '대표성'을 회복했다는 점에서 시사하는 바가 크다고 하겠다.[15] 16대 총선에서 5명의 지역

---

14) 유엔인권보고서(1995)에 의하면, 세계에서 여성의 정치참여가 가장 활발한 스칸디나비아 3국은 전체 국회의원의 38.8%가 여자이며, 1위인 스웨덴은 무려 42.7%에 달한다. 그 이외에 유럽 15.5%, 아시아 14.9%, 미대륙 14.7% 순이다. 아시아에서도 한국은 중국 25%, 일본 7%, 아랍권 4%의 정치참여율보다 낮다. 〈중앙일보〉 2000년 4월 16일, 인터넷 〈연합뉴스〉 1996년 4월 12일.

15) 그러나 실상 16대 국회의원선거에서 한나라당과 자민련, 민국당의 여성 비

구 여성후보가 당선됨으로써 단 한 명도 없었던 14대 때나 2명에 그쳤던 15대에 비하면 괄목할 만한 약진이다. 비례대표 당선자까지 포함한다면 모두 15명으로 15대의 9명보다 거의 두 배 가까이 늘어난 셈이다.[16] 전체 의석에서 여성이 차지하는 비중도 3.01%에서 5.86%로 높아져 국제의회연맹 가입 177개국 가운데 여성의원 비율로 따져 105위에서 90위로 순위가 올라갔다. 그러나 세계 평균 13.5%에는 아직도 크게 못 미치는 수준이다.

(2) 교육 수준

교육과 정치발전의 상관관계를 연구한 학자들은 공통적으로 "교육발전은 궁극적으로 바람직한 국가발전과 변동을 초래한다"는 명제를 제시한다. 실제로 현대에 들어와서 교육은 정치엘리트 충원의 필요조건이 되고 있다. 교육은 정치엘리트를 지향하는 정치적 유동성을 확대시켜 새로운 정치엘리트 충원패턴에 큰 영향을 미친다.[17]

한국의 경우에도 국회의원들은 상당한 교육을 받은 집단이라고 할 수 있다. 이는 유교적 가치관과 상당한 연관성이 있다. 일반적으로 유교문화권에서 고급관리로의 등용에 중요한 기준으로 수입이나 직업 등의 다른 배경변수보다 학벌이 결정적이라는 견해는 한국에서도 그대로 적용되고 있다. 실제로 교육은 정치의식의 향상을 가져오고 정치참여의 동기를 부여하며 사회이동의 중요한 변수로서 작용한다. 이러한 이

례대표후보의 비율은 30% 미만이었다. 여성단체들은 이 3당에 대한 공천효력정지가처분을 법원에 신청하였으나, 후보자 등록 이후 제기되었다는 이유로 받아들여지지 않았다. 인터넷 〈연합뉴스〉 2000년 4월 25일.

16) 참고로 제10대 8명, 11대 9명, 12대 8명, 13대 6명, 14대 7명이었다.

17) 립셋(Seymour M. Lipset)은 공식적 교육이 사회적 유동성 확대에 크게 기여했음을 지적하였으며, 콜맨(James S. Coleman) 또한 개발도상국들의 다양한 엘리트를 분류하면서 이들 대부분의 엘리트가 고도로 세련된 전문교육을 받은 집단이라고 지적했다. 민준기 외, 앞의 책, p.255에서 재인용.

〈표 9-5〉 학력별 분포 (단위: 명/%)

대수 \ 학력	고졸 이하	대학 중퇴	대 졸	대학원 수료 이상	미상 및 기타	합 계
1~14대 평균	474	352	1,548	666	43	3,083
	15.4	11.4	50.2	21.6	1.4	100
15대	10	8	212	69		299
	3.3	2.7	70.9	23.1		100
16대	10	13	162	88		273
	3.7	4.8	59.3	32.2		100

론적 배경하에서 입법엘리트의 충원과정에 나타난 교육 수준을 학력별, 출신대학별, 전공별, 해외유학지별로 분류하여 살펴보고자 한다.

① 학력별 배경

〈표 9-5〉를 살펴보면, 역대 평균학력은 대졸 50.2%이며 대학원 수료 이상도 21.6%나 된다. 입법엘리트의 학력 수준은 제헌국회부터 5대 국회까지는 고졸 이하 저학력자들이 다수 충원되었으나 6대 국회부터는 점차 대졸학력자들이 증가하여 55%를 상회하였다.[18] 대학원 수료 이상도 7대 14.8%를 시작으로 점점 증가하여 14대 국회에서는 대졸학력자 45.2%와 비슷한 45.8%까지 높아졌다. 이러한 현상은 학문탐구보다는 특수대학원을 통한 학력 키우기의 성향에서 비롯된 것이다. 후보자들의 학력 허위기재에 대한 규제가 엄격해진 15대부터는 대학원 수료 이상의 수치가 급격하게 줄어든 데서도 잘 나타난다.

국회의원의 고학력현상은 현대정치가 고도의 지식과 전문성을 필요

18) 고졸 이하 학력소지자는 제헌의회 38.0%, 2대 33.3%, 3대 43.3%, 4대 35.2%, 5대 30.0%, 6대 16.0%, 7대 10.9%로 감소하였고, 8대 국회부터는 10% 미만으로 감소하였으며 특히 11대 국회 이후로는 1% 미만으로 줄어들었다.

〈표 9-6〉 출신대학별 분포 (단위: 명/%)

대수＼대학	서울대	고려대	연세대	서울 소재	지방 소재	유 학	합 계
15대	118	39	15	75	37	5	284
	40.8	13.5	5.2	26.0	12.8	1.7	100
16대	105	33	17	78	24	6	263
	39.9	12.5	6.5	29.7	9.1	2.3	100

로 할 정도로 전문화되고 복잡해졌다는 것을 의미한다. 즉, 대학이나 대학원 등 고등교육을 통한 전문직에서 훈련된 인력이 입법활동을 담당하게 되는 경향은 정치발전적 측면에서 볼 때 바람직한 것이라고 할 수 있다. 그러나 정치적 충원의 기회가 널리 개방되어 있다 할지라도 경제적 여건상 교육의 기회를 얻지 못하여 엘리트 충원대상에도 들지 못하게 됨으로써 사회이동상의 폐쇄성이 심화되고 사회계층간의 격차감이 확대되는 부정적 측면도 무시할 수 없다.

② 출신대학별 배경

15대, 16대 국회의 대졸 이상 국회의원들의 출신대학을 살펴보면 〈표 9-6〉에서 알 수 있듯이 서울대가 압도적으로 많음을 알 수 있다. 이는 역대 국회의원의 충원에서도 유사한 현상이라고 할 수 있는데, 결과적으로 한국을 움직이는 엘리트들이 대부분 서울대 출신이라는 점이 정치권에도 그대로 적용되고 있음을 의미한다. 그밖에 주목할 사항은 군부정권 때 많이 충원되었던 육사 등 군출신들이 문민정권 등장 이후 급속히 감소하고 있다는 점이다.[19] 이는 전공분야별 분포에서도 그대로 나타난다. 〈표 9-7〉에서도 알 수 있듯이 1~14대 평균 7.4%를 점하였던 군사학 전공 비율은 15대에서는 4.3%로 감소하였고 16대에

19) 15대 국회 11명 3.8%, 16대 국회에서는 4명으로 1.5%로 줄어들었다.

〈표 9-7〉 전공분야별 분포 (단위: 명/%)

대수＼전공	법학	정치학	행정학	경상학	군사학	교육학	인문	의약	이공	기타	합계
1～14대 평균	516 30.2	283 16.6	133 7.8	339 19.8	126 7.4	61 3.6	136 7.9	65 3.8	28 1.3	22 1.6	1,709 100
15대	89 31.0	68 23.6	11 3.8	37 12.9	13 4.5	7 2.4	28 9.7	15 5.2	11 3.8	9 3.1	288 100
16대	76 28.9	64 24.3	11 4.2	35 13.3	5 1.9	10 3.8	32 12.2	9 3.4	10 3.8	11 4.2	263 100

서는 1.8%로 극히 미미해졌다.

③ 전공분야별 배경

역대 국회의원들의 대학 전공분야는 전반적으로 법학, 상경계열, 정치학 순이나 대수가 증가할수록 점차 다양화, 전문화되고 있음을 알 수 있다. 국회의 가장 중요한 기능이 입법활동임을 감안할 때 이러한 전공분포도는 매우 고무적인 현상이라고 평가할 수 있다. 아울러 정치학 전공자는 계속적으로 증가해 15대 들어서는 법학 전공자와 거의 비슷한 수준으로 증가한 반면 상경계열 전공자의 비율은 9대(9.6%)와 10대(13.4%)를 정점으로 점점 줄어들기 시작해 15대 국회에서부터는 역대 평균을 훨씬 밑돌고 있음을 알 수 있다. 9대와 10대 때 상경계열 전공자가 우세하였던 이유는 70년대 경제개발 붐의 여파가 정치권에도 영향을 미쳤기 때문이다.

④ 해외유학지별 배경

정치엘리트가 어디에서 교육받았는가의 문제는 그들의 리더십 행태를 이해하는 실마리를 제공해준다.[20] 역대 국회의원의 해외유학지는 8

20) 한승조, 《한국정치의 지도이념》, 서향각, 1977, p.186.

대 국회까지는 일본이 60~70%로 압도적으로 많았으나 대수가 거듭될수록 감소추세인 반면, 미국 유학은 서서히 증가해 14대 국회에서는 75.9%로 정점에 달했으며 13대 국회부터 70%선을 유지하고 있다.

초기 일본 유학이 다수를 차지한 것은 독립 초기의 개발도상국 정치엘리트들이 주로 식민지 종주국에서 교육을 받은 계층이라는 일반적 성격과 일치한다.[21] 미국 유학자가 증가한 것 역시 이러한 시대적 상황과 일치한다. 일제식민통치 기간에는 일본에서 유학한 계층이 한국사회 전반에서 막강한 영향력을 발휘할 수밖에 없었고 해방 이후에는 미국이 한국에 막강한 영향력을 행사하게 되면서 미국 유학생들의 비율이 증가하게 되었던 것이다.

〈표 9-8〉 해외유학지별 분포 (단위: 명/%)

유학지＼대수	1대	2대	3대	4대	5대	6대	7대	8대	9대	10대	11대	12대	13대	14대
일 본	27 65.8	61 71.8	44 68.7	72 75.8	44 64.7	37 67.3	31 65.9	29 67.4	12 57.1	9 39.2	17 40.5	10 26.3	8 22.9	4 13.8
미 국	5 12.2	14 16.5	9 14.1	8 8.4	8 11.8	11 20.0	10 21.3	11 25.6	6 28.6	12 52.2	20 47.6	23 60.5	25 71.4	22 75.9
기 타	9 22.0	10 11.7	11 17.2	15 15.8	16 23.5	7 12.7	6 12.8	3 7.0	3 14.3	2 8.7	5 11.9	5 13.2	2 5.7	3 10.3
합 계	41 100	85 100	64 100	95 100	68 100	55 100	47 100	43 100	21 100	23 100	42 100	38 100	35 100	29 100

대수＼유학지	미 국	일 본	유 럽	기 타	합 계
15대	19 70.4	2 7.4	5 18.5	1 3.7	27 100
16대	27 77.2	2 5.7	2 5.7	4 11.4	35 100

---

21) Pye, Lucian W., "The Politics of Southeast Asia," In Almond and Coleman (Eds.), *The Politics of the Developing Areas*, Princeton: Princeton University Press, 1960, p. 120. 민준기 외, 앞의 책, p. 261에서 재인용.

위에서 역대 국회의원의 학력별 배경을 살펴본 결과, 대학교육은 한국사회에서 정치엘리트가 되기 위한 필수조건임을 알 수 있다. 인간의 사회활동영역은 교육 수준과 교육 내용의 전문성에 의해서 잠정적으로 결정된다는 점에서 학력이 인간의 사회적 신분결정의 잠재적 요인임을 알 수 있다.

(3) 직업의 다양성 및 전문성

고도로 분화되고 기능적으로 전문화된 정부조직체계와 정책결정절차의 합리성과 세속성 등을 특징으로 하는 근대적 정치체계에서의 정치엘리트 충원은 혈연, 지연, 학연 등 귀속주의적 요소보다는 정치적 역할 수행능력, 전문성, 성취지향성, 교육 수준 등 업적주의적 요소가 더욱 고려된다. 그러나 이러한 원론적 주장도 정치체계를 구성하는 하위체계의 정치문화 수준과 제도운용에 따라서 다른 양태를 보이게 된다. 특히 과도기 사회에서는 귀속주의적 요소와 업적주의적 요소가 복합적으로 작용하게 된다.

직업은 사회경제적 계층 및 인격, 기술의 중요한 기준이 된다.[22] 역대 국회의원의 직업별 배경을 살펴볼 때 직업의 구성비율에서 1차산업 종사자의 급격한 감소현상과 직업정치인의 높은 충원율, 전문직업인의 의회진출 증가를 주요특징으로 지적할 수 있다. 특히 직업정치인의 증가는 정당이나 정치관련 단체 종사자, 현직의원의 재선이 증가하였음을 의미하는 것으로 이는 역대 국회의원의 47.0%에 이르고 있다. 또한 전문직업인의 증가는 현대 산업사회에서 국회가 입법활동이라는 고유기능을 원활히 수행하기 위해서는 그에 필요한 경제, 과학, 법률 등의 전문지식과 경험이 축적된 전문인의 충원이 절대적으로 긴요해졌음을 의미한다.

---

22) 김계수, "국회의원의 사회적 배경과 정책결정에 미치는 영향", 〈국회보〉 71호, p.38.

그러나 전반적으로 그동안 다양한 직업 및 경력자가 입법엘리트로 충원되기보다는 정치체계 변동의 결과 일부 직업 및 경력자가 과대대표되는 기현상이 나타났음을 알 수 있다. 이로 인해 국회의원들이 빠른 속도로 분화 발전되는 제 사회체계를 대표하고 그에 대한 전문성을 갖고 지도 통합할 수 있는 체계적 전문성의 결여를 가져오는 충원양태를 보여주고 있다고 할 수 있다. 정치적 의사결정과정에서 절연되고 일반사회의 제 활동영역과는 폐쇄적이고 보수적인 경력을 쌓은 조직과 집단출신이 정치과정에 다수 충원되어 정치지도부를 형성한다는 것은 상대적으로 질적 양적으로 분화되는 사회 제 집단의 다원적 엘리트들을 충원하지 못하게 되는 원인이 된다.

(4) 정당정치의 활성화

구미 학자들은 정당의 발전을 정치참여의 제도화에서 확인하고 정치참여 확대를 정치발전의 불가결한 조건으로 보고 있다. 정치발전은 정당정치가 안정성을 가지고 정당의 역할기능 수행이 향상 발전함으로써 정당정치 행태가 보다 확고한 토대 위에서 제도화되는 것, 즉 정당을 통한 대중의 정치참여 방법 및 절차가 제도화되는 것을 의미한다.

대중의 정치참여통로로서 정당의 기능과 역할은 선거과정을 통하여 명확하게 나타난다. 그동안 정치참여통로로서의 정당의 역할과 기능을 분석한 제 연구는 정당공천 입후보자의 당선율에 그 초점을 두었다. 이와 아울러 정치참여통로로서의 제도화 수준을 판단하기 위해서는 정당의 입후보자 공천과정도 고려되어야 한다.

① 정치참여통로로서의 정당

정당은 엘리트와 대중 사이의 연계기능을 효과적으로 수행할 수 있는 조직이라는 점에서 정치참여의 가장 효율적인 수단으로 인식되고 있다. 역대 국회의원선거에서 정당소속과 무소속 후보자의 국회의원 충원비율을 분석해보면, 정당출신 의원의 의석점유율이 무소속출신 의

〈표 9-9〉 직업별 분포 (단위: 명/%)

전공 대수	국회의원	정치인	농업	상업	언론출판	의·약사	법조인	교육자	공무원	기 타	합 계
1대		12	86	6	15	0	4	5	14	58	200
		6.0	43.0	3.0	7.5	0	2.0	2.5	7.0	29.0	100
2대		31	63	15	8	0	12	8	29	44	210
		14.8	30.0	7.1	3.8	0	5.7	3.8	13.8	21.0	100
3대		43	53	9	10	0	11	0	26	51	203
		21.2	26.1	4.4	4.9	0	5.4	0	12.8	25.1	100
4대		97	32	8	10	0	6	1	27	52	233
		41.6	13.7	3.4	4.3	0	2.6	0.4	11.6	22.4	100
5대		73	48	7	13	0	19	2	10	61	233
		31.3	20.6	3.0	5.6	0	8.2	0.9	4.3	26.1	100
6대		34	26	9	7	2	10	1	27	59	175
		19.4	14.9	5.1	4.0	1.2	5.7	0.6	15.4	33.7	100
7대		75	8	3	3	6	8	1	6	65	175
		42.8	4.6	1.7	1.7	3.4	4.6	0.6	3.4	47.2	100
8대		64	7	4	5	1	16	1	10	96	204
		31.4	3.4	2.0	2.4	0.5	7.8	0.5	4.9	47.1	100
9대		67	11	3	19	4	18	30	13	127	292
		22.9	3.8	1.0	6.5	1.4	6.2	10.3	4.4	43.5	100
10대		126	6	3	13	0	9	22	7	45	231
		54.6	2.6	1.3	5.6	0	3.9	9.5	3.0	19.5	100
11대		118	6	26	6	5	19	17	23	56	276
		42.8	2.2	9.4	2.2	1.8	6.9	6.1	8.3	20.3	100
12대		220	3	12	5	1	4	8	3	20	276
		79.7	1.1	4.3	1.8	0.4	1.4	2.9	1.1	7.3	100
13대		189	6	4	5	5	16	9	6	59	299
		63.2	2.0	1.3	1.7	1.7	5.4	3.0	2.0	19.7	100
14대		241	1	5	0	3	9	4	10	26	299
		80.6	0.3	1.7	0	1.0	3.0	1.3	3.3	8.8	100
15대	115	113		3	2	9	22	6	6	23	299
	38.5	37.8		1.0	0.6	3.0	7.4	2.0	2.0	7.7	100
16대	135	88		3	1	1	19	7		19	273
	49.5	32.2		1.1	0.4	0.4	6.9	2.6		6.9	100

* 1~14대 국회는 국회의원도 정치인에 포함시켰음.
* 15대는 인터넷 중앙선관위 자료(www. nec. go. kr/sinfo/sinfo. htm), 16대는 인터넷 중앙선관위 자료(www. nec. go. kr/elect16/elect_frame. htm)를 참고로 재작성.

원에 비해 훨씬 높은 것을 알 수 있다(〈표 9-10〉 참조). 6대부터 8대 국회의 경우처럼 무소속의 입후보 자체가 불가능한 시기도 있었다.

15대 총선의 경우, 무소속후보들이 전체 후보의 4분의 1이 넘는 27.5%를 차지함으로써 14대의 21.5%에 이어 무소속 강세를 보였다. 역대 국회의원선거를 보면 무소속은 정치상황의 급변 속에서 정치구도상 정당체제가 불안정해지거나 기존정당에 대한 국민의 불신이 클 때 많이 등장함을 알 수 있다. 무소속후보들은 48년 초대부터 60년 5대 선거 때까지, 즉 정당정치가 확립되기 전까지 후보 가운데 최고 68.5%에서 최저 42.4%를 차지할 정도로 전성기를 구가했다. 이 당시 무

〈표 9-10〉 정당공천 대 무소속 입후보자의 당선비율

내용 / 대수	정 당				무소속			
	입후보자 수	당선자 수	당선율	의석 점유율	입후보자 수	당선자 수	당선율	의석 점유율
1대	531	115	21.6	57.5	417	85	20.4	42.5
2대	696	84	12.1	40.0	1,513	126	8.3	60.0
3대	410	135	32.9	66.5	797	68	8.5	33.5
4대	484	206	42.6	88.4	357	27	7.6	11.6
5대	542	184	33.9	79.0	977	49	5.0	21.0
9대	224	127	56.7	87.0	115	19	16.5	13.0
10대	218	132	60.6	85.7	255	22	8.6	47.3
11대	529	173	32.7	94.0	106	11	10.4	6.0
12대	411	180	43.8	97.8	29	4	13.8	2.2
13대	935	215	23.0	96.0	111	9	8.1	4.0
14대	826	216	26.2	91.1	226	21	9.3	8.9
15대	996	237	23.8	93.7	393	16	4.1	6.4
16대	838	222	26.5	97.8	202	5	2.5	2.2

* 6대~8대는 무소속 참여금지로 인하여 무소속 입후보자가 없었음.

소속 당선자가 전체 당선자의 60%(50년 2대 선거)까지 점유할 정도로 실세후보였다. 유신 말기인 78년 10대 선거에서 전체 후보자의 53.9%를 점유, 다시 강세를 보였으나 당선자는 전체 255명 가운데 22명으로 14.3%에 불과했다. 무소속후보들은 이후 11대 16.7%, 12대 6.6%, 13대 10.6%로 80년대 들어 세력이 미미하게 약화됐다.[23] 14대 총선 때 후보자의 21.5%, 당선자의 8.9%로 반등하였으나 15대 당선자의 6.4%, 16대 2.2%에 그쳤다.

통계상으로 정당 입후보자의 높은 당선율은 정당을 통한 정치참여의 효율화 기능이 점증되고 있다는 것을 보여주는 것이다. 그러나 정당소속 여부가 국회의원으로 충원되는 데 결정적 조건이 된다는 가정은 몇몇 전국적 조직을 갖춘 정당에 국한된다.[24]

특히 13대 국회의원선거 이후 특징적으로 부각되었듯이 어떠한 정당도 전국 대표성을 갖지 못하는 지역당의 한계가 뚜렷하게 나타나고 있다. 지역당의 등장은 인물중심주의와 지역감정이 승수작용을 일으켰기 때문에 악화되었다고 볼 수 있다.[25] 이는 3김을 중심으로 하는 지역지

---

23) 인터넷 〈연합뉴스〉 1996년 3월 27일.

24) 16대 총선에서 민주노동당은 총 227개 지역구 중 21개 선거구에서 후보를 냈으나 원내진출에는 실패하였다. 특히 노동자와 노동자의 가족이 압도적 다수를 이루고 있는 지역인 울산 북구와 경남 창원 을구의 경우, 각각 당선권에 육박하는 득표율인 41.8%(한나라당 후보 43.0%), 38.7%(한나라당 후보 44.1%)에도 불구하고 낙선했다. 30%에도 못 미치는 득표율로 당선된 후보도 3명이나 되는 것과 대조적이다.

25) 지역주의와 관련해서는 이갑윤, 《한국의 선거와 지역주의》(1998), 최영진, 《한국 지역주의와 정체성의 정치》(1999), 조민, 《지역갈등 해소방안 연구》 연구보고서 95-24(민족통일연구원, 1995), 송복, "지역갈등의 구조적 요인", 《한국정치의 민주화》, 법문사, 1989, p.269~289, 김용학, "엘리트 충원에 있어서의 지역격차", 한국사회학회 편, 《한국의 지역주의와 지역갈등》, 성원사, 1990, 황태연, "한국의 지역패권적 사회구조와 지역혁명의 논리", 〈정치비평〉 창간호, 1996, 노동일, "4·13 총선 분석: 한국정치에 있어서 지역주의", 한국밀레니엄학술회의(2000.5.17) 등을 참조.

배정당의 국회의원 점유율을 비교해보면 쉽게 알 수 있다. 15대 총선의 경우, 부산 경남이 연고지인 신한국당(총재 김영삼)은 부산에서 21석 중 21석 모두를, 경남에서는 23석 중 17석을 장악했으며,[26] 호남이 연고지인 새정치국민회의(총재 김대중)는 광주와 전남에서 23석 중 23석, 전북에서는 14석 중 13석을, 대전 충청권이 연고지인 자유민주연합(총재 김종필)은 대전 충남의 20석 중 19석을 장악했다. 16대 총선의 경우, 신한국당은 영남지역의 총 65석 중 64석을 장악하였으며, 새정치국민회의는 호남지역 의석 29석 중 25석, 자유민주연합은 17석 중 9석을 장악하였다.[27] 이와 같이 국회의원선거에서 3김의 출신지역 장악력은 거의 100%에 가깝다고 할 수 있다.[28]

결국 한국의 정당은 산업화와 다원화시대에 걸맞은 이념정당이 되지 못하고 특정지역을 연고로 특정계층이나 세력의 이익을 대변하는 사당화가 됨으로써 정당조직의 경직성과 정치엘리트 충원의 폐쇄성을 그 특징으로 하고 있다. 또한 정당 내적으로 아래로부터의 당내민주화가 제대로 이루어지지 않고 충원결정권(공천권)이 소수 당 핵심세력에 의

---

26) 한나라당은 영남지역의 총 74석 중 51석을 차지했으며, 새정치국민회의는 호남지역의 총 37석 중 36석을, 자유민주연합은 대전 충남의 총 20석 중 19석을 장악했다.

27) 김종필의 충청권에 대한 장악력 약화는 김용환을 중심으로 한 반내각제 세력의 분당(한국신당)과 지역구를 충남 논산으로 옮겨 출마한 민주당의 이인제 후보를 충청도를 대표할 차세대 주자로 인식함에 따른 전환기적 현상이라고 할 수 있다.

28) 일본의 경우는 선거구가 중선거구로 되어 있어서 지역적 기반보다는 후원회 등 조직의 힘이 크게 작용한다. 즉, 지역을 중심으로 세력을 형성하는 일은 거의 없으나 대를 이어 국회의원을 승계하는 정치세습화 경향이 두드러진다. 권력독점현상으로 부모나 형제의 기반 없이 국회의원이 되는 것은 가히 상상하기가 어렵다. 특히 중의원은 세습화 경향이 갈수록 두드러지고 있는데 1996년 현재 자민당 92명, 신진당 28명, 사회당 9명, 사키가케 5명 등이 대를 이어 국회의원을 하고 있다. 이처럼 2세 의원들이 70이 넘도록 정치일선에서 활약하는 데다 사망하면 바로 아들이 가업을 이어받는 형태가 비일비재하다. 인터넷 〈연합뉴스〉 1998년 3월 27일.

해 독단적으로 이루어짐으로써 정당의 하위체계로부터의 의사상달과 정치엘리트의 상향유동화가 극히 제한되는 등 정치적 폐쇄성을 더욱 증대시켰다고 할 수 있다.[29]

② 정당정치와 선거제도

선거제도는 정치적 의사형성과정과 정치권력의 위임에 매우 큰 의미를 지니고 있으며, 유권자의 의사와 선거결과를 규정짓는다. 우리나라 국회의원선거제도의 변화는 사회경제적 변화를 수용하는 자연적 발전의 과정이 아니라 집권세력의 정치적 목표달성을 위한 자의적 조작의 성격이 강하다고 할 수 있다. 즉, 국민의 의사를 정확히 반영하지 못하고 정치적 경쟁을 공정하게 해주는 역할을 제대로 수행하지 못했다고 할 수 있다.[30]

이처럼 기존의 정당과 정치엘리트의 담합에 의한 선거제도의 개편이 국회의원 충원통로를 더욱 폐쇄적으로 만드는 중요요인이 되었다. 정당의 성향이 보수정당으로 분류되는 양당이 주도권을 장악한 가운데 사회분화에 따른 다양화된 이해관계를 집약 표출할 수 있는 신진세력의 진출통로가 주어지지 않고 있다.

이러한 현상은 현행 선거법을 살펴보면 더 분명해진다. 현역의원들은 사실상 선거일까지 의정활동 보고회를 무제한으로 열어 유권자들과 접촉하면서 실질적으로 선거운동을 할 수 있다. 이에 비해 원외위원장이나 무소속후보 등은 후보등록과 함께 선거운동을 시작하기 전까지는 어떤 형태의 접촉과 모임도 금지하고 있어 유권자들에게 자신들을 알

29) 이로 인해 공천에서 탈락한 후보가 소속당을 상대로 공천효력정지가처분신청 등 재공천을 요구하는 사건이 속출했으며, 16대 총선에서는 법원에 의해 공천효력정지 결정이 내려지기도 하였다.

30) 제16대 총선의 경우, 유권자들은 비생산적, 비효율적 정치에 대한 불신감 팽배로 투표율이 역대 최저치(57.2%)를 기록하였다. 85년 2·12 총선에서 84.6%를 기록했던 투표율은 그후 점차적으로 낮아져 88년 13대 총선은 75.8%, 92년 14대 총선은 71.9%, 96년 15대 총선은 63.9%였다.

릴 수 있는 방법이 사실상 차단되어 있다. 결국 현역의원들에게만 유리하도록 제도화되어 있는 것이다. 이처럼 '참여기회의 확대를 통한 사회적 통합성의 증대'는 역대 선거제도 어디에서도 발견할 수 없다. 바로 이러한 점이 한국정치체계의 정치적 개방성을 약화시키고 폐쇄성을 증대시키는 중요요인으로 작용했을 것이다.

또한 현행 전국구제도는 각계각층의 대표자를 공천한다는 본래의 의도와는 다르게 유권자들이 직접 의사를 표시할 수 없다. 정당지도자들이 전국구후보와 후보의 순위를 특정 정치지도자에 대한 충성도, 정치헌금의 다과 등에 따라 결정하는 경향 때문이다.[31] 이는 결국 당내민주주의를 저해하고 한국 정치발전에 상당한 장애요인으로 작용할 수밖에 없다.[32]

그동안 선거제도의 가장 큰 문제점 중의 하나는 득표율과 의석점유율 간의 심한 불비례성이었다. 제1당에 비해 제2당이 과소대표되는 현상이 상당히 심하다는 것은 선거제도가 유권자들의 의사를 충분히 반영하고 있지 못함을 단적으로 보여주는 것이다. 소선거구제를 채택[33]함으로써 제1당이 부당하게 과대대표된다든지 소수세력이 원내다수당으로 나타나거나 다수세력이 원내소수당으로 과소대표되는 역조현상이 나타나 여당과 집권세력에게 유리한 결과를 초래하였다. 특히 3,

---

31) 전국구는 원래 지역구선거의 사표를 보완하고 사회 각계각층 인사들을 골고루 국정에 참여시켜 의정의 질을 높이자는 취지에서 6대 국회부터 채택되었다. 그러나 전국구 자리가 재정기여도나 지역구 낙천자 배려나 총재 측근인사 상위권 배정 등으로 변질됨에 따라 총선 때마다 비례대표 공천파문이 되풀이되고 있다.

32) 정당법 제1조는 "이 법이 … 정당의 민주적인 조직과 활동을 보장함으로써 민주정치의 건전한 발전에 기여함을 목적으로 한다"고 규정하고 있다. 또한 모든 정당들은 당헌에 "자유롭고 민주적인" 운영을 명기하고 있지만 실제로는 총재 등 당지도부가 대부분 요직과 정책 등 당내 결정을 독단 독주하고 있다. 이성춘, 앞의 글, p. 12.

33) 노태우 정부 기간 중 정치개혁 작업으로 1구 2인 선출의 소규모 중선거구제가 1인 1구의 소선거구제로 환원되었다.

5, 6공화국의 비례대표제도는 여당은 지나치게 비대하게 하고 소수당에게는 불리하게 함으로써 여당과 야당 의석의 부익부빈익빈 현상을 제도화시켰다. 이처럼 선거제도의 모순으로 인하여 의회의석이 국민의사의 축소판으로 반영되지 못하고 왜곡되게 반영되었다.

그러나 15대 국회의원선거부터는 의석수 기준의 선출방식의 단점을 보완해 각 정당별 전국 득표율에 따라 전국구 의석을 배분하도록 개선되었다. 즉, 전국구 의석을 지역구 국회의원선거에서 5석 이상의 의석을 차지했거나 유효투표수 총수의 1백 분의 5 이상을 득표한 정당이 득표비율에 따라 배분받게 되었다. 또한 의석을 얻지 못했거나 5석 미만을 차지했더라도 유효투표 총수의 1백 분의 3 이상, 1백 분의 5 미만을 득표한 정당에게 우선 1석씩을 배분하도록 하였다.[34]

그 결과 15대 총선에서 통합민주당은 지역구에서 9석을 획득했음에도 불구하고 전국구 의석을 6석이나 차지할 수 있었고, 16대 총선에서 민국당은 지역구에서 1석을 획득했으나 전국구 1석을 우선 배분받을 수 있었다.[35]

3. 결 론

앞에서 살펴본 한국 국회의원의 사회적 배경을 요약하면 다음과 같다. 첫째, 연령 면에서는 40대가 38.5%로 가장 많으며, 50대도

34) 인터넷 〈연합뉴스〉 1996년 3월 27일.

35) 15대 총선에서 자민련이 지역구에서 41석을 획득하고도 전국구 의석배분에서 통합민주당보다 3석 많은 9석을 할당받은 것과 좋은 대조를 이룬다. 신한국당 34.5%(121석), 국민회의 25.3%(66석), 자민련 11.6%(41석)의 득표율에 따라 각각 18석, 13석의 전국구 의석이 배분되었다. 16대 국회에서는 한나라당 39.0%(112석), 민주당 35.9%(96석)를 득표해 전국구 의석은 각각 21석과 19석을 할당받아 의석점유율은 각각 49.3%(133석), 42.3%(115석)가 되었다.

36.6%나 된다. 그러나 대수별 추세로 볼 때, 12대 국회부터 50대 이상의 연령층이 계속 증가해 16대 국회에 이르러서는 50대가 40대의 두 배 이상 많다. 특히 15대, 16대 국회에서는 세대교체가 대거 이루어졌음에도 불구하고 연령층이 고령화되었다는 사실은 자연적 연령과 세대교체가 꼭 비례하는 것만은 아님을 알 수 있다. 결국 진정한 의미에서의 정치적 세력교체를 의미하는 수직적 세대교체가 아닌 수평적 세대교체에 머물고 있음을 알 수 있다.

둘째, 당선횟수로는 초·재선 비율이 매우 높다. 특히 초선은 전체의 49.9%를 차지해 두 명 중 1명은 정치신인임을 알 수 있다.

셋째, 여성의 정치참여의 측면에서 볼 때 여성후보자의 당선율은 12% 안팎으로 세계 평균인 13.5%에도 못 미치는 수준이다. 16대 총선거부터 비례대표후보의 30% 여성할당제가 도입되었으나 이를 지킨 정당은 여당인 새천년민주당뿐이었다.

넷째, 교육 수준은 총 3878명의 국회의원 중 대졸 이상이 71.9%였으며, 전공분야는 법학(30%), 정치학(18.5%), 경상학(18.3%), 인문학(8.6%), 행정학(6.9%), 군사학(6.4%) 순으로 나타났다. 15~16대 국회의원을 대상으로 한 출신대학 분포는 서울대(39.7%), 고려대(13.0%), 연세대(5.8%)가 전체의 절반이 넘는 59.2%나 되는 것으로 나타나 서울대, 고려대, 연세대 학맥이 정치권에도 그대로 적용되고 있음을 알 수 있다. 해외유학도 점차 증가하고 있는 추세로 16대의 경우, 총 정원의 13.2%가 해외에서 유학한 경험이 있는 것으로 조사되었다. 유학지로는 초대 국회부터 8대 국회까지는 일본이 압도적인 데 반해 대수가 거듭될수록 미국 유학비율이 증가하고 있다. 이는 한국의 시대적 상황과 그 맥을 같이한다.

다섯째, 직업의 다양성 및 전문성의 측면에서는 다양한 직업 및 경력자가 충원되기보다는 일부 직업 및 경력자가 과대대표되고 있음을 알 수 있다. 즉, 국회의원 및 정치인이 전체의 47.5%로 가장 많으며, 농업 9.2%, 공무원 5.6%, 법조인 5.2%, 언론·출판, 상업, 교육자 각각 3.1%, 의약 1.0%에 불과하였다. 대수별로는 초대부터 3대 국회까지는 농업 등 1차산업 종사자가 가장 많았으나 대수가 거듭될수록 급격하게 감소하고 대신 직업정치인 및 법조인 등 전문직의 원내진출이 증가하고 있다. 특히 12대 국회부터는 정치인이 전체의 70~80%를 차지해 직업정치인 현상이 굳어지고 있음을 알 수 있다.

여섯째, 정당소속후보자와 무소속후보자의 당선율을 비교해볼 때, 정당이 정치참여의 가장 효율적인 통로임을 알 수 있다. 특히 특정지역을 연고로 하는 지역주의적 성향이 강해 연고지의 정당공천은 곧 당선과 직결될 정도로 강한 영향력을 가지고 있다. 무소속이 강세를 보이는 경우는 정치상황이 불안정하거나(초대~5대) 기존정당에 대한 불신이 큰 시기(14, 15대)인 것을 알 수 있다.

따라서 역대 국회의원의 사회적 배경을 종합해볼 때, 연령 면에서는 40대 후반에서 50대 초반, 학력 면에서는 대졸 이상의 고학력, 직업 및 경력 면에서는 국회의원, 정당인 등 직업정치인이 상당수를 차지하는 가운데 법조인 등 전문직출신이 증가하고 있는 추세이다. 또한 무소속보다는 정당공천후보의 당선율이 훨씬 높음을 알 수 있다. 즉, 역대 국회의원의 평균은 대졸학력 이상의 40대 후반에서 50대 초반의 정당소속 초선 정치인이라고 할 수 있다.

이를 토대로 한국 정치엘리트의 충원과정을 정치발전과 연관시켜볼 때, 정치적 개방성이란 측면에서 평균연령의 고령화는 그만큼 정치신인들의 의회진출이 억제돼 엘리트 순환이 원활하게 이루어지지 못하고 있다는 것을 의미한다. 또한 초·재선의원의 비율이 압도적으로 높은 것은 정치적 개방의 측면에서 긍정적인 것으로 평가할 수 있으나 이는 국민들의 자발적 정치의사의 표현에 의해서가 아니라 인위적 정치변동의 결과라는 점에서 그 한계를 갖는다.

교육 수준의 측면에서 대졸 이상의 고학력현상과 직업의 다양성 및 전문성의 측면에서 직업정치인의 강세 가운데 법조인 등 전문지식과 경험이 축적된 전문직출신의 증가는 입법활동의 전문성, 복잡화 등에 비춰볼 때 정치발전적 측면에서 바람직하다고 할 수 있다.

정당정치의 활성화라는 측면에서 살펴보면 정당은 국회의원 충원과정에서 효율적 기능을 수행했다고 할 수 있으나 우리나라의 전통적 권위주의 정치문화에 기인하는 정당조직의 경직성과 정치엘리트 충원의 폐쇄성으로 인한 정당정치의 침체라는 부정적 측면을 배제할 수 없다. 이는 한국정치체계의 경직성을 보여주는 것으로 결과적으로 엘리트의 이동성 저하를 초래한다. 엘리트 이동성의 저하와 특정집단의 편중현상은 충원의 폐쇄성을 가져오고 이는 제도 외적인 방법을 통한 참여의 폭발현상을 야기하여 사회불안의 주요요인으로 작용하게 된다.[36] 선거제도 개편도 기존의 정당과 정치엘리트의 담합에 의해 이루어짐으로써 정치엘리트 충원통로를 더욱 폐쇄적으로 만드는 중요요인이 되었다.

따라서 안정된 정치체계를 수립하기 위해서는 끊임없이 변화하고 있는 정치사회 속에서 민주적 정치과정의 전통을 수립하여 정치엘리트의 정치사회적 위치와 그들이 담당하는 정치적 역할 및 기능을 효과적이고도 지속적인 것으로 확립해야 한다. 엘리트 충원통로의 개방과 유동성이 증가할 때 정치통합의 가능성은 더욱 커지게 된다. 이를 위해서는 엘리트 충원이 제도화되어야 한다. 첫째, 계파주의, 연고주의에서 탈피해 국회나 정당의 정치적 하부구조의 자율성이 증대되어야 한다. 둘째, 사회의 제 부문이 공정하게 대표권을 획득할 수 있도록 선거제도의 개혁이 이루어져야 한다. 셋째, 충원통로의 개방성이 확보되어 사회의 통합능력을 제고시켜야 한다. 넷째, 유권자의 절반이 넘는 여성의 대표성도 충분히 고려해야 한다. 마지막으로 충원준거집단이자 충원의 결정자인 국민들에 의한 합리적 선택이 이루어질 수 있는 토대가 마련되어야 한다.

---

36) 16대 총선에서 시민단체의 낙천 낙선운동은 이를 단적으로 보여준다. 총선 결과 낙천대상자 86명의 69%에 해당하는 59명이 낙선하였으며, 국회의원의 세대교체는 41%나 되었다.

제 10 장

정당과 정당정치

신 명 순

1. 우리나라 정당의 역사

우리나라에서 근대적 의미의 정당이 결성된 것은 1945년 일본의 식민통치가 종식된 이후 미군정하에서였다. 조선시대 말의 사대당이나 개화당, 그리고 일본 제국주의시대의 공산당이나 그 시기에 해외에서 활약한 한국독립당, 조선민족혁명당 등은 비록 민족해방과 사회제도에 관한 깊은 관심을 가졌을지라도 자유권적 기본권의 보장과 의회제도의 기본적 토대를 갖추지 못하였고 또 국민대중과의 접촉이 없었으므로 정상적 정당이었다고 할 수 없다.[1)]

근대적 정당의 성격을 갖는 첫 정치단체는 해방 직후에 등장한 여운형 중심의 건국준비위원회를 들 수 있으나 정당의 명칭을 최초로 명시하였던 것은 1945년 9월 1일에 발족한 조선국민당이라 할 수 있다. 조선국민당으로부터 시작된 정당의 설립은 우후죽순의 양상을 나타내었고 좌파, 우파, 중간노선의 무수한 정당들이 이합집산을 거듭하여 미

1) 김민하, 《한국정당정치론-발전과정과 과제연구》, 대왕사, 1983, p. 8.

국이 진주하기 직전에는 70개 이상의 정치단체가 난립하여 있었고 1945년 말 서울시내에 게시된 정당 간판만도 30개에 이르렀다.[2] 해방 이후의 정당의 난립은 1947년 7월에 미소공동위원회와 협의할 것을 신청한 남북한의 정당·사회단체 수가 463개인 데서 나타나는데 이들 단체의 소속당원 및 단체원은 당시 남북한 인구의 2배인 약 6천만 명에 달하였다.[3]

이러한 정당·사회단체의 난립상은 1948년의 제헌국회의원선거를 거치면서 일단 정리가 되기 시작하였다. 300여 개에 달하던 정당·사회단체들 중 제헌국회의원선거에 후보자를 낸 것은 48개였으나 이 중에서 2인 이상의 당선자를 낸 것은 5개에 불과하였다. 해방 직후부터 정부수립 시기까지 정당이나 정치단체의 수가 이렇게 많았던 것은 미군정이 정당규제법에서 3인 이상의 규모로 정당을 규정한 데에도 원인이 있었으나 또다른 이유는 당시 이름 있는 인물들 주위에 정치에 뜻을 둔 사람들이 모여들어 정당이나 단체를 구성한 인물중심적 성격이 강하였기 때문이기도 하다. 인물중심으로 조직된 정당의 성격은 그 이후 우리나라 정당의 특징이 되었다.

해방 이후부터 정부가 수립되기까지의 시기에 정당의 이름을 내건 단체들은 난립되어 있었으나 이러한 단체들이 정치의 중심역할을 한 것은 아니었고 그보다는 중요한 정치적 인물들을 중심으로 정치가 이루어졌다. 따라서 엄격한 의미에서 이 시기에는 정당정치란 존재하지 않은 것으로 볼 수 있으며 이러한 성격은 정부가 수립된 이후에도 3~4년간 계속되었다. 이러한 면에서 보면, "선거에서 국민들의 지지를 통해 권력을 획득하려 할 뿐만 아니라 국민들로부터 상당한 지지를 얻는 집단을 정당"이라 할 때 우리나라의 정당제도나 정당정치는 이승만의 지지세력들이 설립한 자유당에 대항하기 위하여 구성된 민주당이

---

2) 김민하, 앞의 책, p. 52.

3) 박문옥, 《한국정부론》, 박영사, 1970, pp. 376~377.

등장한 1955년경으로 볼 수 있다.[4] 이때 이후의 우리나라 정당정치는 여당으로는 자유당, 민주당, 민주공화당, 민주정의당, 민주자유당, 신한국당, 한나라당, 새천년민주당, 열린우리당, 그리고 야당으로는 민주당, 민정당(民政黨), 민중당, 신민당, 평화민주당, 통일민주당, 새정치국민회의, 한나라당 등에 의하여 주도되었다.

2. 정당에 관한 법적 규정

우리나라에서 정당에 관한 내용은 헌법에서 규정하고 있다. 헌법 8조 1항은 "정당의 설립은 자유이며 복수정당제는 보장된다"라고 규정하고 있고 8조 3항은 "정당은 법률이 정하는 바에 의하여 국가의 보호를 받으며, 국가는 법률이 정하는 바에 의하여 정당운영에 필요한 자금을 보조할 수 있다"라고 규정하고 있다. 이것은 우리나라에서는 정당이 정치인들의 임의단체가 아니라 국가의 보호를 받고 법에 의하여 보장되면서 국가와 국민의 정치적 의사형성을 담당하는 중계적 권력체[5]임을 나타낸다.

헌법에 정당관련 조항이 포함된 것은 2공화국 헌법에서 처음이었으며 제 3공화국 헌법에서는 대통령과 국회의원의 입후보에 정당의 추천을 필수조건으로 함에 따라 정당국가적 성격을 띠었다. 즉, 정당이 없으면 대통령선거나 국회의원선거 자체가 불가능하게 되기 때문에 정당은 마치 헌법기관적 성격을 띠었다. 그러나 제 4공화국 이후에는 대통령선거나 국회의원선거에 정당의 당원이 아닌 사람도 후보자가 될 수 있게 됨에 따라 정당의 헌법기관적 성격은 없어졌다.

정당에 관한 사항들은 정당법에 규정되어 있다. 정당법은 5·16 군

---

4) 이갑윤, "한국의 정당정치와 선거", 김상준 외, 《한국의 정치: 쟁점과 과제》, 법문사, 1993, p. 206.

5) 김명규, "헌법상에 있어서의 정당문제", 〈국회보〉 1982년 8월호, p. 103.

부쿠데타 이후의 군부정권 기간에 만들어져 1962년 12월 31일에 공포되었으며 그 이후 여러 차례 개정되었다. 정당은 중앙당이 중앙선거관리위원회에 등록함으로써 성립되며 이 등록을 위해서는 5개 이상의 시(특별시 또는 광역시) 당과 도(道) 당을 가져야 한다. 또한 각 시·도당은 1천 인 이상의 법정 당원이 있어야 한다. 이러한 규정들은 정당의 성립이 자유이기는 하지만 정당은 특정지역이나 특정지역의 주민만을 대변하는 것이 아니라 전 국민을 대변하여야 함을 요구하는 것이다. 따라서 우리나라에는 미국이나 유럽국가들에서 보는 바와 같이 특정지역에만 존재하는 지역정당은 법적으로 허가되지 않고 있다.[6] 정당은 헌법재판소의 결정에 의하여 해산된 정당의 명칭과 같은 것을 사용할 수 없으며 이미 등록된 정당이나 신고된 창당준비위원회의 명칭과 뚜렷이 구별되어야 한다.

정당의 조직은 수도에 소재하는 중앙당과 특별시, 광역시, 도에 소재하는 시·도당으로 구성된다. 과거에는 국회의원 지역선거구를 단위로 하는 지구당이 정당의 기초조직이었으나 지구당을 유지하는 데 드는 과도한 정치자금의 폐해를 없애 정치개혁을 실현한다는 명분으로 2004년에 폐지하였다. 정당을 등록하기 위해서는 중앙당의 경우에는 20인 이상, 그리고 시·도당의 경우에는 10인 이상의 발기인이 있어야 하며 국회의원선거권이 있는 자는 누구나 정당의 당원이 될 수 있으나 대통령령으로 정하는 공무원, 교원 및 언론인은 당원이 될 수 없다. 외국인은 정당의 당원이 될 수 없으며 한 사람이 두 개 이상의 정당에 당원으로 가입할 수 없다. 당원이 되고자 하는 자는 서명날인을 한 입당원서를 시·도당에 제출하며 당원명부에 기재되어 있지 않으면 당원으로 인정하지 않는다.

정당은 당원의 정예화와 정당의 재정자립을 도모하기 위해 당비납부

---

6) 예를 들면 캐나다의 퀘벡연합(Bloc Quebecois)은 퀘벡 주에만 존재하는 정당이다. 이 정당은 1993년 10월의 총선거에서 퀘벡 주 한 주에서 획득한 의석만으로 연방하원에서 제2당이 되어 공식적 야당의 역할을 하였다.

제도를 운영하여야 하며 당비는 다른 사람이 대신 납부할 수 없다. 정당은 최근 4년간 국회의원총선거 또는 임기만료에 의한 지방자치단체의 장의 선거나 시·도의회의원선거에 참여하지 않은 경우에는 정당등록이 취소되며 또한 국회의원총선거에서 의석을 얻지 못하고 유효투표총수의 100분의 2 이상을 득표하지 못할 때에도 등록이 취소된다.

3. 정당의 조직

정당은 정권의 획득, 정당정책의 수립과 선전, 정당세력의 확장, 당원 상호간의 연락 등 여러 가지 활동을 전개하기 위하여 조직이 필요하다. 정당의 성격은 표방하는 이념이나 이를 구체화한 강령, 그리고 당원들의 구성에서 나타나는 특징 등에 따라 결정되지만 이에 못지않게 정당의 조직적 특징에 따라서도 결정된다. 듀베르제는 정당조직과 관련된 정당의 유형을 조직기반, 구성요소, 권력의 소재에 따라 분류하였다. 조직기반 면에서는 원내정당과 원외정당으로 분류하였다. 원내정당은 의회를 중심으로 하는 의원의 정치적 결합체를 뜻하며 원외정당은 본래는 정치적 목적을 갖지 않은 각종 사회단체가 그 목적을 달성하기 위한 방법의 하나로 선거나 정치활동에 참여하여 정치집단화한 정당이다.[7] 원내정당은 처음부터 직업화된 정치인들의 집단이라 할 수 있으며 원외정당은 부업으로 시작한 정치가 본업화된 것이라 할 수 있다. 그러나 원외정당도 많은 의석을 획득하여 정치과정에 통제를 가하려고 하고 또 원내정당도 당선에 필요한 선거구조직을 확대·강화하고 다른 선거구와 제휴하며 또 유리한 여론조성을 하기 위해 원외조직에 대한 의존도가 높다. 따라서 원내정당이 원외조직을, 그리고 원

7) Duverger, Maurice, *Political Parties: Their Organization and Activity in the Modern State*, New York: John Wiley and Sons, Inc. 1955, introduction, p. xxiv.

외정당이 원내조직을 형성하여 원내외의 상호의존과 결탁을 추구하는 것은 자연스러운 일이다. 이런 점에서 원외정당과 원내정당의 차이는 정당조직의 중심이 되는 기반이 원외에서 발생하였는가 아니면 원외에서 발생하였는가에 근거한다.[8]

역사적으로 보면 원내정당은 정당정치에서 오래된 유형이며 원외정당은 새로운 형태이다. 20세기에 이르기까지 대부분의 정당은 원내정당이었으나 최근 대부분의 정당은 원외정당이다.[9] 원외정당의 예로는 노동조합에 의해서 형성된 유럽의 거의 모든 사회주의정당을 들 수 있으며 농민협동조합이나 농민단체에 의해 형성된 농민정당, 네덜란드, 벨기에, 이탈리아, 독일 등지에서 교회나 종교집단에 의해 형성된 정당 등을 들 수 있다.

듀베르제에 의하면 원내정당과 원외정당의 차이는 다음과 같다.[10] 첫째, 당내의 권력구조 면에서 원내정당은 비교적 분권적이나 원외정당은 비교적 집권적이다. 둘째, 정당의 규율 면에서 원내정당은 비교적 기강이 이완된 데 비하여 원외정당은 매우 엄격하다. 그 이유는 원내정당에는 소속의원 수가 곧 그 정당의 세력의 척도이며 이들의 발언이나 행동을 지나치게 통제하게 되면 의원의 이탈을 가져와 당세의 약화가 초래된다. 그러나 원외정당은 위에서부터 조직되었기 때문에 지도자는 당의 서열과 통일성을 엄격히 유지하고자 하며 모든 지방 당간부와 최하급 당원까지 완전히 장악하고자 한다. 원외정당의 이러한 특징은 선거권의 확대를 바탕으로 비교적 짧은 기간 동안에 이룩한 양적 확대를 질적으로 강화시키려는 의도 때문이었다. 셋째, 의원의 기능 면에서 원내정당은 의원집단의 영향력이 절대적인 데 비하여 원외정당은 그 영향력이 비교적 작다.

위와 같은 조직기반 면에서 보면 우리나라의 정당은 원내정당과 원

8) Duverger, Maurice, *ibid.*, pp. 182~183.

9) Duverger, Maurice, *op. cit.*, p. 184.

10) Duverger, Maurice, *ibid.*, p. 185.

외정당의 속성을 복합적으로 갖추고 있다. 정당에서 실질적으로 중요한 역할을 하는 사람들은 의원들이고 또한 정당들이 정치 이외의 다른 목적을 달성하기 위한 속성이 없다는 점에서 원내정당의 성격을 띤다. 그러나 권력구조 면에서 집권적이라든가 기강이 엄격한 점, 그리고 의원 개인의 영향력은 크지 않은 점 등은 원외정당의 특성과 일치한다.

정당을 구성하는 단위가 개인인가 아니면 단체인가에 따라 정당은 직접정당과 간접정당으로 나눌 수 있다. 직접정당은 개인인 당원이 정당의 구성원인 데 비하여 간접정당은 개인들로 이루어진 특정단체가 정당의 구성단위이다. 따라서 간접정당에서는 개인은 단체를 통해서만 정당과 관련을 맺게 된다. 간접정당의 예로는 프랑스 사회당, 영국 노동당, 벨기에의 가톨릭연맹, 오스트리아의 인민당 등을 들 수 있다. 이들은 노동조합, 농민단체, 협동조합 또는 종교단체의 연합체가 한 정당을 구성하고 있다. 간접정당에 있어서 정당을 구성하는 집단과 정당의 관계를 보면 영국 노동당은 노동조합의 독립성이 잘 유지되고 있으나 독일 사회민주당은 노동조합이 정당에 종속되어 정당의 도구가 된 것으로 볼 수 있다. 정당성립 이전에 노동조합이 존재하여 그것이 정당구성의 기반이 되었을 때에는 영국 노동당의 형태로 나타나고 정당이 먼저 발달하여 노동조합운동을 촉진하였을 때에는 독일 사회민주당의 유형으로 나타난다. 영국 노동당은 1918년의 당헌개정 이래 단위집단과 아울러 개인당원의 입당을 받아들이고 있다.

정당조직 면에서 우리나라 정당들의 유형을 보면 대부분의 우리나라 정당들은 원내정당, 직접정당의 형태를 띠고 있다. 그러나 1950년대의 집권당이었던 자유당은 개인당원 외에도 대한국민회, 대한청년단, 대한노총, 대한부인회, 대한농민회, 대한어민회 등 6개 기간단체를 그 산하에 두어 직접정당 외에 간접정당의 성격을 가졌다. 현재는 민주노동당이 민주노총과 밀접한 관계를 가지고 있어 간접정당의 성격도 있으나 직접정당의 성격이 강하다. 전체적으로 보면 우리나라 정당의 조직적 특성은 개인이 자유롭게 정당에 가입할 수 있는 직접정당이며 조직기반이 국회의원 중심인 원내정당이고 당권이 중앙에 집중된 중앙집권당의 성격을 나타낸다. 그러나 우리나라 정당들의 대부분은 특정 정치지도자를 중심으로 하는 파벌현상이 강하게 나타나 공적 성격 못지않게 사당(私黨)적 성격도 강하였다. 즉, 이념과 정책을 같이하고 국민의 여론을 반영하는 정책을 실현시키려고 하는 목적을 가진 공적 조직체로서의 성격보다는 지연, 혈연, 학연의 연줄에 따라 주도되는 사적 결사체의 성격도 강하였다.[11] 역대 정당들의 인물중심적 정당성격은 이승만의 자유당, 박정희의 민주공화당, 윤보선의 민정당, 김영삼의 신민당, 김대중의 평화민주당과 새천년민주당, 전두환의 민주정의당, 노태우의 민주자유당, 노무현의 열린우리당 등과 같이 정당들이 특정인물들에 의해 창당되고 소멸한 점에서 잘 나타난다. 정당들이 정권을 장악한 대통령이나 정치지도자들과 일체화함에 따라 정당의 지도자가 사망하거나 권좌에서 물러나면 그와 함께 정당이 소멸한 것은 우리나라 정당들이 조직 면에서 대단히 취약한 특성을 가지고 있음을 나타낸다.

정당조직 면에서 보면 우리나라 정당들은 정당정치의 역사가 오래되고 민주정치가 정착될수록 정당조직은 약화되는 양상을 보이고 있다. 이것은 과거에는 정당들이 조직을 기반으로 정당활동과 선거에 임했으나 시간이 지날수록 조직보다는 정당홍보를 통해 선거에 임하고 유권자 위주로 선거활동을 하게 된 변화에 따른 결과이다. 1950년대의 집권당이었던 자유당의 조직을 예로 보면 다음과 같다. 1954년 5월 20일 3대 국회의원선거에 임한 자유당은 서울에 중앙당부를 설치하고 각 지방에 지방당부를 두었다. 지역별 조직체계로 서울특별시, 각 도, 시, 군, 구, 읍, 면, 동, 리에까지 각 지방당부를 두고 최하급 리당부에는 9인조, 6인조, 3인조의 조반을 형성하여 조장이 세포조직의 전위가 되는 일선지휘자의 세포조직을 완료하였다. 남녀를 불문하고 20세 이상

---

11) 김민하, 앞의 책, pp. 158~159.

의 성인은 소정절차에 의하여 당원으로 가입하며 평당원과 비밀당원으로 구성되어 있었다. 그외에도 특수조직체로서 산하에 많은 보조단체를 조직하였다.[12] 1953년 11월에는 총무, 정무, 훈련, 조사, 재정, 조직, 감찰, 청년, 선전 10부를 설치하고 당원의 정치자질을 향상시키기 위하여 정치훈련원을 두었으며 지방에는 필요에 따라 핵심당부에 훈련소를 두어 다수의 당원들을 훈련·배출시켰다.

4. 정당의 당원

정당은 정치적 주의나 주장을 같이하는 사람들이 공동의 노력을 통해 추구하는 목표를 달성하려고 모인 자발적 단체이다. 따라서 정당에서 당원은 필수적 요소이며, 당원이 제대로 없는 정당은 존재의의 자체가 불확실해진다. 정당은 선거관리위원회에 당원현황을 보고하게 되어 있으므로 연도별로 당원이 얼마나 증가 또는 감소했는가를 알 수 있어야 한다. 그러나 각 정당이 선거관리위원회에 보고한 당원수와 실제 당원수는 일치하지 않는다. 왜냐하면 정당의 기록에는 당원으로 되어 있을지라도 실제로는 정당의 당원으로 기대되는 활동을 전혀 하지 않는 당원들이 많기 때문이다.

1990년대의 경우 집권당은 지구당마다 2~3만 명(인구가 많은 큰 지구당은 7~10만 명 정도), 야당은 몇백 명에서 몇천 명의 당원이 있는 것으로 되어 있었다. 흔히 집권당은 100~150만 명, 제 1야당은 30~70만 명의 당원이 있다고 하는 것은 이러한 계산을 근거로 한 것이었다.[13] 1992년도 중앙선거관리위원회 자료에 의하면 우리나라 정당들

---

12) 중앙선거관리위원회, 《대한민국정당사 제 1집(1945-1972)》, 중앙선거관리위원회, 1972, p. 218.

13) 배성동, "정당정치의 개혁문제", 한국공법학회 제 57회 학술발표회 〈정치개혁과 행정규제완화〉, 1995년 12월 15일 발표논문, p. 17.

의 당원은 당시 집권당인 민주자유당 365만 명, 제1야당인 민주당 71만 명, 현대그룹의 정주영 씨가 만든 통일국민당 195만 명 등 총 608만 명 정도였다. 1994년에는 민주자유당이 4,143,515명, 민주당이 949,299명, 신민당이 2,896,299명 등이었다. 이 수치는 유권자를 2,900만 명으로 계산할 때 약 27%에 해당된다. 즉, 중앙선거관리위원회의 기록상으로는 유권자의 27%가 정당에 정당원으로 가입한 것으로 되어 있다. 그러나 학자들의 설문조사에 의하면 정당에 가입하고 있다는 응답은 6%에 불과했다.[14] 이러한 수치는, 기록상으로는 정당에 가입한 것으로 되어 있는 사람들의 상당수가 실제로 자발적으로 정당에 가입한 일이 없거나 정당에 대한 일체감이나 충성심이 없다는 것을 보여준다.

실제로 우리나라의 정당들은 자기 당의 당원이 몇 명인지를 제대로 파악하고 있지 못했으며 정당이 내세우는 당원수가 그 정당이 선거에서 득표한 수보다 많은 경우조차 있었다. 예를 들어 1990년 4월 3일에 실시된 대구 서갑구 보궐선거에서 민주자유당의 당원으로 등록된 사람은 7만여 명이었으나 이 당의 문희갑 후보가 득표한 수는 41,970표에 불과했다. 1992년에 실시된 14대 대통령선거에서 통일국민당은 당원이 800만 명이라고 주장하였으나 이 당의 대통령후보였던 정주영의 득표는 388만 표에 불과했다. 이러한 예들은 우리나라의 정당에는 진정한 의미의 정당원이란 많지 않다는 것을 나타낸다. 현대적 정당의 역사가 60년이 넘는 나라에서 아직까지도 자신이 정당의 당원이라고 생각하는 유권자가 6%에 불과한 실정은 그동안의 정당과 정당정치가 국민이나 당원과는 상관없이 정치지도자 중심으로 진행되었음을 나타낸다.

우리 정당에서 진정한 당원의 수가 적은 이유는 자발적으로 정당에 가입하는 사람이 적기 때문이다. 국민들이 자발적으로 정당에 가입할

---

14) 안병만, "12대 국회의원선거에 있어 유권자들의 정당관여와 투표행태: 인지적 행태접근", 제6회 한국정치학회 〈재북미한국인정치학자회 합동학술대회 논문집〉, 한국정치학회, 1985, p.107.

생각을 하지 않는 것은 지금까지의 모든 정당들이 정당의 역할과 기능을 제대로 하지 못해 국민들로부터 외면을 당하였기 때문이다. 그러면서도 선거 때가 되면 선거운동에 동원할 인력이 필요하기 때문에, 당원이 당비를 내는 것이 아니라 오히려 정당이 돈을 주고 당원을 사들이는 일이 자행되었다. 이러한 현상은 여당의 경우에서 자주 나타났으나 야당에서도 정도의 차이는 있으나 비슷한 양상을 띠었다. 더구나 유권자들을 당원으로 모아들이는 방법도 사전에 그들이 자기 당에 호감을 가지고 있는지, 당이 추구하는 이념과 성향이 비슷한 사람들인지조차 따지지도 않고 당원 배가운동이라는 명분하에 돈을 받기 위해 오는 사람들을 무조건 끌어들이는 것이 우리나라 정당의 관행이었다.

이러한 정당원의 문제를 해결하기 위한 노력으로 2000년대에 들어와서는 일부 정당들이 기간당원제 또는 책임당원제라는 이름하에 자발적으로 정당에 가입하고 당비를 정기적으로 납부하는 당원을 육성한다는 정당개혁을 시작하였다. 그러나 정당개혁을 위한 이러한 시도도 곧 실패하고 말았다. 노무현 정부에서 집권당이던 열린우리당은 정당개혁이라는 기치하에 기간당원제를 도입하였다. 기간당원은 자발적으로 당비를 납부한 당원으로 이들에게는 공직선거에 출마할 후보자를 결정할 수 있는 권한을 부여하였다. 그러나 기간당원의 수는 매우 적어 지지부진한 가운데 2006년 지방선거가 다가오자 이 선거에 출마할 후보들이 기간당원 확보경쟁을 벌이면서 15만 명에 불과하던 기간당원 수가 45만 명으로 급증하였으며 선거가 끝나자 그 수가 다시 급감하였다.[15] 당내경선에서 승리하려는 후보자들이 무더기로 당원들을 입당시키는 폐해의 재연으로 기간당원제는 실패로 돌아갔다.

우리나라 정당들에서 당원제도가 안고 있는 이러한 문제는 근본적으로는 정당의 생성과 소멸이 너무 잦아 국민들이 어떤 정당을 지지하고자 하는 충성심이나 일체감이 생기기 어렵기 때문이다. 이러한 현상의

---

15) "정당이 퇴화하고 있다", 〈주간조선〉 2006년 7월 19일.

근원은 '정당은 정당원들에 의해 유지되는 것이 아니라 정치인 자신들이 만들고 주인행세를 하면 되는 것'이라는 인식을 정치인들이 강하게 갖고 있기 때문이다. 국민과 정치인들이 정당에 대해 이러한 인식을 갖는 상황에서 우리나라의 정당들은 국민들 속에 뿌리를 내릴 수가 없으며 정치가 정당을 바탕으로 해서 이루어지는 것이 아니라 일부 정치인들 중심으로 지속되는 악순환을 되풀이하고 있다.

5. 정당과 파벌

우리나라 정당의 조직과 관련하여 두드러지게 나타난 특징은 정당의 파벌이다. 우리나라의 정당들은 공식적 정당조직에 의해 유지되었다기보다는 파벌이 중심이 되어 기능을 하였고 또 파벌들이 정당을 지탱했다고 해도 과언이 아니다. 이러한 현상은 우리나라 정당들이 인물정당의 속성을 가졌기 때문이기도 하지만 한편으로는 우리 정치가 갖는 특수성 때문에 파벌과 파벌정치가 우리나라 정당조직의 핵심적 요소가 된 점도 없지 않다.

우리 국민들이 갖는 정치문화의 밑바탕에는 정치혐오증과 함께 정치에 대한 선망이 내적 갈등을 일으키며 공생하고 있다. 이러한 정치에 대한 양면적 태도 때문에 양식 있는 사람들 중의 상당수는 정치에 대한 관심에도 불구하고 정치에 입문하기를 기피한다. 또 일단 정치에 발을 들여놓으면 무슨 수를 써서라도 정치의 영역에 머물기 위해 안간힘을 쓴다. 이에 따라 정치권 내의 갈등은 생존을 위한 치열한 투쟁으로 변모하기 쉽고 또 갈등해결 방법도 각박하고 격렬한 양태로 진행될 수밖에 없게 된다. 우리나라의 정당정치에서 나타나는 파벌행태는 바로 이러한 정치인들의 의식이 표현된 것이라 하겠다. 생존을 위하여 무리를 짓고 파벌싸움에서 이기기 위하여 온갖 수단이 동원되며 정세가 불리하면 변신을 일삼는다. 우리나라의 정당정치가 파벌정치의 양상을 강하게 띠는 것은 정치세계로의 진입과 그 속에서의 승패가 파벌을 통하지 않고는 이루어질 수 없기 때문이다.[16]

파벌을 구성하는 요인으로는 첫째, 개인적·정의적(情誼的) 유대, 둘째, 이념적·정책적 정향, 셋째, 공리주의적 이해관계 등을 들 수 있다. 우리나라의 정당정치에서 존재했던 파벌들은 거의 모든 경우에 개인적·정의적 유대에 의거해서 형성된 파벌이었거나 또는 공리주의적 이해관계에 따라 형성된 파벌이었다. 따라서 우리나라 정당들에서 이념적·정책적 정향 때문에 파벌이 이루어진 경우는 별로 볼 수 없다. 파벌정치가 부정적 결과를 낳는 이유는 파벌의 형성이 개인적이거나 공리적 이해관계를 기반으로 하기 때문이다. 이렇게 형성된 파벌은 당연히 특정개인을 중심으로 한 충성과 맹목적 복종의 성향을 나타내게 되며 파벌의 행태도 개인이나 이를 둘러싼 인맥들의 사적 이익을 충족시키는 방향으로 작동하게 된다. 정당은 국민의 이익을 위해 책임있는 정치적 주장이나 정책을 추진하는 것을 목적으로 하는 조직이기 때문에, 위와 같은 성격의 파벌집단들은 정당의 정상적 기능이나 정당정치 발전에 전혀 기여할 수 없다. 정당 내의 파벌이 순기능적 역할을 하기 위해서는 파벌의 형성이 이념적 성향에서의 차이나 정책적 입장의 차이에 의거하여 구성되어야 한다.

6. 여당과 야당의 특징

우리나라의 정당들은 여러 면에서 공통된 특징들을 나타내고 있지만 여당과 야당 사이에는 커다란 차이가 존재한다. 여당과 야당 사이에 나타나는 특징들은 1992년 정당간의 정권교체가 건국 이후 처음으로

---

16) 안병영, "한국의 정당체계와 파벌행태", 김운태 편, 《한국정치행정의 체계》, 박영사, 1982, pp. 91~92.

이루어질 때까지 계속되었다. 그 이후 정당들 사이의 정권교체가 계속되면서 여당과 야당 사이의 특징은 상당히 약화되었지만 47년간에 걸쳐 진행되었던 이러한 특징들은 그 이후의 여당과 야당에도 잔재되어 있다. 1992년 이전의 여당과 야당들의 차이를 보면, 첫째, 정당의 성립 면에서 여당은 정권을 장악한 정치지도자가 입법이나 선거를 위한 기관으로 여당을 구성하는 데 비하여 야당은 이러한 체제에 반대하는 정치인들이 결합하여 구성되었다.[17] 이러한 유형은 우리나라 최초의 여당인 자유당의 성립과 또한 최초의 야당인 민주당의 성립에서부터 시작하였다. 여당을 보면, 현직 대통령인 이승만을 중심으로 지지세력들이 만든 자유당, 1961년 5·16 군부쿠데타로 권력을 장악한 박정희와 군부세력이 만든 민주공화당, 1980년 5·17 군부쿠데타로 권력을 장악한 전두환과 군부세력이 만든 민주정의당, 현직 대통령으로 여당과 일부 야당의 3당 합당을 한 후 민주자유당을 만든 노태우, 야당출신 정치인으로 여당과의 합당을 통해 대통령에 당선된 김영삼이 만든 신한국당, 첫 번째 평화적 정권교체로 대통령이 된 김대중이 만든 새천년민주당, 대통령에 당선된 후 자신을 대통령으로 만들어준 새천년민주당을 탈당하고 열린우리당을 만든 노무현 등 우리나라의 모든 대통령들은 자신이 권력을 획득한 후에 새로운 정당을 만든 행태를 되풀이하였다. 야당의 경우에는 이승만을 반대하는 정치인들이 모여 만든 민주당을 시작으로, 5·16 군부쿠데타로 정권을 장악한 군인들이 창당한 민주공화당에 대항하는 민간정치인들이 만든 민정당(民政黨)을 비롯한 야당들, 그리고 이 야당들이 통합한 민중당과 신민당의 성립도 이러한 유형의 예들이다. 1980년대 민주정의당에 대항하여 12대 국회의원선거를 앞두고 만들어진 신한민주당, 노태우 정권의 민주자유당에 대항하는 정당들의 결집체인 민주당의 창당 등이 전형적 예들이다.

둘째로 여당이나 야당에 참여하는 사람들의 배경에서 차이가 난다.

---

17) 이갑윤, 앞의 책, p. 207.

여당과 야당의 핵심인물들인 국회의원들의 사회적 배경을 보면 여당에는 다양한 사회집단을 대표하는 인물들이 많은 반면에 야당 국회의원들은 대부분이 직업정치인들이었다. 여당의 경우에는 정권 초기에 선거에서의 승리를 위해 인지도가 높은 명사들을 충원하지만 정권이 안정되면서부터는 체재나 대통령에 대한 충성심을 기준으로 핵심당직과 국회의원직을 배분하였다. 야당의 경우에는 정권교체의 가능성이 보이지 않는 상태에서 정부의 탄압이나 규제를 받는 상태였기 때문에 사회적 명성이나 인지도가 있는 새로운 인물들을 충원하기 어려웠다. 이에 야당의 핵심인물이나 당원은 평생 야당에 몸을 담은 직업정치인이 주를 이루었고 전문적 능력이나 경력을 가진 인물이 부족하였다.[18]

세 번째로 여당과 야당은 당내민주화 면에서 차이를 보여 야당은 여당에 비해 당내민주화가 훨씬 더 활발하였다. 여당은 정치지도자의 지시나 뜻에 절대 복종하였으며 정당의 지도자인 대통령이 행정부를 통해 추진하는 것은 무조건 지지하였다. 여당에서 당내민주화가 이루어지기 어려웠던 이유는 당의 지도자가 인사권과 재정권을 장악하고 있었기 때문이다. 인사권을 지도자가 갖고 있는 상태에서 정당소속의 정치인들이 지도자의 의견을 따르지 않거나 독자적 행동을 하는 것은 정치생명을 스스로 단축시키는 것과 마찬가지였다. 여당 구성원들이 당 지도자의 의견을 무조건 따르는 것이 되풀이되고 상례화됨에 따라 권위주의정치는 더욱 강화되었다.

여당에서는 당의 핵심간부직이나 국회 내의 직책, 그리고 국회의원 후보자의 공천 등을 당의 최고지도자인 대통령이 최종 결정했으며 이런 상황에서 당내민주화가 이루어질 여지가 거의 없었다. 모든 것이 대통령에 의해 결정된 여당에서 당내민주화가 실행된 유일한 예외는 1992년 민주자유당에서 대통령후보를 당내경선으로 결정한 것이었다.

이에 비하여 야당은 1950년대의 민주당 때부터 당내민주화가 매우

---

18) 이갑윤, 앞의 책, p. 208.

활발하게 이루어졌다. 당의 지도자는 당원들의 선거에 의하여 결정되었고 당의 대통령후보 또한 여러 차례 민주적 경선에 의해 결정되었다. 야당에서 당내민주화가 활발했던 원인 중의 하나는 파벌의 결집체인 야당에서 당지도자가 당을 완전히 장악하지 못한 데에도 원인이 있었다. 야당은 유명 정치인들을 중심으로 한 집합체로 존속했기 때문에 당내에는 여러 개의 파벌들이 병존하였다. 따라서 야당 내의 당내민주화는 여러 갈래로 분열되었던 야당들이 하나로 통합된 경우에 더 활발하였고 반대로 야당이 유명 정치인 위주로 분열되어 여러 개의 야당들이 공존할 때에는 당내민주화는 약화되었다. 야당이 당내경선을 통하여 대통령후보를 결정한 첫 번째 예는 1956년 3대 정·부통령선거의 후보로 신익희, 장면을 지명한 것이고, 1960년 4대 정·부통령선거의 후보결정에서는 조병옥과 장면을 지명하였다. 1965년에는 두 개의 야당인 민정당과 민주당이 합당하여 결성한 민중당의 당수경쟁이 경선으로 이루어져 박순천이 윤보선을 누르고 당수로 선출되었다. 야당의 대통령선거 후보결정에서 가장 대표적인 예는 1970년에 당시 40대였던 김대중, 김영삼, 이철승 사이에 벌어진 경선으로 2차 투표에서 김대중이 후보로 지명되었다. 1970년대의 유신체제에서도 야당인 신민당은 3차례의 당수 경선을 벌여 김영삼이 2번, 이철승이 1번 당수로 선출되었다. 1980년대의 5공화국 초기에는 야당들이 자발적으로 만들어진 것이 아니라 군부쿠데타로 정권을 장악한 군부의 의도에 따라 만들어진 관제야당이었기 때문에, 정권을 잡은 군출신들이 지명하는 사람이 야당의 당수가 되었다. 5공화국 후기와 6공화국 초기에는 김영삼과 김대중을 지도자로 하는 두 개의 정당들이 야당의 핵심이었고 이들은 경선없이 각 당의 당수와 대통령후보가 되었다. 14대 대통령선거를 앞두고는 통합야당인 민주당에서 김대중과 이기택 사이에 대통령후보 경선이 있었으나 이것은 김대중의 대통령후보를 추인하는 형식적 성격이었다. 1992년 민주당에서는 정당사상 최초로 원내총무를 당소속 국회의원들의 투표로 결정하였고 최고위원, 대표최고위원을 비롯하여 서울시 당위원장 등을 투표로 선출하였다. 이처럼 야당에서는 중요당직자의 선출과 대통령후보 지명에서 여러 차례 투표로 결정하는 당내민주주의를 실현하였다.

1992년 이후에는 여당과 야당을 막론하고 모든 정당들이 당내에서 경선을 통해 공직선거에 출마할 후보자나 당직을 담당할 지도자들을 선출하고 있어 이 점에서는 당내민주화가 잘 이루어지고 있다. 현재 대부분의 핵심정당들은 대통령후보, 대부분의 국회의원후보, 광역단체장후보, 당대표, 국회에서 정당을 대표하는 원내대표들을 당원이나 의원들의 직접투표를 통해 선출하고 있다. 이런 점에서는 우리나라 정당들의 당내민주화가 과거에 비해 괄목할 발전을 이루었다.

네 번째로 여당과 야당은 상대정당에 대한 정치적 전략에서 차이를 보인다. 야당에 대한 여당의 정치전략은 수적 우세를 이용하여 대통령의 의지나 자기 정당이 추구하는 것을 밀어붙이는 유형이었다. 13대 국회 이전의 역대 국회에서는 여당이 항상 국회에서 과반수 이상의 의석을 차지하였다. 이에 따라 여당은 중요법안이나 예산안 등을 통과시키는 과정에서 야당의 반대를 수의 힘으로 누르거나 날치기 통과와 같은 비합법적 방법으로 대응하는 행태를 되풀이하였다. 이러한 정치행태는 자유당 시절의 2·4 파동(보안법 파동) 때부터 시작된 것으로, 민주공화당 시절의 3선 개헌안 통과와 월남파병 비준을 비롯한 여러 차례의 날치기 통과, 민주정의당 정권과 민주자유당 정권에서 여러 차례 되풀이된 날치기 통과 등에서 나타났다.

이와 대조적으로 여당에 대해 야당이 사용한 정치전략은 극한대결이었다. 야당은 수적 열세를 극복하기 위해 대화와 타협보다는 등원거부, 의사당 점거, 단식투쟁, 장외투쟁 등 극한적 방법에 의존하였다. 야당의 전매특허가 된 이러한 불법적 정치투쟁은 1950년대의 자유당 시절부터 1990년대까지 계속해서 되풀이되었다. 야당이 여당을 상대로 한 정치전략으로 불법적 투쟁을 선호한 이유는 권위주의체제하에서 국민들의 동정심을 유발하고 권위주의정권에 대한 국민들의 반발을 유도

하는 데 효과적인 방법이었기 때문이다. 그러나 야당의 이러한 전략은 다른 면에서는 국민들로 하여금 정치에 대해 거부감을 갖고 정치를 혐오하게 만드는 부작용도 낳았다.

정치전략 면에서 나타났던 여당과 야당의 위와 같은 유형은 1987년의 민주화 이후 거의 사라졌는데 그 이유는 국회에서 여당이 의석의 과반수를 차지하는 것이 어려워졌기 때문이다. 1987년의 13대 국회의원선거부터 시작된 여소야대(與小野大)의 국회구도는 그 이후의 선거에서 되풀이되어 대통령이 소속한 정당이 국회를 장악하는 것이 어려워졌다. 따라서 집권당은 과거와 같이 국회의석의 다수를 이용하여 법안통과 등을 밀어붙이는 방법이 불가능해졌고 법안의 날치기 통과와 같은 불법적 방법도 불가능해졌다. 야당 또한 이러한 여당을 상대로 불법적 극한투쟁을 사용할 명분을 잃게 되었고 민주정치가 이루어지는 상황에서 불법적 극한투쟁을 통해 국민들의 동정심을 유발할 수도 없게 되었다. 1987년에 민주화가 시작되고 1997년에 여당과 야당 사이에 정권교체가 이루어진 것은 우리나라의 정당정치에서 여당과 야당의 정치행태를 변화시키는 데 크게 기여하였다. 이러한 변화는 정치인들의 자발적 노력과 각성에 의한 결과인 점도 없지는 않으나 보다 근본적인 이유는 국민들이 선거를 통해 여소야대와 같은 정치구도를 만들어냈기 때문이다. 이러한 정치구도에서는 대통령이나 여당이 다수의 힘을 바탕으로 야당을 무시하고 밀어붙이는 정치행태가 근본적으로 불가능하게 됨에 따라 정치인들도 새로운 정치상황에 맞추어나가지 않을 수 없게 되었다.

7. 정당의 공직선거 후보자 선출

우리나라의 정당법에는 공직선거에 출마할 후보를 정당이 결정하는 절차에 관한 규정이 있다. 정당은 민주적 방법으로 후보자를 결정하도록 하고 있으며 현재 가장 일반적으로 사용되고 있는 방법은 정당 내의 경선제도이다. 공직선거에 출마할 후보자를 당내에서의 경쟁을 통해 결정하는 관행은 집권여당의 경우에는 1987년 민주화가 진행된 이후부터 시작되었으나 야당에서는 1950년대에도 경선을 통해 후보자를 결정하였다. 그러나 야당의 경우에도 그후에 당내경선이 제대로 실시된 경우는 많지 않았고 1987년 이후에 실시되고 있다. 당내경선과정에서 가장 문제가 된 것은 경선에서 패배한 후보가 경선결과에 승복하지 않고 탈당하여 다른 당을 만들거나 다른 당에 가입한 후 다시 본선에 출마하는 것이었다. 이 결과 경선을 실시한 정당의 후보에 대한 지지가 분열되고 결과적으로는 상대방 후보가 당선되는 경우가 자주 나타났다. 이에 따라 정당은 당내경선을 기피하게 되는 부작용도 나타났다. 이러한 점을 보완하기 위해 정당법에서는 일단 당내경선의 후보자로 등록하였던 자가 후보자로 선출되지 아니한 경우에는 당해 공직선거에 후보자로 등록할 수 없도록 하는 조항을 삽입하였다. 다만, 공직선거 후보자로 선출된 자가 사퇴・사망・피선거권 상실 또는 당적의 이탈・변경 등으로 그 자격을 상실한 때에는 출마가 가능하도록 하였다.

1) 대통령후보의 선출과 경선

우리나라의 정당들이 대통령선거에 출마할 후보자를 경선을 통해 선출한 예를 집권여당과 야당으로 나누어보면 다음과 같다. 우리 정치에서 집권당이 당내경선을 통해 대통령후보를 결정한 것은 1987년 민주화가 시작된 이후의 일이다. 과거 권위주의정권 시절에는 여당 내에서 민주적 절차에 의한 경선이 발붙일 정치적 공간이 없었다.

1992년 12월 18일의 14대 대통령선거를 앞두고 민주자유당은 집권여당사상 처음으로 당내경선을 실시하였다. 이 경선에서는 김영삼과 이종찬이 출마하였고 이종찬이 주장한 합동연설회와 TV토론을 김영삼이 거부하였다. 1992년 5월 19일의 전당대회에서 김영삼은 전체 투표자의 66.3%를 얻어 33.2%를 얻은 이종찬을 누르고 후보가 되었다. 그러자 경선에서 패배한 이종찬은 8월 17일 민주자유당을 탈당한 후 새정치국민연합을 결성하였다가 민주자유당 탈당파와 함께 새한국당을 창당하였다. 그러나 대통령후보로 출마한 이종찬은 선거일을 6일 앞둔 12월 12일 대통령후보를 사퇴하고 정주영 후보 지지를 선언하였다.

민주자유당에서 신한국당으로 이름을 바꾼 집권여당은 1997년의 15대 대통령선거를 앞두고 박찬종, 이수성, 이홍구, 이회창, 김덕룡, 이인제, 이한동, 최병렬의 8명이 대통령후보 경선에 나섰다. 이 중 이홍구, 박찬종이 중도에 포기하고 6명이 겨룬 경선에서 1차 투표 결과 과반수를 획득한 후보가 없어 이회창과 이인제 사이에서 결선투표가 실시되었다. 1만 2천여 명의 대의원들 중 60%인 11,544표를 얻은 이회창이 40%인 4,622표를 얻은 이인제를 누르고 후보로 확정되었다. 이 경선은 집권여당에서는 처음 벌어진 자유경선이란 점에서 큰 의미가 있었으나 경선과정에서 일반당원은 배제되고 대의원들만이 참여한 것이어서 예비선거(*primary*)의 성격은 없었다. 결선투표에서 2위를 한 이인제는 9월 13일 신한국당을 탈당하고 11월 4일 국민신당을 창당하여 대통령후보로 출마했다. 이인제는 17대 대통령선거에서 19.2%의 득표율에 492만 5,591표를 얻어 3위를 하며 낙선했다.

15대 대통령선거에서 승리하여 정권교체에 성공한 김대중은 김종필의 자유민주연합과 공동정권을 출범시켰으나 김대중이 DJP연합의 핵심이었던 내각제개헌을 거부하면서 두 정당사이의 공동정권은 파기되었다. 공동정권에서 충청권을 지지기반으로 갖는 자유민주연합이 떨어져나가자 김대중의 새정치국민회의는 16대 국회의원선거에서 지역정당의 탈피는 고사하고 과반의석 확보도 힘들다고 판단하여 새로운 정당을 창당하겠다고 발표하였다.[19] 새정치국민회의는 새천년민주당으로

19) 〈세계일보〉 1999년 7월 24일. 심지연, 《한국정당정치사: 위기와 통합의 정치》, 백산서당, 2004, p.466에서 재인용.

이름을 바꾸고 2000년 1월 20일 창당대회를 개최하였다. 새정치국민회의는 창당된 지 4년 4개월 만에 간판을 내렸는데 이 정당은 단순히 권력기반을 강화하기 위한 목적으로 대통령에 의해 창당된 여섯 번째 집권당인 동시에 김대중이 주도해서 만든 여섯 번째 정당이었다.[20]

16대 국회의원선거에서의 패배[21]와 김대중 대통령의 두 아들의 비리 등 권력형 비리의 발생, 여권 내부의 갈등 등으로 국민적 지지가 바닥에 머물자 집권여당인 새천년민주당은 정권재창출을 위한 특단의 조치로서 대통령후보 선출방법으로 '국민참여 경선제'를 도입했다. 이것은 정당의 대의원들만 참여해 후보를 선출하는 기존의 방식으로는 국민들의 관심과 지지를 모을 수 없다는 판단에 따라 대의원 1만 5천 명, 당원 2만 명, 일반국민 3만 5천 명을 지역별 인구편차, 성별, 연령별로 분할해 경선을 실시한 것이었다. 이 경선에는 애초 김근태, 김중권, 노무현, 유종근, 이인제, 정동영, 한화갑 등 7명이 참여했으나 경선과정에서 낮은 득표를 한 김근태, 유종근, 한화갑, 김중권, 이인제가 중도에 사퇴하고 최종적으로 노무현이 후보로 선출되었다. 이인제는 12월 1일 새천년민주당을 탈당한 후 자유민주연합에 입당한 후 총재 권한대행에 취임했다. 우리나라 정당사상 처음으로 실시된 집권여당의 '국민참여 경선제'는 일반국민들로부터 선거인단을 모집하고, 전국을 순회하며 경선을 벌이는 방식을 통해 국민들의 관심을 이끌어 흥행에 성공함으로써 새천년민주당과 노무현 후보에 대한 지지를 끌어올리는 데 기여했다. 그러나 일반당원들에게 후보선출권을 주는 선진국들의 예비선거를 뛰어넘어 경선후보자들이 동원한 일반유권자들에게 정당후보의 선택권을 주는 방식은 정당정치의 발전과 정착에 역행하는 문제가 있었다. 또한 일반유권자들로 구성된 선거인단의 투표율이 지

20) 심지연, 《한국정당정치사: 위기와 통합의 정치》, 백산서당, 2004, p. 467.

21) 2000년 4월 13일에 실시된 16대 국회의원선거에서 야당인 한나라당은 지역구 112석과 전국구 21석을 얻어 총 133석을 확보하여 원내 제 1당이 되었으나 새천년민주당은 지역구 96석과 전국구 19석으로 총 115석을 얻었다.

극히 낮아 슬로건은 '국민참여 경선제'였으나 사실상은 정당 내의 후보들이 동원한 당원들과 지지자들에 의해 진행된 경선이었다.[22]

2007년 17대 대통령선거를 앞두고, 5년 전 대통령선거에서의 '국민경선' 흥행을 재연하려던 집권당의 의도는 국민들의 관심 밖에서 실패로 끝났다. 노무현 대통령이 집권 후 자신을 당선시켜준 새천년민주당을 나와 만든 열린우리당은 대통령이 자신의 권력강화를 위해 만든 일곱 번째 집권당이었다. 그러나 17대 대통령선거를 앞둔 열린우리당에 대한 국민적 지지도는 노무현 정부의 계속된 실정으로 10~20%를 맴돌았다. 열린우리당에 대한 국민들의 평가는 2004년 4월의 17대 국회의원선거 이후 실시된 각종 선거에서 여실히 드러나 22번의 국회의원 재·보궐선거에서 야당인 한나라당에 22 : 0이라는 유례없는 선거패배를 계속했다. 대통령선거를 5개월 앞둔 2007년 5월에도 야당인 한나라당은 50%대의 지지도를 보였는데 열린우리당에 대한 지지도는 15%를 넘지 못하자 열린우리당은 새로운 정당의 창당을 통해 국민적 관심을 높이기 위한 전략으로, 2007년 8월 열린우리당의 문을 닫고 일부 재야세력과 연합하여 2007년 8월 5일 대통합민주신당을 창당했다.

대통합민주신당의 대통령후보를 결정하기 위한 당내경선은 거의 2백만 명에 달하는 국민들을 대상으로 실시하여 우리 정당사상 유례없이 많은 국민들의 참여를 시도하였다. 1987년의 민주화 이후에는 정당들의 공직후보 선출방식이 소수의 대의원들에 의존하던 것이 2002년에는 '국민경선'이라는 이름으로 일반국민들 3만 5천 명에게 투표참여권을 주고 5년 후에는 2백만 명에게 당내경선의 투표권을 주는 방식으로 급변했다. 대통합민주신당의 경선참여 선거인단 수는 지역경선 선거인단 중 중앙선거관리위원회 관리분 143만 9,661명과 당 자체 관리분 24만 1,179명 등 168만 840명이었고,[23] 여기에 23만 8,725명의 휴대전화

22) 새천년민주당은 각 지역에서 실시된 경선에서 일반국민들의 선거인단 투표참여율이 너무 낮자 투표참여율을 밝히지 않아 정확한 투표율이 얼마인지 알려지지 않았으나 20%를 넘지 못한 것으로 추정된다.

투표, 그리고 5천 명을 상대로 한 여론조사의 3가지를 혼합하여 실시하였다. 국민선거인단 투표는 제주, 울산, 강원, 충북, 광주, 전남, 부산, 경남, 대전, 충남, 전북, 경기, 서울, 인천, 대구, 경북의 16개 지역에 등록한 선거인단이 16번에 걸쳐 투표하도록 결정하였으나 앞의 8개 지역에서 투표가 진행되는 동안 경선후보자들의 불법, 탈법, 동원선거가 문제되어 뒤의 8개 지역에서는 2007년 10월 14일 하루에 동시 실시하였다. 그러나 168만여 명의 지역경선 선거인단 중 실제 투표참가자는 27만 2,123명으로 투표참여율은 평균 16.2%밖에 안 되는 낮은 투표참여율을 보였고 휴대전화 투표도 10월 9일, 11일, 14일 3차에 걸쳐 진행하였으나 17만 7,900여 명만이 참여하였다. 여론조사를 이용한 투표는 10월 10일부터 2개 여론조사기관이 각 2,500명씩 총 5천 명을 대상으로 실시한 후 이를 총 유효투표의 10%로 환산하여 반영하였다. 경선에는 애초에 김두관, 손학규, 유시민, 이해찬, 정동영, 추미애, 한명숙이 참여하였으나 5명을 선정하는 1차 투표에서 김두관과 추미애가 탈락한 후 유시민과 한명숙이 중도 사퇴하였으며 최종적으로 정동영이 후보로 선출되었다.

대통합민주신당이 이러한 3가지 방식을 혼합해서 도입한 것은 자기 정당에 대한 국민들의 관심을 끌어올려 대통령선거 흥행에 성공하려는 전략 때문이었다. 그러나 5년 전의 흥행성공과는 달리 2007년의 집권당 '국민경선'은 국민들의 낮은 관심도와 저조한 투표율, 경선과정에서의 불법, 부정, 탈법선거 공방, 본인의 의사확인 없이 대통령이나 고위관료는 물론 야당 당직자 이름까지 선거인단으로 등록한 대리등록과 유령 선거인단 등록 등으로 비난을 받았다. 대통합민주신당이 경선에 적용할 규칙을 정하지도 않은 채 졸속으로 경선을 시작하여 후보들은

23) 지역투표소 투표는 처음에는 전체 선거인단 관리를 중앙선거관리위원회에 맡길 계획이었지만 후반부에 경선을 치르는 8개 지역에 대해 추가로 선거인단 모집을 허용하면서 이들 추가모집분에 대해서는 당이 자체적으로 관리함에 따라 이원화되었다.

수시로 경선 룰의 부당성을 문제 삼으면서 개정을 요구했고, 당에서는 이러한 후보들의 압력으로 경선일정을 잠정 중단했다가 다시 시작하고 경선방식도 중도에 변경하는 등 경선규정, 참여, 관리 등에서 심각한 문제를 노출하였다. 또한 휴대전화 투표는 공개투표가 가능하고 투표 후에도 기록이 남아 비밀투표의 원칙을 무시하는 문제를 야기했다.[24] 이러한 문제들은 국민들의 무관심과 이전투구를 벌이는 정당경선에 대한 비판을 초래해 대통합민주신당이 기대했던 '국민경선' 흥행은 완전히 실패로 돌아갔다.

야당의 경우 우리 정당정치사에서 가장 획기적인 당내경선은 1970년에 신민당이 실시한 경선이었다. 7대 대통령선거를 앞두고 박정희 대통령의 3선에 맞서는 신민당 대통령후보 경선에 가장 먼저 뛰어든 사람은 김영삼이었다. 당시 41세에 불과했던 김영삼은 1969년 11월 '40대 기수론'을 내걸고 대통령후보 도전을 선언했는데 이것은 60대의 신민당 당수 유진산이 "입에 젖비린내 나는 아이들이 무슨 대통령이냐"고 할 정도로 파격적인 도전이었다. 1970년 1월에는 같은 40대의 김대중이 후보 지명전에 참여했고 2월에는 같은 40대의 이철승이 가세했다. 40대들이 후보 지명전에 잇달아 도전하자 당수인 유진산은 출마를 포기하는 대신 김영삼과 이철승을 상대로 후보지명권을 협상해 김영삼을 단일후보로 지원하기로 했다. 하지만 그해 9월에 열린 후보지명전에서는 2차 투표까지 가는 접전 끝에 40여 표 차로 김대중이 후보로 선출되었다. 1차 투표에서는 김영삼이 앞섰지만 과반수를 얻지 못했고, 2차 투표에서 차기 당수 자리를 보장받은 이철승계의 막후 지원으로 김대중이 승리했다.

1987년 직선제 개헌이 이룩됨에 따라 야당의 대통령후보 경선기회가 마련되었지만 야당의 지도자였던 김영삼과 김대중은 각기 정당을 만들어 경선 없이 후보가 되었다. 야당에서의 대통령후보 경선은 이후에도

---

24) 〈동아일보〉 2007년 10월 15일, A5.

거의 형식적으로 진행되다가 2007년 17대 대통령선거를 앞두고 한나라당에서 실질적인 경선이 실시되었다. 이 경선에서는 이명박과 박근혜가 대결을 벌여 이명박이 근소한 차이로 후보로 선출되었다.

정당이 지역구 국회의원선거 후보자 또는 지역구 시·도의회의원선거 후보자를 추천할 때에는 각각 전국 지역구 총수의 100분의 30 이상을 여성으로 추천하도록 노력하여야 하며, 이를 준수한 정당에 대하여는 국고보조금 외의 보조금을 추가로 지급한다. 또한 정당은 비례대표 전국선거구 국회의원선거 후보자 중 100분의 50 이상을 여성으로 추천하여야 하며, 지방의회의원선거의 경우에도 비례대표 선거구 시·도의회의원선거 후보자 중 100분의 50 이상을 여성으로 추천하여야 한다. 이 경우 후보자 명부 순위에 2인마다 여성 1인이 포함되도록 하여야 한다.

8. 정당에 대한 국민의 관심

우리나라에서 국민들은 정당에 대해 어떤 생각을 가지고 있는가? 학자들의 연구결과에 의하면, "민주주의라는 말을 들으면 무슨 생각이 가장 먼저 떠오르는가?"라는 질문에 '정당정치'라고 응답한 비율은 1.1%에 불과하였다.[25] 이것이 1985년의 조사결과이기는 하지만 12대 국회의원선거 당시에 여당이던 민주정의당, 제 1야당이던 민주한국당, 신당 돌풍을 일으킨 신한민주당, 그리고 한국국민당 등 4개 정당의 이름을 제대로 기억한 사람은 50% 정도에 불과하였고 정당 이름을 하나도 기억하지 못한 유권자가 24%였다.[26] 이것은 국민들이 정치에 관심이 없거나 무지해서라고 볼 수 있지만, 자신들과는 아무 관련이 없는 정

25) 김광웅, "민주의식과 투표: 12대 국회의원선거에서", 〈제 6회 한국정치학회 재북민한국인 정치학자회 합동학술대회 논문집〉, p. 83.

26) 안병만, 앞의 책, p. 107.

당들에 구태여 관심 가질 것도 없고 이름을 알 필요조차 없다는 생각 때문인지도 모른다. 또한 선거가 진행 중인 시기인데도 "특별히 지지하는 정당이 있다"는 응답은 24%에 불과했다.

이러한 연구결과들이 보여주는 것은, 우리나라의 정당들은 국민들과는 별 관계없는 정치기구로 존재했으며 별다른 기능이나 활동이 없는 비(非)선거 시에는 말할 것도 없고 선거 시에도 국민들과의 관계가 긴밀하지 않았다는 것을 보여준다. 한마디로 우리나라의 정당들은 국민들의 관심 밖에서 국민들로부터 주목조차 받지 못하며 존재하고 있다.

9. 정당과 정치자금

우리나라 정치에서 정치자금 문제는 정치발전을 저해하는 요인의 하나로 인식되어왔다. 부정한 정치자금의 모금과 사용으로 인한 폐해는 정부수립 초기의 자유당 정부에서부터 시작하였으며 과도한 정치자금의 소요는 이의 충당과정에서 정경유착을 매개로 한 부정과 부패, 비리를 초래하였다. 또한 정치권에서의 이러한 분위기는 사회전반에 걸쳐 부정과 부패의 풍조가 만연하게 만들었다. 특히 1980년대에는 선거에서 과도한 비용지출로 금권선거가 만연하였고 정당과 정치인들의 정치자금 사용도 급격히 증가하였다.

정치자금은 다음의 다섯 가지 차원에서 문제의 소지가 있다. 첫 번째는 선거가 없는 비선거 시와 선거 시의 정치자금에서 나타나는 문제이다. 두 번째는 정당 차원에서의 정치자금과 개인(국회의원, 지방의회의원, 정치지망자 등) 차원에서의 정치자금에서 나타나는 문제이다. 세 번째는 공식적이고 공개적인 정치자금과 비공식적이고 비공개적인 정치자금에서 나타나는 문제이다. 네 번째는 정치자금의 수입부문과 지출부문에서 나타나는 문제이다. 다섯 번째는 정치자금과 관련된 법이나 제도적 측면과 정치행태적 측면에 관련된 문제이다. 이러한 다섯 가지는 상호간 복합적으로 연계되어 있기 때문에 이들 모두에 대한 총체적 분석이 없이는 정치자금의 문제를 제대로 파악할 수 없다. 그러나 이 절에서는 비선거 시 정당의 정치자금을 수입과 지출 면에서 살펴보고 공식적 부문만을 대상으로 한다.

1) 정당의 정치자금 수입

비선거 시에 정당이 정당활동을 하는 데 지출하는 정치자금은 선거자금에 비하면 상대적으로 적은 액수이다. 그러나 2002년 전까지 우리나라 정당들은 거대한 중앙당을 유지하면서 전국의 237개 지구당에 대해서는 재정보조를 하였기 때문에 비선거 시에 소요되는 정치자금 또한 엄청난 액수였다.

정당이 사용하는 정치자금의 공식수입원으로는 당비, 후원회비, 기탁금, 국고보조금, 정당 재산수입 등이 있다. 이 중에서 당비는 당원들이 정당에 직접 납부하지만 후원회비는 정당을 후원하고자 하는 사람들이 후원회에 후원금을 내면 후원회는 이것을 다시 정당에 전달한다. 기탁금은 개인이 각급 선거관리위원회에 정치자금을 기탁하면 이를 다시 정당에 전달한다. 국고보조금은 정당들에 대한 보조금을 국가예산에 책정한 후 정당에 보조한다.

정당들의 정치자금 수입액을 1992년의 자료로 보면 집권당이던 민주자유당이 당비 360억 2,800만 원, 후원회비 174억 2,300만 원, 기탁금 202억 4,500만 원, 국고보조금 197억 5,700만 원, 전년도 이월금 49억 3,100만 원, 기타 12억 800만 원, 차입금 1억 8,800만 원으로 총합계 997억 8,200만 원으로 1천억 원에 가까운 정치자금이 한 해에 들어왔다. 야당인 민주당은 당비 519억 500만 원, 후원회비 2억 800만 원, 기탁금 15억 2,900만 원, 국고보조금 137억 100만 원, 전년도 이월금 6억 1,900만 원, 기타 11억 700만 원, 차입금 28억 5,300만 원으로 총합계 719억 2,200만 원으로 민주자유당보다는 280억 원이 적으나 엄청난 금액이었다.[27] 1992년은 대통령선거와 국회의원선거가 있었던 해였기 때문에 위의 금액들은 선거가 없던 해의 일상적 정당운영비보다는 더 많았다.

민주자유당은 1994년에 정당간부가 월 30만 원씩, 그리고 국회의원들이 월 15만 원씩 내는 당비 40억 원, 50억 원의 후원회비, 200억 원 정도의 기탁금, 100억 원 정도의 국고보조금 등 연간 400억 원 정도가 주요수입액이었다. 1992년 이전에는 집권당인 민주자유당의 총재인 대통령이 30억 원씩을 지원하였으나 김영삼 정부부터는 대통령의 당에 대한 지원금은 종식되었다. 야당인 민주당은 매월 대표최고위원 500만 원, 최고위원 200만 원, 당 3역 100만 원, 국회의원 30만 원, 당무위원 50만 원, 사무처 실·국장 1만 원씩 내는 연 7억 2천만 원 정도의 직책별 당비와 70억 원 정도의 국고보조금 등이 수입의 주를 이루었다. 정당에 들어오는 수입은 민주자유당의 경우 기탁금이 가장 많았고 다음이 국고보조금, 그리고 후원금과 당비 등이었다. 민주당은 국고보조금이 전체 수입의 대종을 이루었으며 여기에 당비 및 소액의 기타 소득이 주종을 이루었다.

(1) 당 비

당원들의 당비납부는 정당의 재정에 도움을 줄 뿐만 아니라 당원들의 소속의식을 고취시키는 데에도 기여한다. 위에서 본 바와 같이 우리나라 각 정당들의 수입에서 당비는 상당한 비중을 차지하고 있는 것 같지만 이러한 수입이 일반당원들이 자발적으로 낸 것에 의한 것이 아니라 정당의 간부들과 정당소속 국회의원들이 매월 할당된 금액을 당에 납부한 것이었다. 1995년의 경우로 보면 집권당인 신한국당의 총재는 월 100만 원 이상, 당대표와 국회의장은 50만 원, 광역단체장은 30만 원, 국회의원은 15만 원, 중앙상무위원은 3만 원, 지구당 당무협의

27) 〈조선일보〉 1993년 8월 14일.

회장은 1만 원을 당비로 납부하였으며 일반당원의 당비는 1천 원 이상이었다. 야당인 새정치국민회의의 총재는 1천만 원의 당비를 부담하였으며 국회의장은 500만 원, 국회부의장, 부총재, 지도위원회의장은 200만 원, 지도위원은 100만 원, 당무위원은 60만 원, 국회의원은 30만 원, 광역단체장은 100만 원, 시·도의회의원은 5만 원, 구·시·군의회의원은 2만 원을 납부하도록 되어 있었으며 일반당원의 당비는 1천 원이었다. 여당의 총재와 일반당원 사이의 당비납부액은 1천 배의 차이가 있었고 야당의 총재는 당원의 1만 배의 당비를 냈다. 우리나라 정당의 당비부담은 곧 직위의 힘과 일치했다.[28]

일반적으로 정당은 당원이 납부하는 당비에 대한 대가로 집권을 하게 되면 당원을 포함한 자기 당의 지지세력들에게 이익이 되는 정책을 입안하여 이들에게 반대급부를 주면서 국가운영을 한다. 당비의 납부는 당원수가 많고 거대한 조직을 가지고 있는 대중정당일수록 잘 이루어지며 당비가 정당재정에서 차지하는 비율도 높다. 이에 비해 보수주의 정당에서는 수입에서 당비가 차지하는 비율도 낮으며 당비의 징수도 철저하지 않다.[29]

앞에서 언급한 바와 같이 우리나라 정당법에는 당원들이 당비를 납부하도록 규정하고 있고 각 정당은 당헌에 당비납부의 의무를 규정하고 있으나[30] 일반당원들의 당비납부는 거의 없는 실정이다. 1992년도

---

28) 배성동, 앞의 글, p. 21.

29) 조일문, 《새정당론》, 삼화출판사, 1971, p. 496.

30) 우리나라 정당 중에서 당비의 징수를 처음 제도화한 민주공화당은 평당원의 경우에 1년을 4분기로 나누어 매 분기마다 10원(1965년 기준) 이상 내도록 하였다. 1965년도의 민주공화당 당비규정에 의하면 당간부의 월액 당비는 총재 1만 원 이상, 당무위원 5천 원 이상, 소속국회의원 3천 원 이상, 소속장관 3천 원, 소속차관 2천 원, 중앙위원 2백 원, 시도지부위원 1백원, 지구당위원 50원, 중앙상임위 및 원외정책위원 매월 5백 원 이상이었다. 1970년에 제 1야당이던 신민당은 당헌에서 당원의 당비부담 의무를 규정하고 있으나 구체적으로 금액을 규정하지 않았고 당간부의 월액 당비만

에 정당의 수입 중 당비가 차지하는 비율과 규모를 보면 민주자유당은 360억 2,800만 원으로 전체 수입의 36%였으며, 민주당은 519억 500만 원으로 전체 수입의 72%였다. 1993년의 경우에는 민주자유당의 경우 당비가 32억 5천만 원으로 전체의 3%였고 민주당은 18.7%인 16억 3천만 원이었다. 1992년은 대통령선거와 국회의원선거가 있었던 해였기 때문에 전체 수입과 당비수입이 많았다.[31] 1994년에는 민주자유당은 당비수입이 8,801,966,905원으로 전체 수입의 4.2%를 차지하였으며 민주당은 당비수입이 5,222,236,825원으로 전체 수입의 30%를 차지하였다. 새한국당은 당비수입 81,251,070원으로 전체 수입의 18.2%였다.

우리나라 정당들이 정당의 선진화를 기치로 내걸고 당원들에게 당비를 납부하도록 촉구한 예는 여러 차례 있었다. 창당 초기의 민주공화당이나 민주정의당이 당원으로부터 당비를 받아보려 노력을 하였고 민주정의당은 1981년에 월 2백 원 내지 3백 원의 적은 액수로나마 당원들의 60% 가량이 납부성적을 올린 일이 있었지만 선거를 한두 번 치르는 과정에서 당비를 내는 일반당원은 자연히 없어지게 되었다.[32] 왜냐하면 선거를 앞두고 당원 배가운동을 벌이면서 정당에 입당원서를 제출하는 사람에게 2만 원 내지 3만 원의 사례금을 지급하고 또한 합동연설회에 동원되는 청중에게 일당 2만 원씩을 지급하면서 그들로부터 2~3

을 정하였다. 1970년도 신민당의 당비규정에 의하면 당간부들의 월 당비부담액은 다음과 같다. 대표위원 60만 원, 정무회의 부의장 20만 원, 사무총장 20만 원, 국회부의장 10만 원, 원내총무 10만 원, 정책심의회의장 10만 원, 중앙정치훈련원장 5만 원, 중앙당기위원장 5만 원, 정무위원 2만 원, 국회의원 1만 원, 시도지부위원장 2만 원 등이다. 조일문, 위의 책, p. 497.

31) 신명순, "정치자금의 현황과 문제: 비선거 시 공식적 정치자금을 중심으로", 〈동서연구〉 제 6권, 1994, pp. 160~161.

32) 배성동, "민주적 정당정치의 구조적 조건", 〈한국논단〉 1990년 4월호, p. 44.

백 원의 당비를 받는다는 것이 의미를 잃게 되었기 때문이다.

(2) 후원금

정당의 공식수입 중 두 번째는 후원금이다. 후원금제도는 1980년 12월 31일의 정치자금법 3차 개정에서 채택되었다. 정당의 중앙당과 시·도당은 후원회를 지정하여 후원금을 모금할 수 있다.[33] 정당후원회는 후원인(회원[34] 및 비회원)으로부터 후원금을 모금하여 정당에 기부한다. 후원인이 후원회에 기부할 수 있는 후원금은 연간 2천만 원을 초과할 수 없다. 이 중에서 후원인은 정당의 중앙당이나 대통령선거 경선후보자의 후원회에는 각각 1천만 원, 국회의원이나 국회의원후보자 후원회에는 5백만 원까지 기부할 수 있다. 후원인은 1회 10만 원 이하, 연간 120만 원 이하의 후원금은 익명으로 기부할 수 있다. 중앙당 후원회가 연간 모금할 수 있는 한도액은 50억 원이며 시·도당후원회는 5억 원이다.[35] 그러나 대통령선거, 국회의원총선거, 동시 지방선거가 있는 해에 후보자를 추천한 정당의 중앙당과 시·도당의 후원회, 국회의원후보자 후원회는 연간모금 기부 한도액의 2배를 모금하여 기부할 수 있다.

후원회는 전화나 인터넷전자결제 등 우편·통신의 방법으로 후원금을 모금할 수 있으며 집회에 의한 방법은 2006년 이전에는 허용하였으나 그 이후에는 금지하고 있다.

---

33) 이외에도 후원회를 통해 후원금을 모금할 수 있는 정치인들로는 국회의원, 정당의 대통령후보가 되기 위한 당내경선 후보자, 지역구 국회의원선거의 후보자 및 예비후보자, 특별시장, 광역시장, 도지사선거의 후보자이다.

34) 후원회의 회원은 연간 1만 원 이상의 후원금을 기부하여야 한다.

35) 대통령선거 경선후보자 후원회가 모금할 수 있는 한도액은 선거비용 제한액의 100분의 5이며 국회의원, 국회의원후보자 및 당대표 경선후보자의 후원회 모금한도는 각 1억 5천만 원이다. 시·도지사후보자 후원회는 선거비용 제한액의 100분의 50이 모금한도액이다.

(3) 기탁금

정당의 정치자금 수입 중 세 번째는 기탁금이다. 기탁금제도는 1965년 2월 9일에 정치자금법이 제정될 때부터 있는 항목으로 정당에 대한 기부금을 공개화하기 위한 방법으로 채택되었다. 과거에는 중앙선거관리위원회에 정치자금을 기탁할 때 특정정당을 지정해서 내는 지정기탁금과 정당을 지정하지 않는 비지정기탁금이 있었으나 현재는 지정기탁금은 폐지되고 비지정기탁금 제도만 있다. 개인이 기탁금을 각급 선거관리위원회에 기탁하면 선거관리위원회는 국고보조금 배분비율에 따라 각 정당에 배분한다. 개인 1인이 기탁할 수 있는 기탁금은 1회 1만 원, 연간 1억 원 또는 전년도 소득의 100분의 5 중 가장 많은 금액 이하로 한다. 누구든지 타인의 명의나 가명으로 기탁할 수 없으며 기탁자의 성명 등 인적사항을 공개하지 아니할 것을 조건으로 기탁할 수 있다. 중앙선거관리위원회는 기탁금의 모금에 직접 소요된 경비를 공제하고 국고보조금 배분율에 따라 기탁금을 정당에 배분한다.

지정기탁금 제도가 폐지되기 전까지는 선거관리위원회를 거쳐 정당에 지급된 기탁금은 대부분이 지정기탁금이었으며 지정된 정당은 거의 100%가 여당이었다. 1993년에 여당인 민주자유당에 기탁된 정치자금은 199억 원이었으며 1994년에는 2백억 원 정도로 연간지출액의 50% 정도를 차지하였다. 당시의 지정기탁금은 기탁자의 익명성을 보장하고 있었기 때문에 외면상으로는 누가 매년 민주자유당에 2백억 원씩을 기부하는지를 알 수가 없었다. 그러나 내면적으로는 민주자유당이 재정위원들에게 일정액의 기탁금액을 배당한 후 이 금액을 민주자유당에 지정하여 선거관리위원회에 기탁하도록 만들었다.[36] 즉, 연 50억 원의 후원금과 국고보조금만으로는 당의 경상운영비도 안 되기 때문에 합법적 지정기탁금 제도를 이용하여 편법을 쓴 것이었다. 당시 여당의 재정

---

36) 민주자유당의 정당재정위원은 60명으로 이들은 연 5억 원 또는 자본금의 2% 이내의 금액을 재정지원금으로 당에 내며, 이때 형식상으로는 선거관리위원회를 통하는 지정기탁금으로 냈다.

위원이나 후원회원들은 대부분이 기업을 운영하는 사람들로 이들이 매년 250억 원을 당후원금이나 지정기탁금으로 납부한 것은 당에 대한 애정과 충성심으로 이루어진 것이 아니었다. 이들은 기부에 대한 대가로 자신들이 운영하는 기업과 관련된 이권이나 특혜를 얻기를 원하였으며 이에 따라 정경유착을 통한 부정과 비리가 발생할 여지가 많았다.

(4) 국고보조금

우리나라 정당들에서 정치자금 수입의 큰 부분을 차지하고 있는 것은 국고보조금이다. 정당에 대한 국고보조금의 지급은 1980년의 3차 정치자금법 개정에서 처음 채택되었다. 이 제도 채택 당시의 명분은 정당의 활동에 필요한 경비를 국고에서 지급하여 정당이 기업 등으로부터 불법정치자금을 받지 못하게 하자는 것이었다. 채택 초기에는 국고보조금 액수가 법으로 정해지지 않았으나 현재는 일정액이 국가예산에 배정되고 있으며 보조금액도 상당한 액수에 달하고 있다. 1994년 3월 16일에 통과된 정치자금법 7차 개정안에 따라 유권자 1인당 8백 원에 해당하는 금액을 매년 정부예산으로 정당에 보조하고 있다.[37] 이에 더해 대통령선거, 국회의원선거, 동시 지방선거가 있는 해에는 매 선거마다 유권자 1인당 8백 원에 해당하는 금액을 추가로 정부예산에 계상한 후 다음과 같은 방식으로 정당에 지급하고 있다.

정당에 대한 국고보조금(경상보조금과 선거보조금)은 지급 당시에 동일정당의 소속의원으로 교섭단체를 구성한 정당들에 대하여 전체 국고보조금의 100분의 50을 정당별로 균등하게 분할하여 지급한다. 보조금 지급 당시 교섭단체를 구성하지 못한 정당으로 5석 이상의 의석을 가

37) 정치자금법 7차 개정 이전에는 유권자 1인당 연간 6백 원씩 계산하고 또 선거가 있는 해에는 6백 원씩을 추가하여 국고보조금을 지급하도록 되어 있었다. 이에 따라 1992년에는 민주자유당에 197억 원, 민주당에 137억 원, 국민당에 8억 6천만 원의 국고보조금이 지급되었다. 〈동아일보〉 1993년 1월 17일.

진 정당에 대하여는 100분의 5씩을, 의석이 없거나 5석 미만의 의석을 가진 정당 중 다음의 어느 하나에 해당하는 정당에 대하여는 보조금의 100분의 2씩을 배분·지급한다. 첫째로 최근에 실시한 국회의원총선에 참여한 정당의 경우에는 득표수 비율이 100분의 2 이상인 정당에 지급하며, 둘째로 최근에 실시한 국회의원총선에 참여한 정당 중 위에 해당하지 않는 정당으로서 의석을 가진 정당의 경우에는 최근에 전국적으로 실시한 후보추천이 허용되는 비례대표 시·도의회의원선거, 지역구 시·도의회의원선거, 시장·도지사선거 또는 자치구·시·군의 단체장선거에서 당해 정당이 득표한 득표수 비율이 100분의 0.5 이상인 정당에게 지급한다. 셋째로 최근에 실시한 국회의원총선에 참여하지 아니한 정당의 경우에는 최근에 전국적으로 실시한 후보추천이 허용되는 비례대표 시·도의회의원선거, 지역구 시·도의회의원선거, 시장·도지사선거 또는 자치구·시·군의 단체장선거에서 당해 정당이 득표한 득표수 비율이 100분의 2 이상인 정당에게 지급한다. 이러한 규정들에 의해 지급하고 남은 예산 중 100분의 50은 지급 당시 국회의석을 가진 정당에 그 의석수의 비율에 따라 배분·지급하고, 잔여분은 국회의원선거의 득표수 비율에 따라 배분·지급한다. 선거보조금은 당해 선거에서 후보자를 추천하지 아니한 정당에게는 지급하지 않는다.

정치자금의 국고보조금은 정당의 운영에 소요되는 경비를 보조하는 것이기 때문에 인건비, 사무용 비품 및 소모품비, 사무소 설치·운영비, 공공요금, 정책개발비, 당원 교육훈련비, 조직활동비, 선전비, 선거관계비용 외에는 사용할 수 없다. 경상보조금을 지급받은 정당은 경상보조금 총액의 100분의 30 이상을 정당소속 정책연구소에 지급해야 하며 100분의 10 이상은 시·도당에 배분·지급하여야 한다. 또한 100분의 10 이상은 여성정치 발전을 위하여 사용하여야 한다. 정당은 소속당원인 공직선거의 후보자·예비후보자에게 보조금을 지원할 수 있으며, 여성추천 보조금은 여성후보자의 선거경비로 사용하여야 한다.

만일 국고보조금을 지급받은 정당이 보조금에 관한 회계보고를 누락하거나 허위보고한 경우, 위에 규정한 용도 외에 사용한 경우, 여성추천 보조금의 용도 외에 사용한 경우 등에는 해당금액의 2배에 상당하는 금액을 중앙선거관리위원회에 반환해야 하며 반환을 하지 않으면 그 이후 지급할 보조금에서 감액한다. 또한 회계보고를 하지 않을 때에는 중앙당은 지급한 보조금의 100분의 25에 상당하는 금액, 시·도당의 경우에는 중앙당으로부터 지원받은 보조금의 2배에 상당하는 금액을 반환해야 한다.

정당에 지급하는 국고보조금의 액수는 상당히 많기 때문에 정당들은 이 보조금만으로도 정당활동을 하는 데 소요되는 최소한의 정책개발비나 조직활동비 등의 비용을 충당할 수 있다. 1994년 여당의 경우에는 국고보조금이 전체 수입의 4분의 1 정도에 불과하였고 야당의 경우에는 전체 수입의 70% 이상을 차지하는 등 여당과 야당 사이에 격차가 있었으나 현재는 여당의 정당운영비가 크게 감소함에 따라 여당과 야당을 불문하고 국고보조금이 정당활동에 크게 도움을 주고 있다.

2) 정당의 정치자금 지출

정당의 정치자금 지출은 2000년 이전에는 굉장히 많았으나 현재는 급격하게 감소하였다. 정치자금은 선거 시에 대종을 이루지만 2000년 이전에는 비선거 시에도 상당한 정치자금을 사용하였다. 1993년의 경우 여당인 민주자유당의 지출은 인건비를 포함하여 운영비가 2백 35억 원, 조직활동비가 86억 원, 정책비가 75억 원, 선전비가 7억 원 등 모두 404억 원이었다. 이러한 지출은 수입 3백 67억 원보다 37억 원이 많은 것이었다. 민주자유당은 연수원부지 매각대금의 이자로 부족 부분을 충당하였다. 야당인 민주당의 1993년 지출은 76억 8천만 원으로 총수입 87억 2천만 원의 수입으로 충당이 가능하였다.[38]

---

38) 〈동아일보〉 1994년 3월 8일.

2000년 이전 정당의 지출 중에서 가장 큰 부분을 차지한 것은 인건비를 포함한 운영경비였다. 1994년의 경우 민주자유당은 사무처요원 2백여 명에게 국영기업체 수준의 월급을 지급하였다. 민주당의 월 지출액은 1994년 초의 경우 6억 원 선이었다. 이 중에서 사무처요원 190명에게 1백만 원 안팎의 월급을 지급하여 활동비(급여)로 1억 9천만 원이 들었다.[39] 정당 지출항목에서 인건비를 포함한 운영비는 민주자유당이나 민주당이나 모두 전체 지출의 50% 이상을 차지하였다. 1993년도의 경우 민주자유당은 운영경비가 235억 3천만 원으로 전체 지출의 58%를 차지하였고 민주당은 44억 3천만 원으로 57.7%를 차지하였다.

정당의 지출항목에서 두 번째로 큰 것은 지구당에 대한 보조였다. 민주자유당은 1994년 237개 지구당에 매월 지구당관리비 150만 원과 474명의 지구당 사무국장과 조직부장의 인건비 150만 원을 포함하여 월 4백만 원을 지급하였다.[40] 민주당에서는 시·도지부에 매월 150만 원, 2백만 원, 250만 원씩 차등 지급하였으며 원외지구당에는 월 150만 원, 원내지구당에는 1994년부터 월 1백만 원씩 지급하였다. 민주자유당의 경우는 지구당 보조금이 국고보조금 전액과 거의 비슷하였으며 민주당은 지구당 보조금이 국고보조금의 22% 정도를 차지하였다. 정당들이 정책사업에 지출한 금액을 보면 민주자유당은 75억 7천만 원으로 18.7%를 차지하였고 민주당은 3억 4천만 원으로 4.4%에 불과하였다. 이러한 숫자는 우리나라 정당들이 정책개발을 위해서는 많은 돈을 쓰지 않았음을 나타낸다.

2000년 이후에는 정당의 정치자금 지출에서 나타나는 이러한 문제들을 해소하기 위해 지구당을 폐지하고, 정당에 둘 수 있는 유급 사무직원은 중앙당에는 1백 인을 초과할 수 없도록 하고 시·도당에는 총 1

39) 〈조선일보〉 1994년 3월 16일.

40) 민주자유당은 1990년 당시 각 지구당의 월운영비 보조로 150만 원과 14개 시·도지부에 대한 보조비로 3백만 원에서 6백만 원씩을 지원하였다. 〈중앙일보〉 1990년 9월 16일.

백 인 이내에서 각 시·도당별로 중앙당이 정하도록 하였다. 만일 정당법에 규정된 유급사무직원 수를 초과할 때에는 다음 연도에 지급하는 국고보조금 경상보조금에서 당해 정당의 유급사무직원의 연간 평균 인건비에 초과한 유급사무직원 수를 곱한 금액을 감액하도록 규정하였다. 또한 정당의 정책개발과 연구활동을 촉진하기 위하여 중앙당에 별도 법인으로 정책연구소를 설치·운영하도록 정당법에 규정하고 국고보조금의 30% 이상을 정책연구소에 배정하도록 하였다.

10. 정당의 생성과 소멸, 그리고 이합집산

1945년 8월 15일에 일본의 식민통치가 종식된 이후부터 1948년 8월 15일에 정부가 수립되기까지의 정당정치의 성격은 정부수립 이후의 정당정치와 매우 다르다. 그 이유는 정부가 없는 상태에서의 정당과 선거에서 승리하여 정권을 잡으려는 정당 간에는 차이가 있기 때문이다. 또 한편으로는 해방 직후에는 좌익와 우익의 이데올로기가 모두 허용되어 상반되는 이데올로기를 바탕으로 하는 정당들이 생성하고 이들간의 대립과 갈등이 특징을 이루었으나 정부수립 이후에는 기본적으로 우익정당들만이 활동공간을 확보하였기 때문이다.

이러한 상황은 정당체계가 형성될 상황이 아니었다. 해방 직후에는 조선공산당과 한국민주당이 정당의 형태를 갖춘 정치조직체였으나 해방 두 달 만에 정치단체가 1백여 개로 늘어났으며[41] 미소공동위원회와의 협의를 신청한 정치단체는 4백여 개에 달하였는데 이 당시 대부분의 정당은 당원이 20~30명에 불과한 정치단체였다.

41) 진학주, "해방된 정당운동", 〈민심〉 제 1권 1호, 1945년 11월, p. 65. 심지연, 앞의 책, p. 22에서 재인용.

1) 이승만 자유당 정부에서의 정당체계 변화

정부를 수립하기 위해 1948년 5월 10일에 실시한 제헌의원선거에서 무소속후보의 수는 전체 출마자 948명의 44%인 417명이었고 2년 후인 1950년 5월 30일에 실시한 2대 국회의원선거에서는 전체 출마자 2,209명 중에서 68.5%인 1,513명이 무소속 후보였다. 1954년 5월 20일에 실시한 3대 국회의원선거에서 무소속 후보는 전체 출마자 1,207명의 66%인 797명이었다. 무소속후보자들 중 당선자를 보면 제헌국회에서는 85명으로 전체 의석의 42.5%를 차지하였고 2대 국회의원선거에서는 126명이 당선되어 전체 의석의 60%를 차지했다. 3대 국회의원선거에서는 68명이 당선되어 전체 203명의 33.5%를 차지했다.[42] 이러한 숫자들은 정부가 수립된 이후에도 6년이 지날 때까지 우리 정치에서 정당정치가 확립되지 않았음을 나타낸다.

이승만이 대통령으로 당선되어 이승만 정부가 수립된 이후 가장 중요한 정당은 한국민주당이었다. 한국민주당은 제헌국회의원선거에서 29명이 당선되어 가장 많은 의석을 가진 정당이 되었으며 한국민주당 후보로는 출마하지 않았으나 독립촉성중앙협의회나 대동청년단, 민족청년단의 간판을 걸거나 무소속으로 출마하여 당선된 의원들을 포함하면 원내에서 60에서 89석에 이르는 세력을 가지고 있었다.[43] 그러나 이승만 대통령의 첫 내각구성에서 이승만의 견제로 배제된 한국민주당은 당세 위축과 국민들로부터의 인기하락의 대응책으로 1949년 2월 10일 대한국민당의 신익희 세력과 대동청년당의 지청천 세력과 결합하여 민주국민당을 창당하였다. 한국전쟁 중의 국민방위군사건과 거창양민학살사건 등으로 이시영 부통령이 사임한 자리에 민주국민당의 김성수가 당선되고 국회의장선거에서도 민주국민당의 신익희가 당선되는 등

---

42) 심지연, 앞의 책, pp.51~52.

43) 심지연, 위의 책, p.60.

민주국민당의 세력이 팽창, 확대되었고 이승만 대통령의 국회에서의 재선가능성이 불가능하게 되었다.

이러한 상황에서 이승만은 이 위기를 돌파하기 위해 자유당을 창당하였다. 1951년 8월 15일 이승만의 '신당조직 의사표명'과 11월 30일 이승만의 대통령직선제 개헌안 제출을 계기로 12월 23일에는 이갑성, 김동성, 이재학, 홍익표, 이상철, 오위영 등이 국회의사당에서 결당대회를 열어 자유당으로 발족하였다. 이와는 별도로 이범석을 중심으로 한 원외세력도 12월 17일 발기인대회를 갖고 당수에 이승만, 부당수에 이범석을 추대한 가운데 당명을 역시 자유당으로 정하고 강령·당헌 등을 채택하였다. 이러한 과정을 통해 결국 자유당이란 같은 이름의 두 정당이 한 지도자 아래서 발족하였다. 그러나 원내파는 이승만의 의중을 거슬렀고, 원외파는 이승만의 애호를 받았다. 원외파를 이끌던 내무부장관 이범석은 직선제 개헌안을 통과시키기 위해 7월 4일 경찰력을 총동원하여 국회의원의 납치와 연금 등 모든 수단을 다하여 일대 정치적 파란을 일으키면서 이른바 '발췌개헌안'을 통과시켰다. 그러나 이승만은 1953년 9월 이범석의 족청계를 숙청하고 당수제를 폐기하여 부당수이던 이범석을 평당원으로 격하시키면서 당을 장악하였다.

이승만의 종신집권을 위한 사사오입 개헌안이 변칙적으로 통과되자 민주국민당과 무소속의원들은 자유당에 대항하기 위해 통합을 추진하여 1955년 9월 18일 민주당을 창당하였다. 민주당은 1956년 5월 15일의 3대 정·부통령선거에 대비하여 대통령후보에 신익희, 부통령후보에 장면을 지명하였으나 신익희 후보가 선거운동 기간 중에 뇌일혈로 사망함에 따라 자유당의 이승만은 손쉽게 당선되었다. 그러나 부통령선거에서는 장면이 자유당의 이기붕을 누르고 당선되는 성공을 거두었다. 1958년 5월 2일에 실시된 4대 국회의원선거에서는 자유당의 126석에 이어 민주당이 79석을 획득하여 자유당과 민주당의 양당체계가 구축되었으며, 그 이후 민주당은 강력한 단일야당으로 자유당 독재정권에 대한 투쟁을 전개하였다.

자유당은 1960년의 4대 정·부통령선거에서 전국적 부정선거를 자행하여 국민들의 저항을 야기시켰고 결국은 4월혁명의 성공으로 이승만이 대통령에서 물러남에 따라 12년간의 이승만 정부는 붕괴되고 자유당도 19년 만에 해체되었다.

2) 민주당 정부에서의 정당체계 변화

1960년 4월혁명의 성공으로 이승만의 자유당 정부가 붕괴되고 새 정부를 구성하기 위한 5대 국회의원선거와 초대 참의원선거가 7월 29일에 실시되었다. 민주당은 민의원선거에서 175명이 당선되어 전체 의석의 75.1%를 차지했고 참의원선거에서는 31명이 당선되어 전체 의석의 53.4%를 차지했다. 그러나 민주당은 자유당 정권에서 야당을 할 때부터 신파와 구파가 양분되어 있었고 7·29 총선에서도 신파와 구파가 치열한 경쟁을 벌이는 등 두 파벌 사이의 갈등은 첨예하였다. 신파와 구파 사이의 갈등은 대통령과 총리를 결정하는 데서도 나타났는데 구파에서는 대통령과 총리직을 모두 차지하려 하였고 신파에서는 대통령은 구파의 윤보선에게 양보하고 장면을 총리로 생각하고 있었다. 구파는 물론 신파의 지원을 받아 국회의결로 대통령에 당선된 윤보선은 총리후보로 구파의 김도연을 지명하였으나 국회에서 인준을 얻는 데 실패하였다. 할 수 없이 윤보선은 신파의 장면을 총리후보로 지명하였고 장면은 찬성 117표, 반대 107표로 총리 인준을 획득하였다. 구파는 8월 31일에는 민주당 구파동지회라는 명칭으로 원내교섭단체를 등록하고 9월 22일에는 신당발족을 선언했다. 이에 신파도 9월 23일 민주당이라는 명칭으로 원내교섭단체 등록을 하였다. 구파는 결국 민주당을 탈당하고 1961년 2월 20일에 신민당을 창당함에 따라 민주당은 두 개의 정당으로 분당되었다.

4월혁명이 성공하고 1960년 6월 15일 국회에서 개헌안이 통과하자 자유당은 붕괴하기 시작했고 대부분의 정당간부들은 3·15 부정선거의 원흉으로 투옥되었다. 이에 104명의 자유당 의원들이 탈당하여 헌정동지회를 구성하여 4대 국회 말에는 소속의원이 48명밖에 남지 않았다. 자유당 잔류파들은 7·29 총선에서 민의원에 2명, 참의원에 4명만이 당선되어 창단된 지 9년 만에 해체되었다.

민주당 정부에서 정당체계의 또 한 축을 이룬 것은 혁신정당들이었다. 자유당 정부에서 진보당에 대한 탄압 이후 활동이 제한되었던 혁신계는 민주당 정부에서 이에 대한 제한이 철폐되자 활발한 정치활동에 들어갔다. 그러나 혁신계 내의 파벌로 인해 사회대중당, 한국사회당, 혁신동지총연맹 등으로 분열되었고 7·29 총선에서도 민의원에 4명, 참의원에 3명만이 당선되는 참패를 했다. 민주당 정부 9개월은 기간이 너무 짧았기 때문에 정당체계가 제대로 정착되지도 못했지만 이 시기 우리 정당정치에서 나타난 특징은 집권당과 혁신계에서 볼 수 있는 바와 같이 정당 내 파벌을 중심으로 정당이 분열된 점이었다.

3) 박정희 정부에서의 정당체계 변화

5·16 군부쿠데타로 정권을 장악한 군부는 1962년 12월 17일 국민투표에서 헌법개정안이 통과된 후 12월 31일에는 정당법을 제정하고 1963년 1월 16일에는 국회의원선거법을 개정했다. 1963년 1월 1일에는 그동안 금지했던 정치활동의 재개를 허용하면서 군부와 민간 정치인들은 정당을 창당하기 시작했다. 군부세력에서는 김종필의 주도로 민주공화당이 1963년 2월 26일에 창당되었고 5월 25일에는 임시전당대회를 열어 박정희를 대통령후보로 지명하였다.

민간정치인들은 과거 민주당의 신파와 구파로 갈라져 정당들을 창당했는데 민주당의 구파계에서는 5월 14일 민정당(民政黨) 창당대회를 열고 윤보선을 대통령후보로 지명했다. 민주당의 신파계는 7월 18일 민주당 창당대회를 열었으나 대통령후보는 지명하지 않았다. 9월 5일에는 비민주당계의 정치인들이 국민의 당을 창당하고 허정을 대통령후보로 지명했다.

1963년 10월 15일에 실시된 5대 대통령선거에서 민주공화당의 박정희 후보가 민정당의 윤보선 후보를 누르고 당선되고 11월 26일에 실시된 6대 국회의원선거에서도 분열된 야당들이 패배하면서 정당들의 합당을 통한 정당체계의 개편이 이루어졌다. 6대 국회의원선거에서는 민주공화당이 110석, 민정당이 41석, 민주당이 13석, 자유민주당이 9석, 국민의 당이 2석을 획득하였고 민주공화당은 선거에서의 득표율이 33.5%에 불과하였으나 국회의석의 67.9%를 차지하였다. 분열로 인해 국회의원선거에서 참패한 야당들은, 민정당을 제외한 민주당, 자유민주당, 국민의 당이 연합하여 3민회라는 원내교섭단체를 구성하였다. 그 이후 단일야당을 향한 야당들간의 통합은 몇 단계를 거쳐 이루어졌다. 1964년 9월 17일에는 국민의 당이 민주당과 합치고 11월 16일에는 자유민주당이 민정당과 합쳐 야당은 민정당과 민주당으로 이원화되었다. 1965년 6월 14일에는 민정당과 민주당이 합당하여 민중당이라는 단일야당을 창당함에 따라 정당체계는 민주공화당과 민중당의 양당체계가 성립되었다.

그러나 민정당 총재로 대통령선거에 출마했던 윤보선은 통합야당인 민중당의 대표최고위원선거에서 민주당 총재였던 박순천에게 패배하자 7월 28일에 탈당한 후 1966년 3월 30일 신한당을 창당하여 총재로 취임한 후 대통령후보가 되었다. 이것은 우리 정당의 특징인 인물정당의 성격을 잘 나타낸 것으로 정당 내의 권력투쟁에서 패배한 정치인은 탈당한 후 다시 자신을 추종하는 세력들과 정당을 만드는 관행을 보여주는 전형적 예였다. 이에 따라 정당체계는 다시 3당체계로 바뀌었다. 1967년 5월 3일의 대통령선거를 앞두고는 2월 7일 민중당과 신한당이 합당하여 신민당을 창당하였고 대통령후보로 윤보선을 결정함으로써 정당체계는 다시 양당체계로 복귀하였다. 이때 이후 박정희 정부하에서 정당체계는 집권당인 민주공화당과 단일 야당인 신민당의 양당체계로 고착되어 1979년까지 12년간 양당제가 지속되었다.[44]

4) 전두환 정부에서의 정당체계 변화

1979년 10월 26일 박정희 대통령이 암살된 이후의 국정혼란 상황에서 12월 12일에 발생한 군부 내 반란과 1980년의 5·17 군부쿠데타로 정권을 장악한 전두환을 중심으로 한 신군부는 모든 정당을 해산하고 정치활동을 금지했다. 1980년 10월 22일의 국민투표를 통해 확정된 새로운 5공화국 헌법을 바탕으로 신군부세력은 정당법, 정치자금법, 선거법을 개정하였다. 정당체계에서는 극단적 대립을 유발하는 양당제보다는 다당제가 바람직하다는 인식하에 정당의 설립이 용이하도록 정당법을 개정하였는데 이는 야당세력을 분열시키는 것이 자신들이 선거에서 유리하다는 판단에 근거한 것이었다. 이 결과 1980년 10월 27일 새 헌법 발효와 동시에 해산된 정당이 4개였던 데 비해 1981년 3월 25일에 실시된 11대 국회의원선거를 앞두고는 12개의 정당이 창당되었다.[45]

1980년 11월 21일 계엄령이 해제되고 정치활동이 허용되자 정당들의 창당이 줄을 이었다. 가장 먼저 창당된 정당은 전두환 중심의 신군부가 1981년 1월 15일에 창당한 민주정의당이었다. 여기에는 신군부세력을 포함하여 민주공화당과 신민당에서 활동하던 정치인들이 참여하였다. 그러나 야당정치인들 중의 일부는 신군부가 만든 정치풍토쇄신법에 따라 정치활동이 금지되었는데 최종적으로 정치활동이 금지된 567명의 정치인들은 정당가입 등의 활동을 할 수 없었다. 정치활동 규제대상에서 제외된 정치인들 중 신민당계의 일부는 1981년 1월 17일에

---

44) 1971년의 7대 대통령선거를 앞두고 신민당의 총재를 결정하는 전당대회에서 패배한 윤보선은 다시 신민당을 탈당한 후 국민당을 창당하였다. 그는 대통령후보로 박기출을 내세웠으나 유효투표의 0.35%인 4만 3,753표밖에 얻지 못하는 참패를 하고 1971년 5월 25일에 실시된 8대 국회의원선거에서도 지역구 1석밖에 얻지 못하는 참패를 했다.

45) 심지연, 앞의 책, p.319.

민주한국당을 창당하였고 1월 23일에는 민주공화당과 유신정우회 출신 의원들을 중심으로 한 한국국민당이 창당되었다. 이외에도 민권당, 사회당, 민주사회당, 신정당 등이 신군부의 도움을 받으며 창당되었다. 그러나 모든 야당들은 진정으로 정권을 차지하겠다는 목표를 갖고 창당된 것이 아니라 다당제의 외형을 갖추어야 한다는 필요성에 부응해서 만들어진 정당들이었다.[46] 이 결과 전두환 정부 초기의 정당체계는 의도적으로 만들어진 다당제의 틀을 갖추었다.

그러나 11대 국회의원선거를 거치면서 형식적 다당제는 패권정당제로 변했다. 이 선거에서 민주정의당은 전체 의석의 과반수인 138석보다 13석이 더 많은 151석(지역구 90석과 전국구 61석)을 획득했고 원내 제2당이 된 민주한국당은 81석(지역구 57석과 전국구 24석), 한국국민당은 25석(지역구 18석과 전국구 7석)을 획득했다. 그외에 민권당, 신정당, 민주사회당이 각 2석씩, 민주노동당과 안민당이 각 1석씩을 획득했고 무소속이 11명이었다. 이에 따라 정당체계는 전체 의석의 과반수를 훨씬 넘어 모든 것을 독자적으로 결정할 수 있는 거대정당과 정권교체는 물론이고 그외의 어떤 의미 있는 정치적 역할도 할 수 없는 왜소한 정당들로 나누어진 패권정당체계가 등장하였다.

11대 국회의원선거의 결과로 등장했던 패권정당제는 1985년 2월 12일에 실시된 12대 국회의원선거의 결과로 다시 양당제로 바뀌었다. 전두환 정부는 1983년 2월 25일 정치활동 금지 정치인들에 대한 1차 해금을 실시하여 555명 중 250명에 대해 정치활동을 허용했다. 그뒤 1984년 2월 25일에는 2차 해금조치를 단행, 202명에게 정치활동을 허용했고 같은 해 11월 30일에는 84명에 대해 3차 해금조치를 단행했다. 정치활동이 허용된 정치인들은 1984년 6월 14일 민주화추진협의회를 구성하였고 12대 국회의원선거를 25일 앞둔 1985년 1월 18일에는 김영삼, 김대중, 김상현이 중심이 되어 신한민주당을 창당했다. 전두환 정

46) 심지연, 앞의 책, p. 332.

부하에서 만들어진 모든 야당들이 군부에 의해 만들어진 정당이었던 데 비해 신한민주당은 정권으로부터 정치참여를 배제당했던 정치인들이 만든 정당이었고 당시까지도 정치활동이 금지되어 있던 김영삼과 김대중이 주축이 되어 만들어진 정당이었기 때문에 기존의 야당들과는 차이가 있는 '선명 야당'이었다.

12대 국회의원선거의 결과는 민주정의당 148석(지역구 87석과 전국구 61석), 신한민주당 67석(지역구 50석과 전국구 17석), 민주한국당 35석(지역구 26석과 전국구 9석), 한국국민당 20석(지역구 15석과 전국구 5석)이었으며 이외에 신정사회당 1석, 신민주당 1석, 무소속 4석이 당선되었다. 이 선거에서 나타난 가장 중요한 결과는 선거일 25일 전에 만들어진 신한민주당이 거대야당으로 등장하고 민주한국당과 한국국민당이 몰락한 것이었다. 득표율에서도 신한민주당은 29.26%를 얻은 데 비해 민주한국당은 19.6%, 한국국민당은 9.16%밖에 얻지 못했다.[47] 더욱이 선거가 끝난 지 두 달도 되지 않은 4월 3일과 4일에 민주한국당 국회의원 30명이 탈당한 후 신한민주당에 입당하고 한국국민당 국회의원 3명, 신민주당과 신정사회당 의원 각 1명, 무소속의원 1명도 신한민주당에 입당하면서 신한민주당이 국회의원 의석의 3분의 1을 넘는 103석을 확보하여 거대야당으로 등장함에 따라 패권정당제는 붕괴되고 양당제의 형태가 복원되었다.

그러나 양당제의 정당체계도 2년 후인 1987년의 6·10 민주항쟁과 직선제 개헌을 거치면서 다시 다당제로 변화하였다. 직선제 개헌을 요구하는 6·10 민주항쟁의 과정에서, 간접선거로 예정되었던 13대 대통령선거에 민주정의당 후보로 지명되어 있던 노태우는 6월 29일 대통령 직선제의 수용, 김대중의 사면과 복권 등 8개 항의 수습방안을 발표하면서 우리 정치에서는 민주화가 시작되었다.

그러나 국민들의 기대와는 달리 야권은 분열되었다. 김영삼과 김대

---

47) 심지연, 앞의 책, pp. 348~349.

중의 정치활동이 금지된 상태에서 신한민주당을 위탁 운영하던 이민우가 민주정의당이 제시한 내각제 개헌안에 대한 긍정적 반응을 보이자 김영삼, 김대중계의 국회의원 78명은 신한민주당을 탈당한 후 5월 1일 통일민주당을 창당하였고 김영삼을 총재로 선출했다. 사면과 복권을 받아 뒤늦게 정치활동을 재개한 김대중은 김영삼이 선점하고 있는 통일민주당에 입당하는 것을 거부하고 11월 12일 평화민주당을 창당한 후 총재 겸 대통령후보로 추대되었다. 1985년 3월 6일 정치활동 규제에서 풀린 후에도 정치활동을 하지 않던 김종필도 1987년의 13대 대통령선거를 앞두고 민주공화당 세력을 중심으로 10월 30일 신민주공화당을 창당한 후 총재 겸 대통령후보로 추대되었다. 이에 따라 양당제로 개편되었던 정당체계는 다시 다당제로 변화하였다. 그러나 이번의 다당제는 전두환 정부 초기에 군부세력이 의도적으로 만들려 했던 다당제와는 근본적으로 다른 성격을 띠었는데 그 핵심은 지역주의를 바탕으로 하는 다당제였다. 민주정의당을 만든 전두환과 그를 계승한 노태우가 경상북도출신이었고 통일민주당의 김영삼은 경상남도출신으로 부산을 정치적 기반으로 하여 성장하였다. 이에 비해 김대중은 전라남도출신으로 호남지역에 지지기반을 가지고 있었고 김종필은 충청남도출신으로 충청도에 지지기반을 가지고 있었다. 이와 같이 '1노 3김'이 각기 다른 지역적 기반을 바탕으로 정당을 이끌거나 만듦에 따라 이 이후의 정당들은 지역주의에 의거한 정당체계의 성격을 강하게 띠었고 김영삼, 김대중, 김종필의 '3김'이 정치를 하는 동안에는 지역주의를 근거로 한 다당제가 지속되어 지역감정과 지역대결을 강화시켰다.

5) 노태우 정부에서의 정당의 이합집산

노태우 정부에서도 정당들 사이의 합종연횡과 분열을 통한 정당체계의 변화는 계속되었다. 이 시기의 정당체계는 지역주의에 기반을 둔 정치지도자들이 분열하여 만든 정당들로 이루어진 다당제로 시작하였으나 곧 양당제로 개편되었다. 이 기간에 이루어진 첫 번째 정당체계의 변화는 1990년 1월 22일에 발표된 여당인 민주정의당과 두 개의 야당인 통일민주당과 신민주공화당 사이의 3당 합당이었다. 1988년 4월 26일에 실시된 13대 국회의원선거의 결과로 집권당인 민주정의당이 125석(지역구 87석과 전국구 38석)을 얻었고 김대중의 평화민주당은 70석(지역구 54석과 전국구 16석), 김영삼의 통일민주당은 59석(지역구 46석과 전국구 13석), 김종필의 신민주공화당은 35석(지역구 27석과 전국구 8석)을 획득했다. 이러한 결과는 집권당이 전체 의석의 41.8%밖에 얻지 못한 것으로 대통령이 소속된 정당이 국회에서 과반수를 차지하지 못하는 분점정부 현상이 우리나라 정치에서 처음으로 나타났다. 3당 합당은 이러한 분점정부하에서 1년 반 동안 진행된 정치의 결과로 나온 것으로, 집권여당과 야당 사이에 이루어진 합당이라는 점과 1987년의 민주화에서 민간정치인들이 대통령선거에서 패배한 이후 2년도 되지 않은 상태에서 야당정치인의 표상이었던 김영삼이 군출신 대통령인 노태우 정부와 합당을 한 점에서 많은 국민들에게 충격을 주었다. 3당 합당의 공식적 절차를 보면, 1월 30일에는 통일민주당, 2월 1일에는 민주정의당, 2월 5일에는 신민주공화당이 합당을 위한 정당해체를 결의하고 2월 9일에 합당대회를 가져 민주자유당을 창당하였다. 이로써 민주정의당은 1981년 1월 15일에 창당된 후 9년 만에 소멸하였고 통일민주당은 1987년 5월 1일에 창당된 후 2년 9개월 만에 소멸하였다. 신민주공화당은 1987년 10월 30일에 창당된 후 2년 3개월 만에 소멸하였다.

노태우 정부에서 나타난 두 번째 정당체계의 변화는 민주당의 창당이다. 집권당과 2개의 야당 사이에 이루어진 3당 합당의 결과 호남 중심의 왜소한 야당으로 전락한 김대중은 평화민주당을 중심으로 야권통합에 나섰다. 평화민주당은 재야의 일부 세력을 정치권에 끌어들이면서 이들과 통합하는 형식으로 1991년 4월 9일 신민주연합당이라는 정당을 창당했다. 김대중이 자신이 직접 만들어 큰 애착을 가지고 있었던 평화민주당의 이름을 양보하면서까지 재야세력과 함께 새로운 정당을 만든 것은 평화민주당은 호남정당이라는 이미지를 탈피하고 다른 지역에 지지기반을 확보하려는 전략이었다. 한편 3당 합당에 반대하여 이에 참여하지 않은 통일민주당소속의 이기택 등 8명의 국회의원들은 1990년 6월 15일 민주당을 창당하였다. 김대중과 이기택은 합당협상을 벌여 1991년 9월 10일 통합에 합의했다. 이 결과 4당체계로 시작한 정당체계는 양당체계로 재편되었다. 이 통합과정에서 김대중은 소속국회의원을 67명이나 가지고 있는 큰 정당이면서도 8명의 의원밖에 갖지 못한 소규모 정당인 민주당의 명칭을 새 정당의 명칭으로 받아들이는 양보를 감수하였다. 또한 정당의 통합도 소규모의 민주당을 흡수하는 것이 아니라 당 대 당으로 통합하는 형식을 취하고 새 정당의 지도자도 김대중과 이기택의 공동대표제로 하는 등 파격적 양보를 하였다. 이것은 3당 합당으로 등장한 민주자유당에 대항하는 야권통합의 이미지를 부각시키고 영남과 중부권지역 출신의 국회의원을 확보하여 호남정당이라는 지역정당의 이미지를 벗기 위한 의도였다.

6) 김영삼 정부에서의 정당의 이합집산

15대 대통령선거가 끝나고 4일 후인 1992년 12월 19일 민주당 대통령후보였던 김대중은 정계은퇴를 선언[48]했다. 1993년 1월 26일 영국으로 출국하면서도 자신은 정치를 떠났으며 앞으로 영원히 정치는 하지 않을 것이라고 선언했다.[49] 그러나 1993년 7월 4일에 귀국한 김대중은 1994년 1월 27일 아시아태평양평화재단을 설립한 후 1995년 6월

48) 김대중은 "다시 돌아올 뜻을 감추고 작전상 은퇴한 것이 아닙니다. 은퇴하는 사람이 그런 생각을 한다면 국민을 속이고 역사를 속이는 것에 불과합니다"라면서 추한 모습은 보이지 않겠다고 단언했다. 김대중, 《새로운 시작을 위하여》, 김영사, 1993, pp. 29~30. 심지연, 앞의 책, p. 417에서 재인용.

49) 〈조선일보〉 1993년 1월 27일.

27일에 실시된 지방선거에서는 민주당 후보의 당선을 위해 지원유세에 나섰다. 1995년 8월 11일에는 정계은퇴 후 2년 7개월 만에 새정치국민회의라는 이름의 정당 발기인대회를 가진 후 9월 5일에는 창당대회를 개최하여 총재로 선출되었다. 새정치국민회의에는 민주당소속의 국회의원들 중 현역의원이 65명 참여하고 이 중에서 전국구 국회의원 12명을 제외한 53명이 탈당 후 신당에 가입함에 따라, 제1야당이던 민주당은 소속의원 39명의 소규모 정당으로 전락하였다. 민주당은 14대 총선에서 97명의 당선자를 내고 무소속의원을 영입하여 의원수가 99명에 이르는 거대한 제1야당이 되었으나 1995년 말에는 의석비율이 13.5% 밖에 안 되는 원내 3당으로 전락했다.[50]

1993년 2월 9일에는 통일국민당 대통령후보로 출마했다가 낙선한 현대그룹의 창업주 정주영도 경제계로 복귀한다면서 정계은퇴를 선언하였다. 정주영이 만들었던 통일국민당은 정주영이 정계은퇴를 하면서 주인을 잃었고 얼마 안 가서 정당도 소멸하였다.

정당의 분열과 새로운 정당의 창당은 집권당인 민주자유당에서도 일어났다. 1990년 1월 22일의 3당 합당을 통해 등장한 민주자유당은 통일민주당출신인 김영삼이 대통령이 되자, 김영삼계는 1994년 12월 당대표를 맡고 있던 신민주공화당계의 김종필을 비개혁세력으로 몰아 비판했고 1995년 2월로 예정된 전당대회에서 그의 2선 후퇴를 주장했다. 이에 김종필은 1995년 2월 9일 민주자유당 탈당과 신당창당을 밝힌 후 3월 30일에는 자유민주연합이라는 이름의 정당을 창당했다. 5월 16일에는 신민당과 통합을 성사시키고 무소속의원을 영입해 7월 15일에는 22명의 의원으로 원내교섭단체로 등록했다.[51] 이에 따라 김영삼 정부에서의 정당체계는 민주자유당, 새정치국민회의, 자유민주연합의 3당 체계를 이루었다.

---

50) 심지연, 앞의 책, pp. 424~425.

51) 심지연, 위의 책, pp. 426~427.

민주자유당은 1995년 6월 27일에 실시된 지방선거에서 참패하였다.[52] 11월에는 전두환, 노태우 두 전직대통령이 비자금문제로 구속되자 김영삼 대통령은 3당 합당의 산물인 민주자유당에는 군부정권의 이미지가 남아 있기 때문에 이를 청산하고 새로운 집권세력으로 출발한다는 명분하에 1995년 12월 6일 정당의 명칭을 신한국당으로 바꾸었다. 이에 따라 민주자유당은 만들어진 지 5년 10개월 13일 만에 소멸되었으며 이승만 대통령이 만든 자유당, 박정희 대통령이 만든 민주공화당, 전두환 대통령이 만든 민주정의당에 이어 대통령이 직접 만들었다가 없어진 4번째 정당이 되었다.[53]

김영삼 정부 기간 동안에 발생한 정당들 사이의 이합집산과 정당창당 및 정당해산에서 가장 독특한 것은 1997년 10월 31일에 발표된 새정치국민회의와 자유민주연합 사이의 정당연합으로 속칭 DJP[54]연합의 성립이었다. DJP연합은 김대중의 새정치국민회의와 김종필의 자유민주연합이 15대 대통령선거에서 승리하기 위해 두 정당이 합당이 아닌 연합을 한 것으로 합의의 핵심은 대통령선거의 후보를 김대중으로 단일화하고, 집권하면 공동정부를 구성해 총리는 자유민주연합에서 맡는다는 것과 1999년 말까지 내각제 개헌을 완료한다는 것이었다. DJP연합은 그동안의 우리나라 정당정치사에서 계속되었던 합당이 아니라 두 정당이 별개로 존재하면서 공동정부를 구성한다는 연합협약이라는 점에서 전례가 없는 것이었다. 또한 이념이나 정책 면에서 완전히 다른 두 개의 정당이 신한국당에 대한 정당지도자 개인의 악감정을 바탕으로 연합을 형성하였다는 점에서도 독특했다. 이 연합은 유권자들에게

52) 이 지방선거에서 민주자유당은 15개 광역자치단체장선거에서 5명만 당선되고 230개 기초자치단체장선거에서도 70명만 당선되었으며 875개 광역의회의원선거에서도 286명만이 당선되어 참패했다.

53) 심지연, 앞의 책, pp. 429~430.

54) DJP란 김대중의 영문약칭인 DJ(Dae Jung)와 김종필의 영문약칭인 JP(Jong Pil)를 혼합한 것이었다.

만연된 지역감정을 이용하여 호남권 표와 충청권 표를 결집시킴으로써 정권을 잡는 데 성공하였으나 정당성향의 본질적 차이 때문에 2년 3개월 후인 1997년 11월 3일에는 두 정당 사이의 공조체제가 파기되었다.

7) 김대중 정부에서의 정당의 이합집산

김대중 정부에서 이루어진 정당들간의 이합집산의 첫 번째는 집권당인 새정치국민회의가 1998년 8월 29일 국민신당을 통합형식으로 흡수한 것이었다. 이 결과로 15대 대통령선거에 출마할 한나라당의 후보경선에서 패배한 이인제가 한나라당을 탈당한 후 1997년 11월 4일에 만들었던 국민신당은 1년도 되지 않아 사라졌다. 김대중 정부에서 일어난 두 번째의 정당 변화는 집권당인 새정치국민회의가 스스로 정당의 문을 닫고 새천년민주당을 창당한 것이었다. DJP연합을 가능하게 만들었던 내각제 개헌 약속이 김대중 대통령의 반대로 불가능해지자 충청권에 지지기반을 가졌던 자유민주연합은 새정치국민회의와 거리를 두게 되었다. 충청권의 지지 없이는 16대 국회의원선거에서 과반수 의석 획득이 불가능하게 된 김대중은 호남과 수도권에 한정된 집권당 의원의 분포를 확대하고 개혁적 인물을 새롭게 충원하여 유권자들의 지지를 확대한다는 전략하에 2000년 1월 20일 새천년민주당을 창당하였다. 이로써 김대중은 자신이 만든 새정치국민회의를 4년 4개월 만에 해산해버리고 여섯 번째로 새로운 정당을 만들었다.[55)]

새천년민주당이 창당하고 한 달 후인 2000년 2월 24일에 자유민주연합은 새천년민주당과의 공조를 파기하는 선언문을 발표하여 김대중의 새천년민주당과 김종필의 자유민주연합 사이의 DJP연합은 끝이 났다. 그러나 16대 국회의원선거에서 한나라당이 133석(지역구 112석과 전국

---

55) 김대중이 주도적으로 창당한 정당은 통일민주당, 평화민주당, 신민주연합당, 민주당, 새정치국민회의, 새천년민주당의 여섯 개였다. 심지연, 앞의 책, p. 467.

구 21석)을 차지하고 국민회의는 115석(지역구 96석과 전국구 19석), 자유민주연합은 17석(지역구 12석과 전국구 5석)을 차지하는 결과가 나오자 DJP연합은 재생되었다. DJP연합 재생의 가장 큰 이유는 집권당인 새천년민주당의 의석비율이 42.1%에 불과한 분점정부의 정치구도가 되살아났고 자유민주연합은 총선 이전에 55석이던 것이 17석으로 감소하여 원내교섭단체도 구성할 수 없었기 때문이었다.

자유민주연합과의 공조를 복원하기 위해 새천년민주당은 원내교섭단체 구성요건을 '소속의원 20인 이상'에서 '소속의원 10인 이상'으로 바꾸는 국회법 개정안을 운영위원회에서 날치기로 통과시켰다. 그러나 이만섭 국회의장이 이 개정안을 본회의에서 날치기로 통과시키는 것을 거부함에 따라 국회법 개정은 무산되었다. 이렇게 되자 새천년민주당은 자기 당 소속의원 3명을 탈당하게 만든 후 자유민주연합에 입당하는 형식의 '의원 임대'를 추진하였고[56] 자유민주연합은 20인의 소속의원을 갖게 되어 2001년 1월 20일 교섭단체로 등록하였다. 이러한 '의원 임대'는 우리나라 정당사상 처음 있은 일로서 우리나라의 정당들이 자신들의 정치적 이해득실을 위해서는 상식을 벗어난 모든 수단을 동원함을 보여준 것이었다. 그러나 2001년 4월 26일에 실시된 재·보궐선거에서 후보공천을 둘러싼 양당 사이의 갈등이 발생하고 2001년 9월 3일에는 임동원 통일부장관에 대한 해임건의안이 자유민주연합의 찬성으로 통과되자 '임대 의원' 3명이 자유민주연합을 탈당하였다. 이에 다시 17석으로 의석이 감소한 자유민주연합은 원내교섭단체의 지위를 상실하였고 어렵게 복원되었던 DJP연합은 완전히 끝이 났다.

김대중 정부에서 일어난 세 번째 정당체계의 변화는 국민통합21의 창당과 야당의 16대 대통령후보 단일화였다. 2002년 4월 27일 새천년

---

56) 새천년민주당의 배기선, 송석찬, 송영진 의원이 자유민주연합에 입당하자 자유민주연합의 강창희는 교섭단체 등록을 위한 날인을 거부하였다. 이에 자유민주연합은 강창희 의원을 제명하고 새천년민주당의 장재식 의원이 추가로 입당하여 원내교섭단체 등록을 마쳤다.

민주당의 당내경선을 통해 노무현이 후보로 결정되었으나 그에 대한 국민들의 지지율은 계속 하락하였다. 이러한 상황에서, 2002년 서울에서 개최된 월드컵 축구대회의 결과로 여론조사에서 지지율이 상승하던 정몽준 무소속 국회의원은 2002년 10월 16일 대통령 출마를 위해 국민통합21이라는 정당을 창당했다. 그러나 노무현과 정몽준에 대한 지지율이 여론조사에서 각기 20%에 머물면서 한나라당의 이회창 후보에게 이길 가능성이 없게 되자 두 사람은 선거일을 한 달도 남겨두지 않은 11월 22일 여론조사에서 높은 지지를 받는 사람으로 후보단일화를 하기로 약속하였고 두 개의 여론조사에서 46.8% 대 42.2%와 38.8% 대 37.2%로 앞선 노무현이 단일후보가 되었다.

8) 노무현 정부에서의 정당의 이합집산

노무현 정부에서의 정당체계는 기본적으로 양당제의 틀을 유지하였으나 정당의 분열과 통합은 계속되었다. 이 시기 정당의 이합집산에서 특이한 점은 과거와는 달리 집권당이 분열과 통합이라는 이합집산을 계속한 반면 야당에서는 아무런 변화 없이 단일야당이 계속된 점이다. 16대 대통령선거에서 당선된 노무현과 그의 지지세력들은 2003년 새천년민주당을 탈당하고 열린우리당을 창당하였다. 열린우리당은 노무현 대통령에 대한 탄핵정국을 거치면서 실시된 2004년의 17대 국회의원선거에서는 국회 전체 의석의 과반수를 넘는 거대여당으로 변화하였다. 그러나 노무현 정부의 국정실패로 국민들의 지지가 하락하였고 집권여당인 열린우리당에 대한 국민적 지지도 함께 급락했다. 열린우리당은 17대 국회의원선거 이후에 실시된 모든 재·보궐선거에서 야당인 한나라당에 연전연패하는 참패를 기록했다. 2007년 12월의 17대 대통령선거를 앞두고 더 이상 재집권의 가능성이 없어진 열린우리당은 국면전환을 위해 열린우리당을 해체하고 대통합민주신당을 창당하였으나 17대 대통령선거에서 패한 뒤인 2008년 2월 18일에는, 새천년민주당이 몇 차례 이름을 바꾼 뒤 만들어진 민주당과 합당하여 통합민주당이 되었다.

16대 대통령선거에서 승리하여 재집권에 성공했던 새천년민주당은 노무현 대통령과 그의 지지세력이 탈당하면서 군소야당으로 전락하였으며, 17대 국회의원선거에서는 11명(지역구 7명과 비례대표 4명)이 당선되어 원내교섭단체도 구성하지 못하였다. 2005년에는 당명을 민주당으로 변경하였지만 2007년 6월 중도개혁통합신당과 합당하면서 당명을 중도통합민주당으로 바꾸었다. 그러나 2달 후인 8월에는 다시 당명을 민주당으로 환원하였다. 자유민주연합은 2004년 4월 15일에 실시된 17대 국회의원선거에서 지역구 의원 4명만이 당선되는 참패를 하자 김종필은 4월 19일 총재직 사퇴와 정계은퇴를 하였으며 2년 후인 2006년 4월에는 한나라당과 통합하여 11년 만에 소멸되었다. 이러한 정당들 사이의 분열과 통합이라는 이합집산 후 2007년 12월 19일에 실시된 17대 대통령선거에서는 야당인 한나라당 대 여권의 대통합민주신당을 주축으로 하는 양당제의 대결로 선거가 치러졌다.

11. 정당의 개혁

1970년대의 유신체제와 1980년대의 권위주의정치가 지속되는 동안 여당의 중앙당 조직은 거대한 관료조직으로 비대화하였고 이러한 거대조직을 운영하는 데는 막대한 정치자금이 필요하였다. 막대한 정치자금의 요구는 대기업을 비롯한 기업들과 정당 및 정치세력들 사이의 정경유착을 초래하였고 이에서 파생된 정치권에서의 부정과 비리, 부패는 전체 사회로 확산되었다. 이러한 우리나라 정당들의 양상은 권위주의체제가 30년간 지속되는 동안 고착화된 것으로 민주화가 시작된 이후에도 상당 기간 지속되었다. 그러나 여러 차례의 정치개혁 입법을 통해 우리의 정당정치에서는 괄목할 만한 개선이 이루어졌다. 민주주의정치를 공고히 하기 위해서는 정당과 정당정치가 주도적 역할을 하여야 하기 때문에 정당의 개혁은 계속해서 추진되어야 한다. 민주화가 시작된 이후 추진된 정당의 개혁은 다음과 같다.

1) 원내정당으로의 전환

민주주의가 정착되고 민주정치가 실현되는 국가들에서의 정당정치는 의회정치와 별개로 분리되어 있지 않다. 정당정치는 국회를 중심으로 이루어지며 이 점은 그 국가의 정부형태가 대통령중심제인가 아니면 내각책임제인가에 관계없이 민주정치가 실현되고 있는 국가에서는 어디에서나 나타나는 공통된 현상이다. 우리나라에서도 원내정당화를 위한 제도적 개선과 노력이 진행되었다. 과거에 정당대표의 지시를 받는 위치에 있던 원내총무의 위상을 높여 명실상부하게 국회 내에서 정당의 대표역할을 하는 원내대표로 명칭을 바꾸었고 원내대표의 정치적 위상도 정당의 대표와 동급으로 훨씬 높아져 정당의 원내정당화에 많은 진전이 있었다. 그러나 아직도 우리나라에서는 정당이 국회와는 관계없이 독자적 역할을 해야 한다는 잘못된 인식이 존재하고 있다. 특히 정당은 정책개발의 중심이 되어야 하고 이를 위해 선거가 없는 시기에도 정당은 매일 활발한 활동을 해야 한다고 잘못 믿고 있다. 그렇다고 해서 우리 정당들에 의해 정책기능이 제대로 수행되는 것도 아니면서, 잘못된 정당관만 지속되고 있다.

중앙당의 유급당원 수를 제한하고 정책연구소를 창설한 것은 거대한 중앙당을 축소하고 정책기능은 당료들이 아니라 연구소의 전문연구원들이 정책을 연구하도록 한 것이다. 중앙당의 축소는 과거 거대한 중앙당을 유지하는 데 소요되던 엄청난 운영비와 인건비의 지출을 줄이는 데 기여하여 돈 적게 드는 정치를 실현할 수 있는 기반을 마련하였다. 이 결과 막대한 중앙당 경상운영비를 마련하는 데서 야기될 수 있는 부정과 비리의 소지가 많이 감소되었으며 정당의 정책기능이 국회

중심으로 이루어짐에 따라 국회가 정치의 중심이 되고 활성화되는 데 기여하였다.

2) 공직선거 후보자의 경선

정당개혁의 두 번째는 정당이 선발하는 공직선거의 후보자를 경선을 통해 결정하게 된 것이다. 선진국에서 정당들이 공직에 출마할 후보자를 선출하는 방법은 주로 당원들이 직접 후보자를 결정하는 것이다. 미국과 캐나다에서는 자기 정당의 공직선거후보자를 일반당원들이 직접 선출하는 예비선거(*Primary*)가 주를 이루고 있고 일부 주에서는 지구당의 핵심간부들인 소수의 대의원들이 대의원대회에서 후보자를 선출하는 대의원대회(*Caucus*) 선출방법을 사용하고 있다. 영국의 정당들에서는 지구당의 위원회가 후보자를 선출한 후 중앙당의 승인을 받는 방법이 주로 사용되고 있는데 어떤 방법을 사용하던 모두가 지구당에서 의원후보자를 선출한다는 점이다.

앞에서 논의한 바와 같이 우리나라에서도 1997년부터는 많은 정당들이 공직선거에 출마할 후보들을 당내에서의 경선을 통해 선출하는 방법으로 개선되었다. 16대 대통령선거부터 각 정당은 대통령후보를 당내경선을 통해 선출하고 있고 국회의원선거나 지방선거의 경우에도 경선을 통한 후보선출이 다수를 차지하고 있다.

그러나 아직까지 여러 문제가 남아 있다. 국회의원선거나 지방선거의 후보자 결정에서 아직도 경선보다는 정당의 지도부에서 일방적으로 결정하는 경우가 많이 남아 있다.[57] 두 번째는 경선후유증으로 정당에서 경선을 통해 선출된 후보가 실제선거에서 불이익을 당하는 경우가

57) 2008년 4월 9일에 실시된 18대 국회의원선거를 앞두고 한나라당과 통합민주당 등 정당들은 후보자를 당내경선이 아닌 공천심사위원회에서 결정하였다. 이것은 정당들에서 당내민주화가 진행되던 것을 과거의 방식으로 되돌린 것으로 정당개혁에 역행하는 것이었다.

많다. 이것은 경선에서 탈락한 후보가 탈당을 한 후 무소속으로 출마하거나 다른 정당의 후보로 출마하는 경우가 많았기 때문이다. 이에 따라 정당의 지지표가 분열되어 오히려 상대정당의 후보가 어부지리로 당선되는 경우도 많았다. 이러한 폐단은 17대 대통령선거 때부터 정당의 공직후보 선출을 위한 경선에 출마한 후에 탈당을 하면 그 선거에서는 입후보를 할 수 없도록 선거법을 개정함에 따라 없어지게 되었다. 세 번째는 2007년 17대 대통령선거를 앞두고 대통합민주신당의 대통령후보 선출을 위한 당내경선에서 나타난 바와 같이 후보들 사이의 불법, 탈법, 부정선거가 다시 등장하고 이러한 불법행위들이 전혀 아무런 제한 없이 용인된 점이다. 후보의 선출방법은 정당의 소수 지도자가 아니라 일반당원 또는 일반유권자에게 개방하는 전향적 방법을 보였으나 실제로 진행된 선출과정에서는 확실한 규정조차 만들어지지 않은 상태에서 체계 없이 진행되었고 또 후보들은 규정을 준수하지 않고 불법과 탈법을 자행하였다. 또한 정당은 이러한 불법이나 탈법을 제재조치 없이 기정사실화함에 따라 비민주적 정치가 재현되었다. 네 번째는 2002년 새천년민주당에서 처음 실시한 '국민참여 경선제'가 정당정치의 본질을 훼손하고 정당정치의 발전을 저해한 점이다. 우리나라의 정당들이 공직후보를 선출함에 있어, 소수의 정당지도자들이 독단적으로 후보를 결정하여 당내민주화 진전을 저해하던 것을 탈피한 것까지는 좋았으나, 일반당원들에게 후보선출권을 부여하는 선진국가들의 예비선거제를 건너뛴 채 일반유권자들에게 후보선출권을 부여하는 제도를 선택함에 따라 국민들이 정당의 당원으로 가입하는 유인요인을 없애버린 것이다. 이러한 조치는 앞에서도 지적한 바와 같이 정당당원의 부족으로 정당발전이 부진해 있던 우리나라의 정당정치 현실을 더욱 어렵게 만들었다. 또 한편으로는 정당의 공직후보 선출에 참여할 준비가 되어 있지 않은 유권자들에게 '국민참여 경선제'라는 방식을 던짐에 따라 일반국민들이 거의 참여를 하지 않는 말뿐인 '국민참여 경선'으로 전락된 점이다. 이러한 문제들은 결국 정치인들이 국민들로부터 일시적 인기를 얻기 위한 정치술수로 공직후보 선출방법을 이용하였기 때문이며 정당정치의 발전에는 관심을 갖지 않았기 때문이다. 결론적으로 볼 때 우리나라 정당정치의 발전이 저해되는 이유는 정당들 스스로가 앞서서 초래하는 단편적 정치술수의 남용 때문이라 할 수 있다.

제 11 장

선거와 선거정치

신 명 순

1. 선거의 유형과 선거제도

정부를 수립하기 위하여 1948년 5월 10일에 처음 실시한 제헌국회의원선거를 시작으로[1] 우리 정치에서는 대통령선거, 국회의원선거, 지방자치단체장 및 의원선거, 그리고 통일주체국민회의 선거와 대통령선거인단 선거 등의 다양한 선거가 실시되었다.

1) 간접선거를 포함할 때 우리 정치에서 처음 실시된 선거는 미군정하에서 미군정의 자문기구로 설립된 과도입법의원을 뽑기 위한 선거였다. 1946년 10월 중순에 각 도별로 실시된 이 선거의 절차는 각 리(里)와 정(町)은 대표 2명씩을 선거하고 리·정 대표들은 각 소속 면·읍 또는 구 대표 2명씩을 선거하며, 면·읍·구 대표들은 각 소속 군 또는 부의 대표 2명씩을 선거하여 이 군·부의 대표들이 각 소속 도의 인구할당에 의거, 입법의원 도대표의원을 뽑는 상계제 간접선거였다. 이러한 절차를 거쳐 45명의 민선 입법의원이 선출되었다. 손희두, "미군정의 대한정책과 의회제도에 관한 연구", 한국정신문화연구원 박사학위논문, 1993, pp. 77~79.

1) 대통령선거

대통령선거는 1948년 7월 20일에 처음 실시한 이후 2007년 말까지 17번의 선거가 실시되었다. 이 중에서 초대, 4대, 8~12대 대통령선거의 7번은 간접선거로 실시되었고, 2~3대, 5~7대, 13~17대 대통령선거의 10번은 국민들이 직접 선출하는 직접선거로 실시되었다. 7번의 간접선거 중 초대와 4대 대통령선거는 국회에서 국회의원들이 선출하였으며, 8~11대 대통령선거의 4번은 통일주체국민회의 대의원들이, 12대 대통령선거는 대통령선거인단이 선출하였다(〈표 11-1〉 참조).

2) 국회의원선거

(1) 국회의원선거제도의 변화

국회의원선거는 1948년 5월 10일에 제헌국회의원선거를 실시한 이래 2008년 4월까지 18번 실시되었다. 이 중에서 5대 국회를 제외한 17번의 국회는 단원제였기 때문에 국회의원선거만 실시하였으나 1960년 8월부터 1961년 5월까지의 제 2공화국에서는 양원제를 채택하였기 때문에 1960년 7월 29일에는 민의원과 참의원선거가 동시에 실시되었다. 제헌국회부터 18대 국회까지의 국회의원선거 중에서 제헌국회부터 8대 국회까지, 그리고 11대 국회부터 18대 국회까지는 모든 국회의원들이 국민들의 직접선거로 선출되었으나, 9대와 10대 국회에서는 국회의원들 중의 일부는 국민들이 아닌 통일주체국민회의의 대의원들에 의해 선출되기도 했다.

국회의원선거제도는 여러 가지의 다양한 선거방식이 실시되었다. 국민들이 직접 선출하는 경우에도 제헌국회부터 5대 국회의원선거까지는 한 선거구에서 한 명의 국회의원만 선출하는 1선거구 1인 선출제를 채택하였다. 6대 국회부터 8대 국회의원선거까지는 1선거구 1인 선출제와 더불어 전국구 국회의원제를 채택하였다. 그러나 유신체제하의 9대

〈표 11-1〉 역대 대통령선거

	선거일	선거형태	당선자	재임기간	투표율	당선자 득표율
초대	1948. 7. 20	간접선거(국회)	이승만	4년		92. 3%
2대	52. 8. 5	직접선거	이승만	4년	88. 1%	74. 6%(자유당)
3대	56. 5. 15	직접선거	이승만	4년	94. 4%	70. 0%(자유당)
4대	60. 3. 15	직접선거	선거 무효		97. 0%	88. 7%(자유당)
4대	60. 8. 15	간접선거(국회)	윤보선	9개월		
5대	63. 10. 15	직접선거	박정희	4년	85. 0%	46. 6%(민주공화당)
6대	67. 5. 3	직접선거	박정희	4년	83. 6%	51. 4%(민주공화당)
7대	71. 4. 27	직접선거	박정희	1년 8개월	79. 8%	53. 2%(민주공화당)
8대	72. 12. 23	간선(통일주체국민회의)	박정희	6년		
9대	78. 5. 18	간선(통일주체국민회의)	박정희	1년 7개월		
10대	79. 12. 6	간선(통일주체국민회의)	최규하	8개월		
11대	80. 8. 27	간선(통일주체국민회의)	전두환	6개월		
12대	81. 2. 25	간선(대통령선거인단)	전두환	7년		
13대	87. 12. 16	직접선거	노태우	5년	89. 2%	36. 6%(민주정의당)
14대	92. 12. 18	직접선거	김영삼	5년	81. 9%	42. 0%(민주자유당)
15대	97. 12. 18	직접선거	김대중	5년	80. 7%	40. 3% (새정치국민회의)
16대	2002. 12. 19	직접선거	노무현	5년	70. 8%	48. 9% (새천년민주당)
17대	07. 12. 19	직접선거	이명박		63. 0%	48. 7%(한나라당)

* 1960년 3월 15일에 실시된 제 4대 대통령선거는 3 · 15 부정선거 후 4월혁명의 결과로 무효 처리됨.

* 출처: 중앙선거관리위원회 홈페이지(www. nec. go. kr)의 역대선거정보시스템 자료 등을 참조하여 필자가 작성함.

와 10대 국회의원선거에서는 한 선거구에서 2명의 국회의원을 뽑는 제도를 채택하였으며 동시에 국회의원의 3분의 1은 통일주체국민회의 대의원들이 국회의원을 뽑는 간선제를 함께 실시하였다. 11대 국회와 12대 국회의원선거에서는 한 선거구에서 2명의 국회의원을 뽑는 1선거구 2인 선출제는 계속하면서 통일주체국민회의의 대의원이 선출하는 제도는 폐지하였고 그 대신에 국회의원의 일부를 전국구 비례대표제로 선출하는 방식으로 바꾸었다.[2] 1선거구 1인 선출제는 13대 국회의원선거부터 회복되어 그 이후 현재까지 1선거구 1인 선출제와 전국구 비례대표제를 함께 실시하고 있다(〈표 11-2〉 참조).

(2) 전국구 국회의원[3]의 배분방식

6대 국회의원선거 때부터 채택된 전국구 국회의원 제도의 의원 배분방식은 여러 차례 변경되었다(〈표 11-3〉 참조). 6대 국회에서 전국구의원 제도를 도입할 때의 명분은 다음의 두 가지였다. 첫째는 1선거구 1인 선출제에서는 지역구에 지지기반을 갖지 않은 사람은 당선될 가능성이 낮기 때문에, 국가적 차원에서는 국회의원이 되는 것이 바람직하나 선거구에서 기반이 없는 사람을 국회의원으로 선출한다는 것이었다. 두 번째는 사회 각 부문의 전문가를 국회에 보내 이들이 전문분야

---

2) 국회의원 선거구제도는 국민들이 어떤 제도를 좋아하느냐에 따라 결정되는 것은 아니다. 그러나 국민들이 국회의원선거에서 어떤 제도를 원하는가를 보면, 1선거구 2인 선출제가 시행되던 1986년의 조사에서는 이 제도를 선호하는 비율은 16%에 불과하였고 74%가 반대하였다. 길승흠·김광웅·안병만, 《한국선거론》, 다산출판사, 1987, p. 147. 그러나 1선거구 1인 선출제가 다시 실시되던 1990년 조사에서는 1선거구 1인 선출제를 선호하는 비율이 50.8%였고, 1선거구 2인 선출제를 선호하는 비율은 35.6%였다. 김광웅·김학수·박찬욱, 《한국의 의회정치-이론과 현상인식》, 박영사, 1991, p. 132.

3) 현재 전국구 국회의원은 비례제의원으로 지칭되나 비례제의원을 선출하는 선거구가 전국이 한 선거구이기 때문에 전국구 비례제의원으로 지칭하는 것이 정확하다.

〈표 11-2〉 역대 국회의원선거

	선거일	기간	선거제도	의원 정수	투표율	제 1당 득표율
제헌	1948. 5. 10	2년	1선거구 1인제	200	95.5%	
2대	50. 5. 30	4년	1선거구 1인제	210	91.9%	
3대	54. 5. 20	4년	1선거구 1인제	203	91.1%	36.8% (자유당)
4대	58. 5. 2	2년 2개월	1선거구 1인제	203	87.8%	42.1% (자유당)
5대	60. 7. 29	9개월	1선거구 1인제	233	84.3%	41.7% (민주당)
참의원	60. 7. 29	9개월	서울시/도선거구, 제한연기제	58	84.3%	
6대	63. 11. 26	3년 6개월	1선거구 1인제, 전국구의원제	175	72.1%	33.5% (민주공화당)
7대	67. 6. 8	4년	1선거구 1인제, 전국구의원제	175	76.1%	50.6% (민주공화당)
8대	71. 5. 25	2년	1선거구 1인제, 전국구의원제	204	73.2%	48.8% (민주공화당)
9대	73. 2. 27	6년	1선거구 2인제, 통대선출제*	146+73	71.4%	38.7% (민주공화당)
10대	78. 12. 12	2년	1선거구 2인제, 통대선출제	142+77	77.1%	31.7% (신민당)
11대	81. 3. 25	4년	1선거구 2인제, 전국구의원제	276	77.7%	35.6% (민주정의당)
12대	85. 2. 12	3년	1선거구 2인제, 전국구의원제	276	84.6%	35.3% (민주정의당)
13대	88. 4. 26	4년	1선거구 1인제, 전국구의원제	299	75.8%	34.0% (민주정의당)
14대	92. 3. 24	4년	1선거구 1인제, 전국구의원제	299	71.9%	38.5% (민주자유당)
15대	96. 4. 11	4년	1선거구 1인제, 전국구비례제	299	63.9%	34.5% (신한국당)
16대	2000. 4. 13	4년	1선거구 1인제, 전국구비례제	273	57.2%	39.0% (한나라당)
17대	04. 4. 15	4년	1선거구 1인제, 전국구비례제	299	60.6%	42.0% (열린우리당)
18대	08. 4. 9	4년	1선거구 1인제, 전국구비례제	299	46.0%	37.48% (한나라당)

* 통일주체국민회의 대의원선출제(통대선출제)는 전체 국회의원 정수의 3분의 1을 대통령이 지명한 후 통일주체국민회의 대의원들이 이 명단에 대해 찬반투표를 하여 선출하는 제도이다.

** 출처: 중앙선거관리위원회 홈페이지(www.nec.go.kr)의 역대선거정보시스템의 자료 등을 참조하여 필자가 작성함.

에 관한 법의 제정이나 사회 각 부문 대변자의 역할을 하게 만든다는 것이었다.

그러나 전국구의원의 의석 배분방식을 보면 이 제도를 도입한 실제 의도는 집권세력의 정치적 안정을 도모하자는 것이었다. 6대 국회에 처음 채택될 때의 전국구 의석 배분방식은 제1당의 득표율이 50%를 넘으면 정당들의 득표율에 따라 의석을 배분하지만 50% 득표를 못할 때에는 전국구 의석의 50%를 보장해주도록 규정하였다. 제1당에 대한 이러한 특혜조항은 군부쿠데타로 정권을 잡은 제5공화국의 11대 국회와 12대 국회에서도 적용되어 제1당에게 무조건 전국구 의석의 3분의 2를 배분하도록 하였다. 이것은 집권세력에게 원내 다수의석 확보를 보장해 국회를 마음대로 운영하려는 의도를 가진 제도였다.

전국구의원 의석을 무엇을 근거로 하여 배분하는가도 여러 차례 변경되었다. 6대 국회부터 8대 국회의원선거 때까지는 제1당에게 과다한 특혜를 주는 규정에도 불구하고 기본적으로는 각 정당이 지역구선거에서 얻은 득표율을 바탕으로 하여 의석을 배분하였다. 그렇지만 이러한 배분방식은 비례대표제 선거방식과는 다른 것인데 그 이유는 비례대표제는 유권자들이 정당에게 투표하여 각 정당이 얻은 득표율에 비례하여 의석을 배분하는 제도이기 때문이다. 제5공화국의 11대 국회부터 다시 전국구의원제가 회복되면서는 정당의 득표율이 아니라 정당의 지역구의원 의석수에 따라 전국구 의석을 배분하도록 변경함에 따라 비례대표제의 성격은 완전히 없어졌다. 이 제도는 15대 국회의원선거까지 계속되다가 16대 국회의원선거부터는 정당이 지역구의원선거에서 얻은 득표율에 따라 배분하기로 변경함에 따라 비례대표제의 성격이 일부 회복되었다.

그러나 이때까지도 유권자들이 정당에게 찍은 투표에 근거한 것이 아니라 지역구에 출마한 후보자들에게 찍은 표를 후보자의 소속정당이 득표한 것으로 계산하였기 때문에 완전한 비례제가 되지 못했다. 이러한 제도에 대해 헌법재판소는 2001년 7월 19일 한정위헌판결을 내려

〈표 11-3〉 전국구 국회의원 배분방식의 변천

국회의원선거	전국구(비례대표제) 의석수와 배분방식
6~8대	1. 의석수: 지역구 의석수의 3분의 1(6대와 7대: 175명 중 44명, 8대: 203명 중 51명) 2. 지역구선거에서 최다수 득표 정당이 50% 이상 득표했을 경우에는 정당의 득표비율로 배분하나 제 1당의 의석수는 전국구 의석의 3분의 2를 초과하지 못함 3. 제 1당의 득표율이 50% 미만일 경우 제 1당에 전국구 의석의 2분의 1을 배분 4. 제 2당의 득표가 제 3당 이하의 득표총수의 배를 초과하지 못할 때에는 제 2당에 잔여의석의 3분의 2를 배정하고, 나머지 잔여의석을 제 3당 이하에 득표비율로 배분 5. 지역구에서 3석 이상(8대 국회에서는 5석 이상) 또는 유효투표의 5% 이상을 획득한 정당에만 전국구 의석 배분
11~12대	1. 전국구의원 수는 지역구 의석수의 2분의 1(276명 중 92명) 2. 지역구선거에서 의석수 1위 정당에게 전국구 의석의 3분의 2를 배분 3. 나머지 3분의 1은 지역구선거에서 5석 이상을 얻은 정당들에게 의석수비율에 따라 배분
13대	1. 전국구의원의 수는 지역구 의석수의 3분의 1(299석 중 75석) 2. 지역구선거에서 제 1당이 50% 이상 의석을 차지할 때는 의석수비율에 따라 배분. 제 1당의 의석이 50% 미만일 때는 전국구 의석의 2분의 1을 배분 3. 나머지 2분의 1은 지역구선거에서 5석 이상을 얻은 정당들에게 의석비율에 따라 배분
14~15대	1. 14대 국회 전국구의원의 수는 지역구 의석수의 4분의 1(299석 중 62석). 15대 국회는 지역구 의석은 253석, 전국구 의석은 46석 2. 지역구 의석에서 5석 이상을 획득하지 못한 정당도 유효투표 총수의 3% 이상을 얻으면 1석을 우선 배분 3. 나머지 전국구 의석은 지역구선거에서 5석 이상의 의석을 획득한 정당들에게 의석비율에 따라 배분
16대	1. 총 273석 중 지역구 의석은 227석, 전국구 의석은 46석 2. 전국구 의석은 유권자가 정당이 공천한 지역구 후보에 투표한 것을 정당별로 모아 그 득표비율에 따라 배분
17대	1. 총 299석 중 지역구 의석은 243석, 전국구 비례의석은 56석 2. 1인 2표제를 도입하여 유권자는 지역구 후보에 1표, 전국구 비례대표 명단을 제출한 정당에 1표를 투표 3. 정당이 획득한 득표율에 따라 비례의석 56석을 배분
9~10대	1. 의원정수의 3분의 1에 해당하는 의원후보자 명단을 대통령이 통일주체국민회의에 추천(9대: 219명 중 73명, 10대: 231명 중 77명) 2. 통일주체국민회의 대의원들은 후보자 명단에 대해 무기명투표를 실시하며 재적 대의원 과반수 출석과 출석 대의원 과반수의 찬성으로 당선

국회의원선거에서 지역구선거와 비례대표선거를 병행하여 실시하면서 유권자 1인이 1표만을 행사하는 것은 유권자의 선택권을 제한하고 그 의사를 왜곡시키게 됨으로써 민주주의 원리에 부합하지 않는다고 판정하였다. 이에 국회는 2004년 3월 12일에 선거법을 개정하여 유권자가 지역구선거에 1표를 행사하고 비례대표선거에는 정당에게 투표할 수 있는 또 한 표를 부여하는 1인 2표제를 도입하였다.[4] 이에 따라 전국을 선거구로 하는 비례대표제는 완전히 비례제의 성격을 갖게 되었다.

전국구 국회의원의 의석 배분방식의 또 하나의 중요한 요소는 봉쇄조항(*threshold clause*)이다. 봉쇄조항은 정당의 난립을 방지하여 제1당에게 안정된 의석을 제공하고 제2당을 육성하여 양당제를 정착시킨다는 의도로 도입되었다. 6대와 7대 국회에서는 지역구에서 3명 이상이 당선되거나 전국적으로 5% 이상을 득표한 정당에게만 전국구 의석을 배분하였다. 8대 국회의원선거와 11대부터 13대까지의 국회의원선거에서는 지역구에서 5명 이상이 당선되거나 전국적으로 5% 이상을 득표한 정당에게만 전국구 의석을 배분하였다. 14대 국회의원선거부터는 지역구에서 5석이 당선되지 못한 정당에서 전국 득표율이 3% 이상을 넘으면 1석을 배분하도록 하고 있다.

전국구의원 의석의 배분은 기본적으로는 국민들이 국회의원선거에서 투표한 결과를 바탕으로 하여 이루어졌으나 9대 국회와 10대 국회에서는 국민들의 투표결과를 근거를 하여 전국구 의석을 배분하는 방식을 폐지하고 전체 의석의 3분의 1에 해당하는 국회의원을 대통령이 선정한 후 그 명단에 대해 통일주체국민회의 대의원들이 찬반투표로 승인하는 제도를 채택하였다.

---

4) 박찬욱, "제17대 총선에서 2표병립제와 유권자의 분할투표: 선거제도의 미시적 효과분석", 박찬욱 편, 《제17대국회의원 총선거분석》, 푸른길, 2005, pp. 42~45.

3) 지방선거

우리나라에서 실시되고 있는 세 번째 유형의 선거는 지방선거이다. 지방선거는 제 1공화국 기간인 1952년 4월 25일에 시·읍·면의회의원 선거가 처음으로 실시된 이후 1956년과 제 2공화국 민주당 정부에서 1960년 말에 실시되었다. 그러나 1961년 군부쿠데타로 정권을 잡은 군부세력은 지방자치를 실시할 여건이 되지 않았다는 명분하에 지방자치를 실시하지 않았다. 이에 따라 지방자치단체장들은 중앙정부에서 임명하였으며 지방의회는 폐지되었다.

1987년 민주화의 시작으로 지방자치제의 실시가 민주화와 민주정치의 기반이라는 인식이 확산되면서 지방자치선거가 폐지된 지 31년이 지난 1991년 3월 26일에 시·군·구의원을 뽑는 기초의회의원선거가

〈표 11-4〉 지방자치단체선거

	선거유형	선거일	투표율	제 1당 득표율
제 1회	시·읍·면의회의원선거 도의회의원선거	1952.4.25 52.5.10	80% 81%	25.3% (자유당) 48.0% (자유당)
제 2회	시·읍·면의회의원선거 시·읍·면장선거 서울특별시, 도의회의원선거	56.8.8 56.8.8 56.8.13	79.5% 86.6% 86.0%	67.8% (자유당) 50.3% (자유당) 56.1% (자유당)
제 3회	서울특별시, 도의회의원선거 시·읍·면의회의원선거 시·읍·면장선거 서울특별시장, 도지사선거	60.12.12 60.12.19 60.12.26 60.12.29	67.4% 62.6% 54.6% 38.8%	40.0% (민주당) 16.5% (민주당) 22.6% (민주당) 60.0% (민주당)
제 4회	구·시·군의회의원선거 시·도의회의원선거	91.3.26 91.6.20	55.0% 59.9%	정당참여 금지 65.1% (민주정의당)
제 5회	제 1회 전국 동시지방선거	95.6.27	68.4%	
제 6회	제 2회 전국 동시지방선거	98.6.4	52.7%	
제 7회	제 3회 전국 동시지방선거	2002.6.13	48.9%	
제 8회	제 4회 전국 동시지방선거	06.5.31	51.6%	

실시되었고 1995년부터는 4종류의 지방선거가 실시되고 있다. 첫째는 서울을 비롯한 광역시의 시장과 9개 도 도지사를 뽑는 광역자치단체장 선거이며, 둘째는 광역시의 구청장과 9개 도 산하의 군수 및 시장을 뽑는 기초자치단체장선거이며, 셋째는 광역시의 시의원과 도의 도의원을 뽑는 광역의회의원선거이며, 넷째는 광역시의 구의원과 도 산하 시의 시의원과 군의원을 뽑는 기초의회의원선거이다.

지방자치에 관한 법률이 1949년 7월에 제정, 공포되었음에도 불구하고 오랫동안 지방자치선거가 실시되지 않은 것은 집권자나 집권세력이 지방자치단체의 장이나 의회의원을 국민들이 직접 선출하는 것을 바라지 않았기 때문이다. 제1공화국의 이승만 정부는 1956년 2월에 지방자치법을 개정하여 서울특별시장과 도지사를 대통령이 임명하도록 바꾸었으며 1958년에는 지방자치법을 다시 개정하여 각급 지방자치단체의 장을 모두 임명제로 바꾸었다. 제2공화국에서는 지방자치단체선거가 모두 직선제로 실시되었으나 1961년 5월의 군부쿠데타로 모두 해산되었다. 제3공화국 민주공화당 정부와 4공화국 유신체제, 그리고 5공화국 민주정의당 정부에서는 헌법에 지방자치 실시를 규정하여 놓고도 이를 실시하지 않고 계속 연기하였으며 여소야대(與小野大)의 의회구도를 보인 6공화국 후반에 가서야 지방의회를 구성하고 의원들을 국민들이 직접 선출하게 되었다.

4) 기타 선거

우리 정치에서 실시한 네 번째 유형의 선거는 제4공화국에서 실시한 통일주체국민회의 대의원선거와 제5공화국에서 실시한 대통령선거인단 선거였다. 이들 두 가지 선거는 대통령직선제로는 당선될 가능성이 낮은 집권세력들이 대통령선출을 간선제로 바꾼 후 간선제에 명분을 부가하기 위하여 마련한 변칙적 선거였다. 이 선거들에서 선출된 대의원이나 선거인단들은 대통령선거에서 단 한 번 찬성투표를 한 것

외에는 아무런 기능이나 역할을 하지 못했다. 통일주체국민회의 대의원선거는 한 선거구에서 1명부터 5명을 선출한 선거로, 초대 대의원선거는 1972년 12월 15일에 실시되었고, 2대 대의원선거는 1978년 5월 18일에 실시되었다. 초대 때는 1,630개 선거구에서 2,359명이 선출되었고 2대 선거에서는 1,665개 선거구에서 2,538명이 선출되었다. 투표율은 초대 선거 때는 70.3%였고, 2대 선거 때는 89.5%였다. 통일주체국민회의 대의원선거에는 정당에 소속된 사람은 입후보를 할 수 없었기 때문에 야당은 대통령의 간접선출에 원초적으로 참여할 수가 없었다.

제 5공화국 헌법에서 새로 도입된 대통령선거제도는 대통령선거인단이 대통령을 선출하는 간접선거제도였다. 대통령선거인단은 제 4공화국 때의 통일주체국민회의 대의원과 같이 대통령을 선출하는 권한을 갖는 점에서는 동일하나 대통령선거가 끝나면 선거인으로서의 자격을 상실하는 한시적 성격을 가진 점이 달랐다. 또한 대통령선거인단 선거에는 정당이 후보를 공천할 수가 있어 법률상으로는 야당이 대통령의 선출과정에 참여할 수가 있었고 야당이 공천한 선거인단이 많이 당선된다면 야당정치인도 대통령에 선출될 수 있다는 명분을 가지고 있었다. 대통령선거인단 선거는 1980년 2월 11일에 실시되었으며 1,905개 선거구에서 5,278명의 선거인단이 선출되었다. 경쟁률은 1.8 대 1이었으며, 선거 결과 민주정의당소속이 전체의 69.5%인 3,667명이 당선되었다. 이외에 무소속은 21.4%인 1,132명, 민주한국당 소속은 411명, 한국국민당 소속은 49명, 민권당 소속은 19명이 당선되었다.

우리나라 정치에서 실시된 선거와 관련된 또 하나의 유형은 선거는 아니었으나 국민들이 투표에 참가한 국민투표였다. 국민투표는 대의민주정치가 갖는 한계점을 보완하기 위하여 국민들이 국가의 중요한 문제에 대해 직접 결정하게 하는 직접민주정치의 한 유형이다.[5] 우리나

5) 현대의 대의민주정치에서 사용되고 있는 직접민주정치의 제도로는 국민투

라에서 국민투표는 지금까지 모두 여섯 번 실시되었다. 모든 국민투표는 헌법과 관련하여 실시되었으며 이 중에서 네 번은 새로 만들어진 헌법의 승인여부를 결정하는 것이었고 한 번은 헌법 중의 한 조항을 개정하기 위한 것, 그리고 나머지 한 번은 헌법에 대한 신임을 묻는 것이었다.

이처럼 모든 국민투표가 헌법과 관련되어 실시된 이유는, 1962년에 만들어진 헌법초안에 모든 헌법의 채택이나 개정은 국회에서 3분의 2 이상의 찬성으로 통과된 이후에 국민투표에서 과반수 이상의 찬성을

〈표 11-5〉 국민투표 실시 내용

공화국	제 3공화국	제 3공화국	제 3공화국	제 4공화국	제 4공화국	제 5공화국
시행일	1962. 12. 17	1969. 10. 17	1972. 11. 21	1975. 2. 12	1980. 10. 22	1987. 10. 27
투표율	85.3%	77.1%	91.9%	79.8%	95.9%	78.2%
찬성률	78.8%	65.1%	91.5%	78.0%	91.6%	93.1%
사 유	신헌법 승인	헌법 개정	신헌법 승인	유신헌법 신임	신헌법 승인	신헌법 승인
주요 내용	대통령제 국회단원제 대통령직선 국회의원: 1구 1인제+전국구의원	대통령의 3선 허용	대통령간선제 (통일주체국민회의가 선출) 국회의원: 1구 2인제+국회의원 3분의 1을 통일주체국민회의가 선출	유신헌법에 대한 신임 투표	대통령간선제 (선거인단이 선출: 7년 단임제) 국회의원: 1구 2인제+전국구의원	대통령직선 (5년 단임제) 국회의원: 1구 1인제+전국구의원

표제, 국민발안제, 국민소환제가 있다. 국가 차원에서 볼 때 국민투표제는 대부분의 국가에서 채택하고 있으나 국민발안제나 국민소환제를 실시하고 있는 국가는 소수에 불과하다. 국민소환제를 국가 차원에서 규정하고 있는 국가로는 북한과 베네수엘라를 들 수 있다.

얻도록 규정하였기 때문이다. 따라서 1962년 12월 17일, 1972년 11월 21일, 1980년 10월 22일, 그리고 1987년 10월 27일에 실시된 국민투표들은 새로운 헌법에 대한 찬성여부를 결정하는 투표였고, 1969년 10월 17일에 실시된 국민투표는 대통령의 삼선(三選)을 허용하는 헌법개정에 관한 것이었다. 마지막으로 1975년 2월 12일에 실시된 국민투표는 유신헌법에 대한 국민들의 비판이 증가하자 이러한 도전을 무마시키기 위해 집권세력이 유신헌법에 대한 신임을 묻는 형식으로 실시한 국민투표였다.

〈표 11-5〉에서 보는 바와 같이 우리나라에서 실시한 모든 국민투표는 통과되었으며 찬성비율도 대통령의 3선 허용을 묻는 3선 개헌 국민투표만 찬성률이 65.1%로 상대적으로 낮았고 그 이외의 국민투표들은 80~90%의 높은 찬성률을 보여, 우리나라에서 국민투표를 실시하면 통과되는 것이 일반적이라 할 수 있다.

2. 다양한 선거제도를 채택한 이유

지금까지 논의한 바와 같이, 우리 정치에서는 다양한 형태의 선거제도가 실시되었다.[6] 국회의원선거제도의 경우, 한 선거구에서 한 명을 뽑는 제도가 가장 오랜 기간 사용되었으나 한 선거구에서 2명을 뽑는 선거제도도 15년간 실시되었고, 제 2공화국에서 참의원선거가 실시된 때에는 서울특별시와 도를 선거구로 하고 한 선거구에서 2명부터 8명

---

6) 우리나라 최초의 선거법은 1947년 8월 12일 남조선과도입법의원에서 제정하고 통과되어 9월 3일에 미군정장관에 의해 공포된 “입법의원선거법”으로, 여기에서 1선거구 1인제의 골격이 처음 마련되었다. 즉, 행정구역을 1개 선거구로 하고 각 선거구에서 1인의 의원을 선거하도록 규정하였다. 1선거구 1인 선출제는 1948년 3월 17일 군정법령 제 175조로 공포된 국회의원선거법에 그대로 채택되었다.

을 선출했다.[7] 대통령선거는 간선제로 시작하여 직선제, 간선제, 직선제로 계속 바뀌었다. 선거제도가 이렇게 자주 바뀐 것은 우리 정치에서 민주정치가 실시되지 못한 점과 밀접히 연관되어 있다. 그 원인은 권력을 장악한 세력들이 재집권이 어렵게 되면 자신들에게 유리한 선거제도를 새로 고안해내어 집권연장을 기도한 데 있다.

국회의원들이 대통령을 선출하는 대통령간선제이던 것이 2대 대통령선거부터 직선제로 바뀐 것은 이승만 대통령에 대한 국회의원들의 지지가 급격히 감소되었기 때문이다. 국회의원들에 의한 간선제로는 재집권의 가능성이 없어진 이승만은 무리하게 헌법을 개정하여 국민들이 직접 대통령을 선출하는 제도로 바꾸었다. 제2공화국에서 내각책임제를 거친 후 제3공화국에서 회복된 대통령직선제가, 유신체제하에서 통일주체국민회의 대의원들에 의한 간선제로 바뀐 것도 박정희가 더 이상 대통령선거에 출마할 수 없어 재집권할 가능성이 없어졌기 때문이다. 1969년에 집권당인 민주공화당 내의 반발까지 무시하면서 대통령의 3선을 허용하는 개헌안을 통과시킨 박정희 대통령은 1971년의 7대 대통령선거에서 김대중 후보에게 95만 표 차이로 승리하여 세 번째 대통령에 취임했다.

그러나 기존헌법으로는 더 이상 대통령에 출마할 수 없게 된 박정희 대통령은 불법적 유신조치를 통하여 종신대통령제를 보장하는 헌법으로 바꾸었고 선출방법 또한 국민들이 참여할 수 없는 간접선거제로 바꾸었다. 1980년 5월 17일의 쿠데타로 정권을 장악한 전두환 중심의 군부세력도 불법적 쿠데타로 정권을 장악한 상태에서 직접선거로는 계속 집권하기가 불가능하였다. 이들은 대통령선거인단에 의한 대통령선거라는 또다른 변칙적 방법을 고안해내어 자신들의 집권을 계속 보장하

7) 참의원의 의원정수는 58명이었으며 선거구별 참의원 의원정수는 다음과 같다. 서울특별시 6명, 경기도 6명, 충청북도 4명, 충청남도 6명, 전라북도 6명, 전라남도 8명, 경상북도 8명, 경상남도 8명, 강원도 4명, 제주도 2명이었다.

였다.

국회의원선거의 경우에는 제헌국회부터 8대 국회까지 22년간 실시되던 1선거구 1인 선출제가 1973년 2월 27일의 9대 국회의원선거부터 한 선거구에서 두 명을 선출하는 방식으로 바뀌었다. 이 또한 집권세력이 국회에서 자신들의 주도권 장악을 보장하고 특히 도시지역에서 참패를 거듭하던 여당후보자의 당선을 보장하기 위해 고안해낸 제도였다. 제 3공화국에서 실시된 6대, 7대, 8대 국회의원선거들의 결과를 보면, 집권당에 대한 국민들의 지지는 점차 감소하였고 특히 도시지역에서는 이러한 현상이 뚜렷하게 나타났다.

6대 국회의원선거 결과는 〈표 11-6〉에서 보는 바와 같이 서울, 부산, 대구, 대전, 광주, 인천의 6대 도시에서 민주공화당이 14석을 획득하여 47%를 차지하였고, 야당들은 16석을 획득하여 53%를 차지하였다. 6개 대도시에서의 당선자 수는 민주공화당과 야당들이 비슷한 양상을 보였으나, 서울에서는 야당이 12석을 획득한 데 비해 민주공화당은 2석밖에 얻지 못하였다.

이러한 양상은 4년 후인 7대 국회의원선거에서 크게 변하여 민주공화당은 6개 대도시에서 30석의 의석 중 7석만을 차지하여 23%에 머물렀고, 반면에 야당인 신민당은 23석을 차지하여 6개 대도시 전체 의석의 77%를 점하였다. 이 선거는 민주공화당이 전국적으로 부정을 자행한 '6·8 부정선거'로 민주공화당이 전국적으로는 의석수의 78%를 점하였지만 서울에서는 14개 의석 중 1석, 부산에서는 7개 의석 중 2석밖에 얻지 못하여 대도시에서는 참패를 하였다. 대도시에서의 여당 지지 감소현상은 8대 국회의원선거에서 더욱 심화되었는데, 민주공화당은 39개 의석 중 6개 대도시에서 7석밖에 차지하지 못하여 여당당선자의 비율이 18%에 불과하였고 이에 반해 야당인 신민당은 32석을 차지하여 82%를 차지하였다. 8대 국회의원선거에서도 민주공화당은 서울에서 19개 의석 중 1석, 부산에서 8개 의석 중 2석밖에 차지하지 못하는 참패를 당하였다.

여당인 민주공화당이 6개 대도시에서 얻은 의석수를 전국에서 얻은 의석수와 비교하여 보면, 6대 국회의원선거에서는 전국 대 6개 대도시의 의석비율이 67% 대 47%이던 것이 7대 국회의원선거에서는 78% 대 23%, 8대 국회의원선거에서는 56% 대 18%로 그 격차가 점점 더 벌어졌다. 여당은 전국적으로는 전체 의석의 50%를 훨씬 넘는 당선자를 내었으나, 이들의 대부분은 농촌지역에서 얻은 의석수였다. 이처럼 여당의원은 주로 농촌에서 당선되고 야당의원은 주로 대도시에서 당선됨에 따라 한국 선거에서 특징으로 나타났던 여촌야도현상이 극명하게 나타났다.

〈표 11-6〉 6개 대도시에서의 여당과 야당의 의석수 (6~9대 국회의원선거)

<table>
<tr><th>국회의원 선거</th><th>정당</th><th>서울</th><th>부산</th><th>대구</th><th>광주</th><th>인천</th><th>대전</th><th>합계</th><th>비율</th><th>전국 (지역구)</th><th>비율</th></tr>
<tr><td rowspan="5">6대</td><td>민주공화당</td><td>2</td><td>6</td><td>4</td><td>1</td><td>1</td><td>0</td><td>14</td><td>47%</td><td>88</td><td>67%</td></tr>
<tr><td>민정당</td><td>7</td><td>1</td><td>0</td><td>1</td><td>1</td><td>1</td><td>11</td><td rowspan="4">53%</td><td>27</td><td rowspan="4">33%</td></tr>
<tr><td>민주당</td><td>4</td><td>0</td><td>0</td><td>0</td><td>0</td><td>0</td><td>4</td><td>8</td></tr>
<tr><td>자민당</td><td>1</td><td>0</td><td>0</td><td>0</td><td>0</td><td>0</td><td>1</td><td>6</td></tr>
<tr><td>국민의 당</td><td>0</td><td>0</td><td>0</td><td>0</td><td>0</td><td>0</td><td>0</td><td>2</td></tr>
<tr><td rowspan="3">7대</td><td>민주공화당</td><td>1</td><td>2</td><td>3</td><td>1</td><td>0</td><td>0</td><td>7</td><td>23%</td><td>102</td><td>78%</td></tr>
<tr><td>신민당</td><td>13</td><td>5</td><td>1</td><td>1</td><td>2</td><td>1</td><td>23</td><td rowspan="2">77%</td><td>28</td><td rowspan="2">22%</td></tr>
<tr><td>대중당</td><td>0</td><td>0</td><td>0</td><td>0</td><td>0</td><td>0</td><td>0</td><td>1</td></tr>
<tr><td rowspan="3">8대</td><td>민주공화당</td><td>1</td><td>2</td><td>1</td><td>0</td><td>2</td><td>1</td><td>7</td><td>18%</td><td>86</td><td>56%</td></tr>
<tr><td>신민당</td><td>18</td><td>6</td><td>4</td><td>2</td><td>1</td><td>1</td><td>32</td><td rowspan="2">82%</td><td>65</td><td rowspan="2">44%</td></tr>
<tr><td>기타</td><td>0</td><td>0</td><td>0</td><td>0</td><td>0</td><td>0</td><td>0</td><td>2</td></tr>
<tr><td rowspan="4">9대</td><td>민주공화당</td><td>7</td><td>4</td><td>2</td><td>1</td><td>1</td><td>1</td><td>16</td><td>47%</td><td>73</td><td>50%</td></tr>
<tr><td>신민당</td><td>8</td><td>4</td><td>1</td><td>0</td><td>1</td><td>0</td><td>14</td><td rowspan="3">53%</td><td>52</td><td rowspan="3">50%</td></tr>
<tr><td>민주통일당</td><td>0</td><td>0</td><td>0</td><td>1</td><td>0</td><td>0</td><td>1</td><td>2</td></tr>
<tr><td>무소속</td><td>1</td><td>0</td><td>1</td><td>0</td><td>0</td><td>1</td><td>3</td><td>19</td></tr>
</table>

주위사람의 강요나 동원에 따라 투표하는 동원투표, 그리고 준봉투표(遵奉投票),[8] 정부가 여당후보의 당선을 위해 행정력을 이용하는 행정선거, 그리고 부정선거 등으로 제 1당의 위치를 유지했던 민주공화당은 도시 선거에서 계속된 참패를 역전시켜 여당후보의 당선을 보장하기 위한 방안으로 1선거구 2인 선출제를 고안해냈다. 도시 선거구에서 거듭하던 참패를 벗어나기 위한 민주공화당의 정략은 적중하여 9대 국회의원선거에서는 〈표 11-6〉에서 보는 바와 같은 결과를 나타내었다.

즉, 1선거구 2인 선출제가 채택된 9대 국회의원선거에서는 민주공화당 후보가 6개 대도시에서 16명이 당선되어 6개 대도시 당선자의 47%를 차지하였다. 이 비율은 민주공화당이 전국의 지역구에서 획득한 의석비율인 50%와 거의 같은 것이었다. 이와 같이 각 선거구, 특히 도시 선거구에서 여당후보의 당선을 보장하는 1선거구 2인 선출제를 채택한 민주공화당은, "여당은 정치적으로 무지한 유권자들이 많은 농촌지역에서만 주로 당선되고 정치의식과 정치 수준이 높은 유권자들이 많은 대도시지역에서는 당선되지 못한다"는 수치스러운 평가를 불식할 수 있었다. 이처럼 선거제도는 집권세력들의 정치적 책략에 따라 수시로 바뀌는 변화를 겪었다.

3. 선거권과 피선거권

1) 선거권

선거권은 선거에서 투표를 할 수 있는 권리로서 현대의 거의 모든 국가들은 보통선거(*universal suffrage*)제를 채택하고 있다. 보통선거제

8) 준봉투표란 유권자의 교육 수준이나 정치의식이 낮았던 때, 지방의 유지나 교육을 받은 사람의 의견을 따라 투표하던 현상을 의미한다. 윤천주, 《투표참여와 정치발전》(증보판), 서울대학교 출판부, 1991, p. 6.

도가 실시되기 이전에는 많은 국가들이 재산이 있어 국가에 세금을 내는 사람들에게만 투표권을 부여하였고 또한 남성에게만 투표권을 부여하고 여성에게는 투표권을 부여하지 않았다. 현재는 재산에 따라 투표권을 제한하는 국가는 없으나 아직까지도 극소수의 국가에서는 여성에게는 투표권의 행사를 제한하고 있다.

우리나라에서는 첫 선거인 제헌국회의원선거부터 보통선거제를 채택하여 재산이나 성별에 의한 차별 없이 21세 이상의 국민에게 투표권을 부여하였다. 선거권의 연령은 12년 후인 1960년 7월 29일에 실시한 5대 민의원선거와 참의원선거부터 20세 이상으로 1세 인하하였다. 이 규정은 45년간 계속되다가 2005년 8월 4일 선거법을 개정하여 선거권을 19세로 인하하였다.

우리나라에서는 그동안 국내에 거주하는 외국인에게는 선거권을 주지 않았다. 그러나 2005년 8월 4일에는 선거법을 개정하여 지방자치단체의 의회의원 및 장의 선거에서는 외국인에게도 투표권을 부여하기 시작했다. 외국인의 투표자격은 영주의 체류자격을 취득한 날로부터 3년이 경과한 19세 이상으로 당해 지방자치단체의 외국인등록대장에 등재되어 있어야 한다.

2) 피선거권

피선거권이란 공직선거에 입후보할 수 있는 권리를 의미한다. 현재 대통령선거의 경우에는 선거일 현재 5년 이상 국내에 거주하고 있는 40세 이상의 국민은 피선거권을 갖는다. 5년 이상의 국내거주 조건은 1997년 1월 13일의 선거법 개정 이후부터 적용되고 있다. 국회의원과 지방의회의원 및 지방자치단체장의 피선거권은 25세 이상의 국민으로 국내거주 기간에 관한 제한은 없다.[9]

---

9) 1960년에 실시된 서울특별시장과 도지사선거에서는 피선거권이 30세 이상

4. 선거구와 의원정수

1) 선거구의 획정

(1) 권위주의정권에서의 선거구 획정과 의원정수

현재 국회의원 선거구는 1선거구에서 1명을 선출하는 245개의 지역선거구와 54명의 비례제의원을 뽑는 한 개의 전국구가 있다. 이에 따라 국회의원의 의원정수는 299명이다. 현대 민주정치에서의 선거는 평등선거를 기초로 하고 또 국회의원선거는 인구비례를 바탕으로 하기 때문에[10] 선거구의 획정은 대변하는 유권자의 수를 바탕으로 하여 이루어진다. 따라서 각 선거구에서 국회의원들이 대변하는 유권자의 수는 비슷해야 하며 선진국에서는 이러한 원칙이 잘 지켜진다.

지역선거구의 수는 역대 선거에서 계속 변했으며 선거구 획정에 기반이 되는 선거구 내의 유권자 수도 계속 변했다. 200명의 국회의원을 지역선거구에서 선출했던 제헌국회의원선거에서는 행정구역을 단위로 하여 선거구를 획정하되 행정구역의 인구가 15만 명 미만인 경우 1개 선거구로 하고 15만 명에서 25만 명까지는 2개 선거구로, 25만 명에서 35만 명 미만은 3개 선거구로, 35만 명에서 45만 명 미만인 경우에는 4개 선거구로 나누도록 했다. 또한 선거구의 경계는 행정수반이 정하도록 하였다.

2대 국회의원선거 때에는 선거구를 행정구역을 단위로 획정하되 인구 15만 명을 초과할 경우 초과하는 인구 10만 명 이내마다 1개 선거구를 증설하였으며 인구의 증감을 감안하여 의원정수를 10명 늘여 총

이었다.

10) 양원제를 채택하고 있는 국가들에서 상원의 경우에는 인구비례가 아니라 지역 대변을 기초로 하여 선거구나 의원정수를 결정하는 국가들이 많이 있으나 단원제 국가와 양원제의 하원의원선거는 대변하는 유권자의 수를 기반으로 하여 선거구를 획정한다.

210개의 선거구를 설치하였다. 3대 국회의원선거에서는 선거구의 수와 경계가 2대 국회의원선거 때와 동일하였으나 경기도의 개성시, 장단군, 개풍군, 연백군 갑구 및 을구, 옹진군 갑구 및 을구가 북한으로 편입되어 실제로는 203명만을 선출하였다. 4대 국회의원선거에서는 선거구의 수를 203개에서 233개로 늘여 30개의 선거구가 신설되었다. 선거구의 획정과 관련해서는 선거구를 구, 시, 군을 단위로 하였으며 인구 15만 명을 초과할 경우 10만 명을 넘을 때마다 1개 선거구를 증설하되 각 선거구의 인구가 비슷하게 획정하도록 하였다. 4대 국회의원선거에서 특징적인 것은 각급 선거위원회에 여당과 야당이 추천하는 1인씩을 위원으로 참가시켜 부정선거의 소지를 줄인 것이며 또 후보자의 기탁금제를 도입하여 선거공영제를 실시한 것이다.[11)]

5대 국회의원선거는 4월혁명으로 인해 자유당 정권이 붕괴하고 새로운 제2공화국 헌법을 제정한 후 1960년 7월 29일에 실시되었다. 제2공화국에서는 양원제를 채택하여 상원인 참의원과 하원인 민의원을 설치하였다. 선거제도는 민의원의 경우에는 과거와 같이 1선거구 1인 선출제를 채택했고 참의원의 경우에는 서울특별시와 9개의 도를 선거구로 하는 대선거구제를 채택했다. 민의원 선거구는 4대 국회 때와 마찬가지로 233개였고 참의원은 10개 선거구에서 58명을 선출하였다. 참의원 선거구별 의원정수는 서울 6명, 경기 6명, 충북 4명, 충남 6명, 전북 6명, 전남 8명, 경북 8명, 경남 8명, 강원 4명, 제주 2명이었는데 이러한 숫자를 정한 근거가 선거법에 제시되지 않고 단지 "참의원 의원정수는 별표 2와 같이 한다"는 조항만 있어 선거구 획정사상 인구기준이 제시되지 않은 최초의 선거였다.[12)]

참의원선거에서의 투표방식은 제한연기(連記)방식을 채택하였는데 이 방법은 각 선거구에서 선출할 의원정수의 50%까지 유권자가 선택

11) 심지연, 《한국정당정치사: 위기와 통합의 정치》, 백산서당, 2004, pp. 48~51.

12) 심지연, 위의 책, pp. 52~53.

할 수 있는 방법이었다. 또한 5대 국회의원선거에서 특징적인 것은 유권자의 선거연령이 21세에서 20세로 인하된 점이다.

5·16 군부쿠데타로 정권을 잡은 군부는 정당법을 제정하고 선거법을 전면적으로 개정하였다. 1963년 1월 15일에 공포된 선거법은 기존의 1선거구 1인 선출제에 전국을 하나의 선거구로 하는 비례대표제를 처음으로 도입하였다. 6대 국회의원선거의 경우에는 233개의 지역선거구를 131개로 줄이고 인구도 20만 명을 기준으로 하여 선거구를 획정하였고 전국구의원의 수는 44명으로 하였다. 이로 인해 선거구는 시, 군, 구 행정구역과 반드시 일치하지 않았고 2개 군 또는 3개 군이 합쳐져 하나의 선거구로 되는 경우도 생겼다. 선거구 획정의 원칙으로는 행정구역, 지세, 교통, 기타의 조건을 고려하여 각 지역구의 인구가 비슷하도록 획정하여야 한다고 규정하는 한편, 시, 군, 구의 일부를 분할하여 다른 시, 군, 구의 선거구에 소속하지 못하도록 하여 게리맨더링(*gerrymandering*)의 소지를 사전에 봉쇄하였다.[13)]

7대 국회의원선거에서는 새로운 선거구의 획정 없이 6대 국회와 마찬가지로 지역구 131석과 전국구 44석의 의원을 선출하였다. 8대 국회의원선거에서는 지역구 의석을 153석으로 늘리고 전국구 의석도 51석으로 늘려 7대 국회에서보다 국회의원 정수가 29명이 증가하였다.

1972년 10월 17일의 계엄령 선포 후 12월 29일 비상국무회의는 전면개정된 국회의원선거법을 의결하였다. 국회의원선거구는 전국을 73개 선거구로 획정하고 한 선거구에서 2명을 선출하는 1선거구 2인제를 채택하는 한편 전국구 비례대표제를 폐지하였다. 그 대신에 국회의원 총수의 3분의 1에 해당하는 72명을 대통령이 일괄적으로 추천한 후 통일주체국민회의의 대의원들이 찬반투표로 이를 인준하는 제도를 도입하였다. 선거구의 획정과 관련한 인구기준은 기존에 20만 명을 기준으로 하던 것을 "의원의 선거구는 행정구역, 지세, 교통, 기타의 조건을 고

13) 심지연, 앞의 책, p. 53.

려하고 각 선거구의 인구를 감안하여 이를 획정한다"라고 규정하여 선거구의 인구기준 자체를 아예 없애버렸다.[14] 10대 국회의원선거는 9대 국회와 같은 선거법 아래 실시되었고 단지 국회의원의 정수만 지역구 8석과 대통령이 지명하는 유신정우회 의원 4석이 증가하여 총 231석이었다.

제5공화국 전두환 정부는 국회의원선거에서 1선거구 2인제는 유지하면서 전국구 비례제를 다시 도입하였다. 전국구의원의 수는 지역구의원 정수의 2분의 1로 하여 11대 국회의원선거에서는 지역구 의석 184석과 전국구 의석 72석으로 총 256석이었다. 이 선거법에서도 유신체제에서와 마찬가지로 "지역구는 인구, 행정구역, 지세, 교통, 기타의 조건을 고려하여 이를 획정한다"라고만 규정하여 선거구 획정의 기본이 되는 인구기준이 제시되지 않았다. 이처럼 인구기준이 없다 보니 선거구 사이의 인구차이가 5 대 1 이상이 되는 문제가 나타났다. 인구가 가장 많은 선거구인 서울 동대문구의 경우에는 인구가 551,208명인데 비해 전라북도의 진안·무주·장수 선거구는 100,544명에 불과했다.[15] 12대 국회의원선거도 같은 선거법에 의거하여 실시되었으며 마찬가지로 최대인구 선거구와 최소인구 선거구의 차이가 커 서울의 동대문 선거구는 인구가 947,171명이었고 인구가 가장 적은 전북의 무주·진안·장수 선거구는 179,742명으로 두 선거구의 비율이 5.26 : 1에 달했다.[16]

(2) 민주화시대의 선거구 획정과 의원정수

1987년의 민주화운동으로 권위주의시대가 종식되고 민주화가 진행되면서 국회의원선거의 선거구 획정에서도 변화가 나타났다. 1988년 4월 26일에 실시된 13대 국회의원선거에서는 지역구의원의 경우 1선거구에

14) 심지연, 앞의 책, p.56.

15) 심지연, 위의 책, p.59.

16) 양건, "선거법, 진정한 대표성 회복돼야", 〈신동아〉 1987년 2월호, p.287.

서 1명을 선출하는 제도로 바뀌었고 전국구의원은 지역구 의석의 3분의 1로 하였다. 국회의원 정수는 299명으로 지역구의원 224명과 전국구의원 75명을 선출하였다. 14대 국회의원선거에서는 선거구를 재조정하여 13개 지역구를 증설하는 대신에 전국구 의석을 그만큼 줄이고, 제1당에 전국구 의석의 2분의 1을 우선 배분하는 방식을 폐지하고 지역구 의석비율로 전국구 의석을 배분하도록 하였다. 이에 따라 지역구의원은 224명에서 237명으로 늘었고 전국구의원은 75명에서 62명으로 줄었으나 전체 의원정수는 299명으로 변동이 없었다. 이러한 선거구 획정은 여당과 야당이 이해관계에 따라 조정한 것으로 야당은 전국 최소 선거구인 전북 옥구군이 다른 선거구와 병합되어 의석수가 줄어드는 것을 피하려 했고 여당은 이에 대한 대가로 영남에서 선거구를 늘렸다. 즉, 옥구군의 인구가 7만 1천 명인 점을 고려하여 인구가 35만 이상인 전국 10개 지역에 각각 1개 선거구를 증설했다.[17] 이러한 선거구 획정은 최대 선거구와 최소 선거구 사이의 인구격차를 줄이려는 노력 없이 정치적 고려에 따라 선거구를 증설한 것이었기 때문에 선거구가 불합리하게 획정되었다.

여당과 야당이 정치적 흥정에 따라 선거구를 획정하던 방식은 김영삼 정부에서 바뀌었다. 김영삼 정부는 별도로 분리되어 있던 대통령선거법, 국회의원선거법, 지방의회의원선거법, 지방자치단체장선거법을 하나로 통합하여 공직선거 및 부정선거 방지법을 제정하여 1994년 3월 4일에 통과시켰다. 이 통합선거법에서는 선거구의 공정한 획정을 위해 선거구획정위원회를 설치하였다. 선거구획정위원회의 설치는 선거구가 기존의 행정구역을 위주로 인구편차가 크게 나타나 평등선거원칙에 위배되는 일이 발생하는 것을 막는 데 기여하였다.

15대 국회의원선거를 앞두고 획정위원회는 인구의 과밀이나 과소 등 조정요인이 발생한 지역을 대상으로 선거구의 최소 인구를 7만 명으로

---

17) 심지연, 앞의 책, p. 61.

하고 인구 30만 명 이상은 2개의 선거구로, 그리고 60만 명 이상은 3개의 선거구로 분할하였다. 이에 따라 지역구는 14대 때의 237개보다 23개가 늘어나 260개가 되었으며 전국구 의석은 62석에서 39석으로 줄었다. 이 결과로 최대 선거구와 최소 선거구의 인구비율은 5.9 대 1로 늘어났다. 이에 대해 헌법재판소는 1995년 12월 27일 국회의원 선거구 획정이 인구비례원칙에 위배되며 평등선거의 원칙에 위배된다는 위헌 결정을 내리고 최대 선거구와 최소 선거구의 인구비율은 4 대 1을 넘어서는 안 된다고 결정했다. 국회는 선거구의 인구상한선은 30만 명, 하한선은 7만 5천 명으로 하여 선거구를 재조정한 결과 지역구 의석은 253개, 전국구 의석은 46석으로 하여 총 299명의 의원을 1996년 4월 11일의 15대 국회의원선거에서 선출하였다.

16대 국회의원선거를 앞두고 국회는 다시 선거구획정위원회를 구성하여 선거구의 인구를 최소 9만 명, 최대 35만으로 하여 35만 명 이상은 2개의 선거구로 분할하는 기준을 마련하였다. 또한 국민들의 압력에 따라 의원정수를 10% 감축하여 273명으로 하고 지역구의원 227명, 전국구의원 46명으로 확정하였다. 이 결과 선거구의 인구편차는 3.88 대 1로 감소하였다. 2004년 4월 15일에 실시된 17대 국회의원선거에 앞서 선거구획정위원회는 선거구의 인구 하한을 10만 5천 명, 인구 상한을 31만 5천 명으로 하고 의원정수를 다시 299명으로 증가시켰다. 이에 따라 지역구 의석은 243석, 전국구 의석은 56석이 되었다. 17대 국회의원선거에서 최소 선거구는 전남 함평·영광의 105,657명이었고 최대 선거구는 부산 해운대·기장의 295,916명이었다. 2008년 4월 9일에 실시된 18대 국회의원선거를 앞두고, 선거구획정위원회는 의원정수는 299명으로 그대로 두면서 지역구 의석은 2석을 늘려 245석, 전국구 비례대표 의석은 2석을 줄여 54석으로 조정하였다.

5. 선거운동 기간과 선거일

1) 선거운동 기간

선거운동 기간은 국가에 따라 다르게 규정하고 있다. 선거법에 선거운동 기간을 정해놓고 그외의 기간에는 선거운동을 엄격하게 제한하는 국가가 있는가 하면 미국과 같이 선거운동 기간이 없다고 할 수 있을 정도로 선거운동에 대한 규제가 거의 없는 국가들도 있다. 우리나라는 선거법으로 선거운동 기간을 정해놓고 그외의 선거운동은 사전선거운동으로 엄격하게 규제하고 있다.

선거운동 기간은 선거의 종류에 따라 달리 정하고 있다. 현재 대통령선거의 공식 선거운동 기간은 23일이며 국회의원선거와 지방자치단체의 의회의원 및 단체장선거는 14일이다. 선거운동 기간은 후보자 등록 마감일의 다음날부터 선거일 전까지이다.

선거운동 기간은 그동안 여러 차례 변해왔다. 대통령선거의 운동기간은 1952년의 2대 선거부터 1967년의 6대 선거까지는 40일이었으나 1969년부터 35일로 단축되었고, 1987년부터는 30일로 단축되었다. 1992년의 14대 대통령선거 때는 29일이었으나 1994년부터는 23일로 축소되었다. 그러나 실제로 선거가 실시된 것을 보면 2대 대통령선거의 경우 선거운동 기간은 17일이었으며 후보자 등록마감일(7월 26일)부터 투표일(8월 5일)까지의 기간은 10일에 불과했다. 직선제로 처음 실시된 대통령선거에서 선거운동 기간이 이렇게 짧았던 것은 현직에 있는 이승만 대통령이 유리하게끔 하기 위함이었다. 대통령직선제를 핵심으로 하는 발췌개헌안이 변칙적으로 통과된 것이 1952년 7월 4일이었기 때문에 국민들은 대통령선거에 관해서 잘 알지를 못했고 또 야당에서는 선거운동을 제대로 할 시간이 없었다. 특히 지방의 벽지에서는 이승만을 제외하고는 다른 후보의 인격이나 경력, 정책 등이 제대로 알려지지 않은 상태에서 선거운동 기간을 단축시킨 것은 이승만의 당선을 보장하기 위한 선거전략이었다.

국회의원선거의 운동기간은 제헌국회의원선거부터 3대 국회의원선거까지는 40일이었으나, 1958년 4대 선거부터 1967년의 7대 선거까지는 30일이었다. 1969년부터는 22일로 단축되었고 1972년에는 18일로 단축되었다. 1994년에는 17일로 단축되었으며 2002년부터는 14일로 단축되었다. 선거운동 기간을 이처럼 계속 단축시킨 것은 선거운동 기간이 길수록 선거가 과열되고 또 선거비용이 많이 들어 타락선거나 금권선거가 되기 쉽다는 판단 때문이었다. 실제 선거운동 기간은 제헌국회의원선거가 41일, 2대 선거 41일, 3대 44일, 4대·5대 32일, 6대·7대 31일, 8대 24일, 9대·10대 18일, 11대·12대 20일,[18] 13대 18일, 14대 17일이었다.

2) 선거일

선거를 언제 실시할 것인가를 결정하는 데는 두 가지 유형이 있다. 첫 번째 유형은 선거일이 사전에 확정되어 있어 모든 선거는 언제나 같은 날에 실시하는 유형이다. 이 유형의 예로는 미국을 들 수 있다. 미국에서 선거는 짝수 해 11월의 첫 번째 월요일이 지난 이후의 첫 번째 화요일이 선거일로 확정되어 있다. 따라서 이 날에는 대통령 및 부통령선거를 비롯하여 연방 및 주의 의원(상원과 하원), 주지사선거 등 모든 공직의 선거를 동시에 실시한다. 우리나라도 1994년 이후에는 선거일이 선거법에 규정되어 있어 이 유형에 해당된다. 두 번째 유형은 각종 선거의 선거일이 선거 직전에 결정되는 유형으로 우리나라도 1994년 이전에는 이 유형에 해당되었다. 이러한 유형은 의원내각제를 정부형태로 채택하고 있는 국가들에서 사용되며 선거일의 선택은 집권당이 자기 정당에게 가장 유리한 때를 감안하여 결정한다.

---

18) 중앙선거관리위원회, 〈제 12대 국회의원선거 총람〉, 1985, p. 33.

〈표 11-7〉 대통령 및 국회의원선거의 실시시기(직접선거)

	2월	3월	4월	5월	6월	7월	8월	10월	11월	12월
대통령	0	1	1	2	0	0	1	1	0	2
국회의원	2	2	1	5	1	1	0	0	1	1
합계	2	3	2	7	1	1	1	1	1	3

현재 우리나라의 대통령선거는 대통령의 임기만료일 전 70일 이후의 첫 번째 수요일에 실시하며 국회의원선거는 국회의 임기만료일 전 50일 이후의 첫 번째 수요일에 실시한다. 지방의회의원 및 지방자치단체장의 선거는 임기만료일 전 30일 이후의 첫 번째 수요일에 실시한다.[19] 따라서 모든 선거는 수요일에 실시한다.

1994년 선거법 개정으로 선거일이 확정되기 이전의 선거에서 선거일이 어떻게 결정되었는가를 보면 〈표 11-7〉과 같다. 2~4대, 6~8대, 13~14대의 8번 대통령선거 직접선거와 1~14대의 14번의 국회의원선거들 중 선거가 가장 많이 실시된 달은 5월로 7번 실시되었으며 1월과 9월에는 한 번도 실시되지 않았다. 계절적으로 보면 3, 4, 5월에 12번이 실시되어 봄에 가장 많이 실시되었다. 몇 차례의 선거에서는 야당의 선거운동을 어렵게 만들고 또 도시 유권자들의 투표율을 낮게 만들기 위해 겨울에 선거를 실시한다는 비판이 야당에 의해 제기된 적이 있었다. 또한 투표일을 공휴일로 정한 것은 여당에 반대하는 성향이 강한 도시 유권자들이 투표를 포기하고 등산이나 낚시 등을 가게 만들기 위한 전략이라는 비판도 야당에 의해 제기된 바 있다.[20] 겨울인 2

19) 1994년의 선거법 개정에서는 선거를 수요일이 아닌 목요일에 하도록 규정되어 있었다. 지방의회의원 및 자치단체장선거도 임기만료일 전 60일 이후의 첫 번째 목요일로 되어 있었으나 1998년 2월 6일 선거법 개정으로 임기만료일 전 30일 이후의 첫 번째 목요일로 변경되었다. 이 규정은 2004년 3월 12일에 다시 개정되어 수요일에 실시하고 있다.

월과 12월에 모두 5번 선거가 실시되었으므로 이러한 주장이 조금은 타당성이 있었다 하겠다. 여당은 또한 야당의 선거운동 기간을 단축시키기 위하여 선거일을 기습적으로 결정하는 전략을 자주 사용하였다. 즉, 여당은 미리 선거를 위한 준비를 진행시켜놓은 후 기습적 조기선거를 실시하여 야당이 선거운동을 준비할 여유를 주지 않은 것으로, 이러한 예로는 2대와 4대 대통령선거를 들 수 있다.

6. 후보자

1) 후보자의 추천

선거에 입후보하고자 하는 사람은 정당의 추천을 받거나 또는 무소속으로 출마할 수 있다. 정당은 선거에 출마할 입후보자를 공식적으로 추천하기 때문에 이를 공천이라 한다. 우리나라 선거에서 공천제도가 시작된 것은 1954년의 3대 국회의원선거가 처음이었으며 집권당인 자유당과 원내 제 1당인 민주국민당이 각각 공천후보자를 내세웠다. 그 이전의 제헌의원선거와 2대 국회의원선거에서는 입후보자들이 무소속으로 입후보하거나 또는 자신이 소속하고 있는 정당의 이름을 마음대로 내걸고 입후보하였다. 이에 따라 한 선거구에 같은 정당의 이름을 내건 후보자가 2명 이상인 경우도 있었다. 정당은 1선거구 1인 선출제

---

20) 1970년대 초반까지 한국에서의 선거는 동원투표나 준봉투표가 중요한 특징 중의 하나였다. 이러한 선거전략은 정치 수준이 낮은 농촌에서 특히 효과적이지만 정치의식이 상대적으로 높은 도시 유권자들에게는 영향력이 크게 감소된다. 동원투표가 효과가 있는 농촌지역에서는 날씨가 춥거나 공휴일인 경우에도 투표율이 높지만, 유권자에 대한 투표 강요가 상대적으로 어려운 도시에서는 날씨가 춥거나 공휴일인 경우에는 투표에 기권할 가능성이 높아지고 이에 따라 야당지지 성향이 높은 도시 유권자들의 투표율이 낮아 여당에게 유리하게 된다는 논리이다.

에서는 선거구에 1명만을 공천하지만 9~12대 국회의원선거처럼 한 선거구에서 2명의 국회의원을 선출한 경우에는 한 선거구에 2명을 공천하는 경우도 간혹 있었다.[21]

정당이 선거에 입후보하는 자를 공천하는 것은 정당의 자체 행사이기 때문에 자율적으로 행사할 수 있으나 선거법에는 다음과 같은 제한 규정을 두고 있다. 즉, 정당이 소속당원을 후보자로 추천할 때에는 민주적 절차에 따라야 한다고 규정하고 있으며 정당이 비례대표 국회의원선거 및 비례대표 지방의회의원선거에 후보자를 추천하는 때에는 그 후보자 중 100분의 50 이상을 여성으로 추천하되, 그 후보자명부의 순위의 매 홀수에는 여성을 추천하도록 규정하고 있다.[22] 또한 정당이 임기만료에 따른 지역구 국회의원선거 및 지역구 지방의회의원선거에 후보자를 추천하는 때에는 각각 전국 지역구 총수의 100분의 30 이상을 여성으로 추천하도록 노력하여야 한다고 규정하고 있다.

정당이 선거에 입후보하기를 희망하는 사람들을 공천하는 방법에는 두 가지가 있다. 첫 번째 유형은 미국에서 볼 수 있는 것으로 선거구에 살고 있는 당원들이 자기 정당의 이름을 내걸고 입후보할 사람을 결정하는 방법이다. 이것을 예비선거(*primary*)라 하며 주에 따라서는 지구당의 간부들인 대의원들만이 모여 후보자를 결정하는 코커스(*Caucus*) 방법도 있다. 이 미국 유형은 그 지역에 입후보할 후보의 공천을 지구당의 당원들이 결정하는 방법이다. 두 번째 유형은 영국 정당들에서

---

21) 국회의원선거제도가 1구 2인 선출제였던 9대 선거부터 12대 선거까지는 한 선거구에 두 명의 후보를 공천하는 경우가 있었다. 9대 국회의원선거에서 여당인 민주공화당은 73개 선거구 중 7개 선거구에 2명을 복수공천하여 4개 선거구에서 복수당선되었으며, 야당인 신민당은 14개 선거구에 복수공천하였으나 1개 선거구에서만 복수당선되었다. 10대 국회의원선거에서는 신민당이 4개 선거구에 복수공천을 하였으나 복수당선은 없었다. 1985년의 12대 국회의원선거에서는 신생야당인 신한민주당이 2개 선거구에 복수공천하였으나 복수당선은 없었다.

22) 이 조항은 2002년 3월 7일에 신설된 후 2005년 8월 4일에 개정되었다.

볼 수 있는 유형으로 정당의 간부들이나 지도자가 입후보자를 지명하는 공천방식이다.

우리나라에서는 민주화 이전에는 두 번째 유형이 주를 이루었으나 민주화 이후에는 경선을 통해 후보자를 공천하는 경우가 많아졌다. 그러나 아직도 정당의 간부들이 공천심사위원회 등을 통해 후보자를 결정하는 방식도 사용되고 있다. 현재 각 정당들은 차이는 있으나 국회의원선거의 경우 공천심사위원회를 잠정적으로 구성하거나 또는 당간부들이 공천결정위원회의 역할을 하여 후보자를 선정하고 있다. 이와 동시에 일부 후보자의 경우는 정당의 지도자가 결정하는 경우도 있으며 일부의 경우에는 경선을 통해 후보자를 결정하기도 한다.[23)]

대통령선거에 출마할 정당의 후보자 결정은 모든 정당들이 경선을 통해 후보자를 결정하고 있다. 이러한 양상은 1987년 이후 민주화가 진행되면서 점진적으로 진전되어 2008년 현재에는 모든 정당들이 민주적 경선을 통해 대통령후보를 결정하는 민주적 양상이 정착되었다. 그러나 1987년 이전에는 대통령후보의 결정에서 여당과 야당이 큰 차이를 보였다. 여당의 경우에는 제1공화국 시절의 이승만 대통령, 제3공화국과 유신체제에서의 박정희 대통령, 제6공화국의 노태우 대통령 등 모두가 경선 없이 자동적으로 대통령후보로 추대되었다. 이승만의 경우 2대 대통령선거에서는 이승만의 재선을 위하여 대통령 선출방법을 국회가 선출하는 간선제에서 직선제로 바꾸었고 3대·4대 대통령선거에서는 이승만의 종신대통령을 가능하게 하기 위하여 헌법개정을 해놓은 상태였기 때문에 자유당 내에서 이승만에 반대하거나 도전할 사람이 아무도 없어 전당대회 또는 임시대의원대회(3대)에서 형식적 절차를 거쳐 만장일치로 후보를 추대했다. 5대 대통령선거의 경우에는 군부쿠데타를 통해 정권을 잡은 박정희가 대통령후보가 되는 것은 당연

23) 2008년 4월 9일에 실시된 18대 국회의원선거에서는 주요정당들인 한나라당과 통합민주당에서 모든 후보자를 공천심사위원회에서 결정하였고 경선을 통해 공천받은 후보자는 한 명도 없었다.

한 것으로 받아들여졌고, 6대와 7대 대통령선거에서도 현직 대통령인 박정희는 민주공화당 전당대회에서 만장일치로 후보가 되었다. 13대 대통령선거의 경우에는 제 5공화국 말기 대통령간선제를 규정한 헌법하에서 전두환 대통령이 노태우를 지명하여 간선제 대통령후보가 되었으나, 1987년의 6·10 민주항쟁의 결과로 직선제 헌법으로 개정되자 새로운 후보선출 절차 없이 그대로 직선제 선거의 후보가 되었다. 14대 대통령선거에서는 여당 역사상 처음으로 대통령후보를 결정하기 위한 당내경선이 실시되어 김영삼, 이종찬의 경선이 이루어졌으나, 마지막 단계에서 승산이 없어진 이종찬이 사퇴를 한 상태에서 김영삼이 투표를 통해 대통령후보로 선출되었다. 14대 대통령선거에서 여당의 후보였던 이회창도 경선을 통해 후보가 되었다. 16대 대통령선거에서는 여당의 경선을 통해 노무현이 대통령후보로 선출되었으며 17대 대통령선거에서는 정동영이 여당의 경선을 통해 대통령후보가 되었다.

야당에서는 대통령후보를 선출하기 위한 경선이 긴 역사를 가지고 있어 1954년에 민주당이 통합야당으로 출범한 이후 선거 때마다 경선을 통하여 대통령후보가 결정되었다. 1956년 3대 대통령선거에서는 대통령후보로 신익희와 장면이 경합하여 신익희가 대통령후보에 장면이 부통령후보에 공천되었다. 1960년의 4대 대통령선거를 앞두고는 조병옥과 장면이 경선을 하여, 조병옥이 484표, 장면이 481표를 얻어 대통령후보에 조병옥, 부통령후보에 장면이 결정되었다. 1963년의 5대 대통령선거는 3년간의 군사정부 이후 민정이양을 하는 과정에서 실시되었으며, 기성정치인들은 민정당(民政黨), 민주당, 국민의 당으로 분열되어 각기 대통령후보를 지명하였다. 1967년의 6대 대통령선거에서는 야당통합의 과정에서 원로들의 합의에 의해 윤보선이 대통령후보로 결정되었다.

1971년의 7대 대통령선거에서는 야당에서 다시 경선이 부활하였다. 당시 야당이던 신민당에서는 3선 개헌이 확정된 직후인 1969년 11월 11일 김영삼이 대통령후보 지명전에 나설 것을 선언한 데 이어 1970년에 들어 김대중과 이철승도 후보지명전에 나설 것을 선언하였다. 이들 40대의 정치인들이 40대 기수론(旗手論)을 내걸고 치열한 경합을 벌인 끝에 1970년 1월 29일에 열린 대통령후보 지명대회에서, 1차 투표에서는 김영삼이 가장 많은 표를 얻었으나 과반수를 넘지 못하여 2차 투표가 실시되었다. 여기에서 이철승의 지지를 얻은 김대중이 과반수를 넘어 후보로 지명되었다. 16년이 지나 직선제가 부활된 13대 대통령선거에서는 야당지도자들인 김영삼과 김대중 사이에 대통령후보 합의를 이루지 못하여 두 사람이 통일민주당과 평화민주당으로 갈라지면서 이들이 경선 없이 대통령후보가 되었다. 1992년의 14대 대통령선거에서는 민주당의 대통령후보 경선이 김대중과 이기택 사이에 벌어져 김대중이 후보로 지명되었다. 1997년 15대 대통령선거에서도 김대중이 경선을 통해 후보가 되었고 2002년 16대 대통령선거에서는 야당인 한나라당의 경선을 통해 이회창이 후보가 되었다. 2007년 17대 대통령선거에서는 한나라당의 이명박과 박근혜 사이에 경선이 이루어져 이명박이 후보로 선출되었다. 이와 같이 야당의 경우에는 대부분의 대통령선거에서 대의원이나 당원들이 투표하는 경선을 통하여 대통령후보가 결정되는 것이 주를 이루었다.

2) 무소속후보

국회의원선거에는 정당이 공식적으로 추천한 후보들뿐만 아니라 정당에 소속하지 않은 무소속후보도 출마할 수 있다. 이 점은 대통령선거의 경우에도 마찬가지이다. 그러나 우리나라의 대통령선거와 국회의원선거에서 한때는 무소속후보의 출마를 금지한 때가 있었다. 이 시기는 제3공화국의 1963년부터 1971년까지의 시기로 이 기간의 선거들에서는 정당의 공천을 받은 후보만 입후보를 할 수 있었다. 이처럼 무소속후보의 출마를 금지한 것은 정당정치를 강화시키고 정착시킨다는 이유에서였다. 제헌국회의원선거와 2대 국회의원선거 시기에 정당정치가 제대로 정착되지 않아 많은 무소속의원들이 국회에 출마한 시기가 있었으나 그 이후의 3대 국회의원선거부터 5대 국회의원선거까지는 무소속의 국회진출이 매우 적었음을 감안하면 이러한 무소속후보 출마금지는 사실상 불필요한 것이었다고 평가할 수 있다.

대통령선거와 국회의원선거에서 무소속후보의 출마금지는 제 4공화국 유신체제 때부터 없어져 그 이후에는 무소속후보들이 선거에 입후보하고 있다. 유신체제에서 무소속후보의 입후보를 허용한 것은 1선거구에서 2인을 선출하는 제도에서 여당후보는 1명만 입후보하고 야당의 경우에는 야당공천을 받지 못하는 사람들이 무소속으로 출마하게 하여 야당에 대한 지지표를 분산시킴으로써 여당후보가 유리하게끔 하려는 의도가 있었다.[24]

7. 선거운동과 선거비용

선거운동에 관한 사항은 공직선거법 제 7장에 규정되어 있다. 선거운동이란 후보가 당선되게 하거나 당선되지 못하게 하기 위한 행위를 말한다. 선거운동 기간은 후보자 등록 마감일의 다음날부터 선거일 전일까지이다. 그러나 예비후보자로 등록한 후보는 대통령선거의 경우 선거일 전 240일, 지역구 국회의원선거 및 시·도지사선거는 선거일 전 120일, 지역구 지방의회의원선거 및 자치구·시·군의 자치단체장선거는 선거기간 개시일 전 60일부터 선거운동을 할 수 있다. 선거운동은 후보자, 선거사무장, 선거사무원으로 등록된 사람만 할 수 있으며 외국인, 19세 미만의 미성년자, 국가공무원과 지방공무원, 향토예비군 소대장급 이상의 간부 등은 선거사무원이 될 수 없다.

---

24) 심지연·김민전, "선거제도 변화의 전략적 의도와 결과: 역대 국회의원선거를 중심으로", 〈한국정치학회보〉 36집 1호, 2002, p. 149.

선거운동의 범위와 방법 등은 공직선거법에 세부적으로 규정되어 있다. 후보자나 정당이 할 수 있는 선거운동 방법은 다음과 같다. 후보자나 후보자를 추천한 정당은 선거운동을 하기 위한 선거사무소를 설치할 수 있으며 선거사무장과 선거사무원을 임명하며 이들은 선거운동을 할 수 있다. 선거운동을 할 수 있는 방법은 다음의 여덟 가지로 한정되어 있다. 첫째는 선거벽보로 선거벽보에는 후보자만의 사진, 성명, 소속정당명, 기호, 경력, 학력을 표시할 수 있다. 선거벽보의 수는 동은 인구 500인에 1매, 읍은 인구 250인에 1매, 면은 인구 100인에 1매의 비율로 작성하여 거리에 붙인다. 두 번째는 선거공보로서 책자형으로 만든다. 선거공보의 분량은 대통령선거는 16면 이내로, 국회의원 및 지방자치단체장선거에서는 12면 이내, 지방의회선거는 8면 이내로 한다. 전단형 선거공보는 1매로 작성하여 관할 선거관리위원회에 제출하면 선거관리위원회는 매 세대에 우편으로 발송한다. 책자형 선거공보를 제출하는 경우에는 재산상황, 병역사항, 세금납부 및 체납실적, 전과기록, 직업, 학력, 경력 등 인적사항을 포함해야 한다. 세 번째 선거운동 방법은 현수막의 게시로 후보자는 당해 선거구 안의 읍, 면, 동마다 1개의 현수막을 게시할 수 있다.

네 번째 운동방법은 어깨띠이다. 후보자와 그 배우자, 선거사무장, 선거연락소장, 선거사무원 또는 회계책임자는 어깨띠를 착용하여 선거운동을 할 수 있다. 어깨띠를 착용하고 운동할 수 있는 인원은 대통령선거 및 시·도지사선거는 국회의원 지역구마다 5인 이내, 국회의원선거의 경우에는 20인 이내, 자치구·시·군의 단체장선거에는 10인 이내, 시·도의원선거는 5인 이내, 자치구·시·군의 선거에는 3인 이내이다. 다섯 번째는 신문광고이다. 후보자나 소속정당은 선거 개시일부터 선거일 전 2일까지 소속정당의 정강정책이나 후보자의 정견, 정치자금 모금, 기타 홍보에 필요한 사항을 일간신문에 광고할 수 있다. 신문광고 횟수는 대통령선거는 7회, 비례대표 국회의원선거는 20회, 시·도지사선거는 5회까지 할 수 있다. 여섯 번째는 방송광고이다. 방송광고의 횟수는 대통령선거는 텔레비전 및 라디오방송별로 각 30회 이내이며 1회 1분을 초과할 수 없다. 비례대표 국회의원선거는 텔레비전 및 라디오방송별로 각 15회 이내이다.

일곱 번째 선거운동 방법은 방송연설이다. 방송연설은 대통령선거의 경우 후보자 및 후보자가 지명한 연설원이 1회 20분 이내에서 텔레비전 및 라디오방송국별로 각 11회 이내가 가능하다. 비례대표 국회의원선거는 정당별로 비례대표 국회의원후보자 중에서 선임된 대표 2인이 각각 1회 10분 이내에서 텔레비전 및 라디오방송별로 각 1회 가능하다. 지역구 국회의원선거 및 자치구 · 시 · 군의 단체장선거에서는 후보자가 1회 10분 이내에서 지역방송을 이용하여 텔레비전 및 라디오방송별로 각 2회 가능하다. 비례대표 시 · 도의원선거는 정당별로 비례대표 시 · 도의원 선거구마다 당해 선거의 후보자 중에서 선임된 대표 1인이 1회 10분 이내에서 지역방송시설을 이용하여 텔레비전 및 라디오방송별로 각 1회 가능하다. 시 · 도지사선거는 후보자가 1회 10분 이내에서 텔레비전 및 라디오방송별로 각 5회를 할 수 있다.

여덟 번째 선거운동 방법은 공개된 장소에서 행하는 연설이나 대담이다. 후보자 또는 후보자가 선거운동을 할 수 있는 자 중에서 지명한 연설원 2인은 공개된 장소에서 연설이나 대담을 통해 후보자 소속정당의 정강정책이나 후보자의 정견 등 필요한 사항을 홍보할 수 있다. 공개장소란 도로변, 광장, 공터, 주민회관, 시장, 점포 등으로 다수인이 왕래하는 공개장소를 방문하여 정당이나 후보자에 대한 지지를 호소하는 연설을 하거나 청중의 질문에 대답하는 방식으로 대담할 수 있다.

아홉 번째는 정보통신망을 이용한 선거운동이다. 이 방법으로는 인터넷, 홈페이지 또는 그 게시판, 대화방 등에 선거운동을 위한 내용의 정보를 게시하거나 전자우편을 전송하는 방법으로 선거운동을 할 수 있다. 또한 후보자는 인터넷언론사의 인터넷 홈페이지에 선거운동을 위한 광고를 할 수 있다. 이외에 후보자나 후보자의 정당이 능동적으로 할 수 있는 선거운동 방법은 아니지만 언론기관의 후보자 초청, 대담, 토론회, 선거방송토론위원회가 주관하는 대담, 토론회 및 정책토론회를 통해서도 선거운동을 할 수 있다.

선거운동은 위에서 논의한 방법만을 통해 할 수 있으며 다른 방법을 이용한 선거운동은 금지되어 있어 이를 어길 경우 선거법위반으로 처벌된다. 특히 후보들의 합동연설회와 정당이나 후보자에 의한 개인연설회는 2004년 3월 12일의 선거법 개정으로 폐지되었으며 호별방문도 금지되어 있다. 또한 선거에 관련하여 정당에 대한 지지도나 당선인을 예상하게 하는 여론조사나 모의투표, 인기투표 등의 결과는 선거일 전 6일부터는 발표할 수 없으며 이를 인용하여 보도하는 것도 할 수 없다. 후보자와 그 배우자는 당해 선거구 안에 있는 자나 기관, 단체, 시설 또는 당해 선거구 밖에 있더라도 그 선거구민과 연고가 있는 자나 기관, 단체, 시설에 기부행위를 할 수 없다. 더불어 누구든지 선거에 관하여 후보자 또는 그 소속정당을 위하여 기부행위를 할 수 없으며 누구든지 선거에 관하여 기부를 요구하거나 기부를 받으면 공직선거법에 의해 처벌을 받는다. 유권자가 후보자나 선거운동원으로부터 금품이나 음식대접 등의 향응을 받은 것이 적발될 경우 유권자는 그 금액의 50배를 벌금으로 물어야 한다. 기부행위에 대한 이러한 엄격한 규제는 1980년대와 1990년대에 만연했던 금권선거 때문이며 선거법을 강화한 결과 근래의 선거에서는 기부행위가 급격히 감소하였다.

1980년대와 1990년대의 선거들에서는 유권자들에게 금품을 살포하거나 향응이나 관광여행을 제공하는 것 등이 유권자들의 투표에 큰 영향을 주었으나 유권자들은 이와 관련된 설문에 그렇지 않다고 응답했다. 예를 들면 14대 국회의원선거 전에 실시된 여론조사에서 응답자의 98%가 "선심제공은 받아도 후보선택과 연관시키지 않겠다"는 응답을 보였다.[25] 그러나 중앙선거관리위원회가 1993년 6월 11일에 실시된 명주·양양과 철원·화천, 그리고 예천의 3개 지역 보궐선거에서 선거

---

25) 〈세계일보〉 1992년 3월 9일.

운동원으로 일했던 사람을 대상으로 한 여론조사에 의하면 “유권자로부터 금품-향응을 요구받은 적이 있다”는 응답이 44.8%였으며, 선거운동 기간 18일 동안 3번 이상 요구받았다는 응답이 51.4%였고, 1~2번 요구받았다는 응답이 43.5%였다. 또한 선거운동원들은 58%가 “금품이나 향응제공이 표를 얻는 데 도움이 된다”라고 응답하였다.[26)]

그러나 14대 대통령선거 시기에 행한 여론조사에서는 92.2%의 응답자가 “금품-향응제공은 투표에 전혀 영향을 주지 않거나 오히려 부정적 영향을 준다”고 응답하였다. 선거운동원과 일반유권자의 응답에서 나타나는 이러한 차이는 유권자들이 설문조사에 솔직하게 응답하지 않는 데서 기인한다. 특히 일반적으로 비판받고 있는 금품수수, 지연, 혈연, 학연 등에 근거한 투표 등에 관해서는 유권자들이 솔직한 의사를 밝히지 않는다. 우리나라 유권자들의 상당수가 아직까지도 지연, 학연, 혈연 등의 비합리적이고 전근대적인 요인에 의거하여 후보자에게 투표한다는 점은 여론조사를 통하여 밝혀질 수 있는 것이 아니다.

8. 투 표

1) 투 표

투표는 직접 또는 우편으로 하며 1인 1표로 한다. 그러나 국회의원선거, 시·도의원선거 및 자치구·시·군의원선거에서는 지역구의원 및 비례대표의원선거마다 1인 1표로 한다. 투표용지에는 후보자의 기호, 정당추천 후보자의 소속정당 명칭 및 성명이 표시되어 있다. 무소속후보자는 소속정당 명칭의 란에 무소속으로 표시되어 있다. 비례대표 국회의원선거 및 비례대표 지방의회의원선거에 있어서는 후보자를 추천

---

26) 〈조선일보〉 1993년 7월 26일.

한 정당의 기호와 정당 이름이 표시되어 있다.[27] 기호는 1, 2, 3 등으로 표시하며[28] 정당 이름과 후보자의 성명은 한글로 인쇄되어 있다.

투표용지에 후보자를 게재하는 순위는 후보자 등록마감일 현재 국회에서 의석을 갖고 있는 정당의 추천을 받은 후보자, 국회에 의석을 갖고 있지 않은 정당의 추천을 받은 후보자, 무소속후보자의 순으로 한다.[29] 비례대표제선거에서 정당의 게재순서는 후보자 등록마감일 현재 국회에서 의석을 가지고 있는 정당, 의회에서 의석을 가지고 있지 않은 정당의 순으로 한다. 국회에 의석을 가지고 있는 정당들의 게재순위는 국회에서의 다수의석 순으로 하며 국회에서 의석을 갖지 않은 정당이나 그 정당의 추천을 받은 후보자들의 게재순위는 그 정당 명칭의 가나다순에 의한다. 무소속후보자들의 게재순위는 후보자 성명의 가나다순에 의한다. 또한 국회에 의석을 갖고 있는 정당이나 그 정당이 추천한 후보자들의 게재순위를 정함에 있어 ① 국회에 5인 이상의 소속 지역구 국회의원을 가진 정당이나 ② 직전 대통령선거, 비례대표 국회의원선거 또는 비례대표 지방의회의원선거에서 전국 유효투표 총수의 100분의 3 이상을 득표한 정당들에게는 정당별로 전국적으로 통일된 기호를 우선적으로 부여한다. 이 경우 지역자치구 · 시 · 군의원선거에서 전국적으로 통일된 기호를 부여받은 정당이 같은 선거구에 2인 이상의 후보자를 추천한 경우 그 정당이 추천한 후보자들의 기호는 후보자 성명의 가나다순에 따라 “1-가, 1-나, 1-다” 등으로 표시한다.[30]

---

27) 1963년 이전에는 투표용지에 후보자의 기호와 성명만 표시되어 있었으며 정당 이름은 없었다.

28) 기호는 1969년 이전까지는 I, II, III 등으로 작대기의 수로 표시하였으나 19 69년부터 1, 2, 3으로 표시하고 있다.

29) 후보자의 기호는 1969년 이전까지는 추첨으로 결정하였으나 1969년부터는 선거 직전의 국회에서 다수의석을 가진 제 1당의 기호를 1로 하고 제 2당의 기호는 2로 하며 그 이외의 정당들은 정당 명칭의 가나다 순서에 따라 3 이하의 기호를 정하였다. 현재와 같이 후보자의 기호순위를 결정한 것은 1972년에 개정된 국회의원선거법부터이다.

투표시간은 선거일 오전 6시부터 오후 6시까지 12시간이다.[31] 선거인이 투표용지에 기표할 때에는 ☮표가 각인된 기표용구를 사용해야 한다. 선거인은 자신이 기표한 투표지를 공개할 수 없으며 공개된 투표지는 무효로 한다.

선거일에 자신의 거주지에 근접한 투표소에서 투표를 할 수 없는 사람은 부재자투표를 할 수 있다. 부재자투표를 원하는 사람은 자신의 주민등록지 관할 선거관리위원회에 부재자투표 신청을 하여야 한다. 부재자 신청인명부에 올라 있는 선거인은 부재자투표 기간 중 부재자투표소에 가서 투표할 수 있다. 부재자투표소에서의 투표시간은 오전 10시부터 오후 4시까지이다.

2) 유권자의 투표참여율

우리나라 정치에서 유권자들의 정치참여는 대부분의 경우 투표참여에만 국한되고 있다. 이것은 정부수립 이후의 우리 정치가 오랜 기간 동안 권위주의체제로 계속되었고 또 정치가 정상적이고 합법적인 절차나 과정보다는 쿠데타나 불법적인 조치로 이루어짐에 따라 많은 국민들은 정치에 거부감이나 좌절감을 갖게 되었기 때문이다. 이에 따라 정치는 개인의 입신양명 수단으로 정치를 이용하려는 직업정치인들에 의해서 주도되었으며, 정치에 참여하는 것이 바람직한 부류의 사람들은 정치참여를 기피하게 되었다. 그러면서도 1950년대에는 유권자들이 선거 때 투표에 참여하는 비율은 상대적으로 높은 수준을 보였는데 이

30) 후보자 등록기간이 지난 후에 후보자가 사퇴, 사망하거나 등록이 무효로 된 때라도 투표용지에 그 기호, 정당명 및 성명을 말소하지 않는다. 또한 투표용지에는 일련번호가 인쇄되어 있다.

31) 보궐선거의 경우에는 오전 6시부터 오후 8시까지 14시간이다. 보궐선거에서 2시간이 더 많은 이유는 전국선거는 선거일이 공휴일이나 보궐선거일은 공휴일이 아니기 때문이다.

것은 국민들의 자발적 참여 못지않게 준봉투표와 동원투표가 크게 작용하였기 때문이다.[32] 역대 대통령선거와 국회의원선거, 그리고 지방선거에서의 투표율은 〈표 11-1, 2, 4〉와 같다.

국민의 직접선거로 실시된 대통령선거의 평균투표율을 보면 87.4%이며 역대 국회의원선거의 평균투표율은 87.1%였다. 또한 역대 지방선거의 평균투표율은 73.3%였다. 대통령선거와 국회의원선거에서는 평균 87%의 투표율로 같은 비율을 나타냈고, 이것은 상당히 높은 참여율이었다. 지방선거에서 이보다 14% 정도 낮은 투표율을 보인 것은, 2공화국에서 실시된 1960년의 서울시장 및 도지사선거의 투표율이 38.8%로 매우 낮았고, 또 1998년 이후에 실시된 전국동시 지방선거의 투표율이 50%대에 머무른 탓도 있다. 그러나 기본적으로 우리 국민은 지역정치보다는 전국정치에 관심이 높음을 나타낸 것으로 볼 수 있다.

이승만 정권 중에 실시된 선거의 투표율은 대통령선거와 국회의원선거 모두에서 90%가 넘거나 이에 근접했다. 이것은 국민들의 정치참여에 대한 관심이 높았던 점도 작용하였으나 이와 더불어 농촌지역 유권자들에 대한 동원투표가 투표율을 크게 높인 것으로 볼 수 있다. 1960년대부터 대통령선거의 투표율은 80%를 보인 데 비해 1960년대부터 국회의원선거에서의 투표율이 70%대에 머문 것은 (12대 국회의원선거만 예외) 국회의원선거보다는 대통령선거에 보다 많은 관심을 가지고 참여하는 것을 나타낸 것이다. 역대 대통령선거와 국회의원선거들에서 나타난 투표율은 선진민주국가들에서 나타나는 투표율보다는 약간 높은 비율을 나타냈다.

---

32) 한국 선거에서의 정치참여에 관해서는 신명순, 《한국정치론》, 법문사, 1993의 11장 "선거와 정치참여"를 참조할 것.

9. 유권자들의 투표결정 요인

1) 인물, 정당, 정책

정당의 존재이유와 기능은 국민들이 정치에 대해 갖는 의견을 수렴하고 이를 정치에 반영하는 것, 정치에서 주체적 역할을 하는 것, 국민들에 대해 정치교육을 실시하는 것, 정권을 획득하고 집권 후에는 정강정책을 실현하는 것 등 다양하다. 그러나 우리나라 정치에서 정당은 정권추구만을 위해서 존재한다고 할 만큼, 선거에서의 득표만을 위하여 당을 운영했다. 따라서 유권자들은 정당을 중요한 정치적 기구로 생각하지 않으며 선거에서 투표를 할 때에도 정당을 보고 투표하는 경향은 약한 것으로 나타났다.

선거에서 가장 큰 관심 중의 하나는 왜 어떤 후보자는 당선되고 다른 후보자는 낙선되는가의 문제이다. 즉, 유권자들이 왜 특정후보자에게 표를 찍는가이다. 미국의 역대 선거에서는 유권자의 후보선택이 후보자가 소속한 정당, 후보자의 인물됨, 후보자나 소속정당이 제시하는 정책의 3가지에 주로 영향을 받았으며, 근래에는 후보자가 소속한 정당이나 후보자의 인물됨보다는 후보자나 정당이 제시하는 정책의 내용을 중요시하는 경향이 강하다. 유럽 국가들에서는 유권자의 사회계층적 지위와 정당이 표방하는 이념과의 일체감에 따라 투표를 하는 경향이 강하여 후보자 개인보다는 정당 위주로 투표하는 경향이 강하다.

우리나라의 유권자들은 무엇을 기준으로 하여 후보자를 선택하는가를 조사한 연구들을 요약하면 〈표 11-8〉과 같다. 〈표 11-8〉에서 보는 바와 같이 우리나라의 유권자들은 후보자를 선택하는 데 있어 후보자의 인물됨을 가장 중요시한다는 조사결과가 낮게는 30% 정도에서 높게는 80% 정도까지 나왔다. 정당을 보고 투표했다는 유권자는 높아도 20%대를 약간 넘는 수준이고 정당의 정책이나 후보자의 공약을 보고 투표결정을 했다는 조사결과도 1967년 7대 국회의원선거 때의 민주공

〈표 11-8〉 유권자들의 투표결정 요인

선거	인물	정당	정책(공약)	인물 및 정당	자료출처[32]
3대 국회(1954)	71.5%	7.4%		2.7%	윤천주
4대 국회(1958)	38.9%	10.9%		5.2%	윤천주
5대 국회(1960)	27.5%	16.5%			오병헌
6대 국회(1963)	62.9%	9.7%			정득규
7대 국회(1967)-1	42.7%	21.9%			정득규
(1967)-2	39.2%	23.8%		35.3%	이경구
(1967)-3	49.5%	10.5%	34.4%		민주공화당
(1969)	41.4%	13.3%	7.1%	36.7%[1]	조일문
9대 국회(1973)	79.9%	5.3%			정득규
12대 국회(1985)	46.0%	22.0%	22.0%		안병만
14대 국회(1992)-1	50.0%	20.6%	11.3%		중앙일보
(1992)-2	33.1%	10.3%	5.7%		한국일보
16대 대통령(2002)	61.4%[2]	9.4%	22.8%	1.9%[3]	김도경

* 1. 이 수치는 인물, 정당, 정책 세 가지 모두를 고려했다는 응답임.
2. 이 수치는 인물과 능력 55.4%와 정치경력 6.0%를 합한 것임.
3. 이 수치는 출신지역을 고려했다는 응답임.

33) 3·4대는 윤천주, 《한국정치체계-정치상황과 정치참여》, 고려대학교 출판부, 1961, p.225. 5대는 오병헌, "7·29총선의 분석", 〈아세아연구〉 제6호, 1960, p.47. 6·7대(1967-1)는 정득규, "한국지방인의 정치의식과 투표행태", 〈제1회 한국정치학회 재북미한국인정치학자회 합동학술대회논문집〉, 한국정치학회, 1975, pp.344~345. 7대(1967-2)는 이경구, "도시민과 지방민의 정치의식비교연구", 〈성균관대학교논문집〉, 제13집, 1968, pp.15~16. 7대(1967-3)는 민주공화당 기획조사부, 〈국민의 정치성향 및 투표행태에 관한 전국표본여론조사〉(1967년 6월), p.75, 윤형섭, 《한국정치론》, 박영사, 1988, p.313에서 재인용. 1969년은 조일문, 《새정당론》, 삼화출판사, 1971, p.28. 9대는 정득규, 위의 논문, p.345. 12대는 길승흠·김광웅·안병만, 앞의 책, p.299. 14대(1992-1)는 〈중앙일보〉 1992년 3월 26일. 14대(1992-2)는 〈한국일보〉 1992년 3월 7일. 16대 대통령선거는 김도경, "여성내에서의 정치적 세련됨의 차이", 2007년 한국정치학회 추계학술회의 발표논문(2007년 10월 12일, 연세대학교 새천년관).

화당 조사와 12대 국회의원선거 때의 안병만 조사를 제외하면 매우 낮다. 이러한 여론조사 결과들에 근거하여 결론지을 수 있는 것은 우리나라의 정치가 정당중심보다는 인물중심으로 진행됐다는 점이다. 또한 정당이나 후보자가 표방하는 정책이나 공약에도 후보자들은 별로 큰 관심을 두지 않는다는 점이다.

유권자들이 투표를 결정하는 데 있어 정당을 보고 투표하였다는 응답은 1950년대에는 8%, 1960년대에는 15%대, 1980년대에는 20%, 1990년대에는 15% 정도였다. 투표를 결정하는 데 정당이 투표결정의 요인이 되었다는 응답비율은 조금씩 상승하기는 하였으나 유권자의 80% 이상은 어떤 후보에게 투표할 것인가를 결정함에 있어 정당이 아니라 인물됨을 고려하여 결정하였다. 이것은 정당이 선거에서의 득표에 별 역할을 하고 있지 못함을 나타낸다.

그럼에도 불구하고 정당들은 중앙당 구조를 정책보다는 선거를 위한 조직 위주로 구성하였다. 예를 들면 1993년에 여당인 민주자유당은 중앙당 구조에서 정책개발을 위한 부서는 1개에 불과한 데 비하여 나머지 12개 부서는 조직관리를 위한 것이었다.[34] 또한 여당이 역대 선거에서 이길 수 있었던 것은 조직과 자금이었기 때문에 조직과 자금이 없다면 선거 자체를 하기가 어렵다는 인식이 강하였으며 자신들이 집권기간 동안 성취한 정치적 업적이나 정치지도자의 능력 및 리더십은 선거에서 득표요인이 되지 못하는 것으로 간주하였다. 이에 따라 여당은 지구당마다 2천 명 내지 3천 명의 조직책을 상설해놓고 선거가 되면 이 조직을 통하여 자금을 살포하는 것이 선거에 승리하는 첩경이라고 믿고 또 이용하였다. 선거가 없는 평시에는 본연의 정당기능을 전혀 수행하지 못하다가 선거 때만 가동되는 정당조직이란 단지 금품을 살포하는 역할을 하는 기구에 불과하였다. 거대한 정당을 유지하면서 이를 위하여 연간 수백억 원의 정치자금을 소비하고, 이에 필요한 자금을 충당하기

34) 〈조선일보〉 1993년 8월 22일.

위하여 정경유착과 정치비리가 계속된 점을 감안할 때 정당조직을 순수 선거정당체제로 전환시켜 선거가 없는 기간에는 정당기능을 대폭 축소하고 선거 시에는 효율적 역할을 할 수 있도록 정당체제를 바꾸게 되면 오히려 선거에서 정당이 미치는 영향은 증대될 것이다.

1990년대 초반까지는 선거에서 유권자들의 투표행태에 정당이 미치는 영향이 크지 않았지만 1990년대 중반 이후에는 선거에서 유권자들이 정당을 보고 투표하는 양상이 계속되고 있다. 이러한 점은 1987년의 13대 국회의원선거에서부터 계속해서 나타나고 있는 지역주의 투표와 밀접하게 연관되어 있다. 13대 국회의원선거 때부터 호남에서는 평화민주당, 민주당, 새정치국민회의, 새천년민주당, 열린우리당이 추천한 후보들이 유권자들로부터 90%를 넘는 압도적 지지를 얻어 당선되었다. 반대로 영남에서는 민주정의당, 민주자유당, 신한국당, 한나라당이 추천한 후보들이 거의 대부분 당선되었다.

이러한 점을 피상적으로 보면 선거에서 유권자들이 개별후보들의 인물 됨됨이를 보고 선택한 것이 아니라 정당을 보고 투표를 한 것처럼 보인다. 그러나 호남에서 압승한 정당들은 모두가 김대중이 만들거나 지원한 정당들이었고 영남에서 압승한 정당들은 노태우나 김영삼이 만든 정당이거나 거기에서 발전된 정당들이었다. 유권자들은 김대중이나 김영삼이 자기 지역출신의 정치인이고 이들이 자신이나 자신이 살고 있는 지역을 대표하고 대변할 것이라는 생각으로 이 정당들에 소속한 후보를 지지한 것이었다. 따라서 유권자들의 투표선택에 영향을 미친 것은 후보의 인물 됨됨이도 아니고 정당도 아닌 지역주의였다.

이러한 결과는 몇 가지로 해석할 수 있다. 첫째, 그동안의 우리나라 정치에서는 정당정치가 제대로 정착되지 못했고 또 개별정당들도 제대로 된 기능이나 역할을 하지 못하였기 때문에 국민들이 정당에 기대를 하지 않는다는 점이다. 둘째, 아직까지도 우리나라 정치에서는 유권자들이 정당의 정책이나 공약에 관해 큰 관심을 갖지 않는다는 점이다.[35] 이것은 역대 선거에서 후보자나 정당이 내세운 공약(公約)이 대부분 제대로 수행되지 않아 공약(空約)으로 끝난 데에도 기인한다. 또한 그동안의 우리 정치는 독재정권과 군부정치, 그리고 권위주의정치로 계속되어 선거에서 정당들간의 쟁점은 민주 대 반민주를 중심으로 이루어졌고 구체적 공약보다는 민주 또는 독재라는 비실체적 주장이 유권자들의 관심의 대상이 되었기 때문이다.

또 한 가지는 후보자의 인물됨이 무엇을 의미하는지가 명확하지 않은 점이다. 일반적으로는 후보자의 학력이나 경력, 생김새, 인품 등이 포함되겠지만 여기에는 후보자 개인과의 인맥, 학맥, 혈연, 지연 등도 직·간접적으로 연관되어 있다고 볼 수 있다. 사실상 그동안의 우리 정치에서는 후보자의 인물됨이 그가 얼마나 정치활동을 잘할 수 있는가와는 별로 상관관계가 없었다. 특히 권위주의정권하에서는 여당의 경우 대통령이나 정당총재의 지시나 지침에 국회의원을 포함한 모든 당원들이 일사불란하게 복종하는 행태를 보였기 때문에 국회의원의 학력이나 경력이나 경험이 아무리 뛰어나더라도 그렇지 못한 국회의원의 의회활동이나 정치활동과 별 차이가 없었다. 민주화가 진행되어 민주정치가 계속되는 오늘날에도 유권자들이 계속 후보자의 인물을 중요하게 고려하면서 투표하는 양상은 계속되고 있다.

국민들의 정치의식이 상당히 향상되었음에도 불구하고 유권자들의 투표결정 요인에서 인물됨이 차지하는 비율은 별로 낮아지지 않고 있는 것은 우리나라 유권자들이 정치를 정당을 중심으로 하는 제도적 차원에서 보는 것이 아니라 정치는 개별적 인물들에 의해 결정된다는 인

35) 1967년의 6대 대통령선거에서 민주공화당과 신민당이 제시하는 선거공약에 대한 유권자들의 태도를 조사한 결과를 보면 다음과 같다. 여당인 민주공화당의 공약에 관해서는 “다소 과장은 있을지라도 대체로 실현될 것”이라는 견해가 36.5%였고, “거의 실천할 것이다”가 19.1%로서 55.6%가 실천여부에 긍정적 태도를 보였다. 야당인 신민당의 공약에 대해서는 “절대 신뢰”가 2.4%, 그리고 “많은 신뢰”가 11.6%로 긍정적 태도는 14%였다. 민주공화당 기획조사부, 앞의 책, pp.54~65. 윤형섭, 앞의 책, pp.324~325에서 재인용.

식을 계속해서 가지고 있음을 나타내는 것이다. 정치가 개별적 인물에 의해서가 아니라 제도에 의해 이루어질 때 정치발전이 있을 수 있다는 점을 감안하면 우리나라 유권자들의 인물중심 투표행태는 시급히 개선되어야 할 과제이다.

우리나라 유권자들의 투표결정 요인과 관련하여 또 한 가지 지적되어야 할 점은 위에서 지적한 인물, 정당, 정책의 3가지 요인 외에 실제로는 다른 요인들이 투표결정에 중요한 영향을 미친다는 점이다. 이 점은 13대 대통령선거와 13대 국회의원선거 이후에 계속 나타나고 있는 바와 같이 지역주의가 유권자들의 투표를 결정하는 데 가장 중요한 요인으로 작용하는 점이다. 그러나 지역주의나 지역감정에 의거한 투표행태는 지역주의를 첨예화시키고 지역감정을 더욱 강화시키는 부정적 요인이라는 것을 알기 때문에, 유권자들은 이것이 자신들의 투표를 결정하는 데 중요한 고려사항이었다는 점을 공개적으로 얘기하지 않으며 여론조사 결과에서는 이러한 점이 나타나지 않는다. 이러한 점은 씨족이나 종친회 등에 기반을 두는 혈연적 요인, 중학교, 고등학교, 대학교 동창과 선후배가 관련된 학연 등도 마찬가지이다.

2) 당선인의 결정

각종 선거에서 당선인은 다음과 같이 결정한다. 대통령선거에서는 유효투표의 다수를 얻은 자가 당선된다. 단, 후보자가 1인일 때에는 그 득표수가 선거권자 총수의 3분의 1 이상에 달해야 당선된다. 최고득표자가 2인 이상인 때에는 국회의원 재적 과반수가 출석한 공개회의에서 다수표를 얻은 자가 당선된다. 지역구 국회의원선거에서도 당해 지역구에서 유효투표의 다수를 얻은 자가 당선된다. 최고 득표자가 2인 이상일 때에는 연장자가 당선된다. 후보등록 마감시각에 후보자가 1인이거나 또는 후보자 등록마감 후 후보자가 사퇴 또는 사망하거나 등록이 무효로 되어 후보자 수가 1인이 된 때에는 지역구 국회의원 후보자에 대한 투표를 실시하지 아니하고 선거일에 그 후보자가 당선된다. 또한 사퇴나 사망 또는 등록이 무효로 된 자가 유효투표의 다수를 얻을 때에는 그 국회의원 지역구는 당선인이 없는 것으로 한다.

비례대표 국회의원 의석은 비례대표 국회의원선거에서 유효투표의 100분의 3 이상을 득표하거나 지역구 국회의원선거에서 5석 이상의 의석을 차지한 정당(의석할당정당)에게 비례대표 국회의원선거에서 얻은 득표비율에 따라 배분한다. 득표비율의 계산은 각 의석할당정당의 득표수를 모든 의석할당정당의 득표수의 합계로 나누어 산출한다. 비례대표 국회의원 의석은 각 의석할당정당의 득표비율에 비례대표 국회의원 의석정수를 곱하여 산출된 수의 정수에 해당하는 의석을 당해 정당에 배분하고 잔여의석을 소수점 이하 수가 큰 순으로 각 정당에 1석씩 배분한다.

지역구 시·도의원의 선거에서는 당해 선거구에서 유효투표의 다수를 얻은 자가 당선되며 지역구 자치구·시·군의원선거에서는 유효투표의 다수를 얻은 자 순으로 의원정수에 이르는 자가 당선된다. 다만 최고 득표자가 2인 이상일 때에는 연장자 순에 의해 당선된다. 후보자가 1인인 경우에는 국회의원선거와 같이 투표를 실시하지 않는다.

비례대표 지방의회의원선거에서는 유효투표 총수의 100분의 5 이상을 득표한 각 정당(의석할당정당)에 대하여 득표비율에 비례대표 지방의회의원의 정수를 곱하여 산출된 수의 정수에 해당하는 의석을 배분한다. 또한 비례대표 시·도의원선거에 있어서 하나의 정당에 의석정수의 3분의 2 이상의 의석이 배분될 때에는 그 정당에 3분의 2에 해당하는 수의 정수(整數)의 의석을 먼저 배분한다. 잔여의석은 나머지 의석할당정당간의 득표비율에 잔여의석을 곱하여 산출된 수의 정수의 의석을 각 나머지 의석할당정당에 배분한다. 잔여의석이 있는 때에는 그 단수가 큰 순위에 따라 각 나머지 의석할당정당에 1석씩 배분한다. 다만, 의석정수의 3분의 2에 해당하는 수의 정수에 해당하는 의석을 배분받는 정당 외에 의석할당정당이 없는 경우에는 의석할당정당이 아닌 정당간의 득표비율에 잔여의석을 곱하여 산출된 수의 정수의 의석을 먼저 그 정당에 배분하고 잔여의석이 있을 경우에는 단수가 큰 순으로 각 정당에 1석씩 배분한다.

3) 국회의원선거에서 득표율과 의석비율의 차이

역대 직선제 대통령선거에서 당선자가 획득한 득표율은 시간이 감에 따라 감소하는 경향을 보였다(〈표 11-1〉 참조). 자유당 정권하에서 이승만 후보가 70%대의 높은 득표율을 보였던 것은 (4대 때 88.7%의 높은 득표를 한 것은 3·15 부정선거의 결과) 2대 때는 이승만에 대항할 만한 야당지도자가 없었던 상황이었고, 야당도 단일야당으로 통합되지 못한 상황이었기 때문이다. 또한 직선제 개헌이 이루어진 후 곧 선거가 실시되어 야당이 선거에 대비할 태세를 갖추지 못한 것도 이승만이 압승하게 만들었다. 3대 대통령선거에서는 선거기간 중에 야당 대통령 후보인 신익희가 갑자기 사망함으로써 이승만은 사실상 단일후보나 다름없는 여건에서 70%의 높은 지지획득이 가능하였다.

1960년대와 1970년대 초의 민주공화당 시기에는 박정희가 5대 대통령선거에서 16만 표의 근소한 차이로 승리하였으나 1960년대 초에 시작한 경제개발업적에 대한 유권자들의 긍정적 평가로 6대와 7대 대통령선거에서는 50% 이상의 지지를 획득하였다. 1987년에 실시한 13대 대통령선거에서 당선자인 노태우의 득표율이 36%에 불과한 것은 김영삼, 김대중, 김종필의 야당후보자들에게 표가 분산되었기 때문이다. 14대 대통령선거에서 당선자인 김영삼의 득표율이 42%였던 것은 경쟁자였던 김대중 외에 제3의 후보인 정주영이 유효투표의 16%인 3,880,067표를 얻었기 때문이다. 15대 대통령선거에서도 당선자인 김대중이 39.6%밖에 얻지 못한 것은 경쟁자인 이회창 외에 제3후보인 이인제가 유효투표의 18.9%인 4,925,591표를 획득했기 때문이다. 16대 대통령선거는 노무현과 이회창의 양자대결로 선거가 이루어져 당선자인 노무현이 유효투표의 48.5%란 높은 득표율을 얻었다.

역대 국회의원선거에서 여당(또는 제 1당), 야당(또는 제 2당)이 획득한 득표율을 보면 〈표 11-9〉와 같다.

제헌국회의원선거와 2대 국회의원선거는 정당정치가 제대로 확립되지 못한 상황이었기 때문에 제 1당과 제 2당이 얻은 득표율은 매우 낮

〈표 11-9〉 역대 국회의원선거에서 여당(제 1당)과 야당(제 2당)의 득표율과 의석비율

국회의원선거	제 1당 득표율	의석비율*	제 2당 득표율
제헌(1948)	24.6%		12.7%
2대(1950)	9.8%		9.7%
3대(1954)	36.8%	56.2%	7.9%
4대(1958)	42.1%	54.1%	34.2%
5대(1960)	41.7%	75.1%	6.0%
6대(1963)	33.5%	62.8%	20.1%
7대(1967)	50.6%	73.7%	32.7%
8대(1971)	48.8%	55.4%	44.4%
9대(1973)	38.7%	67.6%	32.5%
10대(1978)	31.7%	62.8%	32.8%
11대(1981)	35.6%	54.7%	21.6%
12대(1985)	35.3%	53.6%	29.3%
13대(1988)	34.0%	41.8%	23.8%
14대(1992)	38.5%	49.8%	29.2%
15대(1996)	34.5%	46.5%	25.3%
16대(2000)	39.0%	48.7%	35.9%
17대(2004)	42.0%	50.8%	37.9%

* 전국구 포함.

았다. 자유당과 민주당이 만들어져 양당정치의 틀을 갖추기 시작한 것으로 볼 수 있는 3대 국회의원선거 이후의 경향에서 나타나는 바와 같이 여당이 국회의원선거에서 얻은 비율은 주로 30%대였으며 4대(42.1%), 5대(41.7%), 7대(50.6%), 8대(48.8%), 17대(42.0%) 국회의원선거의 5번에서만 40% 이상의 지지를 획득하였다.[36] 따라서 여당은 선거에서 30~40%의 득표율로 국회를 장악했다. 특히 1973년의 9대 국회의원선거부터는 여당이 38% 이하의 득표율밖에 획득하지 못하였다.

야당의 경우에는 역대 국회의원선거에서의 득표율이 심한 차이를 보여 가장 높은 지지율을 획득할 때는 1971년의 8대 국회의원선거에서 44.4%를 얻었으나 4월혁명 이후 민주당에 대한 지지가 압도적이었던 1960년의 5대 민의원선거 때에는 제2당의 득표율이 6%밖에 되지 않았다. 야당이 통합되어 정당제도가 양당제의 성격을 띠었던 제3공화국과 제4공화국 시기에는 야당의 득표율도 32% 수준을 유지하였으나 야당이 분열되어 다당제의 성격을 띠었던 제5공화국과 제6공화국의 13~16대 국회의원선거 때에는 제2당의 득표율이 20%대로 감소하였다. 16~17대 국회의원선거에서 제2당의 득표율이 30%로 상승한 것은 정당체계가 다시 양당제와 유사한 형태로 재편되었기 때문이라 할 수 있다.

역대 국회의원선거에서 제1당인 여당과 제2당인 야당이 얻은 득표율과 이들 정당들이 국회에서 차지하는 의석비율을 보면 양자간에 큰 차이가 난다. 여당은 역대 국회의원선거에서 50% 이상의 지지를 얻은 적이 없으면서도(부정선거인 7대 국회의원선거 제외) 의석수에서는 13~15대 국회를 제외하면 언제나 50% 이상의 의석을 확보하였다. 특히 선거에서의 득표율과 국회에서의 의석비율은 전혀 비례적이지 않아 5

---

36) 7대 국회의원선거에서 제1당의 50.6%라는 득표율은 6·8 부정선거 때문에 높았다.

대, 6대, 9대, 10대 국회에서는 득표율의 2배에 가까운 의석비율을 차지하였다. 이것은 1선거구 1인 선출 단순다수제라는 국회의원선거제도와 전국구 의석의 배분을 제 1당에게 유리하게 규정한 선거법 때문이었다. 13대 국회의원선거 이후에 이러한 양자간의 차이가 줄어든 것은 전국구 의석의 배분에서 제 1당에 대한 특혜조항을 폐지하고 또 각 정당의 지역구 의석비율에 따라 전국구 의석을 배분하던 제도를 정당의 득표율에 비례하여 배분하도록 선거법을 개정하였기 때문이다. 특히 17대 국회의원선거 때부터 지역구의원선거와 분리하여 비례제의원선출을 위해 정당에게 1표를 분리하여 투표할 수 있게 선거법을 개정한 것은 정당의 득표율과 의석비율의 차이를 줄이는 데 크게 기여하였다.

10. 재선거와 보궐선거

실시한 선거가 무효가 될 때에는 재선거를 실시한다. 재선거를 실시하는 사유는 다음과 같다. 첫째는 당해 선거구의 후보자가 없을 때이나 이러한 경우는 없다. 둘째는 선거가 전부 무효의 판결이나 결정이 날 때이다. 대부분의 재선거는 이러한 사유로 실시된다. 세 번째는 당선인이 임기개시 전에 사퇴하거나 사망하거나 또는 당선이 무효가 되는 경우이다. 네 번째는 선거비용의 초과지출로 당선무효가 되거나 선거사무장 등의 선거범죄로 인해 당선무효가 될 때 실시한다. 다섯 번째로 선거의 일부 무효판결 또는 결정이 확정된 때에는 선거가 무효로 된 당해 투표구의 재선거를 실시한 후 다시 당선인을 결정한다.

지역구 국회의원, 지역구 지방의회의원 및 지방자치단체의 장에 궐원 또는 궐위가 생긴 때에는 보궐선거를 실시한다. 비례대표 국회의원 및 비례대표 지방의회의원에 궐원이 생긴 때에는 궐원된 의원이 선거 당시에 소속했던 정당의 비례대표 국회의원 후보자명부 및 비례대표 지방의회의원 후보자명부에 기재된 순위에 따라 국회의원 및 지방의회의원의 의석을 승계한다. 당선인이 선거범죄로 인해 당선무효가 되거나 정당이 해산된 때 또는 임기만료일 전 180일 이내에 궐원이 생긴 때에는 승계하지 않는다. 보궐선거는 임기만료일까지의 기간이 1년 미만일 때는 실시하지 않을 수 있다.

11. 한국의 선거결과에서 나타나는 특징

1) 선거를 통한 두 번의 정권교체

선거에 참여하는 정당의 가장 큰 목적은 국민의 많은 지지를 얻어 정권을 획득하는 것이다. 그러나 우리 정치에서 선거를 통해 정권이 교체된 것은 두 번뿐이다. 정부수립 이후 정권교체가 이루어진 것은 5번이었지만 3번은 비합법적 방법에 의해 이루어졌다. 첫 번째로 1960년에 이승만의 자유당 정권이 붕괴되고 장면의 민주당 정권이 집권한 것은 4월혁명의 결과였다. 두 번째로 1961년에 박정희가 정권을 장악한 것도 비합법적 5·16 군부쿠데타의 결과였다. 세 번째로 박정희의 유신체제가 끝나고 전두환의 민주정의당 정권이 들어선 것도 1979년 10월 26일에 박정희가 암살되고 권력의 공백기인 과도기에 전두환을 중심으로 한 군장교들이 12·12 군부 내 반란과 5·17 군부쿠데타를 일으켜 정권을 장악한 결과였다. 전두환 정부가 노태우 정부로 넘어가는 과정은 선거를 통해 이루어졌으나 그것은 대통령이라는 사람만 바뀐 것이지 한 정당으로부터 다른 정당으로 정권이 교체된 것이 아니었다. 노태우 정권이 김영삼 정부로 바뀐 것도 마찬가지로 3당 합당으로 등장한 민주자유당 정권에서 대통령만 바뀐 것이기 때문에 선거를 통하여 정권이 교체되었다고 할 수 없다.

1997년에 새정치국민회의의 대통령후보였던 김대중이 집권당이던 신한국당의 대통령후보였던 이회창을 물리치고 당선된 것만이 선거를 통한 첫 번째 정권교체였다. 2007년 12월 19일에 실시된 17대 대통령선거에서 야당인 한나라당의 이명박 후보가 집권당인 대통합민주신당의 정동영 후보를 500만 표 이상의 차이로 물리치고 당선됨으로써 60년의 우리 정치에서 두 번째의 선거를 통한 정권교체가 이루어졌다.

이처럼 10번의 대통령선거를 치르면서도 야당이 두 번밖에 승리하지 못한 이유는 집권당이나 집권당 대통령후보에 대한 국민들의 지지가 야당이나 야당후보에 대한 지지보다 높았기 때문인 적도 있었지만 또 다른 면에서는 우리나라의 야당과 야당지도자들이 상당기간 동안 수권능력을 갖춘 정당이나 정치인이 되지 못했던 점도 있다. 이것은 야당이 대통령선거에서 승리할 수 있었던 기회가 여러 차례 있었음에도 불구하고, 야당들간에 통합을 이루지 못하거나 야당지도자들이 분열함에 따라 집권의 기회를 상실하였음을 의미한다. 즉, 야당지도자들은 정권을 잡을 수 있었던 결정적 시기에 분열함으로써 정권을 잡을 기회를 놓쳤다.

야당이 집권할 수 있었던 첫 번째 기회는 5·16 군부쿠데타 이후 3년간의 군사정부가 끝나면서 1963년에 실시한 5대 대통령선거였다. 이 선거에서 박정희 후보는 4,702,640표를 득표하여 46.6%의 득표율로 당선되었는데 2위를 한 윤보선은 박정희보다 156,026표가 적은 4,546,614표로 낙선하였다. 이때 3위를 한 오재영이 408,664표, 4위를 한 변영태가 224,443표, 5위를 한 장리석이 198,827표를 획득한 것을 감안하면 야당후보들의 통합이 있었으면 선거를 통한 야당으로의 정권교체가 가능했던 기회였다. 두 번째 기회는 1987년 12월 16일에 실시한 13대 대통령선거로서 이 선거에서 여당후보인 노태우는 36.6%의 지지를 얻어 당선되었다. 이 선거는 전두환의 권위주의정권에 반대하는 국민들의 6·10 민주항쟁의 결과로 직선제 헌법이 채택됨에 따라 16년 만에 실시된 직선제 대통령선거였다. 이 선거에서 야당지도자들인 김영삼과 김대중은 국민의 여망인 단일 야당후보에 합의하지 못하고 두 명 각기 대통령선거에 출마함에 따라 야당에 대한 지지표가 양분되었으며 노태우 후보는 어부지리로 당선되었다. 이처럼 우리나라의 야당은 선거를 통한 정권교체의 결정적 시기에 자체 분열로 인하여 그 기회를 상실한 전력을 가지고 있다.

2) 중대선거

우리나라의 선거에서 나타난 특징 중의 두 번째는 중대선거이다. 중대선거란 "야당이 갑자기 국민적 지지를 획득하는 선거를 의미하며, 이를 통해 소위 양당체제가 형성되나 그것이 정치적 긴장상태를 유발함으로써 급기야는 정치체제 자체가 와해되는 현상을 초래하는 선거이다."[37] 중대선거의 예로는 1958년의 4대 국회의원선거, 1971년의 8대 국회의원선거, 1978년의 10대 국회의원선거, 1985년의 12대 국회의원선거, 그리고 1988년의 13대 국회의원선거를 들 수 있다. 이 다섯 차례의 국회의원선거에서 야당은 그 이전에 비하여 괄목할 만한 국민적 지지를 받아 의석수를 급격히 확대시켰으며 궁극적으로는 정변(政變)이 발생하여 기존의 정치체제가 와해되는 결과를 낳았다.

첫 번째 예인 1958년의 4대 국회의원선거에서는 자유당이 126석을 차지하였고, 민주당이 79석, 통일당이 1석, 무소속이 27석을 차지하였다. 이 선거에서 얻은 자유당의 득표율은 42.1%였고, 야당인 민주당이 얻은 득표율은 34%였다. 이것은 3대 국회의원선거에서 자유당이 얻은 36.8% 대 민주당이 얻은 7.9%의 득표율과 비교하면 민주당에 대한 지지율이 급격히 상승한 것이었다. 의석수에서도 3대 국회의원선거에서는 자유당이 114석, 민주당이 15석이던 것에 비교하면 야당의 세력이 크게 신장된 것이었다. 결과적으로 4대 국회임기 중인 1960년에 4월혁명이 일어나 자유당 정권이 붕괴되었다.

두 번째 예인 1971년의 8대 국회의원선거에서는 민주공화당이 86석

37) 안병만, 《한국정치론》, 다산출판사, 1985, pp. 137~149.

을 획득했고 제 1야당인 신민당이 65석을 획득했다. 이것은 7대 국회의원선거에서 민주공화당 대 신민당의 득표비율이 53.7% 대 34.6%이던 것이 8대 국회의원선거에서는 49.7% 대 45.1%로 근접한 것으로 야당의 득표율이 크게 상승하였다. 이 선거가 있은 지 1년 후인 1972년 10월에 유신체제가 선포되어 제 3공화국이 종말을 맞게 되었다.

세 번째 예인 1978년의 10대 국회의원선거에서는 당시로는 국회의원선거사상 유례없는 결과가 나타났다. 즉, 이 선거에서 야당인 신민당이 얻은 득표율은 32.8%였던 데 비해 여당인 민주공화당이 얻은 득표율은 31.7%로서 야당의 득표율이 여당보다 1.1% 더 높은 결과를 보였다. 당시의 국회의원선거제도는 1선거구 2인 선출제도였기 때문에 의석수에서는 민주공화당이 68석, 신민당이 61석으로 민주공화당이 더 많았고, 또 대통령이 추천하여 통일주체국민회의가 선출하는 형식을 거치는 유신정우회 의원이 77명이었기 때문에 이들을 여당의원들에 합치게 되면 야당 의석수는 전체 의석의 3분의 1에도 못 미쳤다. 그러나 이 선거에서 야당 득표율이 여당보다 더 높게 나타난 것은 여당과 집권세력에게는 큰 충격이었다. 이 선거가 있은 지 1년 후인 1979년 10월 26일에 박정희 대통령이 암살되고 민주공화당 정권이 종말을 맞은 것은 앞의 두 선거에서 나타났던 양상이 그대로 되풀이된 것이었다.

네 번째 예인 1985년의 12대 국회의원선거에서는 2월 12일 선거일을 20여 일 앞두고 창당한 신한민주당이 당시의 제 1야당이던 민주한국당이 얻은 19.7% 지지율보다 훨씬 높은 29.3%를 획득하여 제 1야당이 되었다(당시 여당인 민주정의당의 득표율은 35.3%). 선거 2개월 후에는 민주한국당 의원들이 탈당하여 신한민주당에 무더기로 입당하면서 11대 국회에서 제 1야당이던 민주한국당은 선거 2개월 후에 붕괴되어버렸다. 신생 정당인 신한민주당은 12대 국회의원선거에서 획득한 67석(지역구 50석, 전국구 17석) 외에 민주한국당에서 탈당한 32명과 한국국민당에서 탈당한 2명, 기타 2명을 흡수하여 총 103석을 가진 강력한 제 1야당이 되었다.[38] 이 선거 후 2년 후인 1987년에 6·10 민주항쟁이 발생하여 전두환 정부가 끝을 맺었고 새로운 헌법이 채택되었으며 유신체제 이래 금지되었던 직선제 대통령선거가 실시되는 큰 정치적 변혁을 겪었다.

다섯 번째 경우인 1988년의 13대 국회의원선거에서는 여당인 민주정의당이 34%의 득표율에 125석의 의석을 차지하여 총 299석의 과반수에 24석이 미달하는 우리나라 선거사상 처음 보는 분점정부(*divided government*)의 결과를 나타냈다. 야당들인 평화민주당은 70석, 통일민주당은 59석, 그리고 신민주공화당은 35석을 차지하여 세 야당들의 의석을 합치면 과반수를 훨씬 넘는 의회정치사상 초유의 여소야대 국회가 탄생하였다. 이 선거 이후 2년이 지난 1990년 2월에는 우리나라 정치사상 처음으로 여당과 2개의 야당들이 합당하는 3당 합당이 이루어져 기존의 정치구도가 완전히 새로운 형태로 재편되는 정치변혁이 이루어졌다.

위의 다섯 중대선거들에서 보는 바와 같이, 야당에 대한 국민들의 지지가 상승하여 야당의 세력이 강화되면 이에 위협을 느낀 집권세력이 무리한 수단을 동원하여 집권연장을 꾀하다가 국민의 저항에 부딪쳐 붕괴하거나(첫 번째와 세 번째, 그리고 네 번째 예) 또는 집권세력이 비정상적 방법을 통하여 정국을 개편하여 집권을 연장하는 양상을 나타냈다(두 번째와 다섯 번째 예). 우리나라의 선거에서 중대선거가 갖는 중요한 의미는, 선거를 통한 평화적 정권교체는 자주 일어나지 않았으나 중대선거의 결과로 권위주의정권들이 붕괴되거나 또는 새로운 체제개편이 이루어진 것으로서 이것은 그동안의 선거결과들이 우리 정치나 정권의 변동에 큰 영향을 미쳤음을 나타내는 것이다.

---

38) 길승흠 · 김광웅 · 안병만, 앞의 책, p. 291.

3) 지역주의와 지역감정의 영향 증대

우리나라 선거결과의 세 번째 특징은 선거를 통해 지역주의가 표면화되고 이에 바탕을 둔 지역감정이 고조된 점이다. 우리 선거에서의 지역주의나 지역감정은 최고 정치지도자인 대통령이나 대통령후보들과 연관되어 발생하였다. 지역주의나 지역감정은 이승만이 집권하던 제1공화국이나 장면이 집권하던 제2공화국 때는 나타나지 않았으나 군부쿠데타로 집권한 박정희 정권 때부터 나타나고 강화되었다.

1963년에 실시한 5대 대통령선거에서는 여당과 야당에 대한 지지표의 분포현상이 남북으로 갈라져 나타났으나 6대와 7대 대통령선거에서는 표의 동서현상이 나타났다. 즉, 5대 대통령선거에서는 서천과 울산을 연결하는 선을 경계로 남쪽은 여당의 박정희 후보에게, 북쪽은 야당의 윤보선 후보에게 표가 몰리는 남북현상을 보였다. 이에 비해 6대 대통령선거에서는 박정희 후보가 영남에서, 그리고 윤보선 후보가 호남에서 각각 우세한 지지를 받는 동서현상이 나타났다. 7대 대통령선거에서는 박정희 후보가 김대중 후보를 95만 표 차이로 누르고 당선되었으나 박정희 후보가 영남에서만 김대중 후보보다 150여 만 표를 더 얻어 이 표 덕분에 박정희 후보가 당선되었다. 지지표의 남북현상은 박정희, 윤보선 두 후보간의 사상논쟁이 호남 표로 하여금 박정희에게 기울어지게 한 결과였고 동서현상은 수혜관계의 지역별 격차, 민주공화당 정권의 중공업위주 정책, 입후보자간의 대조적 지역 출신배경이 표밭을 양분시킨 것으로 볼 수 있다.[39]

1971년의 7대 대통령선거에서 동서현상으로 나타난 선거결과는 16년 후에 실시된 13대 대통령 직접선거부터는 지역주의와 지역감정으로 나타났다. 1987년의 선거 결과, 대구출신인 민주정의당의 노태우가 대구와 경북에서 각각 70.7%와 66.4%의 득표를 하였으며, 경남출신으

---

39) 윤형섭, 앞의 책, p.254.

로 부산이 정치적 지지기반인 통일민주당의 김영삼은 부산과 경남에서 각각 56%와 51.3%를 획득하였다. 전남이 고향인 평화민주당의 김대중은 광주, 전북, 전남에서 각각 94.2%, 83.8%, 90.3%를 획득하였고, 충남이 고향인 야당 신민주공화당의 김종필은 충남에서 45%를 획득하였다. 이처럼 13대 대통령선거에서 특정지역출신 후보들이 자기 출신지역에서 압도적 지지를 받은 결과 지역주의가 뚜렷한 선거결과가 나타났다. 선거운동과정에서는 지역감정이 격화되어 영남출신인 노태우나 김영삼이 호남지역에서 유세도 제대로 하지 못하였고, 호남출신인 김대중도 영남에서 유세를 제대로 하지 못하였다.

이러한 지역주의와 지역감정은 1988년의 13대 국회의원선거에서도 재현되어 광주, 전남, 전북에서는 김대중이 이끄는 평화민주당 소속후보가 37개 선거구에서 100% 당선되었고, 부산·경남지역에서는 김영삼의 통일민주당이 37의석 중 23의석을 차지하였고, 대구·경북지역에서는 노태우의 민주정의당이 29의석 중 25 의석을 차지하였다. 이러한 지역주의현상과 지역감정은 4년 후에 실시된 14대 대통령선거와 국회의원선거에서도 그대로 재현되었다. 14대 국회의원선거에서는 선거 두 달 전에 현대그룹 명예회장인 정주영이 창당한 통일국민당이 예상 외의 지지를 얻어 31석을 얻는 현상이 일어났으나, 김영삼의 지지기반인 부산에서는 민주자유당 후보가 전원 당선되었고 김대중의 지지기반인 호남지역에서는 전북지역의 2개 선거구를 제외한 37개 선거구에서 김대중의 민주당 소속후보가 당선되었다. 노태우 대통령의 지지기반인 대구·경북지역에서도 민주자유당 후보가 32석 중 22석을 차지하였다. 14대 대통령선거에서도 김대중 후보가 호남지역에서 91.9%의 압도적 지지를 얻었고 김영삼 후보가 부산·경남에서 72.8%의 지지를 얻었으며 대구·경북지역에서 62.2%가 김영삼 후보를 지지하여 영남과 호남 사이의 지역주의는 다시 한번 확인되었다.

여러 차례의 대통령선거와 국회의원선거에서 나타난 지역주의현상은 선거가 이러한 현상을 야기한 것이 아니라 이미 존재하던 지역주의현상이 선거를 통해 적나라하게 드러난 것이기는 하지만 선거가 지역주의현상을 악화시킨 면도 없지 않다. 영호남 사이에서 극명하게 나타난 지역주의의 원인은 1961년 5·16 군부쿠데타 이후 30년 이상을 박정희, 전두환, 노태우, 김영삼의 영남출신 4명이 대통령을 계속한 데서 찾을 수 있다. 특히 박정희, 전두환, 노태우 대통령 집권기간에 지역개발이나 인사정책에서 행해진 영남 우대정책, 그리고 정계, 관계, 군 등의 정부인사에서 영남출신에 대한 특혜가 계속됨으로써 호남지역에 지역주의의식과 지역감정을 부추긴 면이 강하다. 이와 더불어 1980년에 전두환 소장 중심의 군부세력이 정권을 장악하는 과정에서 발생한 광주사태는 호남지역 주민들로 하여금 영남에 대한 감정을 악화시키는 데 큰 영향을 주었다. 또한 1971년, 1988년, 1992년의 세 번에 걸친 대통령선거에서 연속 세 번 대통령에 출마한 호남출신 김대중 후보가 영남출신의 여당후보인 박정희, 노태우, 김영삼에게 연속 패배함으로써 영호남지역에서의 지역주의현상이 더욱 첨예화되었다.

이러한 지역주의현상은 1997년 호남출신인 야당후보 김대중이 대통령에 당선되어 5년간 집권을 하면서 해소되거나 약화될 것으로 기대되었으나 그 이후의 모든 선거들에서 계속해서 나타나고 있어 민주화가 이루어지고 정권교체가 이루어진 이후에도 지역주의는 여전히 유권자들의 투표결정에 가장 중요한 영향을 미치는 요인으로 작용하고 있다.

제 12 장

선거와 인터넷

윤 성 이

1. 인터넷의 확산과 선거정치의 변화

인터넷은 기존의 미디어와 다른 특성을 내재하고 있으며 따라서 선거과정에 미치는 영향 역시 다른 양상을 보인다. 인터넷이 선거운동에 있어 중요한 도구로 자리잡아감에 따라 향후 선거양상에도 많은 변화를 가져올 것으로 기대된다. 깁슨(Rachel K. Gibson)은 인터넷의 확산이 가져올 선거운동 양상의 변화를 다음과 같은 세 가지로 정리하고 있다. 첫째, 정보전달의 양과 속도에 있어 인터넷이 지니는 강점으로 인해 다른 매체에 비해 훨씬 풍부한 선거정보를 전달할 수 있다. 둘째, 인터넷 사용자정보를 확보할 수 있어 특정유권자 집단을 대상으로 정보를 전달할 수 있으며, 나아가 유권자 개인을 대상으로 한 정보전달도 가능하다. 셋째, 인터넷의 상호작용성을 이용하여 유권자로부터 선거운동이나 정책에 대한 즉각적 반응을 얻을 수 있다. 유권자들은 게시판이나 채팅방을 통해 선거와 관련된 토론에 참여할 수 있으며, 후보자에 대한 직접적 접근이 가능함으로써 선거과정에 있어 보다 적극적 역할을 수행할 수 있게 된다.[1)]

대부분의 민주국가에서 인터넷은 정부와 정치인, 그리고 국민들 간의 정치커뮤니케이션의 중요한 수단으로 활용되고 있다. 그러나 아직까지 선거와 같은 전통적 정치과정에 있어 인터넷의 활용양상과 그 결과에 대한 체계적 연구는 제한적으로만 이루어졌다. 여기에서는 인터넷이라는 새로운 매체가 전통적 정치과정에 미치는 영향에 대한 한국의 사례를 분석하기 위해 16대 총선, 16대 대선, 그리고 17대 총선에서 나타난 인터넷 선거운동의 양상과 그 영향력을 분석해본다. 사례분석을 위한 이론적 배경으로 인터넷 확산에 따른 정치과정의 변화내용과 인터넷이 정치참여에 미치는 영향에 대해 우선 살펴볼 것이다.

1) 인터넷과 정치과정의 변화

정보통신기술의 발달, 특히 인터넷의 확산이 정치과정에 가져올 변화에 대한 논의는 '전자민주주의'의 성격과 그 가능성에 대한 논쟁을 중심으로 진행되었다. 전자민주주의의 성격에 대해서는 크게 직접민주주의 실현과 대의민주주의 보완이라는 서로 다른 두 견해로 대립되어 있다. 앨빈 토플러(Alvin Toffler)는 정보통신기술을 이용하여 일반국민의 광범위한 정치참여가 가능하게 되는 21세기는 소수 엘리트에 의한 정치보다는 일반대중이 광범위하게 정책결정과정에 참여하는 준직접민주주의(*semi-direct democracy*)의 시대가 될 것이라고 전망하였다.[2] 그에 의하면, 정보사회하에서는 다수결에 기반을 둔 대중민주주의가 아닌 소수세력(*minority power*)의 다양성이 존중되는 '모자이크 민주주의'가

---

1) Gibson, Rachel K., Michael Margolis, David Resnick & Stephen Ward, "Election Campaigning On The WWW In The US And UK: A Comparative Analysis," Paper prepared for presentation at the 97th annual meeting of the American Political Science Association, San Francisco, August 29th September 3rd., 2001, pp. 2~3.

2) 이규행 감역, 《제 3의 물결》, 한국경제신문사, 1989, pp. 517~522.

등장하며, 국가의 중요한 결정을 대표자(*representatives*)에 의존하던 대의민주주의 대신 국민 스스로가 대표자가 되고 중요 정책결정에 직접 참여하는 준직접민주주의가 등장할 것이라고 한다.[3] 네이스빗(John Naisbitt) 역시 새로운 정보통신기술의 도입 및 확산은 그간 시간과 공간의 한계로 인해 대규모 정치체제하에서는 불가능하였던 직접민주주의를 가능하게 할 것이라고 주장한다.[4] 요컨대 이들은 전자민주주의를 곧 직접민주주의의 구현으로 보고, 전자투표방식을 이용한 레퍼랜덤(*referendum*)과 플레비시트(*plebiscite*)가 활성화됨에 따라 국민들은 과거 대표자에게 위임하였던 정책결정권한을 다시 찾아와 자신들과 관련된 주요이슈에 대해 직접 결정을 내리게 될 것이라고 주장한다.

그러나 정보통신기술을 이용한 직접민주주의 구현이 현실적으로 가능할 것이며, 만약 가능하다 하더라도 모든 국민이 국가정책결정에 참여하는 것이 과연 바람직할 것인가에 대해서는 많은 의문이 제기되고 있다. 아터튼(Arterton)의 주장에 의하면, 텔레데모크라시(*teledemocracy*)는 대의민주주의의 문제점을 개선할 수는 있으나, 근본적으로 변혁시킬 수 없으며 또한 이상적으로 완성할 수도 없다고 한다.[5] 그는 전자민주주의가 대의민주주의를 대체하기보다는 단지 국민과 정치지도자 사이의 정보와 의사교환의 흐름을 촉진시키는 역할을 할 것이라 주장하며, 정보통신기술의 발달이 시민의 정치참여 수준에 근본적 변화를 가져올 것이라는 주장에 대해서는 비판적 견해를 견지한다. 이와 관련하여, 엘시타인(Elshitain)도 진정한 민주주의와 플레비시트를 혼돈하여서는 안 되며, 민주주의의 핵심적 요소는 숙고(*deliberation*)의 과정을 거친 공공정책의 선택이라고 강조한다.[6] 더 나아가, 그는 전자기술이

---

3) 이규행 감역, 《권력이동》, 한국경제신문사, 1990, p. 313.

4) Naisbitt, John, *Megatrends: Ten New Directions Transforming Our Lives*, Warner Books, 1986.

5) Arterton, Christopher, *Teledemocracy: Can Technology Protect Democracy?*, CA: SAGE Publications, 1987, pp. 14~15.

정치과정을 버튼 선택식으로 변화시킨다면, 성숙된 민주주의는 기대하기 어렵고 대신 저급한 민주주의를 양산할 것이라고 경고한다.

정보통신기술의 발달이 직접민주주의를 가져오든 아니면 현재의 대의민주주의를 보완하든, 분명한 사실은 정보사회하에서 정부에 의한 정보독점은 불가능해지며 정치과정에 시민참여의 기회가 큰 폭으로 증가하게 된다는 점이다. 정보통신기술의 발달이 시민권력의 강화와 민주주의 발달을 가져올 것이라는 주장은 컴퓨터매개 커뮤니케이션(CMC: *computer-mediated communication*)의 특성인 정보유통의 속도(*speed*)와 쌍방향성(*interactivity*)에서 비롯된다. CMC의 가장 중요한 특성 중 하나는 시간과 공간의 제약을 극복할 수 있다는 점이다. CMC는 정보생산자와 수요자의 물리적 위치에 상관없이 방대한 양의 정보를 빠른 속도로 전달할 수 있다. 전화, 팩스, 편지 등을 이용하던 시대에는 정보의 접근 및 전달에 있어 상대적으로 많은 시간과 비용을 필요로 하였으며, 따라서 제한된 사람들만이 정보를 공유할 수 있었다. 그러나 인터넷 네트워크는 정보전달의 비용과 속도를 크게 향상시켰으며, 그 결과 정보공유의 잠재적 범위를 획기적으로 넓혀놓았다. 이와 더불어, CMC가 제공하는 정보흐름의 쌍방향성은 정치발전과 민주주의의 질적 향상에 크게 기여할 수 있는 중요한 특성으로 평가되고 있다. 과거에는 정보가 주로 정부에서 국민으로, 정당이나 언론 등의 매개집단에서 개인으로 전달되었으며 반대방향으로의 정보흐름은 매우 적었다. 그러나 정보통신기술의 발달은 정보의 흐름을 쌍방향으로 전환시킨다. 과거 대부분의 정보가 정부·정당·언론 등에서 일반시민으로 흐르던 것이 정보화시대에는 일반시민에서 정부나 정당으로 투입되는 정보의 양이 급격히 증가하게 된다. 국민이 더 이상 정보흐름에 있어 수동적 입장에 머무르지 않고 자신들의 의사를 직접 정부와 정당에

---

6) Elshitain, J. B., "Democracy and the QUBE Tube," *The Nation* August, 1982, pp. 108~109.

전달하는 능동적 행위자로 변화하며, 이는 정치영역에 있어 시민권력의 강화를 가져오게 된다.

이러한 정보통신기술의 두 가지 특성—정보전달 속도향상과 정보흐름의 쌍방향성—으로 인한 정치과정의 변화는 대체로 다음 두 가지로 요약된다. 첫째, 정부가 보유한 정보에 대한 접근능력의 향상이다. 다양한 정보통신기술을 이용하여 국가권력이 독점하던 정보를 보다 빠르게 일반국민들에게 공개할 수 있으며, 또한 국민들은 국가가 제공하는 정보에 보다 간편하게 접근할 수 있게 된다. 정부가 보유한 정보에 대한 접근을 확대하는 가장 대표적인 방법은 홈페이지를 통한 정보제공이다. 각국은 정부기관마다 자체 홈페이지를 운영하며 정부활동을 홍보하고 정부의 주요정책뿐만 아니라 경제, 사회, 환경 등에 관한 각종 정보를 제공하고 있다. 이러한 정보접근 확대의 핵심은 정부의 투명성 보장과 국민의 알권리 실현에 있다. 정부가 독점적으로 보유하던 정보가 공개됨으로 인해 국민들은 정부활동에 대한 감시와 견제의 수단을 갖게 되고, 관료와 정치인들은 정책결정과 집행과정에 있어 보다 투명하고 책임 있는 자세를 견지하게 될 것이다. 또한 정보공개는 국민들의 정치참여 확대를 위한 전제요건이기도 하다. 국가정책에 관한 정확하고 다양한 정보제공은 국민들에게 정치에 대한 관심과 참여동기를 부여할 것이며, 또한 국민들은 충분한 정보를 가질 때 올바른 정치적 판단을 내릴 수 있다.

둘째, 정치참여의 확대이다. 대의민주주의하에서는 대부분의 국가정책이 정부관료와 대표자인 국회의원들에 의해 결정되었으며 개인은 대표자를 통하여 자신들의 의견을 반영할 수 있었다. 그러나 정보통신기술의 발달은 일반국민들도 정책결정과정에 적극적으로 참여할 수 있는 수단을 제공한다. 예컨대, 정치인들은 자신들의 홈페이지나 이메일(*e-mail*)을 이용하여 유권자들과 접촉하고 대화할 수 있게 되며, 유권자들은 인터넷을 통해 자신의 의견과 요구를 정치인들에게 손쉽게 전달할 수 있게 된다. 이 같은 대화방식은 정치인들의 지역구관리나 선거운동에 커다란 변화를 가져오며, 동시에 유권자들의 정치참여 동기와 욕구를 촉발하게 된다. 그간 정치인들은 자신의 정치활동을 알리고 지역주민의 여론을 수렴하기 위해, 직접 지역구를 방문하거나 활동보고서를 유권자들에게 일일이 우편으로 발송하여야 했다. 또한 유권자들은 정치인들의 정견 및 주장을 일방적으로 듣기만 하는 수동적 존재에 불과하였다. 이러한 방식은 많은 시간과 인력을 필요로 하여 자연히 고비용 정치를 낳을 수밖에 없었다. 또한 유권자들은 강력한 정치참여 동기 및 의욕을 부여받을 수 없었고, 이는 정치적 무관심을 증폭시켜 궁극적으로 정치참여의 위축현상을 초래하였다.[7] 그러나 정보화시대에는 홈페이지나 이메일을 이용하여 지도자 및 유권자 공히 자신들의 의견과 주장을 제시하고 토론하는 작업이 가능하게 되었고, 이는 일반시민들의 정치참여 증대에 상당한 기여를 할 것으로 평가되고 있다. 요컨대, 인터넷의 등장과 확산은 정보흐름과 대화방식의 변화를 초래하고, 이는 궁극적으로 기존의 정치과정을 획기적으로 변화시킬 것이다.

전자민주주의에 관한 초기연구들은 인터넷을 이용한 개인들의 정부정책 결정과정 참여와 직접민주주의 실현가능성에 초점을 맞추었다. 라인골드(Rheingold),[8] 네그로폰테(Negroponte),[9] 그로스만(Grossman),[10] 그리고 래쉬(Rash)[11] 등은 인터넷이 새롭고 강력한 정치참여 양상을 만들어낼 수 있는 무한한 잠재력을 가지고 있다고 강조하였다. 이 같은 초기의 전자민주주의 연구들은 대체로 '평등화 가설'(*equalization thesis*)을

7) Morris, Dick, *VOTE.com*, Los Angeles: Renaissance Books, 1999.

8) Rheingold, Howard, *The Virtual Community: Homesteading on the Electronic Frontier*, Reading, MA: Addison-Wesley, 1993.

9) Negroponte, N., *Being Digital*, London: Coronet, 1995.

10) Grossman, Lawrence K., *The Electronic Republic: Reshaping Democracy in America*, New York: Viking, 1995.

11) Wayne, Rash Jr., *Politics on the Nets: Wiring the Political Process*, New York: W. H. Freeman, 1997.

주장하고 있다. 이들은 인터넷이 확산되고 정치참여의 새로운 도구로 자리잡게 됨에 따라 일반시민들은 자신들의 정치적 목소리를 표출할 수 있는 더 많은 기회를 갖게 될 것이며, 궁극적으로 정치엘리트와 대중 사이의 정치권력의 차이는 좁아지게 될 것이라고 주장하였다. 그러나 비록 인터넷 보급이 확산되고 '디지털 디바이드'(*digital divide*)가 상당부분 해소되고 있다고는 하나 시민들의 정치참여가 확대되는 뚜렷한 증거는 찾아보기가 힘든 것이 지금까지의 현실이다. 슈펠레와 니스벳(Schuefele and Nisbet)이 뉴욕 주민들을 대상으로 다양한 형태의 인터넷 사용이 정치적 행위와 정치관련 지식의 변화에 미치는 영향에 대해 전화 설문조사를 한 결과에 따르면 정치관련 정보검색을 포함한 어떠한 형태의 인터넷 사용도 개인들의 정치참여 욕구를 만드는 데는 별 다른 영향을 미치지 못하였다.[12)]

2) 인터넷과 정치참여의 변화

인터넷이라는 새로운 매체가 갖는 특성들, 즉 정보전달의 속도와 저렴한 비용, 상호작용성, 그리고 텍스트와 비디오, 오디오를 동시에 포함하는 멀티미디어 기능 등은 후보자로 하여금 온라인(*on-line*) 선거운동을 외면할 수 없도록 만들고 있다. 인터넷이 갖는 이러한 특성으로 인해 후보자들은 유권자들과 보다 직접적인 접촉을 시도할 수 있게 되었다. 후보자들이 온라인 선거운동을 외면할 수 없는 이유는 대체로 다음과 같이 정리될 수 있다. ① 유권자와 기존언론에 대한 정보제공, ② 홈페이지 및 이메일을 이용한 선거자금 모금, ③ 젊은 유권자층에 대한 공략, ④ 신기술 이용이 상징하는 개혁적 이미지, ⑤ 이메일 및 게시판을 통한 유권자들과의 상호작용.[13)] 후보자들은 홈페이지를 운영

---

12) Schuefele and Nisbet, "Being a Citizen Online: New Opportunities and Dead Ends," *The Harvard Journal of Press/Politics* 7(3), 2002.

13) Gibson, Rachel K., Michael Margolis, David Resnick & Stephen Ward,

함으로써 자신의 지지자를 조직화할 수 있을 뿐만 아니라 미온적 지지자들을 적극적 선거운동원으로 만들고 또한 부동층 유권자들을 자신의 지지자로 만들 수 있는 기회를 갖게 된다.[14]

인터넷이 매력적인 선거운동 수단으로 활용되는 이유는 대체로 다음과 같다.[15] 첫째, 인터넷은 다른 대중매체보다 훨씬 많은 양의 정보를 빠른 속도로 유권자에게 전달할 수 있다. 둘째, 인터넷의 쌍방향성은 지지층 확대에 효율적으로 활용될 수 있다. 쌍방향 대화를 이용하여 많은 유권자들을 선거캠프로 유입할 수 있으며 선거자금과 자원봉사자 모집에 매우 유용하다. 셋째, 인터넷을 이용한 선거운동은 시간과 공간의 제약을 받지 않아 24시간 선거운동이 가능하다. 넷째, 온라인 여론조사를 통해 유권자들의 태도와 동향을 쉽게 파악할 수 있다. 그러나 인터넷 선거운동이 항상 후보자들에게 긍정적 결과만 가져오는 것은 아니다. 인터넷 선거운동은 '양날의 칼'과 같다.[16] 선거운동 홈페이지의 내용과 관리가 네티즌들의 기대에 미치지 못하면 오히려 부정적 이미지만 주게 된다.

이와 같은 변화가 선거정치에 미칠 영향에 대해서는 정치참여의 변화, 선거경쟁구도의 변화, 그리고 선거결과에 미치는 영향이라는 세 가지 측면에서 쟁점이 제기되고 있다.

"Election Campaigning On The WWW In The US And UK: A Comparative Analysis," Paper prepared for presentation at the 97th annual meeting of the American Political Science Association, San Francisco, August 29th~September 3rd, 2001.

14) Coleman, Stephen, "Online Campaigning," *Parliamentary Affairs* 54, 2001.

15) Whillock, Rita Kirk, "Cyber-Politics: The On line strategies of '96," *American Behavioral Scientist* 40:8, August 1997.

16) Foweraker, Joe, *Making Democracy in Spain: Grassroots Struggle in the South*, 1955-1975, Cambridge: Cambridge University Press, 1989, pp. 23~24.

첫 번째 쟁점인 인터넷 이용에 따른 정치참여의 변화는 정치참여의 양과 질, 두 가지 측면에서 살펴볼 수 있다. 정치참여의 양에 있어 주요쟁점은 선거관련 정보출처로서 인터넷이 차지하는 비중과 인터넷 이용이 투표율 증가에 미치는 영향에 관한 문제이다. 정치참여의 질과 관련해서는 인터넷 선거운동의 확산이 참여의 대표성과 공정성에 미치는 영향이 주요 쟁점사항이다.

인터넷이 정치참여의 증가를 가져올 것인가에 대해서는 두 가지 상반된 주장이 대립하고 있다. 동원이론가(*mobilization theorists*)들은 인터넷이 정치참여의 새로운 양상을 만들어낼 것으로 전망하고 있다. 인터넷의 확산이 정치참여의 기회비용을 대폭 감소시킴으로써 정치적 무관심층들의 참여를 유도할 뿐 아니라 정치적 소외계층들에게 새로운 참여의 기회를 제공할 수 있을 것이라고 주장한다. 한편 강화이론가(*reinforcement theorists*)들은 인터넷이 현재의 정치커뮤니케이션 형태를 강화시키면서 정치자원의 소유자와 비소유자 사이의 격차를 더욱 확대시킬 것이며, 정치참여에 있어서도 기왕의 정치 관심집단에게만 참여의 기회를 제공하게 될 것이라 주장한다.[17)]

인터넷 선거의 확산이 정치참여의 증가를 가져올 것이라는 주장은 인터넷매체가 가진 정보전달과 공유의 능력으로 인해 과거에 비해 더 많은 유권자들이 선거정보를 접하게 될 것이라는 기대에 근거하고 있다. 정치정보의 증가가 활발한 정치참여에 긍정적 영향을 미친다는 사실은 TV나 신문 등 기존매체 영향력 연구를 통해 충분히 입증되고 있다.[18)] 언론매체를 통해 얻은 정치관련 정보가 유권자의 정치적 효능감

17) Norris, Pippa, *A Digital Divide: Civic Engagement, Information Poverty, and the Internet in Democratic Societies*, New York: Cambridge University Press, 2001.

18) Inglehart, R., "Political Action: The Impact of Values, Cognitive Level and Social Background," In S. Barns and M. Kasse(Ed.), *Political Action: Mass Participation in Five Western Democracies*, Beverly Hills,

을 높이고, 이것이 정치참여로 연결된다는 것이 지금까지의 연구결과이다.[19] 인터넷은 TV나 신문 등 기존매체와 비교하여 뉴스전달의 속도, 내용의 깊이, 전달방식, 그리고 사건에 대한 다양한 해석 등에 있어 상대적 우위를 보인다. 첫째, 인터넷은 정보전달의 속도에 있어 TV나 신문을 앞지르고 있다. 방송시간과 마감시간에 제한을 받는 TV나 신문과 달리 인터넷사이트는 사건이 발생하는 즉시 생생한 정보를 전달할 수 있다. 둘째, 인터넷은 정보의 양과 전달방식에 있어서도 기존매체를 앞선다. 인터넷을 통해 얻을 수 있는 정보는 뉴스, 사설, 만평, 네티즌 여론, 그리고 관련 사이트로의 링크 등 무궁무진하며, 전달방식도 텍스트를 비롯하여 동영상, 사진, 그래픽 등 매우 다양하다. 또한 원하는 정보만 따로 간추려 찾아주는 검색엔진은 다른 미디어에서는 불가능한 기능이다. 셋째, 인터넷뉴스가 갖는 가장 큰 장점은 걸러지지 않은 다양한 시각의 정보를 접할 수 있다는 점이다. 인터넷사이트에서는 각종 언론매체와 시민단체, 그리고 네티즌 의견에 이르기까지 다양한 시각과 주장을 담은 정보를 쉽게 찾을 수 있다.[20]

정보전달력에 있어 TV나 신문에 비해 상대적 우월성을 갖춘 인터넷이 실제 선거에서도 더 많은 영향력을 행사하고 있는가? 즉, 유권자들이 인터넷을 선거관련 정보를 얻는 주요매체로 이용하고 있는가? 인터

CA: Sage, 1979; Bennett, S. E., *Apathy in America 1960~1984: Causes and Consequences of Citizen Political Indifference*, Dobbs Ferry, NY: Transnational, 1986.

19) Iyengar, S., *Is Anyone Responsible? How Television Frames Political Issues*, Chicago: University of Chicago Press, 1991; Pomper, G. M. and L. A. Sernekos, "Bake Sales and Voting," *Society* 28:10, 1991; McLeod, J. M. D. A. Scheufele and P. Moy, "Community, Communication, and Participation: The Role of Mass Media and Interpersonal Discussion in Local Political Participation," *Political Communication* 16:3, 1999.

20) Davis, Steve, Larry Elin & Grant Reeher, *Click On Democracy: The Internet's Power to Change Political Apathy into Civic Action*, Cambridge MA: Westview Press, 2002, pp. 95~99.

넷이 우수한 정보전달 능력을 갖춘 것은 사실이나 가용할 수 있는 정보량의 증가가 곧바로 정보이용의 증가를 의미하지는 않는다. 또한 인터넷을 이용해 정보를 얻는 것은 훨씬 용이해졌으나 이것이 곧 실제 이용되는 정보량이 증가하였음을 의미하지도 않는다. 인터넷 회의론자들의 주장에 따르면 네티즌들의 인터넷 정보 이용행태는 시간, 비용, 이용능력과 같은 개인적 자원뿐만 아니라 정치적 관심과 효능감 등의 참여동기에 의해 결정된다.[21]

그렇다면 인터넷 이용이 투표참여에는 긍정적 영향을 미치고 있는가? 현재까지의 실증적 연구결과를 보면 인터넷이 투표율 증가에 별다른 기여를 하지 못하는 것으로 나타나고 있다. 빔버(Bimber)는 1998년 미국 선거 설문자료를 분석하면서 인터넷 이용이 투표율뿐만 아니라 다른 형태의 정치참여와도 상관관계가 없다고 밝혔다.[22] 푸트남(Putnam) 역시 연령, 소득, 교육수준과 같은 사회경제적 변수를 통제할 경우 네티즌과 비네티즌 사이의 정치참여 행태에는 아무런 차이를 발견할 수 없다는 연구결과를 발표하였다.[23] 1990년대 후반 미국과 유럽 국가들의 선거데이터를 분석한 노리스(Norris)의 연구에서도 인터넷과 정치참여 사이의 상관관계를 찾아내지 못하였다. 노리스의 연구에 따르면 정치관심도와 정치참여의 동기가 높은 네티즌들만이 인터넷을 정치적 목적으로 활용하고 있었으며 인터넷이 새로운 정치참여를 만들지는 못하는 것으로 나타났다.[24]

---

21) Davis, Richard, *The Web of Politics: The Internet's Impact on American Political system*, Oxford University Press, 1999; Norris, Pippa, *A Digital Divide: Civic Engagement, Information Poverty, and the Internet in Democratic Societies*. New York: Cambridge University Press, 2001.

22) Bimber, Bruce, "Information and Political Engagement in America: The Search for Effects of Information Technology at the Individual Level," *Political Research Quarterly* 54:1, March 2001.

23) Putnam, R. D., *Bowling Alone: The Collapse and Revival of America Community*, New York: Simon and Schuster, 2000.

한국의 경우 인터넷은 투표참여에 어떤 영향을 미쳤는가? 지난 2002년 대선에서는 인터넷이 젊은 유권자층을 투표소로 동원하는 데 크게 성공하지 못한 것으로 나타났다. 2002년 대선의 전체투표율이 70.8%인 데 반해 20대는 56.5%만이 투표하였다. 전체투표율과 20대 투표율 간의 차이 역시 1997년 대선의 12.5%에서 2002년에는 14.3%로 증가하였다. 30대의 투표율도 67.4%로 20대보다는 높게 나타났으나 이 역시 전체투표율보다 3.4% 낮은 것이다. 1997년 대선에서 30대 투표율은 82.8%로 전체투표율보다 2.1% 높게 나타났다. 이러한 결과는 2002년 대선기간 중 20, 30대 네티즌들의 온라인 정치활동이 현실공간의 정치참여로 연결되지 않았다는 사실을 말해준다.[25]

한편 2004년 총선 후 조사에서는 온라인 정치활동이 투표참여에 일부 영향을 끼친 것으로 나타났다. 온라인 정치활동을 정치관련 홈페이지 방문과 정당 및 후보자 홈페이지 방문으로 구분하여 분석한 결과, 전자는 네티즌의 투표참여여부에 별다른 영향을 미치지 못하였으나 후자의 경우 투표참여에 의미 있는 영향을 미친 것으로 나타났다. 위 두 가지 온라인 활동 모두 선거관심도 향상에는 긍정적 영향을 미친 것으로 나타나 선거관심도와 투표참여 사이의 높은 긍정적 관계를 고려할 때, 유권자의 온라인 정치활동과 투표참여 사이에 긍정적 상관관계가 있음을 밝히고 있다.[26]

인터넷의 확산과 정치참여 양상의 변화에 있어 주목해야 할 또다른 쟁점은 참여의 질에 관한 문제이다. 인터넷을 이용한 선거정보의 확산이 투표율 향상에 미치는 영향에 대한 논의는 주로 그 초점을 참여의

---

24) Norris, Pippa, *A Virtuous Circle: Political Communication in Post Industrial Societies*, Cambridge, UK: Cambridge University Press, 2000.

25) 윤성이, "16대 대통령선거와 인터넷의 영향력", 〈한국정치학회보〉 37집 3호, 2003, pp. 82~83.

26) 김용철·윤성이, "제 17대 총선에서 인터넷의 영향력 분석: 선거관심도와 투표참여를 중심으로", 〈한국정치학회보〉 38집 5호, 2004.

양에 두고 있으며, 정치참여의 질과 관련하여서는 별도의 논의가 필요하다. 온라인공간에서 획득하는 정보가 정치참여의 수준을 향상시킬 것이라는 주장이 일반적이나 온라인공간에서 얻는 정보의 양과 질은 구분되어야 한다. 인터넷으로 인해 선거에 관한 정보가 급격히 증가한 것은 분명하나, 이러한 정보가 과연 정치참여의 질을 높일 것인가에 대해서는 여전히 논란의 여지가 있다. 우선 사이버공간의 정보가 모든 유권자들에게 전달되는 것은 아니다. 다수의 유권자들은 여전히 인터넷을 사용하지 않고 있으며, 네티즌이라 하더라도 모두 선거관련 정보에 접근하는 것은 아니다. 인터넷 이용은 자율성에 바탕을 두고 있으며 따라서 선거에 관심이 있는 네티즌들만이 선거관련 사이트에 접속하고 정보를 얻게 되는 것이다. 이는 인터넷 정치가 새로운 정치참여를 만들 수 있을 것인가에 대한 논쟁과 연결되는 문제이다. 지금까지의 연구결과는 인터넷이 참여의 선순환 효과를 갖는 것으로 나타난다. 즉, 이미 정치적 관심도가 높은 집단의 참여의 질을 높이는 역할을 하나 새로운 정치참여 집단을 만드는 효과가 있는지에 대해서는 명확한 답을 제시하지 못하고 있다. 만약 인터넷이 참여의 선순환 효과만을 가진다면 이는 기존의 소득과 교육 수준에 따른 참여의 불평등현상을 더욱 심화시키는 결과를 가져올 것이며, 이는 참여의 대표성을 더욱 왜곡시키는 결과를 가져올 것이다.

정치참여의 질과 관련된 두 번째 쟁점은 참여의 공정성에 관한 문제이다. 이에 관해서는 무엇보다 정보의 정확성과 공정성을 확신할 수 없다는 문제가 있다. 온라인공간의 특성 가운데 하나가 정보생산자와 소비자의 역할이 구분되지 않고 모두가 정보소비자인 동시에 정보생산자가 될 수 있다는 것이다. 이는 정보소통의 범위를 무한대로 확대시키는 장점도 있으나 정보생산자에 대한 사회적 신뢰와 책임을 보장할 수 없다는 문제도 있다. 오프라인(*off-line*)에서 유통되는 정보의 경우 대체로 정보생산자의 신분확인이 가능하며 이들의 사회적 위치와 전문성에 따라 정보의 신뢰성을 가늠할 수 있다. 한편 인터넷공간은 기본적으로 익명성을 전제로 하며 이는 다중정체성 혹은 위장된 정체성을 가능하게 만든다. 유명 댓글족 가운데 한 네티즌은 자신이 올린 글에 따라 직업을 중소기업체 사장, 미우주항공센터 연구원, 찜질방 알바, 대학교수, 간호사 등으로 다양하게 소개함으로써 자신의 글에 대한 관심과 신뢰를 만들어낸다. 선거와 관련된 정보의 경우 내용의 공정성이 문제될 수 있다. 선거관련 정보는 많은 경우 후보자나 지지자들에 의해 만들어지며, 따라서 비록 사실에 부합되는 내용이라 할지라도 정파성을 띠게 마련이다. 인터넷 정보가 갖는 정확성과 공정성에 대한 한계를 극복할 수 있을 때 비로소 정치참여의 질이 향상될 수 있을 것이다. 따라서 이러한 한계를 극복할 수 있는 '분별 있는 네티즌'에 한해서 인터넷 정보가 정치참여의 질을 높인다고 할 수 있다.

인터넷 선거와 관련된 두 번째 쟁점은 온라인 선거운동이 후보자간 경쟁구도에 어떤 변화를 가져올 것인가 하는 점이다. 이에 관해서는 변화 가설(*change hypothesis*)과 정상화 가설(*normalization hypothesis*)이라는 두 개의 상반된 주장이 있다. 변화 가설은 인터넷 선거운동이 소수정당과 열세후보에게 새로운 기회를 제공할 수 있다고 본다. 인터넷이 갖는 정보제공 능력, 쌍방향성, 그리고 낮은 비용 등의 특성이 대중동원에 있어 후보들간의 경쟁을 평등화시키는 효과를 가져올 것이라는 주장이다. 1998년 미국 미네소타 주지사 선거에서 개혁당의 제시 벤츄라(Jesse Ventura)가 공화당과 민주당 후보를 물리치고 승리할 수 있었던 것은 선거운동에 인터넷을 적극 활용하였기 때문인 것으로 분석된다.[27] 지난 2002년 한국 대선에서도 선거를 9개월 앞둔 시점까지도 노무현 후보 지지율이 이회창 후보에 15% 이상 뒤지면서 열세를 면치 못하였으나, 사이버공간에서는 노후보가 이후보를 압도하고 있었고 이러한 사이버공간의 우세가 선거승리를 이끌어내는 데 중요한 역

---

27) 김용철 · 윤성이, 《전자민주주의: 새로운 정치패러다임의 모색》, 오름, 2005, pp. 107~108.

할을 하였다고 분석한다.[28)]

한편 정상화 가설은 다수당이 현실공간을 지배하듯이 사이버공간 역시 다수당이 지배할 것으로 예상한다. 인터넷 도입 초기에는 환경변화에 적극적인 소수당이 일시적으로 사이버공간에서 우세를 점할 수 있으나, 결국에는 다수당이 풍부한 자원을 기반으로 높은 수준의 인프라와 웹사이트를 구축하면서 네티즌들의 지지를 확보해갈 것으로 본다.[29)] 정상화가설에 따르면 제시 벤츄라와 노무현 후보의 승리 모두 온라인 선거운동이 본격 도입되기 전인 초기에 나타나는 예외적 현상에 불과하다는 것이다.

위와 같은 현실적 이유와 함께 변화 가설이 갖는 또다른 한계는 그 설명논리에서 찾을 수 있다. 변화 가설은 기본적으로 새로운 기술의 등장이 사회환경의 변화를 이끌어낸다는 기술결정론적 입장에 근거하고 있다. 정치, 경제, 사회의 변화에 있어 기술 자체가 갖는 힘은 제한적일 수밖에 없다. 선거에 있어서도 정보통신기술(*information communication technologies*, ICTs)은 단지 선거운동의 한 가지 수단에 불과하다. 2002년 대선에서처럼 이러한 수단을 특정후보만 독점하여 사용한다면 그 효과를 기대할 수 있을 것이나, 이는 더 이상 불가능한 상황이다. ICTs 활용의 결과는 단순히 기술채택 여부가 아니라 활용의 방법과 내용에 의해 결정될 것이다. 특히 선거에서는 ICTs를 통해 전달하고자 하는 정보의 내용과 메시지가 온라인 선거운동의 효용성을 결정하게 된다. 2002년 대선에서도 온라인 팬클럽인 노사모의 존재와 활동만으로 지지계층을 동원하고 노무현 후보의 승리를 가져온 것은 아니었다. 노무현 캠프와 노사모가 인터넷을 통해 전달하려고 하였던 핵심적 내용은 정치개혁과 지역주의 타파라는 정치적 신념이었으며, 이러한 정치적 메시지가 많은 유권자들에게 호응을 얻었던 것이다. 따라서

---

28) 윤성이, 앞의 글, 2003, p. 78.

29) 김용철·윤성이, 앞의 책, pp. 107~108.

대통령선거에 있어서도 단순히 선거운동에 ICTs를 얼마나 다양하게 활용하는가 하는 기술의 우수성보다는 그것을 통해 무엇을 전달할 것인가 하는 정치적 메시지의 우수성이 더욱 중요할 것이다.

인터넷 선거에 관한 세 번째 논쟁은 인터넷이 선거결과에 미치는 영향에 관한 내용이다. 2002년 16대 대통령선거 이후 많은 국내외 언론들은 노무현 후보의 승리요인을 인터넷 선거운동의 성공에서 찾았다. 최근에는 UCC(*User Created Contents*, 사용자제작콘텐츠)가 새로운 온라인 선거운동의 한 분야로 주목받고 있다. 특히 2006년 미국 중간선거에서 나타난 UCC의 활약상이 언론에 보도되면서 2007년 초까지만 하더라도 한국의 17대 대통령선거도 UCC 선거가 될 것이라는 전망이 강하였다. 한편 인터넷과 UCC 선거운동이 선거결과에 미친 영향을 제한적이고 소극적으로 해석하는 주장들도 있다. 윤성이의 연구에 따르면, 지난 2002년 대선에서도 인터넷에 비해 여전히 TV와 신문의 영향력이 더 컸으며, 인터넷이 젊은층의 정치참여 증가를 만들어내지 못했다.[30] 2006년 미국 중간선거에서 UCC의 영향력을 보여주는 대표적 사례로 꼽히는 버지니아 주 상원의원선거에서도 '마카카'(Macaca, 원숭이) 동영상이 선거분위기를 반전시키는 계기는 제공하였으나 선거결과에 결정적 영향을 미친 요인으로 보기는 어렵다는 주장도 있다. 한국의 17대 대통령선거에서도 실상 UCC는 선거결과에 별다른 영향을 미치지 못하였다.

30) 윤성이, 앞의 글, 2003.

2. 16대 총선과 인터넷

여기에서는 설문조사결과를 바탕으로 인터넷의 정치적 활용현황과 16대 국회의원선거에 있어 인터넷의 영향력에 대해 심층적 분석을 하고자 한다. 구체적으로 이 글의 연구목적은 크게 두 가지이다. 첫째, 인터넷의 정치적 활용도 조사이다. 네티즌들이 인터넷을 이용함에 있어 정치관련 부분이 어느 정도의 비중을 차지하고 있는가를 분석하고자 한다. 이를 위해 네티즌들의 인터넷 사용목적, 정치관련 정보의 습득경로, 정치관련 사이트 접속도, 정부당국자 및 정치인과의 사이버 토론경험 등을 조사하였다. 둘째, 선거에 있어서 인터넷의 영향력 분석이다. 16대 국회의원선거에 있어 인터넷의 영향력을 분석하기 위해, 총선기간중 정당 및 후보자 홈페이지와 기타 정치관련 사이트 접속경험, 그리고 인터넷을 통해 얻은 정보가 네티즌의 후보자선택에 미친 영향 등에 대하여 조사하였다.

이 설문조사는 16대 총선 직후 2000년 4월 19~30일에 걸쳐 전국의 네티즌들에게 전자메일로 설문지를 발송하여 응답을 받는 형식으로 이루어졌다. 이 조사에 응답한 네티즌은 전체 1,143명이며, 이를 성별로 보면 남자 735명(64.3%)과 여자 408명(35.7%)이며, 연령별로는 20대 631명(56.9%), 30대 386명(33.8%), 40대 이상 126명(11.0%)이다. 이 같은 표본집단의 분포는 우리나라 전체 네티즌의 성별 및 연령별 구성과 대체로 유사하다.[31] 또한 응답자의 91.6%가 거의 매일 인터넷에 접속하는 상시적 인터넷 이용자들이라는 점은 인터넷의 정치적 활

31) 한국전산원 조사에 따르면, 1999년 12월 현재 우리나라 인터넷 이용자 수는 남성 6,314,365명(66.9%), 여성 3,118,833명(33.1%)이며, 연령별로는 20대 이상만 보았을 때 20대 3,595,874명(56.9%), 30대 1,639,618명(26.0%), 40대 이상 1,082,725명(17.1%)으로 분포되어 있다(한국전산원, 《2000 한국 인터넷 백서》, 한국전산원, 2000, p.53).

용도와 선거에 있어 인터넷의 영향력을 분석하고자 하는 이 글의 의도에도 부합된다.[32]

1) 인터넷의 정치적 활용실태

1969년 미국에서 알파넷(ARPANET: *Advanced Research Projects Agency Network*)으로 시작한 인터넷은 1999년 30주년을 맞이하는 동안 눈부신 발전을 보였다. 1994년 1,800만 명에 불과하였던 세계 인터넷 이용자 수는 5년 후인 1999년에는 무려 14배가 넘는 2억 5,900만 명으로 증가하였으며, 2002년에는 4억 9,000만 명에 이를 것으로 추정된다.[33] 한국에서는 1982년 7월 서울대학교와 한국전자기술연구소 간에 TCP/IP를 이용하여 최초의 인터넷인 SDN(*System Development Network*)을 구축한 이래, 1999년 말 현재 세계 10위 수준의 인터넷 사용국가로 발전하였다.[34] 한국전산원이 1999년 10월~11월 초 사이에 실시한 설문조사 결과에 따르면 7세 이상의 국민 중에서 한 달에 한 번 이상 인터넷 이용자는 943만 명이며, 인구 1천 명당 인터넷 이용자 수가 224명으로 우리나라 인구의 5분의 1 이상이 인터넷을 이용하는 것으로 조사되었다.[35]

---

32) 이 설문조사 응답자의 인터넷 접속빈도는 '거의 매일' 91.6%(1,033/1,128), '주당 2~3번' 7.3%(82/1,128), '한 달 2~3번' 0.9%(10/1,128), '거의 안 함' 0.3%(3/1,128)로 나타났다.

33) 한국전산원, 《2000 한국 인터넷 백서》, 한국전산원, 2000, p.42.

34) 미국 CIA사(Computer Industry Almanac Inc.)가 발표한 각 국가별 인터넷 이용자 수를 보면 1999년 말 현재 미국이 약 1억 1,083만 명으로 세계 1위로 전 세계 인터넷 이용자 중 43%를 차지하고 있으며, 일본이 미국의 약 6분의 1 수준인 1,816만 명으로 2위이며 영국, 캐나다, 독일, 호주, 브라질, 중국, 프랑스, 한국 등이 그 뒤를 따르고 있다(한국전산원, 《2000 한국 인터넷 백서》, 한국전산원, 2000, p.42).

35) 한국전산원, 《2000 한국 인터넷 백서》, 한국전산원, 2000, p.43.

〈표 12-1〉 인터넷 사용목적 순위

목적 / 순위	연예/오락정보	주식정보	업무관련 정보	신문/잡지 열람	정치관련 정보	교육목적	합 계
1순위	288 (26.7%)	284 (26.3%)	216 (20.4%)	171 (15.9%)	94 (8.7%)	22 (2.0%)	1,075 (100%)
2순위	129 (12.1%)	133 (12.5%)	122 (11.5%)	135 (12.7%)	222 (20.8%)	324 (30.4%)	1,065 (100%)
누 계	417 (19.4%)	417 (19.4%)	338 (15.7%)	306 (14.3%)	316 (14.8%)	346 (16.4%)	2,140 (100%)

그러면 최근 급증하고 있는 인터넷 보급률에 비추어볼 때, 네티즌들은 인터넷을 어느 정도로 정치분야에 활용하고 있는가? 이를 파악하기 위해, 먼저 네티즌들에게 인터넷 사용목적에 대한 우선순위를 기입하도록 하였고, 그 결과는 〈표 12-1〉과 같다. 우선, 많은 응답자들이 연예/오락(26.7%) 혹은 주식정보 수집 및 투자(26.3%)를 1순위로 응답하였으며, 정치관련 정보습득을 주요목적으로 인터넷을 사용하는 네티즌은 상대적으로 적은 숫자(8.7%)를 보였다. 연예/오락 및 주식정보 습득을 인터넷 사용의 주요목적으로 응답한 네티즌이 다수를 이루는 것은 20~30대가 네티즌의 대다수를 구성하고 있으며, 다른 한편으로 사이버 주식거래가 활성화되어 있기 때문으로 보인다. 비록 정치관련 정보습득을 1순위로 응답한 네티즌의 수는 적으나, 2순위까지 고려하면 누적된 전체 응답자의 약 14.8%가 정치관련 정보를 얻기 위해 인터넷을 사용하는 것으로 나타나 연예/오락 및 주식정보 목적과는 5% 미만의 차이를 보여 인터넷의 정치적 활용도가 결코 적지 않음을 보여준다.

둘째, 정치관련 정보획득에 있어 네티즌들의 인터넷 활용도를 파악하기 위해 "귀하께서는 정치와 관련된 정보를 주로 어디에서 얻으십니까?"라는 질문을 하였다. 그 결과, 절대다수의 네티즌이 신문(44.9%)과 TV(35.4%)를 1순위 정보제공자로 응답한 반면, 인터넷은 2.2%로

〈표 12-2〉 정치관련 정보습득 출처 순위

순위 \ 목적	신 문	TV	잡 지	대 화	인터넷	합 계
1순위	494 (44.9%)	390 (35.4%)	139 (12.6%)	54 (4.9%)	24 (2.2%)	1,101 (100%)
2순위	440 (39.5%)	448 (40.2%)	154 (13.8%)	49 (4.4%)	24 (2.1%)	1,115 (100%)
누 계	934 (42.2%)	838 (37.8%)	293 (13.2%)	103 (4.6%)	48 (2.2%)	2,216 (100%)
3순위	12 (1.1%)	45 (4.2%)	218 (20.5%)	304 (28.6%)	486 (45.6%)	1,065 (100%)
누 계	946 (28.8%)	883 (26.9%)	511 (15.6%)	407 (12.4%)	534 (16.3%)	3,281 (100%)

최하위를 기록하였다. 이러한 경향은 2순위까지 고려할 경우에도 마찬가지였다.[36] 이는 아직까지 인터넷보다 전통적 언론매체가 정치관련 정보의 전달 및 여론형성에 주도적 역할을 수행하고 있음을 보여준다.

이처럼 인터넷이 정치정보제공자로서 제대로 인식되지 못하고 있는 것은 두 가지 요인으로 설명할 수 있다. 먼저, 현재 인터넷상의 주요 정치관련 정보제공 사이트가 대부분 기존의 언론매체에 의해 운영되고 있어 인터넷을 통해 얻는 정보의 내용이 신문이나 TV를 통해 얻는 그것과 별다른 차이를 보이지 않고 있기 때문이다. 또한, 정부·정당·국회 등 정치정보 생산자들이 자신의 홈페이지를 운영하고 있으나, 이들이 제공하는 정보는 각 기관의 홍보 수준에 머물고 있으며 국민들이 알고자 하는 고급정보는 제공되지 않고 있기 때문이다.

셋째, 네티즌들의 개인적 특성과 정치관련 사이트 접속경험 간의 상관관계를 분석하였다. 먼저, 정치관련 사이트에 접속한 경험이 있느냐

36) 한편 3순위까지로 범위를 넓힐 경우 인터넷(16.3%)은 잡지(15.6%)나 대화(12.4%)보다 많은 빈도를 보여 정보제공자로서 향후 인터넷의 가능성을 보여주고 있다.

〈표 12-3〉 성별 및 정치관심도와 정치관련 사이트 접속경험

항목 / 접속경험	성 별			정치 관심도				
	남 성	여 성	합 계	아주 많다	조금 많다	거의 없다	전혀 없다	합 계
없 다	353 (48.4%)	248 (61.4%)	601 (53.0%)	22 (25.9%)	187 (38.0%)	343 (69.7%)	45 (76.3%)	597
가 끔	360 (49.4%)	151 (37.4%)	511 (45.1%)	52 (61.2%)	301 (61.2%)	145 (29.5%)	12 (20.3%)	510
자 주	16 (2.2%)	5 (1.2%)	21 (1.9%)	11 (12.9%)	4 (0.8%)	4 (0.5%)	2 (3.4%)	21
합 계	729 (100%)	404 (100%)	1,133 (100%)	85 (100%)	492 (100%)	492 (100%)	59 (100%)	1,128

는 질문에 대하여 응답자의 53%가 정치관련 사이트에 접속한 경험이 없으며, 45.1%는 가끔 접속하며, 1.9%만이 자주 접속한다고 응답하였다. 이 같은 결과 역시 인터넷이 아직은 정치분야에서 적극적으로 활용되지 않고 있음을 보여준다. 한편 향후 정치관련 정보를 습득하기 위해 인터넷사이트를 방문할 용의가 있느냐는 질문에는 80.4%가 그렇다고 응답하여, 인터넷의 정치적 활용에 대한 전망은 비교적 밝은 편이라 할 수 있다.

정치관련 사이트 접속여부를 남녀별로 살펴보면 남성의 51.6%가 가끔 혹은 자주 정치관련 사이트를 접속한다고 응답하여 여성의 38.6%보다 높은 수치를 보였다. 이는 일반적으로 남성이 여성보다 정치에 대한 관심이 높은 사실과 관련이 있는 것으로 보인다. 정치관심도와 인터넷 정치관련 사이트 접속경험에 있어서는 정치에 대한 관심이 높을수록 정치관련 사이트에 접속하는 횟수가 많은 것으로 나타났다. 정치에 대한 관심이 아주 혹은 조금 많다고 응답한 네티즌의 61.8%(368/577)가 정치관련 사이트에 가끔 혹은 자주 접속한다고 응답한 반면, 정치에 대한 관심이 없다고 응답한 네티즌은 그 절반에도 못 미치는 30.3%(163/551)만이 정치관련 사이트에 접속한다고 응답하여 정치관심도에 따라 정치관련 사이트 접속률이 상당한 차이를 보였다. 한편

학력과 직업은 인터넷 활용행태와 별다른 상관관계가 없는 것으로 나타났다. 학력 및 직업별로 인터넷 활용목적, 정치관련 사이트 접속경험, 선거기간 중 후보자 홈페이지 방문경험 등을 분석하였으나 변수간의 상관관계는 나타나지 않았다.

넷째, 인터넷의 정치적 활용에 있어 네티즌의 적극성의 정도를 파악하기 위한 질문을 시도하였다. 적극성의 정도는 네티즌이 인터넷을 이용해 얼마나 적극적으로 정책 및 정치과정에 자신의 의견 및 입장을 피력하느냐를 의미한다. 예컨대, 단순히 정치관련 사이트의 방문에 그친 경우와 사이트에 방문하여 글을 게시하는 경우는 그 참여의 강도가 확연히 다른 것이다. 또한 일정 기간 동안에 정치관련 사이트에 글을 한 번 게시한 것과 여러 번 게시한 것 역시 그 적극성의 정도는 다르다. 이러한 맥락에서, 글을 게시한 경험이 있느냐는 질문에 전체 69.6%(778/1,118)가 한 달에 2~3번 이상 글을 올린다고 응답하였으나, 그 가운데 국가정책에 관련된 글을 올려본 응답자는 5.3%에 불과하였으며, 20.4%의 응답자가 지역 및 개인 민원과 관련된 글을 올려본 경험이 있다고 응답하였다.[37] 또한 인터넷을 통해 정치인이나 정부당국자와 대화를 나누어본 경험이 있느냐는 질문에는 94.1%의 응답자가 없다고 대답하였다.[38] 이를 통해 볼 때, 단순한 정치관련 정보습득에서 한 단계 더 나아가 정책제안이나 토론 등의 적극적 정치참여를 위한 목적으로 인터넷을 이용하는 네티즌의 수는 아직은 극소수라 할 수 있다.

다음으로는 적극적 인터넷 사용자(*internet activists*)의 정치분야에서

37) 이 조사에 의하면, 인터넷상에 올린 글의 주제는 '지역 및 개인민원 관련'이 20.4%(213/1,045), '국가정책 관련'이 5.3%(55/1,045), 그리고 '기타'가 72.4%(777/1,045)로 나타났다.

38) 이 설문조사 결과, 인터넷을 통한 정치인/정부당국자와의 대화경험이 '없다'로 응답한 네티즌이 94.1%(1,063/1,130), '1번'으로 응답한 사람이 2.7%(31/1,130), '2~3번'이 2.9%(33/1,130), '4~5번'이 0.1%(1/1,130), 그리고 '6번 이상'이 0.2%(2/1,130)로 나타났다.

〈표 12-4〉 인터넷상 글 게시경험과 정치관련 사이트 및 후보자 홈페이지 접속경험

접속 / 글 올린 경험	정치관련 사이트 접속경험					후보자 홈페이지 접속경험		
	없 다	1-2번	3-4번	5번 이상	합 계	있 다	없 다	합 계
거의 매일	47 (34.6%)	54 (39.7%)	15 (11.0%)	20 (14.7%)	136 (100%)	46 (34.1%)	89 (65.9%)	135 (100%)
주당 2-3회	94 (36.4%)	95 (36.8%)	35 (13.6%)	34 (13.2%)	258 (100%)	76 (29.6%)	181 (70.4%)	257 (100%)
한 달 2-3회	138 (35.9%)	175 (45.6%)	42 (10.9%)	29 (7.6%)	384 (100%)	84 (21.8%)	301 (78.2%)	385 (100%)
거의 없음	204 (60.0%)	103 (30.3%)	23 (6.8%)	10 (2.9%)	340 (100%)	36 (10.6%)	305 (89.4%)	341 (100%)
합 계	483	427	115	93	1,118	242	876	1,118

의 인터넷 활용행태를 살펴보았다. 여기서 말하는 적극적 인터넷 사용자는 인터넷 접속빈도와 인터넷에 글을 올린 경험으로 구분하였다. 앞서 밝힌 바대로 이 설문 응답자의 91%가 거의 매일 인터넷에 접속한다고 응답하여 접속빈도 측면에서는 대다수가 적극적 인터넷 사용자로 분류된다. 따라서 여기서는 인터넷 접속에서 한 단계 나아가 인터넷사이트에 글을 올림으로써 사이버 대화나 토론에 얼마나 자주 참여하는가를 적극적 네티즌의 기준으로 삼았다. 즉, 인터넷을 단순한 정보획득을 위한 목적으로 활용하는 것에서 더 나아가 자신의 의사를 전달하고 사이버공간상에서 상대방과 대화와 토론을 하기 위한 목적으로 인터넷을 활용할 때 이들을 적극적 네티즌(*active netizen*)이라 할 수 있다. 이러한 기준에서 보았을 때 적극적 인터넷 사용자일수록 정치적 목적으로의 인터넷 활용도도 높은 것으로 나타났다. 다시 말해, 인터넷상에 글을 올려본 경험이 많을수록 16대 총선기간 중 정치관련 사이트 및 지역구후보자 홈페이지 접속률이 높은 것으로 나타났다. 〈표 12-4〉에 의하면, 인터넷에 거의 매일 글을 올리는 네티즌의 14.7%가 총선기간 중 정치관련 사이트에 5번 이상 접속하였으나, 글을 올린 경

〈표 12-5〉 향후 인터넷이 활용되어야 할 분야

항목 순위	정보 공개	정부당국 대화	정치인 대화	선거 운동	정책 포럼	부정부패 고발	합 계
1순위	406 (38.8%)	175 (16.7%)	156 (14.9%)	155 (14.8%)	81 (7.7%)	75 (7.1%)	1,048 (100%)
2순위	70 (6.9%)	159 (15.6%)	156 (15.4%)	186 (18.3%)	262 (25.8%)	183 (18.0%)	1,016 (100%)
누 계	476 (23.1%)	334 (16.2%)	312 (15.1%)	341 (16.5%)	343 (16.6%)	258 (12.5%)	2,064 (100%)

험이 거의 없는 네티즌의 경우는 2.9%에 불과하였다. 또한 인터넷에 거의 매일 글을 올리는 네티즌의 34.1%가 후보자 홈페이지에 접속한 경험이 있다고 응답하였으나, 글을 올린 경험이 거의 없는 네티즌은 10.6%만이 후보자 홈페이지를 방문하였다. 이는 향후 인터넷 사용이 더욱 활성화되고 적극적 사용자가 증가하면 정치분야에 있어서 인터넷의 중요도도 그만큼 커질 것임을 보여준다고 하겠다.

다섯째, 정치와 관련된 인터넷의 활용분야에 있어서는 아직까지는 많은 네티즌들이 쌍방향 대화보다는 정보공개에 대해 더 많은 관심을 보이고 있다. 총선기간 중 지역후보자 홈페이지를 방문한 동기를 묻는 질문에 대해서, 후보자의 공약을 알기 위해서(43.0%), 그리고 후보자의 신상정보를 알기 위해서(41.2%)라는 응답이 지역이나 개인민원 전달(9.8%)이나 후보자에 대한 지지 및 반대의사 표현(6.0%)의 목적보다 우선한 것으로 나타났다. 이는 TV, 신문 등 기존 언론매체들의 특성상 유권자들이 원하는 다양한 정보를 충분히 제공하기에는 시간, 공간, 비용 등의 측면에서 많은 한계가 있었으나, 새로운 커뮤니케이션 매체인 인터넷의 등장으로 다양한 정보를 값싸고 쉽게 제공할 수 있게 되었다는 사실이 유권자들에게 가장 크게 다가온 것으로 보인다.

이러한 사실은 정치와 관련하여 향후 인터넷이 활용되어야 할 분야에 대한 설문에서도 분명히 드러나고 있다. 〈표 12-5〉에 의하면, 많은

〈표 12-6〉 향후 인터넷의 정치적 영향력 및 민주주의발전에 대한 기여

	향후 인터넷의 정치적 영향력				향후 민주주의발전에 대한 기여			
	많이 영향	조금 영향	거의 없음	전혀 없음	많이 기여	조금 기여	거의 없음	전혀 없음
빈 도	659	394	42	9	692	365	37	15
비율(%)	59.7	35.7	3.8	0.8	62.4	32.9	3.3	1.4

응답자들이 인터넷의 쌍방향성을 활용하는 정부당국자와의 대화(16.7%), 정치인과의 대화(14.9%), 그리고 정책포럼(7.7%)보다는 정보공개(38.7%)를 향후 인터넷이 정치와 관련되어 활용되어야 할 최우선분야로 지적하였다. 2순위까지 고려할 경우에도 정보공개에 대한 요구는 다른 분야보다 훨씬 높게 나타났다. 이러한 결과는 중요한 정책결정이 투명하고 공개적으로 진행되지 않고, 또한 정치권력을 견제할 수 있는 중요한 정보들이 제대로 공개되지 않고 있는 우리 정치의 현실을 반영하고 있다고 볼 수 있다.

지금까지 살펴본 바에 의하면, 아직까지는 정치분야에 있어 인터넷의 활용은 매우 낮은 수준이다. 정치관련 정보제공자로서의 역할도 기존언론매체인 TV나 신문에 비해 상당히 미약하며, 정치관련 사이트에 정기적으로 접속하는 네티즌의 숫자도 적은 편이다. 또한 인터넷의 쌍방향성을 이용한 네티즌들의 정책결정 참여 역시 매우 저조한 형편이다. 그러나 정치분야에 있어는 인터넷이 16대 총선을 계기로 본격적으로 활용되기 시작한 사실을 고려한다면, 정치분야에 있어 인터넷의 영향력을 부정적으로 평가하는 것은 성급한 판단으로 보인다. 정치분야에 있어 인터넷의 활용은 이제 막 시작하는 단계이며 그 영향력도 더욱 커질 것으로 보는 것이 합당할 것이며 이는 설문조사에서도 분명히 나타나고 있다.

향후 정치과정에 대한 인터넷의 영향력을 묻는 질문에 대하여, 응답

〈표 12-7〉 네티즌의 정치참여도 (단위 : %)

선거 / 투표율	16대 총선	96년 15대 총선	97년 대통령선거	98년 지자체선거
네티즌	59.3	62.7	74.8	60.9
전체 국민	57.2	63.9	80.7	52.7

자의 95.4%가 조금 혹은 많이 영향을 미칠 것이라고 응답한 반면, 단지 0.8%의 응답자만이 인터넷이 정치분야에 전혀 영향을 미치지 않을 것이라고 대답하였다. 한편 국민 권익신장과 민주주의발전에 대한 인터넷의 영향력에 대해서는 75.2%의 응답자가 조금 혹은 많이 도움이 될 것이라 응답한 반면, 1.4%의 응답자만이 별다른 영향을 미치지 못할 것이라 대답하였다. 이를 통해 볼 때 절대다수의 네티즌들은 정치분야에 있어 인터넷의 영향력은 향후 더욱 확대될 것이며 또한 인터넷이 민주주의발전에 긍정적 역할을 할 것이라고 인식하고 있음을 알 수 있다.

2) 16대 국회의원선거와 인터넷의 영향

한국의 정치과정에서 인터넷과 네티즌의 낮은 정치적 위상에도 불구하고, 16대 국회의원선거는 역대 선거와는 달리 인터넷이 선거과정에 본격적으로 활용되기 시작한 사이버 정치의 원년으로 평가된다. 이 점에서 16대 국회의원선거에 있어 네티즌의 투표성향과 인터넷의 영향력에 대한 분석은 매우 의미 있는 작업이다. 여기에서는 네티즌의 선거참여도, 지지정당, 총선기간 중 정치관련 홈페이지 접속 정도, 그리고 그들이 인터넷을 통해 얻은 정치관련 정보가 투표참여 및 지지후보결정에 미친 영향력 등을 집중적으로 검토하고자 한다.

〈표 12-8〉 네티즌의 지지정당

지지정당	민주당	한나라당	자민련	민주 국민당	한국신당	민주 노동당	청년 진보당	기 타
빈 도	395	305	23	24	6	74	54	252
비율(%)	34.9	26.9	2.0	2.1	0.5	6.5	4.8	22.2
16대 총선 득표율(%)	35.9	39.0	9.8	3.7	0.4	1.2	0.7	-

(1) 네티즌의 투표성향

우선 가장 기본적인 정치참여라 할 수 있는 투표참여에 있어서 네티즌은 일반시민과 별다른 차이를 보이지 않았다. 〈표 12-7〉에 의하면, 네티즌 응답자 1,131명 중 671명이 16대 총선에서 투표하여 투표율 59.3%를 보였다. 이는 16대 총선 투표율 57.2%보다 약간 높으나, 1996년 총선, 1997년 대통령선거, 1998년 지방자치단체선거 등의 투표율을 비교할 때 네티즌은 일반국민과 거의 비슷한 투표율을 보였다.[39]

그러나 지지정당에 있어서 네티즌은 일반국민과 뚜렷한 차이를 보였다(〈표 12-8〉). 16대 국회의원선거에서 전체 유권자를 대상으로 한나라당은 39.0%의 지지를 받아 민주당의 35.9%보다 높은 득표율을 보였으나, 네티즌만을 대상으로 한 조사에서는 민주당이 34.9%의 지지를 보여 26.9%의 한나라당보다 무려 8%를 앞섰다. 한편 16대 총선에서 9.8%의 득표율을 획득한 자민련은 2.0%의 네티즌의 지지를 받는

39) 설문조사집단의 89%가 20~30대가 차지하고 있어 일반유권자 20~30대의 투표율과 비교하는 것이 보다 정확한 비교가 될 것이다. 그러나 이 경우에도 뚜렷한 경향을 찾기는 어려웠다. 15대 국회의원선거의 경우 20~30대 유권자 877,757명 가운데 467,180명이 투표하여 53.2%의 투표율을 보여 네티즌 투표율보다 9.5% 낮게 나타났다(중앙선거관리위원회, 1996, p.19). 한편 15대 대통령선거의 경우 20~30대 유권자 841,751명 가운데 637,146명이 투표에 참가하여 75.7%의 투표율을 보여 네티즌 투표율보다 0.9% 높게 나타났다(중앙선거관리위원회, 1998, p.24).

데 그쳤다. 반면에 민주노동당과 청년진보당의 경우 네티즌 대상조사에는 각각 6.5%와 4.8%의 지지를 획득하여 총선 득표율 1.2%와 0.7%와는 상당한 차이를 보였다. 민주당의 지지율 1위, 자민련의 저조한 지지율, 그리고 진보적 성향의 소수정당에 대한 높은 지지율 등은 조사대상 네티즌의 절대다수가 20~30대인 사실에서 비롯된 것으로 보인다.

네티즌의 투표행태에 대하여 한 가지 주목할 점은 이들이 대부분 20~30대의 젊은층이며 인터넷을 통해 후보자 개인 및 정당에 대해 상대적으로 많은 정보를 접할 수 있었음에도 불구하고, 한국정치의 가장 고질적인 문제인 지역주의 성향을 극복하지 못하고 그대로 답습하고 있다는 사실이다. 영남지역 네티즌의 50.2%가 한나라당을 지지한 반면 민주당 지지자는 26.3%에 그쳤으며, 호남지역 네티즌은 82.4%가

〈표 12-9〉 네티즌의 지역주의 투표행태 (단위: %)

지역 \ 정당	민주당		한나라당		자민련	
	16대 총선	네티즌	16대 총선	네티즌	16대 총선	네티즌
서울	45.1	44.9	43.3	32.0	9.8	1.2
경기	40.9	48.6	39.1	36.4	12.4	1.4
인천	40.6	57.9	41.7	26.3	12.1	2.6
강원	36.5	47.9	38.6	39.1	10.2	0.0
충청	30.0	44.1	23.2	25.8	34.8	10.8
호남	66.8	82.4	3.8	7.7	2.0	2.2
영남	13.1	26.3	56.0	50.2	6.6	2.1
제주	49.4	50.0	44.2	50.0	0.6	0.0
전국	35.9	34.9	39.0	26.9	9.8	2.0

* 16대 총선자료 출처: 〈동아일보〉 2000년 4월 15일 기사에서 재구성.

〈표 12-10〉 정치관심도와 총선기간 정치관련 사이트 및 후보자 홈페이지 접속경험

접속경험 / 관심도	정치관련 사이트 접속경험					후보자 홈페이지 접속경험		
	없 다	1~2번	3~4번	5번 이상	합 계	있 다	없 다	합 계
아주 많다	16 (29.0%)	30 (35.7%)	14 (16.7%)	24 (28.6%)	84 (100%)	36 (42.4%)	49 (57.6%)	85 (100%)
조금 많다	149 (30.4%)	212 (43.3%)	72 (14.7%)	57 (11.6%)	490 (100%)	142 (29.0%)	346 (71.2%)	488 (100%)
거의 없다	275 (56.2%)	175 (35.8%)	29 (5.9%)	10 (2.0%)	489 (100%)	66 (13.4%)	425 (86.6%)	491 (100%)
전혀 없다	42 (72.4%)	12 (20.7%)	1 (1.7%)	3 (5.2%)	58 (100%)	2 (3.4%)	56 (96.6%)	58 (100%)
합 계	482	429	116	94	1,121	246	876	1,122

민주당을 지지하고 7.7%만이 한나라당을 지지하여 지역주의 성향을 여실히 드러내고 있다. 앞서 밝힌 바와 같이 이 조사집단의 89%가 20대와 30대임을 고려할 때, 이러한 지역주의 성향은 상당히 심각하다고 볼 수 있다. 단지 민주당의 경우 16대 국회의원선거에서 영남지역에서 13.1%의 득표율을 얻었으나, 네티즌 대상 조사에서는 26.3%로 상대적으로 높게 나타나 약간 희석된 지역주의 성향을 보여주었다.

다음으로 16대 국회의원선거운동 기간 중 네티즌들의 정치관련 사이트와 후보자 홈페이지 방문실태를 분석해보았다. 총선기간 중 정치관련 사이트 방문경험이 있는 네티즌은 약 57%(639/1,121명)로 나타났다. 또한 약 18.7%(210/1,121)의 네티즌은 총선기간 중 정치관련 사이트를 3번 이상 방문하였다고 응답하여 상당히 높은 접속률을 보였다. 그러나 전체 응답자의 약 43%가 총선기간 동안 정치관련 사이트를 방문한 경험이 없는 것으로 나타나 아직까지 인터넷이 정치관련 정보제공자로서 충분히 인식되지 못하고 있는 것으로 나타났다. 이는 앞서 살펴본 정치관련 정보습득 출처에 대한 질문에 대해 인터넷을 1순

위로 응답한 집단이 여타 집단에 비해 가장 적었으며, 인터넷 사용의 주요목적에 있어서도 정치관련 정보습득보다는 연예/오락이나 주식정보 습득을 위한 것이 다수를 차지한 사실과 맥락을 같이한다고 볼 수 있다. 또한 전체 응답자 가운데 21.9%(246/1,122)만이 선거기간 중 지역구후보자의 홈페이지를 방문한 경험이 있다고 응답하여, 16대 국회의원선거에서 많은 후보자들이 인터넷 홈페이지를 선거운동에 활용하였으나 아직까지는 유권자들에게 제대로 인식되지 못하고 있는 것으로 나타났다. 그러나 홈페이지 미방문 이유에 대한 질문에서 67.4%가 정치적 무관심을 이유로 들고 있어 인터넷이라는 매체 자체의 한계로 보기에는 곤란하다.[40] 실제로, 인터넷이 정치관련 정보습득에 도움이 된다고 보느냐는 질문에 80.5%의 응답자가 조금 혹은 많이 도움이 된다고 응답하여 향후 선거에서 인터넷의 영향력은 더욱 높아질 것으로 기대된다.[41]

16대 국회의원선거운동 기간 중 정치관련 사이트 및 후보자 홈페이지 접속경험 여부를 정치관심도, 연령, 성별로 분석해보았을 때 이들 변수간의 상관관계는 상당히 높은 것으로 나타났다. 즉, 정치관심도가 많을수록, 연령이 높을수록, 그리고 여자보다는 남자가 정치관련 사이트 및 후보자 홈페이지 접속률이 높은 것으로 나타났다. 이러한 경향을 구체적으로 살펴보면 다음과 같다.

첫째, 네티즌의 정치관심도와 16대 국회의원선거운동 기간 정치관련 사이트 및 후보자 홈페이지 접속경험 간의 상관관계를 볼 때, 오프라

---

40) 후보자 홈페이지 미방문 사유에 대한 질문에 대해 응답자의 67.4%(595/883)가 '관심이 없어서', 22.8%(201/883)가 'TV/신문을 통해 충분한 정보를 얻어서', 그리고 9.9%(87/883)는 '후보자의 홈페이지 미개설'을 이유로 들었다.

41) 인터넷이 정치관련 정보습득에 도움이 되느냐는 질문에 대해 '많이 도움이 된다'로 응답한 네티즌이 20.3%(227/1,120), '조금 도움이 된다'는 60.5%(678/1,120), '거의 도움이 되지 않는다'는 15.1%(169/1,120), 그리고 '전혀 도움이 되지 않는다'는 4.1%(46/1,120)로 나타났다.

〈표 12-11〉 연령별 16대 국회의원선거운동 기간
정치관련 사이트 및 후보자 홈페이지 접속경험

접속 / 연령	정치관련 사이트 접속경험					후보자 홈페이지 접속경험		
	없 다	1~2번	3~4번	5번 이상	합 계	있 다	없 다	합 계
20대	291 (47.1%)	232 (37.5%)	40 (6.5%)	45 (7.3%)	618 (100%)	120 (19.4%)	499 (80.6%)	619 (100%)
30대	146 (38.1%)	155 (40.5%)	47 (12.3%)	35 (9.1%)	383 (100%)	95 (24.7%)	289 (75.3%)	384 (100%)
40대 이상	49 (39.2%)	42 (33.6%)	19 (15.2%)	15 (12.0%)	125 (100%)	32 (25.8%)	92 (74.2%)	124 (100%)
합 계	486 (43.2%)	429 (38.1%)	116 (10.3%)	95 (8.4%)	1,126 (100%)	247 (21.9%)	880 (78.1%)	1,127 (100%)

인상에서 정치적 관심도가 높을수록 온라인상의 정치관심도도 높은 것으로 나타났다. 즉, 정치적 관심이 아주 많다고 응답한 네티즌의 28.6%가 선거기간 중 5번 이상 정치관련 사이트를 방문한 데 반하여, 정치에 대해 전혀 관심이 없다고 응답한 네티즌 가운데 72.4%는 정치관련 사이트를 방문한 경험이 전혀 없었다. 또한 정치에 관해 관심이 아주 많다고 응답한 네티즌의 42.4%가 후보자 홈페이지를 접속한 경험이 있는 데 반하여, 정치에 거의 혹은 전혀 관심이 없다고 응답한 네티즌의 12.4%(68/549) 만이 후보자 홈페이지에 접속해보았다고 응답하였다.

둘째, 16대 국회의원선거운동 기간 중 정치관련 사이트에 접속한 경험이 있는 네티즌을 연령별로 분석해보면, 연령이 높을수록 정치관련 사이트에 접속한 횟수가 많은 것으로 나타났다. 3번 이상 접속자를 조사해보면, 20대의 경우는 전체 618명 중 85명으로 13.8%인 반면, 30대는 21.4%(82/383), 40대는 27.2%(34/125)로 나타났다. 또한 16대 총선기간 중 후보자 홈페이지 접속경험에 대한 조사에서도 위와 비슷한 결과가 나왔다. 20대의 경우 응답자 619명 중 120명이 지역구후보자 홈페이지에 접속한 경험이 있다고 응답하여 19.4%의 접속률을 보

〈표 12-12〉 성별 16대 국회의원선거운동 기간
정치관련 사이트 및 후보자 홈페이지 접속경험

성별＼접속	정치관련 사이트 접속경험					후보자 홈페이지 접속경험		
	없 다	1~2번	3~4번	5번 이상	합 계	있 다	없 다	합 계
남 성	279 (38.5%)	285 (39.3%)	85 (11.7%)	76 (10.5%)	725 (100%)	178 (24.5%)	548 (75.5%)	726 (100%)
여 성	207 (51.6%)	144 (35.9%)	31 (7.7%)	19 (4.7%)	401 (100%)	69 (17.2%)	332 (82.8%)	401 (100%)
합 계	486 (43.2%)	429 (38.1%)	116 (10.3%)	95 (8.4%)	1,126 (100%)	247 (21.9%)	880 (78.1%)	1,127 (100%)

인 반면, 30대와 40대는 각각 24.7%와 25.8%의 접속률을 보여 연령이 높을수록 높은 접속률을 보였다. 일반적으로 20대보다는 30~40대가 정치에 더 많은 관심을 가지고 있다는 사실을 고려할 때, 이 역시 오프라인의 정치관심도와 온라인의 정치관심도는 높은 상관관계를 갖고 있다는 사실을 보여준다.

셋째, 16대 국회의원선거운동 기간 중 정치관련 사이트 및 지역구후보자 홈페이지 접속경험을 성별로 분석해보면, 두 가지 모두 남성이 여성보다 높은 접속률을 보였다. 정치관련 사이트 접속경험의 경우 남성의 22.2%가 총선기간 중 적어도 3번 이상 정치관련 사이트에 접속한 데 반해, 여성은 불과 12.4%만이 3번 이상 접속한 경험이 있는 것으로 조사되었다. 후보자 홈페이지 접속여부도 남성의 24.5%가 접속한 데 반해, 여성은 17.2%의 접속률을 보였다. 이러한 결과 역시 오프라인상에서 남성이 여성보다 정치에 대한 관심이 높다는 사실의 반영으로 보인다.

한편 학력과 16대 총선기간 중 정치관련 사이트 및 후보자 홈페이지 접속경험의 상관관계 분석에서는 chi-square값의 유의확률이 각각 .314와 .968로 나타나 별다른 상관관계를 보이지 않는 것으로 나타났다.

〈표 12-13〉 국회의원선거운동 기간 중 정치관련 사이트 및 후보자 홈페이지 접속경험과 투표여부

접속 / 투표	정치관련 사이트 접속경험					후보자 홈페이지 접속경험		
	없 다	1~2번	3~4번	5번 이상	합 계	있 다	없 다	합 계
했 다	237 (49.2%)	273 (63.9%)	79 (69.3%)	75 (78.9%)	664	178 (72.7%)	486 (55.6%)	664
안 했다	245 (50.8%)	154 (36.1%)	35 (30.7%)	20 (21.1%)	454	67 (27.3%)	388 (44.4%)	455
합 계	482 (100%)	427 (100%)	114 (100%)	95 (100%)	1,118	245 (100%)	874 (100%)	1,118

(2) 인터넷이 투표행태에 미치는 영향

네티즌의 정치관련 사이트의 잦은 항해가 그들의 정치적 태도 및 행태를 더욱 적극적인 정치참여의 방향으로 변화시킬 것이라는 가설은 많은 학자들의 흥미를 끌고 있는 부분이다.[42] 이와 관련하여, 16대 총선기간 중 인터넷이 네티즌의 투표행태에 미친 영향을 검토해보면 다음과 같다.

먼저 16대 국회의원선거운동 기간 중 정치관련 사이트 및 후보자 홈페이지 접속경험과 투표참여 간의 상관관계를 보면, 양쪽 모두 접속률이 높을수록 투표참여율도 높은 것으로 나타났다. 총선기간 중 5번 이상 정치관련 사이트에 접속한 경험이 있는 네티즌의 78.9%가 투표를 한 반면 정치관련 사이트 접속경험이 없는 네티즌은 49.2%만이 투표에 참여한 것으로 나타났다. 또한 후보자 홈페이지에 접속한 경험이 있는 네티즌의 72.7%가 투표한 반면, 접속경험이 없는 네티즌은 55.6%만이 투표하였다.

둘째, 정치관련 사이트 및 후보자 홈페이지를 통해 얻은 정보가 네

42) Morris, Dick, *VOTE.com*, Los Angeles: Renaissance Books, 1999; Davis, Richard, *The Web of Politics: The Internet's Impact on American Political system*, Oxford University Press, 1999, ch. 4.

〈표 12-14〉 인터넷의 지지후보결정 및 변경에 대한 영향력

영향력 / 빈도	지지후보결정에 대한 영향력					지지후보변경에 대한 영향력		
	많이 영향	조금 영향	거의 없음	전혀 없음	합 계	변경함	변경 안함	합 계
빈 도	110	429	373	183	1,095	137	925	1,062
비율(%)	10.0	39.2	34.1	16.7	100%	12.9	87.1	100%

티즌의 지지후보결정 및 변경에 어느 정도 영향을 주었는가에 대한 분석을 시도하였다. 〈표 12-14〉에 의하면, "인터넷을 통해 얻은 정보가 지지후보결정에 영향을 주었는가"의 질문에 대해 응답자의 49.2%가 '조금' 혹은 '많이' 영향을 받았다고 응답하였다. 그리고 "인터넷을 통해 얻은 정보가 지지후보변경에 영향을 주었느냐"는 질문에는 12.9%의 응답자가 인터넷 정보로 인해 지지후보를 바꾸었다고 대답하였다. 인터넷 정보가 지지후보결정에 영향을 미쳤다고 응답한 네티즌이 절반에 가깝고 아예 지지후보를 바꾸었다고 응답한 네티즌도 12.9%에 달하는 것은 결코 낮은 수치라 볼 수 없을 것이다.

셋째, 인터넷을 통해 얻은 정보가 네티즌의 지지후보결정 및 변경에 미친 영향을 좀더 구체적으로 분석해보았다. 우선 총선기간 중 정치관련 사이트 접속경험이 지지후보결정 및 변경에 미친 영향을 보면, 총선기간 중 정치관련 사이트에 접속한 경험이 없는 네티즌의 5.9%만이 인터넷 정보가 지지후보결정에 많은 영향을 주었다고 응답한 반면, 5번 이상 접속한 네티즌의 경우 30.5%가 많은 영향을 주었다고 응답하였다. 지지후보변경에 있어서도 5번 이상 접속한 네티즌의 경우 19.1%가 인터넷 정보로 인해 지지후보를 바꾸었다고 응답한 반면, 접속한 경험이 없는 네티즌은 9.0%만이 지지후보를 변경하였다. 이는 정치관련 사이트의 영향력을 분명히 보여주는 결과라 할 수 있다.

또한 지역구후보자 홈페이지 방문여부가 지지후보결정 및 변경에 상당한 영향을 미친 것으로 나타났다. 비록 네티즌의 21.9%에 해당하는

일부만이 후보자 홈페이지를 방문하였으나, 후보 홈페이지 방문여부가 그들의 지지후보결정 및 변경에 미친 영향 간의 상관관계는 상당히 높은 것으로 나타났다. 즉, 홈페이지 방문자의 76.1%가 인터넷을 통해 얻은 정보가 지지후보결정에 '조금' 혹은 '많이' 영향을 주었다고 응답한 반면, 미방문자의 응답은 41.3%에 그쳤다. 또한 홈페이지 방문자의 19.3%는 인터넷을 통해 얻은 정보로 인해 지지후보를 변경하였다고

〈표 12-15〉 16대 국회의원선거운동 기간 중 정치관련 사이트 접속경험과 지지후보결정 및 변경에 미친 영향

영향 / 접속	지지후보결정에 미친 영향					지지후보변경에 미친 영향		
	많이 영향	조금 영향	거의 없음	전혀 없음	합 계	변경함	변경 안함	합 계
없 다	27 (5.9%)	119 (26.1%)	173 (37.9%)	137 (30.1%)	456 (100%)	39 (9.0%)	394 (91.0%)	433 (100%)
1-2번	37 (8.7%)	202 (47.5%)	150 (35.3%)	36 (8.5%)	425 (100%)	58 (13.9%)	359 (86.1%)	417 (100%)
3-4번	15 (13.2%)	61 (53.5%)	31 (27.2%)	7 (6.1%)	114 (100%)	21 (18.6%)	92 (81.4%)	113 (100%)
5번 이상	29 (30.5%)	45 (47.4%)	18 (18.9%)	3 (3.2%)	95 (100%)	18 (19.1%)	76 (80.9%)	94 (100%)
합 계	108	427	372	183	1,090	136	921	1,057

〈표 12-16〉 16대 국회의원선거운동 기간 중 후보자 홈페이지 방문경험과 지지후보결정 및 변경에 미친 영향

영향 / 방문경험	지지후보결정에 미친 영향					지지후보변경에 미친 영향		
	많이 영향	조금 영향	거의 없음	전혀 없음	합 계	변경함	변경 안함	합 계
있 다	50 (20.2%)	138 (55.9%)	53 (21.5%)	6 (2.4%)	247 (100%)	47 (19.3%)	197 (80.7%)	244 (100%)
없 다	59 (7.0%)	290 (34.3%)	320 (37.8%)	177 (20.9%)	846 (100%)	90 (11.0%)	726 (89.0%)	816 (100%)
합 계	109	428	373	183	1,093	137	923	1,060

〈표 12-17〉 인터넷상에 글 올린 경험과 지지후보결정 및 변경에 미친 영향

영향 / 게시경험	지지후보결정에 미친 영향					지지후보변경에 미친 영향		
	많이 영향	조금 영향	거의 없음	전혀 없음	합 계	변경함	변경 안함	합 계
거의 매일	19 (14.2%)	55 (41.0%)	35 (26.1%)	25 (18.7%)	134 (100%)	29 (22.7%)	99 (77.3%)	128 (100%)
주당 1-2번	30 (12.0%)	109 (43.4%)	72 (28.7%)	40 (15.9%)	251 (100%)	39 (16.0%)	205 (84.0%)	244 (100%)
한 달 2-3번	37 (9.9%)	160 (42.8%)	138 (36.9%)	39 (10.4%)	374 (100%)	39 (10.7%)	325 (89.3%)	364 (100%)
거의 없음	23 (7.0%)	99 (30.3%)	127 (36.9%)	78 (23.9%)	327 (100%)	27 (8.5%)	290 (91.5%)	317 (100%)
합 계	109	423	372	182	1,086	134	919	1,053

응답하여 홈페이지 미방문자 11.0%보다 상당히 높은 수치를 보였다. 이는 후보자 홈페이지가 아직 유권자들에게 제대로 인지되지 못하고 있으나, 향후 선거운동에 있어 상당한 중요한 위치를 차지하게 될 것임을 예상케 한다.

넷째, 인터넷상에 글을 게시한 경험과 지지후보결정 및 변경간의 상관관계를 보면, 거의 매일 인터넷에 글을 올린다는 적극적 네티즌의 경우 55.2%가 인터넷 정보가 지지후보결정에 '많이' 혹은 '조금' 영향을 끼쳤다고 응답하였다. 이에 비해, 거의 글을 올리지 않는 네티즌의 경우 37.3%만이 인터넷 정보가 그들의 지지후보결정에 영향을 준 것으로 응답하였다. 한편 지지후보변경에 대한 질문에 대해서, 거의 매일 글을 게시하는 네티즌의 22.7%가 인터넷 정보로 인해 지지후보를 변경하였다고 응답한 반면, 거의 글을 올리지 않는 네티즌의 경우 8.5%만이 지지후보를 변경하였다.

요컨대, 16대 국회의원선거과정을 통해 인터넷이 네티즌의 투표행태에 미친 영향을 검토해본 결과, 적극적 네티즌과 비적극적 네티즌의 차이는 어느 정도 존재함을 보여주었다. 이러한 차이를 가져오는 적극

적 네티즌의 특성에 관하여는 앞으로 더 연구되어야 할 부분이나, 점차 인터넷이 우리 생활 깊숙이 자리잡고 적극적 네티즌이 증가하고 있는 현실을 감안할 때 향후 인터넷 정보가 지지후보결정 및 변경에 미칠 영향은 더욱 커지리라 예상할 수 있다.

3) 소 결

인터넷의 특징인 정보의 실시간 유통과 쌍방향성(*interactivity*)은 그간 정치적 청중에 머물렀던 일반대중이 적극적 정치참여자로 전환할 수 있는 기회를 제공하고 있다. 16대 국회의원선거운동 과정은 이러한 인터넷의 정치적 잠재력을 충분히 보여주었다. 그러나 우리 사회에서 인터넷의 정치적 활용 수준은 아직 걸음마단계에 불과하다. 인터넷의 급속한 확산에도 불구하고, 신문이나 TV 등의 구매체가 여전히 정치정보의 생산과 소비의 주요채널로서 그 역할을 수행하고 있다. 또한, 설문조사결과에서 나타나듯이 아직은 네티즌들이 인터넷을 정치관련 정보습득이나 정치참여의 수단으로 활용하기보다는 오락이나 주식투자 등의 목적으로 더 많이 이용하고 있는 실정이다. 네티즌 가운데 절반에도 못 미치는 47%만이 정치관련 사이트를 방문한 경험이 있었으며, 불과 21.9%만이 총선후보자가 개설한 홈페이지에 접속하였다. 조사대상 네티즌들의 대부분이 매일 인터넷에 접속하는 적극적 인터넷 사용자임을 고려할 때, 이 같은 정치관련 사이트 접속률은 비교적 낮은 편이라 볼 수 있다. 또한 인터넷이 가지는 가장 중요한 특성인 쌍방향성을 이용하여 정책토론이나 정부당국자와의 대화를 경험한 네티즌이 극소수에 불과하였다.

그러나 인터넷의 낮은 정치적 활용 수준에도 불구하고, 향후 인터넷이 정치과정에 미칠 영향력은 더욱 커질 것으로 전망된다. 앞서 살펴본 바대로, 절대다수의 네티즌들은 향후 인터넷이 정치과정에서 차지하는 비중이 더욱 커질 것이며, 또한 인터넷의 정치적 활용은 민주주의발전에 기여할 것이라는 긍정적이며 적극적인 평가를 하고 있다. 게다가, 16대 국회의원선거운동 기간 중 정치관련 사이트 및 후보자 홈페이지에 접속한 횟수가 많은 네티즌일수록, 인터넷에서 얻은 정보가 자신들의 지지후보결정 및 변경에 영향을 주었다고 응답하고 있다. 이러한 인터넷의 정치적 활용 및 그 영향력에 대한 네티즌들의 긍정적 태도에 비추어볼 때, 향후 정치과정에 있어 인터넷의 활용은 더욱 확산될 것으로 예상할 수 있다.

한편, 이 연구를 통해 나타난 중요한 사실은 인터넷상의 정치적 활동이 결코 현실정치와 분리되어 있지 않다는 점이다. 다시 말하면, 온라인 정치는 오프라인 정치와 밀접히 연관되어 있다. 인터넷의 정치적 활용도 조사에서 보듯이, 정치적 관심이 높은 네티즌일수록 정치관련 사이트나 후보자 홈페이지를 방문한 경험이 많은 것으로 나타났다. 또한 선거기간 중 후보 홈페이지를 방문하지 않은 네티즌들의 대부분이 그들의 홈페이지 미방문 이유로서 현실정치에 대한 무관심을 들었다. 여기서 우리가 한 가지 명심하여야 할 사실은 인터넷이 대의민주주의가 갖는 문제점을 개선하고 민주주의발전에 기여하기 위해서는 반드시 오프라인상에서의 노력이 동반되어야 한다는 점이다. 이를 위해서 무엇보다도 중요한 것은 정부, 정당, 정치인 등 현실정치 담당자들의 태도와 노력이다. 현재 모든 중앙행정기관과 정당들은 자체 홈페이지를 운영하고 있다. 그러나 홈페이지 개설 숫자보다 더욱 중요한 문제는 홈페이지를 통해 제공되는 정보의 양과 질이다. 상대적으로 충실하게 운영되는 중앙행정기관의 경우도 대부분 기관안내 수준에 머무르고 있으며, 홈페이지를 통해 제공되는 정책 및 통계자료 등은 매우 적으며, 그나마 자료의 시의성과 다양성은 매우 뒤떨어지고 있다. 또한 일부 홈페이지에서 토론방을 운영하기도 하나, 대부분이 국민과 정책담당자 간의 쌍방향 토의가 이루어지지 않은 채 시민들의 일방적 의견제시에 그치고 있다. 향후 이들 현실정치 담당자들이 인터넷을 통해 보다 충실히 정보를 공개하고 국민과의 대화에 적극적으로 응할 때, 네티즌의 정치관심도는 꾸준히 향상될 것이며 동시에 인터넷은 정치참여의 중요한 수단으로 인식될 수 있을 것이다.

3. 16대 대통령선거와 인터넷

1) 16대 대통령선거와 인터넷 선거의 특징

국내외 많은 언론들은 2002년 16대 대통령선거를 한국에서의 최초의 인터넷 선거로 규정하고, 노무현 대통령의 승리요인을 인터넷에서 찾는 데 주저하지 않았다. 비단 한국뿐만 아니라 전 세계적으로 인터넷 사용인구가 증가함에 따라 인터넷은 선거운동의 필수적 수단 가운데 하나로 자리잡았으며 이제 인터넷 없는 선거는 상상조차 하기 힘들 정도로 인터넷 선거운동은 보편화된 현상으로 자리잡고 있다. 2000년 미국 대통령선거, 2001년 영국 총선, 그리고 2002년 호주의 연방선거 등 최근 자유민주주의국가에서 치러진 모든 선거에서 인터넷은 선거운동의 핵심도구로 활용되었다.

많은 국내외 언론들은 한국의 16대 대통령선거를 '인터넷 선거'(*internet election*)라고 부르는 데 주저하지 않았다. 언론들은 노무현 후보가 온라인 선거운동에 있어 그의 라이벌인 이회창 후보를 압도하였으며 이러한 성공적 온라인 캠페인이 그의 승리를 가져다주었다고 보도하였다. 노무현 선거캠프는 사이버공간에서 자신의 지지자들, 특히 젊은 유권자층들을 동원하는 데 성공하였으며, 이들 수천 명의 젊은 지지자들은 선거기간 동안 노무현 선거운동을 위해 온라인뿐만 아니라 거리 유세에까지 참여하였다. 그러나 2002년 16대 대통령선거에서의 20대 유권자들의 투표율이 47.5%에 그친 사실을 보면 성공적 온라인 동원이 노무현 후보의 승리를 가져왔다는 언론의 분석을 그대로 받아들이기는 힘들다. 더구나 16대 대선에서의 20대 투표율은 지난 1997년 대선의 68.2%와 비교하여 무려 20.7%나 감소한 것이어서 성공적 온라인 선거운동이 젊은층의 지지동원을 이끌어내었으며 이것이 노무현 후보의 승리를 가져왔다는 분석은 사실과는 상당한 거리가 있어 보인다. 온라인 선거운동이 젊은층의 호응을 얻었는지는 몰라도 이들의 호응을 투표장으로까지 가져가는 데는 성공하지 못한 것이다. 그렇다면 16대 대통령선거에 있어 인터넷의 영향력은 무엇이었는가? 어떠한 점에서 우리는 2002년 대선을 '인터넷 선거'라 부를 수 있는가? 이 글은 이에 대한 해답을 찾아볼 것이다.

2) 인터넷의 정치적 활용실태

2002년 2월 영국의 〈가디언〉지(*The Guardian*)는 "인터넷의 강점을 완전히 이해하는 새로운 지도자가 대통령으로 취임함으로 인해 한국은 이제 지구상에서 가장 발달된 온라인 민주주의를 실현할 수 있을 것이다"라고 보도하였다. 이 신문은 또한 인터넷기술의 발달로 인해 한국은 세계 다른 어떤 나라에서도 경험하지 못한 정치적 변화를 겪었으며, 웹 민주주의(*webocracy*)의 등장은 역동적이고 예측할 수 없는 변화를 가져왔다고 보도하였다. 이 신문은 한국에서의 사이버 민주주의 성장요인을 '초고속정보통신망'과 온라인 활동의 확산에서 찾았다. "영국은 겨우 5%의 가정만이 광대역(*broadband*) 정보통신망에 연결되어 있는데 반해 한국은 약 70%의 가정이 초고속정보통신망에 연결되어 있다. 영국에 비해 훨씬 많은 초고속망 사용으로 인해 한국에서는 온라인 쇼핑, 전자상거래, 온라인 채팅 등 다양한 온라인 활동이 확산되어 있다. 한국인들은 한 달에 1,340분을 온라인 활동에 사용하고, 경제활동의 10%가 IT와 관련되어 있으며 이는 세계에서 가장 높은 수준이다"(*The Guardian* 2003년 2월 24일). 지난 3월 6일 미국의 〈뉴욕타임스〉지 역시 대선 이후 한국의 변화를 보도하면서 한국이 하루아침에 보수에서 자유로, 노인 지배에서 젊은 문화로, 견고한 친미에서 요동하는 우방 정도로 변해버렸으며, 이 변화의 동인은 인터넷에 있다고 분석하였다. 과연 인터넷이 지난 대선결과에 결정적 영향을 미쳤으며 최근 우리사회가 겪고 있는 정치사회적 변화의 주요동인이었는가?

1990년대 중반 이후 한국 정부는 정보사회로의 성공적 진입을 위해 초고속국가망 건설에 많은 노력을 기울였다. 한국 정부는 '산업화에서는 늦었으나 정보화는 앞서가자'라는 슬로건하에 '정보화촉진기본법'과 '정보화촉진기본계획' 등을 수립하고 적극적으로 정보화사업을 추진하였으며 현재 상당한 성과를 거둔 것은 사실이다. 한국인터넷정보센터의 조사에 따르면 2002년 12월 현재 26,270,000명이 최소한 한 달에 한 번 이상 인터넷에 접속하는 것으로 나타났으며, 이는 6세 이상 전체 인구의 약 59.4%에 해당한다. 또한 이들 가운데 71.8%는 매일 인터넷에 접속하며, 일주일 평균 인터넷 사용시간은 13.5시간에 달하는

〈그림 12-1〉 인터넷 이용률 및 이용자 수 (%, 천 명, 6세 이상 전 인구)

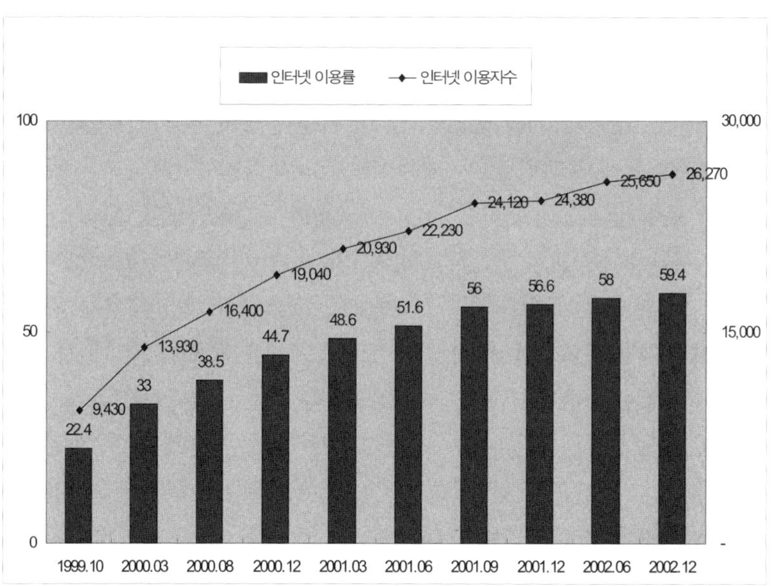

* 출처: 한국인터넷정보센터, 〈인터넷 이용자 수 및 이용행태 조사〉, 2003년 1월, p.15.

것으로 나타났다.

이 같은 통계수치만 놓고 볼 때 한국에서의 인터넷의 확산속도와 이것이 전체 사회에 미치는 영향에 대해서는 누구도 이견을 제시할 수 없을 것이다. 그러나 인터넷 사용의 확산과 정치적 목적을 위한 인터넷 사용은 구분하여 살펴볼 필요가 있다. 인터넷 사용의 주요목적을 묻는 질문에 '이메일'이 76.5%로 가장 높은 응답을 얻었으며, 다음으로는 '정보검색'(71.3%), '게임'(71.3%), '채팅'(18.3%) 등의 순이었다. 위 응답 가운데 '정보검색'을 좀더 자세히 살펴보면, '학업관련 정보'가 34.5%로 가장 많은 부분을 차지하였으며, 다음으로는 '업무관련'(25.3%), '취미/여가활동'(22.3%), '생활정보'(13.9%) 등이 뒤따랐다. 이상의 데이터를 볼 때 개인의 일상생활에서 온라인 활동이 상당한 비중을 차지하고 있다고는 하나 정치적 목적과 관련된 온라인 활동은 지극히 저조함을 알 수 있다.

부진한 온라인 정치활동은 인터넷사이트 접속순위에서도 나타난다. 인터넷사이트 접속순위를 볼 때 스포츠신문의 접속순위가 10위대를 보이고 있는 데 반해 청와대 사이트는 347위, 국회 사이트는 1,104위이며, 정치인 가운데 가장 높은 순위를 기록한 유시민 의원 홈페이지조차도 1,854위에 불과하였다. 이는 사이버공간상에 수많은 정치관련 사이트가 존재함에도 불구하고 전혀 네티즌의 주목을 받지 못하고 있다는 현실을 보여주고 있다. 사이버공간의 확대로 인해 이제는 정보부족보다는 '정보범람'이 더욱 심각한 문제로 등장하였으며, 따라서 단순히 '사이버공간에 정보가 존재하느냐'의 문제보다는 '정보를 얼마만큼 체계적으로 네티즌들에게 전달할 수 있느냐'가 더 큰 의미를 지니게 되었다. 대부분의 정부기관과 정치관련 단체가 홈페이지를 통해 시민들과 상호작용할 수 있는 기반을 갖추었다고는 하나 이것이 온라인 정치활동의 확대를 보장하지는 않는다.

네티즌들이 인터넷의 정치적 활용에 대해 무관심한 것은 비단 한국사회만의 문제는 아니며 미국, 영국, 호주 등 대부분의 민주주의국가

〈표 12-18〉 주요 사이트 접속순위

정치인	종합일간지	인터넷 뉴스	스포츠 신문	NGO
유시민 (1, 854)	한국i 닷컴 (12)	오마이뉴스 (50)	스포츠서울 (10)	참여연대 (1, 693)
김형오 (2, 648)	디지털조선 (23)	연합뉴스 (51)	스포츠조선 (13)	환경운동연합 (2, 272)
이문옥 (5, 113)	조인스닷컴 (29)	프레시안 (101)	스포츠투데이 (16)	한국납세자연맹 (2, 907)
김민석 (5, 482)	동아닷컴 (37)	딴지일보 (106)	goodday (25)	NGO Korea (4, 635)

* www. rankey. com 2003년 5월 25일 자료

에서 공통적으로 찾아볼 수 있는 현상이다. 21세기 정보사회의 등장과 함께 이들 서구민주주의국가의 네티즌 비율은 급격히 증가하였으며, 최근에 실시된 모든 선거에서 인터넷은 보편적 선거수단의 하나로 자리잡았다. 2000년 대통령선거 당시 미국의 네티즌은 전체 인구의 59%를 차지하였고, 2001년 국회의원선거 시기에 49%의 영국 국민들이 인터넷을 사용하였으며, 2002년 호주 연방선거 당시에는 59%의 인구가 인터넷을 이용하고 있었다. 따라서 많은 유권자들에게 보다 가까이 다가가기 위해서는 후보자와 정당은 선거운동 홈페이지를 운영하지 않을 수 없었다. 그러나 중요한 사실은 네티즌들이 인터넷에 접속하는 동안 선거관련 정보를 얻기 위해 얼마나 많은 시간을 할애할 것인가의 문제이다. 2001년 영국 총선 시기의 설문조사에 따르면 대부분의 유권자들은 정치적 목적으로 인터넷을 활용하는 데 무관심하였으며 단지 15%의 네티즌들만이 인터넷을 통해 선거관련 정보를 얻었다고 응답하였다. 또한 10% 미만의 네티즌들이 정치인이나 후보자 혹은 정당에 이메일을 보낼 생각이 있다고 응답하였다. 한편 미국의 경우 2000년 대통령선거 당시 네티즌들의 약 3분의 1이 인터넷을 통해 선거관련 정보를 얻었다고 응답하여 영국에 비하여 비교적 많은 네티즌들이 인터넷

을 정치적 목적으로 활용하였다.[43] 이런 데이터를 통해 인터넷 접속 인구의 증가를 곧 인터넷의 정치적 활용의 확산으로 해석하는 데는 상당한 무리가 있음을 알 수 있다. 온라인 활동의 증가가 자연스레 온라인 정치와 사이버 민주주의의 확산으로 진행되리라 기대할 수는 없다.

인터넷의 정치적 활용에 대한 논의에 있어 또 한 가지 고려하여야 할 사항은 개인의 온라인 정치활동이 투표 등의 현실 정치행위에 얼마나 영향을 미칠 것인가 하는 문제이다.

한국과 미국의 설문조사결과에 따르면 인터넷은 개인의 정치적 입장이나 지지후보결정에 있어 TV나 신문, 심지어 라디오보다도 훨씬 낮은 영향력을 행사함을 알 수 있다. 미국의 경우 66%의 응답자가 선거와 관련된 대부분의 정보를 TV를 통해 얻는다고 답한 반면 인터넷이 정치관련 정보의 주요출처라고 응답한 경우는 7%에 그쳤다. 인터넷 사용자들 중에서도 11%만이 선거관련 정보를 인터넷을 통해 얻는다고 응답하였으며, TV나 신문을 통해 선거관련 정보를 얻는다고 응답한 경우는 각각 62%와 34%를 차지하였다.

한국의 경우에도 역시 선거에 있어 인터넷의 영향력은 TV나 신문과 같은 주요언론매체에 비해 상당히 낮은 것으로 조사되었다. 2002년 한국언론재단의 설문조사에 따르면 23.4%의 응답자만이 선거나 정치와 관련된 정보를 얻기 위해 인터넷을 이용하였다고 답한 반면, 76.5%는 인터넷을 사용하지 않았다고 응답하였다. 또한 54.2%의 응답자가 신문이나 TV 같은 언론매체가 자신들의 정치적 견해를 형성하는 데 가장 많은 영향을 미쳤다고 답한 반면 인터넷을 통한 정보에 영향을 받았다는 응답자는 18.7%에 그쳤다.[44] 16대 대선 직후 한국사회과학데이터

43) Gibson, Rachel K., Wainer Lusoli and Stephen Ward, "Online Campaigning in the UK: The Public Respond?" Paper prepared for presentation at the Annual Meeting of the American Political Science Association, Boston, Massachusetts, 2002.

44) 박선희, "대선보도-인터넷", 한국언론재단 토론회 자료 〈대선 미디어영향력

센터의 설문조사에서도 후보에 관한 정보를 얻는 데 가장 도움이 된 매체를 묻는 질문에 대해 5.6%만이 인터넷이라 응답하였으며, 42.2%의 응답자는 TV, 그리고 26%는 신문이라고 답하였다.[45] 이와 같은 설문조사에서 볼 때 비록 인터넷의 전반적 영향력이 증가되고 있다 하나 정치관련 정보전달이나 여론형성에 있어 인터넷은 아직까지 별다른 영향력을 행사하지 못하고 있음을 알 수 있다.[46]

〈표 12-19〉 미국 시민들의 선거관련 정보 출처 (%)

	인터넷 사용자	인터넷 비사용자	전 체
텔레비전	62	72	66
신 문	34	33	33
라디오	14	11	13
잡 지	2	1	1
인터넷	11	*	7
우편물/홍보책자	2	3	2
친구/가족/ 기타 친지	1	2	1
다양한 정보소스 이용	1	1	1
기 타	2	2	2
	N = 1,707	N = 1,038	N = 2,745

* 출처: IPDI, "Untuned Keyboards: Online campaigners, citizens, and portals in the 2002 elections," March 21, 2003.

변화와 발전 전략〉, 2003, p. 1.

45) 김형준, "미디어와 인터넷 선거운동에 대한 평가", 한국정치학회 2003년도 춘계학술회의 〈2002년 대선 평가와 차기 행정부의 과제〉, 2003, p. 104.

46) 박선희, "대선보도-인터넷", 한국언론재단 토론회 자료 〈대선 미디어영향력 변화와 발전 전략〉, 2003, p. 1.

3) 온라인 선거운동 전략과 네티즌의 반응

2002년 서울월드컵 기간 동안 수백만 명이 참여한 길거리 응원과 촛불시위 집회 모두 인터넷을 통해 시발되고 조직화된 사실에서 볼 수 있듯이 지난 몇 년간 한국사회에서 인터넷은 정치적 혹은 비정치적 집회를 조직화하는 주요한 동원기제의 하나로 등장하였다. 2002년 한국 대통령선거에 있어서도 인터넷이 주요한 선거운동의 수단으로 활용되었음은 부인할 수 없는 사실이다. 노무현 후보가 온라인 선거운동을 압도하였으나 여타 다른 후보들에 있어서도 인터넷은 무시할 수 없는 선거운동의 도구로 활용되었다. 1997년 대통령 선거운동 기간 동안 하루 평균 49건의 노상유세가 있었던 반면 지난 대선에서는 하루 평균 3건에 그칠 정도로 선거운동의 상당부분이 TV나 인터넷으로 장소를 이동하였다. 사이버공간에서의 선거법 위반사례 건수도 지난 대선에서 온라인 선거운동의 치열함을 보여주고 있다. 2002년 대통령선거의 선거법 위반사례는 735건으로 1997년의 346건에 비해 배 이상으로 증가하였다. 한편 과거 선거의 경우 금품이나 향응제공에 관련된 선거법 위반사례가 주류를 이루었으나 2002년 대선에서는 사이버공간에서의 선거법 위반사례가 203건을 차지하여 금품이나 향응제공 위반사례 128건을 훨씬 앞질렀다.

대선을 약 9개월 앞둔 2002년 3월까지만 하더라도 노무현의 지지도는 이회창에 비해 상당히 뒤져 있었다. 〈조선일보〉 3월 5일자에 보도된 설문조사에 따르면 노무현 후보의 지지도는 25.2%로, 이회창 후보의 39.7%에 비해 약 15% 가까이 차이가 났다. 그러나 네티즌 사이의 노무현 후보의 지지도는 이 당시에도 이회창 후보를 앞지르고 있는 것으로 나타났다. 사이버공간에서는 이미 2월 중순경부터 이회창 후보에서 노무현 후보로의 지지이동이 나타나고 있었다. 인터넷 신문 가운데 하나인 〈디지털 타임스〉는 2월 19일자 보도에서 노무현 후보의 인기도가 상승국면에 있으며 이회창 후보의 이미지는 점차 실추되고 있다고 지적하였다. 〈디지털 타임스〉의 보도는 주요 대선후보자의 인기도를 네티즌들이 평가하여 주가의 형태로 보여주는 포스닥 사이트(www.posdaq.co.kr)에 나타난 주요후보자의 주가에 근거하였다. 2월 18일자 포스닥 주가를 보면 노무현 22,000원, 김근태 13,000원, 정동영 9,500원, 그리고 이회창 8,200원으로 노무현 후보가 예상 출마자 가운데 1위를 기록하고 있었다.

네티즌 사이의 노무현 후보의 인기는 선거운동 기간중에도 그대로 나타났다. 온라인 선거운동에 있어 두 후보 모두 기존의 텍스트 정보 제공이나 게시판을 이용한 유권자와의 상호접촉 방식뿐만 아니라 인터넷 TV와 인터넷 라디오를 운영하는 등 인터넷의 멀티미디어 특성을 최대한 활용하였다. 그러나 온라인 선거전략에 있어 노무현 후보는 이회창 후보를 압도하였다. 노무현 캠프는 젊은층의 인기를 얻고 있는 영화배우나 가수 등을 인터넷 TV와 라디오 운영자로 활용함으로써 볼거리 측면에서 네티즌들을 홈페이지로 유인하는 데 상당한 성공을 보였다. 선거운동 홈페이지에서 아무리 많고 유익한 정보를 제공한다 할지라도 온라인 선거운동 성공을 결정짓는 일차적 관건은 우선 얼마나 많은 네티즌들을 흡입할 수 있는가에 달려 있다. 노무현 선거운동 홈페이지는 일단 다양한 볼거리를 통해 네티즌들을 홈페이지로 유인함으로써 이들을 대상으로 후보홍보, 유세일정, 선거자금 모금 등의 지지동원 활동을 할 수 있었다. 〈표 12-20〉에 나타나듯이 공식선거운동기간 동안 매일 30만 명 이상의 네티즌들이 노무현 선거운동 홈페이지에 접속하였으며, 특히 정몽준의 노무현 지지철회 발언의 여파로 19일 선거 당일에는 86만 명이 넘는 기록적 접속수를 기록하였다.

앞서 살펴본 바와 같이, 온라인 선거운동을 통해 기대할 수 있는 효과는 지지동원의 확대에 있다. 즉, 사이버공간에서의 활동을 통해 단순 지지자를 적극 지지자로, 그리고 부동층을 지지자로 전환시키는 효과를 기대할 수 있다. 이러한 지지동원의 확대는 게시판을 통한 유권자 상호간의 토론 및 정보교환을 통해 효과적으로 이루어지고 있다.

노무현 후보 지지 네티즌들은 단순히 홈페이지를 둘러보고 정보를 검색하는 데 그치지 않고 게시판을 통해 자신들의 지지의사를 적극적으로 표명하였다. 이들의 적극적 지지참여는 게시판에 게재된 글의 수와 각 글에 대한 조회수에서 분명히 나타나고 있다. 〈표 12-21〉에서 보듯이 선거일이 다가올수록 게시판에 올라온 네티즌들의 글의 수는 급격히 증가하고 있으며, 특히 19일 선거 당일에는 3만 건 이상의 글이 올라오고 조회수도 56만 건을 상회하였다. 홈페이지에 게재된 대부분의 글들이 왜 노무현 후보이어야 하고, 이회창 후보는 대통령이 될 수 없는지, 어떻게 노무현 후보에 대한 지지를 확산시킬 것인가 등 노무현 당선을 위한 전략적 내용을 담고 있다. 게시판을 통해 논의된 노무현 지지전략은 네티즌들의 입을 통해 오프라인에서 더욱 확산될 것이다.

이처럼 게시판을 통한 노무현 지지 네티즌들의 토론과 정보교환은

〈표 12-20〉 노무현 선거운동 홈페이지 접속건수 (www.knowhow.or.kr)

날 짜	접속수	날 짜	접속수	날 짜	접속수
11월 21일	133,862	12월 4일	239,882	12월 17일	488,619
11월 22일	145,787	12월 5일	263,881	12월 18일	668,612
11월 23일	149,269	12월 6일	322,607	12월 19일	860,855
11월 24일	160,800	12월 7일	334,128	12월 20일	578,980
11월 25일	260,494	12월 8일	344,336	12월 21일	532,892
11월 26일	159,514	12월 9일	403,259	12월 22일	313,377
11월 27일	179,442	12월 10일	348,550	12월 23일	314,728
11월 28일	212,222	12월 11일	372,608	12월 24일	276,725
11월 29일	175,502	12월 12일	371,354	12월 25일	239,307
11월 30일	213,192	12월 13일	377,881	12월 26일	251,815
12월 1일	195,268	12월 14일	331,424	12월 27일	228,133
12월 2일	186,015	12월 15일	370,203	12월 28일	198,224
12월 3일	201,459	12월 16일	831,909		

* 출처: 새천년민주당, 《16대 대통령선거 백서》, 2003, p.217.

분명 기존 지지자들의 응집성을 강화하고 나아가 노무현 후보 지지기반을 확산시키는 분명한 효과를 보이고 있다. 이러한 게시판 토론문화가 노무현 후보의 선거운동 측면에서 보면 분명 성공적 역할을 수행하였으나 정치발전의 측면에서는 온전히 바람직한 현상으로만 해석하기에는 우려되는 부분이 있다. 비슷한 정치적 입장을 지니고 동일한 후보를 지지하는 네티즌들 사이에 이루어지는 토론은 사실상 토론이기보다는 생각의 '자기강화'(*self reinforcement*)적 성격이 강하다. 서로 다른 생각을 가진 사람들이 모여 자신들의 주장을 펼치는 동시에 타인의 의견을 청취하면서 서로간에 합의점을 찾아가는 데 토론의 진정한 의미

〈표 12-21〉 게시판 파일수와 조회수

날 짜	파일수	조회수	파일당 조회수
12월 8일	6,435	1,485,821	230.90
12월 9일	6,725	1,474,612	219.27
12월 10일	7,049	1,457,962	206.83
12월 11일	8,219	1,650,694	200.84
12월 12일	7,571	1,496,246	197.63
12월 13일	7,257	1,436,995	198.02
12월 14일	6,886	1,751,226	254.32
12월 15일	6,814	2,076,078	304.68
12월 16일	10,163	2,351,013	231.33
12월 17일	11,711	2,871,200	245.17
12월 18일	15,162	2,899,410	191.23
12월 19일	32,697	5,611,869	171.63
12월 20일	15,089	2,165,556	143.52
12월 21일	9,182	1,263,916	137.65

* 출처: 새천년민주당, 《16대 대통령선거 백서》, 2003, p. 218.

가 있을 것이다. 그러나 지난 대선기간 동안 각 후보의 게시판은 같은 생각을 지닌 사람들이 모여 자신들의 주장에 대한 논리적 근거를 강화하는 장으로 활용되었으며, 여기에서 다른 의견이 표출되고 토론될 수 있는 분위기는 전혀 형성되지 않았다.

일부 부작용에도 불구하고 지난 대선기간 동안 인터넷이 새로운 정치참여 문화를 만드는 데 기여하였음은 사실이다. 지난 대선 이전까지 한국의 유권자들, 특히 젊은 유권자들 사이에 정치적 무관심과 정치혐오감은 팽배해 있었다. 20~30대 유권자가 전체의 절반 가까이 차지하는 상황에서 선거에서의 승리를 위해 이들의 지지는 필수적이었다. 또한 이들 20~30대는 네티즌 인구의 대부분을 차지하고 있다. 지난 2002년 대선 시점에서 20대의 약 90%와 30대의 약 70%가 인터넷을 사용하고 있었으며 이들을 공략하기 위한 온라인 선거전략은 필수적이었다. 노무현 후보의 온라인 선거전략은 대부분 정치무관심층이었던 이들을 정치의 장으로 끌어들이는 데 상당 부분 성공하였다. 잘 알려진 바대로 노무현 후보에 대한 네티즌들의 지지는 온라인 팬클럽인 노사모(노무현을 사랑하는 사람들의 모임)에서 출발하였다. 2000년 15대 국회의원선거에서 지역구도 타파를 외치며 부산의 지역구에 출마한 노무현 후보가 낙선하자 그의 정치적 신념과 개혁적 성향을 지지하는 네티즌들이 그의 홈페이지(www.knowhow.or.kr)에 모여 '노무현 팬클럽'을 결성한 것이 시발점이 되었다. 2000년 5월 17일 노사모 홈페이지가 정식으로 구축되었고 인터넷 뉴스매체인 〈오마이뉴스〉는 2000년 6월 6일 대전에서 열린 노사모 창립총회의 전 과정을 인터넷으로 생중계하였다. 이처럼 노무현 후보에 대한 젊은층의 지지운동은 인터넷을 통해 형성되고 확산되어 갔다. 노무현 후보의 온라인 지지기반인 노사모 회원수는 지난 대선 직전 7만 명에 이르렀으며 대선 직후에는 8만 명을 넘어섰다. 이들은 활동영역을 사이버공간에 국한시키지 않고 현실공간으로까지 확대하여 민주당 예비선거와 대선기간 동안 '노풍'을 만들어내는 근원지가 되었다.

〈표 12-22〉 노무현 후보의 인터넷을 이용한 선거자금 모금

	기부자 수	기부액
신용카드	31,899	1,329,876,426원
휴대폰	20,165	347,045,283원
ARS	21,188	211,880,000원
온라인 송금	101,635	4,320,699,711원
'희망돼지'	22,042	759,633,678원
'희망티켓'	6,835	309,000,000원
전 체	203,764	7,278,135,098원

* 출처: 새천년민주당, 《16대 대통령선거 백서》, 2003, p.208.

노무현 후보의 온라인 선거전략은 선거자금 모금에서도 두각을 나타내었다. 노무현 후보는 기존의 소수다액 모금이라는 전통적 방식에서 탈피하여 인터넷을 이용한 다수소액 모금방식을 도입하였으며 이는 상당한 성공을 거두었다. 노무현 후보 홈페이지에서는 신용카드, 휴대폰, ARS, 온라인 송금, 희망돼지 저금통 등 다양한 선거자금 기부방식을 제공하였고, 그 결과 20만 명이 넘는 개인 지지자로부터 70억 원 이상을 모금할 수 있었다.

4) 인터넷이 선거결과에 미친 영향

앞서 살펴본 바와 같이, 노무현 후보는 그의 라이벌인 이회창 후보와 비교하여 온라인 캠페인에서 상당한 성공을 거두었다. 영국의 〈가디언〉지는 지난 2월 24일 한국에서의 최근 몇 달간의 온라인 선거캠페인이 대선정국을 흔들어놓았으며 수만 명의 시민들을 반미시위의 대열로 몰아넣었다고 보도하였다. 또한 노무현 후보를 인터넷을 이해하는 세계 최초의 대통령으로 묘사하면서 지난 대선에서의 승리는 20~30대 네티즌들의 열성적 지지로 인해 가능하였다고 분석하였다. 과연 〈가디

〈표 12-23〉 15대 및 16대 대선 세대별 투표율 (전국 투표율과의 차이: %)

	20대	30대	40대	50대 이상	전 체
16대 대선	47.5(-23.3)	68.8(-2)	85.5(15)	81.0(10.2)	70.8
15대 대선	68.2(-12.5)	82.6(1.9)	87.5(6.8)	89.9(9.2)	80.7

* 출처: 이현우, "16대 대통령선거에서 나타난 이슈와 후보자 전략", 한국정치학회 2003년도 춘계학술회의 〈2002년 대선 평가와 차기 행정부의 과제〉, p.45에서 재구성.

언〉지의 분석대로 지난 대선에서 인터넷이 노무현 후보의 승리요인이었는가? 노무현 후보의 성공적 온라인 선거전략이 그의 승리를 도왔을 것이라는 추론은 가능하나, 인터넷과 노무현 후보 승리 사이의 직접적 상관관계를 보여주는 명확한 데이터는 아직까지 나타나지 않고 있다.

16대 대통령선거에서 노무현 후보의 성공적 온라인 선거운동과 젊은 네티즌층의 지지가 그의 승리를 가져다주었는가? 이 물음에는 긍정과 부정의 대답이 동시에 가능할 것으로 보인다. 우선 노무현 후보의 온라인 선거전략은 젊은 유권자층들을 투표소로 이끄는 데는 별반 성공하지 못하였다. 2002년 대선의 전체 투표율이 70.8%인 데 반해 20대는 47.5%만이 투표에 참가하였다. 더욱이 전체 투표율과 20대 투표율 사이의 차이는 1997년 대선의 12.5%보다 거의 배가 늘어난 23.3%를 보였다. 68.8%라는 30대의 투표율을 보더라도 20대보다는 높게 나타났으나 이 역시 전체 투표율보다 2% 낮은 것이다. 지난 1997년 대선에서 30대 투표율은 82.6%로 전체 투표율보다 1.9% 높게 나타났다. 이같이 낮은 20~30대 투표율이 의미하는 바는 비록 젊은 네티즌들이 후보자 홈페이지에 접속하여 선거관련 정보를 얻고 다른 네티즌들과 정치적 견해를 교환하기는 하나 이 같은 온라인 정치활동이 현실세계에서의 정치참여로 연결되지는 않는다는 점이다.

인터넷이 새로운 정치참여를 창출하는 데 분명 한계를 갖고 있다는 경험적 데이터는 한국뿐만 아니라 외국의 사례에서도 여러 차례 증명된 바 있다. 인터넷이 젊은 유권자층의 투표참여에 미치는 영향에 대해 분석한 빔버(Bimber)는 인터넷이 정치참여를 만들어낸다는 데 대해 부정적 견해를 제시하였다.[47] 슈펠레와 니스벳(Schuefele and Nisbet) 역시 인터넷 이용의 어떠한 형태도 투표나 정책포럼 참여와 같은 전통적 정치과정에 개인들의 정치참여를 유인하는 데 별다른 효과가 없음을 지적하였다.[48] 비록 초기의 전자민주주의 연구들이[49] 민주주의 촉진제로서 인터넷에 대한 상당한 희망을 피력하고 있으나 이후 많은 연구들로부터 이들의 주장이 지나치게 이상적인 시민의 존재를 전제로 하고 있다는 비판을 받았다. '정상화 가설'(*normalization thesis*)에 따르면 기왕에 정치에 관심이 있고 참여의 자세가 갖추어진 네티즌들만이 사이버공간을 이용하여 더 많은 정치적 정보를 찾게 될 것이며, 결국 인터넷은 기존 정치참여자들의 참여의 질을 더 높이는 참여의 선순환(*virtuous circle of participation*) 역할만 할 수 있을 것이라고 보았다.[50]

그렇다면 지난 대선에서 인터넷은 노무현 후보의 승리에 아무런 영향을 미치지 못하였는가? 〈표 12-24〉는 지난 대선에서 나타난 세대별 후보지지도를 보여주고 있다. 노무현 후보는 20~30대 유권자층에서, 40~50대에서는 이회창 후보가 승리한 것으로 나타나 지난 선거에서 세대간 지지후보가 뚜렷이 구분되었음을 알 수 있다. 노무현 후보는 20~30대 유권자층에 있어 이회창 후보를 압도하였다. 특히 20대의 지지도를 보면 노무현 후보가 62.1%를 얻은 반면 이회창 후보는 31.7%

---

47) Bimber, Bruce, "Information and Political Engagement in America: The Search for Effects of Information Technology at the Individual Level," *Political Research Quarterly* 54:1, March 2001.

48) Schuefele and Nisbet, "Being a Citizen Online: New Opportunities and Dead Ends," *The Harvard Journal of Press/Politics* 7(3), 2002.

49) Rheingold, H., *The Virtual Community: Finding Connection in a Computerised World*, London: Minerva, 1995; Rash, W. *Politics on the Nets: wiring the Political Processes*, New York: W.H. Freeman, 1997.

50) Norris, P., *Virtuous Circle: Political Communication in Post Industrial Democracies*, Cambridge: CUP, 2000, p.228.

〈표 12-24〉 세대별 후보 지지도 (%)

	20대	30대	40대	50대 이상
노무현	62.1	59.3	47.4	39.8
이회창	31.7	33.9	48.7	58.3
기타 후보	6.2	6.8	3.9	1.9
차 이*	30.4	25.4	-1.3	-18.5

* 노-이 지지율 차이, 미디어리서치 출구조사.

** 출처: 안부근, "지지도 변화와 투표결과", 서울대학교 한국정치연구소 세미나 자료 〈16대 대선의 선거과정과 의의〉, 2003, p.4~15.

에 그쳐 무려 30.4%의 지지도 차이를 보였다. 반면 이회창 후보는 50대 이상 유권자에 대해 노무현 후보보다 18.5% 높은 지지를 얻었다.

20대와 30대에 있어 노무현 후보의 일방적 승리는 인터넷 효과로 설명이 가능할 것이다. 선거 당시 20대와 30대의 인터넷 사용인구가 각각 90%와 70%에 가까운 데 반해 50대 이상은 10% 이하만이 인터넷에 접속하고 있었다. 비록 20대와 30대 투표율이 50대 이상에 비해 상당히 낮았다고는 하나 전체 인구구성비에 있어 이들 세대는 50대 이상보다 훨씬 많은 비율을 차지하고 있다. 절반 가까운 유권자가 40세 이하이며 이들은 또한 네티즌 인구의 대부분을 차지하고 있다. 이 논문의 3절에서 살펴본 바와 같이 노무현 후보는 다양한 멀티미디어 기술을 활용하여 젊은 네티즌들을 자신의 홈페이지로 흡입하였으며 또한 이들을 사이버공간뿐만 아니라 현실공간에서도 조직화하는 데 성공하였다. 비록 노무현 후보의 온라인 선거운동이 실제 투표행위로 연결되는 새로운 정치참여를 만들어내는 데는 실패하였다고는 하나 투표에 참여한 20~30대 네티즌들의 지지를 결집시키는 데는 상당한 기여를 하였다고 볼 수 있다.

젊은 유권자층에 대한 인터넷의 영향력이 미국 사례에서도 입증된 바 있다. 2000년 미국 대선 당시 Pew Research Center는 설문조사를 통해 인터넷에서 얻은 정보가 유권자들의 지지후보선택에 영향을 미쳤음을 입증하였다. 사이버공간을 통해 선거관련 정보를 습득한 네티즌 가운데 절반 가까운 응답자가 이 정보가 자신들의 투표에 영향을 미쳤다고 응답하였다. 보다 중요한 사실은 50대 이상의 네티즌의 경우 약 3분의 1만이 온라인 선거정보가 지지후보결정에 영향을 주었다고 응답한 반면 18세에서 39세 사이의 네티즌의 경우 과반수 이상이 온라인 선거정보로 인해 지지후보결정에 영향을 받았다고 응답하였다는 점이다.

앞서 살펴본 바와 같이, 비록 노무현 후보의 승리와 인터넷의 영향 사이에 직접적 관계를 보여줄 만한 증거자료는 없었다고 하나, 노무현 후보가 사이버공간을 통해 젊은 유권자들의 지지를 결집할 수 있었으며 이로 인해 선거운동과정에 있어 주도권을 선점할 수 있었다는 사실은 충분히 인정할 수 있다. 노무현 캠프의 선거전략은 '노무현의 눈물', '기타 치는 대통령' 등에서 드러나듯이 유권자의 이성에 대한 호소보다는 감성적으로 젊은 유권자에 접근하였으며 이러한 전략은 인터넷을

〈그림 12-2〉 연령별 인터넷 접속률 증가

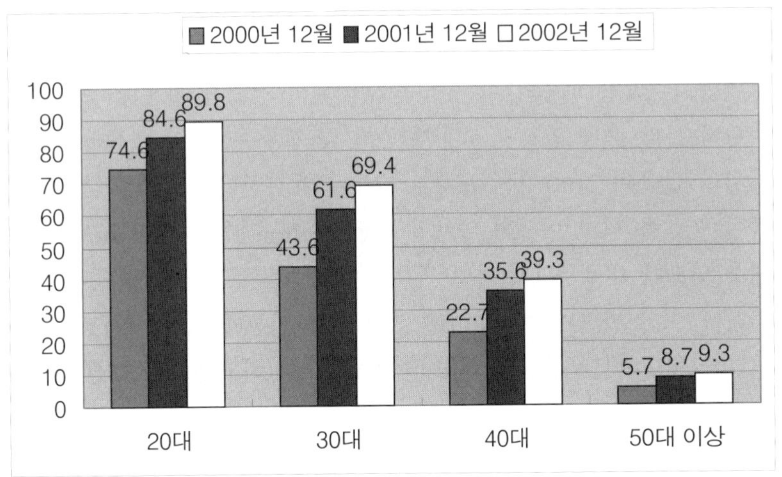

* 출처: 한국인터넷정보센터, 〈인터넷 이용자 수 및 이용행태 조사〉, 2003년 1월, p. 18.

통해 훌륭히 수행되었다. 노무현 후보의 감성적 선거광고 비디오는 인터넷 홈페이지를 통해 재방영되어 전체 455,060번의 다운로드를 기록할 만큼 네티즌 사이에 커다란 반향을 불러일으켰다. 노무현 캠프의 온라인 선거전략은 젊은 유권자들로 하여금 대선구도를 '개혁주의자' 대 '보수주의자', '서민' 대 '귀족', 그리고 '평화주의자' 대 '냉전주의자' 간의 대결로 인식하게끔 만드는 데 상당한 기여를 하였다. 노무현 후보의 온라인 선거전략은 젊은 유권자층의 문화와 정서에 부응하였으며 결국 이들의 지지를 얻는 밑바탕이 되었다.

5) 소 결

2002년 16대 대통령선거 직후 많은 국내외 언론들은 대선에서의 인터넷의 영향력을 평가하면서 한국이 전자민주주의에 있어 가장 발달된 단계에 도달하였다고 보도하였다. 이들은 노무현 후보의 승리요인을 성공적 온라인 선거전략에서 찾았으며 그를 세계 최초의 인터넷 대통령으로 부르는 데 주저하지 않았다. 그러나 이 논문은 다음과 같은 이유들로 인해 지난 대통령선거에 있어 인터넷의 영향력에 대한 평가는 좀더 유보되어야 할 필요가 있다고 본다.

첫째, 온라인 활동의 확산이 곧 인터넷의 정치적 활용의 증가를 의미하지는 않는다. 인터넷 사용자 증가 및 정보통신망의 확대와 인터넷 정치의 발달은 전혀 다른 문제로 다루어져야 한다. 한국의 네티즌 비율이 60%를 넘고 이들이 일주일 평균 13.5시간을 사이버공간에서 보내고 있으나 대부분의 온라인 활동은 비정치적 목적에 치중되어 있다.

둘째, 뉴스전달과 여론형성에 있어 전통 언론매체, 특히 TV가 여전히 인터넷에 비해 훨씬 강력한 영향력을 행사하고 있다. 대선 직전의 설문조사에 따르면 71.6%가 대부분의 선거관련 정보를 TV를 통해 얻는다고 답한 반면 신문은 20.6%, 그리고 인터넷은 겨우 4.8%에 그쳤다.[51]

셋째, 16대 대통령선거의 연령별 투표율에서 볼 때 인터넷이 새로운 정치참여를 만들어내는 데 그다지 성공적이지 못하였음을 알 수 있다. 네티즌의 비율이 거의 90%에 달하는 20대의 투표율은 전체 투표율보다 23.3%나 뒤지는 47.5%에 머물렀다.

이상의 논의에서 볼 때 일부 언론들이 16대 대통령선거를 인터넷 선거라고 부를 만큼 노무현 후보의 승리요인을 전적으로 인터넷에 돌리기에는 상당한 무리가 있으나, 한편 노무현 캠프의 성공적 온라인 선거전략이 그의 승리에 상당 부분 기여하였을 것이라는 간접적 추론은 가능하다고 본다. 무엇보다도 노무현 후보는 네티즌 비율이 절대적인 20대와 30대 유권자 지지에 있어 그의 라이벌인 이회창 후보를 압도하였다. 또한 노무현 후보의 온라인 선거전략은 선거 대결구도를 그가 원하는 '개혁주의자' 대 '보수주의자', 그리고 '서민' 대 '귀족'의 대결로 만드는 데 상당한 기여를 하였다.

4. 17대 국회의원선거와 인터넷

1) 정당의 온라인 선거운동

17대 국회의원선거에서도 정당연설회와 합동연설회가 금지되면서 후보자들은 유권자들을 직접 접촉할 수 있는 기회가 줄어든 대신 각종 미디어를 통한 선거운동이 활발하였다. 또한 선거자금에 대한 규제강화도 후보자들로 하여금 적은 비용으로 자신을 알릴 수 있는 인터넷에 주목하게 하였다. 2000년 16대 총선에서는 지역구 출마자 1,038명 가운데 50.3%인 514명이 인터넷 홈페이지를 개설하였고, 그중 선거기간

51) 양승찬, "16대 대선 유권자 의식조사 결과로 본 언론", 한국언론재단 토론회 자료 〈대선 미디어영향력 변화와 발전 전략〉, 2003.

동안 실제로 운영되었던 홈페이지는 506개로 49.5%에 달하였다.[52] 2002년 6월 지방선거에서는 광역단체장 후보자들의 대부분이, 그리고 기초단체장 후보의 70.5%가 홈페이지를 개설하여 선거운동에 활용하였다. 이번 17대 국회의원선거에서는 지역구 후보 1,715명 가운데 1,434명이 중앙선관위 사이트에 정식으로 등록하여 83.6%의 개설률을 보였다. 중앙선거관리위원회에서 발표한 선거법 위반건수에서도 이번 총선에서 드러난 사이버공간의 치열한 경쟁을 알 수 있다. 이번 총선에서 인터넷을 이용한 불법 선거운동(278건)이 16대 국회의원선거(25건)에 비해 11배 이상으로 늘었고, 법 위반에 해당하지만 선관위가 정식으로 조치하지 않고 삭제를 요구한 경우도 12,044건에 달해 사이버 불법 선거운동이 가히 폭발적으로 증가했다.[53]

홈페이지가 긍정적 효과를 얻기 위해서는 ① 충분한 정보가 제공되어야 하고, ② 정보전달의 수단도 단순히 텍스트만이 아닌 그래픽과 동영상 등 멀티미디어 기술을 활용하여 시각적 효과를 고려하여야 하고, ③ 운영자와 방문자, 그리고 방문자들간의 쌍방향 대화능력을 갖추어야 하며, ④ 자원봉사자와 선거자금을 효과적으로 동원할 수 있어야 하며, ⑤ 방문자 친화적인 항해성을 갖춰 자료이용의 편의성을 제공하여야 한다.[54]

정보제공 측면은 각 정당의 정책과 선거공약을 상세하고 알기 쉽게 정리하였으며 선거관련 정보들이 수시로 업데이트되고 있는가를 살펴보았다. 각 정당 모두 홈페이지를 통해 선거공약, 후보자 정보, 선거관련 뉴스를 제공하였다. 모든 정당들이 각 분야별 핵심공약을 제시하고는 있으나 대부분이 '~을 하겠다', '~을 추진하겠다'는 정도에 그치고 구체적 실행방안을 제시하지는 못하고 있다. 정책제안방이나 토론방

---

52) 김용철 · 윤성이, "인터넷과 선거운동: 제16대 총선 후보자의 인터넷 활용 및 네티즌의 참여실태 분석", 〈한국과 국제정치〉 17권 2호, 2001, p.192.

53) 〈세계일보〉 2004년 4월 16일, 1면.

54) Morris, Dick, *VOTE.com*, Los Angels: Renaissance Books, 1999.

〈표 12-25〉 정당 총선 홈페이지 비교

	정보 제공	시각적 효과	자료이용 편의성	쌍방향 커뮤니케이션	투명성
열린우리당	○	○	○	△	×
한나라당	○	○	○	△	×
민주노동당	○	×	△	×	○
민주당	△	△	×	×	○

형식으로 네티즌들의 참여를 유도하고 있으나 별다른 성과를 거두지 못하였다. 민주당의 경우 당내 어려운 사정을 반영하듯 홈페이지 역시 정보제공의 양과 업데이트 정도가 타 정당에 비해 뒤떨어져 있었다.

시각적 효과에서는 홈페이지 첫 화면의 꾸밈 정도와 정보전달 방식을 평가하였다. 홈페이지에서 얻을 수 있는 효과는 제공되는 정보의 양보다도 체계적 정보전달에 많은 부분 좌우된다. 모든 정당들이 텍스트뿐만 아니라 사진과 동영상 등 멀티미디어 자료를 제공하였다. 멀티미디어 활용은 열린우리당과 한나라당이 앞서가고 있었다. 열린우리당은 영상뉴스와 포토 갤러리를 직접 링크하였으며, 한나라당도 '한나라TV'에서 자체 제작한 광고와 박근혜 대표의 연설과 유세현장, 그리고 총선후보자들의 TV토론 화면을 제공하였다. 선거운동이 계속되면서 각 정당의 홈페이지는 정책의 구체적 내용이나 후보자의 자질에 대한 여론과의 상호작용을 이끌어내기보다는 영상을 통한 이미지의 전달에 치중하였다. 각 정당의 홈페이지에서 공통적으로 찾아볼 수 있는 것이 팝업창을 이용한 정보전달이다. 홈페이지 첫 화면을 접속하면 자동적으로 팝업창이 열리게 되어 있어 정보전달의 효과가 매우 높다. 각 정당들은 팝업창 이용에 있어 유권자의 감성에 호소하는 유사한 전략을 선택하였다. 열린우리당 팝업창에서는 탄핵안 가결 당시의 국회 모습을 지속적으로 보여주고 있다. 한나라당도 박근혜 대표를 앞세워 유권자의 감성에 호소하여 눈물로 반성하는 당의 이미지를 반복학습시키고 있다. 민주당도 추미애 의원의 추다르크 이미지를 선전하는 데 영상을 이용했다. 민주노동당의 경우에는 투표를 독려하는 플래시를 팝업창으로 띄우고 있고, 비교적 영상의 활용이 적다.

쌍방향 커뮤니케이션에서는 네티즌의 참여도와 관리자의 반응성에 대해 살펴보았다. 네티즌의 참여도 면에서는 예상외로 한나라당이 상당히 높은 점수를 얻었다. e-게시판에는 선거운동기간 중 하루 평균 1,500개 이상의 글들이 올라 있으며, 공약, 한나라당 top 뉴스, 선대위소식, 총선뉴스 등에도 500회 이상 1,000건 가까운 조회수를 보였다. 특히 비례대표후보자 소개정보는 26,000여 건의 조회수를 보였다. 열린우리당의 경우는 기존의 정당 홈페이지와 총선 홈페이지가 별도로 운영되어 네티즌들이 분산되었다. 또한 네티즌 참여공간도 로그인 후 참여할 수 있는 당원게시판과 회원게시판 이외에 참여게시판, 정책토론방, 자유게시판 등으로 분산되어 있었다. 자유게시판의 경우 선거운동기간 중 하루 600여 건의 글이 올라 있었으며, 정동영 의장의 노인폄하발언이 논란이 된 4월 1일에는 1,020개의 글이 올라왔다. 민주당의 자유게시판에도 하루 평균 600여 건의 글들이 게재되었다. 네티즌들의 참여에도 불구하고 운영자의 참여는 거의 보이지 않았다. 모든 정당의 홈페이지에서 네티즌들의 글에 대한 반응이나 질문에 대한 답글은 찾아보기 어려웠다. 네티즌들의 글 내용을 보더라도 일방적 발언이 대부분이고 쌍방향 대화나 토론은 거의 이루어지지 않고 있었다. 정당이나 후보자에 대한 지지 혹은 타 정당에 대한 비방의 내용이 글의 대부분을 차지하였고 각 정당의 정책이나 공약에 대한 토론은 찾기 어려웠다.

투명성 부분에서는 정당 홈페이지에서 선거자금이 공개되고 있는지 살펴보았다. 열린우리당과 한나라당의 경우 홈페이지를 통해 후원금을 모금하고 있었으나 후원금 액수와 후원자에 대한 정보는 공개되지 않았다. 한편 민주노동당은 실시간으로 후원금 내역을 공개하고 모금에 참여한 사람들의 명단과 격려의 글을 볼 수 있다. 민주당은 홈페이지에서 모금된 후원금의 액수만을 공개하고 있었다. 민주당의 경우에는 비례대표 10번(박갑도)과 중앙위원 5인을 당원들의 인터넷 투표로 선출하여 인터넷이 당내민주화에 기여할 수 있는 가능성을 보여주었다.

모든 정당의 홈페이지에서 공통적으로 나타나는 특성은 네티즌들의 시선을 끌기 위해 인터넷 게임, 만화, 패러디 등 오락적 요소를 다양하게 갖추고 있다는 점이다. 한나라당은 홈페이지에 '패러디 천국' 란을 마련해 상대적으로 호응도가 낮은 젊은층을 공략하고 있다. 열린우리당은 홈페이지에 '0415 게임마당'을 마련해, '정동영 DDR', '김근태 방울 터뜨리기', '정동영 슈팅게임' 등의 게임을 올려놓았다. 민주노동당은 네티즌들 사이에서 큰 인기를 끌고 있는 노회찬 선대위원장의 '노회찬 어록' 란과 홍보만화를 싣고 있다.

전체적으로 볼 때 17대 국회의원선거에서 각 당의 홈페이지는 멀티미디어 자료를 중심으로 한 정보제공에 초점을 두고 있었다. 그러나 인터넷의 가장 큰 특징인 쌍방향 커뮤니케이션은 제대로 이루어지지 않았다. 게시판이나 토론방의 형식으로 네티즌들의 참여공간을 다양하게 마련하고는 있으나 후보자와 유권자 간, 그리고 유권자들 사이의 대화와 토론은 없었으며 네티즌들의 일방적 발언만이 있을 뿐이었다. 각 당의 온라인 선거전략에 공통적으로 나타나는 특징은 TV와 마찬가지로 유권자들의 감성에 호소하는 이미지 홍보에 주력하였다는 점이다. TV와 신문에 비교하여 인터넷은 시간과 공간의 제약을 받지 않으면서 다양한 정보제공과 진지한 토론이 가능하다. 그러나 각 당은 사이버공간을 정책경쟁보다는 이미지 경쟁의 공간으로 활용하였다.

2) 네티즌의 선거운동: Daum 카페 분석

17대 국회의원선거에서는 합동연설회와 정당연설회 등 대규모 오프라인 집회가 없어졌기 때문에 인터넷에 대한 의존도가 상대적으로 높아졌다. 대부분의 포털사이트들이 총선과 관련된 각종 코너를 마련하고 있었으며, 이번 선거운동기간 중에 하루 수백만 명의 네티즌들이 인터넷에 마련된 각종 국회의원선거 코너를 방문한 것으로 나타났다. 다음의 총선 코너(vote.media.daum.net)에서는 지역구별로 '우리선거구 게시판'을 마련하여 지역현안과 국회의원선거 이슈에 대해 네티즌이 의견을 제시할 수 있도록 하였다. 야후 코리아의 국회의원선거 코너(kr.news.yahoo.com/election)에서도 지역구별 토론게시판이 운영되었다. 특히 각 포털사이트는 국회의원선거와 관련된 사진이나 만화, 패러디 등을 제공하여 많은 네티즌들의 호응을 얻었다. '다음'(Daum)은 각종 국회의원선거 관련 패러디를 모은 '디씨 IN 총선'과 풍자만화로 구성된 '재미있는 만화 속 세상'을 운영하였고, '네이버'(Naver)는 광고·영화 포스터 등을 패러디한 '네티즌 포토갤러리'를 마련하였다.

17대 국회의원선거운동 기간 중 포털사이트 '다음'에는 국회의원선거와 관련된 카페가 400여 개 운영되었다. 이 가운데 최소 회원수 10명 이상의 카페는 140여 개에 달한다. 이들 카페는 총선관련 카페, 탄핵관련 카페, 특정정당이나 후보자 지지 또는 안티 카페 등으로 분류된다. 국회의원선거와 관련된 카페는 26개가 운영되었는데, 이 가운데 "국민을 협박하지말라"(189단계)는 무려 100,050명의 회원이 있었다. 탄핵 카페는 "탄핵에반대하는네티즌모임다모여(90단계, 292명)", "탄핵!충격!노무현대통령(74단계, 748명)" 등 6곳이 있었다. 국회의원선거에 출마한 후보자를 지지하는 팬 카페는 모두 38개가 운영되었는데 세부적으로 보면 열린우리당 12개, 한나라당 10개, 민주당 6개, 민주노동당 5개, 자민련 1개, 무소속 4개가 있었다. 안티 카페는 정몽준, 국회, 한나라당, 총선연대 등 7개가 운영되었다.

10만 명이 넘는 회원을 보유한 '국민을 협박하지말라'는 탄핵을 반대하고 수구 보수 정치인을 몰아내기 위해 17대 국회의원선거에서 국민의 힘을 보여주자는 취지로 2004년 3월 6일 개설되었다. 'sunshine~*', '둥이아빠', '신밧드' 등의 ID를 사용하는 13명의 운영진이 카페를 관리하고 있다. 회원수 10만 명에 걸맞게 네티즌 토론방에는 하루 평균

3,000여 건이 넘는 글이 올라온다. 선거가 다가올수록 게재되는 글의 수는 늘어나 12일에는 5,267건, 13일에는 5,987건의 글이 업로드되었다. 각 글에 대한 조회수도 만만치 않아 쟁점이 되는 글과 정보를 제공하는 글의 경우 조회수가 100회를 넘기고 있다. 이 카페에 올라오는 글의 내용은 그 제목에서도 알 수 있듯이 대체로 탄핵을 지지한 한나라당을 비판하고 열린우리당과 민주노동당을 지지하는 글들이 대부분을 차지하고 있다. '딴나라당이 의석을 100석 이상 차지하는 것은 두고 볼 수 없다.', '지금 우리가 이렇게 분열되는 것을 딴나라는 좋아하고 있을 것이다.' 등에서 보듯이 많은 글들이 '3-3'(후보와 정당 모두 열린우리당 투표) 혹은 '3-12'(후보는 열린우리당, 정당은 민주노동당 투표)로 투표할 것을 독려하고 있다. 이곳에서 한나라당을 지지하는 발언을 하거나 리플을 달면 '알바'로 무수한 공격을 받게 된다.

〈그림 12-3〉 다음 카페 총선관련 검색결과

카페명 | 총선 | 검색 | 검색창닫기 | 나름

통합검색 | 디렉토리 | 웹문서 | 뉴스 | 사전 | 이미지 | 영화·뮤직 | 카페명

카페분류 : 전체　　회 원 수 : -- 회원수 선택 --

개 설 일 : ⊙모든기간 ○최근 일주일 ○최근 한달 ○최근 1년 ○기간설정 19990101 ~ 20040412

카페명 검색결과 (전체 **404**개의 카페를 찾았습니다)

정렬 : **정확도** | 랭킹(스코어) | 회원수

카페분류	카페이름	카페소개	랭킹(스코어)	회원수
정치	국민을 협박하지말라	국회의 대통령 탄핵발의에 반대하는 네...	189단계	100050
인터넷방송/광고	김구라-황봉알-노숙자	구봉숙의 구라카페 [Slayer-사혼...	154단계	69903
대화/휴식	백반형님과 함께	백반형님께서 만든카페입니다..반갑습니...	154단계	89429
사랑/만남	[화류계 Family™]▶선수와아...	■□■■[탄핵반대(화류계)415총선...	151단계	38421
이슈/화제	노무현을 사랑하는 이들의 모임 (...	노무현대통령 탄핵반대 / 노무현을 사...	139단계	23069
이슈/화제	자유민주주의를 지키는 사람들	北인권,송금특검,반한총련,현대아산,정...	123단계	8591
사랑/만남	Best cafe	자유로운 성 문화를 즐기는 사람들의 모임	120단계	4432
이슈/화제	편한세상 아름다운세상	장애인 홈페지,결혼,취업,산재,자원봉...	117단계	5325
결혼관련	웨딩백화점 B	혼수무료정보/그릇/이불/한복/예물/여...	108단계	4790
벤처/창업	네트워크마케팅 전문가 모임	자기계발과 성공의 지름길안내	104단계	6375
대화/휴식	글나라 너른바위	3050 아름다운 글나라 쉼터 너른바...	97단계	299

3) 온라인 선거운동의 효과와 한계

지난 수십 년간 서구민주주의국가들에서 나타난 선거운동 양상을 살펴보면 대체로 TV중심의 선거캠페인 증가, 마케팅 기법의 도입, 이슈보다는 이미지중심의 선거운동, TV 스튜디오에서의 선거캠페인 증가로 인한 후보자와 유권자간의 상호작용 감소 등의 특성을 보이고 있다.[55] 이처럼 지난 수십 년간 유권자들이 후보자들을 접할 수 있는 기회는 점점 언론매체, 특히 TV로 제한되었으나, 앞서 살펴본 바와 같이 최근에 이르러 인터넷이 후보자와 유권자를 직접 연결하는 새로운 매체로 등장하였다. 인터넷이 선거결과에 미치는 영향과는 별도로 인터넷은 이제 주요한 선거캠페인 도구로 자리잡았으며, 후보자 홈페이지와 온라인 선거전략이 없는 선거운동은 더 이상 상상하기 힘든 상황에 이르렀다.

(1) 참여의 확대

17대 국회의원선거에서 나타난 온라인 선거운동의 효과는 무엇일까? 무엇보다도 인터넷이 전달하는 다양한 정보가 유권자들의 선거에 대한 관심을 지속시키는 데 기여를 하였다고 볼 수 있다. 선거관련 정보를 위해 후보자와 유권자 모두 더 이상 제한된 TV 뉴스시간과 신문지면에 의존할 필요가 없게 되었다. 왜 포털사이트의 총선관련 메뉴에 수백만 명의 네티즌들이 접속하는가? 첫째, 뉴스전달의 속도, 내용의 깊이, 그리고 사건에 대한 다양한 해석 등의 면에서 인터넷은 뉴스 방송시간과 마감시간이 정해져 있는 TV나 신문에 비해 커다란 장점을 가진다. 둘째, 사이버공간에서는 다양한 정치정보를 얻을 수 있다. 뉴스, 사설, 만평, 동영상, 패러디 등 한 사이트에서 전달하는 정보는 무궁무

---

55) Norris, P., *Virtuous Circle: Political Communication in Post Industrial Democracies*. Cambridge: CUP, 2000.

진하며 전달방식에서도 텍스트뿐만 아니라 동영상, 사진, 그래픽 등 매우 다양하다. 또한 원하는 정보만을 따로 간추려 찾아주는 검색기능은 다른 미디어에서는 불가능한 것이다. 셋째, 인터넷 정보의 가장 큰 특징 가운데 하나는 걸러지지 않은 정보를 접할 수 있다는 점이다. 인터넷 사이트에서는 기존 언론매체뿐만 아니라 대안 뉴스매체, 시민단체, 타 시민 등 다양한 집단의 시각을 접할 수 있다.

인터넷의 이러한 정보전달 기능은 네티즌들에게 선거에 관한 관심을 지속적으로 유지시킬 수 있었으며 결과적으로 17대 국회의원선거에서 투표율을 높이는 데도 기여하였으리라 예상된다. 국회의원선거 투표율은 1985년 12대 국회의원선거 당시 84.6%로 상승한 이후 매번 국회의원선거 때마다 5~10%가량 떨어져 16대 국회의원선거에는 57.2%까지 하락했었다. 그러나 17대 국회의원선거에서는 투표율이 60.6%로 3.4% 증가하였다. 물론 17대 국회의원선거 투표율의 증가에는 탄핵으로 인해 국회의원선거가 대통령선거와 같은 성격으로 진행되었으며, 각종 변수들로 인해 접전지역이 늘어나면서 유권자의 관심이 높아졌다는 측면이 있다. 그러나 서울의 투표율이 16대 국회의원선거와 비교하여 무려 7.9%나 오른 62.2%를 기록한 점으로 미루어보아 20대 투표율이 상당히 높아진 것으로 추정되면서 온라인상의 투표참여운동이 무시 못할 영향을 미쳤을 것이라는 추측이 가능하다.

2002년 16대 대통령선거에서는 인터넷이 젊은 유권자층들을 투표소로 동원하는 데 크게 성공하지 못한 것으로 나타났다. 이 대통령선거의 전체 투표율이 70.8%인 데 반해 20대는 47.5%만이 투표하였다. 더욱이 전체 투표율과 20대 투표율 사이의 차이는 1997년 대통령선거의 12.5%보다 거의 배가 늘어난 23.3%를 보였다. 68.8%라는 30대의 투표율을 보더라도 20대보다는 높게 나타났으나 이 역시 전체 투표율보다 2% 낮은 것이다. 지난 1997년 대통령선거에서 30대 투표율은 82.6%로 전체 투표율보다 1.9% 높게 나타났다. 이같이 낮은 20~30대 투표율이 의미하는 바는 비록 젊은 네티즌들이 후보자 홈페이지에 접속하여 선거관련 정보를 얻고 다른 네티즌들과 정치적 견해를 교환하기는 하나 이 같은 온라인 정치활동이 현실세계에서의 정치참여로 연결되지는 않는다는 점이다. 16대 대통령선거와 달리 17대 국회의원 선거에서는 하루 수백만 명이 접속하는 포털사이트를 중심으로 네티즌들의 투표참여운동이 활발하게 이루어졌다. 다음의 탄핵반대 카페와 각종 취미, 커뮤니티 사이트 등을 중심으로 '투표로 정치권을 심판하자'는 '투표부대'의 활동이 전개되었다. 투표부대 포스터 등 투표참여를 촉구하는 패러디 사진과 '투표부대가' 등이 각 사이트로 퍼 날러졌다. '다음' 카페의 운영자들 사이에는 투표참여를 독려하는 사진을 메인화면에 올리는 '대문교체사업'이 전개되기도 하였다. 또한 투표 당일인 15일에는 이동 3사의 통화량이 평소 휴일보다 11~15%가량 증가하여 투표참여를 독려하는 휴대전화 통화와 문자메시지 전송이 많았을 것으로 추정된다.

(2) 디지털 디바이드(*digital divide*)

온라인 선거운동의 활성화와 함께 제시되는 가장 심각한 문제는 디지털 디바이드이다. 인터넷 접속은 부와 교육이 가져오는 부가적 혜택 가운데 하나의 문제에 그치지 않는다. 즉, 인터넷 접속은 단순히 고급 승용차나 수영장 딸린 정원과 같이 부가 가져오는 사치적 혜택에 그치지 않고 또다른 부와 교육을 창출하는 수단으로 작용된다. 17대 국회의원선거에서도 온라인 선거운동이 자리잡으면서 그 이면에 '선거 소외계층'이 생겨나고 있다. 이번 총선에서는 후보자들을 한꺼번에 보고 비교할 수 있었던 합동연설회가 금지되면서 후보자에 대한 정보가 상당히 제한되었다. 선관위가 주관한 TV 토론회가 있었으나 유력 후보자들이 막판 말실수를 우려해 토론회를 거부하는 사례가 속출하면서 전국 243곳의 지역구 중 92곳에서만 TV 토론이 성사되었다. 또한 방송시간도 유권자들이 제대로 볼 수 없는 낮시간이나 심야시간대에 편성되어 후보자간의 토론을 통해 자질을 평가하고 비교한다는 본래의 취지가 제대로 달성되지 못하였다. 온라인 선거운동이 대세를 이루면서 선거비용이 대폭 줄어드는 긍정적 측면도 있지만 인터넷을 접하기 어려운 노년층이나 시골의 유권자들은 후보자에 대한 정보를 제대로 얻을 수 없었다. 2003년 12월 현재 인터넷 이용률을 보면 20대의 94.5%가 인터넷에 접속하는 데 반해 50대는 22.8%, 60대 이상은 5.2%만이 인터넷에 접근할 수 있다. 40대 이상 유권자의 수가 절반을 넘고 있지만 이들 가운데 다수가 인터넷을 통해 선거관련 정보를 얻는 데 문제를 갖고 있다.

(3) 이미지선거 대 정책선거

17대 국회의원선거에서 드러난 문제 가운데 하나는 정책이나 인물로 선택받기보다는 유권자의 감성에 호소하는 이미지선거가 각 당의 주된 선거전략이 되었다는 점이다. 이러한 이미지선거 양상은 사이버공간에서도 그대로 나타났다. 앞서 각 당의 온라인 선거운동 전략에서 살펴보았듯이 17대 국회의원선거에서 각 당은 홈페이지를 유권자들의 감성에 호소하는 수단으로 활용하였다. 인터넷이 가지는 심층적 정보전달의 장점에도 불구하고 각 당의 선거공약이나 정책은 구색 갖추기 정도로 나열되어 있을 뿐이었으며, 팝업창과 동영상을 이용한 감성자극에 주력하였다. 특히 17대 국회의원선거기간 중 유행한 패러디물은 이번 선거가 정책보다는 이미지 경쟁 위주로 흘러가는 데 일조하였다.

중앙선거관리위원회의 홈페이지는 정책선거를 위한 다양한 메뉴를 제공하였다. 특히 '정책비교' 란을 마련하여 각 정당의 정책을 유권자의 관심영역과 분야에 따라 열람할 수 있도록 하였다. 각 당의 정책을 정치행정역역, 경제과학영역, 통일안보영역, 교육사회영역 등으로 구분하여 소개하고 있으며 각 분야에 대한 정당의 정책을 비교할 수 있도록 하였다. 또한 '10대 공약', '시 · 도별 공약', '후보자 공약' 등으로 구분하여 유권자들이 필요한 정보를 쉽게 접근할 수 있도록 하였다. 그러나 중앙선관위의 이러한 노력에도 불구하고 네티즌들의 참여도는 크게 높지 않았다. 정당의 정책공약에 대해 자유롭게 토론할 수 있는 공간인 토론마당을 보면 선거운동기간 동안 불과 150여 개의 글이 올라와 있을 뿐이다.

중앙선거관리위원회 홈페이지의 '커뮤니티'는 후보자와 유권자 사이의 대화뿐만 아니라 후보자간의 비교를 할 수 있는 공간으로 의도되었다. 선거공약과 쟁점에 대해 후보자간의 토론, 그리고 후보자와 유권자 간의 토론을 통해 후보자의 성향과 자질을 검증하고 유권자들의 합리적 선택을 유도한다는 목적이다. 그러나 이러한 목적은 후보자와 유권자의 외면으로 공허한 노력이 되어버렸다. '후보자 커뮤니티'에는 상당수의 후보자들이 "후보자 공약"에 자신의 공약을 입력하지 않았으며, 많은 네티즌들이 후보자들의 공약을 찾기 힘들다는 불평의 글을 올리고 있다. 또한 '선거구 커뮤니티'는 후보자와 후보자 간, 후보자와 유

〈그림 12-4〉 중앙선거관리위원회 17대 총선 홈페이지

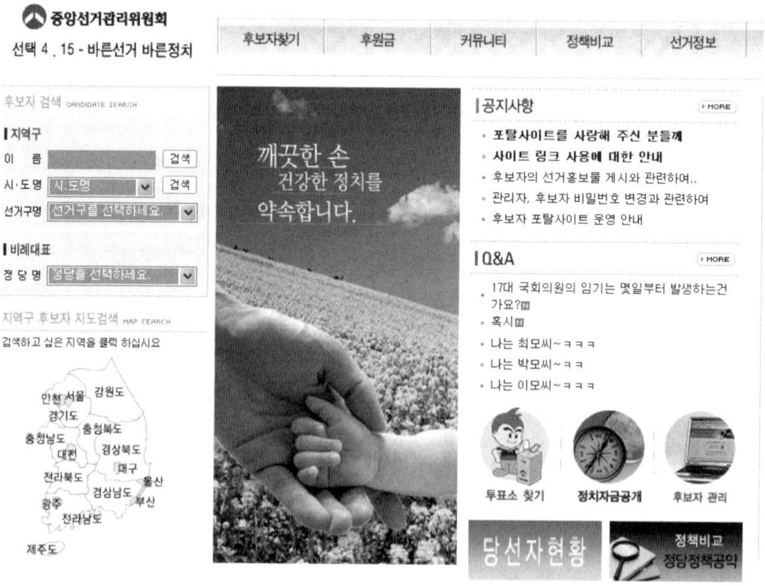

권자 간 토론을 할 수 있는 커뮤니티 게시판이나 실제 토론은 찾아볼 수 없었다. 정치 1번지라 하는 종로구의 경우에도 선거운동기간 중 5개의 글만이 올라와 있었고, 조회수도 20회 내외에 그쳤다. 강남 갑과 을 선거구는 각각 2개와 3개의 글만이 게재되었다.

이 같은 네티즌의 참여도는 포털사이트의 총선 사이트나 카페에 비교해보면 매우 대조적이다. 17대 국회의원선거기간 중 사이버공간에서의 선거운동 열기가 매우 뜨거웠음에도 불구하고 정책토론을 위한 사이트에 대한 반응은 매우 낮았다는 점을 주목할 필요가 있다. 수만 명의 네티즌들이 참여하는 카페의 경우 대체로 특정정당이나 후보자를 지지하는 성격을 지닌다. 비슷한 정치적 성향을 지닌 네티즌들이 모여 서로 정보를 교환하고 자신들의 생각을 강화해나간다. 이는 지난 대선의 '노사모'나 '창사랑' 홈페이지에서 나타난 현상과 동일하다. 선거전략적 차원에서 볼 때 이러한 유사성향을 지닌 네티즌들의 모임은 분명 기존 지지자들의 응집성을 강화하고 나아가 지지기반을 확산시키는 분명한 효과를 보이고 있다. 그러나 정치발전의 측면에서는 온전히 바람직한 현상으로만 해석하기에는 우려되는 부분이 있다. 서로 다른 생각을 가진 사람들이 모여 자신들의 주장을 펼치는 동시에 타인의 의견을 청취하면서 서로간에 합의점을 찾아가는 데 토론의 진정한 의미가 있을 것이다. 사이버공간이 동원에 의한 '우매한' 군중이 아닌 토론과 숙의를 통한 '영리한 군중'(*smart mob*)을 만들어가는 데 더 많은 노력이 필요할 것이다.

제 13 장

의회와 의회정치

신 명 순

1. 국회의 성립과 의회정치의 수난

우리나라의 민주정치와 의회정치는 5백여 년에 걸친 조선왕조의 군주정과 35년간 계속된 일본 제국주의의 식민통치, 그리고 3년간의 미군정이라는 역사적 바탕 위에 이식되었다. 이처럼 민주정치의 경험과 기반이 없는 여건에서 도입된 민주정치와 의회정치는 고난과 좌절을 계속했으며 지금도 바람직한 의회정치의 모습과는 거리가 있다. 정부수립 이후, 18번째의 국회가 열리고 있으나, 그 중에서 5번은 임기를 제대로 채우지 못하고 중도에 해산되었다. 4대 국회는 4월혁명으로 4년 임기 중 2년 2개월 만에 해산되었고, 5대 국회는 5·16 군부쿠데타로 9개월 만에 해산되었다. 8대 국회는 1972년의 10월 유신조치로 1년 3개월 만에 문을 닫았고, 10대 국회는 박정희 대통령의 암살과 1980년의 5·17 군부쿠데타로 1년 7개월 만에 종료되었다. 12대 국회 또한 1987년의 6·10 민주항쟁의 결과로 헌법이 개정됨에 따라 3년 1개월 만에 종료되었다.

〈표 13-1〉 역대 국회 회별상황 및 국회의원 정원

구 분	횟 수	기 간	정기회 회별	의원정수
제헌국회	1~6	1948. 5. 31~1950. 5. 30(2년)	2, 6회	200
2대 국회	7~18	1950. 5. 31~1954. 5. 30(4년)	10, 12, 15, 18회	210
3대 국회	19~28	1954. 5. 31~1958. 5. 30(4년)	20, 22, 26회	203
4대 국회	29~35	1958. 5. 31~1960. 7. 28 (2년 2개월)	30, 33회	233
5대 국회	36~38	1960. 7. 29~1961. 5. 16(9개월)	37회	233
6대 국회	39~60	1963. 12. 17~1967. 6. 30 (3년 7개월)	45, 53, 58회	175
7대 국회	61~76	1967. 7. 1~1971. 6. 30(4년)	62, 67, 72, 75회	175
8대 국회	77~84	1971. 7. 1~1972. 10. 27 (1년 3개월)	78, 84회	204
9대 국회	85~100	1973. 3. 12~1979. 3. 11(6년)	88, 90, 94, 98, 100회	219
10대 국회	101~105	1979. 3. 12~1980. 10. 27 (1년 7개월)	103, 105회	231
11대 국회	106~124	1981. 4. 11~1985. 4. 10(4년)	108, 114, 119, 123회	276 (184, 92)*
12대 국회	125~140	1985. 4. 11~1988. 5. 29 (3년 1개월)	128, 131, 137회	276 (184, 92)
13대 국회	141~156	1988. 5. 30~1992. 5. 29(4년)	144, 147, 151, 156회	299 (224, 75)
14대 국회	157~178	1992. 5. 30~1996. 5. 29(4년)	159, 165, 170, 177회	299 (237, 62)
15대 국회	179~211	1996. 4. 30~2000. 5. 29(4년)	181, 185, 198, 208회	299 (253, 46)
16대 국회	212~246	2000. 5. 30~2004. 5. 29(4년)	215, 225, 234, 243회	273 (230, 46)
17대 국회	247~	2004. 5. 30~2008. 5. 29(4년)	250, 256, 262, 269회	299 (243, 56)

* 괄호 안의 첫 번째 숫자는 지역구의원 수, 두 번째는 전국구의원 수.

제도적인 면에서 보면 국회는 단원제가 주를 이루었으나 제 2공화국에서만은 양원제가 실시되어 민의원과 참의원이 존재하였다. 국회의 구성원인 국회의원을 선출하는 선거제도는 제헌국회 때부터 적용된 국민들의 직접선출방법에 더하여 6대 국회부터 8대 국회까지와 11대 국회 이후 시행되고 있는 전국구 비례의원선거제라는 간접적 방법으로 의원을 선출하는 방법을 함께 사용하고 있다. 유신체제인 제 4공화국에서는 대통령이 국회의원의 3분의 1을 사실상 임명하는 방법도 시행되었다. 국회의원의 임기는 4년이 주를 이루었으나 제헌국회는 2년, 9대 국회와 10대 국회는 6년이었으며, 참의원은 6년제 의원과 3년제 의원이 있었다.

역대 국회 중에서 5번의 국회가 임기를 채우지 못하고 해산된 점과 국회의원선출제도가 여러 차례 변한 점, 그리고 국회의원의 임기가 몇 차례 바뀐 것 등은 건국 이후 45년간은 의회정치가 혼미를 거듭했음을 나타낸다. 1987년 민주화가 시작되기 이전에는 국회가 군부쿠데타나 민중혁명 또는 독재자의 자의적 불법조치 등에 의해 몇 년에 한 번씩 해산되는 상황이었기 때문에 국회가 제도화된다거나 기능을 제대로 수행할 것을 기대할 수는 없었으며 이러한 역사는 지금까지도 우리 국회의 의정활동에 좋지 않은 영향을 미치고 있다.

국회가 처음 성립된 것은 1948년 5월 10일에 실시한 제헌국회의원선거에서 당선된 198명의 국회의원들이 1948년 5월 31일에 현재는 철거된 중앙청에서 1회 국회를 개회하면서이다. 그러나 정부수립 이전인 미군정하에서도 의회의 성격을 띤 과도적 입법기구인 조선과도입법의원이 존재하였다. 입법의원은 선거로 선출하는 45명과 미군정장관이 임명하는 45명 등 90명의 의원들로 구성되어 일반복리와 이해에 관계되는 사항 및 군정장관이 부탁한 사항에 관하여 법령을 제정하는 역할을 하였다.[1)]

---

1) 미군정하에서 입법의원은 33건의 법령을 심의하여 18건을 통과시켰으나 군

현재 국회의 임기는 4년이며 국회의원은 한 선거구에서 한 명씩 선출하는 지역구의원과 전국을 선거단위로 하여 정당에 대한 투표에 따라 선출하는 비례제의원이 있다. 국회의원의 정수는 헌법규정에 의하여 2백 인 이상으로 되어 있으며, 18대 국회에서는 국회의원선거법에 정하여진 299인 중에서 지역구의원은 245명이며, 전국구의원은 54명이다.[2] 국회의원의 정수는 인구의 증가나 선거제도의 변경 등에 따라 자주 변했으며 6대와 7대 국회의 175명을 제외하면 모든 국회가 2백 명에서 299명까지의 의원정수를 가졌다. 국회의원의 정수는 단순히 인구의 증가에 비례하여 증감한 것이 아니며 집권자의 의사나 여당과 야당 사이의 협상에 의하여 주로 결정되었다. 13대 국회 이후 의원정수는 3백 명을 넘기지 않는다는 여당과 야당 사이의 합의에 따라 299명으로 규정되어 있다. 제헌국회부터 147 국회까지의 국회회기, 기간, 국회의원의 정수는 〈표 13-1〉과 같다.

정장관이 서명, 공표하여 효력을 발한 법은 13건이었고, 보류된 것이 5건이었다. 입법의원이 발의한 법률안은 13건이었고, 이 중에서 효력이 발생한 것은 4건에 불과하였다. 또한 입법의원에서 제정되어 군정장관의 인준을 받은 법률들은 입법의원 의원선거법을 제외하고는 정치적으로나 사회적으로 중요도가 크지 않은 것이 대부분이었기 때문에 그 역할은 극히 제한적이었다. 손희두, “미군정의 대한정책과 의회제도에 관한 연구”, 한국정신문화연구원 박사학위논문, 1993, pp. 117~118.

2) 국회의원의 수는 민주화가 시작된 13대 국회부터 299명이었으나 2000년에 시작된 16대 국회에서는 1997년에 시작된 경제위기의 영향으로 국회의원의 수를 273명으로 축소하였다. 그러나 17대 국회에서는 다시 국회의원의 수를 299명으로 환원하였다.

2. 국회의 구성과 국회의원의 의석배정

1) 국회의 구성

국회는 선거가 끝나고 당선자가 결정되면 최초의 집회를 가지면서 구성된다. 15대 국회부터는 총선거 후 최초의 임시회 집회를 국회의원 임기개시 후 7일에 갖도록 규정하고 있다. 이처럼 총선거 후 최초의 임시회 집회를 국회법에 규정한 것은 과거에 여당과 야당 사이의 갈등으로 총선거 후 국회가 제대로 시작하지 못한 것을 방지하기 위해서이다. 국회의 임시회는 여당과 야당 사이에 합의가 이루어져 소집되는 것이 관례인데 과거에는 이 관례 때문에 국회가 구성부터 제대로 안 되는 파행적 양상을 자주 보였다.

여당과 야당의 이해관계가 대립되어 국회의 원구성이 지연되는 주요 원인을 사례 빈도수 기준으로 보면 국회의원선거 때의 부정선거 공방, 의장선출, 상임위원회의 위원장직 배분, 정치피규제자 및 정치사범의 사면과 복권 문제, 의원영입 문제 등이다.[3] 7대 국회에서는 야당인 신민당 소속당선자들이 6·8 부정선거를 이유로 국회의원 등록을 거부함에 따라 4개월 17일 동안 국회가 개회되지 못하고 공전(空轉)하였다. 10대 국회 때에는 여당에서 국회의장에 내정한 백두진이 국민들의 직선에 의해 선출된 의원이 아니라 대통령이 내정하고 통일주체국민회의가 추인한 간선의원이기 때문에 국회의 대표인 의장이 될 수 없다는 야당 신민당의 반대로 지연되었다. 12대 국회에서는 야당의 민주화일정에 대한 청사진 요구와 구속자에 대한 사면복권 문제 등에 여당과 야당 사이의 합의가 이루어지지 않아 한 달 동안 원구성이 지연되었다.

13대 국회에서는 전반기와 후반기 국회구성 시에 국정감사와 국정조사 관련법규의 제정과 개정 문제, 광주특위 및 제 5공화국 비리 특별위

---

3) 안병옥, 《한국의회론》, 지방행정연구소, 2004, pp. 116~117.

원회 구성 문제, 상임위원장 배분 문제 등으로 20일간 지연되었다. 14대 국회에서도 지방자치단체장선거 문제와 상임위원장 배분 문제에 관해 여당과 야당이 합의를 보지 못하여, 국회는 구성하였으나 회의는 열지 못하는 파행을 보였다. 즉, 첫 번째 임시회 30일간의 회기 중 2일(2시간 25분)밖에 회의가 열리지 않았고 두 번째 임시회도 여당과 야당 사이에 의사일정이 합의되지 않아 14일의 회기 중에서 1시간 22분밖에 회의를 갖지 못하였다.[4] 14대 국회 개시일인 1992년 5월 30일부터 두 번째 임시회가 끝난 8월 14일까지의 2달 반 동안 국회는 3시간 47분밖에 열리지 않았다. 결국 14대 국회는 선거 후 4개월이 지난 10월 2일에야 정상화가 되었다.

15대 국회에서도 여당의 야당소속 의원 빼가기 문제, 검찰과 경찰의 중립화 문제, 국무총리 임명 문제 등으로 인해 전반기는 1개월, 후반기는 2개월 후에 원구성이 이루어졌다.[5] 위의 두 경우에서 7대 국회의 경우에는 여당인 민주공화당이 7대 국회의원선거에서 전면적 부정선거를 자행했기 때문이었다. 14대 국회의 경우에는 13대 국회에서 여야가 합의하여 1992년에 지방자치단체장선거를 실시하기로 법을 통과시켰으나 노태우 대통령이 일방적으로 실시를 연기하였기 때문이었다. 이와 같이 우리의 의회정치는 민주화 이전과 이후를 불문하고 거의 매 국회 구성 때마다 여당과 야당 사이의 이해관계 때문에 국회를 시작하는 것조차 순조롭지 않은 양상을 보였다. 본질적으로는 우리 정치 자체가 정상적으로 운영되지 않음에 따라 국회도 그 영향을 받아 파행적이고 비정상적으로 운영되는 경우가 자주 발생하였다.

---

4) 국회사무처, 〈제 157, 158회 국회(임시회) 경과보고서〉, 국회사무처, 1992, p. 25.

5) 안병옥, 앞의 책, p. 117.

2) 국회의원의 의석배정

국회의원 의석의 배정은 의장이 각 교섭단체의 대표의원인 원내대표[6]와 협의하여 교섭단체별로 구역을 배정하고, 배정된 교섭단체의 구역 내에서 개별의원의 의석은 편의상 위원회별로 배정한다. 원내대표나 정당의 대표 등 중요한 직책을 맡는 간부의원들의 의석은 제일 뒤에 배정하는 것이 관례이다.[7]

3. 국회의 집회와 회기

1) 정기회와 임시회

국회에서 집회란 의원이 입법활동 등 국회 고유의 권한을 행사하기 위해 일정한 일시와 장소에서 회합하는 것을 말한다. 집회의 종류에는 정기회와 임시회가 있다. 우리 국회는 언제나 개회되어 있는 것이 아니라 일정한 기간을 정하여 그 기간 내에만 회의를 갖는데 그 기간을 회기라 한다. 국회의 주된 임무는 입법활동과 예산심의뿐만 아니라 정부를 비판하고 감시하는 것이다. 따라서 각국에서는 의회의 개회기간이 점차로 장기화되는 추세이고 여름이나 겨울의 휴가기간을 제외하면 일 년 동안 개회하기 때문에 연중회기에 가깝다. 그러나 우리 국회에서는 정기회와 임시회의 회기에만 의정활동을 하도록 한정하고 있다.

정기회는 헌법이나 법률에 의하여 매년 1회 집회하도록 규정되어 있

---

6) 16대 국회까지는 원내교섭단체의 대표를 원내총무라 불렀으나 17대 국회부터는 원내대표로 부른다.

7) 제헌국회 초기에는 매 회기 초에 각 의원의 추첨으로 의석을 배정하였고, 그후에는 교섭단체별로 추첨하여 배정하였다. 국회사무처, 《국회법해설》, 국회사무처, 1992, p. 9.

다. 정기회는 매년 9월 1일부터 1백 일 이내로 정해져 있다. 이러한 정기회의 시기는 우리나라의 회계연도가 매년 1월 1일부터 시작되므로 적어도 그 전에 다음 해 예산안을 심의하고 확정할 수 있도록 하기 위한 것이다. 정기회의 집회일은 정부의 회계연도 변경과 정기회의 법정일수 변경에 따라 제헌국회 이래 여러 차례 변경되었다. 역대 국회의 집회일시에 관한 규정은 〈표 13-2〉와 같다.

정기회 기간에는 국정 전반에 대하여 국정감사를 실시하고, 예산안을 심의, 확정하며, 교섭단체들의 대표연설과 대정부질문을 행한다. 임시회는 국회가 안건심의나 국정에 관해 논의할 안건이 있을 때 임시로 개회하는 집회이다. 임시회는 대통령 또는 국회 재적의원 4분의 1 이상의 요구에 의해 집회된다. 국회의 폐회 중에 국정조사요구서가 제출되면 국정조사요구서에 의해 임시회의 집회요구가 있는 것으로 본다. 또한 국회는 매년 2월, 4월, 6월에는 각 30일 회기의 임시회를 열도록 규정하고 있다.

〈표 13-2〉 역대 국회의 집회일시에 관한 규정

<table>
<tr><th></th><th>정기회 시작일</th><th>정기회 일수</th><th>회계연도 개시일</th><th>임시회 일수</th><th>회기일수 제한</th><th>회기연장</th></tr>
<tr><td>제헌, 2대</td><td>12월 20일</td><td>90일</td><td>4월 1일</td><td rowspan="2">30일 이내 (제헌~4대)</td><td rowspan="3">없음</td><td rowspan="2">의결로 제한없이 연장 가능 (제헌~5대)</td></tr>
<tr><td>3대 (1955~1956)</td><td>12월 20일</td><td>90일</td><td>7월 1일</td></tr>
<tr><td>3~8대 (1957~1972)</td><td>9월 1일</td><td>120일 (5~8대)</td><td rowspan="4">1월 1일</td><td>양원 일치 의결 (5대)</td><td rowspan="4">법정기간의 범위내에서 의결로 연장 가능 (6대 이후)</td></tr>
<tr><td>9~12대</td><td>9월 20일</td><td>90일</td><td rowspan="3">30일 이내 (6대 이후)</td><td>정기회와 임시회를 합하여 150일 이내</td></tr>
<tr><td>13~15대</td><td>9월 10일</td><td rowspan="2">100일</td><td rowspan="2">없음</td></tr>
<tr><td>16~17대</td><td>9월 1일</td></tr>
</table>

2) 회기와 집회시간

회기란 국회가 활동을 하기 위하여 집회한 날부터 폐회일까지를 말한다. 국회는 언제나 개회되어 있는 것이 아니기 때문에 일정기간을 정하여 개회하며 그 기간이 회기이다. 이 기간에 한하여 본회의를 열어 안건을 심사한다. 그러나 14대 국회부터는 폐회 중이라도 본회의의 의결이 있거나 의장 또는 위원장이 필요하다고 인정하거나 재적위원 4분의 1 이상의 요구가 있을 때 위원회는 개회한다. 또한 위원회는 폐회 중에는 최소한 월 2회 정례회의를 개회하여야 한다. 국회는 정기회, 임시회의 구별 없이 회기마다 제 몇 회 국회라 칭하고 본회의는 회기별로 제 몇 차 본회의라고 칭한다.

〈표 13-2〉에서 보는 바와 같이 현재는 국회가 일 년 동안 회의할 수 있는 일수에는 제한이 없어 연중 국회활동을 하는 것이 가능하다. 제헌국회부터 5대 국회까지도 현재와 같이 국회의 회의일수에 제한이 없었고 정기회와 임시회의 회기도 의결에 의해 제한 없이 연장이 가능하였다. 이에 따라 3대 국회의 19회 임시회는 247일간 계속되었고 22회 정기회는 회기를 8회 연장하여 316일 동안의 회기를 가짐으로써 거의 일 년 동안 국회를 개회하였으며 임시회의 회기가 정기회보다 더 오래인 예가 많았다.[8] 그러나 제 4공화국과 제 5공화국 헌법에서는 국회의 정기회는 90일, 임시회는 30일을 초과할 수 없도록 제한하였고 정기회와 임시회를 합하여 연 150일을 초과할 수 없도록 하였는데 그 이유는 가능한 한 국회를 닫아놓고 활동을 못하게 만들기 위함이었다.

제 6공화국부터는 연 150일의 회기제한 규정을 삭제하여 의회기능의 활성화를 도모하였다. 현행 헌법에는 정기회의 회기는 1백 일, 임시회의 회기는 30일을 초과할 수 없도록 하고 있으며 이 일수들을 초과하지 않는 범위 내에서 연장이 가능하도록 되어 있다. 그러나 실제 국회

8) 국회사무처, 《국회선례집》, 국회사무처, 1992, p. 59.

운영에서는 임시회의 회기연장이 쉽지 않다. 예를 들어 13대 국회의 경우를 보면 임시국회 회기연장 동의가 2번 제출되었는데, 의장이 제안한 동의는 통과되었으나 야당이 제안한 임시회 연장 동의는 부결되었다. 이것은 13대 국회에서 부결된 유일한 중요동의안이었다.

국회의 집회시간은 본회의의 의결이나 의장이 각 교섭단체의 원내대표와 협의하여 정하도록 되어 있다. 현재는 협의에 따라 오전 10시 또는 오후 2시에 개의하고 있다. 제헌국회부터 4대 국회까지는 국회법에 개의시간을 규정하지 않았으나 국회구성과 준칙에 관한 결의에 의하여 오전 10시에 본회의를 개의하였다. 5대 국회부터 10대 국회까지는 국회법에 오전 10시로 집회시간을 규정하였고 11대와 12대 국회에서는 오후 2시에 개의하도록 국회법에 규정하였다.

3) 역대 국회의 집회상황

역대 국회에서의 집회상황을 보면 〈표 13-3〉과 같다. 여기에서 볼 수 있는 국회집회의 첫 번째 특징은 제헌국회부터 5대 국회까지의 집회에서 나타나는 특징과 6대 국회 이후의 집회에서 나타나는 특징 사이에 차이가 있는 점이다. 정기국회의 경우를 보면, 제헌국회부터 3대 국회 중간인 1956년까지는 정기국회의 법정일수가 90일이었다. 그러나 제헌, 2대, 3대 국회에서 정기국회의 연평균 일수는 147일과 162일, 201일로 법정일수를 훨씬 초과하였다. 이것은 이 시기에 정기회 및 임시회의 회기를 제한 없이 연장하면서 활발한 의정활동을 하였음을 나타내는 것이다. 정기회 법정일수가 120일로 늘어난 3대 국회부터 5대 국회까지도 정기회의 연평균 일수는 4대 국회 132일, 5대 국회 122일로 법정일수를 초과하여 개회하였다. 이에 비해 6대 국회 이후에는 임기를 모두 채운 경우가 9대 국회 84일, 12대 국회 77일로 집회일수가 법정기일보다 적었다.

6대 국회 이전과 이후 국회들의 집회상황에서 나타나는 차이는 임시

〈표 13-3〉 역대 국회의 개회일수

국회	회기	횟수	회기 일수	회기일수 (연평균)	본회의 개의일수	본회의 개의일수 (연평균)	위원회 개의일수	위원회 개의일수 (연평균)	국회 공전 횟수	비고
제헌	정기회 임시회	2 4	294 346	147 87	171 228	86 57	907	454		임기 2년
2	정기회 임시회	4 8	649 661	162 83	302 329	76 41	2,404	601		
3	정기회 임시회	3 7	602 668	201 95	268 341	89 49	3,827	957	임시회 1 (9일)	
4	정기회 임시회	2 5	264 422	132 84	65 147	33 29	2,303	1065	임시회 1 (30일)	4월혁명 후 해산
5*	정기회 임시회	1 2	122 136	122 68	67 75	67 38	601	754		5·16 쿠데타로 해산
6	정기회 임시회	3 19	351 438	117 23	120 245	40 13	2,504	708		
7	정기회 임시회	4 12	480 326	120 27	116 125	29 10	1,624	406	임시회 1 (30일)	
8	정기회 임시회	2 6	167 162	84 27	45 36	23 6	414	319	임시회 3 (90일)	유신 조치로 해산
9	정기회 임시회	6 10	506 109	84 11	102 55	17 6	1,833	306		
10	정기회 임시회	2 3	128 58	64 19	13 15	7 5	183	112		5·17 쿠데타로 해산
11	정기회 임시회	4 15	360 123	90 8	81 63	20 4	1,441	360		
12	정기회 임시회	3 13	231 183	77 14	54 66	18 5	789	252	임시회 1 (30일)	6·10 민주항쟁으로 단축
13	정기회 임시회	4 12	400 230	100 19	74 91	19 8	1,798	450	임시회 1 (30일)	
14	정기회 임시회	4 8	400 248	100 14	77 90	19 5	1,326	332	임시회 3 (75일) 정기회 1	
15	정기회 임시회	4 29	400 641	100 22	82 130	20 5	1,664	416	임시회 5 (120일) 회기연장 5	
16	정기회 임시회	4 3	400 814	100 26	74 129	18 4	1,876	469	임시회 3 (73일) 등 10여 차례 공전	

* 5대 국회는 민의원 자료.

** 출처: 국회사무처, 《국회선례집》, pp. 52~57과 김현우, 《한국국회론》, 을유문화사, 2001, p. 231, 259, 263을 참조하여 저자가 작성.

회의 연평균 회기에서 더욱 뚜렷하다. 제헌국회부터 5대 국회까지의 모든 국회들은 제헌 87일, 2대 83일, 3대 95일, 4대 84일, 5대 68일로 법이 정한 임시회 회기 30일을 연장하면서 법정기일의 2배 또는 3배까지 기간을 연장하였다. 6대 국회부터 임시회 연평균 회기를 보면 6대 23일, 7대 27일, 8대 27일로 이 기간에는 임시회 회기인 30일에 가까웠다. 그러나 9대 국회부터는 11일로 급격히 감소한 후 10대 19일, 11대 8일, 12대 14일, 13대 19일, 14대 14일로 20일을 넘지 못했다. 15대 국회에서는 임시회의 평균회기가 22일로 다시 상승하여 국회가 다시 활성화됨을 볼 수 있다. 특히 9대 국회부터 12대 국회까지 임시회 회기가 평균 14일로 매우 짧았던 것은 임시회의 기간연장을 30일 이상 못하게 국회법에 규정함에 따라 과거처럼 회기연장을 하는 것이 불가능해졌기 때문이지만 법으로 정해진 30일조차도 제대로 회의를 하지 않았기 때문이다.

〈표 13-3〉에서 볼 수 있는 두 번째 특징은 제헌국회부터 5대 국회까지의 본회의 개회일수 평균이 정기회는 70일, 임시회는 42일이던 것이 6대 국회부터 13대 국회까지는 정기회가 27일, 임시회가 7일로 줄어든 점이다. 이것은 6대 국회부터 국회의 회의 중심이 본회의로부터 상임위원회로 바뀐 결과라 할 수 있다. 세 번째 특징은 9대 국회 이래 계속해서 저조했던 국회의 집회가 13대 국회부터는 급격히 증가하고 있는 점이다. 8대 국회부터 12대 국회까지 감소되었던 임시회 회기일수가 13대 국회에서는 230일, 14대 국회 248일, 15대 국회 641일, 16대 국회 814일로 급격히 증가하였다. 또한 본회의 개회일수를 보면 13대 국회부터 165일, 14대 국회 167일, 15대 국회 212일, 16대 국회 203일로 증가하였고 위원회의 개회일수도 13대 국회부터 1,798일, 14대 국회 1,326일, 15대 국회 1,664일, 16대 국회 1,876일 등으로 그 이전에 비해 크게 증가하였다. 이것은 권위주의체제가 붕괴되고 민주화가 진전됨에 따라 국회가 활성화되어 오랜 기간 국회를 열고 활동을 한 것으로 국회도 민주화의 진전에 따른 운영을 보이고 있다.

4. 국회의 조직

국회에는 의장단으로 의장과 부의장이 있고 회의기구로는 본회의와 위원회가 있다. 국회의 원내정당으로는 원내교섭단체가 있고 이외에 국회의 입법활동을 지원하는 국회사무처, 국회도서관, 국회예산정책처 등이 있다.

1) 의장단

(1) 의장과 부의장의 선출

국회는 의장단으로 의장과 부의장 2명이 있으며 의장과 부의장의 임기는 2년이다. 의장과 부의장의 선출은 국회에서 의원들의 무기명투표로 실시하며 국회의원선거 후 최초의 의장과 부의장선거는 의원의 임기개시 후 7일에 집회하는 최초의 임시회의 집회일에 실시한다.[9] 후반기 의장과 부의장선거는 전반기 의장의 임기만료일 전 5일에 집회하는 임시회에서 실시한다. 의장이나 부의장이 궐위된 때에는 보궐선거를 실시한다. 의장과 부의장은 재적의원 과반수의 득표로 선출하는데 과반수 득표자가 없을 때에는 2차 투표를 하고 2차 투표에서도 당선자가 없을 때에는 1위와 2위를 대상으로 결선투표를 실시한다.[10]

의장단의 선거는 과거에는 의장과 부의장이 의원들의 자유의사에 의해 선출되는 것이 아니라 집권당의 총재를 겸임하는 대통령이나 야당의 지도자가 의장이나 부의장후보를 미리 내정한 후에 국회의원들은 이들을 대상으로 형식적 투표를 하여 승인하는 것이 관례였다. 그러나

---

9) 국회의장단의 선출에 관해서는 신명순, "국회의장의 선출방법과 중립성에 관한 연구", 〈의정연구〉 제 6권 1호, 2000을 참조할 것.

10) 제헌국회부터 5대 국회까지는 재적의원 3분의 2 이상의 출석과 출석의원 과반수의 득표로 선출하였다.

근래에는 국회의 자율성이 강화되어 대통령의 지명이나 야당의 지도자에 의해 결정되는 양상은 사라졌으며, 집권당이나 야당소속 의원들 중에서 최다선의원이나 다선의원들이 당내경선을 벌여 의장이나 부의장 후보가 된 후 이들을 대상으로 의원들이 투표로 결정하는 민주적 방식으로 바뀌었다.

의장과 부의장 직책을 누가 차지하는가를 보면, 여당과 야당의 구별이 확실해진 3대 국회 이후에는 여당이 국회의석의 다수를 차지하면서 의장, 부의장, 상임위원장 등 국회 내 중요직책들을 독점하였다. 단 하나의 예외는 2명의 부의장 중 한 명을 야당에게 배정하는 것이 관례였다. 그러나 13대 국회에서는 국회에 진출하여 교섭단체를 구성한 정당이 4개가 되고 또 3개 야당의 의석을 합하면 전체 의석의 과반수를 넘게 되자 여당에게는 의장만 배정하고 2명의 부의장을 야당인 2당과 3당에게 배정한 적도 있었다.

국회의장과 부의장의 임기는 제헌국회 때는 의원의 임기가 2년이어서 의장과 부의장의 임기도 2년이었으며 2대 국회 이후는 의원임기의 반에 해당하는 2년이다.[11] 역대 국회에서 가장 오래 국회의장을 역임한 사람은 의장직을 4번 연임한 이효상이다. 이효상은 6대 국회와 7대 국회에서 임기 2년의 국회의장을 4번 연임하여 8년간 의장으로 재직했다. 의장직을 3번 연임한 사람으로는 3대 국회의 전·후반기 4년과 4대 국회의 전반기 2년 등 6년을 역임한 이기붕이었다. 제2대 국회의장이었던 신익희도 의장직을 3번 연임하였는데 제헌국회에서 1년 9개월과[12] 2대 국회의 전반기와 후반기 4년간 의장을 역임하여 5년 9개월간 의장을 역임하였다. 의장직을 3번 역임한 4번째 사람은 박준규이다.

---

11) 유신체제인 4공화국에서는 의원의 임기가 6년이었기 때문에(대통령이 지명하고 통일주체국민회의 대의원들이 인준하는 의원의 임기는 3년) 9대 국회와 10대 국회에서는 의장과 부의장의 임기가 3년이었다.

12) 초대 국회의장 이승만은 54일간 국회의장직을 역임한 후 초대 대통령에 당선되었다.

〈표 13-4〉 역대 국회의 의장과 부의장

국회	전반기*		후반기**	
	의 장	부의장	의 장	부의장
1대	이승만, 신익희(보선)	신익희, 김동원, 김약수(보선), 윤치영(보선)		
2대	신익희	장택상, 김동성(보선) 조봉암	신익희	조봉암, 윤치영
3대	이기붕	최순주, 조경규(보선) 곽상훈	이기붕	조경규, 황성수 이재학(보선)
4대	이기붕	이재학, 한희석 임철호(보선)	곽상훈	김도연, 이재형
5대	곽상훈	이영준, 서민호	백낙준	소선규
6대	이효상	장경순, 나용균	이효상	장경순, 이상철
7대	이효상	장경순, 윤제술	이효상	장경순, 정성태
8대	백두진	장경순, 정해영		
9대	정일권	김진만, 이철승	정일권	구태회, 이민우
10대	백두진	민관식, 고흥문		
11대	정래혁	채문식, 김은하	채문식	윤길중, 고재청
12대	이재형	최영철, 김록영 조연하(보선)	이재형	장성만
13대	김재순	노승환, 김재광	박준규	김재광, 조윤형
14대	박준규, 이만섭(보선)	황낙주, 허경만	황낙주	이춘구, 홍영기 이한동(보선)
15대	김수한	오세응, 김영배	박준규	신상우, 김봉호
16대	이만섭	홍사덕, 김종호 김종하(보선)	박관용	김태식, 조부영
17대	김원기	김덕규, 박희태	임채정	이상득, 이용희

* 5대 국회 때는 민의원.
** 5대 국회 때는 참의원.

박준규는 13대 국회 후반기에 2년간 의장직을 역임한 후 14대 국회 전반기에 국회의장에 연임되었으나 10개월 후에 재산파동으로 의장직을 사퇴하였다. 그러나 15대 국회 후반기에 다시 의장에 선출되어 총 4년 10개월 동안 의장을 역임하였다.

국회의장을 2번 역임한 사람들로는 곽상훈, 백두진, 정일권, 이재형, 이만섭이 있다. 곽상훈은 4대 국회 당시 4월혁명의 과정에서 의장이던 이기붕이 자살로 사망한 후 실시된 보궐선거에서 의장으로 선출되어 2달 동안 의장직을 수행한 후 5대 국회인 민의원 의장으로 선출되었으나 9개월 후 5·16 군부쿠데타로 국회가 해산됨에 따라 총 11개월 동안 의장을 역임하였다. 백두진은 8대 국회와 10대 국회에서 두 번 국회의장으로 선출되었으나 8대 국회는 10월 유신으로 1년 3개월 만에 해산되었고 10대 국회에서는 선출된 지 8개월 후인 1979년 10월에 박정희 대통령이 암살됨에 따라 사퇴함으로써 총 1년 11개월밖에 의장직을 수행하지 못하였다. 정일권은 유신체제에서 의원의 임기가 6년이던 9대 국회의 전·후반기에서 의장에 선출되어 6년간 역임하였다. 이재형은 제5공화국의 12대 국회 전반기와 후반기에 의장직을 수행하였으나 12대 국회가 1987년의 6·10 민주항쟁의 결과 3년 1개월 만에 해산되어 이 기간 동안만 의장을 역임했다. 이만섭은 14대 국회에서 박준규가 의장직을 사퇴한 후 의장에 선출되어 1년 2개월 동안 의장을 역임한 후 16대 국회 전반기에 다시 의장에 선출되어 총 3년 2개월 동안 재임하였다.

국회부의장의 경우에는 장경순이 6대 국회와 7대 국회의 전반기와 후반기, 그리고 8대 국회의 전반기에 5번 부의장으로 선출되어 총 9년 3개월 동안 부의장을 역임했다. 국회부의장을 2번 역임한 사람으로는 조봉암(2대 전후반기), 조경규(3대 전후반기), 이재학(3대 후반기와 4대 전반기), 김재광(13대 전후반기)의 4명이 있다. 의장과 부의장에 대한 불신임 결의안은 주로 야당의원들이 여당소속의 의장이나 부의장을 대상으로 제출하였으나 모두 부결 또는 폐기되었으며 여당이 야당소속

부의장을 대상으로 제출한 불신임 결의안은 가결되었다.[13)]

의장은 국회를 대표하는 권한, 의사진행 권한, 질서를 유지하는 권한, 사무를 감독하는 권한 등을 갖는다. 의장은 외부에 대해 국회를 대표하며 회의의 합리적이고 효율적인 운영을 위하여 의사정리권을 갖는다. 또한 국회 안에서의 질서를 유지하기 위한 권한을 갖는데 내부경찰권과 의원가택권을 행사할 수 있다. 내부경찰권은 국회 안의 질서를 유지하기 위하여 의원, 방청인 등 국회 안에 있는 모든 사람들에 대하여 일정한 사항을 명령하거나 이를 실력으로 직접 강제하는 권한을 갖는다. 내부경찰권이 미치는 범위는 국회의사당, 의원회관, 국회도서관, 의장공관을 포함한다. 의원가택권은 국회의 의사에 반하여 타인이 국회 안에 침입하는 것을 금지하고 국회 안에 들어오는 모든 사람들을 국회의 질서에 따르게 하며 필요한 때에는 퇴장을 요구할 수 있는 권한을 말한다. 의장의 내부경찰권과 의원가택권은 현재 의장의 경호권 내지 질서유지권으로 행사되고 있다.[14)]

(2) 의장의 당적보유 금지

국회의장은 임기 중에 정당의 당적을 보유할 수 없다. 의원이 국회의장으로 당선되면 다음날부터 당적을 포기하여야 한다. 당적을 이탈한 의장의 임기가 만료될 때에는 당적을 이탈할 당시의 소속정당으로 복귀한다. 의장의 당적보유 금지조항은 의장이 국회의 수장으로서 특정정당이나 정파의 이해관계에 치우치지 아니하고 공정하고 중립적으로 국회를 운영하도록 만들기 위해 16대 국회 때부터 국회법에 명시되었다. 만일 의장이 다음 국회의원선거 등의 공직선거에 출마하기 위해 정당의 추천을 받을 때에는 의원 임기만료일 전 90일부터 당적을 가질 수 있다. 이러한 의장의 당적보유 금지규정에도 불구하고 의장은 의정

---

13) 가결된 불신임 결의안은 1954년 12월 3대 국회에서 자유당소속 김철안 의원 등이 발의한 '곽상훈 부의장 불신임 결의안'이었다.

14) 안병옥, 앞의 책, pp. 26~30.

활동에서 자기가 소속했던 정당에게 유리하도록 사회를 보는 경우가 있다. 17대 국회에서 김원기 의장은 자기가 소속했던 정당인 열린우리당이 입법추진한 3·30 부동산대책법과 동북아역사재단 설립법안 등 4개 법안의 본회의 상정을 야당인 한나라당이 반대하자 의장직권으로 이를 상정하여 통과시킨 예가 있다.

2) 국회의원

(1) 국회의원의 사회적 배경[15)]

제헌국회부터 14대 국회까지 선출된 국회의원의 수는 3,291명이다. 이 중 의원자격상실, 사퇴, 제명, 사망, 선거무효판결, 당선무효판결, 형확정판결 등으로 의원직을 상실한 사람들을 충원하기 위하여 보궐선거, 재선거, 의석승계 등으로 국회의원이 된 사람들을 포함하면 3,447명이다. 이 중에는 2회 이상 당선된 사람들이 많아 실제 인원은 1,983명이었다. 이들을 대상으로 한 국회의원의 특징과 사회적 배경은 다음과 같다.

① 당선횟수

국회의원의 당선횟수는 의원 개인이 의정활동에서 얼마나 정치경험을 누적시키고 있는가를 나타내는 지표이다. 〈표 13-5〉에서 보는 바와 같이 초선의원이 전체의 59.7%에 달하며 재선의원은 22.4%이다. 초선과 재선의원이 전체의 82.1%를 차지하며 3선 이상은 17.9%에 불과하다. 이와 같이 대부분의 의원들은 한 번이나 두 번만 국회의원을 역임하고 그만두기 때문에 의원들의 지속성과 전문성이라는 점이 약함을 알 수 있다. 제헌국회부터 17대 국회까지의 기간 중에 9선의원은 김영삼, 김종필, 박준규 세 명이었고 8선의원은 정일형이었다.

---

15) 이 부분의 자료는 김현우, 앞의 책, pp.678~710을 참조하였다.

〈표 13-5〉 국회의원의 당선횟수

당선횟수	1	2	3	4	5	6	7	8	9	합 계
빈도수	1,184	444	169	113	39	22	8	3	1	1,983
비율(%)	59.7	22.4	8.5	5.7	1.9	1.1	0.4	0.2	0.1	100

* 출처: 김현우, 《한국국회론》, 을유문화사, 2001, p.689.

② 성 별

1,983명의 국회의원들 중 남성의원은 97.6%인 1,935명이고 여성의원은 2.4%인 48명이었다. 남성의원들 중 지역구출신은 1,398명이고 전국구출신은 356명, 그리고 지역구와 전국구를 모두 역임한 의원은 181명이었다. 여성의원 48명은 지역구출신 11명, 전국구출신 34명, 그리고 지역구와 전국구를 모두 역임한 의원은 3명이었다. 지역구출신의 여성의원으로는 임영신, 박순천, 김철안, 박현숙, 김옥선, 김윤덕, 김정례, 현경자, 박근혜, 임진출, 추미애가 있다. 이들 중 박순천은 지역구에서 4번, 전국구에서 1번 당선된 5선의원이었다. 김윤덕은 지역구에서 2번, 전국구에서 1번 당선된 3선의원이었으며 임영신, 김옥선, 김정례는 지역구에서 2번 당선되었다. 박현숙은 지역구에서 1번, 전국구에서 1번 당선되었다. 전국구의원을 2번 역임한 여성의원들로는 김현자, 양경자, 김정숙을 들 수 있다. 전체 인구에서 여성이 약 50%를 차지하는 점을 감안하면 국회의원에서 여성의 대표성은 매우 낮다.

③ 교육 수준

국회의원들의 교육 수준은 국민들과 비교할 때 매우 높다. 〈표 13-6〉에서 보는 바와 같이 대학졸업 이상의 학력을 가진 의원들이 전체의 75.2%를 차지하였다. 제헌국회부터 5대 국회까지는 전체적으로 국민들의 교육 수준이 낮았기 때문에 국회의원들의 경우에도 대학졸업 이하의 학력을 가진 사람들이 많았다. 그러나 6대 국회부터는 고졸 이하의 학력을 가진 국회의원은 지극히 적어 6대부터 15대 국회까지 21명

〈표 13-6〉 국회의원들의 학력분포

학력	독학	초등학교 졸업	중학교 졸업	고등학교 졸업	대학중퇴 수료	대학교 졸업	대학원 수료 수학	대학원 졸업	자료 없음	합계
빈도수	27	54	67	193	122	871	195	427	27	1,983
비율	1.4	2.7	3.4	9.7	6.2	43.9	9.8	21.5	1.4	100

* 출처: 김현우, 《한국국회론》, 을유문화사, 2001, p.691.

에 불과하였다. 1980년대 이후에는 국회의원들의 학력이 급격히 높아져 대학졸업 이상의 학력을 갖은 의원들의 비율이 10대 국회 이후에는 92~96%에 달하였다.[16]

국회의원들 중 해외유학을 다녀온 사람은 총 778명이었다.[17] 이들 중 가장 많이 유학을 간 국가는 일본으로 50.2%인 391명이었다. 일본유학이 많은 것은 건국 초기에 국회의원이 된 사람들 중 일본에 유학을 갔던 사람들이 많았기 때문이다. 다음으로는 미국이 34.4%인 268명이었고 세 번째는 중국이나 만주로 7.5%인 58명이었다. 이들도 주로 해방되기 이전에 중국에서 공부를 한 사람들이었다. 그외에 10명을 넘는 국가들로는 영국 18명, 독일 13명이었고 나머지 국가들로는 프랑스 4명, 대만 3명, 캐나다 3명, 오스트리아, 네덜란드, 벨기에, 러시아가 각 2명, 오스트레일리아, 스리랑카, 스위스, 뉴질랜드, 터키, 인도가 각 1명이었다.[18]

④ 직 업

역대 국회의원들의 이전 직업을 보면 〈표 13-7〉과 같다. 표에서 보

16) 국회사무처, 《의정자료집》, 국회사무처, 2000, p.63에 나온 자료를 계산한 것이다.

17) 여기에는 외국대학에서 학위를 취득한 것만이 아니라 단기연수, 군사관련 학교 수학 등도 포함되어 있다.

18) 김현우, 앞의 책, p.694.

는 바와 같이 정당관계자가 전체의 14.1%를 차지하여 가장 많은데, 이것은 정치를 직업으로 하는 사람들의 궁극적 목표가 국회의원이 되는 것임으로 당연한 것이다. 둘째로는 국가공무원인데 이 점은 장관 등의 고위공무원을 역임한 사람들이 지역구나 전국구의원으로 충원된 경우가 많았기 때문이라 할 수 있다. 군인출신이 세 번째로 많은 것은 5·16 군부쿠데타 이후에 군출신들이 6대 국회(16.9%), 7대 국회(21.4%), 8대 국회(19.1%), 10대 국회(15.3%)에 많이 충원되었고 또 1980년의 5·18 신군부쿠데타 이후 11대 국회에서 9.8%, 12대 국회

〈표 13-7〉 국회의원들의 직업별 분포

직 업	빈도수	비율	직 업	빈도수	비율	직 업	빈도수	비율
정당관계자	280	14.1	국가공무원	208	10.5	군인	168	8.4
교사	154	7.8	교수	135	6.8	법조인	128	6.4
기자	114	5.7	사업	107	5.4	회사원	86	4.4
농업	84	4.2	회사간부	73	3.6	지방공무원	61	3.1
지방의원	54	2.7	의사	46	2.3	교육관계자	43	2.2
언론인	34	1.7	경찰	33	1.7	사회사업	22	1.1
은행간부	21	1.0	상업	19	1.0	성직자	17	0.9
노조간부	16	0.8	양조업	13	0.7	연구원	11	0.6
조합간부	10	0.5	연예인	6	0.3	예술인	5	0.3
약사	5	0.3	수산, 어업	5	0.3	출판인쇄업	4	0.2
정미업	3	0.2	회계사	2	0.1	체육인	1	0.1
비행사	1	0.1	수의사	1	0.1	한의사	1	0.1
세무사	1	0.1	자료없음	7	0.4	합 계	1,983	100

* 출처: 김현우, 《한국국회론》, 을유문화사, 2001, p.696.

에서 8.3%로 많이 충원되었기 때문이다. 이외에 교수, 법조인, 기자, 언론인 등 전문가들의 국회의원 충원이 많았다. 반면에 지방의원출신이 전체의 2.6%에 불과한 것은 지방자치제 실시와 지방의회의원을 선출한 지가 얼마 되지 않았기 때문이라 할 수 있다.

5. 국회의 운영

1) 교섭단체

국회는 개별 국회의원들이 모여 구성된 기관이지만 실질적 운영은 의원 개인을 중심으로 이루어지는 것이 아니라 교섭단체를 중심으로 운영된다. 교섭단체는 일반적으로 동일한 정당에 소속된 의원들로 구성되는 국회 내 정파를 말한다. 교섭단체의 존재의의는 국회에서 일정한 정당에 속하는 의원들의 의사를 사전에 종합하고 통일하여 각 교섭단체 사이에 상호교섭함으로써 국회의 의사를 원활하게 운영하려는 데 있다. 소속의원 20인 이상의 정당을 단위로 하여 교섭단체를 구성하는 것이 원칙이지만 정당 단위가 아니더라도 다른 교섭단체에 속하지 않는 20인 이상의 의원으로 따로 교섭단체를 구성할 수 있다.[19]

제헌국회에서는 무소속과 군소정당, 정치단체의 소속의원들이 의석의 과반수를 차지하였고 이들은 원내활동에서 여러 개의 친목단체를 구성하여 행동을 통일하였다. 이에 국회운영의 효율을 기하기 위하여 1949년 7월 9일 제헌국회 제4회 국회 제6차 본회의에서 단체교섭회의 설치 등을 주내용으로 하는 국회법 개정이 통과되어 교섭단체제도가 시작되었다. 교섭단체의 구성원 수는 5대 국회부터 의원 20인 이상으로 하였다.[20] 그러나 6·7·8대 국회에서는 10인 이상의 의원으로 교

19) 국회사무처, 《국회법해설》, 국회사무처, 1992, p.71.

섭단체를 구성할 수 있도록 변경하였다가 9대 국회 때부터 다시 20인 이상으로 변경하였다. 외국의 경우에는 국가마다 다른데 최소 의원수는, 프랑스는 30명, 독일은 재적의원의 5%, 인도 30명, 스페인 하원 15명, 이탈리아 하원 20명, 스위스 하원 5명, 아르헨티나 3명, 벨기에 하원 3명, 일본 2명, 이스라엘 2명, 오스트리아 5명, 인도 30명 등이다. 양당제 국가들인 미국과 영국에서는 원내교섭단체에 대한 최소인원 규정이 없다.[21]

교섭단체제도는 사전에 교섭단체 사이의 협의에 의하여 원만한 의회운영이 되도록 하고 소속의원들의 의사를 사전에 수렴, 집약하여 정당의 정책을 효율적으로 추진할 수 있는 기회를 제공하는 등 의회운영에 있어 중요한 역할을 한다. 다만 교섭단체제도가 의원들에 대한 지나친 구속이 될 경우에 의원들의 자유로운 의정활동 내지 원내활동에 제약을 가져올 수 있다.[22]

각 교섭단체는 단체를 대표하는 대표의원인 원내대표를 선임한다.[23] 대표의원의 선출에 대한 국회법상의 제한은 없으며 각 정당의 당헌이나 교섭단체가 정한 절차에 따라 선출한다. 현재 교섭단체의 원내대표는 해당 교섭단체 소속의원들의 의원총회에서 경선 또는 추인의 절차를 거쳐 선출한다. 과거에는 주로 정당의 총재에 의해 임명되는 것이 관례였으나 야당인 민주당은 1993년 전당대회에서 처음으로 경선에 의해 선출한 이후 수차례 경선을 통해 선출하였다. 여당의 경우에는 1995년 민주자유당에서 최초로 제한경선을 실시하였다.

원내대표는 원내에서 정당의 대표로서 소속의원들의 의정활동을 조

---

20) 5대 국회에서 민의원의 교섭단체 최저인원은 20인 이상이었고 참의원은 10인 이상이었다.

21) 안병옥, 앞의 책, p. 142와 김현우, 앞의 책, p. 617.

22) 안병옥, 위의 책, p. 141.

23) 원내대표의 명칭은 16대 국회까지는 원내총무라 불렀으나 17대 국회부터 원내대표라 부르고 있다.

정, 통제, 지원하는 권한과 책임을 갖는다. 우리 국회에서는 의장이 국회의 대표로 국회를 운영함에 있어 거의 대부분의 사항에 대해 교섭단체 대표의원과 협의를 하게 되어 있다. 따라서 실질적 의회운영을 의장이 각 교섭단체 대표의원과 협의하여 진행하고 있기 때문에 원내대표의 권한이 상당히 강하다. 원내대표는 의석의 배정, 연간 국회운영 기본일정의 작성, 본회의 중 위원회의 개회, 상임위원과 특별위원의 선임, 본회의 발언시간의 결정 및 발언자 수의 배정, 본회의 중 5분 자유발언의 허가, 대정부 질문 의원수의 결정, 예산결산특별위원회의 구성, 인사청문특별위원회의 구성, 위원의 선임 및 개선 등의 권한을 가지며 의사일정에 관하여 다른 교섭단체의 원내대표와 협상, 합의하여 국회를 운영한다. 따라서 교섭단체의 원내대표는 국회를 운영하고 움직이는 핵심인물이며 정당 내에서는 사무총장과 더불어 당 2역 중 한 명이다.

역대 국회에서의 교섭단체 수는 〈표 13-8〉과 같다. 제헌국회와 2대 국회를 제외하면 3대 국회부터는 정당을 단위로 하여 교섭단체가 구성되었기 때문에 〈표 13-8〉은 우리 정치에서 정당체계가 어떻게 진행되었는지를 보여준다. 3대와 4대, 6대부터 10대 국회까지는 원내교섭단체의 수가 2개로 이 시기는 정당체계가 양당제였음을 보여준다.[24] 그러나 11대 국회 이후에는 정당을 단위로 하는 원내교섭단체의 수가 3개 또는 4개이기 때문에 이 시기에는 정당체계가 다당제였음을 나타낸다.

이 시기에 다당제가 이루어진 것은 정당들의 이념에 근거한 것이 아니다. 11대와 12대 국회에서는 1980년 군부쿠데타로 정권을 잡은 세력이 의도적으로 다당제의 틀을 갖추기 위해 어용야당들을 인위적으로 만들었기 때문에 외관상 다당제인 것처럼 나타났다. 13대 국회 이후에

24) 4대 국회 임기만료 시에 헌정동지회가 하나 더 생긴 것은 4월혁명 이후에 자유당을 탈당한 의원들이 헌정동지회를 만든 것으로 이 교섭단체는 며칠 계속되지 않아 4대 국회의 시기는 양당제의 시기였다. 9대 국회와 10대 국회 때 유신정우회는 정당이 아니었고 민정회는 10대 국회개회 3개월 만에 해체되었기 때문에 정당체계는 민주공화당과 신민당의 양당제였다.

〈표 13-8〉 역대 국회에서 원내교섭단체의 변화

국회	교섭단체							
	최초 구성시	소속의원	비율(%)	임기 만료시	소속의원	비율(%)	최대 단체수*	총 단체수
제헌	민주국민당	75	37.5	대한국민당	71	35.8	4	5
	일민구락부	54	27.0	민주국민당	68	34.8		
	신정회	23	11.5	일민구락부	30	15.2		
	대한노동당	23	11.5	-	-	-		
2대	공화구락부	40	22.9	자유당	99	55.3	5	10
	신정동지회	70	40.0	민주국민당	20	11.2		
	민주국민당	40	22.9	-	-	-		
	민우회	20	11.4	-	-	-		
3대	자유당	136	67.0	자유당	131	65.2	3	5
	무소속동지회	31	15.3	민주당	46	22.9		
4대	자유당	126	58.9	자유당	48	24.6	3	3
	민주당	79	35.1	민주당	68	34.6		
	-	-	-	헌정동지회	38	19.5		
5대 민의원	민주당구파동지회	86	37.2	신민당	60	26.5	3	4
	민정구락부	46	20.0	민정구락부	28	12.4		
	민주당**	88	38.1	민주당	131	58.0		
5대 참의원	참우구락부	21	36.2	참우구락부	13	26.0	3	4
	민주당	13	22.4	민주당	13	26.0		
	민주당구파동지회	18	31.1	신민당	18	36.0		
6대	민주공화당	110	62.9	민주공화당	106	66.3	3	6
	민정당	41	23.4	신민당	49	33.5		
	삼민회	24	13.7	-	-	-		
7대	민주공화당	121	70.3	민주공화당	117	74.1	3	7
	-	-	-	신민당	37	22.8		
8대	민주공화당	113	55.4	민주공화당	114	55.9	2	2
	신민당	89	43.6	신민당	89	43.6		
9대	유신정우회	73	33.3	유신정우회	73	34.9	4	4
	민주공화당	71	32.4	민주공화당	66	31.6		
	신민당	52	23.8	신민당	53	25.4		
10대	유신정우회	77	33.3	유신정우회	77	38.3	4	4
	민주공화당	68	29.4	민주공화당	67	33.3		
	신민당	61	26.4	신민당	52	25.9		
	민정회	21	9.1	-	-	-		
11대	민주정의당	151	54.7	민주정의당	145	54.1	3	3
	민주한국당	82	29.7	민주한국당	44	16.4		
	한국국민당	25	9.1	한국국민당	23	8.6		
12대	민주정의당	148	53.6	민주정의당	157	57.9	4	5
	신한민주당	102	37.0	통일민주당	48	17.7		
	한국국민당	20	7.3	평화민주당	24	8.9		
13대	민주정의당	125	41.8	민주자유당	195	66.8	4	8
	평화민주당	71	23.8	민주당	63	21.6		
	통일민주당	60	20.1	-	-	-		
	신민주공화당	35	11.7	-	-	-		

〈표 13-8〉 계속

<table>
<tr><td rowspan="2">국회</td><td colspan="8">교섭단체</td></tr>
<tr><td>최초 구성시</td><td>소속의원</td><td>비율(%)</td><td>임기 만료시</td><td>소속 의원</td><td>비율(%)</td><td>최대 단체수*</td><td>총 단체수</td></tr>
<tr><td rowspan="4">14대</td><td>민주자유당</td><td>156</td><td>52.2</td><td>신한국당</td><td>145</td><td>50.9</td><td rowspan="4">4</td><td rowspan="4">6</td></tr>
<tr><td>민주당</td><td>96</td><td>32.1</td><td>새정치국민회의</td><td>52</td><td>18.3</td></tr>
<tr><td>통일국민당</td><td>32</td><td>10.7</td><td>민주당</td><td>37</td><td>13.0</td></tr>
<tr><td>-</td><td>-</td><td>-</td><td>자유민주연합</td><td>31</td><td>10.9</td></tr>
<tr><td rowspan="3">15대</td><td>신한국당</td><td>151</td><td>50.5</td><td>한나라당</td><td>138</td><td>46.2</td><td rowspan="3">3</td><td rowspan="3">4</td></tr>
<tr><td>새정치국민회의</td><td>79</td><td>26.4</td><td>새정치국민회의</td><td>103</td><td>34.4</td></tr>
<tr><td>자유민주연합</td><td>49</td><td>16.4</td><td>자유민주연합</td><td>52</td><td>17.4</td></tr>
<tr><td rowspan="3">16대</td><td>한나라당</td><td>153</td><td>55.9</td><td>한나라당</td><td>147</td><td>54.5</td><td rowspan="3">3</td><td rowspan="3">3</td></tr>
<tr><td>새천년민주당</td><td>101</td><td>33.4</td><td>새천년민주당</td><td>62</td><td>22.1</td></tr>
<tr><td>-</td><td>-</td><td>-</td><td>열린우리당</td><td>47</td><td>17.3</td></tr>
<tr><td rowspan="2">17대</td><td>열린우리당</td><td>151</td><td>50.5</td><td>대통합민주신당</td><td>141</td><td>47.1</td><td rowspan="2">2</td><td rowspan="2">3</td></tr>
<tr><td>한나라당</td><td>121</td><td>40.4</td><td>한나라당</td><td>129</td><td>43.1</td></tr>
</table>

* 최대단체수는 임기 내 교섭단체가 동일한 시기에 운영된 경우의 최대치이며, 총 단체수는 임기 동안 활동한 모든 교섭단체의 순이다.

** 5대 민의원의 경우 1960년 8월 31일 개원 당시에는 민주당소속 의원들이 교섭단체를 구성하지 않다가 9월 22일에 민주당 교섭단체를 구성하였다. 개원 당시의 비교섭단체 의원 99명 중에서 88명이 9월 22일에 민주당 교섭단체를 구성하였으므로 88명을 최초 구성 시 민주당 교섭단체 소속으로 계산하였다.

*** 출처: 김현우, 《한국국회론》, 을유문화사, 2001, pp.629~630. 16대와 17대는 저자가 작성.

**** 17대 국회는 2007년 10월 20일 기준.

는 유권자들의 지역주의의식 때문에 다당제가 나타났는데, 영남, 호남, 충청지역출신 정치인들이 지역을 기반으로 하는 정당들을 만들고 이 정당들이 선거 때마다 그 지역에서 집중적 지지를 받아 의석을 확보함으로써 지역주의에 바탕을 둔 다당제가 형성되었다. 〈표 13-8〉에서 볼 수 있는 또 하나의 특징은 원내교섭단체의 수가 2~3개가 주를 이루었고 간헐적으로 4개였기 때문에 국회의 운영은 규모가 큰 원내교섭단체 2~3개를 중심으로 이루어졌다.

2) 위원회

(1) 위원회의 기원과 기능

현대국가의 기능이 확대되고 복잡하여짐에 따라 국회의 기능들도 광범위한 영역을 포괄하게 되었다. 이에 본회의에 모든 의원들이 모여 광범위한 영역 전반에 관하여 심의하는 것이 어렵고 부적합하게 되었다. 이에 소수의 의원들로 위원회를 구성하고 위원회에서 안건을 심사한 후 본회의 상정여부를 결정하는 예비적 심사절차가 정착되었다. 오늘날의 의회는 본회의 외에 위원회를 구성하여 전문적 지식을 갖춘 의원들을 각 위원회의 위원으로 선임하여 국회업무의 활성화를 도모하고 있다. 위원회제도는 의안을 심의하는 데 능률을 증진시키고 증대되는 안건의 처리를 효율화하며 의원의 전문성을 제고시켜 의안심사에서 성과를 올릴 수 있고 또 소수의원들에 의한 토의이기 때문에 합의를 유도하기 쉬우며 회의운영의 탄력성을 증진시킬 수 있는 등의 장점이 있다.[25]

위원회제도의 기원을 보면 영국 의회에서는 1340년 초에 원내에서 필요한 법령을 심의, 제정하기 위하여 위원을 선출한 적이 있는데 이것이 관례로 굳어져 오늘날의 위원회가 되었다.[26] 우리나라에서는 1919년 상해 대한민국임시의정원에서 제정한 임시의정원법 제 5장 제 28조에 의하여 위원회의 종류를 전원위원회, 상임위원회, 그리고 특별위원회의 세 가지로 규정하였다.[27] 각국의 의회는 의회의 운영에서 본회의가 중심이 되는 유형과 위원회가 중심이 되는 유형의 두 가지가 있다. 본회의 중심의 대표적인 국가는 영국 의회이며 미국 의회는 위원회에서 안건을 실질적으로 심의하고 본회의는 위원회를 거친 사항을

---

25) 국회사무처, 《국회법해설》, 국회사무처, 1992, pp. 78~79.

26) Mackenzie, K. R., *The English Parliament*, Middlesex: Penguin Books, 1963, pp. 46~47. 김현우, 앞의 책, p. 299에서 재인용.

27) 김현우, 앞의 책, p. 300.

최종적으로 결정하는 역할을 하는 상임위원회 중심이다. 우리나라는 현재 상임위원회를 중심으로 국회운영이 이루어지고 있기 때문에 상임위원회에서의 심사가 가장 중요한 심사이다. 상임위원회는 회부된 안건을 심사하고 그 결과를 본회의에 보고하여 본회의의 판단자료를 제공한다.

우리 국회는 제헌국회부터 현재까지 위원회를 설치, 운영하고 있다. 국회운영에서 법률안 의결은 제헌국회부터 5대 국회까지는 위원회의 심사가 있은 후 다시 본회의에서 3독회를 거치면서 축조(逐條)심의를 하는 위원회 중심과 본회의 중심의 절충형을 채택하였으나 6대 국회부터는 3독회제도를 폐지하고 상임위원회 중심으로 운영하고 있다.

(2) 위원회의 종류

국회의 위원회는 상임위원회와 특별위원회의 두 종류가 있다. 상임위원회는 상설기구로 의안이 제출되거나 청원이 접수되면 이를 심사하며 해당부문에 관한 입법자료를 수집하며 의안을 만들기도 한다. 특별위원회는 특별히 필요하다고 인정되는 안건을 심사하기 위하여 필요한 때마다 설치하며 그 안건이 본회의에서 의결될 때까지 존속한다.[28] 이러한 특별위원회들은 일반특별위원회라 하며 이외에도 예산결산특별위원회와 윤리특별위원회가 있다. 윤리특별위원회는 의원의 자격심사, 윤리심사 및 징계에 관한 사항을 심사하며 상설 존속한다. 특별위원회는 본회의로부터 안건의 회부가 없으면 자주적으로 심사할 수 없다. 위원회의 종류는 두 가지로 분류되지만 유형별로 나누면 이외에 전원위원회가 있다.

17대 국회 말인 2008년 초에 국회에는 17개의 상임위원회가 있었다.

---

28) 근래 국회에서 구성되었던 특별위원회의 예를 들면, 5·18 광주민주화운동 진상조사 특별위원회, 5공화국에 있어서의 정치권력형 비리조사 특별위원회, 헌법개정 특별위원회, 수해대책 특별위원회, 대전세계박람회지원 특별위원회 등이 있다.

이들은 국회운영, 법제사법, 정무, 재정경제, 통일외교통상, 국방, 행정자치, 교육, 과학기술정보통신, 문화관광, 농림해양수산, 산업자원, 보건복지, 환경노동, 건설교통, 정보, 여성가족위원회였다. 국회기능의 확대와 일상생활에서의 새로운 분야의 대두에 따라 상임위원회의 수는 증가해왔다. 상임위원회의 수는 제헌국회 때의 8개에서 2대 국회는 13개, 3대 국회와 4대 국회에서는 14개, 5대 국회(민의원)에서는 13개, 6대·7대 국회에서는 12개, 8대·9대·10대·11대 국회에서는 13개였으며 12대 국회에서는 16개로 증가하였다. 13대 국회 후반기부터는 17개로 증가했다가 14대 국회에서는 16개, 17개, 16개로 바뀌었다. 15대 국회에서는 16개이었다가 17대 국회에서는 17개가 되었다.

의원들의 상임위원회 위원 선임은 교섭단체 소속의원 수의 비례에 따라 각 교섭단체 대표의원의 요청으로 의장이 선임한다. 정보위원회를 제외한 상임위원회는 소관사항을 분담 심사하기 위하여 3개의 상설 소위원회를 두고 있다. 의원들의 상임위원회 배정은 의원들의 전문성을 고려하여 배정하여야 하지만 전문성을 고려하는 않는 경우도 많으며 당내에서의 지위에 따라 배정되는 경우가 흔하다. 15대 국회 말부터 의원들은 복수의 상임위원회의 위원이 될 수 있다. 의원의 특별위원 선임은 원내대표의 요청으로 의장이 선임한다. 상임위원회의 위원정수는 국회규칙으로 정하도록 되어 있으나 상임위원회의 종류, 소관사항의 중요성 및 정당과 원내교섭단체 내지 의원의 정치적 이해관계 등에 의해 각 위원회의 위원정수가 동일하지 않고 위원회에 따라 정원이 다르다. 상임위원회 위원의 임기는 2년이다.

각 상임위원회의 위원장은 본회의에서 무기명투표로 선출하며 재적의원 과반수의 출석과 출석의원 다수의 득표자로 결정한다. 제헌국회와 2대 국회 초까지는 상임위원장을 해당 상임위원회에서 선출하였으나 2대 국회 중반부터 본회의에서 직접 선출하고 있다. 12대 국회까지는 상임위원장후보를 여당총재가 내정한 후 투표로 선출하였는데 여당의 의석이 50% 이상을 점유하였기 때문에 이것이 가능하였고 또 상임위원회의 위원장직을 여당의원들이 독점하였다. 그러나 5대 국회 때에는 각 당파 사이에 위원장직을 안배한 예가 있었고, 13대 국회부터는 각 교섭단체의 의석수에 비례하여 상임위원장을 배분하고 있다.

위원회의 위원석은 위원장석을 머리 쪽 중간으로 하여 마주보고 앉도록 배정한다. 위원석의 배정은 위원장이 각 교섭단체별로 위치를 정하고 개개 위원의 위원석은 성명의 가나다 순서로 정한다. 위원회에는 각 교섭단체별로 간사 1명씩을 두며 간사의 선임은 각 교섭단체별로 소속위원들이 결정한다. 위원회의 의사정족수는 재적위원의 3분의 1 이상이며 의결정족수는 재적위원 과반수의 출석과 출석위원 과반수의 찬성으로 한다.

특별히 필요하다고 인정되는 안건을 심사하기 위한 특별위원회에는 상설 특별위원회와 비상설 특별위원회가 있다. 상설 특별위원회에는 예산결산특별위원회와 윤리특별위원회가 있다. 예산결산특별위원회의 위원장은 특별위원회의 위원 중에서 무기명투표에 의해 선거하며 재적위원 과반수의 출석과 출석의원 다수의 득표로 선출한다. 비상설 특별위원회는 인사청문특별위원회와 기타 특별위원회가 있다. 비상설 특별위원회는 본회의의 의결을 거쳐 설치하며 정해진 활동기간이 종료되거나 그 안건이 본회의에서 의결될 때까지 한시적으로 존속한다. 비상설 특별위원회 위원장은 해당위원회에서 호선한 후 본회의에 보고한다. 예산결산특별위원회 위원장의 임기는 1년이며 윤리특별위원회 위원장의 임기는 2년이다.

전원위원회는 국회의 전체 의원을 위원으로 하여 구성하는 위원회이다. 전원위원회는 상임위원회의 심사를 거치거나 위원회가 제안한 의안 중 정부조직에 관한 법률안, 조세 또는 국민에게 부담을 주는 법률안 등 주요의안에 대하여 본회의 상정 전이나 상정 후에 재적의원 4분의 1 이상의 요구가 있는 때에 구성한다. 그러나 의장은 주요의안의 심의 등 필요하다고 인정하는 경우 각 교섭단체 대표의원의 동의를 얻어 전원위원회를 개회하지 않을 수 있다. 전원위원회는 영국과 미국에는 존재하나 독일, 일본, 프랑스 의회에는 존재하지 않는다.[29] 전원위원회의 위원장은 의장이 지명하는 부의장이 담당하며 심사대상이 되는 주요의안에 대해 수정안을 제안할 수 있다. 전원위원회의 의사정족수는 재적위원의 5분의 1 이상이며 의결정족수는 재적위원 4분의 1 이상 출석과 출석위원 과반수의 찬성이다.

(3) 위원회의 기능

상임위원회는 일정한 소관사항을 가지며 그 소관에 속하는 의안과 청원을 심사하는 예비적 심사기관의 역할을 한다. 모든 의안은 위원회의 심사를 필수요건으로 한다. 그러나 헌법개정안이나 의원의 신상에 직접 관계되는 사항, 대통령이 거부권을 행사한 법률안 재의건 등에 관해서는 관례상 본회의에 직접 부의하기도 한다. 위원회는 소관에 속하는 의안을 심사한 후 원안대로 가결하거나 수정안 또는 대안을 제출할 수 있다. 또 본회의에 부의할 필요가 없다고 보고할 수 있으며 의원의 임기 동안 심사를 보류하였다가 임기만료를 이유로 폐기시킬 수도 있다. 이외에도 위원회는 그 소관에 속하는 사항에 관하여 법률안이나 기타의 의안을 제출할 수 있다.[30]

상임위원회는 안건을 심사하기 위하여 ① 공청회나 청문회를 열 수 있고 ② 국무총리, 국무위원 또는 정부위원[31]과 대법원장, 헌법재판소장, 중앙선거관리위원회 위원장, 감사원장 또는 그 대리인의 출석을

---

29) 김현우, 앞의 책, pp. 309~310.

30) 위원회의 의안제안 유형에는 위원회안과 위원회대안이 있다. 위원회안은 위원회가 그 소관에 속하는 사항에 관하여 독자적으로 의안을 입안하여 제출하는 것이며 위원회대안은 원안의 취지를 변경하지 않는 범위 안에서 그 내용을 대폭적으로 수정하거나 체계를 전혀 다르게 하여 원안을 대신할 만한 안으로 제출하는 것이다.

31) 국무위원은 국무회의의 구성원으로서 원(院), 부(部), 처(處)의 장관 또는 정무장관이 된다. 정부위원은 정부의 원, 부, 처, 청의 처장, 차관, 청장, 차장, 실장, 국장 또는 부장 및 차관보와 내무부의 본부장이 된다.

요구할 수 있으며 ③ 보고 또는 서류제출을 요구할 수 있고 ④ 증인, 감정인 또는 참고인의 출석을 요구할 수 있으며 검증을 행할 수 있다. 이러한 상임위원회의 권한이나 기능을 감안할 때 상임위원회는 국회의 핵심적 기구이며 국회의 기능과 관련된 실무적 업무는 상임위원회의 수준에서 모두 결정된다고 할 수 있다.

위원회의 활동은 원칙적으로 회기중에 한하여 할 수 있다. 그러나 1991년 5월 31일에 개정된 국회법은 국회의 상설화를 기하고 상임위원회에 계류 중인 법률안 및 청원, 기타 안건을 심사하기 위하여 국회가 폐회 중인 때에도 최소한 월 1회의 정례회의 개회를 명문화하였으나 상임위원회 활동은 제대로 이루어지지 않았다. 이에 김영삼 정부하에서는 국회운영의 제도개선을 위해 상임위원회 개최를 월 2회로 증가시켰다. 이러한 제도개선에도 불구하고 위원회 활동은 계속해서 부진한 상태에 있다. 위원회 회의에서는 위원이 출석한 정부위원이나 참고인 등에게 한 가지를 질의하여 답변을 듣고 계속해서 다음 질의를 하여 답변을 듣는 일문일답식의 질의를 할 수 있으며, 동일의제에 대하여 회수 및 시간 등에 제한 없이 발언할 수 있다. 위원회에서의 표결은 본회의의 표결에 관한 규정이 준용되나 표결의 방법에 있어서는 거수로도 할 수 있도록 하였으며 실제로는 기립표결 방법으로 하는 예가 많다.

3) 본회의

본회의는 국회의원 전원이 본회의장에 모여 국회의장의 주재로 국회의 의사를 최종적으로 결정하는 회의이다. 국회의 의사를 최종적으로 결정하는 본회의는 재적의원 전원으로 구성되고, 재적의원 5분의 1 이상의 출석으로 개의하며, 헌법 또는 국회법에 특별한 규정이 없는 한 재적의원 과반수의 출석과 출석의원 과반수의 찬성으로 의결한다. 본회의는 의안에 대한 심의와 함께 대통령의 예산안 시정연설, 각 교섭단체의 대표연설 및 대정부 질문 등 국정전반에 관한 토론의 장으로서 역할을 한다. 교섭단체 대표연설은 교섭단체를 가진 정당을 대표하는 의원이나 교섭단체의 대표의원이 소속정당 또는 교섭단체를 대표하여 행하는 연설로 40분까지 발언할 수 있다. 본회의에서는 회기중 기간을 정하여 국정전반 또는 특정분야를 대상으로 정부에 대하여 질문을 하고 답변을 듣는 대정부 질문이 이루어진다. 질문은 일문일답 방식으로 하되, 질문시간은 20분 이내이며 이 경우 답변시간은 포함되지 않는다. 긴급현안 질문은 회기 중 현안이 되고 있는 중요한 사항을 대상으로 정부에 대하여 질문을 하고 그 답변을 듣는 제도로서 총 질문시간은 120분이다. 긴급현안 질문은 대정부 질문에 준하여 실시하나 의원의 질문시간은 10분 이내이며 보충질문은 5분 이내이다. 5분 자유발언은 국회에서 심의 중인 의안이나 청원, 기타 중요한 관심사안에 대해 국회의원이 자신의 의견을 자유롭게 발언하는 것으로 발언시간은 5분 이내이다. 이외에 회의 진행과정에서 회의 진행방법 등에 대하여 이의를 제기하거나 자기의견을 개진하기 위해 하는 5분 이내의 의사진행발언과 다른 의원이 이미 행한 발언에 대해 관련 있는 의원이 3분 이내에 해명을 하거나 반론을 제기하는 반론발언이 있다.

의장은 각 교섭단체의 원내대표와 협의하여, 동일의제에 대하여 교섭단체별로 그 소속의원 수의 비율에 따라 각 3인 이내의 범위 안에서 발언자 수를 정한다. 본회의에서 대정부 질문의 발언시간을 20분 내로 규제하고 또 교섭단체별로 발언자의 수를 제한한 것은 유신체제 때부터이다. 그 이전 제 3공화국까지는 의원의 발언시간을 국회의 의결로 제한할 수 있다고만 규정하여 국회에서 의원들의 활발한 토론을 보장하였다. 또 이런 규정에 따라 의사진행 지연기법인 필리버스터(*filibuster*)가 가능하기도 하였다. 1969년 7대 국회에서 행해진 6차 헌법개정(3선 개헌) 시에는 야당의 계속적인 발언에 의한 지연전술도 행해진 바 있다.

이러한 경험을 한 박정희 대통령은 유신체제를 수립하면서 서구식 민주주의는 우리나라의 사정에 맞지 않으며 국회의 운영도 우리식 민주주의에 맞게 고쳐야 한다는 명분하에 국회를 약화시키고 활동을 제한하는 규정들을 신설하였다. 그 일환으로 제4공화국 유신체제 기간과 제5공화국 기간에는 "의원은 의사진행을 지연시키거나 방해할 목적으로 신문, 잡지, 간행물, 기타 문서 등을 낭독하여서는 아니 된다"는 조항을 국회법에 삽입하였다. 이러한 조항은 제6공화국에서 삭제되었으나 유신체제에서 도입된 의원의 발언시간 제한과 발언자 수의 제한은 현재까지 그대로 적용되고 있다.

그러나 유신체제하에서 국회의원들의 발언을 30분 이내로 규제하기 전에도 의원들의 발언은 30분을 넘지 않았다. 역대 국회에서의 대정부 질문 평균시간을 보면 제헌국회에서 4분, 2대 국회에서 7분, 3대 국회에서 6분, 4대 국회에서 13분, 5대 국회에서 14분, 6대 국회에서 14분, 7대 국회에서 19분, 8대 국회에서 16분, 9대 국회에서 23분, 10대 국회에서 24분이었다.[32] 이처럼 발언시간을 규제하지 않더라도 30분을 넘지 않았지만, 권위주의정권들은 국회를 약화시키고 행정부에 대한 견제를 무력화시키기 위하여 발언시간까지 규제하는 조치를 취하였다. 본회의는 국가의 안전보장을 위하여 필요하다고 인정되는 경우 이외에는 공개가 원칙이다. 본회의는 의장 또는 의장이 지정하는 부의장이 주재한다.

본회의의 정족수는 재적의원 4분의 1 이상이다. 12대 국회까지는 본회의와 위원회 모두 재적의원 3분의 1 이상으로 의사정족수를 규정하였으나 13대 국회부터는 본회의 의사정족수를 재적의원 4분의 1 이상으로 감소시킴으로써 의결사항이 아닌 경우에는 의사정족수의 미달로 인하여 국회가 열리지 못하는 경우가 생기지 않도록 요건을 완화하였다.

본회의의 진행은 의사일정에 따라 이루어진다. 의사일정은 개의일시, 부의안건과 그 순서를 기재한 것으로 의장이 국회운영위원회와 협의하여 작성한다. 의사일정의 작성은 의사정리권을 가진 의장이 작성

32) 이호진, "의사절차에 관한 연구", 〈의정연구〉 No. 3, 1982.

할 권한을 가지고 있지만 의사를 원활하게 진행하기 위하여 각 교섭단체의 원내대표가 위원이 되는 국회운영위원회와 협의하여 결정한다. 본회의 개의의 이러한 의사일정 합의관행은 본회의의 개회를 어렵게 만드는 요인이 되고 있다. 즉, 여당과 야당이 의사일정을 합의하지 못하게 되면 임시국회를 소집해놓고도 회의는 개회되지 않는 파행을 나타낸다. 예를 들어 1995년 5월에 야당인 민주당이 임시국회를 소집하였으나 여당인 민주자유당 의원들이 불참함에 따라 본회의는 한 번도 열리지 않은 채 폐회되었다.

국회는 헌법이나 기타 법률이 정한 바에 따라 중요한 의안이나 기타 안건을 의결한다. 국회의 의결을 요하는 중요한 의안이나 기타 안건으로는 법률안, 예산안, 결산, 예비비 지출의 승인, 조약·선전포고·국군의 외국 파견 또는 외국군대의 주둔에 대한 동의, 헌법개정안, 탄핵소추 등이 있다. 의안의 발의는 의원, 정부, 위원회가 할 수 있다. 의안 중에는 의원이 발의할 수 있는 법률안, 결의안, 건의안 등이 있고 예산안, 결산안, 조약동의안 등은 정부만이 제출권을 갖는다.

의원이 법률안이나 기타 의안을 발의하는 경우에는 발의자를 포함하여 최소한 20인 이상의 찬성자가 있어야 한다. 사안에 대한 요구에 있어서는 사안에 따라 발의자를 포함한 최소한의 찬성자가 있어야 한다. 예를 들어 국무총리 또는 국무위원에 대한 해임건의안이나 탄핵소추의 발의, 국정조사요구는 재적의원 3분의 1 이상의 찬성이 있어야 하며 대통령에 대한 탄핵소추의 발의나 헌법개정안의 발의에는 재적의원 과반수 이상의 찬성이 있어야 한다. 그러나 일반 동의는 의원 2인 이상의 찬성만 있으면 된다. 안건이 발의 또는 제출되면 의장은 이를 인쇄하여 의원에게 배부하고 본회의에 보고하는 동시에 소관위원회에 회부한다. 이것은 본회의에서의 의결에 앞서 그 의결의 판단자료로 삼기 위하여 소관위원회에서 사전심사를 하도록 하는 것이다.

예산안과 결산은 각 상임위원회에서 예비심사를 한다. 이 제도는 제헌국회 때부터 시행되고 있으나 11대 국회 전반기에는 예산결산특별위원회가 전담심사한 경우도 있었다. 정부는 결산을 매년 9월 3일까지, 예산안을 10월 3일까지 국회에 제출하여야 하며 이것은 소관 상임위원회에 회부되어 예비심사를 거친 후 의장에게 보고된다.

각 위원회에서 심사를 마치거나 입안된 법률안은 법제사법위원회에 회부하여 체계와 자구(字句)에 대한 심사를 거쳐야 한다. 체계심사란 법률안 내용의 위헌여부, 관계법률과의 저촉여부, 자체 조항간의 모순 유무를 심사하여 법률형식을 정비하는 것이고, 자구의 심사란 법규의 정확성, 용어의 정확성과 통일성 등을 심사하여 각 법률 사이에 용어의 통일성을 기하는 것이다. 위원회에서 본회의에 부의하지 않기로 결정한 의안의 경우에는 이것이 보고된 날로부터 7일 이내에 의원 30인의 요구가 있을 경우 그 의안을 본회의에 부의하여야 한다.

본회의에서의 안건심의 절차는 위원회의 심사를 거친 안건과 그렇지 않은 안건이 다르다. 위원회의 심사를 거친 안건은 ① 위원장의 심사보고 ② 질의(생략 가능) ③ 토론(생략 가능) ④ 표결의 절차를 밟는다. 위원회의 심사를 거치지 않은 안건은 ① 제안자의 취지설명 ② 질의 ③ 토론 ④ 표결의 순서로 진행한다.

4) 국정감사와 국정조사

국회는 본래의 기능인 입법권, 재정에 관한 권한, 국정통제권 등을 적절히 수행하기 위하여 국정 전반에 관한 감사나 특정한 국정사안에 관하여 조사를 할 수 있는 권한을 갖는다. 국정감사는 국정 전반을 대상으로 하여 1년에 한 번 정기적으로 행하며 국정조사는 특정한 사안에 관하여 부정기적으로 또는 수시로 행한다.[33)]

---

33) 국정감사는 정부수립 이후 1972년 3공화국 때까지 헌법에 의거하여 실시되었으나 유신체제인 4공화국에서는 행정부에 대한 국회의 국정감사권을 폐지하여 국회를 약화시키고 행정부에 대한 견제장치를 없애버렸다. 1988년의 6공화국 헌법에서는 국정감사권을 다시 회복시켜 국회의 권한을 재강화

국정감사와 국정조사는 헌법에 규정된 국회의 권한을 수행하기 위하여 필요한 범위 내에서 입법사항, 재정사항, 행정사항, 사법사항 및 국회 내부사항의 전반에 걸쳐 실시한다. 국정감사를 실시할 수 있는 대상기관은 법률에 의하여 구체적으로 명시되어 있으며 상임위원회가 본회의의 의결 없이 자체적으로 선정할 수 있는 기관으로는 정부의 원(院), 부(部), 처(處), 청(廳), 국(局) 등 중앙행정기관과 법원, 헌법재판소, 감사원, 국가정보원, 검찰청, 육·해·공군 등이 있다. 국정감사의 구체적 실시는 소관 상임위원회별로 실시된다.

국정감사의 시기는 종전에는 매년 정기회 집회기일 다음날부터 20일간 행하되, 본회의 의결로 그 시기를 변경할 수 있도록 하였다. 이에 따라 정기회 집회일 다음날인 9월 2일 감사를 실시하고, 다만 특별한 사정이 있는 경우에는 본회의의 의결로 그 시기를 변경할 수 있도록 하였다. 그러나 그동안 국회의 국정감사는 국정감사계획서의 준비와 의결, 증인 및 참고인 등의 출석요구 등과 같은 국정감사 준비를 위한 기간과 국정감사 전에 상임위원회의 결산 예비심사가 완료되어야 하는 점 등을 이유로 매년 국정감사 시기를 변경하여 실시했다. 이에 16대 국회 국정감사 및 조사에 관한 법률개정에 따라 국정감사의 시기를 9월 10일로 변경하였다. 그러나 국정감사의 실시에 필요한 준비 등 법정일에 국정감사를 실시할 수 없는 제반 여건 등으로 인하여 국정감사의 실시시기는 본회의에서 신축적으로 결정하고 있다. 매년 정기회 기간 중인 9월 10일부터 20일간 행하되 본회의 의결로 시기를 변경할 수 있다.[34]

국정감사와 국정조사는 국회가 국정을 감시하고 비판하며 입법활동과 예산심의를 위하여 필요한 정보 및 자료를 획득하여 행정부의 정책설정이나 정책집행에서 나타날 수 있는 잘못된 부분을 찾아내고 이를

하였으며 국정조사권도 그대로 존속시키고 있다.

34) 안병옥, 앞의 책, pp. 548~549.

시정하게 하는 데 의의가 있다.

국정감사제도는 제헌국회부터 헌법에 명문화되어 실시하였으나 1972년 10월 유신 이후 폐지하였다. 국정조사제도는 1980년 10월 27일 8차 개정헌법에 다시 명문화되었으며 국정감사제도는 1987년 10월 29일에 개정된 현행헌법에 다시 명문화되었다. 국정조사는 재적의원 4분의 1 이상의 요구가 있을 때 시행하며 실시에는 국정조사계획서의 본회의 승인을 필요로 한다. 국정조사는 유신체제에서 폐지되었던 국정감사를 대체한다는 명분하에 제5공화국 헌법에 의해 도입되었으나 실제로는 제5공화국 기간 동안 한 번도 실시하지 않았다.

국회는 제헌국회부터 16대 국회까지 55년간 총 37회의 일반국정감사와 20회의 특별국정감사, 188회의 국정조사를 실시하였다. 〈표 13-9〉에서 역대 국회에서의 국정감사 및 조사의 실시에서 나타나는 특징을 보면 제헌국회부터 5대 국회까지는 감사 및 조사활동이 매우 활발하게 이루어졌다. 6대 국회부터 8대 국회까지는 국정감사 및 조사가 제한적으로 행해졌다. 9대 국회부터 12대 국회까지는 국정감사는 법으로 금지되었고 국정조사도 11대 국회부터 부활하였으나 한 번도 실시하지 않았다. 13대 국회 이후에는 국정감사가 16년 만에 부활되어 적절히 행사하였고 국정조사도 필요한 경우 행사하고 있다.[35]

국정조사는 13대 국회부터 16대 국회까지 17회가 실시하였다. 13대 국회에서는 13대 대통령 및 국회의원선거에서의 부정조사, 5·18 광주민주화운동진상조사, 제5공화국에 있어서의 정치권력형 비리조사, 조선대생 이철규 변사사건에 관한 국정조사 등 4건이었고, 14대 국회에서는 12·12 군부쿠데타·율곡비리·평화의 댐 건설 진상조사, 상무대 공사대금 일부 정치자금유입 의혹사건 진상조사, 공직자 세금부정사건 조사, 삼풍백화점 붕괴사건 등 4건이었다. 15대 국회에서는 15대 국회의원총선거에 있어 공정성 시비가 있는 사안에 대한 조사, 한보사건

35) 안병옥, 앞의 책, pp. 588~589.

국정조사, IMF환란 원인규명과 경제위기 진상조사, 한국조폐공사 파업유도 진상조사, 언론문란 진상규명을 위한 국정조사 등 5건이었고, 16대 국회에서는 한빛은행 대출관련 의혹사건 등의 진상조사, 공적 자금의 운용실태규명을 위한 국정조사, 언론사태 진상규명을 위한 조사, 공적 자금 조사 등 4건이었다. 13대 국회 이후 17회의 국정조사 중에서 보고서가 채택된 것은 6건에 불과하였다.[36] 이것은 국정조사를 위

〈표 13-9〉 국정감사와 국정조사의 실시상황

국회	일반국정감사		특별국정감사		국정조사	
	실시 회수	본회의 보고일수	실시 회수	본회의 보고회수	실시 회수	본회의 보고회수
제헌	1	1	0	0	15	19
2대	4	4	2	2	41	31
3대	3	1	10	9	64	44
4대	2	0	1	1	14	11
5대 민의원	1	0	1	1	11	13
참의원	1	0	1	1	5	5
6대	3	3	0	0	12	7
7대	4	0	5	2	8	2
8대	2	0	0	0	1	0
9대	0	0	0	0	0	0
10대	0	0	0	0	0	0
11대	0	0	0	0	0	0
12대	0	0	0	0	0	0
13대	4	4	0	4	4	3
14대	4	4	0	4	4	2
15대	4	4	0	5	5	1
16대	4	4	0	2	4	0
합계	37	25	20	16	188	138

* 출처: 안병옥, 《한국의회론》, 지방행정연구소, 2004, pp. 588~589.

36) 안병옥, 앞의 책, p. 592.

한 요구만 있거나 여당과 야당 사이에 의견의 합의가 이루어지지 않아 국정조사 결과보고서를 작성하지 못하고 끝난 것이 11회나 되어 국정조사가 정당의 당리당략에 의해 좌우됨을 알 수 있다.

5) 국회에서의 표결

본회의에서의 표결방법으로는 전자투표, 기립투표, 기명투표, 호명투표, 무기명투표, 이의유무(異議有無)를 묻는 방법이 있으며 일반적으로는 전자투표에 의한 기록표결과 이의유무 방법을 사용한다. 전자투표는 의석에 설치된 전자투표장치를 사용하여 의원이 찬성과 반대 의사표시를 하면 그 표결결과가 전광판에 표시되는 기록표결 방법이다. 이의유무 표결 시 이의가 있을 때 실시한다. 의원은 각 의석에 설치된 전자투표장치의 재석단추를 먼저 누르고 그 다음에 찬성 또는 반대의 단추를 누른다. 표결의 종료가 선포되기 전에는 취소단추를 눌러 의사표시를 변경할 수 있다. 표결의 종료가 선포되면 회의장 전면의 전광판에 표결결과가 표시되며 의장이 표결결과를 선포한다. 이 방법은 의원별 표결내용이 회의장 벽면이나 전광판에 즉시 나타나 그 결과를 신속히 알 수 있기 때문에 신속성, 정확성, 시간절약, 분쟁소지의 방지 등과 같은 장점이 있다.

전자투표방법은 9대 국회 때 표결방법의 하나로 국회법에 규정하였으나 실제로는 시설조차 갖추지 못하였고 11대 국회에서는 전자투표기에 의한 표결규정이 삭제되었다.[37] 14대 국회 때인 1994년 6월 28일의 국회법개정에서 전자투표제가 재도입되었으며 본회의장에 전자표결기가 설치되었다. 그러나 실제로 전자표결기가 최초로 사용된 것은 1999년 3월 9일 15대 국회에서 약사법 중 개정 법률안에 대한 표결에서였다. 그후 2002년 2월 16일의 국회법개정에서 기록표결을 일반적

---

37) 국회사무처, 《국회선례집》, 국회사무처, 1992, p. 251.

표결방법으로 규정하였다.[38)]

전자투표가 실시되기 전에는 기립에 의한 표결이 국회에서 일반적으로 사용한 방법으로, 먼저 찬성을 묻고 다음에 반대를 물어 그 결과를 선포한다. 제헌국회부터 5대 국회까지는 기립 또는 거수로 표결하였으나 대부분의 경우 거수로 표결하였다. 6대 국회부터는 본회의에서는 거수표결을 폐지하였으나 위원회에서는 거수표결 방법이 계속 사용되고 있다. 국회가 제 기능을 못하고 국회의원들은 행정부가 제출한 의안을 통과시키기만 하는 것을 비난할 때 "거수기"라는 용어를 사용하는 것은 6대 국회 이전에 거수표결 방법이 국회에서 주로 사용되었던 데 기인하며 본회의에서 거수표결이 폐지된 현재에는 적절한 표현이라 할 수 없다.

기명투표는 투표용지에 안건에 대한 가부와 투표한 의원의 성명을 기재하는 방법으로, 이것은 안건에 대한 의원의 가부 의사표시를 회의록에 기재하여 그 정치적 책임을 명백히 할 필요가 있을 경우에 쓴다. 이 방법으로 표결하는 안건은 헌법개정안이 있다.[39)] 무기명투표는 투표용지에 가부만 기재하고 투표한 의원의 성명은 쓰지 않는 방법이다. 이 방법은 ① 국회에서 행하는 각종 선거, ② 대통령으로부터 환부된 법률안, ③ 인사에 관한 안건, ④ 국무총리 또는 국무위원에 관한 해임건의안 등에 사용한다. 일반안건의 표결은 보통 기립방법을 원칙으

---

38) 김현우, 앞의 책, p. 371.

39) 1952년 9월 28일의 3차 국회법개정 이전까지는 헌법개정안의 표결방법에 관한 규정이 없어 국회에서 표결방법을 정하였으며 1차 개헌 때는 기립표결을 하였다. 1952년 9월 28일부터는 무기명투표로 하였고, 1960년 6월 7일의 8차 국회법개정 이후에는 기명투표로 표결하고 있다. 기명투표의 방법은 헌법개정안 표결 때마다 달랐다. 7대 국회에서 행해진 6차 헌법개정안 표결 시에는 '가', '부' 란으로 구별되어 있는 공백 중의 하나에 국회의원이 이름을 직접 쓰는 방식이었으나 12대 국회에서 표결된 9차 개헌에서는 기명란 밑에 국회의원의 이름을 쓴 후 하나의 공백으로 되어 있는 란에 '가' 또는 '부'를 의원이 직접 쓰는 방법을 사용하였다.

로 하지만 의장이 특히 필요하다고 인정하여 제의하거나 또는 의원의 동의로 본회의의 의결이 있을 때에는 기명 또는 무기명투표에 의한 표결을 한다.

이의유무를 묻는 방법은 만장일치법 또는 전원일치법으로서 출석의원 전원이 다 찬성할 때 쓰는 방법으로, 표결에 붙이는 문제가 간단하여 반대가 없을 때 사용한다. 이때 한 의원이라도 이의가 있게 되면 다른 정식방법으로 표결해야 한다. 국회에서 의결되는 대부분의 일반안건의 표결방법은 만장일치법을 사용하기 때문에 국회의원 개개인들이 자기 자신의 의견을 명시적으로 표시할 기회는 사실상 많지 않다. 이처럼 만장일치 방법을 사용하기 때문에 정기국회가 끝나는 회기의 마지막 날에는 2백여 건의 법률안들이 의원들의 이의 없이 무더기로 통과되는 일이 흔히 일어난다.

본회의에서의 의결정족수는 헌법과 국회법에 특별한 규정이 없는 한 재적의원의 과반수이다. 의결정족수가 충족되면 의안은 출석의원 과반수의 찬성으로 의결된다. 그러나 의장·부의장의 선거, 계엄의 해제요구, 국무총리 또는 국무위원 해임건의안, 국무총리·국무위원 등에 대한 탄핵소추의 의결은 재적의원 과반수의 찬성이 있어야 통과된다. 또한 헌법개정안, 의원제명, 대통령에 대한 탄핵소추, 의원자격 상실을 결정하는 안건은 재적의원 3분의 2 이상의 찬성이 있어야 통과된다. 또한 대통령이 환부한 법률안의 재의결이나 번안동의(飜案動議)의 의결은 출석의원 3분의 2 이상의 찬성이 있어야 한다.

실제로는 본회의 표결에서 부결되는 경우는 별로 없다. 13대 국회의 경우 가결된 의안은 492건인데 부결된 의안은 5건뿐이었으며 그 내용은 대통령이 거부권을 행사한 재의요청법안 3개와 대법원장 임명동의안, 그리고 야당이 제출한 임시국회 연장동의안만이 부결되었다.

국회에서 의결된 법률안, 예산안, 동의안 등과 정부에서 처리하여야 할 건의, 청원 등은 의장이 이를 정부에 송부하며 대통령은 이송된 법률안을 15일 이내에 공포한다. 대통령은 국회에서 통과된 법률안에 대하여 거부권을 행사할 수 있으며 이 경우에는 국회에서 출석의원 3분의 2 이상의 찬성으로 재의결되면 법률로 확정된다. 〈표 13-10〉에서 보는 바와 같이 우리나라에서는 국회가 통과시킨 법률안에 대해 대통령이 거부권을 행사한 경우는 많지 않다. 제헌국회부터 16대 국회까지 총 59번 거부권이 행사되었으나 이 중에서 31건은 법률로 확정되거나 수정 통과되었으며 28건은 폐기되었다. 대통령의 거부권행사는 건국 초기에 많아 제헌국회와 2대 국회에서 39건이 행사되어 66%를 차지하였다. 그 이후 대통령의 거부권이 많이 행사된 것은 13대 국회였다.

〈표 13-10〉 대통령의 법률안 거부권 행사

국회	거부권 행사	법률 확정	법률확정으로 간주	수정통과	폐기	회기불계속 또는 임기만료로 인한 폐기	철회
제헌	14	5	1	6	2		
2대	25	14	4		6	1	
3대	3				1	1	1
4대	3					3	
5대							
6대	1						1
7대	3					3	
8대							
9대	1				1		
10대							
11대							
12대							
13대	7				4	3	
14대							
15대							
16대	2	1			1		
합계	59	20	5	6	15	11	

이 시기는 3개의 야당이 차지한 의석이 여당인 민주정의당이 차지한 의석보다 많아 대통령이 속한 민주정의당이 반대하는 법률안이 많이 통과되었다. 이에 노태우 대통령은 국회가 통과시킨 6개의 법률안에 대하여 대통령 거부권을 행사하여 재의를 요청하였다. 국회는 이를 다시 심의하여 3개 법률안은 부결되었으며 3개 법률안은 임기만료로 폐기되어 결국 대통령의 의사가 모두 관철되었다.

16대 국회에서는 노무현 대통령이 2번 거부권을 행사하였는데 1번은 폐기되었고 1번은 출석의원의 3분의 2 이상의 지지를 얻어 법률로 확정되었다. 2003년 7월 15일에 한나라당이 발의한 "남북정상회담 관련 대북비밀송금 의혹사건과 북한핵개발자금 전용의혹사건 및 관련비자금 비리 의혹사건 등의 진상규명을 위한 특별검사임명 등에 관한 법률안"이 본회의를 통과하자 노무현 대통령은 7월 22일 거부권을 행사하였으며 7월 31일 동법률안에 대한 재의 표결에서 총투표 257인 중 찬성 151인, 반대 105인, 기권 1인으로 출석의원 3분의 2 이상의 찬성을 얻지 못해 폐기되었다. 그러나 2003년 11월 10일에 한나라당이 제출하고 본회의에서 수정 의결한 "노무현 대통령의 측근 최도술·이광재·양길승 관련 권력형비리사건 등의 진상규명을 위한 특별검사의 임명 등에 관한 법률안"에 대해 노무현 대통령은 거부권을 행사하였으나, 12월 4일 동법률안에 대한 재의 표결에서 총투표 266인 중 찬성 209인, 반대 54인, 기권 1인, 무효 2인으로 출석의원 3분의 2 이상의 찬성을 얻어 법률로 확정되었다.[40)]

15일 이내에 대통령이 공포를 하지 않고 재의도 요청하지 않을 때에는 그 법률안은 법률로 확정되며 그 이후 5일 이내에 대통령이 공포하지 않으면 공포기일이 경과한 날로부터 5일 이내에 의장이 공포한다.

---

40) 안병옥, 앞의 책, pp. 431~432.

6. 국회에서의 법률안 처리상황

법을 만드는 입법권은 국회만이 갖는 고유한 권한으로 국회의 가장 중요한 권한이며 또한 중요기능이다. 법안을 제안할 수 있는 권리는 국회의원과 상임위원회뿐만 아니라 행정부도 가지고 있으나 이를 심의하여 법률로 확정하는 권한은 국회에게만 있다. 그러나 우리 국회의원들은 정권문제와 정치문제에는 지극히 민감한 관심을 보였지만 법을 만드는 데에는 관심이 낮았다. 이 점은 의원이 제출하는 법률안의 수가 정부가 제출하는 법률안의 수보다 적은 면에서 나타나며[41] 또한 법률안이 심의되고 통과되는 과정에서 국회의원들이 쏟는 관심과 시간, 노력의 면에서도 나타난다.

첫째로 역대 국회의 법률안 제출과 처리결과를 보면 〈표 13-11〉과 같다. 〈표 13-11〉에서 보는 바와 같이 법률안의 발의 면에서 보면 정상적으로 임기를 채웠던 제헌, 2대, 3대, 4대, 7대, 9대, 11대, 13대 국회 중에서 의원발의안의 수가 정부제출안의 수보다 많았던 것은 6대와 13~14대 국회뿐이었다. 제헌국회부터 16대 국회까지의 전체를 보더라도 국회에서 발의된 법률안이 차지하는 비율은 44.0%로서 정부제출안이 차지하는 비율 55.9%보다 11.9%가 낮았다. 입법과정에서 나타나는 국회와 국회의원들의 행정부에 대한 열세는 법률로 확정되는 면에서 더욱 뚜렷이 나타난다. 가결된 법률안 중에서 국회나 국회의원이 발의한 법률안은 38.1%였고 정부제출안은 68.0%로 거의 1 : 2 정도의 차이를 보인다. 또한 국회에서 발의한 법률안은 32.5%만이 법률로 확정되는 데 비해 정부에서 제출한 법률안은 67.5%가 법률이 되었다. 이러한 상황은 첫째, 법률안을 발의하는 데에서부터 정부보다 국

41) 역대 국회에서의 입법기능과 활동에 관해서는 신명순, 《한국정치론》, 법문사, 1993의 12장 "국회의 입법기능과 활동"을 참고할 것.

회가 열세이고, 둘째, 국회가 제출한 법률안은 법률로 될 가능성이 낮은데 정부가 제출한 법률안은 법률이 될 가능성이 높음을 보여준다. 이것은 입법기능에서의 주도적 역할이 사실상 행정부로 넘어갔으며 국회는 정해진 절차에 따라 법을 만들어내는 역할만을 하고 있음을 나타낸다. 이러한 양상은 국회가 입법부가 아니라 통법부(通法府)라는 비난

〈표 13-11〉 역대 국회의 법률안 제출과 처리결과 (괄호 안은 %)

국회	국회발의	정부제출	국회안 가결비율	정부안 가결비율	가결안 중 국회발의	가결안 중 정부제출
제헌	89(38.0)	145(62.0)	48.3	73.0	43(28.9)	106(71.1)
2대	182(45.7)	216(54.3)	42.9	63.9	78(36.1)	138(63.9)
3대	169(41.2)	241(58.8)	42.6	35.5	72(45.9)	85(54.1)
4대	120(37.2)	202(62.8)	25.8	21.8	31(41.3)	44(58.7)
5대	137(46.2)	159(53.8)	21.9	25.2	30(42.9)	40(57.1)
6대	416(63.3)	242(36.7)	42.8	63.6	178(53.6)	154(46.4)
7대	244(45.6)	291(54.4)	50.4	80.4	123(34.5)	234(65.5)
8대	43(31.2)	95(68.8)	14.0	34.7	6(15.4)	33(84.6)
9대	154(24.3)	479(75.7)	54.5	96.0	84(15.4)	460(84.6)
10대	5(3.9)	124(96.1)	60.0	78.2	3(3.0)	97(97.0)
11대	202(41.3)	287(58.7)	41.1	89.5	83(24.4)	257(75.6)
12대	211(55.7)	168(44.3)	31.3	92.9	66(29.7)	156(70.3)
13대	570(60.8)	368(39.2)	30.0	87.2	171(34.8)	321(65.2)
14대	321(35.5)	581(64.5)	37.0	92.0	120(19.1)	506(80.9)
15대	1,144(58.6)	807(41.4)	40.3	82.0	461(41.1)	659(58.9)
16대	1,912(76.2)	595(23.8)	26.9	72.4	514(54.3)	431(45.7)
평균	370(44.0)	312(55.9)	38.1	68.0	128.9(32.5)	226(67.5)

* 출처: 신명순, 《한국정치론》, 법문사, 1993, pp.331~332와 기타 자료를 바탕으로 저자가 작성함.

을 받게 만들었다. 그러나 국회 전반부에 야당이 다수를 차지했던 13대 국회부터는 국회에서의 법률안 발의수가 급증하여 입법기능이 활발해지기 시작하였고 가결된 법률안 중에서도 국회발의 법률안이 차지하는 비율이 13대 국회에서 34.8%, 15대 국회에서 41.1%, 16대 국회에서 54.3% 등으로 높은 비율을 보였다. 이것은 국회의 입법기능이 민주화 이후 회복되는 추세를 보여주는 것으로 고무적 현상이라 할 수 있다.

입법과정에서 국회의원들이 어느 정도 효율적인 역할을 하는가는 이들이 법안의 결정과정에서 어느 정도 적극적인 역할을 하는가로 평가할 수 있다. 이의 평가를 국회의 입법기능이 가장 활발했던 13대 국회를 대상으로 보면, 제출된 법률안 938건 중에서 처리된 것은 806건으로 처리비율은 85.9%였고 806건의 처리된 법률안 중에서 가결된 것이 492건이고 부결된 것은 하나도 없다. 나머지는 폐기된 것이 265건, 철회된 것이 49건, 임기만료로 인한 폐기가 132건이었다. 특히 폐기된 것 중에서 229건인 86.4%가 의원들이 발의한 법률안이었으며 49건의 철회 중 의원발의안이 47건으로 95.9%를 차지하였다. 또한 임기만료로 인한 폐기 중에서도 95.3%인 123건이 의원발의안이었다.

가결된 법률안 492건 중에서 국회의원 개개인이 자신의 의견을 표현할 수 있는 기립표결 방법을 통해 가결된 것은 38건에 불과하였고 나머지는 모두가 이의 없이 만장일치로 가결되었다. 동의안이나 승인안의 경우에도 가결된 안 146건과 부결된 안 80건 중에서 표결된 것은 24건뿐이었다. 또한 가결된 결의안 118건 중에서 표결은 단 1건에 불과하였고 가결된 중요동의안 67건 중에서 표결된 것은 2건뿐이었다. 가결된 기타 안건 16건 중에서 표결된 것은 8건이었다. 즉, 13대 국회에서 가결이나 부결된 945개의 안건 중에서 표결된 것은 77건에 불과하였다. 이것은 8.2%만이 표결을 통해 가결이나 부결되고 나머지 91.8%는 국회의원 개개인이 자신의 의견을 표시할 기회조차 갖지 못한 채 결정되고 있는 상황을 나타내준다.

앞에서 언급된 바와 같이, 국회에서의 의안처리는 상임위원회에서의 심의를 거친 후 본회의에 회부된 것에 한해 가결이나 부결이 결정된다. 특별한 경우를 제외하면 본회의는 상임위원회에서 결정된 사항을 인준하는 형식적 역할만 수행한다. 이와 같이 중요한 역할을 하는 상임위원회이기 때문에 이 단계에서 각종 의안은 상당한 시일 동안 연구되고 검토되고 논의되어야 바람직한 결론이 도출될 것이다. 그러나 〈표 13-12〉에서 보는 바와 같이, 의회의 입법활동이 가장 활발했던 13대 국회의 경우에도 각 상임위원회가 의안심의에 사용할 수 있었던 날짜는 평균적으로 볼 때 적은 경우 하루였고 많아야 5일 정도에 불과하였다. 이것은 법률안을 포함한 의안들이 충분한 여유를 가지고 검토되어 법이나 결의, 동의 등으로 확정되지 못하고 있음을 나타낸다. 특히 법률안의 경우에는 이러한 짧은 시간에 충분한 논의와 제대로 된 검토가 이루어질 수 없기 때문에 많은 법률안들이 졸속으로 처리되는 점이 없지 않다. 국회에서 통과되는 법률안들 대부분이 기존에 존재하는 법의 개정안인 것은, 상황이 변하여 법을 개정하는 경우도 많이 있으나 그 중의 다수는 졸속입법의 결과로 개정하지 않으면 안 되는 경우도 있는 것이다.

7. 국회와 행정부 사이의 관계

국회와 행정부 사이의 관계에 있어서 가장 중요한 점은 국회가 행정부를 얼마나 잘 견제하는가이다. 국회가 행정부를 견제할 수 있는 두 가지 중요한 권한은 국회의 국정감사권과 국정조사권이다. 국회와 행정부 사이의 관계에 있어 국회에게 부여된 두 번째 권한은 국회가 국정전반 또는 특정사안에 대한 질문을 하기 위하여 국무총리, 국무위원 또는 정부위원의 출석을 요구하는 것이다. 이것은 국회와 행정부 사이의 관계를 보다 긴밀히 하여 정책의 수립과 집행을 효과적으로 행하기

〈표 13-12〉 13대 국회 위원회 개회일수와 의안처리 상황

	위원회	소위원회	계	접수의안	처 리	1건당 사용 가능 일수
국회운영	75(일)	15(일)	90(일)	73(건)	61(건)	1.2
법제사법	113	67	180	96	73	1.9
외무통일	75	16	91	37	33	2.5
행 정	87	44	131	30	22	4.4
내 무	106	62	168	110	101	1.5
재 무	101	58	159	184	179	0.9
경제과학	74	23	97	38	29	2.6
국 방	78	29	107	44	32	2.4
문교체육	42	18	60	41	32	1.5
문화공보	38	13	51	26	11	2.0
농림수산	98	56	154	54	36	2.9
상 공	85	40	125	37	30	3.4
동력자원	90	26	116	24	23	4.8
보건사회	100	58	158	91	78	1.7
노 동	90	64	154	52	45	3.0
교통체신	104	37	141	50	44	2.8
건 설	109	79	188	56	52	3.4
문교공보	71	35	106	30	30	3.5
계	1,536(일)	740(일)	2,276(일)	1,073(건)	911(건)	2.1
예산결산	78	33	111	18	18	6.2
국회법개정	7	10	17	69	69	0.3
특위(10개)	182	155	337	14	14	24.1
윤 리	1	0	1	0	0	
합 계	1,804(일)	938(일)	2,742(일)	1,174(건)	1,012(건)	2.3

* 출처: 〈제 13대 국회경과보고서〉 1992. pp. 13~14, 138.

위한 것이며 또한 국회의 비판기능과 감시기능을 보장하기 위한 것이다. 또한 특정사안에 관한 질문을 위하여 대법원장, 헌법재판소장, 중앙선거관리위원회 위원장, 감사원장의 출석도 요구할 수 있다. 그러나 국회는 대통령의 출석을 요구할 수는 없다. 이들에 대한 국회 출석요구는 의원 20인 이상이 발의하여 본회의의 의결이 있어야 한다. 질문할 의원은 질문요지서를 미리 제출하여 늦어도 질문 24시간 전에 정부에 도달하여야 한다. 대정부 질문은 국정의 전반 또는 일부에 대하여 원칙적으로 정부에 설명을 요구하고 소견을 묻는 것이며 의제가 된 안건에 대하여 의문 나는 것을 묻는 질의와는 다르다.

국회와 행정부 사이의 관계에서 국회가 갖는 세 번째 권한은 탄핵소추권이다. 탄핵이란 일반적 사법절차나 징계절차에 의하여 처벌하기가 곤란한 대통령을 비롯한 행정부의 고위직 공무원과 법관과 같이 신분이 보장된 공무원이 직무상 헌법이나 법률을 위배하여 중대한 비위를 범한 경우에 국민의 대표기관인 국회가 헌법 또는 법률이 정한 절차에 따라 소추를 의결하고 헌법재판소의 결정으로 공직에서 파면하는 제도이다. 우리나라는 제헌헌법 이래 탄핵소추를 규정하고 있다. 탄핵소추는 형사재판의 성격이 아니라 징계처벌의 성격을 띤다. 의원내각제 국가에서는 내각 불신임제도가 탄핵소추의 목적을 달성하지만 대통령중심제 국가에서는 탄핵제도가 필요하다.

국회가 탄핵소추를 발의할 수 있는 대상자는 대통령, 국무총리, 국무위원, 행정 각부의 장, 헌법재판소 재판관, 법관, 중앙선거관리위원회 위원, 감사원장 및 감사위원, 검사 등이다. 탄핵사유는 직무집행에 관련된 행위로서 헌법과 법률을 위배하는 것이며 취임 전 행위나 직무집행과 관련이 없는 행위는 탄핵사유가 되지 않는다. 국회 재적의원 3분의 1 이상의 발의로(대통령에 대한 탄핵소추는 재적의원의 과반수 발의) 탄핵소추가 발의되면 이것은 본회의의 결의로 법제사법위원회에 회부되어 조사된다. 법제사법위원회의 위원장이 헌법재판소에 제출하게 되는 소추의결서가 재적의원 과반수의 찬성을 얻으면(대통령에 대한 탄핵은 재적의원의 3분의 2 이상) 탄핵안이 통과된다.

역대 국회에서 탄핵소추안이 제출되고 표결된 것을 보면 12대 국회인 1985년 10월 21일에 유태홍 대법원장에 대한 탄핵소추안이 제출되었으나 무기명투표 결과 247인 중 95명만이 찬성하여 부결되었다.[42] 15대 국회에서는 2번 탄핵소추안이 제출되었다. 1999년 4월 7일에는 김태정 검찰총장에 대한 탄핵소추안이 부결되었고, 1999년 8월 26일에는 박순용 검찰총장에 대한 탄핵소추안이 제출되었으나 2000년 5월 29일에 임기만료로 폐기되었다.

16대 국회에서는 2004년 3월 12일 야당인 한나라당(144명 중 108명)과 민주당(62명 중 51명) 소속의원 159명이 노무현 대통령에 대한 탄핵소추안을 국회에 제출했다. 2004년 3월 12일 노무현 대통령에 대한 탄핵투표가 박관용 의장이 질서유지권을 발동한 상태에서 실시되어 찬성 193명, 반대 2명으로 가결되었다. 이 결과 노무현 대통령은 2004월 3월 12일부터 대통령으로서의 권한행사가 정지되었고, 고건 국무총리가 대통령의 권한을 대행하였다. 노무현 대통령에 대한 탄핵소추안은 2004년 5월 14일 헌법재판소가 "대통령의 법위반이 헌법질서에 미치는 효과를 종합해보면, 대통령의 구체적인 법위반 행위를 헌법질서에 역행하고자 하는 적극적인 의사로 인정할 수 없고, 자유민주적 기본질서에 대한 위협으로 평가할 수 없다"며 "이 심판청구는 탄핵결정에 필요한 재판관 수의 찬성을 얻지 못해 기각한다"고 판결했다. 이에 따라 노 대통령은 직무정지 64일 만에 대통령 업무에 복귀하게 되었으며 대통령의 권한정지는 자동적으로 해소되고 탄핵사태는 종결되었다.

국회가 행정부에 대하여 갖는 네 번째 권한은 대통령이 임명하고자 하는 국무총리, 대법원장, 헌법재판소장, 감사원장에 대한 임명동의권과 국무총리 및 국무위원에 대해 갖는 불신임 및 해임권이다. 13대 국회까지는 역대 정권에서 여당이 국회의 과반수 이상을 차지하였기 때

---

42) 국회사무처, 〈제 12대 국회 경과보고서〉, 국회사무처, 1988, p. 211.

문에 이들에 대한 임명동의는 대통령의 의사대로 통과되는 것이 관례였다. 그러나 민주화가 시작된 13대 국회부터는 대통령이 내정한 국무총리나 감사원장 등이 국회에서 과반수 이상의 승인을 얻지 못한 경우가 자주 발생하였다. 이러한 경우는 모든 경우에 여당소속의 국회의원 수보다는 야당소속의 국회의원 수가 많은 여소야대의 구도에서 발생하였다. 13대 국회에서는 노태우 대통령이 지명한 정기승에 대한 대법원장 임명동의안이 총 투표수 295표 중 찬성 141표로 과반수를 넘지 못하여 부결되었으며 그때부터 국회가 대통령의 권한행사에 제한을 가하는 경우가 다수 발생하였다.

김대중 대통령 당시 장상·장대완 두 총리지명자에 대한 인준안이 국회에서 잇따라 부결되었다. 김대통령은 2002년 7월 11일 이한동 국무총리를 교체하고 후임 국무총리서리에 장상 이화여대 총장을 임명하였다. 그러나 총리지명자에 대한 임명동의안은 7월 31일 찬성 100표, 반대 142표, 기권과 무효 각 1표로 부결됨으로써 장상 총리는 박정희 대통령의 제3공화국 이후 최초로 국회의 동의를 받지 못한 총리서리가 되었다. 두 번째로 지명을 받은 장대환 총리지명자에 대한 임명동의안도 8월 28일 찬성 112표, 반대 151표, 기권 3표로 부결되었다.

2003년 9월 26일에는 노무현 대통령이 임명한 윤성식 감사원장후보자에 대한 임명동의안이 투표자 229명 중 찬성 87명, 반대 136명, 기권 3명으로 부결되었다. 감사원장 임명동의안이 부결된 것은 1963년 감사원이 출범한 이래 처음이었다. 2003년 9월 3일에는 김두관 행정자치부장관에 대한 해임건의안이 찬성 150표, 반대 7표, 기권 2표, 무효 1표로 통과되었다.

8. 국회와 국민 사이의 관계: 청원

국회는 국민의 대표기관이자 대변기관이다. 따라서 국회는 국민들이 자유로운 의견이나 희망을 국가기관에 제출하여 정부를 견제하는 역할을 하도록 보장하여야 한다. 국민들의 의견이나 희망은 정당을 통해서 국회에 반영될 수 있고 입법을 통해서 반영될 수 있으나 국민들이 직접 국회에 요청하는 청원제도가 있다. 모든 국민은 법률이 정하는 바에 따라 국가기관에 문서로 청원할 권리를 가지며 국가는 청원에 대하여 심사할 의무를 진다. 청원은 국민이 국가 각 기관에 대하여 일정한 의견 또는 희망을 표시하는 것으로 반드시 국민의 권리 또는 이익이 침해되었을 때에만 행할 수 있는 것은 아니며 그 기관의 직무에 관한 모든 사항에 관하여 청원할 수 있다.

청원은 반드시 국회의원 1인 이상의 소개를 얻어서 제출해야 하며, 일반의안과 같이 해당위원회의 심사를 거친다. 위원회는 청원심사를 전담할 청원심사 소위원회를 구성하고 상설 운영하며 특별한 이유가 없는 한 90일 이내에 심사한다. 청원 중에는 정부에서 처리하는 것이 타당한 것이 있고 국회에서 채택하여 조치를 취할 것이 있다. 본회의에서 채택된 청원 중 정부가 처리할 것은 정부에 이송하고 정부는 이를 처리한 후 그 결과를 국회에 보고하여야 한다.

청원제도는 국회가 국민의 요구를 들어주기 위한 것이지만 실제로 청원이 이루어지는 경우는 극히 소수이다. 역대 국회에서의 청원의 접수와 처리상황을 보면 제헌국회부터 17대 국회까지 접수된 4,155건의 청원 중에서 처리된 것은 2,578건으로 처리비율 62%를 나타내었다. 그러나 처리된 2,578건 중에서 대다수인 2,235건은 본회의에 부의하지 않기로 결정하여 폐기되었으며 1,577건은 임기 동안에 처리되지 않아 자동 폐기되었다. 17번의 국회 기간 중 접수된 청원들 중에서 채택된 것은 170건에 불과하여 채택비율은 4.1%에 불과하였다. 특히 임기를 다 채우지 못하고 해산된 4대, 5대, 8대, 10대, 12대 국회에서는 청원이 한 건도 채택되지 않았다. 청원의 처리비율이 높았던 국회는 11대(81.5%), 6대(80.2%), 13대(71.1%), 제헌국회(65.5%) 등이었다. 이것은 새로운 정권이 수립되면서 구성된 국회일수록 청원의 처리비율이 높았음을 나타내는 것으로[43] 정권수립 초기에는 국민과 국회와의 관계가 밀착된 국회를 형성하려는 의식의 표출로 볼 수 있다.

청원의 채택비율을 보면 제헌국회 때가 226건의 접수 중 29건이 채택되어 12.8%로 가장 높았고 6대 국회 때가 998건 접수 중 89건이 채택되어 8.9%로 두 번째를 기록하였다. 2대 국회에서 5.8%, 3대 국회에서 2.7% 등 국회구성 초기에는 청원의 채택비율이 다른 국회 때보다 높았으나, 그 이후부터는 6대 국회를 제외하면 청원이 거의 채택되지 않아 제도로서는 존재하나 실제로 별 의미가 없는 양상을 보였다.

국회에 제출된 청원과 대통령 민원비서실에 제출된 청원의 수를 비교하면 1973년부터 1978년 6월까지 대통령 민원비서실에 접수된 청원 건수는 1일 평균 44.3건이었으나 같은 기간 중 국회에 접수된 청원은 1일 평균 0.11건으로 앞의 경우의 4백 분의 1에 불과하였다. 또한 1981년부터 1985년까지 대통령 민원비서실에 접수된 청원 건수는 1일 평균 69.1건이었으나 같은 기간에 국회에 접수된 청원 건수는 0.19건으로 앞의 경우의 3백 분의 1에 불과하였다. 이것은 국민의 입법부에 대한 신뢰감과 기대감이 행정부에 비해 현격하게 낮았음을 보여준다.[44]

---

43) 최희진, "의회에 제출된 청원의 실태와 처리", 윤형섭·신명순 외, 《한국정치과정론》, 법문사, 1988, p.332.

44) 최희진, 위의 글, p.334.

9. 국회에 대한 국민들의 의식

앞에서는 국회의 운영과 기능에 관한 법적·제도적 면을 살펴보았다. 그러면 국회는 이러한 기능들을 얼마나 잘 수행하고 있고 또 국민들은 국회의 활동을 어떻게 평가하고 있는가? 국회를 국민들이 어떻게 평가하고 있는가를 몇 개의 실증조사들에서 나타난 결과를 중심으로 알아본다.

국회에 대한 국민들의 견해를 1990년에 조사한 결과에 의하면, 국민들이 국회라는 말을 들을 때 먼저 떠오르는 것으로 가장 많은 것은 '난장판, 폭력, 무질서'라는 응답이 20.3%였고, 다음이 무응답의 20.9%였다. 이외에 '국민의사 대변'(9.8%), '법률제정'(7.8%), '정당정치'(7.6%), '불신, 공허한 약속, 혐오'(7.2%), '일반국정의 담당(국가운영, 예산심의 등)'(7.1%), '여당독주, 날치기, 당리당략'(5.2%), '쓸모없는 곳, 행정부의 시녀'(4.2%), '부정부패, 사리추구, 협잡'(3.4%), 기타(3.8%)였다.[45] 이러한 응답들은 이 조사가 행해지기 직전에 끝난 임시국회에서 있었던 여·야당 사이의 충돌과 법안의 날치기 통과 등

---

45) 김광웅·김학수·박찬욱, 《한국의 의회정치-이론과 현상인식》, 박영사, 1991, p. 113. 이러한 응답들은 조사가 행해진 시점에 크게 영향을 받은 것으로 볼 수 있다. 조사기간(1990년 7월 20~23일) 직전에 폐회된 임시국회 기간 동안에 일어난 사건들은 다음과 같다. 6월 29일에 "서울시 예산 일부의 대통령선거 선심용 전용" 문제를 둘러싸고 여야 국회의원 사이에 몸싸움이 발생하였고 방송관련법안 통과와 관련하여 문공위원회에서 두 차례 난투극이 벌어졌다. 또 국군조직법 개정안과 방송관련법안이 해당 상임위원회에서 기습 통과되자 4명의 야당의원들이 의원직 사퇴서를 제출하였다. 뒤이어 국회 본회의에서 30초 만에 여당 단독으로 23개 법률안과 26개 안건을 날치기로 통과시키자 야당의원 전체가 국회의원직을 사퇴하기로 결의하였다. 또한 조사기간 중인 7월 21에는 야당의원들이 보라매공원에서 대규모 대국민 정치집회를 개최하였다. 김광웅·김학수·박찬욱, 《한국의 의회정치-이론과 현상인식》, 박영사, 1991, pp. 107~108.

이 크게 작용하였을 것으로 생각된다. 왜냐하면 권위주의체제하의 제5공화국 시기에 조사한 결과에서는 '일반국정의 담당'(25.1%), '국민의사 대변'(28.3%), '법률제정'(17.9%) 등의 긍정적 견해가 매우 높았고 부정적 견해인 '쓸모없는 곳, 행정부의 시녀'(3.7%)는 매우 낮았기 때문이다.

국회에 대한 인상이 이처럼 나쁘기 때문에 국회에 대한 평가도 매우 부정적이어서 '지금과 같은 국회는 없는 것이 낫다'는 데 찬성한 사람들이 55.8%를 나타내었고 반대하는 사람은 26.8%에 불과하였다. 또한 '현국회의 질적 수준으로는 국정의 중심이 될 수 없다'는 견해가 65%였던 데 비하여 '될 수 있다'는 견해는 8.0%에 불과하였다.[46] 우리나라 정치가 가장 위축되었던 제4공화국 초기에 '우리나라에 국회가 꼭 필요하다'는 응답이 81%였고[47] 제4공화국 말기에도 '국회가 없더라도 정치는 잘 될 수 있다'는 데 국민의 82%가 반대하였던 것[48]과 비교하면 1990년 7월 조사에서 나타난 위와 같은 결과는 국회에 대한 국민들의 의식을 대표하는 것이라고 볼 수는 없다.

국민들의 국회에 대한 평가가 이처럼 좋지 않은 여건에서 국회의 주체인 국회의원들에 대한 평가가 좋지 않은 것은 당연하다. 우선 국민들은 국회의원들의 자질에 관하여 부정적 견해를 갖고 있었다. '전체 국회의원들 중에서 국가운영을 맡길 만한 의원이 몇 명이나 된다고 생각하는가'라는 질문에 전체 299명 중 10명 이내가 34.2%, 20명 이내가 46.4%, 30명 이내가 55.7%, 70명 이내가 70.1%, 100명 이내가 80.6%, 200명 이내가 87.2%였다.[49] 이것은 299명 중에서 국회의원

---

46) 김광웅·김학수·박찬욱, 앞의 책, p.114.

47) Chong Lim Kim and Seong-Tong Pai, *Legislative Process in Korea*, Seoul National University Press, 1981, p.277. 김광웅·김학수·박찬욱, 위의 책, p.113에서 재인용.

48) 박동서·김광웅, 《한국인의 민주정치의식》, 서울대학교 출판부, 1987, p.92, 김광웅·김학수·박찬욱, 위의 책, p.113에서 재인용.

자질이 있는 사람은 30명밖에 안 된다는 견해가 55.7%로 반을 넘고 1백 명 정도만 자질이 있으며 나머지 2백 명 정도는 자질이 없다는 견해가 80.6%를 차지한 것으로서 국민들은 국회의원의 자질에 심한 회의감을 가지고 있었다.

국민들의 이러한 견해는 우리나라 정치의 아이러니를 보여준다. 왜냐하면 우리 정치에서의 선거를 다룬 부분에서 지적하였듯이 국민들이 선거에서 투표할 후보자를 결정하는 데 가장 고려하는 요인이 후보자의 인물됨이었다. 이 인물됨에는 당연히 국회의원으로서의 자질이 있는가 없는가를 고려하였을 것이다. 즉, 국민들은 투표 시에는 다른 어떤 요인보다도 국회의원으로서의 자질을 갖춘 인물이라는 점을 가장 많이 고려하여 투표한다고 응답하고는 이렇게 하여 당선된 국회의원들에 대해서는 자질이 없는 사람이라는 평가를 쉽게 내린다. 그동안 국회와 국회의원들이 국민들의 기대에 걸맞은 활동을 충분히 하지 못한 것은 사실이지만 국민들 또한 국회의원들은 형편없는 사람들이라는 평가를 너무 쉽게 내리고 있다.

국민들은 국회의원들의 자질뿐만 아니라 신뢰성에 대해서도 부정적 견해를 가지고 있다. '국회의원들은 어느 정도 공정하게 나라 일을 심의한다고 생각하는가'라는 질문에 공정하게 심의한다는 응답은 23.6%였고 공정하지 못하게 심의한다는 응답이 65.6%였다.[50] 일을 공정하게 심의한다는 응답이 23.6%나마 나온 것이 오히려 이상스러울 수도 있다.

국회의원들에 대한 불신은 유독 우리나라에만 있는 것은 아니다. 미국에서도 국회의원들은 부정직하고 믿을 수 없는 사람들로 인식된다. '대부분의 국회의원들은 진실을 말하는 것이 자신에게 정치적으로 해가 된다고 생각하면 거짓말을 할 것'으로 생각하는 미국 유권자가 76%였

49) 김광웅 · 김학수 · 박찬욱, 앞의 책, p. 155.

50) 김광웅 · 김학수 · 박찬욱, 위의 책, p. 148.

고, '대부분의 국회의원들은 국민들의 이익보다는 자신의 이익에 관심이 있다'고 생각하는 유권자가 75%였다. 또한 '대부분의 국회의원들은 국가의 이익을 최대한으로 증진시키는 것보다는 권력을 유지하는 데 더 신경을 쓴다'는 생각이 66%였다. 또한 '대부분의 국회의원들은 공직을 남용하여 치부하고 있다'는 생각도 57%였다.[51] 1988년도의 여론조사에서도 국회를 신뢰하는 미국 국민은 약 3분의 1에 불과하였다.[52]

국회의원들에 대한 우리 국민들의 평가는 국회의원들의 발언에 대해서도 부정적이었다. 국회의원의 발언이 '비난위주의 무책임한 발언이 많다'가 35.8%, '알맹이 없는 발언이 많다'가 22.3%, '인기위주의 발언이 많다'가 21.8%, '행정부의 잘못을 잘 지적한다'가 7.4%, '국민의 의사를 잘 반영한다'가 3.9%였으며 기타 1.3%, '모르겠다'가 7.7%였다.[53] 국회의원들의 발언에 긍정적인 응답은 11.3%에 불과하며 부정적 견해가 80% 정도였다. 이러한 조사결과를 무조건 수용하기에 앞서 과연 국민들의 이러한 반응이 제대로 된 것인지 아니면 국민들이 이런 식으로 생각하는 것이 잘못된 것인지 생각해볼 필요가 있다.

우선 국회에서 국회의원들이 발언하는 것을 직접 들은 경험을 가진 국민은 지극히 소수이다. 또한 국회의원들의 발언은 본회의에서는 대정부 질문만이 주로 행하여지며, 대정부 질문에서의 발언을 가지고 위와 같은 평가를 내릴 수는 없다. 또한 상임위원회에서의 발언은 일반국민들로서는 거의 파악할 기회가 없다. 1987년과 1988년의 여러 청문회가 생방송으로 중계된 것 외에는 본회의든 상임위원회 회의든 중계방송

---

51) 1989년 5월에 ABC방송과 *Washington Post*가 공동으로 실시한 조사결과로서 Janda, Kenneth, Jeffrey M. Berry, Jerry Goldman, *The Challenge of Democracy: Government in America*, Third Edition, Boston: Houghton Mifflin, 1993, p. 382에서 재인용.

52) Gallup Report, September 1988, p. 21. Janda et al., *ibid.*, p. 380에서 재인용.

53) 김광웅 · 김학수 · 박찬욱, 앞의 책, p. 169.

되는 경우가 극히 적어 국민들이 국회의원들의 발언을 평가할 수가 없게 되어 있다. 본회의나 상임위원회에서의 발언이 언론에 단편적으로 취사선택되어 보도되기는 하지만 그것은 위와 같은 평가를 할 수 있는 충분한 자료는 아니다. 일반국민들이 위와 같은 생각을 갖게 된 것은 결국 언론에 보도된 해설에 근거하는 것이거나 또는 국회나 국회의원들은 형편없기 때문에 그들의 발언도 당연히 형편없을 것이라는 선입견에 근거하는 것일 가능성이 높다. 요약하면 국회나 국회의원의 실상이 국민의 기대 수준에 못 미치는 것도 사실이지만 그나마 실상이 제대로 알려지기보다는 더 잘못된 것으로 인식되고 있는 점도 없지 않다.

국회의원들은 자신이 선출된 지역구를 대표하는 사람들이기는 하지만 그러나 이들은 지역주민을 위하여 일하기보다는 전체 국가를 위하여 일해야 하는 사람들이다. 국회나 국회의원의 모든 기능이나 역할도 자기의 출신지역이 아니라 전체 국가와 관련된 것들이다. 그러나 국회의원들은 지역구의 유권자들을 무시할 수 없으며 이들의 의견이나 이익대변을 소홀히 하면 재선의 가능성이 낮아진다. 따라서 국회의원들은 지역구에 많은 신경을 쓰면서 지역구 관리에 많은 시간과 정력과 경비를 쓴다.

국회의원의 선거구 대표활동을 1985년에 연구한 결과에서 보면, 국회의원들이 가장 많은 시간을 할애하는 활동으로 지역구 귀향이나 선거구민 민원봉사, 지역사업 유치 가운데 하나라고 응답한 의원이 51%로 가장 많았다. 26%의 국회의원들은 소속 정당활동을, 그리고 나머지 23%는 입법활동과 기타 원내활동 가운데 하나를 지적하였다.[54] 이것은 국회의원의 반수 이상은 지역구 대변활동을 원내 의정활동이나 소속당의 활동보다 우선해서 시간을 배정하고 있음을 나타내는 것이다. 국회의원들의 지역구 귀향일수도 26%가 매월 5일 이하이며 39%

---

54) 박찬욱, "한국 국회의원의 선거구 대표활동에 관한 연구", 인산(仁山) 김영국 박사 화갑기념 논문집《정치학의 전통과 한국정치》, 박영사, 1990, p. 410.

의 의원들이 6일에서 10일 정도, 나머지 35%가 11일 이상 지역구에 머문다. 수도권에 선거구를 갖는 의원을 제외하고 의원의 지역구 귀향일은 월평균 10일 정도였다. 국회의원들은 서울에 체재하는 동안에도 선거구민을 만났는데, 45%의 의원들이 주 평균 20명 이내를 만났으며 19%는 21명에서 40명까지, 나머지 36%는 41명 이상을 만났다. 또한 선거구민의 민원을 해결하기 위하여 국회의원들은 각급 행정기관과 접촉하여 협조를 요청한다. 국회의원 37%가 '자주', 그리고 12%가 '매우 자주', 40%는 '가끔' 관공서와 접촉하였으며, '드물게' 접촉하는 의원은 11%에 지나지 않았다.[55]

지역구 주민을 위한 국회의원들의 이러한 노력도 국민들은 제대로 평가하지 않았다. '현재의 국회의원들은 누구를 위해 일한다고 생각하는가'라는 질문에 대한 응답은, '국회의원 자신'이 37.1%, '소속정당'이 35.3%, '국가와 민족'이 7.0%, '지역주민'이 4.8%, '행정부'가 4.5%, '재벌'이 3.0%, '이익집단'이 2.5%, '무응답'이 6%였다.[56] 국회의원들이 '국가와 민족이나 지역구민'을 위하여 일한다는 응답은 10%를 약간 상회한 데 비하여 '국회의원 자신'이 37%, '소속정당'이 35.3%, '재벌이나 이익집단, 행정부'를 위하여 일한다는 응답이 10% 정도였던 것은 "국회의원들 자신은 국민이나 지역구의 대표라는 인식"조차 가지고 있지 않은 것으로 국민들이 생각하고 있음을 나타낸 것이다.

또한 '현재의 국회의원들이 유권자의 의견을 어느 정도 반영한다고 생각하는가'라는 질문에 대한 응답은 1990년에는 "많이 반영"이 3.8%, "조금 반영"이 32.8%, "거의 반영 않음"이 40.6%, "전혀 반영 않음"이 12.9%, "무응답"이 10%였다. 같은 질문에 대한 1984년의 응답이 "많이 반영"이 4.2%, "조금 반영"이 37.0%, "거의 반영 않음"이 36.2%, "전혀 반영 않음"이 8.8%, "무응답"이 13.8%였던 것[57]을 감안하면 6

---

55) 박찬욱, 앞의 글, pp. 410~411.

56) 김광웅·김학수·박찬욱, 앞의 책, p. 144.

57) 위의 책, pp. 146~147.

년 후의 국회의원에 대한 평가는 더욱 부정적이 되었음을 알 수 있다.

국회의원들은 출신지역구를 중요하게 생각하고 또 많은 시간과 노력을 들임에도 불구하고 유권자들의 평가는 왜 전혀 다르게 나타나는가? 그 이유 중 하나는 국회의원들이 지역구에 내려갔을 때 누구를 자주 접촉하는가와 연관하여 생각할 수 있다. 국회의원은 지역구 귀향 시에 지구당요원 및 활동당원과 가장 빈번히 만나며 그 다음에는 지역유지, 촌락의 원로, 관내 사회단체의 책임자, 사업가, 전문직업 종사자와 자주 만난다.[58] 이것은 이러한 지역의 유력인사들이 의원과 일반 선거구민 사이의 의사소통에서 중개적 역할을 할 것이라는 가정에 의한 것이다. 국회의원들은 나름대로는 열심히 지역구 대변활동을 하지만 이러한 노력이 유권자 개개인과의 접촉으로 이어지거나 또는 지역구민을 위한 노력이 지역 유권자 개인들에게 감지될 수 있는 지역사업으로 성취되지 않는 한 이러한 노력은 여론조사에 반영되기가 어렵다. 또한 선거구민들의 민원사항들인 취업알선, 민·형사 법률 문제, 사업상 인허가나 등록, 진급이나 이동 등 인사 문제, 각종 보상금 수혜 문제, 기부 찬조금 문제 등이 만족스럽게 해결되지 않으면, 국회의원들은 유권자의 의견을 반영하지 않는다는 식의 응답이 나오기 쉬운 것이다.

실제로 선거구민 개인들과 관련된 민원사항이나 지역사업에 관련된 것이 아닌 정치적 쟁점이나 법률안에 관해서는 유권자들의 의견이라는 것이 형성되는 일이 거의 없으며, 또한 유권자들의 의견이라는 것이 있다 할지라도 국회에서의 대부분의 표결은 당의 결정에 따라 이루어지기 때문에 국회의원들에 대한 유권자들의 불만이 위와 같이 나오는 것은 당연하며 또다른 한편으로는 이러한 유권자들의 불만은 해소될 수 없는 것일 수도 있다.

지금까지 살펴본 바와 같이, 국회나 국회의원들에 대한 국민들의 인식은 지극히 부정적이다. 국민들은 국회의원의 자질이 부족하고 공정

58) 박찬욱, 앞의 글, p. 414.

하지 못하며 자신의 이익이나 소속정당의 이익을 위해 일하며 유권자들의 의견은 제대로 반영하지 않는다고 생각한다. 또한 국민들 중에는, 이러한 사람들의 집합체인 국회는 국정의 중심이 될 수 없으며 이런 식의 국회는 없는 것이 낫다는 의견을 갖는 사람들도 다수이다. 국회나 국회의원들에 대한 평가가 이처럼 부정적인 것은 과거의 국회가 여당의원들과 야당의원들 사이의 격돌이나 여당 단독의 날치기 법안통과 등과 같은 변칙적 사례가 많았기 때문이다. 그러나 과거의 국회가 가졌던 문제들은 국회 자체의 원인이었다기보다는 국회 외의 전반적 정치에 기인한 면이 더 많았고 또 더 결정적이었다. 권위주의정치가 종결되고 민주정치가 실현되는 현재는 국회가 본연의 위상을 찾아 본연의 기능을 적절히 수행하는 것이 중요한 과제이다.

제 14 장

사회운동과 민주화

윤 성 이

1. 서 론

그동안 민주화에 대한 연구는 근대화이론(*modernization theory*) 혹은 거시적 접근에서 발생론적(*genetic*) 혹은 미시적 접근으로 변화되었다. 1960년대 근대화이론은 제 3세계 국가의 민주화 선행조건으로 일인당 소득, 교육, 도시화 수준, 정치문화, 역사적 배경 등 사회경제적 요소들을 제시하였다. 그러나 이 같은 사회경제적 결정론(*socio-economic determinism*)은 민주화 전환과정에서 엘리트의 역할을 중시하는 발생론적 이론에 의해 비판받았다. 발생론적 이론은 결정론보다는 정치적 선택과 계산, 사회구조보다는 정치엘리트의 선택에 연구의 초점을 두었다. 발생론자들은 민주화를 정치엘리트간의 전략적 상호작용과 타협의 산물로 보았다. 즉, 민주화 전환은 엘리트의 성향(*disposition*), 계산(*calculation*), 협약(*pact*) 등에 의해 결정된다고 보았다.[1)]

---

1) O'Donnell, Gillermo and Phillippe C. Schmitter, "Tentative Conclusions about Uncertain Democracies," In Guillermo O'Donnell, Phillippe C. Schmitter and Laurence Whitehead(Eds.), *Transition from Authoritarian*

상황적 선택(*contingent choice*)을 강조하는 엘리트 중심 이론가들(*elite focused theorists*)은 근대화이론을 지나치게 결정론적이라고 비판하나, 그들 역시 권위주의정권의 붕괴와 민주화 전환을 위한 전제조건을 은연중에 제시하고 있다. 라틴아메리카와 남부유럽의 민주화과정에 대한 많은 연구들이 '지배엘리트의 분열'을 전제로 하지 않고는 민주화 전환이 불가능하다고 주장한다. 오도넬과 슈미터는 "어떠한 민주화 전환도 그 시작이 권위주의체제 내부의 심각한 분열, 주로 강경파와 온건파 간의 갈등에 기인하지 않은 예가 없다"고 주장한다.

엘리트 중심 이론가에 의하면 지배블록 내부의 분열, 즉 강경파와 온건파 간의 갈등이 권위주의정권의 반체제세력에 대한 통제력을 약화시키고 결국 민주화 전환을 촉진한다. 슈미터는 정권이 응집력을 유지하는 한 시민사회로부터의 어떠한 도전도 효과적으로 탄압하고 정권을 유지할 수 있다고 주장한다.[2] 엘리트 중심 이론가들은 민주적 체제로의 전환은 저항세력의 투쟁에 의해 쟁취되는 것이 아니라 정치적으로 수동적인 국민들에게 부여되어지는 것으로 본다.[3] 그러나 지배블록의 단합이 반드시 그 정권이 국민의 지지를 받고 있으며, 또한 반대세력을 완전히 통제하고 있음을 의미하지는 않는다. 슈미터는 권위주의정권의 붕괴와 민주화의 계기가 권위주의정권 외부가 아닌 내부에서 출발한다고 주장한다.[4] 그러나 정권위기의 원인이 지배엘리트의 분열에만 한정되어 있지는 않다. 그 위기는 정권의 외부, 즉 시민사회에서 기인할 수도 있다. 잘 조직되고 정치적으로 활발한 시민사회가 권위주

Rule, Baltimore: The Johns Hopkins University Press, 1986, p. 19.

2) Schmitter, Phillippe C., "Liberalization by Golpe: Perspective Thoughts on the Demise of Authoritarian Rule in Portugal," *Armed Forces and Society*, 2 no. 1, pp. 5~33.

3) Sorensen, George, *Democracy and Democratization*, Boulder: Westview Press, 1993, pp. 57~58.

4) Schmitter, *ibid.*, pp. 5~33.

의정권에 압박을 가하여 민주화 전환을 강제할 수 있다. 엘리트 중심 이론가들은 연구의 초점을 짧은 본격적 민주화 전환시기에 두고 권위주의정권이 위기에 처하기까지의 긴 기간을 간과함으로써 엘리트의 정치적 계산, 선택, 협정 등을 강조하고 시민사회의 역할을 제대로 고려하지 않는 실수를 범했다. 엘리트 중심 이론가들은 정권이 위기에 처하는 과정과 원인을 설명하기보다는 이미 위기에 처한 권위주의정권이 붕괴되는 과정에 연구의 초점을 두고 있다. 사실 '지배엘리트 내의 분열'은 많은 부분이 정치적 위기를 타개할 방안을 둘러싼 이견에서 기인한다. 어떠한 지배엘리트도 자발적으로 민주화 전환을 주도하지는 않으며 아래로부터의 심각한 도전 없이 권좌에서 물러나지는 않는다. 따라서 정권이 아래로부터의 심각한 도전에 처하게 되는 원인과 과정에 대한 연구가 반드시 필요하다. 포우레이커는 이 문제에 대해 정확히 지적하는데, 그는 엘리트 중심 이론가들이 민주주의 쟁취를 위한 국민의 고통과 투쟁은 무시한 채 민주화 전환의 마지막 단계에서 협약을 체결한 엘리트에게 민주화의 모든 공을 돌리고 있다고 비판한다.[5] 엘리트 중심 이론가들은 엘리트 이외의 행위자들도 민주화를 선택하고 이를 위해 집단행동을 취할 수 있다는 단순한 사실을 애써 외면하고 있다.[6]

엘리트 중심 이론가들의 "엘리트 분열 없이 민주화 전환은 불가능하다"라는 명제는 남부유럽 및 라틴아메리카의 여러 나라 경우에서 증명

---

5) Foweraker, Joe, *Making Democracy in Spain: Grassroots Struggle in the South*, 1955-1975, Cambridge: Cambridge University Press, 1989, pp. vii ~viii.

6) Tarrot, Sidney, "Mass Mobilization and Regime Change: Pacts, Reform and Popular Power in Italy (1918-1922) and Spain (1975-1978)," In Richard Gunther, P. Nikiforos Diamandourous and Hans-Jurgen Puhle (Eds.), *The Politics of Democratic Consolidation: Southern Europe in Comparative Perspective*, Baltimore: The Johns Hopkins University Press, 1995, p. 207.

되었다.[7] 남부유럽 국가들, 특히 그리스, 포르투갈, 스페인의 경우 권위주의정권 내부의 분열이 그 정권의 붕괴로 이어졌다. 브라질, 아르헨티나, 볼리비아 같은 라틴아메리카 국가들도 1980년대 전반 경제위기가 권위주의정권 내부의 분열을 초래하였고 이는 민주화 전환으로 이어졌다.

그러나 남미와 남부유럽의 사례연구에서 도출된 엘리트 중심적 모델을 우리나라의 민주화과정 설명에 그대로 적용하기에는 여러 가지 무리가 따른다.[8] 남부유럽과 라틴아메리카에서 민주화 전환 전에 나타난 강경파와 온건파 사이의 갈등이 1987년 우리나라의 민주화 전환시기에는 나타나지 않았다. 민주화 전환 당시 대통령 전두환은 자신이 지명한 후계자인 노태우를 비롯한 정권 내 엘리트들을 강력히 장악하고 있었다. 전두환의 권력에 대해 아무런 도전행위도 드러나지 않았으며 지배세력은 전반적으로 응집력을 유지하고 있었다.[9] 1987년 민주

---

7) 엘리트 중심 민주화연구에서도 시민사회의 부활(*resurrection of civil society*)을 민주화과정의 주요한 단계로 다룬다. 그러나 이들 연구에서 민주화 전환을 설명하는 주요변수는 시민사회가 아닌 엘리트의 성향, 계산, 협약 등이다. 또한 이들은 민주화 전환은 지배엘리트의 분열에서 시작되며 시민사회의 부활은 지배엘리트의 분열과 그로 인한 시민사회에 대한 통제력 약화로 인해 수반되는 현상으로 본다. 남부유럽과 라틴아메리카 국가들의 권위주의정권 붕괴의 원인에 대한 포괄적이고 비교론적인 토의와 관련해서는 Baloyra, 1987 참조.

8) 한국의 민주화과정을 설명함에 있어서 엘리트 중심 모델이 갖는 한계와 문제점에 대해서는 성경륭, 1995 참조.

9) 6월 항쟁 중 전두환 정권은 시위진압을 위해 군대동원을 심각하게 고려하였으나 군부와 민정당 내 일부세력의 반대, 그리고 미국의 압력에 의해 좌절되었다. 그러나 군부와 민정당 내 일부세력에 의한 군동원 반대를 엘리트 중심 시각에서 말하는 지배엘리트의 분열, 즉 전두환의 강경파에 대한 노태우 중심의 온건파의 조직적 저항으로 해석하기에는 무리가 있다. 이 시기 전두환은 노태우를 비롯한 지배엘리트를 강력히 장악하고 있었으며, 엘리트 중심 시각에서 말하는 정권 내 온건파와 시민사회 내 저항세력 간의 연합전선 형성도 나타나지 않았다.

화 전환 당시 지배엘리트들은 그해 12월에 있을 대통령선거를 염두에 둔 전략적 차원에서 온건파 리더인 노태우 당시 민주정의당 대표가 전두환 등 강경파의 반대를 물리치고 이른바 6·29 민주화선언을 기습적으로 발표하는 모양을 취하였다. 그러나 그후 여러 가지 경로를 통해 밝혀진 바에 의하면 대통령직선제, 김대중 사면, 정치범 석방, 언론의 자유 등을 약속한 6·29 민주화선언은 전두환이 먼저 결심하고 자신에 대한 정치적 자살행위라고 강경하게 반대하던 노태우를 설득함으로써 가능하였다.[10] 당시 민주화운동의 기수로 국민의 폭넓은 지지를 받고 있었던 야당지도자인 김영삼이나 김대중에 비해 노태우의 지지기반은 매우 허약하였다. 따라서 12월로 예정된 직선제 대통령선거에서 집권당이 승리하기 위해서는 노태우를 민주화의 영웅으로 포장하여 국민적 지지기반을 강화할 전략적 필요가 있었다.

2. 분석틀

발생론적 민주화이론에서 강조하는 엘리트의 성향, 정치적 계산, 강경파와 온건파 사이의 분열 등의 요소만으로 민주화과정을 균형 있게 설명하기에는 분명한 한계가 있다. 민주화 전환의 여부와 그 과정을 결정짓는 데 있어 지배엘리트의 분열여부 및 그들의 정치적 계산은 분명 중요한 변수이다. 그러나 앞서 지적한 바와 같이 지배엘리트의 분열은 반체제세력의 도전으로 인해 정치적 위기에 처한 상황에서 발생하며 지배엘리트의 정치적 계산과 선택도 정치적 진공상태 속에서가 아닌 사회 전반적 상황의 영향 아래에서 이루어진다. 우리나라의 경우

10) 이 문제에 관해서는 김영일, "6.29의 진상", 〈월간 WIN〉, 1995년 3월호, 김성우, "전두환 역사를 위한 육성 증언", 〈월간조선〉 1992년 1월호, 김성우, "전두환 역사를 위한 육성 증언", 〈월간조선〉 1992년 2월호, 김성우, "이것이 6.29의 진상이다", 〈월간조선〉 1992년 11월호 등을 참조.

전두환 정권에 의한 전격적인 6·29 민주화선언 발표가 민주화 전환의 결정적 계기가 되었다. 그러나 당시 권위주의정권의 폭정에 대한 국민들의 불만과 이를 조직적으로 표출한 반체제 사회운동이 극에 달한 상황에서 전두환 정권은 민주화 요구수용 이외에 별다른 선택의 여지가 없었다. 즉, 전두환 정권은 민주화운동의 폭력적 진압에 따른 정치적 비용을 감당할 수 없다고 판단하고 차선의 방책으로 전략적 타협의 길을 선택하였던 것이다. 이처럼 지배엘리트의 정치적 계산과 선택은 결코 정치적 공백상태 속에서 이루어지는 것이 아니다. 비록 민주화 전환에 있어 지배엘리트가 취한 선택의 중요성을 인정한다 할지라도 그러한 선택을 제한하는 시민사회의 역할과 성장에 대한 연구는 반드시 요구된다. 따라서 이 장에서는 우리나라 권위주의정권의 변동과 민주화과정을 시민사회와 사회운동에 초점을 맞추어 설명한다. 일반적으로 사회운동이란 사회 내 소외집단이 자신들의 집단적 이익을 추구하기 위해 시위, 보이콧, 폭동, 연좌농성 등 비제도적 방법을 통해 정치적 수단(*political leverage*)을 동원하는 행위를 의미한다.[11] 이 장에서는 사회운동의 범위를 권위주의정권의 지배구조에 도전하는 학생, 재야, 노동자 등 체제저항세력들이 조직적으로 정치적 자원을 동원하는 정치적 사회운동으로 제한한다.

사회운동의 힘은 어디에서 나오는가? 다양한 사회부문간의 동맹형성은 시민사회의 성공적 민주화투쟁을 위해 필수적이다. 우리 사회는 단일계층이나 집단이 단독으로 민주화 전환을 실행할 만한 역량을 갖춘 구조를 지니고 있지 않다. 따라서 골리앗과 같은 권위주의정권에 맞서 민주주의를 쟁취하기 위해서는 사회부문간의 연대형성이 절실히 필요하였다. 전두환 정권의 등장에서 보듯이 건전한 시민사회의 부재는 군부의 정치개입을 방치하고 민주화 전환의 실패를 가져왔다. 반면에

---

11) McAdam, Doug, *Political Process and the Development of Black Insurgency*, 1930-1970, Chicago University of Chicago Press, 1982, p. 37.

1987년 경우처럼 연합조직을 통한 시민사회의 활성화는 권위주의정권의 붕괴와 민주화 전환에 커다란 기여를 하였다.

사회부문간 동맹형성의 성공여부는 사회운동이 처한 정치기회구조(*political opportunity structure*)의 영향을 받는다. 여기서 정치기회구조란 집단행동의 성공과 실패에 대한 판단에 영향을 미침으로써 사람들로 하여금 집단행동에 참여할 동기를 부여하거나 박탈하는 일정한 정치환경을 의미한다.[12] 즉, 정치기회구조는 사회운동을 둘러싼 결정적 환경으로서 사회운동의 성공과 실패에 결정적 영향을 미친다. 정치기회구조가 확장될 때 사회운동은 성공할 확률이 높아지며 반대로 정치기회구조의 축소는 사회운동의 실패로 연결된다. 정치기회구조 개념은 아이싱어[13]가 미국 43개 도시에서 발생한 폭동의 차이를 설명하기 위해 처음으로 사용한 이후 젠킨스와 페로,[14] 맥아담, 태로, 틸리[15] 등에 의해 사회운동의 생성과 그 결과를 설명하는 주요변수로 사용되었다. 이들은 사회운동이 조직되고 활성화되는 것은 단순히 소외집단의 분노나 좌절보다는 정치기회구조에 달려 있다고 본다.

이러한 정치기회구조는 고정불변한 것이 아니며 사회운동세력과 그 경쟁세력(이 장에서는 권위주의정권) 사이의 역학관계에 따라 신축적으로 확대 또는 축소되는 변화의 과정 속에 있다. 즉, 권위주의정권은 체제도전세력이 성장할 수 있는 '정치기회구조'를 축소시키기 위해 전력을 기울일 것이며 반대로 사회운동세력은 끊임없이 정치기회구조의 확장을 도모한다. 정치기회구조의 확장과 축소를 결정하는 중요한 변

---

12) Tarrow, *op. cit*, p. 85.

13) Eisinger, Peter, "The Conditions of Protest Behavior in American cities," *American Political Science Review*, vol. 67 no. 1, 1973.

14) Jenkins, J. Crig and Charles Perrow, "Insurgence of the Powerless: Farm Worker Movement, 1994-1972," *American Sociological Review*, 42, 1977.

15) Tilly, Charles, *From Mobilization to Revolution*, Mass. : Addison-Wesley Publishing Co., 1978.

수에 대해서는 학자마다, 그리고 연구대상에 따라 약간의 차이는 있으나 대체로 다음의 네 가지가 공통적으로 제시된다. 즉, ① 정권에 의한 탄압 정도,[16] ② 정치권의 안정 및 불안정,[17] ③ 지지집단의 존재 여부,[18] ④ 엘리트의 분열[19] 등이다.

권위주의체제 변동에 대한 균형 있는 설명은 정체를 구성하는 주요 요소인 국가, 정치사회, 그리고 시민사회와 이들간의 상호작용을 고려하는 전체적 틀 속에서 가능할 것이다.[20] 따라서 우리나라의 민주화운동 정치기회구조를 결정짓는 변수로 국가의 탄압, 지배엘리트의 분열, 사회운동조직 외부의 지지세력 존재, 정치사회(정당) 내 세력구조를 제시함으로써 국가, 정치사회, 시민사회의 역학관계 속에서 한국의 권위주의체제 변동과정을 분석하고자 한다.

국가의 억압 수준이 높을수록 사회운동조직의 정치기회구조는 축소된다. 우리나라의 경우 1983년 말 시작된 정부의 유화정책은 사회운동세력의 활성화와 자유화단계로의 전환을 설명하는 중요한 요인이다. 엘리트 중심 이론가들이 주장하는 엘리트의 분열은 분명히 반체제세력에게 더 많은 정치적 공간을 제공하기는 하나 정치기회구조의 한 단면일 뿐이다. 강경파와 온건파 사이의 엘리트 분열은 주로 국민의 분노와 저항에 대응하는 방법의 차이에서 기인한다. 사회운동조직 외부의

16) Tarrow, Sidney, *Struggle, Politics, and Reform: Collective Action, Social Movements, and Cycles of Protest*, Cornell University, Western Societies Paper no. 21, 1989; Eisinger, *op. cit.*; Brockett, Charles, "The Structure of Political Opportunities and Peasant Mobilization in Central America," *Comparative Politics*, 23, 1991.

17) Tarrow, Sidney, *ibid.*, 1989.

18) Tarrow, Sidney, *ibid.*, 1989; Jenkins, J. Crig and Charles Perrow, *op. cit.*, 1977; Brockett, Charles, *ibid.*, 1991.

19) Tarrow, Sidney, *ibid.*, 1989; Jenkins, J. Crig and Charles Perrow, *ibid.*, 1977; Brockett, Charles, *ibid.*, 1991.

20) 정체(*polity*)의 구성요소인 국가, 정치사회, 시민사회에 대해서는 Stepan, 1988을 참조.

지지세력(우리나라의 경우 지식인을 비롯한 중산층과 미국) 존재여부는 1980년 실패한 민주화 시도와 1987년 성공적인 민주화의 차이를 설명하는 중요한 변수이다.[21] 강력한 야당의 출현과 사회운동세력과의 동맹형성은 권위주의정권에 커다란 압박으로 작용하며 민주화를 촉진하였다. 1985년 국회의원선거에서 신한민주당의 성공은 반체제세력이 활동할 수 있는 정치적 공간을 크게 확장했다.

1979년에서 1987년에 걸친 우리나라의 민주화 전환과정을 설명하기 위하여 이 시기를 세 단계로 구분하였다.

- 민주화 시도 실패와 사회운동 침체기(1979년 10월~1983년 12월)
- 자유화조치와 사회운동 성장기(1984년 1월~1987년 4월)
- 민주화 전환과 사회운동 폭발기(1987년 4월~1987년 6월)

〈그림 14-1〉 분석틀

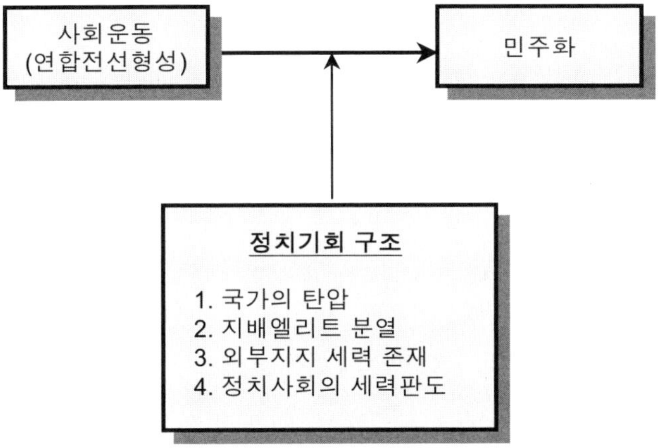

사회운동
(연합전선형성)

민주화

정치기회 구조

1. 국가의 탄압
2. 지배엘리트 분열
3. 외부지지 세력 존재
4. 정치사회의 세력판도

21) 교수나 성직자 등 지식인의 4·13 호헌조치 비난 및 민주화 지지성명, 중산층의 민주화운동 동참 등은 비록 집단행동적 측면을 보이고는 있으나 구체적이고 지속적인 운동조직을 통해 나타난 행동이 아니기 때문에 체제변혁운동을 목적으로 결성된 사회운동조직과는 구분되며, 따라서 이 논문에서는 이들을 사회운동조직 외부에 존재하는 지지세력으로 간주한다.

3. 정치기회구조의 변화와 사회운동

1) 민주화의 실패와 사회운동 침체기, 1979.10~1983.12

박정희의 갑작스런 죽음으로 인해 일시적으로 확장되었던 민주화운동을 위한 정치기회구조는 전두환 정권의 등장과 함께 급격히 축소되었다. 반대세력에 대한 국가의 탄압은 이전보다 더욱 강화되었으며 정치권 내 야당세력도 크게 위축되어 명목상으로만 존재하였다. 사회운동에 대한 외부의 지원도 미미하여 중산계층과 미국은 혼란을 동반하는 민주화 전환보다는 정치적 안정과 경제발전을 선택하였다. 극도로 위축된 정치기회구조 속에서 사회운동도 거의 모습을 찾을 수 없었다. 오직 학생운동만이 그 명맥을 유지하고 있었으나 조직의 외형과 내용 모두 낮은 수준이었으며 조직간의 연대는 거의 시도되지 못하였다.

(1) 정치기회구조의 축소

1979년 12·12 군부쿠데타로 권력을 장악한 신군부세력은 정권의 기반강화를 위하여 반정부세력에 대한 탄압의 수위를 극도로 높였다. 1980년 5월 17일 신군부는 제주도를 포함한 전국에 걸쳐 비상계엄령을 선포하고 비상조치 10호를 발효하여 모든 정치활동과 정치적 집회를 금지하였으며, 국회를 해산시키고 정당을 폐쇄하였다. 계엄사령부는 구여권 정치인인 김종필, 이후락, 박종규, 재야인사인 김동길, 문익환 등을 포함하는 26명의 주요 반체제인사를 체포하였다.[22)]

신군부의 정치탄압은 광주민주화운동 진압을 통해 극에 달하였다. 신군부는 비상계엄령 철폐와 김대중 석방을 요구하는 광주시민의 저항을 군대를 동원하여 진압하였으며 이 과정에서 발생한 사망자 수는 200여 명에 달했다.[23)]

---

22) 〈동아일보〉 1980년 5월 19일.

제 1기 동안 강압정치의 수준은 이 기간 동안의 정치범 수, 정치범의 수감기간, 고문사례 등에서 여실히 드러난다. 미국무성 통계에 따르면 1983년 말 우리나라의 정치범 수는 325명에 달하며 더구나 이는 1982년 약 80명, 1983년에 약 3백 명의 정치범이 석방된 후의 수이다.[24] 이 기간 동안의 정치범 수는 박정희 정권 말기보다 훨씬 증가하였다. 미국무성은 1978년 말 우리나라의 정치범 수를 약 180~220명으로 평가하였으며 우리나라의 교회단체는 약 280명의 정치범이 있는 것으로 파악하였다.[25] 정치범의 수감기간도 제 1기 동안 점차 장기화되었다. 반정부활동으로 구속된 학생들의 수감기간이 1981년 평균 12개월이던 것이 1982년에는 24개월, 1983년에는 36개월로 장기화되었다.[26]

제 1기 동안 사회운동에 대한 외부 지지세력은 거의 찾아보기 힘들었다. 우리나라의 경우 사회운동의 성공을 위해서는 사회운동조직에 가담하지 않은 일반대중과 미국의 지지가 절대적으로 요구되었다. 그러나 제 1기 동안 어느 세력도 적극적 지지를 보이지 않았다. 광주민주화항쟁에 대한 신군부의 무자비한 탄압에도 일반대중은 침묵을 지켰으며 미국도 한반도의 민주화보다는 정치적 안정을 통한 현상유지를 선호하였다.

사회운동조직에 의한 민주화투쟁은 그 자체로 권위주의정권에 위협

---

23) 박세길, 《다시 쓰는 한국현대사: 1980년에서 90년대 초까지》, 돌베개, 1992, pp. 66~67.

24) The United States Department of State, *Country Reports on Human Reports Practice*, Washington: GPO, 1983, p. 743; The United States Department of State, *Country Reports on Human Rights Practice*, Washington: GPO, 1984, p. 813; International League for Human Rights and the International Human Rights Law Group, *Democracy in South Korea: A Promise Unfulfilled*, New York: The International League for Human Rights, 1985, p. 113.

25) The United States Department of State, *ibid.*, 1983, p. 376.

26) *Far Eastern Economic Review*, 1983년 12월 8일, p. 43.

적이기는 하였으나 이데올로기의 급진성과 전국적 지명도를 지닌 지도자의 부재로 인해 일반국민에게 권위주의정권을 대체할 수 있는 새로운 선택으로 인식되기에는 분명한 한계가 있었다. 이 같은 한계를 극복하고 사회운동의 목표를 달성하기 위하여 제도정치권 내 동조세력과의 연대는 반드시 요구되었다. 그러나 제1기 동안 야당세력은 사회운동조직의 한계를 보완하는 기능을 충족시키지 못하였다. 신군부의 등장과 함께 기존 야당세력은 철저히 붕괴되었다. 신군부세력은 1980년 10월 신헌법을 공포하면서 기존의 국회와 모든 정당을 해산시키고 567명의 구정치인에 대해 1988년까지 모든 정치활동을 금지하였다.

(2) 사회운동의 침체

박정희 사망 후 사회운동세력은 오랜 동면에서 깨어나 민주화를 향한 행진을 시작하였다. 그러나 오랜 침체기간으로 인해 제대로 조직되지 못하고 분산되었던 운동세력은 신군부의 물리력 앞에 힘없이 무너졌다. 광주민주화항쟁을 잔혹하게 탄압한 신군부는 새로이 돋아나는 시민사회의 새싹을 무참히 짓밟아버렸다.

광주민주화운동 후 사회운동세력은 급격히 붕괴되고 학생운동만이 겨우 명맥을 유지하였다. 전두환 정권의 탄압으로 인해 학생운동도 타 운동분야와의 연대는 물론이고 자체 내 연합조차 이끌어내지 못한 채 고립적이고 분산적으로 전개되었다. 학생운동 내부 이데올로기 갈등은 상황을 더욱 악화시켰다. 1980년 당시 학생운동은 민주화운동 실패에 대한 원인과 향후 운동방향을 둘러싸고 무림과 학림파로 분열되었다. 무림파는 권위주의정권의 탄압을 강화시키는 무분별한 폭력시위를 자제하고 당분간 운동조직의 강화에 힘을 기울여야 한다고 주장한 반면, 학림조직은 권위주의정권에 대한 지속적이고 강력한 투쟁만이 학생운동이 나아갈 방향이라는 입장을 견지하였다. 무림·학림 논쟁은 1982년 들어 야학비판 대 전망 논쟁으로 전환되었다. 야학비판파는 교내문제를 운동의 주 이슈로 하여 일반학생 사이에 지지기반을 확대하는 작

업이 우선되어야 한다고 주장한 반면 전망조직은 지속적 정치투쟁과 가두시위 전개를 강조하였다.[27]

박정희 사망 후 탄압의 완화를 틈타 노동자들은 임금인상, 작업환경 개선, 노동조합의 민주화 등 그동안 억눌렸던 불만들을 표출하기 시작하였다. 비록 몇몇 현장에서는 임금인상과 작업환경 개선 등의 성과를 거두었으나 대부분의 노동운동이 비조직적이고 고립적으로 전개된 탓에 전두환 정권의 노동탄압정책에 무기력하게 굴복하였다.

2) 자유화조치와 사회운동의 성장, 1984.1～1987.4

제 2기에 이르러 정치기회구조는 조금씩 확장되기 시작하였다. 정부의 자유화조치로 인해 반체제세력에 대한 탄압이 일시적으로 완화되고 1985년 국회의원선거에서 신한민주당이 강력한 야당으로 등장하였다. 또한 1986년 중반부터 지식인계층을 중심으로 사회운동에 대한 지지가 확산되기 시작하였다. 확장된 정치기회구조 속에서 학생, 재야, 노동운동의 부문에서 새로운 운동조직들이 결성되기 시작하였으며 각 부문내, 특히 학생운동 내, 조직간의 연대 움직임이 활발하게 전개되었다. 특히 이 시기에는 제한적이나마 전 사회운동부문을 대상으로 한 연합조직인 민주통일민중운동연합(민통련)이 결성되어 사회운동세력의 비약적 성장을 예고하였다.

(1) 정치기회구조의 확장

1983년 말부터 전두환 정권은 극도로 추락된 정통성을 회복하기 위하여 일련의 자유화조치를 실시하였다. 1984년 2월 25일 전두환 정권은 정치활동이 금지된 567명의 구정치인 중 202명에 대하여 해금조치를 하였으며 11월에는 김영삼, 김대중, 김종필 등 15명을 제외한 모든

---

27) 일송정 편집부, 《학생운동논쟁사 1》, 일송정, 1990, pp. 29～45.

〈표 14-1〉 양심수 추이

시 기	합 계	국보·반공	집시법	내란·방화	기 타
1982. 11. 10	413	168	204	30	14
1983. 7. 7	428	137	285	3	
1983. 11. 25	457	93	362	2	
1984. 11. 27	109				

* 출처: 한국기독교사회연구원, 《한국의 사회정의 지표》, p. 105.

구정치인에 대하여 정치활동 재개를 허용하였다.[28] 정부는 또한 1983년 12월 크리스마스 특사로 181명의 시위법 위반학생 중 131명을 석방하고 1984년 1학기 동안에는 86명의 해직교수와 479명의 제적학생의 복교를 허용하였다. 정치범 수 역시 1983년 11월 457명이던 것이 1년 후인 1984년 11월에는 4분의 1에도 못 미치는 109명으로 감소하였다.

전두환 정권의 자유화조치 배경은 다음 몇 가지로 설명될 수 있다. 첫째, 전두환 정권은 경제정책의 성공으로 국민지지에 대한 자신감을 얻었다. 1980년 -3.7%이던 경제성장률이 1983년에는 12.6%로 증가하였으며 실업률은 1980년 5.2%에서 1983년 4.1%로 감소하였고 인플레이션율도 1980년 28.7%에서 1983년 3.4%로 개선되었다.[29] 둘째, 신군부 정권은 자신들의 통치기반이 상당 수준 안정단계에 접어들었으며 따라서 굳이 물리적 탄압에 의존하지 않더라도 다른 제도적 수단을 이용해 보다 세련되게 민주화투쟁을 통제할 수 있다고 믿었다. 셋째, 강압정치로 인해 훼손된 정권의 정통성을 회복하기 위하여 국민들을 향한 화해의 제스처가 필요하였다. 1985년 2월로 예정된 국회의원선거를 앞두고 전두환 정권은 중산층의 지지를 확보할 일정한 조치가 필요하였다. 그러나 전두환 정권의 유화정책 결과는 그들이 의도한

28) The United States Department of State, *op. cit.*, 1984, p. 817.

29) 임혁백, "5공의 민주화투쟁과 직선제개헌", 동아일보사 편, 《5공평가 대토론회》, 동아일보사, 1994, p. 460.

대로 나타나지 않았다. 탄압의 완화는 반정부세력에게 새로운 전기를 제공하였으며 운동 전 부문에 걸쳐 새로운 조직들이 결성되기 시작하였다.

유화정책에 힘입어 반정부세력이 급속히 성장하자 전두환 정권은 1984년 말부터 다시 탄압의 강도를 높였다. 1984년 학생들의 민주정의당사 점거와 1985년 5월 미문화원 점거는 강압정치로의 회귀를 더욱 가속화시켰다. 미문화원 점거 이전 14명이던 학생 정치범의 수가 점거 사건 이후 519명으로 급증하였으며 제적학생 수도 1984년 47명이던 것이 1985년 3월에서 10월 사이에만 102명이 제적되었다.[30] 전체 정치범의 수도 1984년 11월 109명이던 것이 1985년 11월 경찰의 민족통일·민주쟁취·민중해방특별위원회(삼민투) 소탕작전 직후에는 704명으로 급증하였으며, KNCC 통계에 따르면 1986년 12월 정치범의 수는 1,800~2,000명에 달하였다.[31]

해금조치로 정치활동을 재개한 구정치인들은 불과 선거 한 달 전인 1985년 1월에 이르러서야 신한민주당을 결성할 수 있었으나 국민의 적극적 지지에 힘입어 선거에서 놀라운 성과를 거두었다. 신한민주당은 1985년 총선에서 35.3%의 지지율과 184 의석 중 87석을 획득하였다. 신한민주당의 이 같은 성과는 전두환 정권뿐 아니라 야당 자신들도 전혀 예상치 못한 결과였다. 신한민주당의 성공은 대도시에서 더욱 두드러져 서울에서 43.3%, 부산은 37.0%의 득표율을 보인 반면 집권당이었던 민주정의당의 경우 각각 27.3%와 28.0%를 획득하는 데 그쳤다.[32]

1985년 선거를 통해 야당과 사회운동세력은 서로간의 보다 진보된

---

30) 〈조선일보〉 1985년 11월 7일.

31) 기사연, 《6월 민주화대투쟁》, 민중사, 1987, p.105; *Far Eastern Economic Review*, 1987년 7월 30일, p,26.

32) 중앙선거관리위원회, 《제 12대 국회의원선거총람, 1985년 2월 12일》, 중앙선거관리위원회, 1985, pp.96~100.

연대의 가능성을 확인하였다. 선거운동기간 내내 사회운동조직은 신한민주당 선거운동을 위해 전단을 배포하고 유권자들을 동원하였으며 전두환 정권의 치명적 약점이라 할 수 있는 군부독재 타도, 광주항쟁탄압 진상규명, 직선제개헌 등을 선거 이슈화하였다. 그러나 야당과 사회운동세력 간의 표면적 연대에도 불구하고 이들 사이에는 본질적 이질성이 내재하였다. 이데올로기적으로 중도 보수계층에 지지기반을 둔 신한민주당이 학생운동과 일부 노동단체의 급진적 이데올로기를 수용하기에는 분명한 한계가 있었다.

(2) 사회운동의 성장

정부의 유화조치와 그에 따른 운동공간의 확장에 힘입어 시민사회 내 학생, 노동자, 농민, 빈민, 재야 등 전 부문에 걸쳐 새로운 조직들이 우후죽순처럼 결성되었다. 이 시기 사회운동은 동일부문 내 조직간의 연대뿐만 아니라 상이한 운동부문간의 연대도 모색하고 나아가 상이한 운동부문을 포괄하는 연합조직을 형성하려는 노력을 보였다.

이 시기 학생운동의 특징은 타 대학과의 동맹시위, 노동권과의 연대, 조직의 이중성, 급진적 이데올로기 등에서 찾을 수 있다. 노학연대 투쟁은 이 시기에 나타난 가장 두드러진 특징 중 하나였다. 1980년 개정된 노동법이 제3자 개입을 금지하자 학생들은 자신들의 신분을 위장한 채 노동현장에 취업하여 노동자 의식화교육과 노동조합 결성을 주도하였다. 정부 통계에 따르면 1985년 3월 50명이었던 위장취업자 수가 8월에는 8백 명으로 급증하였고 1986년 11월에는 377개 작업장에서 699명의 학생이 위장취업한 것으로 파악되었다.[33]

타 대학 및 노동권과의 연대모색에도 불구하고 학생운동권 내부는 한국사회의 정치경제적 상황에 대한 해석, 투쟁의 방향 등을 둘러싸고

---

33) 김종찬, "노동운동단체의 현주소", 〈신동아〉 1986년 12월호, p. 480; 〈중앙일보〉 1986년 11월 7일.

심각한 이데올로기적 분열양상을 보였다. 또한 학생운동에 있어 급진적 이데올로기와 폭력성이 두드러졌다. 학생운동의 목표가 자유민주주의 확립이 아닌 프롤레타리아 혁명 완수였으며 시위양상도 화염병 투척, 경찰서 공격 등 심각한 폭력을 동반하여 대부분의 일반대중으로부터 외면당했다.

제 2기 동안 학생운동의 성장은 전국적 조직의 결성에서 잘 나타난다. 자율적 학생대표기구 결성의 준비단계로 1984년 3월 '학생자율화추진위원회'를 구성하였고, 같은 해 11월 42개 대학 2천 명의 대표가 참여하여 '전국학생대표 지구회의'라는 연합조직을 결성하였다. 이 조직은 1985년 4월 전국적으로 지부를 구성한 '전국학생총연합'으로 발전되었다.[34)]

이 같은 조직적 성장과 타 운동부문과의 연대 활성화에도 불구하고 학생운동 내부 이데올로기 갈등은 지속적으로 전개되었다. 이 시기 우리나라의 정치경제 상황의 해석에 대한 주요 이데올로기로는 CDR(*Civil Democratic Revolution*), NDR(*National Democratic Revolution*), 그리고 PDR(*People's Democratic Revolution*)을 들 수 있다. 이 같은 기본 이데올로기에 바탕하여 학생운동권은 구체적으로 깃발 대 반깃발, 민민투 대 반민투의 대립양상을 보였다.[35)]

이 시기 노동운동의 가장 두드러진 특징은 전국 및 지역조직 결성을 통한 노동자연대 확보였다. 제 1기 동안의 고립 분산적 노동운동의 비효율성을 극복하기 위하여 1984년 3월 과거 활동한 노동운동가들을 중심으로 '한국노동자복지협의회'가 결성되었다. 운동의 연대노력은 특히 학생운동과의 연대에서 나타났는데, 1985년 구로동맹시위가 대표적이었다. 구로지구 6개 노동조합과 학생들의 공동투쟁으로 인해 30명의

---

34) 정창민, "80년대 학생운동의 논리와 현실", 조진경 외, 《한국사회의 성격과 운동》, 공동체, 1987, pp. 316~318.

35) 각각의 이론들에 대한 자세한 내용은 일송정 편집부, 앞의 책, pp. 254~256 참조.

노동자가 구속되고 1천 명 이상의 노동자가 해고되었다.[36]

이 시기 노동운동은 운동이슈와 투쟁대상에서 제1기와 많은 차이를 보였다. 제1기 노동운동은 임금인상, 작업환경 개선, 체불임금 지급 등 경제적 문제가 주 이슈였으며 투쟁대상은 기업주였다. 그러나 국가권력의 개입과 노동탄압으로 인한 노동운동의 실패를 경험한 노동운동권은 권위주의정권의 붕괴 없이는 자신들의 요구가 실현될 수 없음을 깨달았다. 따라서 제2기에 이르러 운동의 주요이슈는 경제적 문제에 제한되지 않고 정치투쟁으로 확대되었으며 투쟁대상 역시 권위주의정권으로 전환되었다.

〈그림 14-2〉 학생운동조직의 발전

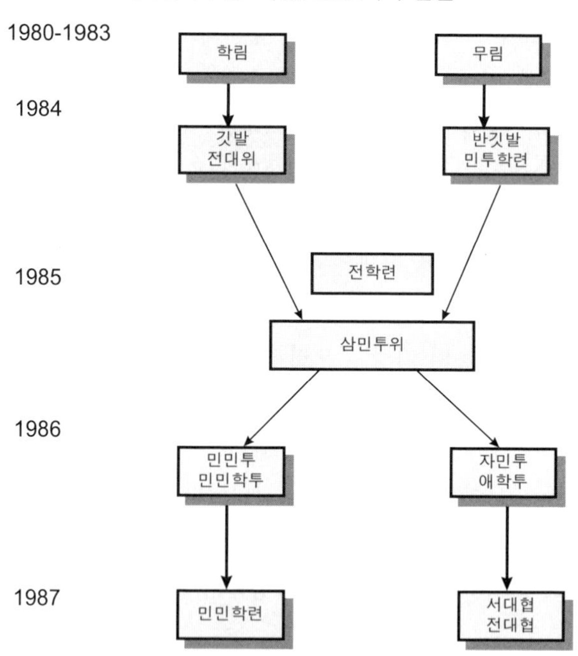

36) 한국역사연구회, 《한국현대사 4》, 풀빛, 1991, p. 120.

이 시기 재야단체로는 민중민주운동협의회(민민협)와 민주통일국민회의가 결성되었다. 1984년 6월 결성된 민민협은 청년, 노동, 농민운동 부문의 젊은 활동가를 중심으로 결성되었으며 1970년대 재야운동을 이끈 원로층이 중심이 되어 1984년 10월 국민회의를 결성하였다. 운동자원의 분산에서 오는 비효율성을 극복하고 통일된 민주화운동을 위해 위 두 단체가 중심이 되어 1985년 3월 연합조직인 민통련을 결성하였다. 1985년 9월 민청련, 서노련, 기농, 일부 기독교단체 등 11개 운동조직이 민통련에 합류함으로써 민통련은 재야, 노동, 종교, 농민, 빈민, 지식인운동 부문의 23개 단체로 구성된 거대연합조직으로 발전하였다.[37]

거대연합조직인 민통련의 탄생은 민주화운동의 역량강화에 커다란 기여를 하였다. 그러나 민통련은 강력한 리더십을 발휘하여 민주화운동을 체계적으로 이끌어나가기에는 구조적 한계가 있었다. 민통련 가입이 운동가 개인 수준이 아닌 조직별로 이루어짐에 따라 개별 운동조직은 독립성을 유지하였고 민통련 지도부는 회원 개인에 대해 강력한 구속력을 가질 수 없었다.[38] 따라서 민통련의 통합성과 응집력은 크게 강하지 못하였다.

3) 민주화 전환과 사회운동의 폭발, 1987.4~1987.6

권위주의정권 엘리트의 단합유지에도 불구하고 그동안 침묵을 지키던 중산층의 적극적인 민주화투쟁 지지, 미국의 전두환 정권 지지철회 등으로 인해 사회운동의 정치기회구조는 급격히 확장되었다. 정치기회구조의 확장에 힘입어 사회운동세력은 민통련 조직을 확대 발전시켜

---

37) 민통련의 결성과정 및 활동에 대해서는 민족민주운동연구소, 〈민통련: 민주통일민중운동연합 평가서(1)〉, 민족민주운동연구소, 1989 참조.

38) 채만수·김장한, "통일전선운동의 전개(민통련, 국본, 전민련)", 조희연 편, 《한국사회운동사》, 죽산, 1990, pp. 380~381.

야당까지 포함하는 범국민 민주화운동조직으로 '국민운동본부'를 결성하고 총체적 반정부투쟁을 전개하였다. 국민운동본부의 폭력을 배제한 온건한 운동전략과 전 국민의 합의를 쉽게 이끌어낼 수 있었던 직선제 개헌이라는 이슈개발은 민주화운동 확산의 결정적 요인이 되었다.

(1) 정치기회구조의 확산

1988년 서울올림픽 때까지 헌법개정에 관한 모든 논의를 금지한다는 전두환 정권의 1987년 4·13 호헌조치는 대통령직선제를 염원하였던 국민들에게 커다란 실망과 분노를 불러일으켰다. 직선제개헌 논의금지 조치에 대한 분노는 종교인과 교수 등 지식인계층으로부터 먼저 분출되었다. 4·13 호헌조치가 발표된 직후 대한변호사협회는 직선제개헌은 이미 범국민적 합의를 이룬 사항이고 어느 누구도 이를 뒤집을 수 없으며 오직 정부의 구조문제만이 논의대상이 될 수 있을 뿐이라는 내용의 성명서를 발표하였다. 광주대교구 소속신부 18명은 정부의 4·13 조치에 항의하며 무기한 단식투쟁에 들어갔다. 이들의 단식투쟁은 커다란 반향을 불러일으켜 4월 24일에는 광주 20개 성당에서 약 1천 명의 교인들이 단식투쟁지지 철야 기도회를 개최하였다.[39]

4·13 조치에 대한 저항운동은 교수집단으로 이어졌다. 4월 22일 30명의 고려대 교수들이 개헌논의 금지를 비난하는 성명서를 발표하는 것을 필두로 6월 25일까지 전국 48개 대학 1,510명의 교수들이 반대서명에 동참하였다.[40] 교수 이외에 변호사, 성직자, 의사, 예술인 등 34개 단체 4,136명의 회원들이 4·13 조치 반대서명에 동참하였다.[41]

이 같은 지식인들의 저항운동은 일반국민들에게 커다란 반향을 불러일으켰다. 과거의 중산층은 혼란을 동반하는 민주화보다는 지속적 경제발전을 보장하는 정치적 안정을 선호하며 결코 화염병을 던지는 민

39) 〈The Korea Herald〉 1987년 4월 25일.

40) 〈The Korea Herald〉 1987년 6월 27일.

41) 〈한국일보〉 1987년 6월 27일.

주화투쟁에 동참하지 않는 '침묵하는 다수'로 인식되었다. 그러나 1987년 6월 중산층은 더 이상 침묵하는 다수이기를 거부하고 민주화투쟁에 적극 동참하였다. 6월 10일 국민운동본부가 주최한 범국민대회에는 전국 22개 도시에서 약 24만 명이 참여하였으며 6월 26일 '평화대행진'에는 34개 도시에서 1백만 명이 넘는 시민이 참여하였다.[42] 이 같은 침묵하는 다수의 민주화운동 동참은 전두환 정권에 대한 불만이 결코 일부 학생과 급진적 노동자, 야당정치인, 그리고 재야세력에 국한되어 있지 않다는 사실을 대내외적으로 확인시켰다.

반정부투쟁의 확산은 미국으로 하여금 대한정책을 기본적으로 다시 생각하게끔 만들었다. 1987년 6월 23~25일 동안 서울을 방문한 미국무성 차관보 개스턴 시거(Gaston J. Sigur Jr.)는 귀국 후 성명을 통해 서울에서 커다란 변화의 물결을 읽었으며 한국의 반정부시위가 생각 이상으로 심각한 수준임을 밝혔다.[43] 그는 또한 미국 NBC TV 대담프로에 출연하여 한국 정부가 직선제 수용을 위해 반정부세력과 협상하게끔 노력할 것이라고 밝혔다.[44] 미국 정부는 또한 시위진압을 위한 군대동원을 저지하기 위해 전두환 정권에 강력한 메시지를 전달했다.

(2) 사회운동의 폭발

1986년 5·3 인천사태와 운동권학생들의 건국대 점거사건을 겪으면서 급진적인 학생 및 노동운동세력이 급격히 쇠퇴하고 제 3기 사회운동은 온건한 재야세력과 지식인층에 의해 선도되었다. 이 시기 반정부세력은 우선적 운동목표로 직선제개헌과 대중 지지기반 확대를 위한 투쟁전략의 온건화에 합의함으로써 통합적 민주화투쟁을 전개할 수 있었다. 이 같은 운동목표와 전략에 대한 합의의 결과 야당과 사회운동세력을 통합하는 거대연합조직인 '국민운동본부'가 출현할 수 있었다. 국

42) 기사연, 《6월민주화대투쟁》, 민중사, 1987 참조.

43) *The Washington Post*, 1987년 6월 16일.

44) *The Washington Post*, 1987년 6월 22일.

민운동본부의 전국적 조직과 온건한 운동전략은 반체제운동의 확산과 민주화 전환에 결정적 역할을 하였다.

국민운동본부의 성공은 거대조직과 온건한 전략에서 기인했다. 1987년 5월 27일 결성된 국민운동본부는 민주화투쟁을 위한 최대 규모의 연합조직으로 야당정치인을 비롯해 종교계, 민통련, 예술인, 언론인, 농민, 빈민 등 전 사회운동부문을 망라하였다. 국민운동본부는 6월 10일 범국민 민주화대회를 주최하면서 철저한 비폭력 평화주의와 선거를 통한 민주정부수립을 슬로건으로 내세웠다. 국민운동본부는 현정부에 대한 항의표시로 애국가 부르기, 자동차경적 울리기, 교회종 타종, 9시 TV 뉴스 안 보기 등의 행동지침을 발표하여 일반시민들이 신체적 위협을 느끼지 않으면서 민주화운동 지지의사를 표현할 수 있는 기회를 제공하였다.[45] 국민운동본부는 6월 10, 18, 그리고 24일 세 차례에 걸친 대규모 집회를 통해 범국민적 민주화투쟁을 선도하였다.

국민운동본부가 대규모 집회와 온건한 운동전략을 통해 일반국민의 민주화투쟁 참여를 유인하였다면 학생운동세력은 6월 10일에서 29일까지 20일간에 걸쳐 가두시위의 제일선에서 투쟁을 선도하였다. 전국에 걸친 학생들의 파출소 등 정부관련기관 습격, 도로점거, 열차운행 방해 등의 폭력시위는 경찰력을 분산, 소진시켜 때때로 경찰력에 의한 시위대 진압이 불가능한 상황이 발생하였다. 학생운동의 이 같은 투쟁은 국가폭력에 대한 두려움을 제거시킴으로써 일반시민들이 민주화투쟁에 적극적으로 참여할 수 있는 분위기를 조성하였다. 국민운동본부가 범국민적 민주화운동을 조직하고 선도하였다면 이 시기 학생운동은 시위대 일선에서 투쟁의 열기를 지속, 확산시키는 역할을 수행하였던 것이다.

20일간에 걸친 지속적이고 강력한 국민의 저항 앞에서 전두환 정권은 자신들의 최고의 치적이라 할 수 있는 평화적 정권교체와 서울올림

---

45) *The Washington Post*, 1987년 6월 11일.

픽마저 무산될 수 있는 정치적 위기상황에 처했음을 깨달았다. 이에 전두환 정권은 1987년 6월 29일 국민의 민주화 요구를 대폭 수용하는 8개항의 민주화조치를 발표하였다.

4. 결 론

전두환 정권에 의한 민주화조치 발표는 아이러니컬하게도 야당의 분열과 중간계층의 이탈을 가져왔다. 6·29 민주화선언은 일반국민뿐만 아니라 반정부세력조차 예상치 못한 전격적 조치였다. 반정부세력은 권위주의정권 붕괴에는 쉽게 합의하였으나 그 이후 정치구조에 대해서는 충분한 논의와 계획을 설정하지 않았다. 일단 대통령직선제라는 공동의 목표가 달성되자 반정부세력은 자신들의 기본이익, 이데올로기, 차기정부의 구조 등에 있어서 커다란 차이를 노출하였다.

대통령후보 단일화 실패에 따른 김영삼과 김대중 사이의 갈등은 우리 정치의 기본구도를 민주세력 대 반민주세력의 대결구도에서 지역갈등구도로 변질시켰다. 민주화운동이 성공을 거둘 수 있었던 중요한 요인 중 하나는 강력한 야당이 존재하고 이들이 국민들에게 권위주의정권을 대체할 새로운 대안으로 인식되었다는 점이다. 처음 전두환 정권이 직선제개헌을 수용할 때만 하더라도 일반국민과 반정부세력은 당시 야당인 통일민주당이 대통령선거에서 승리할 것임을 확신하였다. 이러한 확신은 집권당인 민주정의당에 대한 국민의 누적된 적대감, 권위주의정권을 대체할 야당세력의 존재, 그리고 이에 대한 국민의 높은 지지에 근거한 것이었다. 그러나 야당세력의 분열로 인해 민주세력은 국민들에게 최선의 대안을 제시할 수 없었다. 선거운동과정에서 나타난 지역감정의 증폭과 폭력의 난무는 일반국민에게 정치에 대한 깊은 환멸감을 심어주었다. 국민들의 마음속에 더 이상 양심적 민주세력은 존재하지 않았다.

이 같은 민주운동세력의 분열에 힘입어 1987년 12월 16일 실시된 13대 대통령선거에서 집권당 후보인 노태우는 35.9%의 지지율을 얻음으로써 각각 27.5%와 26.5%를 획득한 김영삼과 김대중 후보를 물리치고 대통령으로 당선되었다.[46]

지금까지의 논의를 통해서 정치기회구조와 사회운동에 대한 다음과 같은 이론적 시사점을 얻을 수 있었다. 첫째, 정치기회구조에 있어서 국가의 탄압강화가 항상 사회운동의 실패로 연결되지는 않는다. 1980년 초 사회운동조직이 제대로 뿌리를 내리지 못했을 때 전두환 정권은 민주화운동을 물리적 힘으로 탄압할 수 있었다. 그러나 1985년 중반 이후 민주화운동에 대한 국가의 탄압이 더욱 강화되었음에도 불구하고 사회운동조직의 활동은 결코 수그러들지 않았다. 1984년 자유화조치에 힘입어 사회운동세력은 국가의 탄압을 견뎌낼 수 있는 스스로의 내구성을 갖추게 되었으며, 또한 연합전선 형성을 통해 반독재투쟁이 지속될 수 있었다.

둘째, 지배엘리트의 분열이 민주화운동에 긍정적 영향을 주는 측면이 있으나 이것이 반드시 민주화 전환의 필요조건은 아니었다. 1987년의 경우에서 보듯이 권위주의정권이 비록 내부단결을 유지하더라도 이미 일정궤도에 진입한 민주화운동을 완전히 통제할 수는 없었다.

셋째, 사회운동을 지지함에 있어 외부세력은 합리적 선택의 양상을 보였다. 사회운동에 대한 지지가 자신들의 정치적·경제적 이익의 희생을 요구할 때 이들 외부집단은 민주화에 대한 심정적 지지에도 불구하고 적극적 지지표명을 유보하였으며 사회운동의 성공에 대해 확신을 가질 때 비로소 자신들의 심정적 지지를 적극적 행동으로 표현하였다. 이는 민주화운동과정 중 중간층과 미국의 태도에서 분명히 나타났다.

넷째, 민주화운동의 성공에 있어 대체세력(*alternative force*)의 존재는 필수적이며 우리나라의 경우 강력한 야당이 그 역할을 하였다. 학생,

46) 조선일보사, 《제 13대 대통령선거자료집》, 조선일보사, 1988, p. 190.

노동자, 재야세력에 의해 주도된 민주화운동이 국민의 지지를 받을 수 있었던 것은 이들이 야당과 연합전선을 형성하였기 때문이다. 사회운동세력은 과격성과 극단적 이데올로기로 인해 국민으로부터 권위주의 정권을 대체할 수 있는 세력으로 인식되기에는 본질적 한계를 지니고 있었다. 이는 1987년 말 대통령선거에서 민중후보였던 백기완의 조기 사퇴, 이듬해 4월 총선에서 이념정당인 한겨레당과 민중당의 의회진입 실패 등에서 잘 나타난다.

사회운동이론에 관해서 다음과 같은 시사점을 찾을 수 있었다. 첫째, 강력한 사회운동은 민주화 전환에 결정적 영향을 미치며 이를 위해 사회운동부문간의 동맹형성(*alliance*)은 필수적이다. 우리나라의 경우 민주화운동 초기 고립 분산되었던 사회운동조직은 각 부문 내 조직결성, 동일부문 내 조직간의 연대운동, 그리고 상이한 부문을 포괄하는 연합조직 형성의 과정을 거치면서 그 역량을 강화하고 민주화투쟁에 승리할 수 있었다. 둘째, 사회운동의 성공을 위해 범국민적 합의도출은 필수조건이었다. 폭력에 의존하는 과격한 전략과 사회주의체제건설이라는 극단적 이데올로기는 결코 국민의 지지를 얻을 수 없었으며 당연히 사회운동도 성공할 수 없었다. 반면에 국민운동본부를 중심으로 한 민주화투쟁이 성공할 수 있었던 것은 범국민대회를 주도하면서 폭력을 배제한 온건한 운동전략을 선택하여 일반대중들이 쉽게 지지의사를 표명할 수 있게 하였으며 운동의 목표 역시 당시 범국민적 여망이었던 직선제개헌으로 제한함으로써 보다 광범위한 지지를 얻을 수 있었기 때문이다.

제 3 부

한국정치의 발전과 과제

제 15 장

정치와 정치문화

신 명 순

1. 정치문화의 개념

정치현상을 심리적 또는 문화적 시각에서 설명하려는 노력은 정치학이 시작되면서부터 있었으며, 정치문화연구에서 중요하게 다루어지고 있는 하부문화, 엘리트정치문화, 정치사회화, 정치문화의 변화 등과 같은 주제들도 정치학의 많은 고전문헌들에서 암시적으로 다루어졌다.[1] 그러나 이러한 연구들이 정치학의 새로운 용어인 '정치문화'라는 개념으로 분석되기 시작한 것은 1956년이었다.[2] 정치현상을 설명하는 요인들 중의 하나로 계속 관심의 대상이 되었던 정치문화가 왜 1960년

1) 구체적 예들로는 Almond, Gabriel A., "The Intellectual History of the Civic Culture Concept," In Gabriel A. Almond and Sidney Verba (Eds.), *The Civic Culture Revisited*, Boston: Little Brown, 1980, pp. 1~6; Almond, Gabriel A., *A Discipline Divided: Schools and Sects in Political Science*, Newbury Park: Sage Publications, 1990, pp. 138~140 참조.

2) Almond, Gabriel A., "Comparative Political Systems," *Journal of Politics*, Vol. 18, No. 3, August 1956.

대 이후에 새롭게 각광을 받으면서 정치학에서 중요한 개념으로 다루어지게 되었는가는 다음의 3가지로 요약할 수 있다.[3)]

첫째는 계몽주의사상과 자유주의사상에 의거하여 정치가 이루어지면 안정과 발전을 가져올 것이라는 기대가 제1차 세계대전, 파시즘과 나치즘의 대두, 제2차 세계대전에서의 참혹한 파괴 등을 겪으면서 무너지게 된 점이다. 이 결과 제2차 세계대전 이후 미국의 사회과학자들을 중심으로 이러한 역사적 비극들이 왜 일어났는가를 이론적으로 구명하려는 노력이 시작되었으며 특히 정신적인 면, 문화적인 면에서 이를 설명하려는 관심이 증가하였다. 둘째는 사회학, 사회심리학 등의 학문적 배경을 가진 학자들이 독일과 이탈리아로부터 미국으로 피난온 후 미국 사회과학연구에 영향을 준 점이다. 이들은 막스 베버, 칼 만하임, 탈코트 파슨스 등의 사회학자들로부터 지적 영향을 받거나 그라함 월러스, 월터 리프맨, 폴 라자스펠드 등의 학자들이 주를 이룬 사회심리학, 그리고 지그문트 프로이트, 테오도어 아도르노, 루스 베네딕트, 하롤드 라스웰 등의 학자들이 주를 이룬 심리인류학 등으로부터 영향을 받은 사람들로 이러한 학문적 배경이 정치문화연구에 바탕이 되었다. 셋째는 1950년대 이후 사회조사연구의 방법과 기법이 발전하여 정치문화를 보다 정확하게 실증적으로 분석하는 것이 용이하게 된 점이다. 구체적으로는 표본추출방법의 발달, 인터뷰방법의 세련화, 자료측정기법의 발전, 통계분석방법의 세련화, 컴퓨터의 발달 등이었다.

이러한 배경을 바탕으로 발전한 정치문화에 관한 연구들이 주된 관심을 가졌던 주제들은 정치에 관해 국민들이 가지고 있는 가치관들(*values*)이나 감정들(*feelings*), 그리고 신념들(*beliefs*)이었다. 연구대상으로 삼은 지역들을 보면 미국을 비롯한 선진산업사회들에서 나타나는 정치문화를 분석하는 것이 주를 이루었으나, 이외에도 사회주의체제국

3) Almond, Gabriel A., *op. cit.*, 1980, pp. 10~16; Almond, Gabriel A., *op. cit.*, 1990, pp. 141~142.

가들에서의 정치문화를 분석하거나 아시아 국가들에서의 정치문화를 연구한 결과들도 다수 발표되었다.[4]

정치문화에 관한 연구가 발전하면서 쟁점이 되었던 문제들 중의 하나는 정치문화란 무엇이며 또 정치문화의 구체적 내용은 무엇인가라는 점이었다. 알몬드는 정치문화를 전체 국민들이나 전체 국민들 중의 일부집단들에 공유되어 있는 정치현상에 관한 인지적(*cognitive*), 감정적(*affective*), 평가적(*evaluative*) 정향이라고 정의하였다.[5] 정치문화의 구체적 내용이 무엇인가에 관해 알몬드와 버바는《시민문화론》(*The Civic Culture*)이라는 책에서 전체 정치체계, 정치참여자로서의 자신, 정당, 선거, 관료 등의 정치적 목적물에 대하여 가지는 정치적 지식, 감정, 그리고 가치관에 근거한 정향 등을 강조하였다.[6] 버바는 1965년 이를 일부 수정하여 정치문화의 내용으로 국가에 대한 일체감, 동료시민들과의 일체감, 정부의 정책내용에 대한 평가, 정책수립과정에 대한 평가를 제시하였다.[7]

알몬드와 포웰은 1978년에 정치문화의 개념을 다시 정리하여, 정치문화의 구체적 내용, 정치적 정향의 다양성, 정치문화의 구체적 내용들 사이의 체계적 관계라는 세 차원에서 보다 정교화하였다. 첫째, 정치문화의 구체적 내용 면에서는 정치문화를 체계문화, 과정문화, 정책문화로 구분하였다. 체계문화란 국가, 정권, 정치권력자들에 대하여 일반국민들이 갖는 의식이나 이에 근거하는 태도를 말하며 구체적으로

4) 이러한 연구들의 예로는 Almond, Gabriel A., *op. cit.*, 1990, pp. 145~149 참조.

5) Almond, Gabriel A., *Political Development*, Boston: Little, Brown, 1970, p. 35.

6) Almond, Gabriel A. and Sidney Verba, *The Civic Culture*, Princeton, NJ: Princeton University Press, 1963.

7) Verba, Sidney, "Comparative Political Culture," In Lucian W. Pye and Sidney Verba (Eds.), *Political Culture and Political Development*, Princeton, NJ: Princeton University Press, 1966, pp. 529~543.

는 국가에 대한 일체감, 정권의 정통성에 대한 인식, 다양한 정치적 역할을 맡고 있는 현직 국가구성원들의 정통성과 효율성에 관한 인식이나 태도를 포함한다. 과정문화는 정치에 있어서 자기 자신의 정치적 능력에 관련된 태도와, 다른 정치적 행위자들에 대한 신뢰나 협력 또는 적대감 등의 태도를 의미한다. 정책문화란 복지, 안보, 자유 등과 관련된 국내외 정책 등 정치의 산출물에 대하여 갖는 국민들의 선호도가 어떻게 분포되어 있는가를 의미한다. 둘째, 정치정향의 다양성이란 이와 같은 체계, 과정, 정책들에 관해서 갖는 인식, 그리고 평가로서 이러한 차원이 구분되어 논의되어야 한다는 것이다. 셋째, 정치문화의 구체적 내용들간의 상관성이나 체계적 관계 면에서는, 어떤 개인이나 집단이 정치체계에 관해서 갖는 태도와 정책에 관해서 갖는 태도가 일관성을 갖는 경우가 있는가 하면, 또다른 경우에는 양자에 관해서 갖는 태도가 일치하지 않는 수가 있다는 점이다. 따라서 어떤 국가나 집단의 정치문화를 분석하는 데에는 이런 일관성이나 불일치성을 명확히 파악해야 한다는 것이다.[8]

정치문화연구가 발전하면서 관심을 가졌던 또 하나의 문제는 정치문화가 변하지 않고 계속해서 지속하는가 아니면 정치제도나 정치구조, 또는 현실 정치상황 등에 따라 변하는가의 문제였다. 정치문화의 변화 여부는 서구산업사회에서의 정치문화를 분석한 연구들에서 잘 나타났다. 미국의 정치문화를 연구한 문헌들의 대부분은 미국의 정치, 경제, 사회에 관한 국민들의 신뢰나 자부심이 1960년대에 비하여 급격히 감소하고 있음을 밝힌 바 있다. 예를 들어 1963년과 1980년에 알몬드와 버바가 저술한 《시민문화론》과 그 증보판에서는 미국이 정치, 군사, 경제 및 다른 분야에서 효과적 리더십을 발휘하고 있다는 신뢰와 자부심을 국민들이 갖고 있었으나 1980년대에는 이러한 의식이 크게 감소하였음을 밝히고 있다. 영국의 경우에도 1960년대부터 1980년대까지의

8) Almond, Gabriel A., *op. cit.*, 1980, pp. 27~28.

기간 동안에 나타난 변화를 보면 정치문화에서 존경이나 지지라는 요소들이 감소하고 있으며, 영국인들은 특히 자신들의 정치체제보다는 특정정권의 업적수행에 관하여 불만을 가지고 있는 것으로 나타났다.[9)]

이와 반대로 독일의 경우에는 1950년대부터 1960년대까지는 국민들이 정치에 관하여 관심이 낮았고 수동적 행태를 보였으나, 1970년대와 1980년대에는 정치에 관한 관심이 높아졌고 참여지향적인 민주적 정치문화로 변화하였음이 나타났다.[10)] 이처럼 미국과 영국에서는 시민문화적 특성이 감소하고 반대로 독일에서는 시민문화적 특성이 증가한 현상은 정치문화가 역사적 경험, 정치제도, 정부구조, 정부의 업적, 정치영역에서의 업적 등에 크게 영향을 받으면서 변화하는 것임을 밝혀주고 있다.

그러나 이와는 반대로 정치문화를 변화시키려는 의식적 노력에도 불구하고 정치문화가 변화하지 않고 계속해서 유지되는 경우도 있다. 이 경우의 전형적 예가 과거의 공산주의국가들인데, 이러한 국가들에서는 수십 년 동안 국민들을 조직적으로 조작하여 사회주의형 인간을 만들려는 노력을 계속하였지만 실패하였다. 원래 민주적 전통을 가지고 있다가 공산화되었던 체코나 폴란드, 헝가리 같은 국가들에서는 국민들의 의식 속에 민주적 정향들이 지속되었고 또 문화적 일체감이나 종교적 일체감이 계속되었다. 공산주의국가에서와 같이 국가가 대중매체를 완전히 독점하고 사회조직을 완전히 장악하면서 경찰의 통제가 국민들 속으로 깊이 파고들어가는 체제에서도 국민들의 가치관이나 의식 또는 태도를 변화시키는 데 실패한 것은 정치문화 중의 어떤 요소는 쉽게 변하지 않는 것임을 보여준다. 이처럼 변화하지 않는 또는 변화하기가

---

9) Kavanagh, Dennis, "Political Culture in Britain: The Decline of the Civic Culture," In Gabriel A. Almond and Sidney Verba (Eds.), *The Civic Culture Revisited*, Boston: Little Brown, 1980, p. 170.

10) Baker, Kendall, Russell Dalton and Karl Hildebrandt, *Germany Transformed*, Cambridge, MA: Harvard University Press, 1981.

힘든 정치문화는 정치체계의 정통성과 같은 근본적 정치신념이나 인종, 민족성, 종교 등에 관련된 정치적 가치관들로서 이러한 것들은 변화시키기가 매우 어렵다.[11]

2. 우리나라 정치문화의 특성

우리나라에서 정치문화에 관한 연구가 시작된 것은 1960년대 초부터이다. 이 분야의 첫 번째 학문적 연구결과는 윤천주의 《한국정치체계서설》[12]이라 할 수 있다. 이 저서는 우리나라 정치문화에 관한 연구라기보다는 선거에 있어 유권자들의 투표행태분석이 주제였으나 여기에 유권자들의 정치에 관한 의식이나 태도를 조사한 결과가 포함되어 있기 때문에 우리나라의 정치문화연구와도 밀접히 연관되어 있다. 정치문화에 관한 연구가 학술논문으로 발표된 것은 이정식이 쓴 "한국정치문화의 분석연구 — Almond-Verba의 시민문화이론의 비교검토 —"[13]였다. 알몬드가 정치문화라는 용어를 처음 사용한 것이 1956년임을 감안하면 9년 후에 우리나라의 정치문화를 연구한 학술논문이 발표된 점이라던가, 또 윤천주의 연구가 실증적 조사분석을 통해 유권자들의 정치의식을 연구한 것이었다는 점은 정치문화연구가 상당히 빨리 우리 학계에 소개되고 수용된 것으로 볼 수 있다. 그러나 이들 두 연구를 제외하면 정치문화에 관한 대부분의 연구들은 1970년대 후반과 1980년대에 발표되었다.

우리나라의 정치문화를 분석한 연구들 중에서 가장 많은 유형은 정치문화의 특성을 분석한 연구들이며, 이 논문들의 대다수는 우리의 정

---

11) Almond, Gabriel A., *op. cit.*, 1990, pp. 148~150.

12) 윤천주, 《한국정치체계서설》, 문운당, 1961.

13) 이정식, "한국정치문화의 분석연구 — Almond-Verba의 시민문화이론의 비교검토", 〈동국대학교 논문집〉 제 2집, 1965.

치문화가 갖는 특성을 전통과 관련하여 제시하거나 또는 현대 우리나라 정치문화의 특성이나 구체적 내용을 문헌중심으로 구명하여 제시한 것들이었다. 그런 경향 속에서도 우리 정치문화의 특성을 경험적 조사에서 얻은 자료들을 분석하여 구명한 연구들도 1970년대 초에 발표되었다.[14] 우리 정치문화의 특성에 관한 경험적 연구는 그후에도 단편적으로 발표되었으나 1984년에 한배호와 어수영이 성년 남녀 1,551명을 대상으로 조사한 연구는 이론적인 면, 내용적인 면, 그리고 방법론적인 면에서 당시의 우리나라 정치문화를 분석한 가장 체계적이고 대표적인 연구였다.[15] 이외에 우리의 정치문화에 관한 연구들이 다룬 주제들로는 우리 사회의 변화에 따른 정치문화의 변화, 정치엘리트, 농민, 저소득층 등을 대상으로 한 하부정치문화의 분석, 우리나라의 정치문화와 민주주의나 정치발전 간의 관계 등이 있으나 그 숫자는 별로 많지 않다.

우리나라의 정치문화가 어떠한 특성을 가지고 있고 또 우리 정치문화의 내용은 무엇인가라는 주제를 다룬 연구들은 1961년 이래 1980년대 말까지 계속되었다. 이들 연구들은 우리 정치문화의 특성을 다양하게 제시하였는데, 1961년부터 1981년까지의 기간 동안에 발표된 우리나라 정치문화에 관한 연구결과 28편을 분석한 이지훈은 우리 정치문화의 특성을 권위주의, 시민성, 공동체성, 소외성, 분파성, 저항성, 민족적 주체성의 일곱 가지로 요약하였다.[16] 1980년대 초까지의 연구들에서 지적되었던 우리 정치문화의 특성들은 1980년대 중반 이후의

14) 이러한 연구의 예로는 Lee, Young Ho, "The Korean People's Orientations: A Multivariate Analysis(1)," *Koreana Quarterly*, Spring, 1971; Lee, Young Ho, "The Korean People's Orientations: A Multivariate Analysis(2)," *Koreana Quarterly*, Winter, 1971.

15) 한배호·어수영, 《한국정치문화》, 법문사, 1987.

16) 이지훈, "한국정치문화의 기본요인", 〈한국정치학회보〉 제 16집, 1982, pp. 104~118.

연구들에서도 다시 지적되고 있다.

강근형은 우리 정치문화의 기본성격을 권위주의적 정향으로 보면서도 1960년 이후에 추진된 근대화의 결과로 민주주의적 정향이 생성되어 현대의 정치문화는 권위주의적 정향과 민주주의적 정향이 대립되면서 이원적으로 공존하고 있다고 보았다. 강근형은 특히 우리의 정치문화를 집권엘리트, 농민, 비집권엘리트, 노동자의 4개 집단으로 구분한 후 이들 집단에서 나타나는 하부정치문화에 권위주의적 정향과 민주주의적 정향이 어떻게 혼합되어 있는가를 밝혔다.[17]

손병선 또한 우리 정치문화의 전통적 특성으로 권위주의적 계서(階序)의식과 명분주의, 엘리트 정치의식의 3가지를 지적한 후 이러한 3가지 특징들에 대칭되는 평등의식, 기술합리주의, 대중정치의식들이 1960년대 이후 새롭게 생성하였다고 보았다. 이러한 전통에 기초한 의식들과 새로운 의식들은 상호간에 갈등관계를 형성하면서 혼재하는 이중구조를 초래하였고, 이러한 대립되는 의식의 혼재가 민주화를 저해했다고 지적했다.[18] 김호성 또한 우리 민족에 내재하는 전통적 정치성향으로 연고중심의 정의(情誼)주의, 상대적 저항주의, 전근대적 권위주의, 소극적 참여주의를 지적하였다.[19] 안청시는 우리 정치문화의 특징을 효(孝), 계서적 원칙, 예(禮)와 도덕, 전통을 중요시하는 유교적 문화이념으로부터 영향을 받은 것으로 분석한 후 이러한 문화유산들은 정치엘리트들이 권위주의, 중앙집중주의, 파벌주의를 내면화한 정치문화를 갖는 데 영향을 미쳤다고 보았다.[20]

---

17) 강근형, "한국정치문화의 성격에 관한 고찰", 〈제주대학교 논문집〉 제22집, 1986, pp. 368~384.

18) 손병선, "한국의 정치문화와 민주화의 과제", 〈순천대학 논문집〉(인문사회과학편) 제6집, 1987, pp. 47~54.

19) 김호성, "한국정치문화에 대한 반성적 고찰", 〈서울교대 논문집〉 제17집, 1984.

20) 안청시, "한국정치문화의 특성과 변화", 〈한국정치연구〉 창간호, 1987, pp. 307~317.

1980년대 후반에 발표된 우리나라 정치문화에 관한 연구들은 1960년대 이후의 사회경제적 변화에 따라 새롭게 생성된 정치문화적 특성들과 기존의 전통적 특성들이 어떻게 결합되어 있고 또 어떠한 관계에 있는가를 밝히는 점에서 새로운 점이 있었으나, 우리의 전통적 특성을 바탕으로 하여 우리나라 정치문화의 특성을 제시하고 있는 점과 이러한 정치문화적 특성들이 구체적으로 정치현실을 어떻게 규정짓고 있는지를 밝히지 못하고 있는 점에서 그 이전 연구들이 가졌던 한계점을 벗어나지 못하고 있다. 우리나라 정치문화의 특성을 주제로 삼은 연구들이 안고 있는 본질적 문제점은 거의 대부분의 연구가 전통과 관련하여 우리 사회가 안고 있는 특성들에서 정치문화적 특성을 유추하여 제시하고 있기 때문에 현대의 우리 정치와 관련하여 형성되어 있는 정치문화의 실제를 정확하게 밝히지 못하고 있다는 점이다.

이런 점에서 볼 때 한배호와 어수영이 1984년에 우리나라의 정치문화를 구명한 연구는 그 결과가 당시의 정치현실을 바탕으로 하여 이루어진 실증적 연구라는 점에서 큰 의미가 있는 연구이다. 한배호와 어수영은 설문조사결과를 요인분석한 결과, 묵종성, 의인주의, 형식주의, 신뢰성, 평등성, 관용성, 권리의식의 7가지 가치정향이 정치문화에 영향을 주는 것으로 제시했다. 이들 중에서 묵종성, 의인주의, 형식주의는 사회적 태도로서 전통적 가치정향의 주축을 이루는 것들이고, 반면에 신뢰성, 평등성, 관용성, 권리의식들은 정치적 태도로서 민주적 정치질서의 유지와 운영에 불가결한 가치정향으로 분류하였다. 이들은 사회적 태도의 세 가지 가치정향을 강하게 나타내면 전통적 가치가 높고 약하게 나타내면 근대적 가치가 높은 것으로 가정하였고, 정치적 정향도 4가지를 강하게 나타내면 민주적이고 약하게 나타내면 권위주의적인 것으로 가정하여 사회적 태도와 정치적 정향 간에 일관성이 있는가 없는가를 파악하였다.

결과적으로 사회적으로는 전통적 가치관을 가지면서 정치적으로도 권위주의적 태도를 갖는 유형을 묵종형으로 분류하였고, 사회적으로 근대적 태도를 강하게 가지면서 정치적으로도 민주적 정향을 강하게 갖는 사람들을 길항(拮抗)형으로 보았다. 이들은 현실 정치체제가 권위주의적인 데 대하여 반감이나 부정적 태도가 높고 체제의 운영에도 부정적 성향을 갖는 유형으로 보았다. 또한 사회적 태도는 전통적이면서 정치적 정향은 민주적 정향을 갖거나 또는 그 반대로 사회적 태도는 근대적이면서 정치적으로는 권위주의적 정향을 가져 양자간에 불일치를 보이거나 일관성이 없는 사람들을 수용형의 정치문화를 갖는 사람들로 보았다. 이러한 유형의 사람들은 상황에 맞추어 적당히 행동하고 주어진 상황을 불가피한 것으로 받아들이는 사람들이다. 우리 국민들의 정치문화를 이러한 3가지 하부정치문화로 구분하여 이들의 분포율을 보면 묵종형이 30%, 수용형이 40%, 길항형이 30%라고 제시했다.[21]

이러한 3가지 유형의 하위정치문화들은 연령, 교육, 직업, 성별, 도시화 수준 등을 기준으로 한 특정 하위집단들과 일치하거나 부합되지 않고 있다. 예를 들어 교육 수준에서 보면 초등학교 수준의 교육을 받은 하위집단에서 묵종형과 수용형이 양분되어 있는가 하면 대졸 이상의 교육을 받은 하위집단에서도 묵종형과 길항형으로 양분되어 있다. 이러한 연구결과들에 근거하여 한배호와 어수영은 "우리나라 정치문화의 특성을 한마디로 표현하라면 그것을 수용형이라고 말할 수 있다"고 보았다. 즉, "우리나라 성인층의 정치정향은 정치적 권위와 권력에 관해 상당한 수준의 지각을 할 수 있으면서도 정치체제의 도덕적 기반이나 정당성에 대해 애매하거나 모호하며 체제운영이 잘되어 있느냐 아니냐에 대해 무관심하고 대세에 따라 적당하게 태도를 정하며 행동한다. 이러한 수용형 정치정향의 소유자가 우리나라 성인인구의 과반수에 가까운 비율을 차지하고 있다고 보아도 지나친 억측은 아닐 것이다"[22] 라고 보았다.

---

21) 한배호·어수영, 앞의 책, pp. 239~252.

우리나라 정치문화의 특성을 파악하고 또 이들 정치문화를 3가지 유형의 하부정치문화로 분류한 것 외에도 한배호와 어수영은 우리 국민들의 정치에 관한 인지정향과 평가정향을 조사하였다. 이들의 조사에 의하면, 인지정향 면에서 국가와 정부의 차이를 식별할 수 있는 능력이 높은 사람은 32%이고, 낮은 사람이 40.4%, 그리고 중간 수준의 사람이 27.3%였다. 이것은 정치적 지각 수준이 높은 사람들보다는 낮은 사람들이 많음을 나타낸다. 정치체제운영에 대한 국민들의 평가정향을 보면, 체제운영에 책임을 지고 있는 공직자에 대한 평가에서 경찰 및 검찰에 대한 평가는 긍정적 평가가 57%, 부정적 평가가 43%로 긍정적 평가가 높고, 고급공무원에 대한 평가에서도 긍정적 평가가 54%로 부정적 평가 46%보다 높았다. 그러나 국회의원을 포함한 정치인에 대한 평가는 긍정적 평가 49.6%, 부정적 평가 49.4%로 같았다.[23] 한배호와 어수영의 우리나라 정치문화에 관한 이러한 분석은 전통에 근거한 우리 사회의 특성에 의거하여 정치문화의 특성을 제시한 이전의 연구들과 비교할 때 보다 현실적이고 실증적인 결과를 제시한 것으로 평가할 수 있다.

3. 우리나라 정치문화의 변화

앞에서 언급한 바와 같이, 정치문화연구에서 중요한 관심의 대상이 되었던 것 중의 하나는 정치문화의 변화이다. 외국에서는 많은 연구들이 이 문제에 관심을 가지고 실증적 연구결과들을 통해 정치문화의 변화를 규명한 것에 비하면, 우리나라의 경우에는 이러한 유형의 연구는 별로 많지 않다.

---

22) 한배호 · 어수영, 위의 책, pp. 253~254.

23) 한배호 · 어수영, 앞의 책, pp. 255, 259.

전통적으로 우리의 정치는 권위주의적 군주정이었고, 소수에 의한 일방적 지배하에서 다수의 국민들은 소극적이고 피동적인 역할만을 하여왔다. 더욱이 일제식민통치 35년간의 경험은 우리의 전통적 정치문화에 배타주의와 냉소주의, 무관심 등의 요인을 추가시켰다. 1948년에 정부가 수립되면서 채택한 정치제도는 서구의 민주주의를 기본으로 하는 것으로 이 제도는 한편으로는 국민들의 적극적 정치참여, 그리고 다른 한편으로는 정치지도층의 국민에 대한 책임을 바탕으로 하였다. 따라서 건국과 더불어 도입된 민주적 정치제도는 전통적 정치문화가 강하게 깔려 있던 상황에서 적절하게 기능하기에는 어려운 것이었다는 평가를 받았다. 즉, 건국 이래 상당 정도의 기간 동안에는 "정치제도가 정치문화를 너무 앞섰기 때문에 양자간의 상합(相合)이 깨어져 제도가 지향한 민주정치가 좌절되었다"[24]는 것이다.

그러나 국민들 속에는 비민주적인 전통적 정치문화가 잠재해 있으면서도 다른 한편으로는 민주주의에 관한 의식이 국민들 속에서 급속하게 성장하고 있었다. 그 대표적 예는 1956년에 실시된 정·부통령선거에서 당시 야당이던 민주당의 부통령후보였던 장면이 당선된 것이었다. 민주주의의 경험이 전혀 없었던 여건에서 민주정치제도의 도입 8년 후에 야당후보가 국민들의 투표를 통해 부통령으로 당선된 것은, 그것이 야당 대통령후보였던 신익희의 갑작스러운 사망에 따른 국민지지도의 변화라는 점을 감안하더라도 "국민들의 정치문화 수준이 민주정치를 제대로 실현할 수 없는 수준이었다"라고 만은 할 수 없는 것이었다. 오히려 이러한 현상은 우리 국민들의 정치문화 수준이 이미 1950년대 중반에 민주정치를 받아들이고 실행할 수 있는 기반을 갖추고 있었다는 평가를 뒷받침하는 것이라 하겠다.

민주주의제도를 도입한 지 8년 만에 야당후보를 부통령에 당선시킬

---

24) 이영호, "현대한국의 정치문화", 김운태 외, 《한국정치론》(전정판), 박영사, 1982, p. 223.

정도로 국민들의 정치문화 수준이 성장한 원인은 두 가지 면에서 찾아볼 수 있다. 첫째는 우리 국민들이 민주주의에 관하여 강한 신념을 가지고 있었다는 점이다. 즉, 민주주의제도는 가장 좋은 제도이며 이것은 완벽하게 실현되어야 한다는 의식이 국민들에게 강하게 자리잡고 있었던 것으로 볼 수 있다. 두 번째로는 8년간에 걸친 이승만 대통령 정부에서의 권위주의적 통치에 대한 반발이었다. 이대통령의 통치는 6·25 전쟁을 겪으면서 독재체제로 굳혀졌으며, 집권연장을 위해 강행한 2차에 걸친 헌법개정과 장기집권의 기도, 그리고 자유당 성립 이후 국민의사를 무시하고 자행된 통치 등은 국민들로 하여금 이승만 정부에 대하여 강력한 반발과 거부감을 갖도록 조장하였다. 국민들의 민주정치 능력을 나타내주는 또 하나의 예로는 1960년의 4월혁명을 들 수 있다. 이것은 국민들이 이대통령과 자유당의 장기집권과 부정에 대항하여 독재정권을 붕괴시킨 것으로 국민들은 국민의 의사에 위배되는 정치세력은 용인할 수 없다는 인식과 이를 실현하고자 하는 강렬한 열의를 가지고 있었던 것이다.

물론 이러한 두 가지 예들만으로 민주주의에 관한 확고한 의식이 국민 개개인들에게 생활화되어 있었다고 평가할 수는 없다. 즉, 국민들은 장기집권과 독재에 대한 반대, 민주주의의 회복이라는 의식을 강하게 가지고 있었지만, 동시에 민주주의확립에 부정적 요소인 권위에 대한 복종, 신분적 사회계층의 중시 등과 같은 권위주의적 속성이 강하게 남아 있었으며 정치적 무관심, 동원적 참여, 불신의식 등의 소외적 속성 또한 강하게 남아 있었다. 또한 가족주의, 혈연이나 지연, 신의 등을 중시하는 공동체성도 강하게 남아 있어 민주주의확립을 저해하는 요인으로 작용하고 있었다.

이러한 점을 감안하더라도 우리가 인정해야 할 점은 제 1공화국이나 제 2공화국에서 민주정치가 실패한 것이 민주적 정치문화가 결여된 상태에서 민주적 정치제도가 작용할 수 없었기 때문만은 아니라는 점이다. 정치문화가 정치제도에 조화하지 못하는 상황에서는 안정된 정치가 이루어지기 어려운 것은 당연하겠지만, 민주적 정치문화가 성숙되지 못한 상황에서는 제도라도 민주적 제도를 수립하여 놓고 이 제도에 맞도록 정치문화의 수준을 끌어올리려는 노력이 필요하며, 이러한 과정에서 나타나는 정치의 불안정은 민주주의 확립을 향한 과정에서 겪어야 할 과도적 현상이기 때문이다.

우리나라 국민들의 정치문화 수준이 민주적 제도를 소화하기 어려울 정도의 수준이었다는 평가가 1960년대 초까지는 어느 정도 적실성을 가질지도 모르지만, 1960년대와 1970년대, 그리고 그 이후에 이루어진 정치·경제·사회분야에서의 급속한 변화는 국민들의 정치문화에 상당한 변화를 초래하였고 국민들의 정치문화가 민주정치의 확립이나 정치발전을 저해한다는 주장은 더 이상 적실성이 없게 되었다. 우리 사회는 1960년대 초부터 경제부문에서 이루어진 지속적 성장과 산업구조의 변화, 교통과 통신의 발달, 대중매체의 확산, 교육기회의 확대, 활발한 인구의 이동과 급속한 도시화, 산업화의 결과로 나타난 사회계층구조의 변화 및 근로계층의 양적 팽창 등 사회 각 부문에서 큰 변화가 이루어졌고, 이러한 변화는 직접·간접으로 국민들의 정치문화에 변화를 초래하였다.

국민들의 정치문화나 정치의식의 변화를 실증적 자료를 통해 체계적으로 분석한 연구는 없으나, 1974년에 조사한 자료와 1984년에 조사한 자료를 비교분석한 이남영의 연구는 우리 국민들의 정치적 태도가 민주적 방향으로 개선되었음을 밝힌 바 있다.[25] 즉, 정치적 경쟁에 관한 태도에서 복수정당제를 주장한 사람의 비율이 1974년에는 73%이던 것이 1984년에는 89%로 증가하였으며, 서로 다른 견해를 갖는 정치인들 사이의 대립을 긍정적으로 보는 비율이 1974년에는 57%이던 것이 1984년에는 71%로 증가하였다. 이것은 우리 국민들이 정치적 경쟁에

25) 이남영, "산업화와 정치문화: 민주의식변화를 중심으로", 〈한국정치학회보〉 제19집, 1985.

관해 호의적 반응을 보이는 경향이 높아진 것을 나타내는 것이다. 민주주의의 기본요건인 다수결 및 소수보호원칙에 관한 태도를 보면, "다수의 의견에 대해 반대의사표시가 허용되어야 한다", "대부분의 국민이 원하는 것에 대해 소수사람들이 비판할 수 있다", "사회는 몇 사람의 훌륭한 지도자보다 대중의 의사에 의해 다스려질 때 더 잘 된다"라는 세 가지 설문에 대해 각기 42%(1974년)에서 65%(1984년)로, 25%(1974년)에서 33%(1984년)로, 그리고 30%(1974년)에서 41%(1984년)로 위의 설문들을 지지하는 비율이 증가하였다.

다수결·소수보호의 원칙에 관한 국민들의 의식이 아직 낮기는 하지만, 이들의 의식이 점차 민주적 방향으로 향상되고 있었음을 알 수 있다. 또 정치적 효능감에 관한 태도에서도 "국민들은 정부가 하는 일에 말할 자격과 능력이 있다", "정부가 하는 일이나 정치는 복잡하지만 국민들이 이해할 수 있다"라는 설문에 대해 스스로의 정치적 능력에 확신감을 갖는 비율이 각각 1974년의 44%에서 1984년의 58%로, 그리고 33%에서 45%로 향상되었다.[26]

이 연구에서 알 수 있는 점은 국민들의 정치의식이 1980년대 중반에 성숙한 민주적 정치문화로 정착되었다고 할 수는 없으나 민주적 태도의 수용은 점진적으로 증가하였으며, 이것이 우리 정치의 발전이라는 면에서 보면 고무적 방향으로 정치문화가 변화하였음을 확인하는 것이라 하겠다. 우리 사회의 사회경제적 발전과 정치문화의 관계를 분석한 이영호의 연구들은 우리의 정치문화는 권위주의적이고 신민(臣民)적인 유형으로부터 자유주의적이고 참여적인 정치문화로 변하고 있음을 1965년에 실시한 조사[27]와 1978년에 조사한 연구에서[28] 보여주었다.

---

26) 이남영, 위의 글, p. 190.

27) Lee, Young Ho, "The Political Culture of Modernizing Society: Political Attitudes and Democracy in Korea," Ph. D. Dissertation, Yale University, 1969.

28) 이영호, "한국농촌의 근대화와 정치문화의 변화", 〈이화여자대학교 한국문

4. 우리나라의 하부정치문화와 정치

정치현상을 분석하는 데 있어 정치문화가 중요하게 다루어지는 이유는, 어떤 정치체계에서 정치가 이루어지는 양상은 정치의 주체들인 사람들이 정치에 관하여 가지고 있는 의식이 그대로 반영되어 나타날 것이라는 논리에 근거한다. 민주주의가 자리를 잡고 민주정치가 이루어지는 국가들에서는 정치의 주체가 국민들이다. 이러한 국가들에서는 국민들이 정권을 선택할 수 있고 또 국민들의 의사를 제대로 반영하지 못하는 정권은 다음 선거에서 정권을 잃게 된다. 이러한 국가들에서는 정권을 담당하는 정치엘리트들이나 국민들이 갖는 정치문화가 공통의 특징을 공유할 것이며 이러한 공통된 정치문화가 그 국가의 정치를 특징지을 것으로 볼 수 있다.

그러나 민주정치가 제대로 이루어지지 않는 국가들에서의 양상은 이와 다르다. 이러한 국가들에서 국민들은 정치의 주체가 되지 못하며 국민들이 정치에 관하여 어떤 의식이나 태도를 가지고 있는가가 그 국가의 정치를 결정하는 것이 아니다. 이러한 국가들에서는 국민들보다는 지도자 또는 소수의 정치엘리트들이 어떤 의식과 태도를 가지고 있는가에 따라 그 국가의 정치양상이 결정된다. 따라서 정치문화에 관한 연구들 중에서도 선진국의 정치문화를 분석한 연구에서는 국민, 즉 대중(*mass*)의 정치문화가 주된 분석대상이 되었고, 개발도상국의 정치문화연구에서는 엘리트 정치문화가 주된 분석대상이 되었다.[29)]

개발도상국의 정치는 극소수의 예외를 제외하면 비민주적 정치가 주를 이루고 있다. 이처럼 독재와 권위주의체제가 특징인 개발도상국의

화연구소 논총〉 제 34집, 1979.

29) Pye, Lucian W. and Sidney Verba(Eds.), *Political Culture and Political Development*, Princeton, NJ: Princeton University Press, 1966, pp. 15~16.

정치를 정치문화적 시각에서 분석하게 되면 민주정치가 정착되지 않거나 실패한 원인이 국민들에게 민주적 정치문화가 결여되어 있기 때문이라고 속단할 수가 있다. 물론 국민들이 민주적 정치문화를 갖지 못한 상태에서 민주정치제도가 성공할 수 없지만, 그러나 국민들의 정치문화 수준이 낮더라도 정치엘리트들이 확고한 민주의식에 입각하여 국민들을 이끌어나간다면 민주정치의 발전은 용이할 수 있다.

우리나라의 경우는 오히려 이것에 반대되는 경우라고 보는 것이 타당하다. 따라서 우리의 정치문화를 분석하고 특히 이러한 정치문화가 우리나라의 정치, 그리고 정치발전이나 민주주의에 어떻게 연관되어 있는가를 분석하기 위해서는 엘리트 정치문화와 대중 정치문화를 구분하는 것이 필요하다. 또한 국민들의 대중 정치문화도 연령, 직업, 계층, 교육, 성별, 거주지역 등의 사회경제적 배경에 따라 서로 다른 하부정치문화를 가질 것이기 때문에 여러 가지의 하부정치문화로 구분하여 분석하는 것이 적절하다.

우리나라 정치는 국민들에 의해 이끌어졌고 국민들의 정치문화가 정치를 규정지었다기보다는 엘리트들이 정치를 규정지었다. 따라서 대부분의 국민들은 정치의 주체였다기보다는 정치의 객체적 성격이 강했다. 이것은 1948년 건국 이후 2008년까지의 60년 기간 중에 거의 절반 정도의 기간이 독재정치나 강력한 권위주의체제였고 상대적 의미에서 민주정치의 시기라고 할 수 있는 기간 또한 별로 길지 않았다는 점에서도 알 수 있다.

60년 기간 동안에 국민들의 정치참여 유형은 선거에 참여하여 투표를 하거나 또는 정치에 영향을 행사하기 위해 데모나 시위 등의 직접적 방법을 사용하는 것이었다. 선거참여가 아닌 시위 등의 직접적 정치참여는 국민들 중의 일부계층만 연관되었고 이러한 계층으로는 학생, 노동자, 농민을 들 수 있다. 학생들 중 특히 대학생은 자유당 말기부터 4월혁명을 거치면서 우리나라 정치에 영향을 미치는 중요한 세력으로 영향을 미쳤다. 노동자들은 권위주의체제에서 의도적으로 억압의 대상이 되었기 때문에 정치세력화할 수 있는 여건이 전혀 갖추어져 있지 않았으나 1980년대 중반 이후에는 노동세력이 정치세력화할 수 있는 기반과 여건이 갖추어졌다. 따라서 이들이 어떠한 정치문화를 가지고 있고 이것이 현실정치와 어떻게 연관되어 있는가를 분석하는 것이 필요하다. 농민 또한 전통적으로 비정치적 계층이었으나 근대화의 결과로 나타난 농업의 쇠퇴, 이농으로 인한 농촌구조의 변화와 피폐, 국제화시대에 따른 농업부문의 대외개방 등의 상황변화는 농민들의 정치문화에 큰 영향을 주고 있다. 이러한 면에서 농민들의 정치문화와 그 변화를 분석하는 것이 필요하다.

5. 엘리트 정치문화와 정치

우리나라의 정치문화를 엘리트 정치문화와 대중 정치문화로 구분하고 이들 하부정치문화가 민주주의의 확립에 어떠한 영향을 미쳤는가를 분석한 신명순[30]은 우리의 정치엘리트들이나 정치인들이 갖는 정치문화적 속성은 개선됨이 없이 구태의연한 특성들이 그대로 유지되고 있음을 지적했다. 지난 60년간의 정치사를 살펴볼 때 제1공화국에서 나타났던 1당·1인 독재정치는 유신체제, 제5공화국에서도 재현되었으며, 열 차례에 걸친 헌법개정 중에서 집권자들의 장기집권을 도모하기 위한 것이 네 번에 달하였다. 자유당 정권이 4월혁명으로 몰락한 것은 이승만 대통령의 장기집권욕과 그에 동조하는 정치엘리트들이 수단과 방법을 가리지 않고 국민들의 의사에 위배되는 정치를 한 결과였다. 제2공화국의 붕괴를 야기한 중요요인들 중의 하나는 집권세력인 민주당 신파와 구파 간의 분열이었다. 유신체제의 등장과 몰락은 박정희

30) 신명순, "정치문화와 민주주의", 안청시 외, 《현대한국정치론》, 법문사, 1986, pp. 270~297.

대통령의 독선과 "나 아니면 근대화를 달성할 수 없다"는 권위주의적 아집의 결과였으며, 경제발전을 위해 민주주의를 유보할 수 있다는 발상의 결과였다. 전두환 대통령의 제 5공화국이 국민적 저항 속에서 끝을 맺은 것 또한 국민의 의사를 무시하고 억압적 통치를 자행한 권위주의정권이 겪는 결과를 보여준 것이었다.

정치엘리트들이 국민들의 여론을 무시하는 독선적이며 권위주의적인 정치문화를 가지고 있음은 1970년대 초에 국회의원 105명을 대상으로 분석한 연구에서 잘 나타나고 있다.[31] 국회의원들이 여론을 어느 정도 의식하고 있는가를 보면, "아직 우리 국민들의 지적 수준이 낮기 때문에 지도자는 일반국민의 여론보다는 자신의 신념에 따라 행동해야 한다"는 주장에 대해 여당인 민주공화당 의원들은 찬성 52%, 반대 43%, 찬성도 반대도 아님이 5%였다. 특히 50세 이상 의원들은 찬성 77%, 반대 23%였다. 여당의원들이 여론보다 자신의 신념이 더 중요하다고 생각하고 있는 사실은 자신들이 국민들보다 우월한 판단력과 능력을 갖추고 있다는 권위주의적 성향을 나타내는 것이었다. 우리의 정치엘리트들은 실제로 이러한 의식에 의거하여 정치활동을 하였기 때문에 실제 정치는 국민들의 의사나 여론에 의해 진행되지 못하였고, 이러한 관행은 국민들로 하여금 정치에 관해 불신과 무관심을 갖게 만들었다.

우리의 정치엘리트들이 민주주의적 속성을 결여하고 있음은 국민들로부터도 지적된 바 있다. "일반적으로 우리 지도자들은 국민들이 생각하는 바를 이해하려고 노력하는가"라는 질문에 대해 고등학생의 70%, 대학생의 75%가 부정적 응답을 하였다. 또한 대학생과 언론인들은 정치지도자들의 자질에도 회의적 반응을 보여 51% 정도가 '지도층이 현재의 자리에 맞는 자질을 지니지 못하고 있다'는 반응을 보였다.[32] 또

31) 이영호, 《한국인의 가치관》, 일지사, 1975.

32) Hong, Sung-Chick and Young Ho Lee, "Popular Perceptions of Political Leadership," In Dae-Sook Suh and Chae-Jin Lee (Eds.), *Political*

한 대학생들을 대상으로 한 조사에서 민주주의의 토착화를 방해하는 요인 중 권력엘리트의 비민주성이 36.8%로 가장 많이 지적되었으며, 국민들의 정치문화를 지칭하는 것으로 볼 수 있는 민족성의 타성은 11.3%에 불과하였다.[33]

정치엘리트들의 정치문화에서 강하게 나타나는 분파성은 우리나라의 민주정치확립과 정치발전에 부정적 영향을 미쳤다. 분파성은 여야정치인들에게서 공통적으로 나타난 현상으로 자유당은 원내파와 원외파, 족청계와 비족청계 등의 대립으로 파벌싸움을 벌였고, 민주당은 신파와 구파, 민주공화당은 주류, 비주류, 신주류, 4인 체제 등으로 당내 권력투쟁을 전개하였다. 제6공화국에서는 3당 합당 이후 민주정의당계, 통일민주당계, 신민주공화당계가 대립을 벌였다. 여당과 야당을 막론하고 정부수립 이후 모든 정당들은 인물 위주 정당의 속성을 벗어나지 못하였으며, 특히 야당은 제1공화국 때의 민주당 신구파의 분열 이래 분당과 합당의 반복 등으로 분파성을 계속 보였고, 5·16 군부쿠데타로 정권을 장악한 군부정권이 민간정부로 이양되던 5대 대통령선거와 1987년 6월 민주항쟁 이후 실시한 13대 대통령선거에서는 야당의 지도자들이 분열하여 평화적 정권교체를 두 번이나 실패하게 만듦으로써 우리 정치의 발전에 치명적 악영향을 끼쳤다.

우리 정치에서 나타나는 여당과 야당 사이의 독특한 관계 또한 민주정치를 저해하였다. 여당은 항상 여당이고 야당은 항상 야당인 정치의 계속은 여당으로 하여금 수적 우세를 바탕으로 한 일방적 독주에, 그리고 야당으로 하여금 극한투쟁과 반대일변도에 안주하게 만들었다. 야당은, 얼마나 극한적인 반대투쟁을 전개하는가가 그 정당의 선명성을 결정함에 따라 국민의 지지를 획득하기 위한 노력이나 정책정당으로서의 정책개발보다는 선명성 경쟁에 모든 노력을 소모하였다. 양보

Leadership in Korea, Seattle: University of Washington Press, 1976, pp. 146~147.

33) 고영복, "한국대학생의 의식과 사상", 〈현대사회〉 봄, 1982, pp. 30~31.

와 타협은 여당과 야합하는 것이라 하여 '사쿠라' 정치라고 매도되었고 흑백논리가 야당존립의 근거가 되었다. 정치의 경쟁은 공정하고 공평한 경쟁보다는 이용가능한 불법적 수단을 총동원하였고 흑색선전이 난무하여 국민들은 정치를 부정한 것으로 인식하게 되고 더욱 관심이 멀어지게 되었다.[34]

민주정치의 핵심적 요소라고 할 수 있는 협상과 타협을 정치엘리트들이 중요시하지 않았음은 1970년대 초에 여당 국회의원들을 대상으로 한 조사에서 잘 나타나고 있다. "협상하고 협력하는 것도 좋지만 정치인은 무엇보다도 자신의 신념과 양심에 따라 움직여야 한다는 주장에 대해서 어떻게 생각하는가"라는 질문에 여당의원들은 찬성 93%, 반대 5%, 무응답 2%의 결과를 보였다.[35] 이러한 조사결과는 1970년대 초의 여당의원들이 협상이나 협력을 중요시하지 않고 있었다는 점을 보여주는 것이지만 이러한 성향은 1980년대 이후에도 변함없이 나타나는 정치엘리트들의 속성이라 할 수 있다.

이 설문조사와 관련하여 또 한 가지 지적해야 할 점은 여당의원들이 실제로는 자신의 신념이나 양심에 따라 정치활동을 하고 있지 않다는 점이다. 여당의원들이 자신의 신념이나 양심에 따라 행동한 예는 1969년의 3선 개헌과 같이 정치적으로 중요한 결정을 내려야 할 계기에 극소수의 여당의원들이 당의 지시를 거부한 경우뿐이었고 그외에는 역대 정권의 여당의원들은 당의 결정을 일사불란하게 추종하였다. 이들은 당이나 대통령이 내린 정치적 결정은 국가를 위해서 옳은 것인지 또는 그른 것이지를 불문하고 무조건 따랐으며, 국민들이나 자기 지역구의 유권자들이 이러한 정치적 결정을 지지하는지, 안 하는지는 전혀 개의하지 않았다.

이러한 성향은 야당의 경우에도 마찬가지여서 정당의 명령에 따르는

34) 김호진, "한국정치발전의 이론적 전제와 가능성", 한국정치학회 편, 《한국정치발전의 특성과 전망》, 1984, pp. 298~299.

35) 이영호, 앞의 책, p. 109.

것이 조직인으로서의 도리라는 명분하에 일사불란한 행동을 보였다. 정치엘리트들에 깊이 뿌리 박힌 이러한 정치문화, 즉 정치엘리트 개개인의 정치적 신념이나 양심에 따라 정치활동을 하지 않는 성향이야말로 우리 정치가 제대로 발전하지 못하는 핵심적 요인이라 할 수 있다. 이러한 정치엘리트들의 정치문화가 2000년대로 오면서 변화하였는가를 실증적으로 분석한 연구결과는 없지만 국회에서의 법안통과 시에 여당의 '날치기 통과'나 이를 막기 위한 야당의원들과의 육박전이 벌어지는 행태가 없어지지 않은 것은 정치엘리트들의 정치문화가 구태의연한 수준에서 탈피하지 못하고 있음을 보여준다.

정치엘리트들의 독선적 획일주의, 정당의 분파주의, 목적을 위해 수단을 가리지 않는 사고방식, 극한대립과 흑백논리 등이 정치엘리트들에게서 사라지지 않고 있는데, 이러한 부정적 정치문화는 민주정치가 제도화되지 못한 주된 책임을 정치엘리트들에게 돌리는 데 충분한 근거를 제시하는 것이라 하겠다.

정치엘리트들의 정치문화에서 나타나는 위와 같은 부정적 특징들이 소멸되지 않는 가장 큰 이유는 1987년까지 지속된 권위주의정치 때문에 정치엘리트들의 정치문화가 민주적 방향으로 변화될 여지가 적었기 때문이다. 우리 정치엘리트의 정치문화에 근본적 변화를 초래하기 위해서는 구태의연한 정치문화에 물든 정치엘리트를 도태시키고 새로운 정치문화를 갖춘 새로운 정치엘리트를 충원하는 정치엘리트의 세대교체가 필요하다.

6. 대학생들의 정치문화와 정치참여

새로운 세대의 정치문화와 기성세대의 정치문화 사이에 어떤 차이가 있는가에 관한 연구로는 잉글하트가 제 2차 세계대전 이후부터 1970년대 중반까지 미국과 유럽에서 태어난 세대들을 대상으로 한 연구가 있다. 이들 세대는 출생 이후 평화의 지속, 급속한 경제성장, 교육기회의 확대, 매스미디어의 발달 속에서 살았기 때문에 기성세대가 관심을 가졌던 경제·정치·군사 면에서의 안전에 관해서는 관심이 적고 오히려 참여, 생활의 질, 환경문제 등에 관심을 가지고 있는 것으로 나타났다. 이 연구결과는 어떤 나라가 겪은 역사적 경험이나 정치사회화 양상의 변화에 따라 국민들의 정치문화가 크게 변함을 보여주었다.[36)]

우리나라의 경우에는 한배호와 어수영의 1984년 조사결과가, 6·25 전쟁을 경험하지 못하고 근대화의 과정을 겪은 세대인 당시의 20대와 전쟁을 경험하고 일제식민통치를 경험한 당시의 40대 이상 세대간의 정치정향에서 차이가 있음을 밝혔다. 즉, 20대는 묵종성, 의인주의, 형식주의 등 전통적 요소에 대해서는 강하게 부정적 정향을 갖으면서 반대로 신뢰성, 관용성, 권리의식, 평등의식 등 민주적 가치에 관해서는 강한 긍정적 정향을 가졌다. 이와 대조적으로 40대 이상은 묵종성, 의인주의, 형식주의적 정향이 강했고 신뢰성, 관용성, 권리의식이 약했다. 당시의 30대는 이러한 양자의 중간에서 성향이 뚜렷하지 않은 양상을 보였다.[37)]

우리의 정치문화에서 세대간의 차이에 따른 다양성 못지않게 뚜렷하게 차이를 보이는 것은 세대에 교육이 결합된 것으로 젊은 세대들 중에서도 교육을 많이 받은 대학생들이다. 대학생들은 공식교육을 받은 수준에서는 대학을 졸업하고 사회에 진출한 사람들과 같지만, 대학생들은 대학을 졸업한 기성세대들과는 다른 정치정향을 갖고 있다. 이러한 특징은 우리 정치의 역사에 근거한다고 할 수 있다. 이승만 독재정권이 대학생들이 주축이 된 4월혁명으로 붕괴된 점과 그 이후의 정권

---

36) Inglehart, Ronald, *Changing Culture*, Princeton, NJ: Princeton University Press, 1989; Inglehart, Ronald, *The Silent Revolution: Changing Values and Political Style Among Western Publics*, Princeton NJ: Princeton University Press, 1975.

37) 한배호·어수영, 앞의 책, pp. 71~144.

들에서도 대학생들이 견제와 비판세력의 역할을 한 점, 유신체제와 제5공화국하에서는 학생운동권이 권위주의정권들에 가장 위협적인 도전세력이었다는 점들은 대학생들의 정치문화가 우리 정치의 진전과 민주화에 큰 영향을 주었음을 보여준다.[38]

대학생들의 정치에 관한 관심도는 1976년의 조사에서 매우 높은 것으로 나타났다. 즉, "정치문제에 얼마나 관심이 있는가"라는 질문에 대해 41%가 관심이 많다고 응답했고, 43%가 관심이 좀 있다고 응답한 반면에 관심이 없다는 응답은 16%에 불과했다.[39] 또한 1982년의 조사에서도 대학생들 중 84%가 정치에 관심을 갖고 있다고 응답했으나[40] 1991년의 조사에서는 대학생의 18.9%만이 적극적으로 관심이 있다고 응답했고, 관심 많음이 41.6%, 그저 그렇다가 21.1%, 관심 없다가 17.4%, 관심이 전혀 없다가 1.4%였다.[41] 이러한 결과들은 대학생들의 정치에 관한 관심이 오히려 감소했음을 나타낸다.

학생들이 정치적 주체로서 자신들에 대해서 갖는 정치적 자신감을 1976년의 자료에서 보면, "여론이란 무지와 감정에 좌우되기 때문에 정책을 수립하는 데 큰 도움이 못 된다"는 설문에 10.2%가 그렇다고 응답했고, 68.8%가 그렇지 않다는 응답을 보여 자신들을 포함한 국민들의 의식이 중요하다는 강한 정치적 자신감을 가지고 있었다.[42] 정치체계에 대한 대학생들의 의식을 보면, "많은 어려운 난관에도 불구하고 정치적 문제를 잘 처리하고 있다"는 설문에 대해 10.9%가 긍정적으로

---

38) 1987년 김민하 등이 조사한 바에 의하면, 민주화를 촉진시키는 데 가장 크게 영향을 미친 요인으로 37.6%가 학생운동을 지적하였다. 김민하·박광무, "한국인의 정치의식", 〈사회과학연구〉 제1집, 중앙대학교 사회과학연구소, 1987, p. 35.

39) 홍승직, "한국인의 안보의식", 고려대학교 아세아문제연구소 편, 《한국안보의 제 과제와 정책방향》, 1976, p. 480.

40) 고영복, 앞의 글, p. 27.

41) 현대사회연구소, 《대학생의 의식조사연구》, 현대사회연구소, 1991, p. 60.

42) Hong, Sung-Chik and Young Ho Lee, *op. cit.*, p. 142.

응답했고, 51.6%가 부정적으로 응답하여 정부의 능력에 대해 부정적 인식이 훨씬 높음을 보여주었다.[43]

앞에서 언급한 한배호, 어수영의 1984년 조사에서도 대학생들은 일반국민들과는 다른 정치적 정향을 가지고 있음이 나타났다. 즉, 대학생들은 상하위계질서를 중요시하거나 정부의 지시에 순종하는 것과 같은 묵종성에 대해 다른 계층에 비해 아주 높은 강도로 부정적 반응을 보였고 형식주의와 의인주의에 대해서도 부정적 반응을 보였다.[44] 일반국민들과 비교하여 대학생들이 갖는 독특한 정치적 정향, 즉 전통적 태도는 부정하면서 자신들의 의견에 대해서는 강한 자신감을 갖고 그러면서도 정부의 능력에 대해서는 부정적 인식을 갖는 정치적 정향은 이들의 정치참여에 그대로 반영되었다.

한배호와 어수영의 1984년 조사에서 교육 수준과 정치참여의 관계를 보면, 투표행위와 선거유세 참여 등에서 대학교육을 받은 사람들이 초등학교나 중고등학교 교육을 받은 사람들보다 훨씬 참여율이 낮았다. 그러면서도 정부의 정책결정에 영향을 미치기 위하여 보다 직접적이고 적극적인 항의활동에 참여하는 비율은 대학교육을 받은 사람이 훨씬 높았다.[45]

이러한 설문결과들은 대학생들의 실제 정치참여에서도 그대로 반영되었는데, 홍두승의 조사에 의하면, 서울대 학생들은 1992년 3월에 실시한 14대 국회의원선거에서 투표율 71%로 평균 투표율보다 낮은 참여율을 보였다.[46]

정치에 관한 지식이나 관심, 그리고 정치적 자신감과 효율감은 높은 대학생들이 실제 선거에 참여하는 비율이 낮거나 기성정당들에 대해서는 불신감과 거부감을 강하게 갖는 이유는 그동안 진행된 정치 때문이

43) Hong, Sung-Chik and Young Ho Lee, *ibid.*, p. 137.

44) 한배호 · 어수영, 앞의 책, pp. 79~102.

45) 한배호 · 어수영, 앞의 책, p. 162.

46) 〈주간언론〉 1992년 7월 27일, p. 13.

라고 할 수 있다. 1961년 이래 두 번에 걸친 군출신 대통령들의 계속적인 집권, 유신체제 이래 15년간 지속된 권위주의정치, 1980년 민주화운동의 좌절 등과 국민들이 대통령을 스스로 선택할 수 있는 직접선거를 폐지한 유신헌법과 제5공화국의 헌법 등은 1987년까지 대학생들이 기성정당에 대해 불신감을 갖게 만든 원인이었다고 할 수 있다. 따라서 학생들은 활발한 선거참여보다는 정권에 대한 직접적 항의행위인 데모 등에 의존하여 반정부투쟁을 지속하였다. 그러나 1987년의 6·10 민주화운동을 거치면서 성립된 제6공화국에서 법적·제도적으로 비민주적 요소가 상당한 수준으로 개선되었음에도 불구하고 대학생들의 실제 선거참여율이 낮은 것은 민주화가 되면서 이들의 정치에 관한 관심이 감소한 것으로 볼 수 있다.

7. 농민들의 정치문화와 변화

전통적으로 농민들은 정치에 관심이 적고 정부에 복종적이며, 또 정치적 능력이 모자라기 때문에 정치에 수동적인 것으로 인식되었다. 이에 선거 시에는 정부가 이들의 투표행태에 직접·간접으로 영향을 미쳐 농촌에서는 여당후보자가 쉽게 많이 당선된다는 여촌(與村)의 개념이 농촌을 특징짓는 용어로 일반화되기도 했다.[47] 그러면 농민들은 어떠한 정치문화적 특성을 가지고 있었고, 이러한 특성들은 얼마나 변화하였는가?

농촌주민들의 정치문화에 관한 연구들로는 실증적 연구들이 다수 있

47) 이러한 경향을 학문적으로 분석하여 처음 제시한 것은 윤천주의 4대 민의원 선거 분석결과였다. 윤천주, 《한국정치체계-정치상황과 정치참여》(증보판), 서울대학교 출판부, 1978, pp.190~202; 윤천주, 《투표참여와 정치발전-속 우리나라의 선거실태-》(증보판), 서울대학교 출판부, 1991, pp.52~54.

다. 이 분야의 효시적 연구는 윤천주에 의해 이루어졌다. 윤천주는 자유당 정권하에서 치러진 4대 민의원선거의 투표결과를 분석하여 얻은 "시골일수록 투표율과 여당후보자의 당선율이 높다"는 결과를 기반으로[48] 민주당 정권하에서 치러진 1961년 5대 민의원선거와 참의원선거에서 경상북도 상주읍의 유권자들의 투표행태를 분석하였다. 유권자의 투표행태에 관한 연구가 1961년에야 처음으로 이루어진 것은 당시까지 투표행태연구가 가졌던 이론적·방법론적 면에서의 제약도 없지 않았으나 보다 중요한 이유는, 4월혁명 이전의 자유당 독재정권하에서는 유권자들이 선거에 관해 자신의 의사를 공개하게 되면 경찰을 위시한 국가기관으로부터 피해를 입을 위험이 많았기 때문이다.

이러한 점은 1980년대 초 제5공화국에서 실시한 12대 국회의원선거에 관한 실증조사에서도 유권자들이 어떤 정당의 후보에게 투표할 것인가라는 설문을 포함시킬 수 없었을 정도였기 때문에 선거에 관한 실증조사연구를 한다는 것 자체가 현실 정치권으로부터 큰 제약을 받았다.

상주읍[49]을 대상으로 조사한 바에 의하면, 5대 민의원선거에 대한 관심도는 아주 많이 가진다(80%)와 조금 가진다(11.4%)를 합하여 91.4%였다. 또 선거가 없는 평소에도 정치에 관한 이야기를 자주 한다는 사람들이 19.6%였다. 정당에 관한 의식을 보면, 우리나라의 장래를 위해 정당이 이롭다는 응답이 77.4%를 차지하였으나 실제로 정당이나 당원들이 자신에게 이로운 일을 했다고 응답한 사람은 6.4%, 귀찮게 굴기만 했다는 응답은 11.6%, 이로운 것도 귀찮은 것도 없었다가 65.3%, 모르겠다가 10%, 무응답이 6.1%였다.[50]

---

48) 윤천주, 위의 책, 1978, p.198.

49) 당시 상주읍민 중에는 농업에 관계하는 호수가 75.5%였고, 전체 산업인구에서 차지하는 농업·어업 노동력은 66%였다. 이러한 인구구성은 농민들의 정치문화를 대변하는 표본이라고 볼 수는 없으나, 농민들이 다수를 차지하므로 이 조사결과로부터 농촌주민들의 정치성향을 유추할 수는 있을 것이다.

윤천주는 이에 뒤이어 1963년 5대 대통령선거를 앞두고 광주, 상주, 평창 등 세 지역을 대상으로 대도시, 읍, 면 규모 지역주민들의 정치의식을 조사하였다. 이 연구에 의하면 대도시인의 45.5%, 중소도시인의 28.8%가 선거가 없는 평상시에도 정치이야기를 하는 데 비해 농촌(평창면)에서는 19%의 낮은 비율을 나타냈다. 그러나 선거에 대한 세 지역에서의 관심도는 73.1%, 77.3%, 69%로 비슷한 관심도를 보여 도시와 농촌 사이에 별 차이가 없었다. 또한 "현재의 정당 중 호감이 가는 정당이 있느냐"는 질문에 대해 대도시(25.9%)나 중소도시(23.8%)보다 낮은 15%의 면민들만이 긍정적 응답을 하였다. 또한 정당이 정치발전에 도움이 된다는 응답이 광주 48.9%, 상주 55.5%, 평창 38.2%이었으며, 정당이나 정당원이 유권자나 사회를 위해 이로운 일을 했는가에 관해서는 16.3%(광주), 34.8%(상주), 23.4%(평창)가 이로운 일을 한다고 응답했으며, 8.3%(광주), 3.8%(상주), 6%(평창)는 귀찮은 일을 한다고 응답했다. 이로운 일도 하고 귀찮은 일도 한다는 응답은 광주가 46.2%, 상주가 22.9%, 평창이 19.4%였다.[51]

이러한 결과들은 농민이 주축을 이루는 농촌주민들의 정치적 관심이 대도시나 중소도시의 주민보다는 낮으며, 정당정치에 관한 의식이나 정당에 관한 선호도 또한 낮은 것을 보여주었다. 또한 중소도시이지만 농업인구 비율이 높은 상주에서 나타난 1961년도와 1963년의 차이를 보면, 선거에 관한 관심도는 감소하였으나 평상시 정치에 관하여 갖는 관심은 19.6%에서 28.8%로 높아졌다. 또한 정당이 정치발전에 도움이 될 것이라는 정당에 관한 막연한 기대는 77.4%에서 55.5%로 감소하였으나, 정당이 사회나 자신에게 이익이 되었다는 구체적 차원에서는 6.4%에서 34.8%로 증가하여 실질적 차원에서 정치나 정당에 관한 관심이 높아졌음을 볼 수 있다.

---

50) 윤천주, 앞의 책, 1978, p.216, 220, 257.

51) 윤천주, 앞의 책, 1978, pp.361, 375, 438, 431.

농촌주민들의 정치에 관한 관심이나 정치적 지식은 1970년대 후반까지도 낮았다. 1978년에 농촌 4개 부락의 284명을 대상으로 조사한 이영호의 연구에 의하면, 농촌주민들은 국가적 차원의 정치에 관한 지식이 낮아 국무총리 이름, 국회의장 이름, 우리나라의 전체 인구에 관해 하나도 대답하지 못한 사람이 61%였고, 세 가지 모두를 비슷하게 대답한 비율은 13%에 불과하였다. 또한 자기가 사는 도의 도지사 이름, 도의 인구, 자기 지역출신 국회의원의 이름 및 소속정당 이름을 묻는 질문에 하나도 대답하지 못한 사람이 42%에 달한 반면에 모두를 바르게 대답한 사람은 7%에 불과하였다.

이러한 조사결과에서 볼 수 있는 점은 농촌의 주민들이 갖는 국가적 및 지역적 차원의 정치적 지식 수준이 낮았다는 점이다. 이들은 또한 자신들과 직접 관계가 있는 정부의 농촌정책, 새마을운동, 우리나라, 출신지역 국회의원, 농촌 등에 관한 나름대로의 의견을 제대로 가지고 있지 못하였으며, 또한 면사무소에서 지시하는 일이 잘못되었을 때 아무 행동도 취하지 않고 이를 받아들이겠다는 비율이 47%인 반면, 동장을 찾아가 사정얘기를 하겠다는 비율은 12%, 면사무소에 가서 따질 의도가 있다는 비율은 41%를 차지하여 이들의 시민적 자신감 또한 낮았다.[52] 이러한 연구결과는 농촌주민들의 정치에 관한 지식·의견·자신감 등이 1978년까지는 절대적 수준에서 높지 못하였음을 나타내는 것이다.

농촌주민들은 중소도시나 대도시의 주민들과 비교할 때 정치에 관한 지식이나 관심 면에서만 차이를 보이는 것이 아니라 정치적 성향 면에서도 차이를 보였다. 한배호와 어수영의 1984년 연구에 의하면 농촌지역 주민들의 묵종 성향은 소도시 주민들이나 대도시 주민들보다 훨씬 강하게 나타나 '윗사람에 대한 묵종과 경의', '훌륭한 지도자를 따르기

---

52) 이영호, "한국농촌의 근대화와 정치문화의 변화", 〈이화여자대학교 한국문화연구소 논총〉 제 34집, 1979, pp. 340~343.

만 하면 사회가 안정된다', '정부의 지시가 잘못되어도 너그럽게 보고 따르는 것이 옳다'는 묵종적 · 순종적 태도가 강함을 나타내었다.[53)]

농촌주민들은 공식적 · 제도적 차원보다는 사적인 인간관계를 중시하는 의인주의적 성향(*personalism*), 명분을 중시하는 형식주의 성향(*formalism*) 등에서도 강한 성향을 보여 도시에 비해 권위주의적 성향이 강함을 나타내었다. 같은 맥락에서 농촌주민들은 도시주민들보다 관용성이 낮았고 권리의식도 상대적으로 약했다. 이에 반하여 평등주의 면에서는 농촌, 소도시, 대도시 모두에서 강한 평등주의 성향을 나타내면서 상호간에 큰 차이가 없었다. 또한 신뢰성에서도 주민들간의 신뢰성이 낮은 면에서 도시와 농촌 간에 차이가 별로 없었다. 또한 농민들은 노동자나 신중간층, 구중간층에 비해 수용형이나 길항형의 정치문화보다는 묵종형 정치문화를 갖는 비율이 높았다.[54)]

이러한 현상은 산업화와 더불어 도시와 농촌 사이의 차이가 감소함에 따라 농촌주민들의 정치성향에 변화가 초래되었고 또 정치적 태도에서도 도시와 농촌 사이의 격차가 점차 줄어드는 경향을 보였다. 사회경제적 근대화가 진전됨에 따라 농촌주민들의 교육 수준 · 소득 수준이 향상되고 라디오, 텔레비전 등의 대중매체 보급이 일반화됨에 따라 국가 차원이나 지역 차원에 대한 시민적 지식 수준이 높아지게 되어 자신의 의견을 갖게 되고 또 자신감도 높아졌다. 더 나아가서는 국가나 지역 차원에서 일어나고 있는 일에 관하여 보다 많이 알게 되고 특히 자신과 밀접하게 관련된 문제에 관해서는 스스로의 의견을 가지며, 자기 의견을 표현하기 위해 참여적 행동을 취하는 사람들의 비율도 늘어나게 되었다.

이러한 현상은 길승흠이 1978년에 광주, 상주, 평창을 대상으로 한

---

53) 한배호 · 어수영, 앞의 책, pp. 73~74.

54) 한배호 · 어수영, 위의 책, pp. 85~86, 98, 110, 120, 128, 137; 어수영, "현대한국의 정치문화", 김운태, 《한국정치론》, 박영사, 1989, pp. 243, 247~249.

조사와 1985년에 서울, 대구, 광주 및 이들 인근지역의 중소도시 및 읍과 면을 대상으로 한 조사에서 우리 국민들의 정치의식은 사회경제 발전의 영향으로 전국적인 평준화현상을 보이고 있다는 결과에서 입증되고 있다.[55] 선거에 관한 관심도를 보면 농촌에서는 1963년에 69.0%, 1978년에 68.8%, 1985년에 72.3%로 시간이 지날수록 관심이 증가한 양상을 나타내었다. 또한 호감이 가는 정당에 있어서도 대도시에서는 시간이 갈수록 감소하고, 중소도시에서는 비슷한 수준을 보인 반면에 농촌에서는 1963년에 15%에 불과하던 것이 28.2%(1978년)로 증가하였다가 1985년에는 32.0%로 더 증가하여 1978년 이래 대도시나 중소도시보다 더 높은 정당 선호율을 보였다.[56] 도시와 농촌에서 나타나는 정치의식 격차의 감소는 1974년과 1984년에 전 국민을 대상으로 조사한 연구에서도 증명된 바 있다.[57] 이러한 연구들에서 나타난 바와 같이, 농촌주민들의 정치에 관한 관심도는 점차 증가하였으며, 증가율도 대도시나 중소도시에 비해 상대적으로 높아 정치의식이 전국적으로 평준화되는 현상을 나타내었다.

다음으로 농민들의 체제에 대한 의식이 어떤가를 1972년에 행한 홍승직, 이영호의 연구에서 보면, 1970년 초의 농민들은 체제에 관해서 매우 긍정적인 인식을 가지고 있었고 정치지도자들에 관해서도 적절한 자질을 가지고 업무를 수행하기 위해 최선을 다하며 국민들의 복지에 관해서도 많은 관심을 가지고 있는 것으로 높이 평가하고 있었다.[58] 농민들이 정치적 주체로서의 자신을 어떻게 인식하고 있는가, 즉 정치적 능력이나 정치적 자신감을 가지고 있는가를 보면, "지도자들은 여론

55) 길승흠, "한국인의 정치의식 구조변화: 1978년과 1985년", 〈제 6차 한국정치학회·재북미한국인정치학자회 합동학술대회 논문집〉, 한국정치학회, 1985, p. 59.

56) 길승흠, 위의 글, pp. 62, 64.

57) 이남영, 앞의 글, p. 197.

58) Hong, Sung-Chick and Young Ho Lee, *op. cit.*, pp. 134~147.

보다는 자신의 신념에 의거해서 행동해야 한다"는 설문에 대해 39.6%가 찬성하고 36.2%가 반대했으며 19.2%가 모르겠다고 응답했다.[59] 이러한 결과는 여론, 즉 국민들 자신의 의사를 존중해야 한다는 비율과 지도자들의 의지를 존중해야 한다는 비율이 거의 같기 때문에 농민 자신들의 의사를 지도자의 의사 못지않게 중요한 것으로 보는 것으로 해석해야 하며 정치적 자신감도 상당한 수준으로 가지고 있는 것으로 볼 수 있다.

1980년대 초까지 정치에 관한 지식이나 관심, 그리고 자신감에서 보여진 농민들의 정치문화에 비교할 때 1980년대 중반부터 나타난 농민들의 정치행태는 그 차원이 달랐다. 즉, 농촌주민들이 자신들의 이해관계가 관련된 문제에서는 적극적 정치참여를 통해 자신들의 의견을 표출하고 정치에 영향을 미치려는 양상을 나타낸 것이다. 이러한 경향은 1970년대 후반부터 가톨릭농민회와 같은 단체를 중심으로 농민운동의 조직화현상이 나타나기 시작한 시기에 나타났으며 이에 따라 농촌주민들의 정치나 정책에 관한 관심이 급격히 증가하였다. 특히 1980년대에 들어서는 운동권학생들의 농촌봉사활동이 농민들의 민중의식을 고양시키고 농민들과의 연대투쟁으로 민중운동을 활성화한다는 전략하에 진행됨에 따라 농민들의 의식화나 조직화는 과거 어느 때보다도 체계화되었다.

1980년 중반에는 소값 하락에 반발하여 농민들의 집단적 행동 및 시위가 발생하였고, 1990년에는 핵폐기 처리시설 위치선정을 둘러싸고 안면도 지역 농어민들이 격렬한 소요와 시위를 일으켰다. 1991년에는 추곡전량수매와 추곡가 15% 인상이라는 농민들의 요구가 정부와 국회에서 받아들여지지 않자 전남 일부지역에서 추수파업, 농민 3천여 명이 참석한 가운데 개최된 '쌀값보장, 전량수매와 미국쌀 수입 저지를 위한 나주평야 농민대회', 전라남도 내 일부 이장들의 집단사퇴, 농어

---

59) Hong, Sung-Chick and Young Ho Lee, *ibid.*, p.143.

민 후계자 연합회 소속회원 70여 명의 단식투쟁, 경운기·트랙터를 동원한 벼 야적(野積) 시위 등 시위와 충돌이 발생했다. 이러한 농민시위는 종래 소수가 주도했던 행동에서 벗어나 조직화·대중화되었으며, 이들은 시위를 국민운동으로 확산시키고 각종 선거와 연계하여 정치투쟁으로 확산시키겠다는 계획을 표방하기도 했다. 특히 전라남도의회가 이와 같은 농민시위에 호응하여 1991년 11월 제 72회 임시회의에서 '쌀 수입개방 반대' 결의문을 채택한 것은[60] 농민들의 정치의식 상승에 따른 행동이 실제 정치에 영향을 미친 것이었다.

1980년대와 1990년대 초에 농촌에서 나타난 이러한 변화들은 농촌이 더 이상 정치에 무관심하고 묵종과 순종으로만 일관하는 비정치세력이 아님을 나타낸 것이었다. 실제로 13대 대통령선거와 국회의원선거, 그리고 14대 국회의원선거에서 과거 여당의 표밭이라고 생각되었던 농촌에서 여당후보자들이 참패를 한 것이나 전라남북도의 농촌지역에서 여당이 완전한 참패를 한 것은 그것이 지역감정에 의거한 결과라는 성격이 강하기도 하지만, 농촌이 더 이상 국가의 압력이나 지시에 순종만 하는 곳이 아니라는 것을 나타낸 것이었다. 이러한 농민 정치문화의 변화와 그것의 정치행동화는 산업화와 근대화의 진전과 이로 인해 초래되는 결과들을 감안할 때 예측할 수 있는 변화이다. 이런 면에서 농촌지역에서 나타나는 농민들의 정치문화는 장래의 우리의 정치에 영향을 미치는 변수가 되고 있다.

8. 노동계층의 하부정치문화와 변화

산업화가 진행되면서 정치문화의 변화를 보인 계층은 수적으로 급격히 증가한 노동계층이다. 1970년대 중반까지만 해도 노동계층이나 저

60) 〈한국일보〉 1991년 12월 26일.

소득층은 정치에 관한 인지 면에서는 상당한 수준을 보이면서도 정치적 성향에서는 보수적 견해를 가지고 있었다. 1971년 김세진이 노동자들의 정치적 관심도를 알아보기 위해 "이웃과 이야기하는 것 중 정치적 문제에 관한 것이 몇 %나 되는지"를 물은 질문에 대해 노동자들의 65.6%가 '20% 혹은 그 이상'이라고 응답하였다. 또한 노동자들의 정치적 자신감을 보면, 선거를 통해 정부에 영향을 미칠 수 있겠느냐는 질문에 대해 '절대적으로 가능하거나 어느 정도 가능하다'고 응답한 수가 전체의 64.4%에 이르렀고 31.8%만이 '절대적으로 불가능하거나 거의 불가능하다'고 응답하였다. 이것은 노동자들의 정치적 자신감이 비교적 높았음을 나타내는 것이다.[61]

노동자를 대상으로 한 것은 아니지만 도시의 저소득층을 대상으로 한 연구의 결과는 노동계층의 정치문화를 파악하는 데 도움을 준다. 1970년 서울의 무허가주택에 거주하는 420가구를 대상으로 하여 이들의 정치성향을 조사한 이홍구의 연구에 의하면 도시 저소득층은 당시의 정치적·사회적 사건에 관하여 39%부터 82%까지의 인지율을 나타내었다. 이들은 또한 우리나라에 무슨 장관직이 있는가 라는 질문에 둘 내지 다섯까지를 대답한 비율이 35.5%, 여섯 이상 아홉까지 대답한 비율이 30.4%, 10개 이상을 정확히 대답한 비율이 8%로서 이들의 정치 관심도가 결코 낮지 않음을 보였다.[62]

이들은 또한 우리 정치나 사회체제에 대한 정치적 관점이나 규범 면에서도 일반국민, 특히 대도시 주민들의 관점이나 규범과 별로 차이가 없는 근대적이고 자본주의 윤리적인 성향을 보였다. 구체적으로 이들은 빈곤이나 사치와 같은 경제적 문제들을 사회문제로 보지 않고 개인의 문제로 봄으로써 자본주의 윤리적 성향을 보였다. 사람이 가난한

---

61) Kim, Se-Jin, "Attitudinal Orientations of Korean Workers," *Korea Journal*, Vol. 12, No. 9, September 1972, pp. 18~30 참조.

62) 이홍구, "한국의 정치문화와 정치발전-서울시 저소득층 정치성향의 한 단면", 〈한국정치학회보〉 제 11집, 1977, pp. 120~121.

것은 사회에 잘못이 있기 때문이라는 응답은 18%에 불과하였고, 자기 자신의 노력이 부족해서 그렇다는 응답이 80%에 달하였다. 이것은 무허가주택 지역의 불안정한 빈곤 속에서 생활하는 저소득층 주민들이 사회를 원망하기 전에 스스로를 채찍질하는 규범적 성향을 나타내고 있었음을 뜻한다. 같은 맥락에서 이들은 자가용차의 증가현상에 대해 42%가 "우리나라 사람도 점점 잘 살게 되고 있는 증거이므로 좋은 현상이다"라고 보아 돈이란 각자 벌어서 마음대로 쓰는 것이라는 자본주의 윤리적 성향을 나타내었다.

이들이 정치인에 관해서 가졌던 성향을 보면, "우리나라 정치인들이 주로 관심을 갖는 일은 무엇이라 생각하느냐"라는 질문에 대하여 '자기 이익을 추구하는 것'이 38%, '자기정당의 이익을 추구하는 것'이 12%, '국민 전체의 이익추구'나 '국가에 봉사하는 것'이 48%로 나왔다. 잘못되는 것은 모두가 정치하는 사람들 때문이라는 풍토가 강한 우리 사회에서 1970년대에 도시 저소득층 주민들이 정치인에 대하여 가졌던 전반적 성향은 상당히 좋은 뜻에 의거했다고 볼 수 있으며, 이들의 정치적 관심이나 규범은 반체제적 요소를 결여하였던 것으로 평가할 수 있다.[63)]

1970년대의 도시 저소득층 주민들이 정치적 능력 또는 시민적 능력을 어느 정도 가지고 있었는가를 이들 주민이 정부나 행정당국에 대해 자신들의 권리를 행사하고 있는가와 자신들의 이익증대를 위해 다른 주민과의 집회나 결사 등을 통해 이를 표출할 수 있는가의 두 가지 관점에서 보면 다음과 같다. 관청에 의한 사적 권리의 침해에 대한 저소득층 주민의 반응을 보면, '즉시 더 높은 사람에게 항의 또는 고발하겠다'가 29%, '동네유지나 다른 유력자에게 호소하거나 항의하겠다'가 19%, '이웃이나 친지에게 호소하겠다'가 19%, '우리 같은 서민은 그런 일을 당해도 할 수 없다'가 25%였다. '억울한 일을 당했을 때 본인이

---

63) 이홍구, 위의 글, pp. 124~126.

직접 나서서 항의하겠다'는 경우가 30% 정도이며, '타인에게 호소하겠다'는 경우가 67%에 달하는 점에서 볼 때 도시 저소득층의 잠재적 정치능력은 상당히 높았다고 하겠다.

다음으로 사적으로 부당한 처사를 당하는 것이 아니라 모든 사람에게 적용되는 부당성의 발생이나 발생가능성에 대해서는 '적극적으로 항의하겠다'가 27%, '다른 사람이 하는 대로 항의하겠다'가 21%, '나 한 사람이 나서야 별 효과가 없으므로 두고 보다가 행동을 결정하겠다'가 26%, '나는 그런 일에 아무 관심이 없다'가 17%였다.[64] 본인이 적극적으로 항의하겠다가 27%, 그리고 어떤 식으로든 항의하겠다는 응답자가 58%가 된 것은 위에서 나타난 사적 권리에 대한 침해 때 보인 반응과 비슷한 비율을 나타낸 것이다. 이러한 결과는 도시 저소득층 주민들이 비교적 일관성 있고 뚜렷한 의식과 규범에 의거하는 정치능력을 보유하고 있었음을 나타내는 것이라 하겠다.

이와 같은 연구결과에 의거하여 이홍구는 저소득층 주민들의 정치능력을 표출적 차원과 잠재적 차원으로 구분하여 저소득층 주민들에 의해 표출된 정치능력은 대단치 않은 것으로 판단될 수 있으나 이들의 잠재적 정치능력은 상당할 것으로 추측하였다. 그리고 이들의 잠재적 능력을 어떻게 체제의 발전과 안정, 그리고 시민 자신의 복지향상을 가져오는 방향으로 구현할 것인가를 강구하는 것이 시급한 과제임을 지적하였다.

1970년대 초에 저소득층에서 나타났던 이와 같은 정치문화적 속성은 1970년대 이후의 급격한 경제성장과 산업화, 그리고 유신체제와 제5공화국 등 두 번에 걸친 권위주의정치를 경험하면서 상당한 변화가 이루어졌다. 즉, 1970년은 경제성장이나 국가발전의 단계에서 성공적 성장을 이룩했던 초기로 국민들 사이에는 미래의 경제성장에 관한 희망적 견해와 보다 나은 미래에 대한 기대가 높았던 시기이며, 그때까지

64) 이홍구, 앞의 글, pp. 128~129.

의 급진적 성장은 이러한 기대를 뒷받침하고 있었다. 또한 당시의 경제규모는 현재와 비교할 때 아주 작은 규모였으며 국민 개개인들 사이의 경제적 수준의 격차도 현재보다 훨씬 더 좁은 상황이었다. 또한 정치적인 면에서 보면 1969년에 박대통령의 3선 출마를 허용하기 위한 개헌안이 통과되기는 하였으나 1963년의 민정이양 이후 1970년까지는 민주적 절차에 따라 정치가 진행되었으며, 1971년의 대통령선거에 있어서도 정권교체의 가능성을 기대할 수 있었던 시기였다. 이러한 정치·경제적 상황여건을 고려할 때 1970년대 초에 도시 저소득층이 앞에서 본 바와 같은 정치의식을 가지고 있었던 것은 수긍이 가는 현상이라 하겠다.

그러나 1971년 말부터 시작된 권위주의적 통치와 유신체제에서 진행되었던 독재체제의 강화, 특히 노동자들에 대한 규제와 탄압은 노동자와 도시 저소득층의 정치문화에 큰 변화를 초래하였다. 또한 경제적인 면에서도 1970년대에 진행되었던 급속한 경제성장과 산업화 및 경제적 호황과 불황의 반복적 과정 등은 국민들, 특히 노동계층의 상대적 박탈감을 증대시켰고 정치문화 변화에 큰 영향을 주었다.

1970년대 이후의 급속한 경제성장은 노동 3권을 억압한 채 노동자들의 저임금에 의존하여 이루어진 면이 강하다. 유신체제에서부터 시작하여 제 5공화국하에서도 그대로 답습된 반노동자 정책하에서 노동자들은 자신들의 의사를 제대로 표방하거나 이를 행동화하는 것이 억압되었지만, 내면적으로는 집권세력의 반노동자 정책에 대한 불만이 심화되었다. 경제 면에서의 불평등한 분배와 빈부간 격차의 확대, 임금이 규제된 상황에서 부동산가격의 폭등 등 경제적으로 불이익이 심화되는 데 더하여, 노동조합 활동에 대한 규제와 노동 3권의 박탈 등 정치적·법적 권리에 대한 박탈이 강화됨에 따라 노동운동은 운동권학생들과 재야세력 및 노동자 사이의 연계전략에 편승하여 보다 과격화되었다.

이러한 현상은 제 5공화국의 전체 기간 동안 지속되었지만 특히

1986년 대통령직선제를 요구하는 야당의 개헌추진 운동과정에서 경기 인천지역의 노동자·학생들이 대거 참여한 5·3 인천사태는 정부에 대한 노동세력의 정치적 저항이 그 절정을 이룬 것이었다. 5·3 인천사태는 반정부세력에게는 노동자혁명을 통한 체제전복의 가능성을 꿈꾸게 한 사건이었고 권위주의정부에게는 민중세력의 저항을 억압만으로는 해결할 수 없다는 인식을 갖게 만든 사건이었다.

제 5공화국의 권위주의체제가 1987년 6월 민주항쟁으로 종식되고 제 6공화국이 시작되는 과정이었던 1987년과 1988년 2년간에 걸쳐 전국에서 계속되었던 노사분규는 규모나 과격성, 그리고 노동자들의 조직적 참여 면에서 볼 때 노동자들이 더 이상 수동적인 정치적 객체이거나, 1970년대 중반의 연구에서 볼 수 있던 자본주의 윤리적 성향을 갖는 집단이 아님을 드러냈다. 2년 동안의 격렬한 노사분규과정에서 나타난 노동자들의 행태는 유신체제와 제 5공화국 권위주의체제에서 억압당하고 탄압받았던 것에 대한 반발이었고 한풀이였다는 면이 강하지만 다른 한편으로는 그동안 노동자들을 정치세력화하려고 노력한 운동세력들의 조직적 전략이 효과를 발휘한 것이었다.

이러한 현상을 피상적으로 보면 노동자들의 강한 정치적 관심과 정확한 정치적 인식에 의거하여 성립된 정치적 태도를 기반으로 나타나는 정치참여라고 볼 수도 있다. 그러나 아직까지도 노동자들의 노조활동은 그 경험이 일천하여 과격한 투쟁일변도로 나가거나 비현실적 주장에 집착하여 체계화되는 데까지는 이르지 못한 면이 강하다. 또한 노조활동은 활성화되었으나 노동자들이 정치세력화하는 데는 이르지 못하고 있고 또한 노조의 관심이나 활동이 경제적 요구를 벗어나 정치적 요구로 나아가는 경우는 많지 않다. 또 노동자들의 의식 수준이 민주주의의 핵심인 책임은 제대로 수용하지 못하면서 권리만을 주장하는 수준에서 머물고 있다. 실제 선거에서도 노동자 자신들에게만 독특한 정치문화나 정치성향에 의거하여 투표를 행사하는 것이 아니라 지연이나 혈연, 금권, 인물 등 일반국민들의 투표권 행사에 영향을 미치는 동일한 요인들에 의해 노동자들의 투표권 행사가 이루어지고 있다.

따라서 노동자들의 정치의식은 아직까지 자신들의 개인적 이익에 관련된 문제에 관해서는 높은 관심과 참여를 나타내고 있지만 국가적 문제나 지역적 문제에 관해서는 방관자적 성향을 나타내는 수준에 머물고 있다. 이러한 점에서 볼 때, 아직까지는 노동자들의 정치문화는 민주정치가 확립되는 데 큰 기여를 하지 못하고 있으며, 보다 높은 수준의 민주의식을 내면화하는 것이 요구된다.

9. 우리나라 정치문화연구의 평가

정치학에서 정치문화라는 개념이 탄생되고 이와 관련된 연구가 활성화된 시기는 정치학에서 행태주의가 발전하고 기능주의가 활성화된 시기와 일치된다. 이 결과 행태주의의 단점이 비판되고 기능주의의 제한점이 비판을 받으면서 정치문화를 중심으로 정치현상에 접근하는 경향도 여러 차원에서 비판을 받았다. 정치문화적 요소가 정치현상을 설명하는 데 유일한 요인이 아님은 제도적 접근과 구조적 접근 또는 정치경제적 접근만으로 정치현상을 설명할 수 없는 것과 마찬가지이다. 1970년대 후반과 1980년대에 정치학을 풍미했던 네오맑스주의를 포함한 좌파적 설명들이 한계를 드러내면서 1980년대 후반에 다시 나타나는 경향은 정치학자들의 관심에서 사라져버린 것 같았던 정치문화가 정치학자들의 새로운 관심대상이 되고 있는 점이다.[65)]

우리나라의 정치학에서는 미국 정치학계의 위와 같은 경향과는 다른

---

65) 이러한 경향과 1980년대 후반에 발표된 정치문화에 관한 논문들의 예는 Martz, John D., "Bureaucratic-Authoritarianism, Transitions to Democracy, and the Political-Culture Dimension," In Howard J. Wiarda (Ed.), *New Directions in Comparative Politics*, Revised edition, Boulder: Westview Press, 1991, pp. 209~212를 참조.

양상을 보였다. 우리나라 정치학에서도 좌파적 시각에 입각한 여러 주장이나 접근들이 1980년대 초부터 소개되고 또 유행을 이루었지만, 그렇다고 해서 기능주의적 접근이나 정치문화적 접근이 비판을 받고 그래서 이와 관련된 연구가 단절된 것은 아니었다. 이러한 점은 앞에서 언급한 우리나라의 정치문화 관련연구들의 대다수가 1980년대에 와서야 본격적으로 발표된 바에서도 나타난다. 우리 정치학계에서는 정치문화적 접근이나 시각에 대한 비판이 없었던 것과 마찬가지로 정치문화를 연구한 결과들에 대한 비판도 전혀 없었다. 이러한 상황은 1960년대에 발표된 연구나 1980년대 후반에 연구된 연구들을 막론하고 우리 사회의 전통적 특징들로부터 정치문화적 특성을 유추해내려는 차원을 크게 벗어나지 못하게 만들었다. 우리 사회의 전통적 특징으로부터 우리 정치문화의 특성을 제시하는 연구 자체가 문제가 있는 것은 아니지만 정치문화에 관한 거의 대부분의 연구가 그 차원을 벗어나지 못했다는 점에 문제가 있는 것이다. 또한 이러한 유형의 연구들이 구명한 우리 정치문화의 특성들이 실질 정치를 어떻게 규정지었고, 또 1948년 이후 2008년까지 전개된 다양한 정치적 격변과 정권의 부침을 어떻게 규정지었는가에 관해서 거의 설명하지 못하고 있다. 예를 들어 1961년의 첫 번째 군부쿠데타 이후 30여 년간의 정치가 군부출신 대통령 3명에 의해 지속된 것이 정치문화적 입장에서 제대로 구명된 바 없다.

우리 정치문화의 특성으로 권위주의, 시민성, 공동체성, 소외성, 분파성, 저항성, 민족적 주체성 등이 제시되었지만 이러한 특성들이 우리 정치의 중요한 정치조직이나 정치세력, 국회의원이나 각료들을 포함하는 고위 정치엘리트들의 정치행태 또는 이들에 의해 이루어지는 정치의 진행에 개별적으로 어떻게 연관되어 있는지가 체계적으로 연구된 바 없다. 또한 이러한 특성들이 정치발전이나 민주정치 확립에 어떤 영향을 미쳤는가도 체계적으로 구명되지 못했다. 한마디로 요약하면 우리 정치가 정치문화적 측면에서 제대로 설명된 바가 없는 것이다. 이것은 그때그때의 현실정치를 설명하는 면에서도 그랬고, 정부수립 이후 60년간의 정치변화를 설명하는 면에서도 그랬다.

우리나라의 정치문화에 관한 연구들은 실증적으로 정치문화를 밝히는 면에서도 성공적이지 못했다. 이러한 실증적 연구들은 수적인 면에서도 많지 않았고 또 이들 연구가 분석의 바탕으로 삼은 설문조사결과 자료들도 제대로 수집된 것은 다섯 가지 정도에 불과했다. 우리의 정치문화를 실증적으로 분석한 연구들이 갖는 이러한 한계점에도 불구하고 1984년에 한배호와 어수영이 조사한 자료와 이를 분석하여 펴낸 《한국정치문화》는 이론, 자료, 방법론 등에서 가장 주목되는 연구였으며 우리 국민의 정치정향을 일곱 가지로 밝히고 세 가지 하부문화 유형을 밝혀낸 점, 그리고 이러한 특성들이 국민들의 실제 정치참여에 어떻게 연관되었는가를 밝힌 점에서 우리의 정치문화분석에 큰 기여를 하였다.

그러나 이 연구에서 밝힌 정치문화는 1984년의 정치문화였다. 1984년 이후 우리 정치에서는 큰 변화가 이루어졌다. 1987년 강력한 권위주의정권인 제 5공화국이 끝난 이후 제 6공화국하에서 민주화가 진행되었을 뿐만 아니라 1987년 6월 민주항쟁 시기부터 그후 몇 년간의 기간은 우리 정치사에서 또다시 겪기 쉽지 않은 격변의 시기였고 혁명에 버금가는 시기였다. 권위주의체제의 전성기인 1984년에 우리 국민들이 나타내었던 정치문화의 특성들이 그후 순수 민간정치인출신의 대통령들이 계속 집권하면서 과연 어떻게 변화되었는가를 밝히는 것은 우리 정치문화연구에서 필히 수행되어야 할 과제이다.

정부수립 이후 60년간의 기간 중 상당 기간의 우리 정치는 국민들의 정치문화가 영향을 미쳐 정치가 규정지어졌던 것이 아니라 정치엘리트들과 군부엘리트들이 정해놓은 테두리 안에서 상당 정도는 국민의 의사와 관계없이 규정지어지고 진행된 것이었다. 이러한 시기에는 국민들이 어떠한 정치문화를 가지고 있는가가 사실상 의미가 없었다. 그러나 권위주의체제가 종식되고 국민들이 정치의 주체가 되는 시기로 변하였기 때문에 지금부터는 정치엘리트들의 정치문화가 아닌 국민들의 대중 정치문화가 우리 정치를 특징짓게 되었다. 이런 면에서 보면 우리나라의 정치문화에 관한 연구는 어쩌면 이제부터가 시작일지도 모른다.

제 16 장

김영삼 정부의 개혁평가

민 준 기

김영삼 정부의 개혁을 평가함에 있어, 정책의 효과는 장시간에 걸쳐서 나타나기 때문에 평가에 어려움이 있다. 그러므로 정부에 대한 평가는 일정기간이 경과한 후에 하는 것이 연구의 객관성과 역사성의 측면에서 바람직하다고 본다. 그러나 김영삼 정부 5년 동안의 개혁을 성공한 사례와 실패한 사례를 들어서 설명하는 것이 합리적이고 어느 정도의 객관성을 띤다. 이 분석에서는 〈주간조선〉이 1997년 2월 전국 50여 개 대학의 정치학 및 경제학 교수들 157명을 대상으로 조사한 김영삼 정부 4년의 평가에 관한 자료 일부분을 참고했다. 김영삼 정부는 제도적 개혁만 단행했지 민주적 의식구조의 개혁을 강조하지 않았음으로 해서 개혁의 효과와 효율성을 높일 수 없었다.

1. 개혁추진의 과제

김영삼 정부의 등장은 민주화와 개혁의 문제를 동시에 해결해야 하는 어려운 과제를 가지고 출발했다. 오랜 권위주의지배로부터 민주주의에로의 성공적 이행을 하기 위해서는 제도적 차원에서 민주적 틀로 바꿔야 하며 권위주의체제하에서 습관화된 국민들의 의식구조도 민주화시대에 맞는 의식으로 바꿔야 했다. 넓게는 정치, 경제, 사회, 문화 등 모든 분야에 걸쳐서 개혁을 해야 했다. 정치는 새롭고 깨끗하고 열린 정치를 하여 선진화시대로 진입해야 하는 것이다. 다시 말해서 구시대가 가고 새시대가 오면 그 시대에 맞는 옷으로 바꿔 입어야 한다. 정치는 새롭고 깨끗하고 열린 정치를 해야만 선진사회시대로 진입할 수 있다.

김영삼 정부 5년 동안 국민의식은 얼마나 바뀌었는가? 예컨대 규범적 협동, 타협, 공중도덕 존중, 질서의식, 합리주의 정신, 정치참여 등이 얼마나 나아졌는가? 위에서 지적한 문제들이 민주적 의식구조로 바뀌어야만 민주주의가 가능한 것이다. 이러한 탈바꿈은 계속적인 교육과 훈련, 경험을 통해서 습관화되어야 민주주의에로의 발전이 가능한 것이다.

민주적 의식개혁은 민주주의이념을 실천할 수 있는 국민들의 정신적 무장이다. 그리고 시민들은 주인의식을 가지며 절제와 관용의 정신을 갖는다. 이러한 바탕 위에 민주적 정치문화가 형성되면서 제도적 개혁이 진행되어야 했다.

개혁이 완성되려면 제도개혁과 지배엘리트의 교체 등을 통한 지배구조의 변화와 함께, 정치문화와 정치행태의 변화를 통한 바람직한 정치의식의 구축이 요구되는 것이다. 그럼으로써 국민들의 일상생활 속에서 민주적 공동체를 형성할 수 있으며 민주주의가치의 실현과 개혁정치가 성공할 수 있다.

유럽은 기독교 윤리를 바탕으로 민주적 시민문화가 형성되면서 권위의 합리화, 구조의 분화, 정치참여의 확대 등으로 민주주의가 서서히 발달했다. 조선조는 어떻게 정치질서를 창출했는가? 조선조는 통치양식으로 덕치주의와 예치주의를 실현해서 정치사회의 질서를 확립해갔다. 《조선경국전》을 80여 년에 걸쳐 성종 때 이르러 완성하여 유교 정치체계의 기반을 확고히 하여 조선조 5백여 년간을 집권할 수 있었다. 조선조 사회는 한 예로 도둑질을 하다 들키면 부끄러워할 줄 알고 반성할 줄 알았다. 그만큼 윤리와 도덕적인 면에서 사회질서가 확립되었다는 증거였다. 그러나 오늘날은 어떠한가? 수억 수천만을 먹고 들키면 반성하는 기색이 없이 재수가 없어서 잡혔다고 한다.

김영삼 정부하에서 치러진 15대 총선에서도 국회의원에 당선되려면 수십억 원을 썼다고 한다. 그 돈이 누구한테 갔느냐 하면 유권자들한테 갔다. 말하자면 돈을 받았던 사람들은 정치부패의 공범자들이다. 혼탁한 선거는 역시 유권자들한테도 책임이 없을 수 없다. 개혁을 주장한 김영삼 정부에서 치른 선거도 나아진 점이 없었다. 새시대가 되었어도 지배엘리트나 국민들의 의식구조가 하나도 바뀌지 않았다는 것을 선거를 통해서 알 수가 있다. 그 이유는 정경유착의 고리를 끊지 못한 원인도 있다. 그러므로 정경유착이 안 되려면 깨끗한 선거, 깨끗한 정치가 정착이 되어야만 한다. 깨끗한 선거문화가 형성되지 않고서는 민주주의도 제반 개혁도 성공하기가 어렵게 된다.

김영삼 정부는 집권하자 의욕적으로 개혁을 추진했다. 그러나 여러 분야에서 추진된 개혁은 미완성되거나 원상태로 퇴보하기도 했다. 민주화과정에서 개혁이 얼마나 어려운가 실증되기도 했다. 여기에서 개혁의 일반론을 고찰해보고 김영삼 정부 개혁의 실패요인이 무엇이고, 앞으로의 과제가 무엇인가를 살펴본다.

2. 개혁의 전략과 전술

김영삼 정부는 개혁의 목표를 위해서 구체적 청사진을 가지고 치밀하게 하나하나 추진하지 못했다. 개혁원론에는 동의하나 개혁의 결과나 추진방법에는 문제가 있었다. 개혁의 전략과 전술의 이론에 관한 실례를 고찰하면 김영삼 정부가 추진한 개혁의 문제점을 알 수 있다.

혁명은 잘 일어나지 않는다. 개혁은 아마 그보다도 더 어려울 것이다. 허쉬만(Hirschman)이 말하듯이 개혁은 "이제까지 특권을 누렸던 집단의 권력이 줄어들고 상대적으로 권력이 없던 집단의 경제적 상태의 사회적 지위가 개선된" 그러한 변혁이다.[1] 그것은 사회적, 경제적 혹은 정치적 평등을 보다 더 충실히 하고 사회와 정치에의 참여를 확대하는 방향으로 변화하는 것을 뜻한다.

개혁가의 길은 험하다. 세 가지 점에서 그는 혁명가보다 더 어려운 문제에 봉착한다. 첫째, 그에게는 보수주의자와 혁명가에 대한 양면투쟁이 불가피하다. 그는 개혁을 성공시키기 위해 여러 곳에서 싸우지 않으면 안 된다. 한 곳에서 적이던 사람이 다른 곳에서는 동지가 될 수 있다. 혁명가는 정치를 더욱 엄격하게 하며 개혁자는 융통성과 적응성을 구한다. 혁명가는 사회세력을 양분할 수 있어야만 하고, 개혁자는 사회세력을 조작할 줄 알아야 한다. 따라서 개혁자는 혁명가보다 더 높은 수준의 정치적 기술을 요한다. 개혁이 왜 어려운가 하면 그것을 실현하는 정치적 전략가가 드물기 때문이다. 혁명가로서 성공하는 데는 달통한 정치인이 필요가 없지만 개혁자로서 성공하려면 능란한 정치가가 있어야 한다.

김영삼 정부의 개혁 실패요인 중에 하나는 개혁을 뒷받침해줄 수 있

---

1) Hirschman, Albert O., *Journeys Toward Progress*, New York: 20th Century Fund, 1963, p. 267.

는 능력 있는 개혁전략가가 없었다는 것이다. 정치참모들은 주로 민주계 아니면 특정지역인 PK 중심이었기 때문에 엘리트 충원의 문제점을 지적할 수 있다. 민주계는 민주화투쟁을 주도할 때 대중을 거리로 동원할 수 있는 기동적인 전략가들이다. 그러므로 그들은 제도권정치의 경험이 없는 편이다. 김영삼 정부는 설득력이 있고, 장내에서 대화와 토론, 협상과 타협을 통하여 합의를 도출할 수 있는 정치적 능력을 가진 사람들로 충원했어야 했다.

개혁자는 혁명가보다 사회세력을 조작하는 데 있어 보다 적응성이 있어야 한다. 사회적 변화를 컨트롤하는 데 있어서도 더욱 교묘하지 않으면 안 된다. 그는 전체적 변혁이 아니라 약간의 변화를 목표로 하며, 폭발적 변혁이 아니라 점차적 변화를 노린다.

마지막으로 개혁의 여러 다른 형태 가운데 어떤 것이 먼저이고, 어떤 것을 선택해야 하느냐의 문제이다. 혁명가는 무엇보다 정치적 참여의 확장을 노린다. 그 결과 형성하는 정치세력은 사회적, 경제적 구조에 있어서의 변화를 시동시키는 데 이용된다. 보수파는 사회경제적 계획이나 정치적 참여의 확장을 모두 반대한다. 개혁자는 이 두 가지 목표의 균형을 잡아야 한다. 사회경제적 평등의 증진책은 보통 권력의 집중을 요청하며 정치적 평등의 증진책은 권력의 확장을 요청한다.

이 목표들은 본질적으로 상충되는 것이 아니다. 개혁자는 사회경제적 구조의 변화와 정치제도의 변화 간에 균형을 잡아주어야만 하고 어느 한 쪽이 이지러지지 않게 양쪽을 결합시켜야만 한다. 개혁의 어떤 한 형태를 성취시킬 수 있었던 리더십이나 제도도 다른 개혁을 추진하는 데는 같은 능력이 발휘되지 못할 수도 있다. 예를 들면 군출신의 개혁자들 — 무스타파 케말, 가말 압델 낫세르, 아유브칸 등 — 은 정치체제 내로 새로운 집단을 참여시키는 것을 조직하는 데 있어서보다 사회경제적 개혁을 진전시키는 데 있어서 더 성공적이었다. 한편 사회민주당 또는 기독교민주당의 지도자들 — 베탕쿠르트(Betancourt), 벨라운데(Belauande), 프라이(Frei) 등 — 은 사회적, 경제적 개혁을 모색하기

보다 이전에 축출당한 집단들을 정치체제에 갖다 맞추는 데 더 유능했다.[2)]

이론상으로는 사회경제적 구조와 정치제도에 있어서 몇 개의 중요한 변화를 초래할 수 있기를 원하는 개혁자들에게 두 개의 광범한 전략이 주어져 있다. 한 가지 전략은 개혁자가 그의 모든 목표를 일찍이 발표하고 나서 그가 달성할 수 있을 것으로 기대할 수 있는 한에서 최대로 밀고 나간다. 이에 대신할 수 있는 전략은 그의 목적을 감춘 채 착실히 접근하는 방향으로 여러 개혁안을 따로따로 나누어 한 번에 한 가지 변화만 밀고 나가는 것이다. 전자는 포괄적이고 "뿌리째 뽑는" 혹은 전격작전과 같은 접근방법이며 후자는 서서히 하는 "가지가 뻗는 식" 혹은 페비안적 점진적 개혁 접근방법이다.

역사에서 여러 다른 시기들에 걸쳐 개혁자들은 두 가지 방법을 써보았다. 근대화를 하는 데 있어 긴장과 분란이 있는 대부분의 나라에서는 개혁의 가장 효과적인 방법은 페비안 전략과 전격작전의 전술을 혼합한 것으로 되어 있다. 개혁자는 그의 목표를 달성하기 위해 한 논쟁은 다른 것과 분리해야만 한다. 그렇게 하면서도 때가 익으면 그의 적이 세력을 동원하기 전에 가능한 한 재빨리 각 논쟁점을 처리하여 정치적 안건으로부터 제거시켜버려야 한다. 페비안주의와 전격작전을 적당히 섞을 줄 아는 능력의 유무는 개혁자의 정치적 기술의 좋은 테스트가 된다. 그러나 전면적 개혁의 계획에는 전격작전이 들어맞는 경우가 있다. 개혁자는 그의 요망사항을 통틀어 즉각적으로 발표하고 경우에 따라 적당한 집단을 불러일으키고 동원하여 정치적 대립과 정치적 협상을 통해 변화와 보수주의 간의 세력균형이 허용하는 만큼 많은 문제를 해결할 수 있다.

근대화사회에 있어서 개혁을 추진하는 자의 입장에서 보면 이러한 질문에 대한 답은 대체로 부정적이다. 포괄적인 혹은 전격작전의 전략

2) 민준기·배성동 역, 《정치발전론》, 을유문화사, 1987, pp. 413~415.

은 정당들이 고정적으로 존재할 때, 다시 말하면 협상이 이루어질 수 있는 구조가 안정되어 있을 때에만 가능하다. 그러나 개혁추진의 요체는 정책결정에까지 참여하지는 못한다 해도 영향을 미칠 수 있는 상황을 만드는 데 있다. 개혁자가 내놓은 요구나 논쟁의 성질상, 전체적으로 정치과정에서 역할을 한 동맹자와 반대자가 생긴다. 개혁자가 당면한 문제는 과다한 요구를 제기하여 그 반대를 압도할 것이 아니라 요구를 아주 명백히 한정시켜 제기함으로써 반대를 극소화해야 한다는 것이다.

무엇이든지 한꺼번에 하겠다고 하는 개혁자는 결국 약간 성취하거나 아니면 전적으로 실패하고 만다. 그 예로 요셉 2세(Joseph II)와 광희제(Kuang Hus)를 들 수 있다. 양자는 모두 기존의 전통적 질서를 전반적으로 바꾸기 위해 여러 가지 개혁을 여러 방면에 걸쳐 동시에 밀어붙였던 것이다. 그들의 노력이 크면 클수록 많은 적을 만들게 되어 실패하고 말았다. 기존사회에 발붙이고 있는 모든 사회집단과 정치집단이 실제로 위협을 느꼈으며, 전격작전이나 전면공격은 잠재적인 적까지 일깨워 활동하게 만들었다.

한국사회의 부정부패는 뿌리 깊게 만연되어 내려온 악습이라 할 수 있다. 두 전직대통령의 비자금사건이 잘 입증하고 있는 것이다. 김영삼 정부가 들어설 당시 국민은 새정부가 부정부패를 척결해줄 것을 기대하고 있었으며 김대통령도 부정부패의 일소를 가장 시급한 과제로 인식했다. 그런데 부정부패의 척결이라는 막연한 대상을 개혁목표로 설정할 경우 그 대상에서 벗어나는 것이 거의 없다. 즉, 사회의 모든 문제를 개혁의 대상으로 삼아야 했다. 더구나 김영삼 정부는 임기 내에 하려고 급하게 서두르다 보니 많은 부작용을 낳았다.

터키 공화국 초기 무스타파 케말(Mustafa Kemal)은 성공한 사례이다. 케말은 근대화의 거의 모든 문제에 당면했다. 즉, 민족공동체의 구성, 근대적 정치조직의 창건, 사회적·문화적 개혁의 착수, 경제적 발전의 증진 등의 문제였다. 그러나 케말은 이러한 모든 문제를 한꺼

번에 해결하려고 시도하지도 않고 그것을 하나하나 신중하게 분리하여 한 가지 개혁에 대해 동의를 얻었고 또 그렇게 함으로써 다른 개혁에는 반대할 사람에게서도 그 개혁에 대한 지지까지 획득했다. 케말은 문제제기의 순서를, 가장 말썽을 부릴 수 있는 사람들이 찬성할 수 있는 것을 먼저 내놓는 방식을 취해 정했다. 일단 비교적 동질적인 인종의 공동체가 형성되자 다음 단계로는—멕시코, 소련, 그리고 중국 혁명에서의 순서대로—권위를 행사할 수 있는 효율적인 근대적 정치제도의 창설에 착수했다.

그것이 이루어진 다음에는 그 제도를 통해 사회에 대한 종교적, 사회적, 문화적 및 법적 개혁을 추진할 수 있었다. 터키는 1920년 후반에 달성한 사회개혁이 1930년대에 들어서서 경제발전을 강조할 수 있는 길을 텄다. 예산제도에 관한 정책이 선포되었고, 1934년에는 5개년 계획이 채택되었다. 그후 10년 동안 공업발전에 큰 힘을 들였다. 특히 방직과 철강, 제지, 유리, 그리고 도자기공업에 힘썼다. 1929년에서 1938년 사이에 국민소득은 44%, 1인당 국민소득은 30%, 광업은 132%가 증가하였고, 그리하여 공업발전은 무엇보다 인상적이었다. 근대화를 추진한 다른 개혁자들이 가끔 의식적으로 케말의 전술을 모방했다. 파키스탄의 아유브칸은 여러 면에서 케말을 모방했다.

김영삼 정부가 개혁에 성공하려면 개혁의 목표가 뚜렷해야만 했었다. 만일 개혁의 대상이 군부라면 군부의 누구와 어떤 것이 문제이며 바뀌어야 하는지를 명확히 해야 했다. 관료조직이 개혁대상이라면 그 조직의 어떤 것이 문제이고 개선되어야 하는지 목표를 분명히 설정해야 했다. 어떻든 한꺼번에 모든 것을 할 수는 없는 것이다. 김영삼 정부는 단계적으로 하나씩 해결해가는 것이 바람직했다. 가장 우선적으로 다루기로 한 개혁목표에 총력을 집중하여 개혁에 성공한 후 차례로 다음 개혁대상으로 옮겨가야 바람직했다. 개혁추진세력이 개혁추진과정에서 제반 개혁들 사이의 우선순위를 정해 단계적으로 하나씩 이루면서 국민의 이해를 구하기 위한 조직적 홍보활동을 전개했어야 했다.

3. 민주화의 성공사례

우리는 몇 년간 민주화를 추진하면서 정치질서를 창출한다는 것이 얼마나 어렵고 힘든가를 체험했다. 민주정치 실현을 위한 정치문화가 형성되지 못해서 새롭게 창출하려는 정치발전은 여러 복합적 요인들이 직접, 간접으로 작용하고 있다.

한국의 민주화과정은 긍정적인 면과 부정적인 면으로 평가들을 하고 있다. 30년간 한국의 군부는 정치, 사회 등 여러 분야에 깊숙이 침투하여 주요조직의 장이나 간부로 임명되어 권위주의 정치를 실현했다. 군의 탈정치화를 위한 노력은 높이 평가할 만하다. 정치화된 장교집단인 하나회출신 장교집단들을 전격적으로 숙청했다. 두 군부출신 전직 대통령을 내란과 부정부패 혐의로 사법처리를 했다. 강력한 기무사의 권력도 대폭 축소시켰다. 이러한 군부 개혁조치는 민주화 역사상 유례가 없는 성공적인 것이다. 특히 군부를 권력에서 퇴장시키고 군부에 대한 문민통제를 재확립했다.

군부개혁과 동시에 진행된 개혁은 사정 차원의 개혁이었다. 공직자 재산공개 및 등록을 실시하고 비리가 드러난 정치인과 관료를 숙청했다. 5공 이래 정경유착의 고리를 끊으려다 실패한 금융실명제를 대통령 포고령의 형태로 전격적으로 실시했다. 사정개혁은 1994년 3월 공직선거, 부정선거방지법, 정치자금법, 지방자치법 등 3개 정치개혁 입법으로 제도적으로 뒷받침되었다. 사정개혁은 민주정부의 효율성을 높이고 공정한 정치적 경쟁질서를 확립하기 위해서 요구되었다.[3] 또한 지방자치제의 부활은 민주화의 상징적 업적이며 민주화가 가져온 중요한 변화의 개혁이다. 5년 동안 대통령 개인이나 현정부에 대해 비판하

---

3) 임혁백, “지연되고 있는 민주주의 공고화”, 한국정치학회 · 한국사회학회 공동학술대회 발표 논문, 1997년 6월, pp. 15∼16.

거나 불만을 표시하는 사람들은 많이 있었다. 집권 초기에 우리의 정치체제가 구조적으로 안정성을 확보하고 있었다.

김영삼 정부는 비교적 공정한 정치적 경쟁, 국민들의 자유로운 정치참여, 그리고 국민들의 정치적 자유를 보장하는 데 있어서 변화와 진전을 가져왔다. 과거와 비교해볼 때, 오늘의 여당과 야당은 공정하게 정치적 경쟁을 할 수 있는 상황에 놓여 있다. 국민들의 정치참여도 과거처럼 동원된 참여가 아니라 자발적인 것으로 변했다. 언론의 자유, 집회의 자유도 과거보다 많이 신장되었으며 인신보호를 위한 사법제도 개선이 이루어져 인권개선 차원에서 상당한 진전이 있었다. 이는 적어도 제도적 차원에서 민주화가 달성되는 과정을 의미한다. 즉, 한 사람이나 소수에 의해 독점되고 다수에게 폐쇄되었던 권위주의적 정치과정이 민주적 정치과정으로 전환되는 구조적 변화가 일어난 것이다.[4]

김영삼 정부는 지방자치제도를 다시 소생시켰다. 지방자치제도가 민주주의 발전에 얼마나 중요한 것인가는 영국의 예를 들어볼 수 있다. 영국 사람들은 스스로 주인이 되는 주민자치의 훈련 속에서 민주주의의 바탕이 되는 자율과 주인의식을 배울 수 있었다. 그리고 절제와 관용의 정신을 익혔다. 영국의 근대정치 속에서 우리가 격렬한 다툼이나 극단적 대립보다는 슬기로운 적응과 조화를 발견하게 되는 것은 바로 그 때문이다. 그들은 주민자치를 통해서 민주주의를 창조해냈다.[5] 민주주의의 이념적 바탕이 아래에서부터의 민주주의를 지향하는 한, 지방자치를 도외시한 민주주의란 생각하기 어렵다. 그러므로 주민들이 그들의 일상생활 속에서 민주적 공동체를 형성하고 발전시킬 때, 다시 말해서 주민자치가 생활화될 때 비로소 민주주의가치의 실현과 정치안정을 가져올 수 있다.

---

4) 한배호, "문민정부 4년 성과와 과제", 창립 2주년 기념 국제세미나, 여의도연구소, 1997년 2월, p. 69.

5) 안병영, "지방자치제 지상공청 (一) 지방자치제, 민주주의 기초", 〈신동아〉 2월호, 1986년, pp. 262~265.

우리나라의 경우 중앙정치가 전국을 온통 지배한 전통에 비춰볼 때 지방 중심의 정치, 밑으로부터의 국민의 참여를 촉진하는 정치에로의 전환이 시급했다. 지방자치가 실시된 후에 드러난 문제점은 적지 않다. 그러나 지방자치제가 발전할 경우 중앙집권적 전통의 병폐를 개선하고 중앙과 지방 간의 괴리현상을 좁히면서 사회, 정치, 경제, 문화 면에서 균형되게 발전할 수 있다.

김영삼 정부는 탄압에서 타협정치로 변화되었다. 권위주의체제하에서는 장기집권을 하기 위해서 야당을 철저하게 감시하면서 탄압했다. 또한 공명선거로는 정권유지가 불가능했기 때문에 잠재적 반대세력을 봉쇄했다. 오늘의 정치과정은 여야간의 향상된 자율경쟁만이 있을 수 있으며 타협이나 협상으로 이어지지 않을 수가 없다. 각 정당의 대통령후보들의 TV 토론을 보아도 열린 정치의 시대로 전환되고 있으며, 정치적 경쟁의 민주화가 많이 진전된 것을 볼 수 있다. 그러나 개혁조치는 의도된 대로 실현되지 못했으며 다른 결과를 초래하여 부정적 시각으로 보기도 했다.

4. 개혁의 실패

한국의 개혁은 어디로 가고 있는가. 집권 후반기 노동법 개정에서 정부는 개혁의 한계를 드러냈다. 한보사태의 정치적 비리는 개혁정치를 실종시키고 말았다. 김현철 비리사건으로 개혁정부는 이탈하는 민심을 수습할 수 없는 상황에까지 도달했다. 그러므로 민주화를 향한 개혁정부는 개혁에너지를 소진하고 말았다. 문제는 정부가 위기관리능력이 부족하여 무정치상태를 표출했다는 것이다. 더구나 대권을 향한 정치권 내부의 무한경쟁이 권력의 진공상태를 증폭시켰다. 김영삼 정부는 1996년 초반 이후 나타난 실업률 증가와 경기침체 등의 전환비용을 상쇄시킬 정책을 갖지 못했다. 그리고 정치비리와 개혁정권의 내부

분열이 김영삼 정부의 위기관리능력을 마비시켰다. 이런 상황에서 대권경쟁에 나선 주자들은 도덕성을 상실한 개혁 주도세력과의 차별성을 강조하면서 민주화의 성과와 개혁정치에 대한 총체적 비판에 몰두했다.[6] 개혁의 중단이나 실종, 시민들의 극단적 비난여부를 따지는 것보다는 시민사회와 정치권에 잠복해 있었던 민주화의 장애요인과 개혁정치의 성과와 한계를 살펴보는 것이 중요하다.

김영삼 정부의 권력의 특성은 개혁정치 전반에 커다란 부담으로 작용했다. 개혁정책을 성공시키기 위해서는 집권 6개월 내에 주요한 개혁 프로젝트를 완결시켜야 한다는 시간적 제약이 문제였고, 문민정부의 차별성을 강화하기 위해서는 구세력의 권력기반을 쇠퇴시켜야 하는 것이 문제였다. 개혁정책은 시민들의 의견수렴과정을 거쳐야 했다. 이 과정에서 정책효과에 대한 이견이 속출하고 기득권세력의 경계심을 촉발하게 되면 개혁정책의 실행이 어려워진다는 것을 고려해야 했다. 그리고 구세력의 핵심 잔류파가 개혁연합에 반기를 들지 못하게 하거나, 또 그들이 기득권세력을 부추겨 반개혁연합의 결성을 시도하지 못하도록 묶어두는 전략을 세워야 했다. 김영삼 정부가 처했던 미묘한 입장은 개혁세력의 재정비가 이루어진 1996년 5월 총선까지 지속되었다. 총선 직전 축출된 김종필이 보수야당을 결성하여 구공화계가 재규합함으로써 민주화이행을 위한 3당 합당의 임시적 구도는 막을 내렸다. 이 과정에서 개혁정치는 강력한 개혁에서 점차 벗어나 제한적 영역으로 국한되었다. 집권 중반기의 세계화정책은 국내의 한계를, 국외로 개혁에너지를 증폭시킴으로써 벗어나고자 하는 의욕적 정책이었으나 의식전환의 효과 외에는 어떤 구체적 기반이 조성되지 않았다. 개혁정치의 문제점을 고찰해보면 다음과 같다.

〈주간조선〉은 1997년 2월 6일부터 12일까지 전국 50여 개 대학의

---

6) 송호근, "배제적 민주화와 유보된 이중전환", 한국정치학회·한국사회학회 공동학술대회 발표 논문, 1997년 6월, pp. 1~2.

정치학과 교수(서울 37명, 지방 23명)와 경제학과 교수(서울 41명, 지방 56명) 157명을 대상으로 김영삼 정부의 공과(功過)평가를 위한 설문조사를 실시했다.

김영삼 정부에 대해 정치학, 경제학 교수들은 대체로 어떤 평가를 내리고 있을까? 조사 결과 응답 교수 중 절반 이상이 개혁정부의 기치가 무색하게 개혁실종이라는 평가를 했다. '잘못했다'(36.9%)와 '아주 잘못했다'(15.4%)는 답변이 응답자의 52.3%로, 절반 이상이 부정적 점수를 주었다. 경제학 교수들(56.3%)은 정치학 교수들(50.1%)보다 약간 더 부정적인 평가를 내렸다. 이것은 우리 경제를 그대로 평가한 것이 아닌가 여겨진다. 특히 이같이 설문조사의 결과가 개혁정부에 대해 비판적인 방향으로 나온 것은 날치기 통과 파문과 한보사태 등 대형이슈가 큰 영향을 미친 것으로 보인다.

김영삼 정부가 재임하는 동안 가장 잘한 일은 무엇이라고 생각하는가 하는 물음에는 '금융실명제 실시'(25.7%)가 가장 많았고, '공직자 재산등록'(13.2%), 부동산실명제(12.5%), 5·18 특별법제정(11.8%), 지자제 실시(10.9%) 등의 순으로 치적을 들었다.

1, 2위를 기록한 금융실명제와 공직자 재산등록은 모두 취임 첫해인 1993년 8월과 3월에 나온 개혁의 산물로서, 금융실명제는 부정부패의 근원이 되는 검은 돈의 통로를 차단했다는 점에서 큰 지지를 받은 것으로 풀이했다. 이어 'OECD 가입'(6.9%), '전직대통령 비자금수사'(5.6%), '정치인·공직자 사정'(3.6%), '하나회 해체'(3.6%), '민주화 진전'(2.6%), '공명선거'(1.6%) 순으로 업적을 평가했다.

정치학 교수들은 '금융실명제 실시'(25.7%)에 이어 '5·18 특별법제정'(15.5%), '지방자치제 실시'(12,2%), '부동산실명제'(12.1%), '하나회 해체'(6%) 순으로 주로 정치분야에 중점을 두고 업적을 평가했다. 반면 경제학 교수들은 '금융실명제'(25%) 다음으로 '공직자 재산등록'(16%), '부동산실명제'(12.8%), '지방자치제 실시'(10.1%), 'OECD 가입'(8%) 순으로 경제분야에 중점을 두었다. 재임 4년 동안 잘못한

일로 제일 먼저 꼽은 것은 대통령 독단에 따른 정책결정(24.6%)이었다. 대통령 독단에 따른 정책결정은 주로 깜짝쇼를 지칭하는 것으로 금융실명제처럼 충분한 협의 없이 정책이 결정돼 실행상에 많은 부작용이 뒤따랐음을 지적한 것으로 풀이됐다. 이어 'PK 중시 인사'(21%), '외채증가 및 경제침체'(20.7%), '노동법, 안기부법 날치기 통과'(10.5%)를 꼽았다. 그밖에 '정부무능'(5.9%), '물가상승'(4.2%), '무원칙한 사면권 남용'(3.9%), '지역갈등 증폭'(3.3%), '공직부패'(3%), '정치불안'(2.6%) 등을 지적했다. 종합평가로는 '잘하고 있다'(19.7%), '잘못했다'(52.3%), 국정점수 평점 10점 만점에 4.8점이다.[7] 이 조사결과가 한국의 정치학, 경제학 교수들의 견해들을 정확하게 대표한다고 할 수는 없지만 하나의 객관성 있는 참고자료로 사용할 수는 있을 것이다.

김영삼 정부는 출범 초부터 추진한 개혁운동과정에서 우리 모두가 예상했던 대로 수많은 난관과 저항에 부딪쳐 뜻한 대로 결실을 맺지 못했다. 그것은 개혁의 주체가 제대로 설정되지 못했으며 개혁의 추진방법에도 문제가 있었기 때문이다. 특히 제반 개혁대상을 우선순위대로 단계적으로 하나씩 이루어나가지 못했다. 전격적 개혁을 실행할 때는 고도의 기술이 필요하다. 김영삼 정부는 하나의 개혁쟁점을 처리하기도 전에 다른 쟁점의 문제가 중복되어 하나가 말끔히 처리되지 못했다. 너무나 짧은 기간 내에 개혁을 시도함으로써 개혁의 반대자들을 규합시켜주는 계기가 되었다. 전격적 개혁을 실시할 때는 어디서 어디까지 하는 줄 몰라야 한다. 다시 말해서 개혁의 순서를 말하지 않는다. 하나가 끝난 다음에 시간적으로 여유를 갖고 있다가 다음 문제에 대해 전격개혁을 해야 했다. 또한 개혁의 당위성을 국민들에게 홍보하여 개혁의 반대자들을 설득 내지는 고립시켜야 했다. 또한 개혁추진과정에서 너무나 사정에 의존하여 국민들이, 개혁이 사정이 아닌가 혼동

7) 〈주간조선〉 144호, 1997년 2월 27일, pp.44~46.

하는 오해를 하게 되었다. 표적수사의 공정시비는 정당성의 문제를 야기하여 개혁작업을 흐리게 했다.

개혁주체 존재여부는 개혁의 성패를 가름하는 중요한 문제이다. 김영삼 정부의 개혁주체는 민자당도 아니었고 중앙의 관료조직도 아니었다. 그것은 어느 의미에서 개혁대상은 될 수 있었으나 개혁의 주체가 될 수 없었다. 대다수의 관료들은 복지부동의 자세로 개혁의 돌풍이 지나가기만 기다렸다. 이렇게 되자 개혁을 추진하는 주체의 존재여부가 모호해졌다. 표면에 뚜렷이 나타난 것은 대통령 자신뿐이었다. 그래서 대통령 혼자서 개혁을 추진한다는 냉소적 논평도 나왔다. 당위적으로 말한다면 대통령의 개혁의지를 정치적으로 뒷받침하고 국민이 스스로 개혁의 수혜자임을 느끼게 하는 것은 여당의 책임이라고 할 수 있다. 그러나 민자당이나 그후의 신한국당은 이러한 개혁정당의 역할을 할 처지가 아니었다. 어느 면에서 일부는 개혁대상자였다고 할 수 있다. 그런 정당이 적극적으로 개혁을 밀고 나가는 것은 어려운 문제였다. 야당도 마찬가지다. 다음 집권기회를 노리는 야당이 개혁을 도와줄 까닭은 없었다. 한마디로 대대적으로 개혁을 끌고 나갈 연합세력이 구축되지 못하였다. 사실 개혁의 이득을 보는 층은 중산층인데 이 중산층이 개혁을 방관했다는 점도 지적할 수 있다. 특히 정부와 시민사회 내의 여러 개혁지향적 조직이 연결된 개혁연합세력이 형성되지 못하였고, 전적으로 밀어주는 정당과 의회조직도 없었다.

개혁을 관료조직이나 하부기구에 맡기고 지시한 대로 결과만을 기다렸다면 그 개혁은 집행 도중에 왜곡되거나 유실되어 본래의 의도를 실현하지 못한다. 이것은 조직적으로 개혁을 추진하고 집행을 감시하며 결과를 확인할 수 있는 개혁연합세력이 없는 것과 관련이 있다.

김영삼 정부가 지지기반의 구축에 실패하게 된 또다른 원인으로 권력 작용양식의 독특성을 들 수 있다. 김영삼 정부는 정치과정상 의제설정 초기부터 정당과 국회와 시민사회 내의 중간적 매개집단을 빈번히 배제했다. 대통령은 국민을 직접 연결하는 양식을 주된 전략으로 채택했다.

이와 같은 권력 작용양식으로 인해 정치과정에서 가장 중요한 역할을 담당해야 할 정당과 의회의 역할은 실종되었다. 그리고 개혁은 집권화된 권력을 장악한 대통령 일인이 담당해야 하는 결과를 초래함으로써 개혁의 주체와 객체가 모두 실종되는 결과를 낳았다.[8] 무엇보다도 개혁을 위한 물적·제도적 기반을 확보해야 하는 김영삼 정부에게 내적 분열에 따른 반개혁연합세력의 지향과 개혁에 실망한 지지기반이었던 보수 중산층의 이탈은 개혁정책과 체제 공고화의 실패를 가져다주었다.

또 하나의 실패는 김영삼 정부의 정치권 개혁의 실패를 들 수 있다. 부정부패의 근원이 정치자금과 깊이 연관되어 있는 만큼 정치권의 개혁 없이 깨끗한 정치를 실현한다는 것은 불가능하다. 여야는 선거법과 정당법을 합의 개정하여 선거부정행위를 철저히 단속하기로 했으며, 선거자금 사용에 대해서도 철저한 감시를 하도록 했다. 선거법 규정을 위반한 후보자의 당선을 무효화시킬 정도로 엄한 처벌조항도 마련하였다. 그러나 15대 총선 후 부정선거로 당선된 여야의 국회의원에 대한 법적 처리에 문제가 생겼다. 이때 국회 내에 다수의석을 확보해야 하는 여권의 필요성으로 이 문제가 흐려졌다. 그러자 깨끗한 선거풍토의 정착을 바라고 공정한 법집행을 기대하는 국민의 요구와 이와는 다소 상충되는 정부의 필요성을 해결하는, 즉 두 가지 과제를 동시에 해결해야 하는 상황에 직면하게 되었다. 그러다 보니 정부는 의석확보에 치우치는 해결방식을 택한 것으로 보였다. 따라서 선거사범에 대한 정부의 법집행이 다분히 편파적이라는 비난을 받았다. 깨끗하고 공정한 선거풍토가 조성되기를 바라는 국민의 기대가 제대로 충족되지 못했다.

김영삼 정부가 추진한 개혁의 특성은 엘리트 충원의 실패, 정치문화

8) 윤영호, "국회 개혁에 관한 연구", 〈한국정치학회보〉 29집 4호, 1995, pp. 275 ~277.

의 질적 개혁과 민주적 의식으로의 전환에 대한 무관심으로 설명된다. 지지기반 확보의 실패와 개혁의 내용들에서의 비일관성이 두드러졌고, 개혁의 내용에서 서로 상반되는 경우도 있었다. 정당과 의회에서는 내적 개혁이 이루어지지 않았으며 권력의 다원성도 실현되지 않았으므로 문민독재라는 소리를 듣기도 했다.

5. 결 론

김영삼 정부의 개혁정치는 성공한 것보다는 실패한 사례가 더 많은 정치였다고 평가된다. 일반적으로 권위주의체제가 무너지고 민주화가 되면 모든 문제가 잘 해결될 것이라는 환상을 가진다. 김영삼 정부도 예외는 아니어서 많은 시련을 겪었다. 정치개혁이란 그렇게 쉽게 이루어지는 것이 아니다. 김영삼 정부의 민주화와 개혁의 성과는 많은 시행착오에도 불구하고 미래 한국사회 발전의 밑거름이 될 것이다. 개혁이 성공하기 위해서는 페비안전략(서서히 가지를 뻗는 식)과 전격작전(뿌리째 뽑는 식)의 전술을 혼합한 방법을 사용하는 것이 바람직했다. 그리고 국민들의 지지기반의 확보가 지속화해야 했다. 다시 말해서 권력 작용방식에 있어서 개혁의 주체와 객체가 함께 동원되어야 하며 정치과정의 매개장치들인 의회, 정당, 시민단체들이 배제된 개혁은 실패할 수밖에 없다. 따라서 개혁과정이 민주적 제도와 절차에 따른 정치과정을 통해서 이루어져야지, 지도자의 개인적인 정치적 자질이나 대중주의에 의해 이루어져서는 안 된다.[9)]

민주화의 발전을 위해서는 정당정치의 제도화를 이룩해야 한다. 시민들이 정당에 대한 불신을 극복하고 정당이 민주적 정치과정의 안정

---

9) 김태룡, "김영삼 정부 시기의 정치와 의회", 한국정치학회 1997년 9월 월례발표회, p. 17.

화에 기여해야 한다. 정당의 민주화를 주도하는 데 앞장을 서야 하며 절차적 민주주의의 회복과 합의형성과정으로의 전환을 주도해야 한다. 그리고 여전히 미흡하거나 손대지 못한 것은 다음 정권의 과제가 될 것이다. 개혁은 완료라는 것이 없는 것이다. 언제나 새로운 문제가 대두되는 것이고 구시대가 지나고 새시대가 오면 새로운 개혁의 과제가 생기게 마련이다. 우리는 앞으로 정치, 경제, 문화의 분야에서 계속하여 개혁운동을 전개하여야 한다. 반드시 정치지도층과 시민사회 내의 주도세력이 적극 참여하는 광범위한 개혁연합세력과 함께 지속적이고 꾸준히 해야 한다. 보다 정의롭고 풍요로운 사회, 민주적이고 질서 있는 선진사회로 가기 위해서이다.

21세기 한국정치가 이룩하여야 할 목표를 몇 가지 지적해본다. 첫째, 민주적이고 공정한 선거제도가 정착되어야 한다. 선거제도가 정착되면 민주정치도 자연히 정착된다. 특히 우리는 정경유착의 고리를 끊어야 한다. 이것이 깨끗한 선거를 이룩하는 길이다. 둘째, 정당의 민주화를 실현하여야 한다. 정당의 민주화란 정당의 지역조직들이 중앙의 직접적 통제 없이 정당활동을 하고 스스로 공정하게 지도자를 선출하는 방향으로 변화하는 것이다. 또한 정당의 민주화란 지방의 정치지망생들이 지역 수준의 정당활동을 통해 장내 지도자로서의 훈련과 자질을 쌓아나가는 일련의 과정을 의미하기도 한다. 이러한 의미에서도 지방자치제도가 계속 활성화되어야 한다. 지역 수준에서도 공정한 선거와 자유로운 경쟁을 통해서 정치지도자를 선출해야 한다. 그래야만 중앙정치에 진출해서도 같은 행동양식을 되풀이할 수 있다. 만약 정당조직이 그러한 정당간부들과 대표로 채워진다면 전국적 정당대회도 공정하고 자유로운 분위기 속에서 진행될 수 있다. 이런 맥락에서 민주적 선거제도의 정착이 정당의 민주화와 깊은 연관을 맺고 있다.

김영삼 대통령의 '신한국 창조'는 부정적 의미의 정치적 조작을 벗어나지 못한 구호였다. 역사상 최초의 "문민정부"라는 수식어와 함께 출범한 김영삼 정권은 변화와 개혁을 통해 파행정치, 리더십 부족, 각종 비리, 경제침체, 잦은 인사교체와 지역편중 등과 같은 지난 정권의 병폐들을 치유하여 "신한국"을 창조하겠다고 과감하게 선언했다. 김영삼 정부는 민주화를 내세운 권력투쟁에는 능했지만, 그러나 주어진 권력을 민주주의 원칙과 정치발전을 위해 사용하는 국가경영능력이 전혀 없었다. 김영삼 대통령은 스스로 고치고자 했던 한국병을 고치기는커녕 그대로 방치했거나 악화시켰을 뿐이다.

그는 자신이 주장했던 신한국 창조를 위한 구체적 개혁프로그램을 제시하거나 실천하지 못했다. 그리고 잦은 인사교체와 경험 없는 인사의 등용으로 국정상의 난맥을 퇴치하지 못했다. 또한 가장 민주적이라던 그의 정치적 리더십은 권위주의적 성격을 탈피하지 못함으로써 사회·정치적 시민문화의 건전한 형성을 이루지 못했다. 정권 말기에는 외환위기를 능동적으로 대처하지 못해 국가가 IMF 관리체제로 전락하게 만드는 결과를 초래했다.

김영삼 정부가 경제정책을 올바르게 시행했다면 위기를 예방할 수 있었거나 위기를 지연시켜 개혁할 시간을 벌었거나, 아니면 이런 총체적이고 급격한 경제붕괴는 막을 수 있었다는 견해가 있다. 국민들의 여론은 정부의 무능을 강하게 비판했다. 김영삼 정부는 총 대외차입규모를 정확히 모르고 있었다. 또한 부채구조도 단기부채가 차지하는 비중이 과도하게 높았음에도 불구하고 주의를 하지 않았다. 그리고 적정한 외환보유고를 확보하는 데 실패했다.

손호철은 외환위기의 원인으로 ① 자본의 과잉축적, 투기자본화, ② 세계화 및 자본의 국제적 이동, ③ 한국의 OECD 가입 및 세계화 전략, ④ 강경식 체제와 YS의 정책적 대응의 실패 등을 지적했다. 여기에서 앞의 두 가지는 구조적이고 외생적인 요인으로 분류할 수 있다. 반면 뒤의 두 가지는 모두 내생적 요인, 즉 김영삼 정부의 정책적 실패로 볼 수 있다고 하면, 위기를 초래한 보다 큰 잘못은 결국 내부적 요인에 있다.[10] 다시 말해서 외환위기를 초래한 보다 중요한 요인은 관련부서의 부적절한 위기관리 대책과 정책상의 실패 혹은 대통령의 통치상 실수로 귀결된다.

끝으로 의식구조의 민주화 실천운동을 전개하여 시민들의 도덕과 윤리를 기반으로 하는 생활의 민주화가 이루어지도록 해야 한다. 이러한 훈련 속에서 민주주의의 바탕이 되는 자율과 주인의식을 배울 수 있으며 시민들이 개혁세력에 동참할 수 있다. 정치인들은 민주주의, 다수결의 원칙, 또는 타협에 의한 정치를 주장하고 있으나 아직도 의식구조의 민주화가 이루어지지 않았다. 대통령후보 경선과정에서 9명의 후보들이 나와 뒤범벅의 게임을 벌이는 우여곡절 끝에 결국 당내 대의원들의 다수표를 얻은 후보가 대선후보자로 확정됐다. 신한국당의 경선과정이 모처럼 민주적 절차를 밟았어도 그 결과에 대해 경선참가자들이 승복하지 않고 탈당사태가 벌어졌다. 국가를 책임져야 할 집권당이 당내민주주의의 틀뿐만 아니라 정당정치의 위기에 직면했다.

10) 강원택, 《한국의 정치개혁과 민주주의》, 인간사랑, 2006, p. 285.

제 17 장

김대중 정부의 개혁평가

민 준 기

1. 서 문

김대중 정부의 국정운영은 취임 이전에 기대했던 것과는 달리 초반부터 정반대 방향으로 나타났다. 정부는 의식구조의 민주화를 통해 새로운 정치제도를 창출한 것이 아니라, 숫자의 정치(*Number Politics, Population Politics*)에 연연해 무리하게 정계개편을 추진했다. 이것이 표적사정과 야당탄압이라는 저항에 직면하자 보수적인 자민련과의 정치연합전술로 선회했다. 그 결과 정부는 정치구조를 혁신하지도 못하고 정치개혁은 실패했으며, '여소야대' 정치구조를 극복하지도 못했다. 한나라당과는 극단적이고 항구적인 대결구도를 자초함으로써 정치적 불안정을 초래했고, 결국 개혁역량의 부족으로 정치적 실패를 거듭했다.[1)]

김대중 정부가 개혁을 추진하기 위한 조건은 다음과 같았다. 처음으

---

1) 정대화, "김대중정부의 개혁: 평가와 전망", 〈동향과 전망〉 제 50호, 2001, p. 19.

로 정당간 평화적 정권교체를 했다는 것은 개혁에 유리한 조건이었으며, 또한 이전 문민정부의 성공적 탈군사화는 군부의 정치개입 가능성을 원칙적으로 봉쇄했다. 여기에 개혁적 시민운동의 성장 역시 개혁에 유리한 토대를 제공했다. 평화적 정권교체, 문민정부의 탈군사화, 개혁적 시민운동의 성장은 김대중 정부가 개혁을 추진하는 데 상당히 유리한 조건으로 작용할 수 있었던 것이다. 한편 IMF 관리체제의 영향은 그 효과가 이중적인데, 부패하고 방만한 재벌체제가 IMF를 초래했다는 재벌책임론이 재벌개혁을 촉진하는 배경으로 작용했다는 점에서는 긍정적이었지만, 실제 부정적 측면이 더 컸다고 볼 수 있다.[2]

이 글에서는 김대중 정부의 개혁을 평가함에 있어 첫째, IMF로부터 특별구제금융을 받은 이후 전개된 구조조정 조치에 대한 평가를 진행하고자 한다. 결론적으로 이야기하면 김대중 정부는 세계화시대의 가장 큰 피해자인 한국경제와 한국사회를 소생시키지 못했다고 진단할 수 있다. 두 번째로 정치개혁과 관련해서는 당시 제기되었던 정치개혁의 의제들을 검토하고, 실제 그것을 얼마만큼 이행했는가를 중심으로 논의를 전개할 것이다. 마지막으로 김대중 정부의 햇볕정책의 한계는 무엇이었는가를 검토할 것이다.

2. 외환위기체제와 경제개혁의 한계

무엇이 한국경제를 IMF 관리체제의 상황으로 몰아갔는가. 그 이유는 미국식 자본주의와 카지노 자본주의[3]가 한국경제의 뼈대를 무너뜨

---

2) 정대화, 위의 글, p. 24.

3) 영국 경제학자 수잔 스트레인지가 1986년에 쓴 《카지노 자본주의》(*Casino Capitalism*)라는 저서에서 사용한 용어로 카지노에서 사람들의 목적이 요행과 심리전으로 도박에 이겨 돈을 따는 것에 있는 것처럼 자본주의 경제가 투기적 자본활동에 의해 좌지우지되는 상태에 이르렀음을 지적한다.

렸기 때문이며 그 결과 경제적, 사회적, 정치적 대혼란이 야기되었다. 기업들은 은행으로부터 자금을 조달하던 전통적 금융구조를 증권시장으로부터 조달하는 영미식 구조로 개편했고, 이 과정에서 기업들의 자금난과 은행의 부실화는 심화되었다. 또한 증권시장에서 일확천금을 노리는 무모한 한탕주의가 국민정서에 확대되었으며, 여기에 대외적으로 외국자본의 활동에 대한 개방과 자유화는 단기성 투기자본의 급작스러운 유출로 인해 발생할 수 있는 주가폭락과 외환위기에 무력한 조건을 조성했다.

실제 한국의 기업들은 1990년 초부터 대규모 설비투자를 시작했고, 그 자금을 은행, 제2금융권, 증권시장으로부터 조달했다. 한국경제의 성장가도에서 외국은행들은 한국의 은행과 제2금융권에 거대한 자금을 대출했고, 외국투기자본들은 한국의 증권시장에 투자했다. 그러나 엄청난 과잉투자에 비해 이를 충분히 소화할 수 없는 시장의 한계, 그리고 과잉투자에 따른 국제적 경쟁의 격화와 가격인하 압박으로 인한 이윤하락 추세, 불어나는 부채비율로 발생한 자금회전의 부담증가는 급기야 부도사태로까지 이어지게 된다. 1997년 초부터 한보철강, 삼미특수강, 진로, 대농, 한신공영, 기아, 쌍방울, 해태, 뉴코아 등의 대기업들이 줄지어 퇴출(매각, 합병, 법정관리, 화의를 포함) 당하기 시작했으며, 이러한 연이은 대기업들의 퇴출은 은행과 제2금융권에게 부실채권을 누적시켰기 때문에 금융기관이 도산의 위기에 직면했다. 그렇게 도산위기에 직면한 금융기관은 신규신용을 제공하지 않고 발급된 신용을 회수했고, 결국 또다시 기업의 퇴출을 더욱 증가시키면서 금융기관의 부실을 심화시켰다. 이 같은 상황에서 외국은행들은 대출기한의 연장을 거부하고 상환을 요구했으며, 증권투자자들도 증권을 팔아 외화를 본국으로 송환했다. 이에 따라 한국의 외환보유고는 바닥을 드러냈고 기업, 은행, 제2금융권은 외채상환이 불가능한 지경에 이른 것이다. 결국 정부는 1997년 11월 21일 IMF에 특별구제금융을 요청했고, 12월 3일 IMF 관리체제가 시작됐다.

이러한 경제적 파국은 정부의 정책 또한 그 책임이 있다고 볼 수 있을 것이다. 구체적으로 정부는 첫째, 산업정책을 포기함으로써 대기업들의 과잉중복투자(삼성자동차, 한보철강)를 조정하지 못했다. 둘째, 금융자율화와 개방화를 실시하면서 금융거래(대외단기자본거래)를 제대로 감독하지 못했고, 동시에 국민소득 1만 달러 달성이라는 미명하에 환율을 낮은 수준으로 유지하려는 과정에서 외환보유고를 과다 유출했다. 셋째, 한국경제에 대마불사(大馬不死, 바둑에서 대마는 필경 살 길이 생겨 쉽게 죽지 않는다)라는 고정관념을 심어줌으로써 대기업들은 투자에 매진하고 금융기관들은 과잉대출을 꺼리지 않았다. 물론 정부가 산업정책을 포기하지 않고 대기업과 금융기관이 도덕적 해이에 빠지지 않았다고 가정하더라도 외환위기의 상황을 비켜갔을 것이라 단정할 수는 없다. 한국정부의 경제정책이 바람직했다면 위기의 상황이 오지 않았을 것이라 주장하는 사람들은 공황이 미국, 영국, 독일, 일본 등 모든 선진 자본주의경제에서도 발생했다는 사실을 무시한 것이다.[4)]

그렇다면 외환위기에 대한 김대중 정부의 인식은 어떠했는가. 김대중 대통령은 취임사를 통해 한국은 정치, 경제, 사회, 외교, 안보, 남북관계 등 모든 분야에서 좌절과 위기에 처해 있으며, 이를 극복하기 위해서는 총체적 개혁이 선행되어야 한다고 천명했다. 또한 강봉균 경제수석 역시 "97년 외환위기는 전염병이 아니라고" 지적했다. 김대중 정부는 한국의 외환위기를 일시적 외환부족의 위기가 아니라 금융, 기업, 노동시장, 정부와 공공부문 등에 걸린 한국의 구조적 문제에 대한 위기라고 인식했던 것이다.

그러나 그 근본적 구조개혁의 방향은 IMF식 구조개혁과 신자유주의적 방식이었다. 김대중 정부는 IMF의 요구대로 금융시장과 자본시장을 완전히 개방했다. 여기에 외국자본의 국내투자를 적극적으로 장려

4) 김수행, "구조조정의 경제철학 비판", 서울대학교 민주화를 위한 교수협의회 제10회 심포지엄, 〈김대중정부의 구조조정 정책: 평가와 과제 자료집〉, 2000, pp. 1~3.

했고, 그 일환으로 김대중 대통령이 직접 세계적 금융재벌인 조지 소로스를 접견하기까지 했다. 외환위기를 극복하는 김대중 정부의 경제정책 기조는 국민경제의 안정적 성장과 고용의 증대가 아니라 외국자본의 도입 그 자체에 있었던 것이다. 일례로 정부는 IMF의 요구대로 대기업의 부채·자본비율을 감축할 것과 은행의 자기자본·위험대출비율(*BIS* 비율)을 8%까지 증가시킬 것을 요구했고, 이의 이행을 위해 GDP의 약 15%에 해당하는 64조 원의 공적자금 조성이 필요할 것이라 예상했지만, 이 주장은 틀린 것으로 입증됐다. 2000년 5월에 들어서면서 추가로 30조 원의 2차 조성을 시도했던 것이다. IMF의 요구에 무조건적으로 따랐다는 문제를 비롯해, 이전 회생계획에서 1차 조성안이면 충분할 것이라는 예상이 빗나감으로써 정부는 단기적 시야와 정책 불투명이라는 비판에 직면했다.

그러한 단기적 시야는 기업들의 구조조정과정에서도 드러났다. 일례로 제일은행을 외국투자자에게 매각하면서 수용한 조건들은 너무나 불리했다. 처음부터 제일은행을 파산시키는 것이 더욱 효과적인 선택이었을지도 모른다. 정부가 제일은행의 채무를 갚기 위해 거대한 공적자금을 투입하여 어느 정도 정리한 뒤, 외국투자자에게 헐값으로 매각하면서 앞으로 부실채권이 발생하면 그것도 (합의한 조건에 맞으면) 정부가 공적 자금으로 대신 지급하겠다고 합의한 것이다. 이런 헐값 매각은 그 뒤의 모든 매각협상에서 하나의 기준을 제공함으로써 매각이 제대로 되지 않고 있다. 서울은행이나 대우자동차의 매각협상도 예외가 아니다.

IMF식 구조조정과 신자유주의적 정책을 도입하기 위한 조치는 너무 미흡했다. 주식시장과 채권시장이 외국투자자에게 개방되었기 때문에, 단기적인 투기성 자금의 유출입이 심해졌다. 증권시세를 좌지우지하는 것은 외국자본인데, 이러한 외국투기꾼들이 금융시장, 증권시장, 외환시장의 불안정을 더욱 부추겼다. 심각한 문제는 외국투기자본들이 예컨대 약 5백억 달러라고 하고, 이 규모의 자본이 갑자기 원화를 외화로 환전해 국외로 탈출한다면 정부의 외환보유고로는 환율의 폭등과 외환부족을 감당할 수가 없어 또다시 외환공황에 빠지게 될 수도 있는 점이다. 따라서 단기적 투기성 외국자본의 유출을 통제하는 조치를 미리 마련했어야 했다.[5] 더욱이 2001년부터는 외국송금이 자유화되었는데 어떠한 안전장치도 고려하지 않았던 것이다.

정부는 1998년 이후 엄청난 공적 자금을 투입하여 재무구조 개선을 시도했다. 그러나 1999년 말 금융감독원 통계에 의하면 금융기관 부실채권이 여전히 66조 7천억 원(전체 여신의 11.3%)에 이르렀다. 또한 금융기관의 구조조정과정에서 부실은행을 반강제적으로 우량은행이 인수하도록 함으로써 우량은행까지 부실화될 소지를 남겼다. 정부는 부실채권을 처리하기 위해 제2차 공적 자금 조성, 금융기관의 대형화, 겸업화를 촉진시키는 방향에서 구조조정을 진행했다. 결국 금융구조조정은 지지부진하게 진행됐으며, 새로운 위기의 씨앗을 남기게 된 것이다.

한편 김대중 정부가 역점을 두었던 재벌개혁 역시 비판에서 자유롭지 못했다. 김대중 정부가 재벌개혁에 중요성을 두었던 것은 경제위기의 원인을 한국적 발전모델의 파탄에서 찾은 데에서 비롯되었다. 김대중 정부는 5대 재벌 외 부실기업 정리를 급속히 진행해 1998년에 중소기업 2만 2,828개가 부도처리되었으며, 6~30대 재벌기업의 절반은 재벌해체 수준의 구조조정을 진행했다.

초기의 재벌개혁에서 가장 쟁점이 되었던 것이 빅딜이었다. 대기업간 사업교환방식인 빅딜은 재벌기업들의 구조적 문제인 중복투자, 과잉투자, 과대부채 등을 해결하기 위한 방안으로 정부에서 제시했다. 빅딜 방식의 재벌개혁은 단기간 내에 나타날 가시적 결과에 집착한 것이었다.

김대중 정부의 재벌개혁의 기본틀은 IMF가 강요한 신자유주의적 개혁이었다. 이는 시장질서의 공정성(절차적 민주주의)을 확립하여 재벌의

5) 김수행, 앞의 글, pp. 283~284.

불공정성을 개선하고 주주 자본주의적 시장규율과 기업지배구조 개선을 통해 재벌경영의 비효율성을 해결하려는 시장주의적 해법이었다. 그러나 지표상의 개선에도 불구하고 많은 부작용과 문제점이 표출되었다.

이런 재벌개혁의 성격에 대해 상반된 견해가 있었다. 한국의 상황에서는 재벌이 필요하다는 주장이 있었다. 명백한 목표 없이 재벌을 해체하는 것은 세계화시대에 경쟁력을 약화시키는 결과를 낳을 것이라고 했다. 결국 이런 논쟁은 재벌개혁에 대한 정부의 장기적 비전이나 산업정책 전략의 결여에서 비롯되었다. 재벌개혁의 목표와 방향에 대한 분명한 설정과 이를 추진하기 위한 전략적 고려 등이 충분히 합의되지 않은 채 단기적 효과만을 가시화하기 위한 정부의 일방적 정책발표로는 의미 있는 정책효과를 얻기 어려웠던 것이다.[6]

과연 김대중 정부의 외환위기에 대한 구조조정정책은 어떻게 평가할 수 있을까. IMF 경제위기로부터 수년이 경과된 지금, 경기의 회복 정도는 어느 정도 인정할 수 있을 것이다. 2002년 경제성장률이 6%대를 회복했고 실업률에 있어서도 2%대로 안정화되는 수치를 기록했다는 것이 임기 말 김대중 정부 스스로의 자평이었다.

그러나 표면적 경제회복의 이면에 있는 부정적 측면, 즉 '소득분배의 악화'는 심화되었다.[7] IMF 외환위기에 대응하는 과정에서 노동자와 국민의 이익을 크게 희생시킨 것이다. 그렇다고 자본가나 중산층의 부가 크게 증가한 것도 아니다. 오히려 중산층은 무너졌다. 주식투기 붐을 확산시킴으로써 중산층에게 돈 버는 재미를 주어 중산층의 인기를 얻으려고 했겠지만, 그 결과는 주가폭락으로 인한 중산층의 몰락이었다. 더욱이 끝없는 부정부패 소용돌이(1999년 1년 동안 끌어온 옷로비 사건, 한빛은행과 동방신용금고 사건)는 김대중 정부의 존립기반을 뒤흔

---

6) 김용복, "1997년 경제위기와 경제개혁: 재평가", 김유남 편, 《한국정치연구의 쟁점과 과제》, 한울, 2001, pp. 283~289.

7) 이태수, "IMF 5년, 20 대 80의 사회", 경향신문·참여연대 편, 《김대중 정부 5년 평가와 노무현 정부 개혁과제》, 한울, 2003, p. 82.

들었다. 김대중 정부는 외환위기의 원인이 한국의 구조적 문제에서 기인하고 있다는 사실을 인식했음에도 불구하고, IMF의 신자유주의 정책에 과도하게 경도된 나머지 '시장만능주의'에서 빚어질 수 있는 문제들을 예견 및 고려하지 못했다. 그 결과 정경유착·황제경영 등의 전근대적 시장구조를 제대로 개혁하지도 못하고 한국경제를 투기꾼들과 해외자본에 취약한 상태로 노출시키게 되는 결과를 초래한 것이다.

3. 정치개혁의 한계

개혁추진을 위한 조건의 차원에서 보면, 경제개혁이 위기상황으로 인해 국민적 합의도출이 용이했던 반면에 정치개혁은 정치권의 반발과 소수정당의 한계로 인해 합의도출 및 정책추진이 매우 어려웠다.[8]

당시 제기되었던 정치개혁의 의제는 우선 국가와 관료체제에 대한 개혁을 꼽을 수 있다. 권위주의국가를 해체하고 행정권력과 권한을 법에 따라 행사하도록 하기 위한 조처들이 취해졌는데, 대표적인 것이 반부패특위 결성 및 반부패기본법 제정이다. 이를 통해 만연한 정부관료의 부패행위를 견제 및 규율하고자 했던 것이다. 한편 충원제도를 개혁하여 특정지역, 특정학교 출신이 특혜를 가질 수 있는 가능성을 미연에 차단하고, 보다 개방적이고 보편적인 기준에서 충원이 이뤄질 수 있는 제안들이 제기되었다. 정보공개법의 예외조항을 개정하여 정부 정보에 실질적으로 접근 가능하게 해야 한다거나, 인사청문회 제도를 도입하고 확대하여 주요공직자들의 임명이 개방적인 공개검증절차를 거치도록 해야 한다는 것이 이에 포함되었다. 또한 방만한 운영을 극복하고 작고 효율적인 정부를 모토로 정부조직을 축소 개편하고 전체 공직자 수를 줄이자는 의견도 제기되었다.

---

8) 김용복, 앞의 글, p. 159.

그러나 관료사회 개혁은 그 방향성에 있어 문제를 갖고 있었다. 김대중 정부는 본격적·구조적 차원의 정치개혁이나 부패척결에 나서기보다 오히려 기능적 차원에서 경쟁 및 효율성 제고에 치중했다. 3차에 걸친 정부조직 개편이나 신공공관리(*New Public Management*) 모형에 따른 연봉제, 개방형 임용제, 인센티브제, 책임운영기관 등의 도입이 바로 그것이다.

또한 미미하게나마 진행된 개혁의제들도 그 성과가 미진했는데, 부패척결을 취지로 1999년 9월 설치·운영된 반부패특별위원회는 그 위상에 비해 별 소득을 얻지 못했다. 오히려 김대중 정부는 정권 말기에 들어서면서 정권 핵심인사와 대통령 아들들이 각종 게이트로 불리는 권력부패에 휘말려 크게 고전했다.

인사충원과 관련해서는 크게 중앙인사위원회의 신설, 3급 이상 개방형 임용제 도입, 국무총리·대법관 등에 대한 인사청문회 실시를 제도화했다. 그러나 개방적이고 보편적인 기준에서 충원한다는 명분과는 달리 안기부, 국세청, 검찰, 대통령비서실 및 국방부 등 권력적 지위에 과거 정치권력에 접근이 어려웠던 호남출신 인사들을 편향적으로 대거 기용했다. 장·차관과 청장 등 정무직 공무원의 역대 정권별 출신지역을 보면, 박정희 정권 이후 지속적으로 영남이 과대대표되고 호남이 과소대표되었던 것이 김대중 정부 들어 역전되었다. 이것은 영남편향적 권력구조를 극복하겠다는 김대중 정부의 인사정책 역시 정실인사, 지역주의 인사에서 벗어나지 못했음을 뜻한다. 물론 관료제의 도움 없이 국정을 이끌어나가지 못하는 현실을 감안할 때 헌정사상 초유의 여야 정권교체 후 관료제의 정치적 통제를 위해 충성도를 고려한 것으로 볼 수도 있다. 그러나 관료제의 정치적 통제가 민주주의의 중요한 원리인 것은 사실이지만, 정치적 인사의 등용은 발탁인사의 능력이나 합리성에 바탕을 두어야 한다.[9] 결국 호남 인사들의 대거기용은

9) 안병영, "김대중 정부의 개혁정치와 연고주의", 〈계간사상〉 여름호, 2002,

지역주의의 극복이 아니라 호남소외에서 영남소외로 그 형태를 변화시켰을 뿐이며, 개혁적 인사제도는 실패하게 된 것이다.

다음에는 의회와 정당에 대한 개혁이다. 이 방향에서의 개혁의제는 두 가지를 핵심내용으로 했다. 첫째는 선거법 개정에 관한 것인데, 이 논의는 지역감정의 극복을 위한 차원에서 진행되었다. 특정지역에서 한 정당이 의석을 독점하는 현상의 완화를 논의의 중심적 내용으로 고민했던 것이다.[10] 그러나 정치개혁 사안들은 여소야대, 지역적으로 제한된 지지라는 협소한 정치기반에서 점차 형해(形骸)화되었다. 국회 내 의석수에서 열세였던 입장에서 자민련과의 연합으로 국정을 어렵게 이끌어가던 김대중 정부는 사회적으로도 신자유주의 정책으로 인해 보수와 진보 양측으로부터 모두 비판을 받게 되면서 그 입지가 줄어들었던 것이다. 이러한 상황에서 선거제도 개혁은 여당의 안정적 의석수 확보에 주안점을 두고 정치개혁이라는 이름으로 나타나게 됐다.[11]

선거법 개정은 1998년 4월 30일 여야합의로 이뤄졌으며, 주요내용은 정치활동의 비용절감에 관한 것이었다. 이어 2000년 2월 8일 국회에서 정치개혁법안이 통과됐는데, 국회의원 정수 26명을 줄인 것과 비례대표 여성후보 비율 30% 할당제 도입, 국회제도 개선 등을 포함하고 있었다. 그중 성과는 국회의원 수의 감축을 들 수 있다. 그동안 국회는 고비용 저효율의 대표적 국가기구로서 비판의 표적이 되었고, 그러한 여론에 직면해 국회의원들 스스로도 의원수를 감축해야 한다는 목소리가 나오기도 했다. '고비용 저효율의 정치'를 개혁한다는 슬로건과 함께 종래 299명의 의원수는 273명으로 축소되었고 2000년 16대 총선부터 적용되었다.[12]

이러한 성과에도 불구하고 선거법 개정은 근본적 개혁을 이뤄내지

---

pp. 206~207.

10) 최장집, "민주주의와 정치개혁", 〈평화논총〉 2006, p. 6.

11) 강원택, 《한국의 정치개혁과 민주주의》, 인간사랑, 2006, pp. 301~303.

12) 최장집, 위의 글, p. 6.

못한 한계를 가졌다. 앞서 지적했듯이 이는 김대중 정부의 소수정권이라는 한계도 그 원인으로 작용했다. 본래 민주당의 선거제도 개혁방안은 소선거구 비례대표 혼합제였다. 그러나 DJP 연합정권이 유지되는 상황에서 자민련은 중선거구제를 주장했고, 우여곡절 끝에 여당 안으로 중선거구-비례대표 병립제 안으로 변경을 거치게 된다. 이제 여야간 합의를 보는 일이 남았는데, 이 협상과정에서도 1인 2표제 선거제도가 그대로 유지되는 대신 의원정수를 26명으로 감축하는 정치적 딜을 통해 정치개혁법안이 통과된 것이다.[13] 대대적인 한국의 개혁을 위한 다양한 논의들이 봇물을 이뤘음에도 불구하고, 김대중 정부의 선거제도 개혁은 정파적 이해관계에 집착함으로써 명분도 실질적 이득도 얻지 못하고 실패로 끝났다.

둘째는 정치자금에 관한 것으로, 권위주의시대의 정경유착의 산물을 끊고 깨끗하고 효율적인 정치를 지향하고자 하는 명분이었다. 기업의 정치자금 제공 및 정당 및 정치인들의 불법적 정치자금 사용을 감시·감독하여 정치의 경제권력에의 종속과 부정부패의 가능성을 통제하고자 하는 것이었다.

정치부패는 투명하지 못한 정치자금에서 발생한다. 이러한 정치자금제도를 개선하기 위해 우리나라는 여러 가지 법규를 제정 및 개정 실시했다. 정치자금과 관련한 대표적 법규는 '정치자금법'과 '선거법'이다. 정치자금법은 1965년 제정 이래 2002년 3월 7일 개정까지 총 13차례의 개정이 이뤄졌다. 1997년 15대 대통령선거 직전 그동안 폭식하던 지정기탁금제의 폐지 등과 같은 개선이 있었지만, 불투명한 정치자금을 근절시키는 데에는 매우 미흡한 것이었다.

김대중 정부 당시(2002년 기준) 정치자금법에서는 오히려 검은 돈과 관련될 소지가 많고 무기명 기탁이 가능한 이른바 정액영수증을 정당의 중앙당은 물론 시도지부 후원회도 기부받을 수 있도록 했으며(제 7

---

13) 김용복, 앞의 글, p. 159.

조 2항), 정액영수증에 표시된 금액도 1백만 원권까지 확대하고(제7조 5항), 또한 후원금의 납입 및 기부한도를 확대했다(제6조 2항과 3항). 그리고 기부자 명단의 비공개 등으로 인해 정치인 스스로 정치권에 검은 돈이 유입될 수 있는 통로 또는 고비용의 정치구조를 만들었다.[14] 이러한 제도적 조건 속에서는 깨끗한 정치가 이뤄질 수도 없고 정치적 부패는 지속될 수밖에 없다.

선거법, 정당법은 물론 돈세탁 방지법들도 개정되어야 했다. 문제가 되었던 대통령선거 경선후보자들이 사용하는 막대한 정치자금도 공개되도록 각 정당의 당헌, 당규는 물론 선거법, 정당법 개정이 이뤄졌어야 하며, 또한 국내에서 거래된 불법 정치자금을 제외시킨 돈세탁 방지법도 개정하여 불법적으로 이루어진 돈세탁 관련자들이 처벌됐어야 했다.[15]

정치개혁이 효율성 제고라는 차원에서 논의되기는 했지만 개혁의 우선순위는 경제분야에만 놓여 있었다. 그 중요성에도 불구하고 정치개혁은 논의 수준에서만 이뤄졌고, 정치개혁의 추진력은 경제개혁에 비해 매우 약한 편이었다. 그 원인은 경제위기로 눈앞에서 많은 기업이 도산하고 실업자가 쏟아져나오고 노숙자가 생겨나는 초유의 상황을 접하면서 사회적으로 팽배한 커다란 위기감이었으며, 또한 신자유주의적 경제개혁을 추진하면서 지지기반이었던 진보세력이 등을 돌린 것과 여소야대라는 국면도 원인으로 작용했다.

사실상 외환위기는 과거 발전주의국가 모델의 추진과정에서 축적된 오랜 모순이 세계화라는 외부적 요인과 맞물려 나타난 것이었다.[16] 이러한 시각에서 본다면 외환위기의 원인은 과거 통치방식에서 비롯된 잘못된 정치적 결과이며 외생적 요인이 있다고 하더라도 정부의 책임

14) 김영래, "정치개혁의 무덤, 음성정치자금", 경향신문·참여연대 편, 앞의 책, p. 33.

15) 김영래, 앞의 글, p. 39.

16) 강원택, 앞의 책, p. 284.

은 면할 수 없는 것이다. 따라서 그 해결책 역시 여야를 포함한 정치권에 대한 개혁을 비롯한 보다 구조적이고 근본적인 정치개혁의 추진이어야 했다.

4. 햇볕정책의 한계

수년이 지난 지금 김대중 정부의 햇볕정책은 어떻게 평가할 수 있는가? 김대중 대통령은 재야시절부터 진보적 통일론을 집요하게 주장했으며, 당선 후에도 가장 중요시한 정책이 대북정책이었다. 국내외의 상황이나 정책을 둘러싼 다양한 비판에도 불구하고, 김대중 정부의 햇볕정책에 대한 집착과 집요함은 경직화, 성역화로 변질되면서 조정능력을 상실했다.

김대중 대통령은 1998년 취임사를 통해 한반도의 평화를 파괴하는 일체의 무력도발 불용, 흡수통일 배제, 화해협력의 적극추진이라는 대북정책의 3원칙을 밝혔다. 또한 이 3원칙과 함께 ① 안보와 화해협력의 병행추진, ② 평화공존과 평화교류의 우선실현, ③ 화해협력으로 북한의 변화여건 조성, ④ 남북간 상호이익 도모, ⑤ 남북 당사자 해결원칙하에 국제적 지지확보, ⑥ 국민적 합의에 의한 대북정책 추진을 대북정책의 6가지 추진기조로 설정했다. 이에 상응하는 대북정책 추진과제는 ① 남북간의 대화를 통해 남북기본합의서의 이행 및 실천, ② 정경분리 원칙에 입각한 남북경제협력의 활성화, ③ 남북이산가족 문제의 우선적 해결, ④ 북한 식량문제의 해결을 위한 대북지원, ⑤ 대북 경수로 지원사업의 추진, ⑥ 한반도 평화환경의 조성이다.

이전 정부들은 언제 실현될 지 모르는 통일에 대한 방안만 제시를 했을 뿐이지, 중단기적 정책방향은 제시하지 못했다. 이와 달리 김대중 정부는 대북정책에 대한 3원칙, 추진기조, 추진과제를 구체적으로 설정했다는 점에서 진일보했다고 평가되었다. 김대중 정부는 구체적

원칙과 방향을 가지고 대북정책을 추진하여 분단역사상 최초의 남북정상회담을 성사시키고 전례 없는 남북교류와 협력의 시대를 열게 된 것이다.[17]

2000년 6월 15일에 남북정상이 서명한 공동선언이 발표되었다. 남북공동선언이 남북관계 역사에 매우 중요한 의미를 지닌다는 것은 아무도 부정하기 어려울 것이다. 그 의의는 첫째, 안보위협을 근원적으로 해소하고 평화를 정착시키는 계기를 마련했으며, 둘째, 통일방안에 대한 접점을 찾아냈고, 셋째, 남북교류협력을 활성화하여 실천을 통해 서로 신뢰를 다져나가기로 합의한 것이다. 그것은 남북 상호체제의 인정을 통해 평화공존의 새로운 패러다임으로 전환한다는 역사적 의의를 갖고 있다.[18]

그러나 햇볕정책의 이러한 총론적 의의에도 불구하고 평화체제의 대안형성에는 이르지 못한 것으로 보인다. 부시 행정부 이후 부시의 '악의 축' 발언과 강력한 대북정책이 나타나면서 북미간 미사일 협상은 원점으로 돌아갔다. 제네바 합의에 대한 회의주의가 부상했으며, 북한의 국제사회 참여는 봉쇄되었고 결국 핵실험이라는 극단적 상황까지 치달았다. 또한 남북한의 신뢰형성에도 불구하고 무기도입 등 북한의 국방력 강화와 군사적 대치는 지속됐다. 서해에서는 군사적 충돌이 2번이나 발생했고, 경의선 연결을 비롯한 주요협력사업도 군사적 문제로 더 이상 진전되지 않았다. 남북한의 압도적 군사력 격차를 고려할 때, 화해협력시대의 군축 및 평화체제의 비전과 전략을 제시하지 못했던 것이다.[19]

---

17) 정성장, "대내정책", 정성장 · 백학순 저, 《김정일정권의 생존전략》, 세종연구소, 2003, p. 92.

18) 김용복, "김대중 정부의 대북정책과 남북관계: 쟁점과 평가", 〈동북아연구〉, 경남대 극동문제연구소, 2003, pp. 104~105.

19) 김연철, "돌아앉은 북, 대책없는 남", 경향신문 · 참여연대 편, 앞의 책, pp. 71~72.

한편 남남갈등의 문제 또한 지적할 수 있다. 확고한 안보를 위한 방안들을 구체적으로 제시하지 않은 채 화해협력만을 강조하다 보니 국민들 사이에 안보불감증이 확산되었고, 더 나아가 정책과정에서 납북자나 국군포로의 가족 등 북한으로부터 피해를 입은 집단과 보수층을 포괄하지 못했다. 또한 대북 화해협력 정책으로 안보의 문제가 나타날 수 있다는 군의 우려 또한 고려했어야 했다. 이러한 문제들을 현실적으로 해결하지 못하고 오히려 비전향 장기수를 북한에 돌려보내는 등의 과정에서 국민들 사이에서 퍼주기식 대북정책에 대한 비판이 지속적으로 제기된 것이다. 대북정책의 추진과정에서 군과 사회 간의 역할분담을 명확하게 하지 않음으로써 햇볕정책이 안보의식의 해이를 가져오게 되었다.[20] 그 결과 남북한 대화의 진전에도 불구하고 대북정책 방향을 둘러싸고 남남갈등이 증폭·심화되는 현상이 나타났다. 과거 서독은 1963년부터 베를린 장벽이 무너진 1989년까지 34억 4천만 마르크, 약 1조 2천억 원을 동독에 지원했고 그 대가로 3만 3,755명의 동독 정치범을 석방시켰다. 그러나 김대중 정부는 그보다 훨씬 많은 것을 주고서도 국군포로 한 명도 데려오지 못했다.

햇볕정책을 둘러싼 비판의 쟁점은 다음과 같다. 첫째, 남북한 화해협력이 일방적인 대북시혜로서 대가 없는 퍼주기식에 지나지 않았다는 점이다. 대북지원이 인도주의적 차원에서 이뤄지고 분배 또한 확인되었어야 함에도 불구하고, 이에 대한 조절과 검증이 이뤄지지 못했다. 이러한 상황은 햇볕정책이 오히려 붕괴 직전의 김정일 정권을 연장 및 강화시켰다는 비판을 유도했다. 둘째, 공동선언 제 2항을 둘러싼 통일방안에 관련된 비판이다. 김대중 정부가 김정일 정권의 '낮은 단계의 연방제'[21]라는 감언이설에 말려 적화통일전략의 일환인 연방제 통일방

20) 정성장, 앞의 글, pp. 93~94.

21) '낮은 단계의 연방제안'은 하나의 민족, 하나의 국가, 두 개의 제도, 두 개의 정부의 원칙에 기초한다. 남과 북에 존재하는 두 개 정부가 정치·군사·외교권을 비롯한 현재의 기능과 권한을 그대로 가지게 하고 그 위에 민

안에 동조했다는 것이다. 셋째, 통일합의보다 더욱 중요한 평화와 안보의 문제가 거론되지 않았다는 점이다. 공동선언에는 남북한 군사적 신뢰구축과 군비통제 및 군축에 관한 아무런 합의도 포함되지 않았다. 북한의 군사적 위협은 감소하지 않았는데, 화해협력만 강조하면서 남한의 국가안보를 약화시키는 결과를 낳은 것이다. 넷째, 남남갈등을 심화시켰다는 비판이다. 햇볕정책을 둘러싸고 정치권, 언론, 시민단체, 일반국민들 사이에서 이견이 정치사회적 반목으로 표출되고 있음에도 불구하고, 햇볕정책을 둘러싼 국민적 합의의 과정은 거의 고려하지 못했다. 결국 급속한 남북화해의 과정이 남한 내 가치관과 이데올로기의 혼란을 가중시켰고, 이제 남북갈등보다 남남갈등이 심각하게 부각된 것이다. 다섯째, 남북이 국내 정치적 목적을 위해 남북관계를 이용하고 있다는 쟁점 또한 존재했다.[22]

김대중 정부는 햇볕정책에 대한 다양한 의견들을 폭넓게 규합하고 그 수행방식에 있어 유연한 자기조정을 했어야 함에도 불구하고, 당장 입맛에 맞는 교조적 진보주의자들의 목소리를 너무 키웠고 이에 대해 보수우파의 치열한 반격을 야기했다. 교조적 좌파의 경우는 민족과 통일이라는 정치적 상징에 크게 집착하며 그런 의미에서 체제 초월적이다. 이들은 북한의 군사적 위협에 대해 부정적이며 북한의 변화가능성에 대해 낙관적 견해를 피력한다. 또한 남한 정부에 의한 다양한 형태의 북한지원은 너무나 당연하며 그 양과 속도는 크고 빠를수록 좋고 여기에 상호주의를 작용할 필요가 없다고 주장한다. 또한 남북관계의 성공적 진전을 위해 북한체제의 전체주의적 성격이나 인권문제 혹은 국군포로나 납북인사에 대해 거론하는 일은 피해야 한다는 입장이며, 연방제 통일안에 대해서는 긍정적이다. 이들은 국가보안법 철폐에 찬성하며 미군철수를 지지한다. 편차가 있으나 이들은 세계자본주의체제

족통일기구를 내오는 방법으로 남북관계를 민족공동의 이익에 맞게 통일적으로 조정해나가는 것을 기본내용으로 하고 있다.

22) 김용복, 앞의 글, p. 106.

내지 미국식 자본주의에 대해 비판적이며, 한국의 통일은 남북한체제의 변증법적 승화과정을 통해 이루어지는 것이 바람직하다는 입장을 피력한다.[23)]

햇볕정책을 둘러싼 극단적 입장들이 상충했지만, 대부분의 국민들은 남북간의 화해와 협력을 추구하는 햇볕정책의 규범적 당위성에 동의하는 편이었다. 또한 북한이 당장은 변하지 않더라도 계속 인내심을 가지고 화해와 협력을 지속하며 변화를 유도하는 일에 의미가 있다고 생각했다. 이것은 햇볕정책에 대한 국민적 합의의 가능성을 의미한다. 그러나 한편으로 정책의 추진만을 위해 북한의 반응에 너무 신경을 쓴 나머지 북한의 실상을 감추거나 호도해서도 안 된다고 판단했으며, 더 나아가 북한의 안보위협을 과소평가하거나 플루토늄 생산 및 미사일 발사에 대한 경계를 늦추는 것 또한 위험한 일이라 판단했다.

북한의 비위를 맞추고 양보해야만 관계가 개선된다는 조급하고 편향된 정책추진은 이러한 규범적 당위성과 우려들을 포용할 수 있는 가능성을 봉쇄했다. 김대중 정부는 다양한 방법으로 북한과 합의를 도출할 수 있는 유인과 조건을 마련했어야 했던 것이다. 남북관계의 개선의 목표는 일차적으로 평화정착인데, 이를 무리하게 통일과 연계시키는 것은 바람직하지 못했다.[24)] 그 결과 많은 국민들이 햇볕정책으로부터 등을 돌리게 되는 결과가 생긴 것이다.

5. 결 론

한국의 외환위기는 단순히 경제적 문제가 아니라 한국사회 모든 분야의 모순과 문제가 폭발한 것이었다. 권위주의가 붕괴되고 민주화가

---

23) 안병영, 앞의 글, pp. 200~201.

24) 안병영, 위의 글, pp. 201~202.

진행되는 과정은 새로운 정치, 경제, 사회제도의 틀을 만들고 신진엘리트들이 충원되어 새로운 시대를 여는 것이어야 했다. 낡은 정치인들은 물러나고 의식구조가 민주화되고 스페인의 민주화를 성공으로 이끈 두 명의 수상인 스아레스나 곤잘레스와 같은 비전 있는 엘리트층으로 교체되는 과정을 통해 민주화의 성공을 이룩했어야 했던 것이다. 정치지도자는 위기를 인식하고 극복할 수 있는 지혜와 능력이 있어야 한다. 김대중 정부의 정책실패를 극복하고 반성과 성찰을 통해 발전의 계기로 삼을 수 있어야 할 것이다.

외환위기는 경제적 영역을 넘어 한국사회의 구조적 모순의 결과이다. 때문에 경제문제에서 출발했지만 그 처방은 경제에만 국한할 수 없는 것이었다. 주요원인은 정치적 부패와 무능을 들 수 있다. 예컨대 고비용 정치, 국가주도 경제정책에서 비롯된 정경유착으로 사회가 구조적으로 부패되었다.[25] 정치개혁은 기본적으로 경제개혁의 논리와 동일하게 이루어져야만 국가의 효율성을 높일 수 있다. 즉, 정치개혁의 해결방법은 경제개혁의 논리와 동일하게 이루어져야만 국가의 효율성을 높일 수 있었다.

한편 정치개혁은 경제위기라는 상황에서 부차적인 것이었다. 더불어 소수파 정권이라는 현실적 한계에서 김대중 정부는 정치개혁에 대한 전망과 실행을 도출해내지 못했다. 관료개혁은 구조적 차원의 개혁과 부패척결에 있기보다 기능적 차원에서 경쟁 및 효율성 제고에 치중했고, 정권 말기 연이은 부패사건은 개혁추진 주체에 대한 신뢰를 더 이상 회복할 수 없는 것으로 만들었다. 또한 의회와 정당의 개혁은 지역주의 극복과 정당의 민주적·효율적 운영이라는 당면한 개혁과제에도 불구하고, 의회 내 소수파라는 한계와 신자유주의 정책으로 인한 사회적 지지세력의 이탈로 개혁의 방향성을 상실하고 안정적인 의석수 확보라는 당리당략의 차원에 국한되었다. 이러한 현실적 한계를 벗어나

25) 강원택, 앞의 책, p. 283.

기 위해 택했던 자민련과의 공조는 오히려 개혁추진세력에 대한 권위를 상실하게 만들었고, 야당으로서 가지고 있던 개혁성은 점차 자취를 감추게 된 것이다.

대북정책은 정치, 경제개혁을 하나씩 해결하면서 자리를 잡은 뒤에 실현해야 했음에도 너무나 성급하게 무리수를 두었다. 김대중 대통령은 햇볕정책에 조급하게 집착하다 보니 정책추진과정에 많은 문제점을 가져왔고 국민들에게 실망감을 주었다. 특히 한국군의 안보의식이 약화되었으며 국민들의 안보불감증을 가져왔다. 또한 대북정책을 둘러싼 남남갈등의 현상이 나타났다. 김대중 대통령은 확고한 안보보다 대화, 협력정책의 필요성을 강조하면서 민족의 이름으로 일방적 퍼주기 방법을 택했다. 그러나 국민들은 북한에 대한 지원은 최소화해야 하며 엄격한 상호주의 검증이 필요했으며, 특히 현금지원은 북한의 군수무기와 핵을 만드는 데 도움을 줄 뿐이라고 비판했다.

김대중 정부의 5년간은 오로지 햇볕정책과 김정일 답방에 목매어 보낸 세월이었다. '노벨상과 통일의 선구자'라는 이미지로 남고 싶었겠지만, 그후 말년은 아들들의 비리와 북한에의 지나친 집착으로 퇴색되었다. 김대중 정부의 대북정책 목표는 평화통일이었으며 그 수단은 햇볕정책이었다. 그러나 그러한 미명은 철저한 대중영합의 포퓰리즘에 불과한 것이었다. 말로는 햇볕정책을 통한 북한의 변화를 주장했지만, 오히려 북한은 미사일을 쏘아올리고 핵을 개발해 국민들의 간담을 서늘하게 했으며 결과적으로 분단의 고착화에 기여했다. 실패한 대북정책을 극복하고 근본적으로 새로운 패러다임을 창출해야 한다. 대북정책의 목표는 북한 동포의 삶의 개선에 두어야 한다. 공포와 굶주림으로부터의 해방, 인권개선과 최소한의 정상적 삶이 가능하도록 하는 데 두어야 한다. 즉, 북한의 개혁개방이 필수적이다. 정책의 목표는 북한 동포의 삶의 개선, 그를 위한 북한의 정상국가화, 그 결과로서의 자유민주통일에 두어야 한다.[26]

김대중 정부의 햇볕정책의 결과는 북한의 핵개발과 그로 인한 동북아 평화의 먹구름이 쌓여 뇌성번개 직전에서 국민들을 공포 속으로 몰아넣은 것이었다. 동북아의 평화체제는 무너지고 말았다. 이렇게 남북한의 신뢰성이 깨진 후에도 노무현 대통령은 북한이 남한을 위해 핵을 발사하지 않을 것이며, 북한의 핵은 단지 방어용이라고 주장한다. 노무현 정부 역시 국민들을 안보불감증으로 몰아넣으면서 퍼주기식 대북정책을 유지하고 있는 것이다. 그러나 국내 정치적 목적을 위해 남북관계를 이용하고 있는 '사이비 평화체제'를 국민들은 누구도 믿지 않는다.

---

26) 박세일, "대북정책 패러다임 바꿔야 한다", 〈조선일보〉 2007년 2월 26일.

제 18 장

21세기 한국의 정치발전

민 준 기

인간이 추구하는 가장 고귀하고 숭고한 가치 중의 하나는 민주주의이다. 우리는 현재 한국이 당면하고 있는 도전과 중대한 과제는 2020년대에 가서 민주주의 공고화를 달성하느냐 또는 신권위주의로 전락하느냐에 있다. 그동안 20년간 민주화를 추진했지만, 정치질서를 새롭게 창출한다는 것이 얼마나 어렵고 힘든가를 체험으로 알 수 있다.

한국에서 민주주의 공고화가 정착되지 못한 이유는 여러 가지를 들 수 있으나, 그중 하나는 민주정치 실현을 위한 정치문화가 형성되지 못했다는 것이다. 오랜 세월을 두고 누적된 비민주적 요인은 크게 장애가 되고 있다. 그러므로 오늘의 한국이 새롭게 창출하려는 정치발전은 여러 복합적 요인들이 직접·간접으로 작용하고 있다. 2000년대 정치발전의 목표는 ① 안정, ② 평등, ③ 민주주의이다. 여기에서 정치발전과정의 개념은 안정과 평등의 요청, 그리고 민주주의 간의 계속적 상호작용을 의미한다. 민주주의가 발전하려면 안정과 평등의 문제를 해결할 능력이 있어야 한다. 이와 같이 세 가지 차원의 상호작용은 발전증후군(*development syndrome*)을 구성한다. 이러한 의미에서 정치발전은 한 정치체계에 의해 의식적으로 추구되고 새로운 정치능력을 달성하는 것을 뜻한다.

이와 같이 정치능력은 제도화 속에서 명백하게 나타나게 된다. 그것은 ① 권위주의체제로 나타나는 긴장과 갈등을 해소하여 안정을 이루는 것이며, ② 평등에 의해서 발생되는 요구에 적절하게 반응하는 참여와 분배의 새로운 양태로 제도화된다. 그리고 ③ 그러한 기능수행능력을 달성하는 것이 일체감과 정통성(*legitimacy*)의 문제를 해결하면서 민주주의의 달성에 결정적 요소가 된다. 우리가 정치발전을 추진하여 질서가 확립되어 안정되고, 평등하고, 민주주의가 계속 추진되어 제도화된다면, 2020년대에 가서는 선진국가형의 정치발전을 달성할 수 있다는 가설을 제시한다.

왜 2020년대를 예상하느냐 하면 서구의 민주주의가 200여 년 걸쳐서 이루어졌다. 우리는 GDP가 2만 불이 되었다. 하지만 정당정치가 제도화되어 있지 않았으며 모든 분야가 선진국이 되려면 앞으로 대통령이 3번(15년) 이상 교체될 때 민주주의 공고화가 실현되어 정치발전의 목표를 달성할 수 있을 것 같다.

1. 발전증후군: 안정 · 평등 · 민주주의

한국의 민주주의 공고화를 어떻게 성공시켜서 2020년대의 정치발전을 이룩할 수 있겠는가? 민주화는 곧 민주주의가 아니다. 민주화란 앞으로 여러 해를 거쳐서 달성할 민주주의 이상과, 그에 가장 잘 부합할 수 있는 자유민주주의 기본형태를 갖추기 위한 발전과정이다. 정치발전과정에는 너무나 많은 불확실성과 수많은 변수가 개입되어 있기 때문에 어떤 모델을 만들려고 하는 자체가 무의미할 수도 있다. 그러나 과학화라는 입장에서 몇 가지 변수를 이용해 유형화시키는 가설은 한국 민주주의 공고화에 대한 보다 구체적 접근이라는 의미에서는 유용할 것이다. 한국은 이제 후기 민주화과정이 진행되고 있으며 안정이 왜 중요한가를 살펴본다.

1) 안 정

발전증후군의 세 가지 구성요소들간의 관계를 검토하기 전에 이들이 각기 작용하는 개념정의를 내려본다. 정치적 안정은 모든 정치체계가 도달하고자 하는 가장 이상적인 정치목적이다. 그러나 서구인들의 오래된 전통적 견해에 의하면, 이러한 정치적 안정은 그 사회가 구성원들 사이에 동질성을 확보하고 있을 때 가능한 것이었다. 즉, 사회적 동질성과 정치적 합의의 존재가 정치적 안정의 필수적 조건이다.[1] 역으로 심각한 분열이나 정치적 갈등요인을 내포하고 있는 다원적 사회는 민주주의가 제대로 발전할 수 없다. 또 그런 만큼 만성적인 정치적 불안정에 허덕일 수밖에 없다.

한국은 산업화과정의 부산물로서 사회경제적 분열요인이 부가됨으로써 보다 복잡한 양상의 분열구조를 가지게 되었다. 더구나 자유화되면서 서로가 제 몫을 찾겠다고 아우성치며 가진 자의 사치와 향락이 극심하다. 덩달아 일반시민들마저 과소비풍조에 만연되어 있다. 이념적 대결과 부익부빈익빈 현상이 심화되어 있다. 사회혼란은 가중되어 있으나 질서를 회복할 수 있는 공권력을 무시하는 경향이다. 현재 민주화과정에서 나타나고 있는 사회적 갈등과 정치적 불안정을 정부가 어떻게 해결할 수가 있는가? 사회적 동질성과 정치적 합의의 존재가 정치안정의 필수적 조건이라면, 우리는 어떠한 대안을 제시해야 하느냐가 문제가 된다. 평등의 문제는 정치적 안정의 중요한 요인이 되므로 평등의 문제를 알아본다.

---

1) 구범모 외, "자유민주주의 한국적 모형연구", 〈한국정신문화연구원 연구논총 90-2〉, p. 22.

2) 평 등

정치발전을 위해 평등개념을 구성하는 세 가지 요소가 중요하다. ① 국민적 시민권, ② 보편주의적 법질서, ③ 업적 규범 등이다. 시민권은 인간의 기본적 평등은 모든 시민들이 소유한 평등한 공식적 권리로 구체화된다는 것을 의미한다. 현재 국민국가의 역사적 발전에서 평등권을 쟁취하기 위한 투쟁은 사실상 모든 생활영역에서 시민의 지위에 권리를 부여하였다.[2)]

이와 같이 전개된 시민권의 개념이 갖는 평등적 측면의 특수성은 특권화된 부분이 아니라 바로 국민국가가 갖는 공동체이다. 시민들은 투입(참여)과 산출(분배)의 정부기능과 정통적으로 관계를 갖게 된다. 그리고 자유민주주의든 혹은 전체주의든 근대정치의 주요한 대상과 정당성의 하나는 기술적·사회적 혁신을 통해 평민들의 사회적·물질적 복지를 계속 증진시키는 것이라고 생각된다.[3)]

모든 시민은 법 앞에 평등을 규정한다. 이것은 법의 적용과 판결에서의 평등뿐만 아니라, 다른 모든 사람들의 권리를 보호하고 주장하는 평등한 권리를 의미한다. 더욱이 분화된 보편주의적 법질서는 중앙관료적 권위의 발전을 위해 본질적 요소가 된다.

---

2) 비교역사적 조망에서 가장 깊이 있는 논의에 대해서는 다음 저서들을 참조. Fallers, Lloyd, "Equality, Modernity, and Democracy in the New States," In Clifford Geetz(Ed.), *Old Societies and New States*, London: Free Press, 1964, pp. 204~219. 또한 Dahrendorf, Ralph, *Class and Class Conflict in Industrial Society*, Stanford: Stanford Univ. Press, 1957, pp. 61~64.

3) 어떠한 정권하에서든 근대국가의 특징은 기능과 요구의 광범위한 확대이다. 공공업무로서 교육과 사회보장 및 기타 공적 활동들을 포함하는 반면, 시민 의무는 새로운 형태의 충성심과 세금납부, 군복무 등을 포함한다. 더욱이 공공업무와 의무가 보편화되고, 모든 어린이들이 취학하며, 모든 마을의 도로를 넓히고, 모든 사람들을 징병에 응하도록 하고, 또한 모든 지불금에 대해 세금을 부과하는 경향이 있다.

정치적·관료적 역할의 분배에서 귀속적 규범에 대한 업적 규범의 승리는 발전증후군의 평등적 차원을 구성하는 세 번째 주요한 요소가 된다. 업적 규범은 교육에 대한 보편적 시민권과 함께 본래 기회균등을 보장하는 것이다. 교육의 권리는 계층체계에서 고도로 가치화된 역할의 배분이 점증적으로 교육적 업적에 의존하기 때문에 근대사회에서 전략상 중요성을 갖는다.

이와 같이 세 가지 요소는 보편적 성인 시민권(분배와 참여의 권리·의무에 있어서의 평등), 정부와 시민 간의 관계에서의 보편주의적 규범의 지배(법적 특권과 가치박탈에서의 평등), 그리고 정치적·관료적 역할의 충원과 배분에서의 업적 기준의 우월성(심리적 기회균등)은[4] 평등에 대한 요구를 구성하는 중요한 요소들이며, 발전증후군에서 세 가지 상호작용적 요소 중의 하나이다.

3) 민주주의

로버트 달(Robert Dahl)에 의하면 민주주의는 다두체제를 의미한다. 즉, 대중의 폭넓은 지지를 바탕으로 하고 자유화되어 정치안정화된 체계, 다시 말하면 융합적이면서 공개경쟁이 광범위하게 존재하는 체제를 말한다. 보다 구체화하면, 첫째, 개인간 또는 조직된 집단간의 자유롭고 공정한 경쟁이 존재하고, 둘째, 지도자와 기본 정책방향의 선택에서 대중의 참여와 의사를 반영하고, 셋째, 시민적 권리와 정치적 자유의 보장이 가능한 체제가 민주주의인 것이다. 따라서 민주주의에로의 이행은 종전의 억압을 완화한다는 의미의 자유화에 그치는 것이 아니다. 더 나아가서 공정하고 질서 있는 경쟁을 가능케 하며, 절차 및 과정의 구비를 필요로 하여 사회안정에 기여하는 제도이다.[5]

---

4) 민준기·신정현 역, 《근대화와 정치발전》, 법문사, 1983, p. 96.

5) 양동안, 《민주화와 위기》, 삼영, 1990, p. 15.

현대국가에서 민주주의 실천은 민주적 헌법, 통치자의 임기제, 복수정당 및 이익집단들의 자유경쟁 등이 기본적 특징으로 나타난다. 이러한 기본적 특징들 이외에도 높은 수준의 제도화, 통치에 관계된 의사결정의 공개, 정부에 대한 국민적·지속적이고도 효과적인 통제, 다원주의, 집권자의 빈번한 평화적 교체 등의 특징을 나타낸다. 최근에 와서 민주주의는 복지국가를 지향하는 온건한 개혁정책의 전개와는 달리 추가의 특징으로 나타난다.[6]

2000년대 한국에서의 정치발전을 하기 위하여 안정, 평등, 민주주의를 발전증후군으로 제시하고 개념정의를 간단히 정의하였다. 이 세 가지 변수들은 창조적 정치발전을 위해서 중요하다. 안정과 평등, 민주주의 간에는 상호의존관계가 성립된다. 안정은 사회적 동질성과 정치적 합의가 가능할 때 이루어지며, 이러한 경우에는 국민들의 일체감

〈그림 18-1〉 발전증후군의 3요소

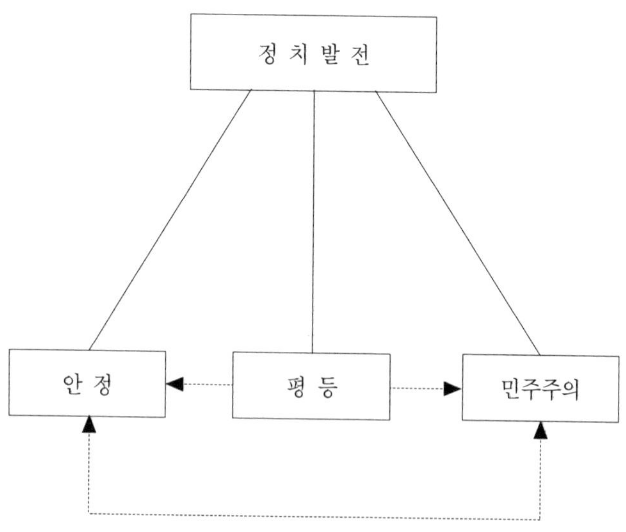

6) 양동안, 위의 책, p. 16.

이 형성된다. 국민들의 일체감이 형성되기 위해서는 평등의 문제와 연결된다. 평등은 정치체제의 목표를 추구하기 위한 무한한 인간에너지와 재능을 발휘하도록 하고, 더 나아가 정치체제에 의한 사회적 침투를 촉진한다. 또 시민의식을 통해 일체감과 시민적 의무, 그리고 통합을 발전시킬 수 있게 한다. 그러나 이러한 평등의 능력, 산출, 잠재력의 실현은 직접적으로 정치체제 능력에 의존한다. 이것은 정치적 참여와 자원동원, 성장과 분배, 그리고 교육기회 등을 보장하고 규제하는 공공정책을 효율적으로 실행하는 데서 나온다.[7] 안정과 평등의 실현 없이 민주주의가 발전하기는 매우 힘이 든다. 그러므로 안정과 평등과 민주주의 간에 상호의존성이 존재한다. 발전증후군에서의 세 가지 요소들은 분명히 서로 연관성을 가지며 또한 상호의존적이다.

2. 정치발전의 목표

우리는 지금 구체제를 청산하고 신체제를 맞는 전환기에 놓여 있다. 권위주의 체질을 민주질서에 맞추려고 안간힘을 다하고 있다. 그러나 과거의 인습과 구태를 벗어던지기가 쉽지 않다.

해방 이후 1980년대까지 권위주의적 정치가 심화되는 과정에서도 민주주의를 확립하기 위한 국민적 의지가 결코 사라지지는 않았다. 1960년의 4·19 학생혁명 이후, 그리고 1979년 유신체제의 몰락과 더불어 국민의 민주화 요구와 기대는 고조되고 결실을 맺는 듯했으나, 강력한 군부세력과 그들의 정치화 성향 때문에 소기의 성과를 거두지 못했다. 그러나 국민의 민주화 요구는 중단 없이 전개되었고, 권위주의지배에 대한 광범하고도 열화와 같은 저항운동이 결국 1987년 6월을 우리나라 민주화의 분기점으로 만들고 말았다. 이제 후기 민주화의 과정에서 우

7) 민준기·신정현 역, 앞의 책, p. 99.

리는 정치의 질적 변화를 해야 한다. 민주화가 시작된 지 20년이 지나 민주주의 공고화과정에 있으므로 후기 민주화과정이라 한다.

이러한 상황인식으로부터 출발해서 다음과 같은 질문을 제기해본다. 우리 국민의 정치의식은 민주발전을 위한 바탕을 마련해줄 수 있을 것인가? 한국은 성장, 평등, 안정, 민주주의 등을 향해 동시에 발전을 이룩할 수 있는가? 일본은 이들 목표뿐만 아니라 민주주의와 국가의 자율성을 어떻게 이룩할 수 있었는가? 브라질은 경제성장을 우선적으로 추진하고 그 다음 민주주의에 역점을 두었으나, 평등, 안정, 자율성 부분에서는 왜 소기의 성과를 거두지 못하고 있는가? 왜 남미국가들은 일반적으로 민주주의체제와 신권위주의체제를 교차하면서 경험하고 있는가를 살펴보면서 한국의 발전목표를 설명한다.

우리는 민주주의 공고화의 발전을 촉진하는 조건들이 무엇인가에 대해 많은 논의를 해야 한다. 사회경제적 측면에서 부르주아계급의 성장, 두터운 중산층의 존재로 부의 분배, 계층 또는 계급간의 평등화, 국가 수준에서 부의 축적 등이 지적되고 있다. 제도적 요건으로는 활력 있는 대의 및 정당제도, 자율적 언론과 이익집단, 공정한 선거, 사법부 독립 등이 빈번히 거론된다. 그리고 민주주의 원리와 절차에 대한 신념과 태도 같은 정치문화 내지 의식적 기반도 많이 논의되었으며, 이러한 민주주의적 조건이 제도화되었을 때 정치발전을 할 수가 있다.

경제학자들이 설정한 가장 큰 발전목표는 경제성장이었다. 1955년 아서 루이스(Arthur Lewis)가 "우리의 최대 관심사는 분배가 아닌 성장, 즉 국민 1인당 생산량의 성장을 분석하는 것"이라고 했다.[8] 1인당 국민총생산량의 증가로 한정된 경제성장을 강조한 풍조는 지난 20여 년간 경제학자들의 주된 관심사였다. 대다수의 개발도상국가의 경제는

8) Lewis, W. Arthur., *The Theory of Economic Growth*, Homewood, Ill.: Richard D. Irwin, 1955, p. 1.

급속도로 발전하였으며, 1970년대 동안 발전추진 부서가 설정한 연평균 국민총생산 5%의 성장목표를 달성했다. 그러나 1980년 후반에 접어들어 경제성장 한 가지만으로는 수백만의 개발도상국민들의 생활수준을 향상시킬 수 없다는 것이 분명하게 드러났다. 이러한 상황은 브라질 대통령이 "브라질은 번영하고 있으나, 브라질 국민은 여전히 가난하다"고 언급한 데서도 명백하게 나타났다. 그 결과 분배와 평등의 문제가 전면에 등장하게 되었다. 평등에 대한 욕구는 종종 관련을 맺고 있는 두 가지의 하위목표에 초점을 집중했다. ① 절대빈곤의 감소, 즉 물질적 풍요의 최저 수준 이하에서 생활하는 인구비율의 감소(소득과 소비의 견지에서 제한), ② 불평등의 제거, 즉 인구집단간의 소득과 재산 간의 차이점의 제거이다. 1970년대 전반에 평등의 문제는 발전경제학자들의 주요목표로서 성장과 함께 대두되었다.

한편 1950년대와 1960년대 초반의 정치발전론자들은 주로 민주주의 확립의 선결조건과 민주주의 발전에 관심을 기울였다. 많은 학자들이 언급하듯이 1960년대 후반 발전문제는 정치질서와 안정의 문제에 사로잡혀 있었다. 이러한 추세는 지난 30년 동안 주된 경향으로 남아 있었고, 1980년대에 들어와서는 민주주의의 문제가 다시 전면에 부상하게 되었다.

1960년대와 1970년대 동안 발전에 관한 경제학과 정치학의 연구추세는 서로 반대되는 방향으로 진행되었다. 경제학의 연구동향은 집합(즉, 부의 창출)의 측면에서 분배의 측면, 다시 말하면 어떻게 국민들이 평등하게 잘살 수 있을까의 문제로 연구초점이 바뀌었다. 정치학 분야에서는 그 역의 상황이 발생하여 민주주의를 달성하기 위한 권력의 집중문제로 연구의 대상이 바뀌었다. 1980년대 전반 관심의 초점이 민주주의로 다시 집중된 것은 발전적 경제학에서 관심의 초점이 계획에서 시장으로 전환된 것과 시장의 제 요소의 작용이 굴절된 소득분배를 수용하려는 의지와 병행했다. 이러한 경향은 1990년대에도 지속되어 경제발전과 민주화가 추진된 것이다. 소련과 동구권까지도 다원화체제로 전환된다고 하더라도 경제적 파탄이 오면 민주화가 발전되기는 힘이 든다. 소련의 연방제 붕괴가 하나의 좋은 예를 제시한 것이다. 그러나 러시아는 20여 년간 민주화와 경제발전이 지속되다가 다시 신권위주의체제로 회귀하고 있다.

1990년대 중반 상당수의 문헌들이 개발도상국 사회의 성장, 평등, 민주주의 안정, 자율성의 중요성을 상술하고, 이들 사회가 열거한 목표를 향해 발전하는 방식을 분석했다. 이러한 목표를 광범위하게 수용했다는 사실은 암암리에 선한 사회(*Good Society*)의 이상을 수용했다는 것을 의미했다. 여기서 말하는 선한 사회란 풍요롭고 정의롭고 민주적이며 질서 있고 완전히 자율권을 보장한 국가를 말하는 것으로, 주로 서구유럽과 북미지역의 국가유형을 그 예로 들 수 있다. 한국이 2000년대에 지향하는 목표는 선한 사회로 전향하자는 데 있다. 이 선한 사회란 우리가 바라는 선진사회를 말한다. 후진사회란 가난하고 불평등하며 억압적이고 폭력적인 사회 또는 의존적인 사회를 지칭한다. 서구의 근대화 및 발전론자들이 상징하는 발전이 후진사회에서 선한 사회로 가는 과정을 지칭한다.

아시아 지역에서는 일본이 분명하게 세 가지 목표를 성취하였다. 코스타리카는 발전목표와 관련해 가장 뚜렷하게 성공한 경우이다. 1948년의 혁명에 뒤이어 코스타리카인들은 수십 년을 지탱한 안정적 민주제도를 수립하였다. 1960년대부터 1980년대 중반까지 코스타리카는 매우 높은 경제성장을 달성하여 라틴아메리카 국가 중 '중상위 계층'으로 등장하게 되었다.[9] 토지소유권은 비교적 평등하게 배분되었다. 1960년대부터 1970년대까지 극심한 빈곤에 처해 있는 인구의 비율은 급격히 감소되었고, 소득분배에서의 전반적 평등은 증가되었다. 자율성의 견지에서 보면 코스타리카는 국제무역에 크게 의존하고 있으며, 근래

9) Fields, Gary S., *Poverty, Inequality, and Development*, Cambridge University Press, 1980, p. 185.

와서는 농산품 수출을 확대하고 다변화하였다. 대체적으로 코스타리카는 발전목표의 성취와 그를 향한 진보, 양 측면에서 성공적인 사례에 접근했다고 볼 수 있다. 다시 말해서 구조적 변화와 정치적 민주화는, 성장함으로써 얻어지는 소득의 공평한 분배를 확보하기 위하여 필수불가결한 것으로 여겨진다.

자유주의 발전모델은 정치적 불안정과 빈곤을 연결시켜 생각했다. 경제발전 수준과 정치적 불안정의 관계가 부와 평등의 관계처럼 포물선적 관계라는 것을 보여준다. 최고도의 불안정은 중간 수준의 발전과 연관이 있다. 불안정의 원인은 경제성장과정에서도 비슷하게 찾아볼 수 있다. 한국에서 이와 같은 목표들간의 상충되는 유형은 올슨(Mancur Olson)의 초기논문의 제목 "불안요소로서의 고도성장"에 잘 나타나 있다.[10] 그밖에 여러 학자들이 빈곤이 불안정의 근원이라는 자유주의 발전모델 이론에 이의를 제기했다. 정치적 불안정과 시민폭력은 경제적·사회적 근대화와 발전의 결과로 보였다. 어느 경우에는 단순히 성장 자체가 불안요소일 수도 있고, 다른 경우에서는 단순히 실현되지 않은 기대치로서 성장의 실재를 보는 경우도 있다(J곡선 가설). 또한 경제발전을 추월하는 사회동요(좁은 의미로 제한)의 경우와 같이 불균형적 발전이 불안정의 근원이 될 수 있는 것이다. 한국에서도 70년대 경제발전의 목표를 고도성장에 두었다가 많은 빈부의 격차를 벌어지게 했으며, 정치적 불안정의 요인으로 작용하기도 했다. 그러나 90년대 와서는 중산층이 확대되다가 다시 IMF 이후 중산층이 무너졌으며, 노무현 정부의 성장 없는 분배정책의 실패로 오히려 빈부격차의 심화로 인해 국민들간의 갈등현상이 나타났다.

갈등이론에서 경제성장은 평등과 안정을 해치는 것으로 간주했다. 그러나 분명하게 불안정을 야기하는 것을 제외하고는 급속한 경제성장

10) Olson Jr., Mancur, "Rapid Growth as a Destabilizing Force," *Journal of Economic History* 23, December 1963, pp. 529~552.

이 필연적으로 민주주의에 악영향을 미친다고는 볼 수 없다. 그러나 민주적 제도가 권위주의적 제도보다 그러한 불안정 요소를 완화시키거나, 대체하는 데 더 유용하다는 것은 충분히 주장될 수 있다. 성장과 민주주의의 상충되는 관계는 다소 상황이 다르다. 급속한 경제성장과 사회변화가 비민주적 정치제도의 민주화과정을 복잡하게 하고 저해한다고 여러 학자들이 주장하고 있다.

서구정치 발전론자들의 접근방법은 평등과 민주주의의 공존적 관계이다. 어느 정도는 민주정치체제의 기능은 평등의 폭을 더욱 확대시키는 방향으로 이어진다. 이 바탕 위에서 민주주의의 발전이 가능하다. 세계적으로 높은 수준의 경제적 부는 높은 수준의 평등, 안정, 민주주의 자율성과 연관을 갖고 있다.

3. 정치발전의 조정정책

한국은 어떤 정책을 취해야 2000년대의 정치발전 목표를 향하여 전진할 수 있는가? 앞에서 안정, 평등, 민주주의 발전목표를 제시한 바 있다. 그러나 여러 발전목표에 대한 동시적 발전이 어렵거나 불가능하다면, 우선적으로 한 목표를 중점적으로 추진하고 다음 목표를 추진하는 방식이 가능하다. 어느 의미에서는 특정의 순서가 불가피한 경우가 있다. 즉, 어떤 정부도 발전목표를 동등한 강도로 동시에 추진할 수 없는 것이다.

정치로부터의 영향, 관료적 업무수행의 요구는 적어도 다른 목표보다 우선적으로 어떤 목표에 중점을 두게 될 것이다. 이밖에 모든 목표를 향한 진보가, 추구되는 목표의 순서에 의해 영향을 받을 것이라는 발전적 견해에도 의문점이 존재한다. 생각하면 어떤 순서는 다른 순서보다 훨씬 더 생산적일 수가 있다. 그 역으로 한 목표에 우선권을 주는 것이 다른 목표를 향해 이어지는 발전을 방해할 수도 있는 것이다.

발전목표의 추진순서에 관해서는 많은 저서들이 출간되었다. 대개 정치적 목표의 성취도를 극대화시키기 위해 가장 적절한 순서에 대한 합의는 이루어진 것처럼 보이나, 경제적 목표에 대한 합의는 이루어지지 않은 것 같다. 로스토(Dankwart Rustow)는 "가장 효율적인 추진순서는 국가통합, 정부권위의 수립, 정치적 평등의 추구 순"이라고 언급함으로써 그의 사상을 요약했다. 노드링거(Eric Nordlinger)와 헌팅턴(Samuel P. Huntington)은 정치에 대중의 참여를 유도하기 전에 효율적 정부제도의 창설이 중요하다고 강조하였다. 로버트 달은 정치참여를 확대하기 전에 쟁점의 유형을 수립하는 것이 바람직함을 특히 강조했다.[11] 전반적으로 발전론자들은 민주주의에 우선권을 둘 것을 촉구하는 경향을 보였다.

경제성장과 평등 중 어느 것에 우선권을 두어야 할 것인가에 대해 경제분석가들 사이에는 어떤 합의도 이루어지지 않은 것처럼 보인다. 몇몇 학자들은 급속한 성장을 주장하는 것이 어느 정도 평등을 가능케 할 정도까지는 경제적 몫을 확대시키는 것이 필수적이라고 주장했다. 물론 이러한 것은 브라질의 '경제기적' 기간에 네토(Delfim Neto)가 공표한 정책 중에도 나타난다. 그것은 브라질 이외의 다른 국가에서도 분명히 이루어졌다. 1975년 남덕우 경제기획원장관은 다음과 같이 주장했다. "내 견해로는 우리의 첫 번째 목표는 경제가 무난히 잘 운영되는 것이며, 다음 단계가 사회적 복지의 달성이다." 즉, 첫 번째는 성장과 효율성, 그 다음이 평등이라는 것이다.[12] 이와 같은 1970년대의 고

---

11) Rustow, Dankwart A., *A World of Nations: Problems of Modernization*, Washington, D.C.: Brookings Institution, 1967, pp.120~132; Dahl, Robert A., *Polyarchy: Participation and Opposition*, New Haven, Conn.: Yale University Press, 1971, p.33; Huntington, Samuel P., *Political Order in Changing Societies*, New Haven and London: Yale University Press, 1968, pp.78~92.

12) Deputy Prime Minister Nam, Duk-Woo, *Time* 106, December 22 1975, p.40.

도성장론은 한국에서의 빈부격차와 불안정을 조성시킨 결과를 가져왔다. 한국에서도 성장제일주의는 사라진 것이다. 고도성장 동안 고정되었던 불균형적 소득분배의 유형은 지속되는 변화를 억제시킨다는 반론을 경제학자들이 주장했다. 한 학자가 주장했듯이 1980년대 초반에 있었던 브라질 경제발전의 혜택은 저소득층에게 조금씩 혜택을 주는 것이 아니라, 상당 부분이 그들에게 제공되었어야 했다. 그러나 그들은 그렇지 못했다. 즉, 전통적 지식에 따라서 수입 불평등은 감소되어야 하나 그렇지 않았다.

정책선택은 목표들간의 조화를 촉진할지도 모르는 특정의 제도적 구조의 발전을 증진하거나 방해할 수도 있다. 개발도상국에서는 다당제보다 강력한 양당제가 정치적 안정을 유지할 수 있으며, 정치참여를 더욱 활발하게 확대할 수 있다. 경제부문에서 국가의 역할을 제한시키는 것은 사회경제적 평등에 대한 발전을 저해할 수도 있지만, 민주주의를 지지하는 토착 부르주아의 발전과 경제성장을 조장할 수도 있다. 1970년대 중반 경제학자들은 성장과 평등 간의 갈등을 분석하고, 이러한 목표들을 조화시킬 수 있는 전략을 논의할 '성장과 분배문제'를 제목으로 많이 다루었다. 이런 전략 중 자주 언급된 내용은 인적 자원을 개발하기 위한 교육부문에의 투자, 자본집약적 산업보다 노동집약적 산업체로의 투자, 산업보다는 농업에의 우선적 투자, 토지개발과 같은 경제자산의 조기 재분배 등을 포함했다. 또한 가능하지 않을 것처럼 보이는 몇 가지 선택에 대해서도 언급했다. 누진과세, 정치참여의 확대, 생산기업의 정부소유, 성장과 평등이 어떻게 조화되는가를 파악하기 위한 노력으로서 경제학자들은 어느 정도 그러한 목표를 달성한 국가인 일본, 코스타리카, 싱가포르, 이스라엘의 경험을 분석했다. 이들 나라들은 발전목표들간의 조화를 성공적으로 수행한 국가로 경제학자들의 좋은 연구대상이 되었다. 특히 일본은 가지지 못한 자의 정치참여, 급속한 경제성장, 경제적 평등이 공존할 수 있음을 보여준다.[13)]

이상에서 발전목표를 논의한 바와 같이 순서를 정한다는 것은 상당히 어려운 것이다. 그것은 나라의 실정에 따라서 정책을 해야 한다. 한국은 어떻게 발전목표를 추진해나갈 수 있을까? 다시 말해서 안정과 민주화를 조화시키면서 어떻게 평등과 성장을 조화시키면서 정치발전을 이룩할 것인가? 한국에서 경제적 목표의 달성과 정치적 목표의 달성을 어떻게 조화시킬 것인가를 밝히려는 것은 대단히 중요하다.

한국의 후기 민주화과정은 긍정적 면과 부정적 면이 혼합하여 갈등 속에서 진행되고 있다. 민주화는 우리 사회에 많은 좋은 결과를 가져왔지만, 역으로는 무정부상태와 같은 혼란 속에서 진행되었다. 노무현 정부하에서는 경제성장률의 저하, 파행정치, 물가상승, 투기, 빈부의 격차에서 오는 소외감, 과소비, 이념의 갈등, 그밖의 여러 가지 요인으로 사회혼란이 가중되었다. 물론 경제성장률 저하나, 정치적 불안정 및 사회적 갈등의 원인을 민주화의 부정적 측면에만 돌릴 수는 없는 것이다. 오늘날 한국이 민주화를 추진하는 데 사회적 갈등을 일으키는 큰 요인 중 하나가 구조적·문화적 조건을 구비하지 못한 점이기 때문이다.

2000년대 민주주의의 추진을 위해서는 발전목표를 세워서 부정적 요인을 바로잡아 순탄하게 선진국가로 진입하여야 한다. 우선 법과 질서를 존중하는 사회이어야만 사회질서가 확립될 수 있다. 민주주의의 최고가치는 물론 인간 개인의 자유를 보장하는 데 있다. 그러나 무한한 자유의 보장은 결국 인간사회를 무정부적 상태로 치닫게 한다. 이런 상태를 극복하기 위해서는 어떤 형태의 권력체(주권체)에 의한 자유의 제한이 불가피해질 수밖에 없다. 인간은 이와 같은 무정부적 상태를 두려워한 나머지 사회계약을 비롯한 여러 가지 형식을 통해 강력한 주권체제를 창안하게 되었고, 이 주권체제의 보호 속에서 자유를 향유하게 된 것이다. 이른바 개인의 자유와 국가의 권력과의 이율배반적 현

---

13) Kabashima, Ikuo, "Supportive Participation with Economic Growth: The Case of Japan," *World Politics* 36, No. 3, April 1984, pp. 309~338.

상이 불가피해진 것이다. 다시 말해서 후기 민주화가 당면한 최대의 과제는 자유와 권력을 어떻게 조화·양립시켜서 정치질서를 확립하여 안정시킬 수 있느냐가 선결문제이다.

〔안정 ↑〕+〔평등 ↑〕+〔민주주의 ↑〕→ 정치발전

우리나라의 경우는 후기 민주화가 성공하기 위해서 안정이 제1목표가 되어야 한다. 둘째는 경제성장과 평등을 균형 있게 조절할 필요가 있다. 안정과 평등이 제도화되면 민주주의의 목표에 도달할 수 있을 것이다.

우리의 후기 민주화과정을 효율적으로 추진하기 위해서는 첫째, 흩어진 사회질서의 확립과 떨어진 정부의 권위를 수립하고 민주적인 새로운 제도를 창출해야 한다. 이것은 사회구성원들의 동질성을 확립할 수 있으며, 국민들의 합의를 바탕으로 정부를 지지하게 된다. 사회적 동질성과 정치적 합의의 존재가 정치적 안정의 필수조건이 되는 것이다. 둘째, 산업화과정에서 경제성장으로 나타난 빈부의 격차를 어떻게 좁혀가면서 경제발전을 시킬 것인가? 우리 정치의 중요한 대상과 정당성은 기술적, 사회적 혁신을 통해서 국민들의 사회적, 물질적 복지를 계속 증진시켜야 하는 것이다. 셋째, 민주주의가 발전되려면 개인간이나 집단간의 자유롭고 공정한 경쟁이 이루어져야 한다. 정책결정은 대중들의 여론을 수렴하고 대중의 참여와 의사를 반영해야 한다. 그리고 민주적 헌법, 복수정당제의 활발한 정당정치, 이익집단들의 자유경쟁으로 공정하고 질서 있게 절차 및 과정이 구비되어 사회안정에 기여해야 한다. 이런 과정을 통해서 안정과 평등이 제도화 단계에 들어서게 될 것이다. 그리고 높은 수준의 제도화와 통치에 관계된 의사결정을 공개해서 국민들의 지지를 받아야만 민주주의가 발전할 수 있다.

이와 같이 안정, 평등, 민주주의는 서로 상호관계가 밀접하게 관련되어 있다. 정치발전을 이룩하려면 세 가지의 상호작용이 상승되어야 하며, 그래야 정부는 갈등관계를 해소할 수 있는 정치능력을 발휘하여 정치발전과 경제발전을 동시에 성취시켜 선진국가로 발돋움할 수 있게 된다.

4. 결 론

우리의 과거 정치사는 안정, 평등, 민주주의 면에서 볼 때 그리 차원 높은 발전을 한 것은 아니다. 과거에서 지금까지 점차 다양해지고 있는 가치체계의 증폭과 더불어 정치적 민주화에 대한 시도가 있었지만 실패하고 말았다. 권위주의적 정치제도의 탈피라는 과거의 노력에도 불구하고, 아직도 한국의 민주화는 많은 문제점을 가지고 있다. 현재 한국의 정치상황은 새로운 정치능력이 요구되고 있다. 이것은 민주화의 다원화체계라는 범주에서 갈등과 긴장을 해소해야 하는 문제와 동시에 안정을 이룩해야 한다는 측면이 결부되어 있다.

특히 2000년대의 정치발전과정에서는 평등화 요구에서 수반되는 참여와 분배의 새로운 양상이 더욱 심화될 것으로 생각된다. 따라서 정치의 기능 및 수행능력 또한 일체감 및 정통성의 궤도를 같이하고 있음을 볼 때 정통성의 문제 해결은 민주주의 달성에 중요한 변수 중의 하나가 될 것이다. 2000년대의 정치발전을 유도하는 또 하나의 변수는 정치질서를 새롭게 창출할 수 있는 정치의식의 문제이다. 이것은 안정, 평등, 민주주의를 달성할 수 있는 중요한 요소이다.

2000년대 정치발전의 요소를 안정과 평등의 요청, 그리고 민주주의의 계속적인 상호작용으로 보고, 이것이 제도화될 때 정치발전을 이룩할 수 있다. 이와 같이 세 가지(안정, 평등, 민주주의) 차원의 상호작용은 발전증후군(*development syndrome*)을 구성한다는 연구모델의 가설을 설정했다. 발전증후군에서의 세 가지 요소들은 분명히 서로 연관성을 가지며 또한 상호관련을 가지는 함수관계이다. 이러한 의미에서 정치발전은 한 정치체계에 의해서 의식적으로 추구되고, 새로운 정치능력을 발휘해야 한다. 따라서 이러한 정치능력은 첫째, 후기 민주화과정에서 다원화체제로 나타나는 무질서와 갈등을 어떻게 해소하며 안정을 이룩할 수 있는가가 문제가 된다. 둘째, 평등화에 의해서 발생되는 요구에 적절하게 반응하는 참여와 분배의 새로운 양태를 어떻게 제도화할 수 있겠는가 하는 점이다. 안정과 평등이 제도화되면 민주화가 될 것이다. 셋째, 이러한 기능수행 능력을 달성하는 것은 결국은 일체감과 정통성의 문제를 해결하는 것이며, 그것은 민주주의 공고화의 결정적 요소가 될 수 있다. 여기에서는 그 방법론적 범주를 어떻게 설정할 수 있는가에 초점을 두었다. 우리는 현재 당면하고 있는 안정, 평등, 민주주의라는 중대한 과제를 해결해서 2020년대에는 선진국가로 발전해야 한다.

찾아보기

(인 명)

ㄱ

ㄴ

ㄷ~ㅁ

ㅂ~ㅅ

ㅇ

ㅈ ~ ㅊ

ㅋ ~ ㅍ

ㅎ

찾아보기

(용 어)

ㄱ

ㄴ

ㄷ~ㄹ

ㅁ

ㅂ

ㅈ

ㅊ ~ ㅋ

ㅌ ~ ㅍ

ㅎ

기 타

저자 약력

민준기(閔俊基)

경희대 졸업. 미국 롱아일랜드 대학원 수료. 벨기에 루뱅대학 정치학 박사. 영국 옥스퍼드대학 및 에식스대학 연구. 미국 하버드대학 객원교수. 한국정치학회 회장 역임. 현 경희대 석좌교수.

저서: 《한국정치발전론》, 《한국민주화와 정치발전》, 《한국의 정치발전, 무엇이 문제인가》 등.

신명순(申命淳)

연세대 정치외교학과 졸업. 서울대 대학원 정치학 석사. 미국 노스웨스턴대학 대학원 정치학 박사. 1982년부터 연세대 정치외교학과 조교수 · 부교수 · 교수. 연세대 사회과학대학장 · 행정대학원장 역임. 한국정치학회 회장 역임. 현 *Korea Observer* editor-in-chief, 연세대 교학부총장.

저서: 《한국정치론》, 《제3세계 국가론》 등.

이정복(李正馥)

서울대 정치학과 졸업. 미국 워싱턴대학(시애틀) 정치학 박사. 현대 일본학회 회장, 한국정치학회 회장 역임. 현 서울대 정치학과 교수.

저서: 《한국정치의 분석과 이해》, 《한국의 정치적 과제》, *The Political Character of the Japanese Press*, 《북핵문제의 해법과 전망》(편저) 등.

윤성이(尹聖理)

연세대 정치외교학과 학사 · 석사. 미국 오하이오 주립대학 정치학 박사. 한국전산원 전문연구원, 경상대 조교수 · 부교수 역임. 현 경희대 사회과학부 정치외교학과 교수.

저서: "한국의 온라인 정치참여 특성", "선거구획정과 선거결과의 왜곡", "한국사회 이념갈등의 실체와 변화", "E-governance 구축의 전략적 모색", 《전자민주주의》 등.